郑成功与明郑台湾史研究

【增订本】

邓孔昭◎著

台海出版社

图书在版编目（CIP）数据

郑成功与明郑台湾史研究 / 邓孔昭著. -- 增订本. 北京 : 台海出版社，2024. 12. -- ISBN 978-7-5168-4054-2

Ⅰ. K827=48；K248. 405

中国国家版本馆 CIP 数据核字第 20249F18V1 号

郑成功与明郑台湾史研究（增订本）

著　　者：邓孔昭

责任编辑：王慧敏

出版发行：台海出版社

地　　址：北京市东城区景山东街 20 号　　邮政编码：100009

电　　话：010-64041652（发行，邮购）

传　　真：010-84045799（总编室）

网　　址：www. taimeng. org. cn/thcbs/default. htm

E - mail：thcbs@ 126. com

经　　销：全国各地新华书店

印　　刷：北京中科印刷有限公司

本书如有破损、缺页、装订错误，请与本社联系调换

开　　本：710 毫米×1000 毫米　　1/16

字　　数：555 千字　　印　张：30

版　　次：2024 年 12 月第 1 版　　印　次：2024 年 12 月第 1 次印刷

书　　号：ISBN 978-7-5168-4054-2

定　　价：98. 00 元

版权所有　　翻印必究

目
录
CONTENTS

第一章

郑成功在闽西北地区的抗清与“延平王”爵号的由来

郑成功一生戎马倥偬，而他最初的军旅生涯是从在闽西北一带（包括延平）的抗清活动开始的。他后来被永历帝封为“延平王”，虽然和这一段抗清的经历没有直接的关系，但“延平王”的称号却是直接取用“延平府”的府名。下面就以具体的史事，论述这两个问题。

一、在闽西北地区的抗清活动

郑成功在闽西北一带的抗清活动，其他史料记载都比较简略，唯有《思文大纪》中有较多的记载：

隆武元年（清顺治二年，1645年）八月十四日，“赐平彝侯郑芝龙长子成功姓朱氏，以驸马体统行事”。

十二月初六日，隆武帝自福京“御驾亲征。上自戎服登舟，百官鳞集，号令严明，泊芋江对面沙洲者五晨夕，宫眷咸在。……南平县小民张安礼、林中桂、张孝直，数百里恭进米豆酒浆，远迎王师，上嘉纳之”。

隆武二年“正月朔旦，唐、邓二王监国于福京，率居守百官行拜贺礼。上不受贺，具祭太祖自罚”。初二日，“敕谕御营内阁传行：……国姓成功速发锐兵二千，同辅臣光春，文武齐心先发，暂往铅山”。“国姓成功领兵出大定关。”

三月，“敕国姓成功：‘招致郑彩逃兵，毋得令其惊扰地方百姓。’”“催国姓成功、辅臣傅冠速出分水关，以复江省。”

四月，“敕谕军师蔡鼎曰：‘朕原速期幸虔，以迎兵未至，故调国姓成功、辅臣冠护驾前行。今于华玉兵已至，又虔中迎疏叠来，则国姓辅臣正可用力湖东，不必调到湖西。东西并举，朕亲节制于虔，江西之复可必。着国姓、辅臣速约各镇鼓锐前进。铅山告警，必行兼顾，以巩崇关。’”“工部尚书郑瑄为国姓成功请发鸟铳。上曰：‘国姓图功虽是急务，御营兵器关朕命身，鸟铳岂可全发？……’云。”“敕谕御营内阁，传示臣民。示曰：‘……国姓成功巡关回来，迎驾暂至邵武，相机出关，二十八日之行且止。’”“新抚永安、沙县山寇头目一万一十三名隶陈国祚标下，听国姓成功节制。”“国姓成功请给新到官兵月饷，上令于邵武近处另给，该部即行文去。”“谕国姓成功曰：‘兵、饷、器三事，今日已有手敕，确托卿父子。兹览卿奏，言言硕划，朕读之感动。其总理中兴恢御兵饷器中，统惟卿父子是赖。银关防准造，即以此为文。造完颁赐，以便行事’云。”“敕行在兵部：‘国姓速令郭熺守住永定。……淮州草寇，着郑泰、蔡升用心扼剿，无致蔓延。’”

五月，“敕国姓成功兼顾大安关，仍益兵防扼，恐有清骑突入；铳器火药，即令二部给发”。“谕国姓成功曰：‘福疆战守，必取闽饷；浙直江楚战守，必取粤饷；不得一毫僭差。李长倩专司粤饷，行在吏部立推右侍郎一员专司闽饷，务令井然，以有成绪。’”

六月，“命国姓成功亲到漳、泉精募兵将，立助恢复。期限二十日，即来复命”。“以督辅傅冠贮库银一万四百余两给国姓成功五月兵粮。”

“八月二十二日，清骑入仙霞关。上在延津，知事势已去，遂由汀郡出关。”①

除了《思文大纪》之外，其他的一些记载虽然比较简略，但也可以比照参考。如邵廷采的《东南纪事》记载，清顺治三年（隆武二年，1646年）丙戌“正月，王（指隆武帝）在芋江。……王出师次于延津……命朱成功出永定关”。二月，“晦，命辅臣傅冠及朱成功督郭熺、陈秀等拒大清兵于永定关”。三月，“命成功招集郑彩逃兵，毋令扰民”。四月，“以新抚永安、沙县山寇隶陈国祚，受朱成功节制”。“八月二十一日，王发延平，御营皆散，犹载书十车以从。”②

夏琳《海纪辑要》记载，隆武二年“正月，以忠孝伯成功为御营都督，赐尚方剑，仪同驸马，寻命佩招讨大将军印，镇仙霞关”。八月，“忠孝伯成功兵溃于仙霞关。芝龙闻清师将至，密遣亲吏到清帅军前送降款，且授意于成功，令引兵还。亲吏……至仙霞，入见成功，将以此告，语未发，成功曰：‘归语太师，速发饷济师！吾妻妾簪珥，皆脱以供军需。’因引入卧内，见夫人等皆布裙竹钗，噤不敢发一语。既出，语所私曰：‘向若道及纳款事，吾头已断矣！’因疾回，见

---

① 陈燕翼：《思文大纪》，台湾文献丛刊本，第31~152页。

② 邵廷采：《东南纪事》，台湾文献丛刊本，第11~20页。

芝龙，备述前事。芝龙曰：‘痴儿固执乃尔，吾不发粮，彼能枵腹出战哉！’成功屡请，皆不报。关兵无粮，遂逃散，成功不得已引还。至延平，登城周视，叹息而回”。①

徐鼒《小腆纪传》记载，清顺治三年“春正月己酉朔，上在建宁，称隆武二年”。三月，“封朱成功为忠孝伯，挂招讨大将军印”。“八月甲午（二十一日），上知仙霞不可守，决意幸赣，自延平出奔。”②

江日升《台湾外记》记载，清顺治三年，“三月，赐姓成功条陈：‘据险控扼，拣将进取，航船合攻，通洋裕国。’隆武叹曰：‘驿角也！’封忠孝伯，赐上方剑，便宜行事，挂招讨大将军印。……忠孝伯赐姓成功叩陛，辞回安平。隆武曰：‘卿当此有事之际，何忍舍朕而去！’成功顿首曰：‘非成功敢轻离陛下，奈臣七岁别母，去秋接到，并未一面。忽尔病危，为人子者心何安？以其报陛下之日长，故敢暂为请假。稍愈，臣即兼程而至。’隆武允成功驰驿省母，准假一月。成功谢恩，出归安平”。③

《惠安王忠孝公全集》记载，隆武二年，王忠孝在回故里治装，后准备追随隆武帝北征，“八月抵福京，晤诸公商榷时艰。望后登舟，溯流而上。距行在所仅二程，清骑已乘虚而入，赐姓公交锋不利，率师南下，过（原文如此，应为‘遇’）余于舟次，语余曰：‘上已先四日行，剑南皆北骑，公将安之？’因拉余旋福京，订举事”。④

从以上的记载中，我们可以了解到郑成功在闽西北地区抗清活动的一些具体内容：

1. 郑成功在闽西北抗清的时间是隆武二年（清顺治三年，1646年）正月至八月，其间，六月里曾请假离开闽西北20天时间，到漳、泉一带招募兵将。隆武二年正月初一日，隆武帝尚在福州芋江的船上不接受唐、邓二王率留守百官的拜贺。初二日才命令郑成功“先发，暂往铅山”。因此，郑成功作为隆武帝亲征的先头部队是正月初二日以后才开始向江西铅山出发的，当月，郑成功出大定关（或说永定关）。八月二十一日，隆武帝离开延平，4天后（二十五日），逆水行舟的王忠孝在离延平还有2日行程的地方遇到顺流南下的郑成功，说明郑成功大约是在八月二十四日才离开延平的（逆流2天的航程，顺流大约1天可达）。离开延平时，郑成功曾“登城周视，叹息而回”。所以，郑成功在闽西北抗清的时

① 夏琳：《海纪辑要》，台湾文献丛刊本，第2~3页。

② 徐鼒：《小腆纪传》，台湾文献丛刊本，第47~53页。

③ 江日升：《台湾外记》，福建人民出版社1983年版，第68~71页。

④ 王忠孝：《惠安王忠孝公全集》，台湾省文献委员会1993年版，第36页。

间，是在隆武二年正月初二日之后到八月二十四日之前的一段时间。

2. 郑成功在闽西北抗清的地点主要在崇安、邵武一带，或许还有浦城。上文各种记载中，与地名有关的记载主要有以下这些："暂往铅山"；"出大定关"（或说"出永定关"）；"催国姓成功……速出分水关"；"正可用力湖东"（应为"抚东"，即抚州之东，抚州即现在江西的抚州市，铅山以及整个闽西北地区都是"抚东"）；兼顾铅山"以巩崇关"；"巡关回来，迎驾暂至邵武，相机出关"；新到官兵粮饷"于邵武近处另给"；"兼顾大安关"；"拒大清兵于永定关"；"镇仙霞关"、"兵溃于仙霞关"等。笔者查阅了一些资料，始终未能查到"大定关"（或称"永定关"）具体指的是什么地方。但根据资料的行文判断，它一定是在福建往江西铅山的方向上，而且是在崇安的分水关以内的福建省境。因为，郑成功是在接到"往铅山"的命令之后，"出大定关（或永定关）"的。"出大定关"之后，郑成功的军队没有继续前进，因此，隆武帝又"催国姓成功速……出分水关"。根据这样的判断，所谓的"大定关"或"永定关"很可能就是崇安的"大安关"之误。大安位于崇安县西北，自古以来就是闽赣交通的重要关隘之一。元代置"大安站"，明洪武初年改置"大安驿"，① 是闽西北往江西铅山方向必经的关口，它的前方就是两省交界的"分水关"。《思文大纪》中也有隆武帝让郑成功"兼顾大安关"的记载。另外，郑成功一开始即"镇仙霞关"的说法也有疑问。隆武帝最初指派郑成功用兵的方向是赣东北方向（江西铅山），而不是仙霞关所在的浙西南方向。向浙西南方向用兵是郑成功的叔叔郑鸿逵的任务。《思文大纪》中的记载很清楚，隆武帝曾给郑鸿逵一道敕令："仙霞一带为卿汛守要地，尤须严行毖饬，毋徒委曾德扼防。"② 至于郑成功到漳、泉招募兵将之后是否曾去镇守仙霞关，由于资料的限制，难以肯定，也不能排除。在排除了"大定关"或"永定关"的疑惑之后，其他的地点就很清楚了：大安关、分水关、崇关、邵武、邵武近处，说明郑成功抗清的地点基本上在崇安、邵武一带。如果加上仙霞关，则还有浦城。

3. 郑成功在闽西北抗清期间，隆武帝给了他相当重要的使命。首先，让他带领前锋部队"先发"，准备向赣东北地区（铅山）发展。后来，在赣州（古称虔州）方面前来迎接隆武帝的南明军队迟迟未到的情况下，隆武帝又下令调郑成功"护驾前行"（后中止）。此外，他还先后负有"巡关"、"招致郑彩逃兵"、节制新抚的万余名山寇头目、"到漳泉精募兵将"等重要任务。在此期间，隆武

① 复旦大学历史地理研究所、《中国历史地名词典》编委会：《中国历史地名词典》，江西教育出版社 1986 年版，第 31 页。

② 陈燕翼：《思文大纪》，台湾文献丛刊本，第 83 页。

帝还封郑成功为“忠孝伯，挂招讨大将军印”。

4. 郑成功在闽西北抗清期间具体与清军的接触并不多，主要执行的是守关和巡关的任务。清军入闽前夕，他没有像其他郑氏将领那样执行郑芝龙撤兵弃关的命令，而是由于郑芝龙扣发兵粮导致部众因缺粮而溃散。他在“不得已引还”的途中曾与清军有过接触，“交锋不利”。而且在这时，郑成功已与王忠孝约定，回到沿海地区“举事”，继续进行抗清活动。

郑成功在闽西北这段领兵的经历，虽然没有什么轰轰烈烈的行为，但为他日后纵横中国东南的军事生涯进行了最好的洗礼。

二、“延平王”爵号的由来

有人说，郑成功后来之所以被永历帝封为“延平王”，与他早期在延平的抗清活动有关。笔者认为，这种说法有些想当然，实际上并不是如此。主要理由如下：

前文已经谈到，郑成功在闽西北抗清的地点主要有崇安、邵武，或者还有浦城，全部是在福建与江西或者浙江的交界地区。这些地方明末清初时并不属于“延平府”。据《清史稿》记载，当时闽西北地区分别属于三个府。“延平府（……明领县七）雍正十二年，割大田隶永春。……领县六。”分别是南平、顺昌、将乐、沙县、永安、尤溪。“建宁府（……明领县八）雍正十二年，割寿宁属福宁。……领县七。”分别是建安、瓯宁、建阳、崇安、浦城、松溪、政和。“邵武府（……明属福建布政司）……领县四。”分别是邵武、光泽、建宁、泰宁。① 可见，当时的延平府只管辖南平、顺昌、将乐、沙县、永安、尤溪、大田七县。而崇安、邵武和浦城则分别属于建宁府和邵武府。郑成功抗清的主要地点不在延平府，因此，说郑成功封“延平王”与他在延平的抗清活动有关，当然就显得比较牵强。

然而，郑成功所封的“延平王”确实得名于“延平府”。《台湾外记》记载，清顺治十四年（南明永历十一年，1657年），永历帝与兵部左侍郎冷孟銋等商议为郑成功封爵事。“銋曰：‘太祖祖训，外臣无封王例，故徐达以死后追赠王爵。今在扰攘之际，理应从权不可徒守以经。如李定国，不过以战胜定南王孔有德之功，遂封西宁王爵。成功系先帝赐姓，其与祖制无违，亦应封王。以便统众而收人心。’永历曰：‘卿所奏甚合时宜，当议王号。’孟銋曰：‘当

---

① 赵尔巽等：《清史稿》第9册，中华书局1976年版，第2247~2252页。

以延平一府封之。俟江南有功日，再晋封一字亲王，方见次第。’永历依议。着礼部铸‘延平王印’。”① 这一记载中所谓“以延平一府封之”的说法并不准确。明、清之际的著名学者顾炎武曾说过，“唐宋以下，封国但取空名，而不有其地，明代亦然”。② 也就是说，永历帝封郑成功“延平王”并不是将延平一府都封给他，而是他的王号取用“延平府”的府名而已。顾炎武还说，“宋时封国，大小之名皆有准式……有明则草略殊甚。即郡王封号，而或以府，或以州，或以县，或以古县，或但取美名。初无一定之例，名之不正，莫甚于今代”。③ 也就是说，明代郡王封号的取名，或用府名，或用州名，或用县（包括古县）名，或随便用一个美好吉祥的名字，没有一定的准式。郑成功“延平王”封号取用的是“延平府”的府名。至于为什么会取用“延平府”的府名，因为当时取名“草略殊甚”，“无一定之例”，我们无法进行准确的判断。但是，可以根据情理进行一些推测。

1. 郑成功的“延平王”取用的是府名，比取用州名、县名、古县名或一般的美名层级要高，说明永历帝对郑成功的地位是很重视的。

2. 郑成功是闽人，给郑成功的封号取用一个福建的府名应该是一种合理的选择。当时福建有八府：福州府、延平府、建宁府、邵武府、汀州府、漳州府、兴化府、泉州府。按照明朝的惯例，带“州”字的府名，省掉“州”字以后，可以用来作为一字王也就是亲王的封号，如衡王（建文皇帝之弟允熞的封号，取用衡州府的府名）、徐王（建文皇帝之弟允熙的封号，取用徐州府的府名）、荆王（洪熙皇帝之子瞻堈的封号，取用荆州府的府名）、忻王（正统皇帝之子见治的封号，取用忻州府的府名）、徽王（正统皇帝之子见沛的封号，取用徽州府的府名）、福王（万历皇帝之子常洵的封号，取用福州府的府名）、惠王（万历皇帝之子常润的封号，取用惠州府的府名）、潮王（南明永历皇帝曾准备给郑成功的封号，取用潮州府的府名）等。也可以用“国”字代替“州”字作为公爵的封号，如“漳国公”（永历皇帝给郑成功的封号，取用漳州府的府名）。但从来没有直接用“×州”作为郡王封号，称为“×州王”的。因此，福州、泉州、漳州、汀州这四府的府名不可能用来作为郡王的封号。其余的四府：延平、建宁、邵武、兴化，其中“建宁府”的府名，已在弘治十七年（1504 年）被用来作为第五代“韩王”偕灊之庶八子旭的封号

---

① 江日升：《台湾外记》，福建人民出版社 1983 年版，第 138~139 页。

② 顾炎武：《日知录》卷十四，封国，吴江潘氏遂初堂刻本，康熙三十四年（1695 年）。

③ 顾炎武：《日知录》卷十四，封国，吴江潘氏遂初堂刻本，康熙三十四年（1695 年）。

（“建宁王”）。[①] 而在“延平”“邵武”“兴化”三个名字中，“延平”二字具有“延续”“平安”的意思，这对于当时正在作垂死抵抗的南明永历政权来说，无疑是最吉祥的。因此，选用“延平府”的府名作为郑成功的封号，也就显得十分自然。

① 张廷玉等：《明史》第9册，中华书局1966年版，第2769页。

第二章

郑成功对郑芝龙的批判与继承

摆在我们面前的两个人物：郑芝龙和郑成功。他们虽是父子，但人们对其历史功罪，却有截然不同的评说。一个是明末清初东南沿海著名的海盗、政治上反复无常的“贰臣”；一个是“生而忠正”① 的明室延平王、功垂万世的民族英雄。他们出自一个家庭，却选择了不同的道路。作为郑氏集团的第二代代表人物的郑成功，他批判和扬弃了郑芝龙的哪些东西，又继承和发扬了哪些东西？这是一个饶有趣味的问题。

一、政治上的批判

郑成功对郑芝龙的批判，最明显的事实，表现在对待隆武和降清的问题上。

隆武政权是郑芝龙、郑鸿逵依据自己的势力建立起来的南明小王朝。郑芝龙兄弟拥立隆武，并非出于真心。所以，他们在小朝廷内颐指气使，飞扬跋扈；而在出兵抗击清军、关系军国生死存亡的大事上则消极观望，甚至和清方互通声问，伺机待降。可是，因父亲关系而见宠于隆武的郑成功，却真心感戴隆武的知遇之恩。他对郑芝龙怀有二心的态度强烈不满，明确表示不愿苟同父亲的行为，而要誓死报效隆武。郑亦邹在《郑成功传》中记载：“一日，成功见隆武愁坐，悲来填膺，跪奏曰：陛下郁郁不乐，得毋以臣父有异志耶？臣受国厚恩，义无反顾，臣以死捍陛下矣。”② 另据《广阳杂记》记载：“芝龙怀逆谋，赐姓屡谏以尊朝廷，恢复中原，遭其父之怒骂。后芝龙、鸿逵皆提兵出关。思文诏赐姓谋，赐姓劝思文出关。思文曰：芝龙、鸿逵，朕将谁依？赐姓曰：臣父、臣叔皆怀不

---

① 福建船政大臣沈葆桢语，见连横：《台湾通史》上册，商务印书馆 1983 年版，第42 页。

② 郑亦邹：《郑成功传》，载诸家：《郑成功传》，台湾文献丛刊本，第 3~4 页。

测，陛下宜自为计。与帝相持大哭。帝曰：汝能从我行乎？赐姓曰：臣从陛下行，亦何能为？臣愿捐躯别图，以报陛下，此头此血，总之，已许陛下矣。"①这两段材料清楚地表明了，郑成功在对待隆武问题上对郑芝龙所持的批判态度。

然而，并非所有的史料都是有利于证明郑成功对郑芝龙的这种批判态度。据《明季南略》记载："隆武尚未有嗣，郑芝龙乃令子郑森入侍，隆武赐国姓，改名成功。隆武每意有所向，成功辄先得之，以告芝龙。由是，廷臣无敢异同者，宰相半出门下。"② 根据这个记载，有人可能要说，郑成功不但没有对郑芝龙挟制隆武、心怀不测的丑恶行为持批判态度，反而成了郑芝龙安插在隆武身边的一个帮凶。怎样看待这个记载呢？我们以为，在郑成功刚入侍隆武之时，由于对其父的所作所为还没有看穿，以其父子天性，把隆武的一些意图事先透露给郑芝龙是完全可能的。等到他入侍隆武的时间长了，对军国大事有了一定的了解，特别是觉察了郑芝龙"有异志""怀不测"之后，他的立场出现了根本的转变，进而对郑芝龙的行为持批判态度，这也是自然可信的。

有学者提出："郑成功既然对唐王怀有报恩之心，那么对聿键'几同汉献'的窘境，为什么又无动于衷？""既对其父其叔之所为有觉察，对视之为生平知己的聿键表尽忠心，为什么在表态后不久以母病为由匆匆离去呢？"③ 这些学者怀疑郑成功对隆武的忠心，怀疑郑成功站在隆武方面反对郑芝龙的可信程度。我们以为，这种怀疑是大胆的，但却根据不足。上引材料"芝龙怀逆谋，赐姓屡谏以尊朝廷、恢复中原，遭其父之怒骂"，即说明了郑成功对隆武"几同汉献"的窘境并非无动于衷，而是进行了抗争，只是在其父的淫威之下无能为力而已。至于根据《台湾外记》的记载，提出郑成功为什么在向隆武表态后不久，即于顺治三年（1646 年）三月以母病为由辞归安平的问题，其实，引用这条材料的学者，在自己文章的一条注解中也承认，这个记载，在时间上"显然是不成立的"。④既然在时间上不能成立，这个记载的可信程度就有问题。实际上，直到顺治三年八月，郑成功仍在延平一带作战。据王忠孝记载，他应隆武所召，"八月抵福京，晤诸公商榷时艰。望后登舟，溯流而上。距行在所仅二程，清骑已乘虚而入，赐姓公交锋不利，率师南下，遇余于舟次，语余曰：上已先四日行，剑南皆北骑，

① 刘廷献：《广阳杂记选》，台湾文献丛刊本，第 19 页。

② 计六奇：《明季南略》，台湾文献丛刊本，第 317 页。

③ 杨锦麟：《论郑成功与南明宗室的关系》，载郑成功研究学术讨论会学术组编：《郑成功研究论文选续集》，福建人民出版社 1984 年版，第 291 页。

④ 杨锦麟：《论郑成功与南明宗室的关系》，载郑成功研究学术讨论会学术组编：《郑成功研究论文选续集》，福建人民出版社 1984 年版，第 301 页。

公将安之？因拉余旋福京，订举事”。[1] 可见，郑成功以“母病辞归”的说法是不足信的。或者说，他虽曾回安平省母病，但很快又回到了隆武的身边，以尽王事。所以，《台湾外记》所记载的这条材料，并不足以作为怀疑郑成功对隆武是否忠心的根据。

与郑成功同时代的人们十分推崇郑成功对隆武的忠心。张煌言曾说：“招讨始终为唐，真纯臣也。”[2] 还有人说：“台湾赐姓公之贤，以为诸葛忠武、郭汾阳、岳武穆后之一人也。”[3] 这些赞扬，并非过誉之词。我们没有理由怀疑郑成功对隆武的忠心；同样，也没有理由怀疑他在对待隆武问题上对其父所持的批判态度。

如果说，在怎样对待隆武的问题上，郑成功对郑芝龙的批判还只是表现在思想和语言方面，在行动上还没有更多表现的话，那么，在要不要降清的问题上，郑成功则在行动上与郑芝龙完全决裂，终于分道扬镳了。

据《闽海纪要》记载，早在清军入闽之前，郑芝龙为了要郑成功从边关撤兵，和他一道降清，“遣心腹蔡辅至关，将授意于成功。辅入见，语未发，成功厉声先谓曰：敌师已迫而粮不继，空釜司爨，吾将奈之何耶？速请太师，急发饷济军，慎勿以封疆为一掷也。辅噤不敢发语，回见芝龙。备述前事，且曰：向若道及纳款，此头已断矣”。[4] 这是郑成功在郑芝龙正式表明要降清的意图之前，对他的规劝和警告。

在郑芝龙正式表明降清的意图，并遣员向清方进递降表之时，郑成功从天下形势和闽粤地利方面，规劝郑芝龙抗清尚有可为，不应轻动降清的念头。《台湾外记》对此有非常详细的记载，成功说：“吾父总握重权，未可轻为转念。以儿细度，闽粤之地，不比北方得任意驰驱。若凭高恃险，设伏以御，虽有百万，恐一旦亦难飞过。收拾人心，以固其本，大开海道，兴贩各港，以足其饷。然后选将练兵，号召天下，进取不难矣。”当郑芝龙责以“稚子妄谈，不知天时时势。夫以天堑之隔，四镇雄兵且不能拒敌，何况偏安一隅。倘画虎不成，岂不类狗乎”时，成功又说：“吾父所见者大概，未曾细料机宜，天时地利，有不同耳，清朝兵马虽盛，亦不能长驱而进。我朝委系无人，文臣弄权，一旦冰裂瓦解，酿成煤山之惨。故得其天时，排闼直入，剪除凶丑，以承大统。迨至南都，非长江失恃，细察其故，君实非戡乱之君，臣又多庸碌之臣，遂使天下英雄饮恨，天堑

---

① 王忠孝：《惠安王忠孝公全集》，台湾省文献委员会 1993 年版，第 36 页。

② 张煌言：《张苍水诗文集》，台湾文献丛刊本，第 192 页。

③ 刘廷献：《广阳杂记选》，台湾文献丛刊本，第 19 页。

④ 夏琳：《闽海纪要》，台湾文献丛刊本，第 3 页。

难凭也。吾父若藉其崎岖，扼其险要，则地利尚存，人心可收也。”当这些关于形势地利的分析无法打动郑芝龙时，郑成功又从降清后的利害关系进行规劝：“夫虎不可离山，鱼不可脱渊；离山则失其威，脱渊则登时困杀。吾父当三思而行。”作为人子，至此成功确实已经做到仁至义尽了。其父不听规劝，一意孤行，成功与之决裂，是势所必然的了。所以，当郑芝龙准备往福州面见贝勒，寻成功同行时，“功不从，上书有‘从来父教子以忠，未闻教子以贰，今吾父不听儿言，后倘有不测，儿只有缟素而已’之句”。① 其后，成功又写信谴责郑芝龙：“我家本起草莽，骫法聚众，朝廷不加诛，更赐爵命，至于今上，宠荣迭承，阖门封拜。以儿之不肖，赐国姓，掌玉牒，畀印剑，亲若肺腑，即糜躯粉骨。岂足上报哉？今既不能匡君于难，致宗社堕地，何忍背恩求生，反颜他事乎？大人不顾大义，不念宗嗣，投身虎口，事未可知。赵武、伍员之事，古人每图其大者。惟大人努力自爱，勿以成功为念。”② 郑成功大义灭亲，对郑芝龙进行的这番义正词严的谴责，充满了浩然正气，可以说是古今少有的“教父篇”。

郑芝龙降清之后，曾多次配合清廷的招抚活动，对郑成功进行劝降，但无不遭到郑成功的抵制和谴责。

顺治十年（1653 年）正月，郑芝龙差周继武至厦门，“传清朝欲来议和，令藩议就之。藩差李德奉书禀复太师，言‘儿南下数年，已作方外之人。张学圣无故擅发大难之端，儿不得不应。今骑虎难下，兵集难散’云云”。③

同年八月，郑芝龙差李德来报，说清朝欲封郑成功为“海澄公”，“劝其归降”。④ 郑成功复以“盖自古大义灭亲，从治命不从乱命。儿初识字，辄佩服春秋之义。自丙戌冬父驾入京时，儿既筹之熟，而行之决矣。忽承严谕，欲儿移忠作孝，仍传清朝面谕，有原系侯伯，即与加衔等话。夫既失信于吾父，儿又安敢以父言为信耶？……父既误于前，儿岂复再误于后乎？儿在本朝，亦既赐姓矣，称藩矣，人臣之位已极，岂复有加者乎？况儿功名之念素淡，若复作冯妇，更非本心，此可为智者道耳”。⑤

顺治十一年正月，郑芝龙又差李德赍手书到厦门，通报“清朝遣郑、贾二使赍‘海澄公印’并以兴、泉、漳、潮四府听我安插兵马，月杪到省”，要郑成功

① 江日升：《台湾外记》，福建人民出版社 1983 年版，第 75~76 页。
② 温睿临：《南疆逸史》（下），中华书局 1959 年版，第 426~427 页。
③ 杨英：《先王实录》，福建人民出版社 1981 年版，第 52 页。
④ 江日升：《台湾外记》，福建人民出版社 1983 年版，第 107 页。
⑤ 杨英：《先王实录》，福建人民出版社 1981 年版，第 62~64 页。

“忠孝两全”。[1] 同时，嘱以“如未投诚，先献监国鲁王”。[2] 郑成功派常寿宁和郑奇逢为正、副使到福州和清使谈判，交代他们：“议和之事，主宰已定，不须尔等言及应对。只是礼节要做好看，不可失我朝体统，应抗应顺，因时酌行，不辱命可耳。”常寿宁等到省，与清使坚执宾主之礼，不行跪拜。回见郑成功，“述抗礼事，称其能使”。对清廷的这次招抚活动，郑成功一面提出，“兵马繁多，非数省不足安插，和则高丽朝鲜有例在焉”，一面“乘势分遣各提督总镇，就福、兴、泉、漳属邑派助乐输”，[3] 让清廷和郑芝龙在这次招抚活动中，处于骑虎难下的尴尬局面。另外，郑成功又令“杨致护送鲁王，从海道诣广西陛见以避之”。[4] 这是对郑芝龙要其“如未投诚，先献监国鲁王”的回答。

八月，郑芝龙又遣次子郑渡和李德、周继武、黄征明等到福建，配合清使叶成格、阿山的招抚活动。郑渡对成功哭诉说：“父亲在京许多斡旋，此番不就，全家难保，乞勉强受诏。”郑成功则对曰：“尔凡子未知世事。从古易代，待降人者多无结局，惟汉光武不数见。父既误于前，我岂蹈其后？我一日未受诏，父一日在朝荣耀。我若苟且受诏削发，则父子俱难料也。尔勿多言，我岂非人类而忘父耶？个中事，未易！未易！”因黄征明乞书回复郑芝龙，郑成功又写道：“大抵清朝外以礼貌待吾父，内实以奇货视吾父。今此番之敕书，与诏使之举动，明明欲借父以胁子。一胁则无所不胁，而儿岂可胁之人哉？且吾父往见贝勒之时，已入彀中。其得全至今者，亦大幸也。万一吾父不幸，天也，命也。儿只能缟素复仇，以结忠孝之局耳。”[5] 郑芝龙还写信给郑鸿逵，要他也帮助对成功进行劝降。鸿逵勉于兄命，“扶病舣舟，极力言劝”，成功亦不为所动。郑鸿逵在给郑芝龙的复信中说：“大侄云：大义灭亲，筹之早而计之决矣！彼素不听吾兄之言，岂肯听弟之言乎？”[6]

顺治十三年十二月，郑芝龙因劝降郑成功不果，又为家人尹大器首告，已被清廷囚禁，置之高墙，但仍不死心，又派谢表到宁德见成功。谢表对郑成功说：“太师受禁，无非为藩主不肯薙发耳。今天下已定，徒劳无益。父子天性，焉可弃绝？若早投诚一日，则太师早得一日之安。”成功喝曰：“尔辈但知保身，岂知误国为大？天下事安能逆料，滇南、川、贵、楚、越、荆、襄之地，豪杰辈出，

---

① 杨英：《先王实录》，福建人民出版社 1981 年版，第 68 页。

② 江日升：《台湾外记》，福建人民出版社 1983 年版，第 111 页。

③ 杨英：《先王实录》，福建人民出版社 1981 年版，第 69、74 页。

④ 江日升：《台湾外记》，福建人民出版社 1983 年版，第 111 页。

⑤ 杨英：《先王实录》，福建人民出版社 1981 年版，第 85、94 页。

⑥ 杨英：《先王实录》，福建人民出版社 1981 年版，第 91 页。

皆怀恢复之心，尔辈小人，焉敢鼓唇舌而妄谈天数，若不急退，当枭尔首。”之后，又写信对郑芝龙说：“嗟嗟！曾不思往见贝勒之时，许多好言，竟尔不听，自投虎口，毋怪乎其有今日也。吾父祸福存亡，儿料之熟矣。见其待投诚之人，有始无终，天下共晓。先以礼貌，后遂鱼肉，总是挟之一字，儿岂可挟之人哉？固已言之于先，而决之于早矣。今又以不入耳之谈，再相劝勉，前言已尽，回之何益？但谢表日夜跪哭，谓无可以回复为忧，不得不因前言而详明之。……儿志已坚，而言尤实，毋烦再报，乞赦不孝之罪。”① 这以后，郑芝龙由于多条锁链加身，行动完全失去了自由。而且他也知道，郑成功是根本不可能听其所劝而降清的，所以，劝降活动由此断绝。而郑成功对郑芝龙，虽感念父子情分，“每忆庭闱涕泗流”②，但在道义上，对郑芝龙是不可能加以谅解或放弃谴责的。

郑成功在对待隆武和降清问题上对郑芝龙的批判，从封建伦理道德观念来说，是大义灭亲，移孝作忠的英雄行为；用历史唯物主义的观点衡量，也是值得肯定的，因为，他违背父命所坚持的抗清斗争，在当时符合广大人民群众的利益。正像傅衣凌先生所说：“郑成功能冲决封建礼教的传统，大义灭亲，和全国人民一道高举反清的大旗，这比起同时代地主阶级投降派，如洪承畴、吴三桂等媚敌求荣者不知远胜多少，所以郑成功是值得人民歌颂的地主阶级抗战派的领袖人物。……郑成功的抗清，从海上起义到江南战役的一系列活动，都应该说是一种反压迫的正义斗争，符合于广大人民的利益。”③

二、事业方面的继承

郑成功虽然在政治上选择了与郑芝龙不同的道路，但在许多方面，他却是郑芝龙事业的直接继承者。

首先，在海上商业活动和“牌饷”的征收方面，郑成功不仅继承了郑芝龙的做法，而且还使活动规模更为扩大。

郑芝龙早年主要从事海盗活动，在他积累了一定资产并垄断了东西洋饷之后，就“以此居奇为大贾”。④ 对他的海上商业活动，中国史料记载不多。《明季

① 江日升：《台湾外记》，福建人民出版社 1983 年版，第 132~134 页。

② 《延平二王遗集》，载诸家：《郑成功传》，台湾文献丛刊本，第 129 页。

③ 傅衣凌：《关于郑成功的评价》，载厦门大学历史系编：《郑成功研究论文选》，福建人民出版社 1982 年版，第 236 页。

④ 林时对：《荷牐丛谈》，台湾文献丛刊本，第 156 页。

北略》说他“置苏杭细软两京大内宝玩，兴贩琉球、朝鲜、真腊、占城、三佛齐等国”。[①] 台湾学者根据荷兰文献介绍，郑芝龙与荷兰东印度公司之间商业活动十分频繁，曾经三次缔结商约。在17世纪20年代末到40年代期间，郑芝龙的商船在中国大陆、台湾、澳门地区以及日本、巴达维亚和东南亚各国之间往来航行，十分活跃。[②]

郑成功起兵之后得到的第一笔资财，就是从家族海外贸易活动的资金中强夺而来的。据《伪郑逸事》记载，成功起兵之初，“招集数百人，方苦无资，人不为用。适有贾舶自日本来者，使询之，则二仆在焉。问有资几何？曰：近十万。成功命取佐军。仆曰：未得主母命，森舍安得擅用？成功怒曰：汝视我为主母何人，敢抗耶？立斩之。遂以其资招兵制械，从者日众，竟踞金厦门”。[③] 郑成功在抗清事业有了一定的基础之后，为了进一步解决粮饷问题，便积极开展海外贸易活动。据《台湾外记》记载，“成功见士卒繁多，地方窄狭，以器械未备，粮饷不足为忧，遂与参军潘庚钟、冯澄世、蔡鸣雷、林俞卿等会议。澄世曰：方今粮饷充足、铅铜广多莫如日本。……藩主何不修书，竟以甥礼自待……且借彼地波粮以济吾用，然后下贩吕宋、暹罗、交趾等国，源源不绝，则粮饷足而进取易矣。成功是之，令兄泰造大舰，洪旭佐之，以甥礼遣使通好日本”。[④] “通好日本”，实际上就是与日本进行贸易活动。顺治十四年九月，永历向郑成功的使者杨廷世、刘九皋询问郑成功的兵船钱粮情况，二人答曰：“舳舻千艘，战将数百员，雄兵二十余万，粮饷虽就地设取，尚有吕宋、日本、暹罗、咬嚁吧、东京、交趾等国洋船可以充继。”[⑤] 这个材料，即可说明当时郑成功海上商业活动的范围和规模。

郑成功的海上商业活动有严密的组织系统和管理制度。他在山海两路各设五大商，下辖仁、义、礼、智、信、金、木、水、火、土十行。金、木、水、火、土五行设在杭州及其附近，为山路五商，负责对外贸易物资的采购。仁、义、礼、智、信五行设在厦门及其附近，为海路五商，负责出口物资的派运事宜。此外，另设有东、西洋船，分别航行于中国台湾、日本、吕宋和东南亚一带，并设有裕国库和利民库负责各行及东、西洋船的财务核算。所有海上商业活动都在户

---

① 计六奇：《明季北略》，台湾文献丛刊本，第174~175页。

② 杨绪贤：《郑芝龙与荷兰之关系》，载郑成功研究学术讨论会学术组编：《台湾郑成功研究论文选》，福建人民出版社1982年版，第309~312页。

③ 郁永河：《郑氏纪事》，载《裨海纪游》，台湾文献丛刊本，第47页。

④ 江日升：《台湾外记》，福建人民出版社1983年版，第101~102页。

⑤ 江日升：《台湾外记》，福建人民出版社1983年版，第138页。

官郑泰管理下进行。[①] 这种严密的组织系统和管理制度，在郑芝龙时代未见有记载，朱希祖先生在《延平王户官杨英从征实录》一书序评中说："郑氏养兵数十万，因全恃沿海之征收粮饷。然非经营东西洋商业及商行，亦不能措置裕如。盖成功藉芝龙余业，经商亦其家传……至于成功，则更扩而充之。"[②] 这个序评，就郑成功继承和发展郑芝龙的海上商业活动一事来说，确实是画龙点睛之笔。

至于"牌饷"的征收，郑芝龙在降明之后，即以福建海防官的身份征收原有的"水饷"，并擅为己有。"自就抚后，海船不得郑氏令旗，不能往来，每一船例入三千金，岁入千万计。"[③] "郑成功承其父的海上利薮，也不废水饷，不过不用水饷之名，而称之为牌饷。"最能说明郑成功征收牌饷的材料，还是他自己写给居留日本的同母弟田川七左卫门的两封信。信中说："东洋牌饷原定五百两，客商请给，须照额输纳，吾弟受其实惠，方可给与，切不可为商人所瞒短少饷额也。""东洋船应纳饷银，大者二千一百两，小者亦纳饷银五百两，俱有定例，周年一换。其发牌之商，须察船之大小，照例纳饷银与弟，切不可为卖，听其短少。不佞有令：着汛守兵丁、地方官盘验，遇有无牌及旧牌之船，货、船没官，船主、舵工拿解。"[④] 可见，当时东洋船牌饷，大船一条每年2100两，小船一条每年500两。西洋船牌饷的数额没有明确的记载，但估计不在东洋船之下。这笔收入，对郑成功的抗清事业亦有莫大的帮助。故郑成功在答复郑芝龙的劝降信时说："夫沿海地方，我所固有者，东西洋饷，我所自生自殖者也，进战退守，绰绰余裕。其肯以坐享者反而受制于人乎。"[⑤]

海上商业活动和牌饷的征收，是郑氏集团的主要经济支柱。这两大利薮，郑成功都是承袭自郑芝龙的，郑芝龙"以海利交通朝贵"[⑥]，营求官爵，为的是一己和家族的利益；而郑成功进行此项经营却是为了抗清的事业。所以，我们既要看到郑成功"子承父业"的一面，也要看到他们出发点和落脚点根本不同的一面。

其次，在与荷兰殖民者的斗争和对台湾的经营方面，郑成功也是郑芝龙事业继承者。

---

① 南栖：《台湾郑氏五商之研究》，载郑成功研究学术讨论会学术组编：《台湾郑成功研究论文选》，福建人民出版社1982年版，第195~198页。

② 杨英：《先王实录》，福建人民出版社1981年版，第151~152页。

③ 计六奇：《明季北略》，台湾文献丛刊本，第173页。

④ 张菼：《关于台湾郑氏的牌饷》，载郑成功研究学术讨论会学术组编：《台湾郑成功研究论文选》，福建人民出版社1982年版，第210~211页。

⑤ 杨英：《先王实录》，福建人民出版社1981年版，第63页。

⑥ 计六奇：《明季北略》，台湾文献丛刊本，第173页。

郑芝龙的一生，有两件事情值得称道。一件是抗击荷兰殖民者，一件是对台湾的经营和开发。

郑芝龙与荷兰东印度公司之间，从各自的利益出发，有时是贸易伙伴，有时则成为仇敌。前面已经提到，在17世纪20年代至40年代期间，郑芝龙与荷兰东印度公司曾三次缔结商约。然而，在此期间，他们之间也曾发生了多次冲突与战争。第一次冲突发生在明天启七年（1627年）。当时，福建巡抚以“将获得皇帝的准许与中国贸易”为饵，引诱荷兰东印度公司派舰队联合攻打在铜山的郑芝龙。“该海贼对我方前去进攻甚为愤怒。他拥有帆船千余艘，多方危害我们。例如，他捕获了我方一艘大帆船，连同船员八十五人。以后，另一艘有两副锚链从此地开往司令处的船也被捕获。新港号帆船满载货物，值一万八千里尔以上，本来打算安全地运往中国，也被截获。……最后，该窃贼又劫走我方快艇西卡佩尔号及艇上人员物资。”① 第二次冲突发生在明崇祯六年（1633年），当年七月，荷兰东印度公司企图用武力迫使明政府开放沿海口岸。乘明军无备，突袭厦门，击毁明军大量船只，包括郑氏的一些船只在内。当时郑芝龙已经投降明朝，他集合各种船只，并会合闽粤两省水师进行反击。九月，在金门料罗湾大败荷舰，焚毁大型夹板船五只，缴获一只，烧死、生擒大批荷兰人。“说者皆曰：闽粤自有红夷以来，数十年来，此捷创闻。”② 第三次冲突发生在崇祯十二年六月，郑芝龙在湄洲湾再次击败前来骚扰的荷兰人，焚毁荷舰多艘。自此，荷人“不敢入闽境”。③ 第四次冲突发生在崇祯十六年。“荷人据传译者称，芝龙阻止帆船航渡台湾，改航日本。荷人认此为芝龙背信之行为，将以俘虏中国船只为报复。芝龙则表示绝不畏惧。甚至声言将凿沉满载石块之帆船以堵塞台湾港口，并将阻止各种商品之输往台湾。并且准备以多数之兵员与船只攻击台湾荷兰城寨。……此项声明，果然奏效，三年间，芝龙之帆船与商人均未再遭荷人之骚扰。”④ 郑芝龙与荷兰东印度公司之间的矛盾和冲突，虽然大多是由各自的商业利益引起的，但郑芝龙的斗争，客观上打击了荷兰殖民者的势力，遏止他们对闽粤沿海的侵扰，维护了中国商人和沿海人民的利益。

郑芝龙对台湾的开发和经营，也有很大的贡献。明天启四年（1624年），他

---

① 甘为霖：《荷兰人侵占下的台湾》，载厦门大学郑成功历史调查研究组编：《郑成功收复台湾史料选编》，福建人民出版社1982年版，第98~99页。

② 邹维琏：《达观楼集》，载厦门大学郑成功历史调查研究组编：《郑成功收复台湾史料选编》，福建人民出版社1982年版，第27页。

③ 陈寿祺：《福建通志台湾府》，台湾文献丛刊本，第911页。

④ 杨绪贤：《郑芝龙与荷兰之关系》，载郑成功研究学术讨论会学术组编：《台湾郑成功研究论文选》，福建人民出版社1982年版，第313页。

和颜思齐等进入台湾。为了扩大党伙，召集漳、泉无业之民3000余人至台，以台湾为基地，进行海上商业和劫掠活动。颜思齐死后，郑芝龙继为集团首领。他利用当时福建连年大旱的机会，劫富济贫，礼贤下士，使饥民"归之如流水"①。崇祯元年，他就抚之后，又向福建巡抚熊文灿提议，由他集资，安置一部分饥民到台湾从事开垦，获得允准。于是，招得饥民数万，每人发给一定数量的牛种银，用船舶载到台湾，让其开垦荒土为田。台湾汉人由此激增，开发日渐，这些人也以"衣食之余，纳租郑氏"②。可以说，台湾最早的大规模开发，就是在郑芝龙的组织和领导下进行的。他留在台湾的部属，如领导反荷起义的郭怀一和引导郑成功入台的何斌等，对后来台湾历史的发展，也有一定的影响。

郑成功驱逐荷兰殖民者、收复台湾的历史功绩是举世公认的。这里，我们想说的是，郑成功进行这项伟大事业之时，在多种动机当中，也包含着一个极其平凡的动机，那就是：台湾是他父亲的产业，在他需要的时候，他完全可以而且应当继承下来。早在顺治十七年（1660年）十月，郑成功在击败清军对金、厦两岛的围攻，并开始准备进军台湾的时候，为了迷惑荷兰人，曾给荷兰东印度公司驻台湾长官一封表示亲善友好的信。信中说："多年以前，荷兰人前来大员附近居住，我父一官当时统治此地，曾予开放、指导，并维持该地与中国之贸易。"③这封信，虽然口气友善，但也强调了一个事实：即郑芝龙曾经是先于荷兰人的台湾统治者。郑成功率领大军在台湾登陆以后，在最初与荷兰东印度公司代表的交涉中，即表示："他完全没有义务说明自己行动的理由，但也没有必要隐瞒如下的事实：为了顺利地同鞑靼人作战，他认为应该占领'福摩萨'。该岛一向是属于中国的。在中国人不需要时，可以允许荷兰人暂时借居。现在中国人需要这块土地，来自远方的荷兰客人，自应把它归还原主，这是理所当然的事。他说，尽管他的人民屡次受荷兰人的虐待，但此来的目的并非同公司作战，只是为了收回自己的产业。……但如果荷兰人无视他的宽大为怀，拒绝交还他的财产，企图继续霸占下去，他只好用自己所拥有的一切力量来求其实现，而其全部费用则将由公司负担。"④ 在经过长时间的对热兰遮城的围攻之后，郑成功又"遣通事李仲入城说揆一王曰：此地非尔所有，乃前太师练兵之所。今藩主前来，是复其故

① 董应举：《崇相集选录》，台湾文献丛刊本，第41页。

② 黄宗羲：《赐姓始末》，台湾文献丛刊本，第6页。

③ C. E. S.：《被忽视的"福摩萨"》，载厦门大学郑成功历史调查研究组编：《郑成功收复台湾史料选编》，福建人民出版社1982年版，第138页。

④ C. E. S.：《被忽视的"福摩萨"》，载厦门大学郑成功历史调查研究组编：《郑成功收复台湾史料选编》，福建人民出版社1982年版，第153页。

土"。[①] 在荷兰人被逐出台湾之后，郑成功在《复台》一诗中写道："开辟荆榛逐荷夷，十年始克复先基（太师会兵积粮于此，出仕后为红毛荷兰夷酋弟揆一王窃据）。"[②] 这些材料都表明了郑成功的确是把台湾当作"先人故土"和家族"产业"加以继承的。

另外，在领兵作战的基本策略方面，郑成功从郑芝龙那里也是有所继承的。《东南纪事》记载："郑芝龙之北也，遗书戒成功曰：众不可散，城不可攻。南有许龙，北有名振，汝必图之。"[③] 郑芝龙的这段话，是他一生纵横东南沿海的基本经验的总结。实践证明，它对以海为家的郑氏集团的生存和发展是行之有效的。后来的事实表明，郑成功在许多方面，也是按照郑芝龙的这一教诲行事的。

郑芝龙自己遵循"众不可散"的原则，从海盗起家，当到明朝总兵，乃至隆武政权的"平国公"。然而，当清朝"许以破闽为王"[④]，"铸闽粤总督印以相待"[⑤] 的时候，郑芝龙却违背了自己的信条，不顾子弟、部将的反对，铤而走险，离开部众前往福州见贝勒，结果被挟持北上。这个时候，他把自己一生的经验（也有教训）告诉了郑成功。可是，郑芝龙在失去自由，成了人家的笼中鸟以后，又一而再、再而三地派人前往劝降，要郑成功走他的老路。倒是郑成功牢牢地记住了郑芝龙关于"众不可散"的教诲，不为清廷一再加码的优厚条件所动，对父亲屡屡答以"骑虎难下，兵集难散"，"时下我兵数十万，势亦难散"[⑥] 这一类的话。可以说郑成功正是用郑芝龙关于"众不可散"的教诲来抵制郑芝龙的劝降活动的。继承当中有批判，批判之中亦有继承。不但在这个问题上如此，就他们父子之间整个关系来说也是这样。

郑成功一生的用兵，有一个值得注意的现象，那就是，在一些重大的战役中，对一些主要的城镇，很少组织力量进行攻坚，大多是采用长期围困的办法。从一般的角度，不容易理解他的这种围城战略是怎样形成的，但是，如果联系郑芝龙北上时关于"城不可攻"的话，那就可以明白，原来这也是他们的家传"法宝"。

郑成功的围城战略有几个典型事例。顺治九年（1652 年）四月到九月，郑

---

① 江日升：《台湾外记》，福建人民出版社 1983 年版，第 167 页。

② 郑成功：《复台》，载厦门大学郑成功历史调查研究组编：《郑成功收复台湾史料选编》，福建人民出版社 1982 年版，第 1 页。

③ 邵廷采：《东南纪事》，台湾文献丛刊本，第 127~128 页。

④ 温睿临：《南疆逸史》（下），中华书局 1959 年版，第 426~427 页。

⑤ 夏琳：《闽海纪要》，台湾文献丛刊本，第 4 页。

⑥ 杨英：《先王实录》，福建人民出版社 1981 年版，第 52、64 页。

成功围困漳州达6个月之久，而且围城不打援。据《台湾外记》记载，清军在漳州被围之后，即驰调浙江金衢总兵马逢知增援。甘辉向郑成功要求，“逢知至，辉愿领兵御之。功曰：不然，凡用兵之道，岂可全恃勇力？当明彼此之情。今陈锦新丧，提调无人，抚提以素称骁勇之逢知，着其前来，必以一当百。勿战，纵之入城，然后围之，城内多添人马，粮食易竭，外调既迟，内势窘促，破之必矣”。[①] 马逢知的援兵入漳城之后，郑成功“传令各筑营盘围困，其营盘外开河沟一丈，鹿角一重，木栅一重，木栅内则竖籧篨（qúchú），每籧篨三个隔一位，设一铜百子铳，另筑短墙如城一样困守之。此北将王有才所画进，传各营如式而行。以为久困之计”。[②] 顺治十六年七月，郑成功率领十多万大军，数千只战船，大举北伐，直抵南京城下。据清方记载，郑成功到南京城下后，“深知臣等防守坚固，难于攻破，故又设立木栅，为长期围困之计。于上江、下江、江北等地停泊船只，拦截要道，以断我粮草”。[③] 为围困南京，郑军在南京城外“立营八十三座”。[④] 与郑成功一道北伐的张煌言记载，“延平大军围石头城者已半月，初不闻发一镞射城中，而镇守镇江将帅，亦未尝出兵取旁邑。如句容、丹阳，实南畿咽喉地，尚未扼塞，故苏、常援虏，得长驱入石头”。[⑤]《先王实录》也记载了郑成功与部将之间关于攻围南京的一场讨论。甘辉说：“大师久屯城下，师老无功，恐援虏日至，多费一番工夫，请速攻拔，别图进取。”而郑成功则说：“自古攻城掠邑，杀伤必多，所以未即攻者。欲待援虏齐集，必扑一战。邀而杀之，管效忠必知我手段，不降亦走矣。况属邑节次归附，孤城绝援，不降何待？且铳炮未便。又松江马提督合约未至，以故缓攻。诸将暂磨砺以待，各备攻具，候一二日令到即行。”[⑥] 结果南京城一围20多天，最后在清军的突袭下，郑军反而溃不成军。顺治十八年四月至十二月，郑成功在收复台湾的伟大斗争中，又围困热兰遮城达9个月之久。《先王实录》记载：“藩以台湾（指热兰遮）孤城无援，攻打未免杀伤，围困待其自降，随将各镇分派汛地屯垦。”[⑦] 以上三个围城事例，在郑成功的军事生涯中都占有重要的地位。这就足以说明，郑成功对郑芝龙关于

① 江日升：《台湾外记》，福建人民出版社1983年版，第103页。

② 杨英：《先王实录》，福建人民出版社1981年版，第46~47页。

③ 中国第一历史档案馆编：《清初郑成功家族满文档案译编》，载陈支平主编：《台湾文献汇刊》第一辑第六册，九州出版社、厦门大学出版社2005年版，第117页。

④ 中国第一历史档案馆编：《清初郑成功家族满文档案译编》，载陈支平主编：《台湾文献汇刊》第一辑第六册，九州出版社、厦门大学出版社2005年版，第121页。

⑤ 张煌言：《张苍水诗文集》，台湾文献丛刊本，第4页。

⑥ 杨英：《先王实录》，福建人民出版社1981年版，第210页。

⑦ 杨英：《先王实录》，福建人民出版社1981年版，第252页。

“城不可攻”的教诲是如何的铭刻在心了。

粤海的许龙和浙海的张名振是两支颇有势力的海上武装力量。郑氏集团要在东南沿海谋求发展，就必须除去这两支力量或使他们为自己所用，这一点郑芝龙和郑成功都是很清楚的。许龙每与郑氏为敌，后又降清，郑成功意在必除，这是毫不奇怪的。顺治十五年四月，郑成功在北上浙江之前，“与左武卫林胜密议：先取许龙，牵其船只，破其巢穴，免其出没海上，使我师北征无南顾之虑”。然后，郑成功出其不意，“督舟师直捣其港……许龙仅只身率众而逃，焚其巢穴而回”。[①] 至于张名振，他先在浙江辅佐鲁王，后势绌。同鲁王归附郑成功。在抗清这条战线上，他是郑成功的战友。然而，不知是先前各自辅佐唐、鲁的缘故，还是郑芝龙的话起了作用，郑成功开始时对张名振并不友好，“及名振至，成功不为礼，袒背见‘赤心报国’四字深入肤寸，乃呼老将军下拜。与兵二万，承制诸军，以期收复南京”。后来，张名振死于军中，也有人说是被郑成功毒死的。[②]

郑成功对郑芝龙海上事业的继承，使他的抗清活动有了充足的财源，也使他作出了驱逐荷兰殖民者、收复台湾的伟大壮举，所以，也是值得肯定的。

三、批判或继承原因的分析

郑成功对郑芝龙有批判亦有继承。为什么会批判？为什么又要继承？这是由什么东西决定的呢？

我们认为，郑成功在忠君和抗清问题上之所以会对郑芝龙持批判的态度，主要是由于他接受的教育和信仰与郑芝龙不同。

《台湾外记》记载，郑芝龙虽5岁入学启蒙，但他“性情荡逸，不喜读书”。18岁，“潜往粤东香山澳寻母舅黄程。程见虽喜，但责其‘当此年富，正宜潜心，无故远游，擅离父母’。一官诡答以‘思慕甚殷，特候起居，非敢浪游’。程留之”。[③] 这说明了，郑芝龙青少年时期接受封建伦理道德观念的教育是很差的。“不喜读书”，受封建伦理道德观念的影响自然就少；“无故远游，擅离父母”，说明他根本不把“父母在，不远游”的封建伦理道德观念当一回事。如果《鹿樵纪闻》《广阳杂记》《明季北略》等书关于他“因蒸后母，为父所逐”的记载可以相信的话，那么，就更可以说明，郑芝龙对封建伦理道德观念蔑视到何

---

① 杨英：《先王实录》，福建人民出版社1981年版，第167~168页。

② 邵廷采：《东南纪事》，台湾文献丛刊本，第128页。

③ 江日升：《台湾外记》，福建人民出版社1983年版，第3页。

种程度了。

郑芝龙到澳门以后，接受了天主教的洗礼。后来，在安平的家中，也常举行弥撒及其他天主教的仪式。甚至到了北京以后，还“经常探望两名基督教神父，为他们建立了住房和教堂，在被剥夺了尊号后还曾接受过教会的救济金，可见芝龙对于天主教也是长期信守不渝”的。① 郑芝龙信奉天主教，即说明他把封建礼教的那一套东西彻底地抛在一边了。至于他对天主教的教义有多少真正的理解，是否按照教徒的要求来检点自己的言行，由于史料不足，我们不敢妄加评论。但是，他在降清之前与子弟辩论的一通话，与基督教“勿抗恶”的原则，却有一定的相似之处。郑成功和郑鸿逵在郑芝龙降清之前都进行了恳切的规劝，但郑芝龙却说：“夫以天堑之隔，四镇雄兵且不能拒敌，何况偏安一隅。倘画虎不成，岂不类狗乎?”“识时务为俊杰。今招我重我，就之必礼我。苟与争锋，一旦失利，摇尾乞怜。那时追悔莫及。”“甲申之变，天下鼎沸，亦秦失其鹿，故清朝得而逐之，业已三分有二，若以小丈夫之气，振一旅而敌天下兵，恐亦不量力也。不如乘其招我，全军归诚，正弃暗投明，择主而事，古来豪杰亦往往有行之者，清朝正未必忍相弃耳。”② 这和《使徒保罗致罗马人的信》中所说的，“人人都应顺从在上的权威，因为没有一种权威不是从上帝出的。所有的政权，都为上帝所命定，因此，任何人反抗执权的人，就是反对上帝的命令。这种反抗的人，必自遭刑罚”，“执权人是上帝的使者，是为了你们的好处而来的”③ 基本精神是一致的。因为，这时在郑芝龙的眼里，清王朝才是真正的“在上的权威”，是新的“执权人”，是“上帝的使者”，反抗它是没有好处的。所以，他坚定地选择了降清的道路。

郑成功则不同，他 7 岁从日本回国，郑芝龙即为其“延师肄业”。15 岁，补南安县学生员，“试高等，食优二十人中”。④ “宏光时，入南京太学，闻钱谦益之名，执贽为弟子。”⑤ 他“性喜春秋，兼爱孙吴”⑥，特别在南京求学期间，“与东林复社人士经常往来”，“结为师友”，“东林复社所标榜的忠君爱国、杀身

---

① 陈碧笙：《郑芝龙的一生》，载《郑成功研究论丛》，福建教育出版社 1984 年版，第 151 页。

② 江日升：《台湾外记》，福建人民出版社 1983 年版，第 76 页。

③ 《罗马书》第十三章，转引自章海山：《西方伦理思想史》，辽宁人民出版社 1984 年版，第 162~163 页。

④ 郑亦邹：《郑成功传》，载诸家：《郑成功传》，台湾文献丛刊本，第 2 页。

⑤ 黄宗羲：《赐姓始末》，台湾文献丛刊本，第 1 页。

⑥ 江日升：《台湾外记》，福建人民出版社 1983 年版，第 32 页。

成仁的社会清议”对他有很大的影响。[1] 郑成功青少年时期受到封建伦理道德观念教育，形成了大义灭亲、杀身成仁、忠君报国的坚定信念，也养成了不畏邪恶险阻、坚贞不屈的品格。他在给弟弟郑渡的信中曾说：“而兄之坚贞自持，不特利害不能以动其心，即斧刃加吾颈，亦不能移吾志。”[2] 这种坚强不屈的信念，和基督教崇尚的“勿抗恶”的原则形成了鲜明的对照。所以，我们说郑成功在忠君和抗清问题上对郑芝龙的批判，就是以封建伦理道德为武器的。

郑成功在海上商业活动、“牌饷”的征收、抗击荷兰殖民者以及经营台湾等方面对郑芝龙的继承，则是由维护家族的利益和抗清的需要所决定的。这一点比较明显，本章不作过多的阐述。

过去，有的学者曾说：“郑成功所以值得敬仰，值得歌颂，是由于他能够决然脱离腐败家庭，抛弃泉州平原上无数的大庄园，同卖国投降的亲属断绝关系，反过来同人民接近，联合抗清，他的具体行动已超越了本阶级的利益。……这样不顾一身一家的利益而为国家民族的抗清人物，我们没有理由说他是代表拥明派地主阶级。”[3] 这种看法，我们不能同意。事实证明，郑芝龙的降清，并没有能够维护郑氏家族已经取得的利益，反而断送了自己的海上事业。郑成功在政治上同父亲决裂，也不能说他脱离了自己的家庭，“不顾一身一家的利益”。恰恰相反，郑成功没有随同父亲降清，才使他有可能继承和发展父亲的海上事业，从而更加有效地维护郑氏一族的利益。

---

① 刘伯涵：《郑成功与东林复社的关系》，载郑成功研究学术讨论会学术组编：《郑成功研究论文选续集》，福建人民出版社 1984 年版，第 305 页。

② 杨英：《先王实录》，福建人民出版社 1981 年版，第 88 页。

③ 胡允恭：《郑成功抗清驱荷的英雄业绩》，载厦门大学历史系编：《郑成功研究论文选》，福建人民出版社 1982 年版，第 251~252 页。

第三章

郑成功收复台湾的战略运筹

1661年—1662年间（清顺治十八年—康熙元年），郑成功率领3万大军，经过9个多月的斗争，驱逐了荷兰殖民者，收复了祖国的宝岛台湾。这一斗争的胜利，不但在中国历史上留下了光辉的一页，而且也是亚洲反殖民主义斗争史上的不朽篇章。在这场斗争中，郑成功运筹帷幄，在战略上作出了许多睿智的选择。回顾郑成功收复台湾的战略运筹，不仅有助于我们了解前人进行反侵略斗争的光辉业绩，而且也有助于从历史经验中获取教益。

一、国内外斗争形势发展的需要

郑成功，原名森，字明俨，又字大木，福建南安石井人。1645年（清顺治二年，南明隆武元年），其父郑芝龙和其叔父郑鸿逵在福州拥立唐王朱聿键，建立了南明隆武政权。郑森得到隆武的恩宠，赐国姓朱，改名成功。因此，后来人们常称郑成功为"赐姓"或"国姓爷"。1646年底，郑芝龙投降了清朝，郑成功与父亲分道扬镳，在烈屿（今小金门）誓师起兵，坚决抗清。1650年，郑成功夺取厦门，并以厦门和金门为抗清基地。这以后，他的军事力量日益增强，政治影响显著扩大，逐渐成为东南沿海地区最主要的抗清势力。在鼎盛时期，郑成功的军队共有陆军72镇、水师20镇，士兵近20万人，并且拥有各种船只5000余艘。他的军队以水师的战斗力为最强，善于在沿海和江河地区作战，往往是乘风而来，飘忽而去，常使清军望洋兴叹，束手无策。1659年，郑成功大举北伐，舟师直捣长江，但在南京城下失利。1662年，他完成了收复台湾的壮举，但不幸于当年6月23日（五月初八）在台湾病逝。

郑成功所处的时代，国内矛盾尖锐激烈，国际上，外国势力已开始对中国进行侵略扩张。郑成功正是根据当时国内斗争和国际斗争的需要，作出了收复台湾的战略决策。

从国内斗争来说，1644 年（明崇祯十七年，清顺治元年），李自成的农民起义军打进北京，推翻了明朝的统治。紧接着，清军在吴三桂的引导下入关，在北京建立了清朝政权。清政权建立之初，虽然也采取一些对明朝官绅进行笼络、对民众减轻剥削以及改革前朝弊政的措施，但其推行的一些民族压迫政策，如剃发、圈地以及掠人为奴等行径，加深了新统治者与广大汉族及其他民族人民的矛盾。当时，各地的抗清斗争风起云涌，争夺中国统治权的斗争并未结束。以南明政权为代表的明朝残余势力和以大顺、大西起义军为代表的农民武装，仍在与清王朝进行角逐。尤其是在湘、鄂两省以及广大的西南地区，大顺和大西农民起义军联合南明政权进行了持久和顽强的斗争。在南方，则先后有弘光、鲁王、隆武、绍武、永历等南明势力在作最后的挣扎。然而，经过十余年的斗争，到郑成功北伐失利之时，全国的抗清斗争已进入低潮。这时，大顺军刘体纯、李来亨等率余部退缩在川、鄂交界的山区，李定国余部也退至云南边陲地带。南明的最后一个皇帝——永历则逃入缅甸境内。在这种情况下，清军可以集中更多的力量加强对金、厦二岛的进攻。郑成功与清王朝的斗争，正面临着一种新的、更为严峻的形势。

再从国际斗争方面来看，郑成功出生的这一年，正是荷兰殖民者侵占台湾的那年。在此之前，葡萄牙、西班牙、荷兰等西方殖民者就开始了向东方的侵略扩张。他们先后在东南亚的一些地区建立了殖民地，并时常对中国的沿海地区进行侵略。荷兰殖民者侵占台湾之后，还不断地侵扰闽粤沿海地区，给当地人民的和平生活和商业活动造成了很大破坏，激起当地军民的反抗。郑芝龙就曾经在 1627 年（明天启七年）、1633 年（明崇祯六年）、1639 年（明崇祯十二年）三次抗击荷兰殖民者对福建沿海的侵扰。郑成功在起兵抗清后，与荷兰殖民者的矛盾也在不断地加深。从 1646 年起，就陆续有郑成功打算进攻台湾的消息传到荷兰人的耳中。“国姓爷由于处境不利，暗中觊觎‘福摩萨’。”“1646 年，公司从日本方面第一次获得了这方面的消息。”① 在这类消息的不断刺激下，荷兰殖民者始终把郑成功当作他们最危险的敌人。荷兰东印度公司驻台湾第十任长官费尔堡（NicolaesVerburgh）甚至说过，“当我在台湾，一想起可能将不幸落在我们身上的那个人（指郑成功）时，我的头发就直立起来”。②

① C. E. S.：《被忽视的“福摩萨”》，载厦门大学郑成功历史调查研究组编：《郑成功收复台湾史料选编》，福建人民出版社 1982 年版，第 123~124 页。

② 菲列普斯：《荷兰占领台湾简记》，转引自丁名楠：《郑成功收复台湾驱逐荷兰殖民者的胜利斗争》，载《郑成功研究论文选》，福建人民出版社 1982 年版，第 37 页。

另外，在海上贸易方面，郑成功与荷兰人也有直接的冲突。双方不但在东、西洋贸易中相互竞争，而且，荷兰人还时常在海上劫掠中国的商船，使郑成功的商业利益受到很大的损失。特别是1652年台湾郭怀一起义之后，荷兰人对郑氏到台船只每多留难，甚至公然劫捕。因此，郑成功也曾“刻示传令各港澳并东西夷国州府，不准到台湾通商”。① 尽管由于荷兰人的请求，郑成功于1657年解除了对台湾的封锁，但这种妥协，并没有解决双方之间根本的利益冲突。

为了在这种国内和国际斗争的格局中争得主动，郑成功下决心收复台湾。收复台湾有以下几个方面的好处：

第一，可以开辟一个理想的抗清基地。厦门和金门，在全国抗清斗争高涨时期，作为根据地还能适应斗争的需要。但在抗清斗争走向低潮之后，二岛弹丸之地则回旋余地太小，不但粮饷是一个很大的问题，而且连安顿家眷都有困难。台湾的幅员比金、厦二岛大得多，更重要的是，台湾海峡对水师薄弱的清军是一道难以逾越的屏障，而对拥有强大水师的郑军则是进退自如的通道。因此，郑成功曾明确地指出，台湾“田园万顷，沃野千里，饷税数十万。造船制器，吾民麟集”。“我欲平克台湾，以为根本之地，安顿将领家眷，然后东征西讨，无内顾之忧，并可生聚教训也。”②

第二，可以维护海商集团的利益。郑氏集团从郑芝龙时起就是一个武装的海商集团。他们最大的利益来自“牌饷”（向海上商船征收的船税）的征收和东、西洋贸易的收入。这两项收入一直是郑成功维持庞大军队的主要经济来源。在大陆沿海地区已难以固守的情况下，另辟新的海上贸易基地，“广通外国”，也是郑成功急于解决的一个问题。而台湾正处于东、西洋交通要冲，是海外贸易最好的中介地。取得台湾，对维护郑氏集团的经济命脉有利。

第三，可以一劳永逸地解决与荷兰殖民者的矛盾，保障台湾人民的利益。荷兰殖民者侵占台湾30余年，并以此为据点，不时侵扰大陆沿海商民。拔除荷兰殖民者在台湾的据点后，他们的活动基地便远退至巴达维亚（Batavia，今印尼雅加达），对中国沿海地区的威胁将大大减轻。同时，还可以使台湾人民免受其奴役。

第四，可以恢复先人故土。郑成功指出：台湾岛上的居民“都是中国人，他们自古以来占有并耕种这一土地”。“这一土地原属于我们的祖先。”③ 同时，郑

① 杨英：《先王实录》，福建人民出版社1981年版，第153页。

② 杨英：《先王实录》，福建人民出版社1981年版，第244页。

③ 吴玫译：《有关郑成功军队进攻台湾登陆过程的若干史料》，载《台湾研究集刊》1988年第2期。

成功知道，台湾曾经是他父亲郑芝龙“会兵积粮”的基地，岛上的许多汉族居民也是经郑芝龙出资组织从福建移居到那里的。因此，收复台湾可以无愧于先人。

郑成功收复台湾的决心是十分坚定的，尽管他在作出这一决策时曾遭到一些将领的反对。当时，在军事会议上，郑成功宣布他准备进攻台湾的想法之后，“时众俱不敢违，然颇有难色。惟宣毅后镇吴豪经到此处，独言风水不可，水土多病”。[①] 甚至还说：“炮台利害，水路险恶，纵有奇谋而无所用，虽欲奋勇而不能施，是徒费其力也。”前提督黄廷也附和吴豪的意见。但郑成功没有因此而动摇。他认为，吴豪的意见为“常俗之见，不足用于今日而佐吾之一臂也”。在提督亲军骁骑镇马信、协理五军戎政杨朝栋等人的支持下，郑成功最终下定决心，宣布“台湾非吾亲征不可”。[②]

郑成功收复台湾的决策还遭到友军的误解和反对。当时在浙江沿海一带坚持抗清的著名将领张煌言，在得知郑成功举兵进军台湾的消息后，曾派人给郑成功送去一封言辞激烈的《上延平王书》。信中指责郑成功“倘寻徐福之行踪，思卢敖之故迹，纵偷安一时，必贻讥千古”。“区区台湾，何与于赤县神州！而暴师半载，使壮士涂肝脑于火轮，宿将碎肢体于沙碛，生既非智，死亦非忠，亦大可惜矣！……使殿下奄有台湾，亦不免为退步，孰若早返思明，别图所以进步哉。”[③] 张煌言的误解和指责，同样没有动摇郑成功收复台湾的决心。

二、战前的准备工作

郑成功在作出收复台湾决策的前后，展开了一系列战前准备工作，主要有以下几个方面：

1. 麻痹荷兰殖民者，“用而示之不用”，以达到“攻其无备，出其不意”[④]的目的

1660年9月，巴达维亚殖民当局派出的由12艘战船，1453人（其中士兵600名）组成的支援舰队到达台湾。他们此行的目的有两个：如果台湾有遭到郑成功攻击的危险，便留下来帮助台湾荷军进行防卫。“如果有关国姓爷的谣言如

① 杨英：《先王实录》，福建人民出版社1981年版，第244页。

② 江日升：《台湾外记》，福建人民出版社1983年版，第156页。

③ 张煌言：《张苍水诗文集》，台湾文献丛刊本，第31页。

④ 中国人民解放军军事科学院战争理论部《孙子》注释小组：《孙子兵法新注》，中华书局1977年版，第5~6页。

以前各次那样已经消失”，“此支派往大员的军队主力，应于归航时用来进攻澳门。即在确定大员没有事故发生，一切危险已成过去，和平状态得以保持的情况下，采取上述行动”。然而，在台湾是否存在着被郑成功攻击危险的问题上，舰队司令燕・樊德朗（Jan van der Lann）与台湾长官及评议会的意见不一，争执不下。于是，他们决定派遣使者前往厦门，刺探郑成功对台湾的意图。“使者到达厦门时，受到国姓爷的殷勤接待。国姓爷表示他对荷兰东印度公司极为亲善。”“在谈话中，我方可靠的使者曾企图刺探他对鞑靼人的态度，以及在厦门大规模备战的情况。国姓爷不但是勇敢的战士，而且也是高明的政治家。他用下面几句话截断说，他不习惯于公开发表自己的意图，而经常为了需要，故意放出一些风声。”郑成功还让使者带回了一封给台湾长官的信。指出：多年来，我为“恢复国土，戎马倥偬，焉有余暇对此草莽丛生之小岛如台湾者采取敌对行动”。①

郑成功麻痹敌人的计策显然收到了一定的效果。尽管由于台湾殖民当局的坚持，支援舰队的600名士兵及4条船只被留在台湾，但樊德朗和所有的军官以及其余人员，却驾驶另外的几条船于1661年2月先后驶离台湾。“留下来的士兵都没有军官率领。”② 而郑成功收复台湾的大军仅在此两个月之后就从金门料罗湾扬帆进发了。

2. 积蓄粮草，修整船只，在物质上作好准备

为使大军能有充足的粮饷供应，郑成功曾先后派遣周全斌、马信等率领各镇兵马北上、南下取粮。1660年7月，“遣右武卫周全斌、提督亲军骁骑镇马信率左右虎卫镇、后冲、中冲、正兵、奇兵等镇北征，略地取粮”。8月，“吊回奇兵镇扎兴化一带地方，正兵镇扎福清一带地方，宣毅右镇黄元统领仁武、义武二镇扎澄（定）海、小埕、长乐一带地方，联络征饷”。11月，遣右武卫周全斌为总督，“前往南下取粮。是月，右武卫等师到潮阳县，进入和平贵屿取粮，攻破凤山寨，杀败潮州援虏，各船俱取有粮米称是”。③

横渡海峡作战，需要大量坚固的船只。从1660年10月到1661年2月，郑成功曾先后三次下令各镇修整船只，以备出征。10月23日（九月二十日），“北征右武卫等班回，藩令各镇备葺船只”。11月，“催各镇修葺船只，限月终报竣”。1661年2月，“藩驾驻思明州，传令大修船只，听令出征”。由于清政府的禁海

---

① C. E. S.：《被忽视的“福摩萨”》，载厦门大学郑成功历史调查研究组编：《郑成功收复台湾史料选编》，福建人民出版社1982年版，第133、138~139页。

② C. E. S.：《被忽视的“福摩萨”》，载厦门大学郑成功历史调查研究组编：《郑成功收复台湾史料选编》，福建人民出版社1982年版，第140页。

③ 杨英：《先王实录》，福建人民出版社1981年版，第241~243页。

政策，当时修船的材料如大杉木、桐油等获取都较为困难，修船工作进行得并不十分顺利。到 1661 年 3 月，仍有部分“船只修葺未备”[①]。但由于这项工作准备得较早，修好的船只仍能保证不失时机地将首批军队 25000 人运往台湾。

3. **选择有利的出兵时机**

出兵时机的选择，“必须考虑到荷兰、清朝以及郑军自身三方面的条件”[②]。郑成功收复台湾，面临着前有荷兰殖民者、后有清军这样一种腹背受敌的状况。为把敌人对郑军的威胁降低到最小，而使郑军对敌人的攻击收到最好的效果，郑成功选择了一个清军暂时不可能出兵，而荷军又难以从巴达维亚得到增援的时机，果断地出兵台湾。

郑成功南京战败之后，清军曾调集江、浙、粤、闽沿海数省水师和几万陆上兵马，由安南将军达素率领，对厦门和金门进行了一次大规模的进攻。1660 年 6 月 17 日（顺治十七年五月初十日），双方在金、厦海域展开激战。郑军取得胜利，“北兵大败，横尸满海”[③]。7 月 2 日（五月二十五日），郑军得到情报：“达素回省，传令各船并舵梢暂发回，候七月有令再吊。”[④] 这时郑成功对形势的估计是：清军虽经失败，但仍会发动新的进攻，战斗间歇只有几个月。当年 11 月，郑成功又得到了“达素回京，各水师尽吊，俱阁（搁）在岸边”[⑤] 的消息时，郑成功判断，清军已暂时放弃了组织新一轮进攻的努力。短期内，金、厦地区不会再受到清军的威胁。于是，他立即下令，“催各镇修葺船只”[⑥]。尤其是在 1661 年 2 月清顺治皇帝去世之后，郑成功对清军在短期内不可能对金、厦用兵的看法就更加坚定了。因为，按照封建统治阶级的惯例，君主新丧，一般不会主动地大规模用兵。对此，《海纪辑要》记载说，“赐姓以清世祖新薨，未暇战征，遂决意取之”。[⑦]

对荷兰殖民者的情况，郑成功也有一个准确的估量。在 17 世纪中叶，荷兰的经济力量和军事力量“在世界上是首屈一指的，它在贸易上的投资比英国多十五倍，商船吨数占世界总吨数的百分之五十，舰队实力超过了英、法两国舰队的

---

① 杨英：《先王实录》，福建人民出版社 1981 年版，第 242~244 页。

② 陈孔立：《郑成功收复台湾战争的分析》，载《郑成功研究论文选》，福建人民出版社 1982 年版，第 309 页。

③ 夏琳：《海纪辑要》，台湾文献丛刊本，第 26 页。

④ 杨英：《先王实录》，福建人民出版社 1981 年版，第 239 页。

⑤ 杨英：《先王实录》，福建人民出版社 1981 年版，第 242 页。

⑥ 杨英：《先王实录》，福建人民出版社 1981 年版，第 243 页。

⑦ 夏琳：《海纪辑要》，台湾文献丛刊本，第 27 页。

联合力量。荷兰的船队航行于五大洲的海洋，被称为‘全世界的海上马车夫’”。[①] 然而，这样一个不可一世的海上强权也不是无懈可击的。它在台湾的防卫力量比较薄弱，后援基地巴达维亚与台湾之间距离遥远，并且，其间的联系还受季风的影响。郑成功正是利用了荷兰殖民者的这些弱点，正确地选择了出兵台湾的时机。事后，台湾殖民当局长官揆一（Fredrick Coijet）在总结这方面的情况时，不得不佩服郑成功的敏锐。他指出，对郑成功来说，“当时又出现了一个大好时机，樊德朗已率领军官回到巴达维亚去了，支援船队的船只又分散在各地。派来的援军还不到六百名，即使包括原有的守军在内，也不足以保卫‘福摩萨’这块辽阔的土地。另一个重要因素是，北贸易风快要过去，如果‘福摩萨’遭到进攻，任何船只几乎不可能到巴达维亚去求援。因此，国姓爷肯定，只要能封锁住进攻的消息，不让巴达维亚方面得知，就不用担心巴达维亚方面派兵前来。而现在北贸易风（原注：‘福摩萨’及其全部地区，一年中有半年风向从北方不停吹来，另外半年则从南方吹来。北风始于十一月左右，称为北贸易风，南风始于五月左右，称为南贸易风）已过，肯定可以做到”。“国姓爷抓住这个机会，于1661年4月30日拂晓，率领几百只战船在热兰遮可以望见的‘福摩萨’海面出现。”[②]

尽管后来仍有一艘荷兰船只——马利亚号（Maria）快艇，从台湾逃出，“冒险逆着南贸易风，沿菲律宾群岛航行，历尽艰险，足足花了五十天，才到达巴达维亚港外的碇泊场”[③]，把台湾被包围的消息传到了巴达维亚，但已无济于事。郑成功所选择的出兵时机，无疑是最适当的。

三、采取的各项战略措施

在收复台湾的军事、政治斗争过程中，郑成功采取了一些行之有效的战略措施，归纳起来有以下几个方面：

1. 集中绝对优势的兵力

1661年2月，荷兰殖民者在台湾的防卫力量的情况是这样的：不包括樊德朗

---

① 陈碧笙：《台湾地方史》，中国社会科学出版社1982年版，第58页。

② C. E. S.：《被忽视的“福摩萨”》，载厦门大学郑成功历史调查研究组编：《郑成功收复台湾史料选编》，福建人民出版社1982年版，第141~142页。

③ C. E. S.：《被忽视的“福摩萨”》，载厦门大学郑成功历史调查研究组编：《郑成功收复台湾史料选编》，福建人民出版社1982年版，第165页。

的支援舰队，“岛上士兵和公司职员共有1700人”，其中900名是武装士兵。[①] 加上樊德朗留下的600名士兵，岛上共有军队1500人。即使把公司的所有职员也都武装起来，荷兰殖民者的全部力量也不超过2300人。

那么，郑成功在收复台湾的斗争中又投入了多少兵力呢？郑成功的复台大军分首程队伍（第一梯队）和二程队伍（第二梯队）。首程队伍于1661年4月30日抵达台湾，由右武卫等13镇组成。根据杨英的《先王实录》和当时荷兰人的记载，各镇将领和兵员情况如下：

右武卫周全斌	1800人
提督亲军骁骑镇马信	600人
左虎卫何义	800人
右虎卫陈蟒	900人
后冲镇黄昭	900人
宣毅后镇吴豪	900人
宣毅前镇陈泽	750人
礼武镇林福	700人
援剿后镇张志	900人
中冲镇萧拱宸	1000人
澎湖游击洪暄	550人
水师总兵罗蕴章	600人
左先锋镇杨祖	1000人
郑成功亲随卫队	300人

上述13镇加上郑成功的亲随卫队，共有士兵11700人，每名士兵各带随从1人，[②] 再加上舵工、水手以及其他勤杂人员，整个队伍大约为25000人[③]。二程队伍5月29日（五月二日）抵达台湾。由左冲、前冲、智武、英兵、游兵、殿

---

① 荷兰东印度公司：《巴达维亚城日志》，载厦门大学郑成功历史调查研究组编：《郑成功收复台湾史料选编》，福建人民出版社1982年版，第237页。

② 此处引用的资料，主要根据《巴达维亚城日志》中的记载（见《郑成功收复台湾史料选编》第256~257页），部分根据《先王实录》的记载。

③ C. E. S.：《被忽视的“福摩萨”》，载厦门大学郑成功历史调查研究组编：《郑成功收复台湾史料选编》，福建人民出版社1982年版，第142页。

兵、义武 7 镇组成，① 共有士兵 4400 人②。加上其他人员，整个队伍至少在 5000 人以上。首程、二程队伍相加，共计 30000 余人，其中，士兵在 16000 人以上。因此，后来施琅曾说，顺治十八年（1661 年），郑成功亲带去水陆官兵并眷口共计 3 万有奇，为伍操戈者不满 2 万。③

两相比较，郑军与荷军的比例，战斗人员是 16000：1500，包括勤杂人员在内，则是 30000：2300。郑成功集中了 10 倍于敌的绝对优势兵力，表明了他对收复台湾志在必得的决心。兵法云："十则围之。"④ 拥有如此优势的兵力，这也是郑成功在收复台湾斗争中采用围城待降打法的因素之一。

2. **围城待降**

1661 年 4 月 30 日，郑成功军队在何斌的引导下，顺利地通过了迂回窄浅的鹿耳门水道，在禾寮港登陆。登陆后的郑军迅速完成了对普罗文查城（Provintia）的包围。普罗文查城是台湾赤崁地区的防御核心重镇。经过 4 天的围困，普罗文查城中水源断绝，粮食和弹药也难以为继。荷军代司令描难实叮（JacobusValentijn）同意交城投降，5 月 4 日签订了投降协议。6 日，描难实叮和 230 名士兵退出普罗文查城。郑成功围城待降战法取得了初步的胜利。

在取得赤崁地区的控制权之后，郑成功立即令主力部队开往大员（即一鲲身）。5 月 5 日，郑军占领了大员市区，并从大员市区（东）、北线尾（北），以及大员与台湾本岛相连的狭长陆路（南）三个方向，对荷军最主要的据点热兰遮城形成包围。荷军多次拒绝郑成功的劝降。25 日，郑军向热兰遮发动了一次猛烈的进攻，但未得手。于是，郑成功调整部署，留下部分军队继续围困热兰遮，而将大部分军队分派各地，驻扎屯垦。

1662 年 2 月 1 日，守城荷军签约投降。至此，郑军对热兰遮长达近 9 个月的围困结束。

对郑成功的这种战法，有的著述认为，围城待降失之消极。郑成功强攻热兰遮受挫后，立即改变为围困的决心是正确的，但也有不妥的一面。首先是重复了南京战役的错误，"围而不严，封而不死"，没有切断城内荷军与海上的联系。荷援军 8 月到台时，竟可毫无阻碍地给城中补充军需，运出伤员，并与守军联合进

① 杨英：《先王实录》，福建人民出版社 1981 年版，第 253 页；另据同书 255 页以及荷兰人的有关记载，将"义武镇"补入。

② 荷兰东印度公司：《巴达维亚城日志》，载厦门大学郑成功历史调查研究组编：《郑成功收复台湾史料选编》，福建人民出版社 1982 年版，第 276 页。

③ 施琅：《靖海纪事》，福建人民出版社 1983 年版，第 53 页。

④ 中国人民解放军军事科学院战争理论部《孙子》注释小组：《孙子兵法新注》，中华书局 1977 年版，第 24 页。

行反击。其次，在战法上采用了单纯的围困方式，没有组织积极的进攻战斗与之配合。① 这种观点，值得商榷。它的不足之处，在于对郑成功一贯采用的战法和在收复台湾斗争中的深谋远虑了解不够。

郑成功用兵，有一个值得注意的现象，那就是，在重大的战役中，对一些主要城镇，很少组织力量实施攻坚，而大多是采用长期围困的战法。典型的战例，除南京战役和台湾战役外，还有1652年（顺治九年）的漳州战役。这一年的4—9月，郑成功围困漳州达6个月之久，而且也是围城不打援。这种围城战法，是郑氏军队根据其水师机动能力较强、攻坚能力较弱的特点而形成的。这也可以说是郑氏的“家传法宝”。早在1646年，当郑芝龙降清被挟持北上时，他在给郑成功留下的信中就强调过：“众不可散，城不可攻。”② 这是郑芝龙集团几十年生存和发展的基本经验，而且也符合兵法原则。《孙子》说：“上兵伐谋，其次伐交，其次伐兵，其下攻城。攻城之法为不得已。”③ 郑成功在用兵实践中，对城可围而不可攻的道理深信不疑，且行之有效。南京战役失利，并不是围城战法的错误，而只能归咎于郑军孤军深入和攻坚力量薄弱。④ 在收复台湾的斗争中，郑成功在对荷军多次劝降无效之后，一时性急，曾忽略了以往一贯奉行的用兵原则。当强攻受挫之后，他才冷静下来，回到了自己惯用的战法上来。事实表明，台湾战役是围城战法的一个十分成功的例子。

郑成功在收复台湾的斗争中采用围城待降的战法，还有一个更深层次的考虑。在当时国内外两个敌人当中，入关不久的清军是郑成功最难以应付的对手，而荷兰殖民者只要离开台湾，不再骚扰中国东南沿海地区，郑成功便没有必要与这个“海上霸王”继续为敌。要荷兰殖民者离开台湾，最好的办法不是用武力将他们消灭（根据当时双方力量的对比，用武力强行攻下热兰遮并非不可能），与荷兰人结下不解之仇，而是经过围困，让他们自动投降。

如果做到了这一点，将在以后的斗争中更为主动。正是出于这方面的考虑，郑成功在围城的同时，又展开了一系列的政治和外交攻势。

3. **积极展开政治、外交攻势**

收复台湾是正义的反侵略斗争。因此，郑成功在军事行动的同时，理直气壮

---

① 中国军事史编写组：《中国军事史》第二卷，兵略（下），解放军出版社1983年版，第777页。

② 邵廷采：《东南纪事》，台湾文献丛刊本，第127~128页。

③ 中国人民解放军军事科学院战争理论部《孙子》注释小组：《孙子兵法新注》，中华书局1977年版，第22页。

④ 薛瑞录：《郑成功北伐战略新探》，载《郑成功研究国际学术会议论文篇》，江西人民出版社1989年版，第80页。

地在政治、外交方面展开了一系列的攻势。他一再警告荷兰殖民者：台湾是属于中国的。中国对台湾岛拥有主权。荷兰人只有离开台湾才是唯一的出路。

1661年4月27日（三月二十九日），当郑军还在澎湖候风之时，郑成功就拟好一封给台湾长官揆一的信。这封信于5月1日被分别送到揆一和普罗文查城代司令描难实叮的手中。同时，郑军还将这封信的内容用布告的方式公之于众。信中说，台湾和澎湖应由中国政府管辖，这两个“岛屿上的居民都是中国人，他们自古以来占有并耕种这一土地”。你们“必须明白继续占领别人的土地是不对的”。如果你们能用友好的谈判方式让出城堡，生命和财产安全将受到保障。①

5月3日，荷兰人在初战失败之后，同意进行谈判，派来两名使者会见郑成功。郑成功对他们说：“该岛（指台湾）一向是属于中国的，在中国人不需要时，可以允许荷兰人暂时借居。现在中国人需要这块土地，来自远方的荷兰客人，自应把它归还原主，这是理所当然的事。”郑成功还说“为了证明他无意夺取公司的财产以自肥，他愿意允许荷兰人用自己的船只装载动产和货物、拆毁城堡、把枪炮及其他物资全部运回巴达维亚，但这一切必须即刻进行”。如果荷兰人方面无视这种正当的要求，企图继续霸占下去，他只好用自己拥有的一切力量来求其实现，而其全部费用将由公司负担。在谈判中，荷方使者根据台湾殖民当局的授权，曾提出了两个方案：（1）荷方愿意付一笔赔款给郑成功，但郑成功必须退出台湾。（2）荷兰人可以让出台湾本岛，但必须继续居住大员。郑成功明确地表示，“他坚定不移的目的是要荷兰人放弃全岛”。②

在决定对热兰遮实行长期围困之后，郑成功于6月27日、28日、30日，先后三次写信给城中的荷兰人。他明确指出，热兰遮不可能坚守很久，也难等到明年援兵的到来，因为在本年内巴达维亚只能有商船开来。即使巴达维亚派来援兵，至多也只能有10只战舰和2000名士兵，数量仍然比郑军少得多。即使能不断获得有限的增援，坚守10年，我们也有耐心奉陪。③

郑成功的围城战法与政治、外交攻势并用，收到了明显的效果。从开始围城到1661年11月20日，热兰遮城内因负伤和得病而死者达500余人。其中军队379人（上尉2人、中尉4人、少尉3人、军曹15人、士兵355人），妇女和奴

---

① 吴玫译：《有关郑成功军队进攻台湾登陆过程的若干史料》，载《台湾研究集刊》1988年第2期；另参照《郑成功收复台湾史料选编》第261页的有关记载。

② C. E. S.：《被忽视的“福摩萨”》，载厦门大学郑成功历史调查研究组编：《郑成功收复台湾史料选编》，福建人民出版社1982年版，第148、153页。

③ C. E. S.：《被忽视的“福摩萨”》，载厦门大学郑成功历史调查研究组编：《郑成功收复台湾史料选编》，福建人民出版社1982年版，第163页。

隶 157 人。“此外还有与军队无关者数人。”① 连续的围困和政治攻势，使一些荷军士兵看清了唯有投降而没有别的出路。特别是在 12 月初，支援舰队司令雅各布·考乌（Jacob Caeuw）利用台湾评议会派遣他前往福建沿海联合清军作战的机会，带领 2 艘船逃回巴达维亚之后，热兰遮城中更加恐慌。于是，有些人开始自动地向郑军投降。12 月 16 日，一个名叫汉斯·哲根·拉迪斯（Hans Jurgen Radis）的军曹向郑军投降，并提出了一条建议。他说，“由于长期的继续不断的围困，守军已经精疲力竭，城中已经找不到 400 名强壮的士兵，并且这个数字也由于疾病而日益减少，强壮的士兵也由于疲劳，不可能坚持很久了”。因此，他提议要用连续进攻，来彻底疲惫守军，使其完全绝望。② 郑成功采纳了他的建议，于 1662 年 1 月 25 日组织了向热兰遮的猛烈炮击，果然收到了很好的效果。27 日，台湾殖民当局评议会写信给郑成功，表示愿意进行谈判，考虑交出热兰遮城堡。

4. 争取广大台湾民众的支持，最大限度地孤立荷兰殖民者

要确保驱逐荷兰殖民者的斗争顺利进行，争取广大台湾民众的支持，是十分重要的条件。郑成功很清楚这一点。因此，他采取了许多措施，得到了广大民众对收复台湾斗争的支持。

在台湾的汉族民众，对郑成功有所了解。他们当中有不少人还是当年郑芝龙组织到台湾的移民或其后裔。由于他们受到荷兰殖民者残酷的压迫和剥削，争取他们支持反荷斗争，相对要容易一些。当收复台湾的大军在澎湖候风之时，郑成功就派了两艘船只到台湾进行侦察并发动群众。4 月 28 日，这两艘船只回到澎湖，带来了振奋人心的消息：当地居民热烈欢迎国姓爷入台。③ 果然，当 30 日郑军在禾寮港登陆时，“随即有几千中国人出来迎接他们，用货车和其他工具帮助他们登陆”。这样，不到两个小时，几千个士兵已经完成了登陆。而郑军对普罗文查和热兰遮的分割包围，也“由于得到中国居民中 25000 名壮丁的帮助，在三四小时内就完成了”。④ 这些事实说明，收复台湾的斗争得到了台湾汉族民众最充分的支持。

---

① 荷兰东印度公司：《巴达维亚城日志》，载厦门大学郑成功历史调查研究组编：《郑成功收复台湾史料选编》，福建人民出版社 1982 年版，第 290~291 页。

② C. E. S.：《被忽视的“福摩萨”》，载厦门大学郑成功历史调查研究组编：《郑成功收复台湾史料选编》，福建人民出版社 1982 年版，第 177 页。

③ 荷兰东印度公司：《巴达维亚城日志》，载厦门大学郑成功历史调查研究组编：《郑成功收复台湾史料选编》，福建人民出版社 1982 年版，第 257 页。

④ C. E. S.：《被忽视的“福摩萨”》，载厦门大学郑成功历史调查研究组编：《郑成功收复台湾史料选编》，福建人民出版社 1982 年版，第 142、147 页。

台湾的一些土著族民众在荷兰殖民者的统治下，被迫接受了基督教的洗礼和文化教育。对土著族民众，郑成功也做了许多团结工作。收复台湾大军登陆后不久，赤嵌附近一些村社的土著族头目前来迎附，郑成功即设厚宴款待，并赐给正副土官袍帽靴带等物，表示慰问。郑成功的亲善态度使土著族头目们深受感动，于是，“南北路土社闻风归附者接踵而至，各照例宴赐之，土社悉平怀服”。[①] 郑成功还亲自到新港、目加溜湾、萧垅、麻豆等社视察，土著居民“男妇壶浆，迎者塞道”。郑成功慰以好言，赐之酒食、烟、布，土著民众“甚是喜慰”。为了维护土著民众的利益，郑成功在发布屯垦令的同时，反复强调“不许混圈土民及百姓现耕田地”。[②] 当驻扎北路屯垦的援剿后镇、后冲镇官兵与大肚社土著居民发生冲突时，郑成功立即派遣兵都事李胤前往监制各镇，不准他们搅扰土社，并将滋事的后冲镇官兵调离。郑成功团结土著族的政策得到了很好的回报，土著族民众对郑成功的驱荷斗争积极予以支持。他们自动地帮助郑军肃清躲藏在土著村社中的荷兰人。一个名叫汉布鲁克（Hambrock）的荷兰牧师曾悲叹说：“我国人无论投向何方，都不能逃出虎口。”[③]

四、运用各项战略措施的成效

孙子曰：“凡用兵之法，全国为上，破国次之；全军为上，破军次之；全旅为上，破旅次之；全卒为上，破卒次之；全伍为上，破伍次之。是故百战百胜，非善之善者也；不战而屈人之兵，善之善者也。”[④] 郑成功在收复台湾的斗争中，采用了集中绝对优势兵力、围城、展开政治外交攻势、最大限度地孤立敌人等一系列战略性的措施。他所希望达到的最佳效果，自然是“不战而屈人之兵”。然而，由于荷兰殖民者自恃船坚炮利，他们的国家是世界上头号的海上军事强国，在向东方的扩张中从未遭受过重大的挫折，因狂妄自大，根本不把中国人看在眼里。C. E. S. 的《被忽视的“福摩萨”》记载说：“据荷兰人估计，25 个中国人合在一起还抵不上 1 个荷兰兵。”“这已经成为我方战士不可推翻的结论。”郑成

---

① 杨英：《先王实录》，福建人民出版社 1981 年版，第 250 页。

② 杨英：《先王实录》，福建人民出版社 1981 年版，第 252、254 页。

③ 荷兰东印度公司：《巴达维亚城日志》，载厦门大学郑成功历史调查研究组编：《郑成功收复台湾史料选编》，福建人民出版社 1982 年版，第 278 页。

④ 中国人民解放军军事科学院战争理论部《孙子》注释小组：《孙子兵法新注》，中华书局 1977 年版，第 21 页。

功的军队“一旦和荷兰人交战，他们便会被打得落花流水”。[①] 在这种情况下，郑成功要使荷兰人屈服，不战是不可能的。郑成功运用正确的战略方针，取得了“少战”而屈人之兵的结果，这实际上已经达到了很高的用兵境界。

在收复台湾的斗争中，郑军与荷军的战斗一共有4次：

第一次，1661年5月1日（明历四月初三），荷军为了夺回对鹿耳门和大员海面的控制权，从陆、海两路向郑军发动了攻击。在陆路，上尉贝德尔（Thomas Pedel）率领240名士兵在北线尾登陆，立即遭到4000名郑军的反击。贝德尔及118名士兵被打死，其余的人逃回了热兰遮城。在海上，荷方4艘战舰发动攻击后，也遇到了几十艘郑军战船的围攻。结果，荷舰赫克托号（Hector）被击沉，另3舰逃离大员海面。

第二次，5月25日（四月二十七日），郑军向热兰遮城发动强攻，由于城堡坚固，荷军炮火猛烈，郑军攻击部队隐蔽不良等原因，伤亡较大，攻城未能得手。

第三次，9月16日（八月二十三日），从巴达维亚开来的荷军支援舰队配合热兰遮守军向郑军水师发动了一次攻击。结果，郑军分别将荷舰科克伦号（Koukeren）和科登霍夫号（Cortenhoef）击沉和烧毁，并且缴获了小艇3艘，打死荷方船长1名、尉官2名以及士兵128名。

第四次，1662年1月25日，郑军集中了30门大炮，从东、南、北三个方向向热兰遮及其外围工事乌特利支堡（Utrecht）实施猛烈炮轰，总共发射了2500发炮弹。结果，乌特利支堡的荷军难以抵御，只好退入热兰遮城。而热兰遮城的四角附城亦多处倒塌。这次炮击，将荷兰殖民者顽抗到底的意志彻底粉碎了。

经过这几次战斗，郑成功迫使荷兰人回到了谈判桌上来，并于2月1日签署了投降协议书。协议书共有18条条款，其中最主要的内容是：“双方停止一切敌对行动，从此不记前仇”；“荷方应将热兰遮城堡、外堡、大炮、剩余的军用物资、商品、现金以及其他属于公司的财产全部交与国姓殿下”。属于私人的动产可以带走，同时还可以带走荷兰人在返回巴达维亚途中所必需的物品。[②] 2月9日，荷兰人退出热兰遮城，揆一在海滩上将城堡的钥匙交给了郑成功的代表。至此，郑成功收复台湾、驱逐荷兰殖民者的斗争取得了完全的胜利。

这一历史性的胜利，是郑成功正确进行战略运筹的结果。郑成功完成收复台

---

① C. E. S.：《被忽视的“福摩萨”》，载厦门大学郑成功历史调查研究组编：《郑成功收复台湾史料选编》，福建人民出版社1982年版，第145页。

② C. E. S.：《被忽视的“福摩萨”》，载厦门大学郑成功历史调查研究组编：《郑成功收复台湾史料选编》，福建人民出版社1982年版，第183页。

湾的壮举表明，“他不仅是我国古代军事史上的一位卓越军事统帅，而且是一位伟大的民族英雄”。①

当然，郑成功在收复台湾的斗争中也有一些失误。例如，由于对可能出现的异常气候估计不足，一度使郑军陷于粮食供应不继的困境。1661 年 8、9 月间（清历七月至闰七月，明历七月至八月），由于台湾海峡出现了连续一个多月的大风，金、厦方面的运粮船不能及时驶往台湾，② 造成了郑军“官兵日只二餐，多有病没”③ 的状况。这样的失误，在当时的条件下虽然难以避免，但它毕竟是收复台湾战略运筹中的缺憾。

① 中国军事史编写组：《中国军事史》第五卷，解放军出版社 1990 年版，第 701 页。

② 邓孔昭：《从卢若腾诗文看有关郑成功史事》，载《台湾研究集刊》1996 年第 1 期。

③ 杨英：《先王实录》，福建人民出版社 1981 年版，第 258 页。

附录一　郑成功收复台湾期间的粮食供应

以往的研究中，虽有一些对郑成功军粮问题的研究①，但郑成功收复台湾期间的粮食供应问题，人们却没有进行过深入的探讨。本章拟从郑成功的复台大军曾经面临怎样的粮食供应局面、郑成功如何解决这两方面入手，探讨这一攸关3万复台大军生死的粮食供应问题。

一、复台大军遇到的粮食供应的困境

郑成功在复台大军渡海东征之前，为了军队能有充足的粮饷供应，曾先后派遣周全斌、马信等率领各镇兵马北上、南下取粮。南明永历十四年（清顺治十七年，1660年）七月，“初十日，遣右武卫周全斌、提督亲军骁骑镇马信率左右虎卫镇、后冲、中冲、正兵、奇兵等镇北征，略地取粮。……二十日，右武卫周全斌等攻破□□□□顽寨，其寨依山近水，我师湾泊时，常恃□（险）阻梗出没，牵我哨船，至是平之，藉其资重粮米甚多”。十一月，“遣右武卫周全斌为总督，提调左、右虎卫镇，援剿后镇；以马挂印为副督，提调罗蕴章；仍以宣毅后镇吴豪暂统领宣毅前镇、殿兵、游兵□（二）镇及后冲副将张华；以中冲镇暂统领宣毅左镇、右冲等□（镇）；□（仍）以援剿前镇暂督统英兵、后劲二镇；而后冲镇总领水师官兵，前往南下取粮。……右武卫等师到潮阳县，进入和平贵屿取粮，攻破凤山寨，杀败潮州援虏，各船俱取有粮米称是”。② 这两批取粮的队伍，基本上就是后来东征台湾的部队。所取的粮饷，当然，首先就是为了满足东征复台的需要。

然而，郑成功的复台大军在东征期间，还是多次遇到了粮食供应不继的

① 如庄金德：《郑氏军粮问题的研讨——从郑氏的缺粮征粮到屯田台湾》，载《台湾文献》12卷第1期；徐国祥：《郑成功军粮问题的探索》，载方友义主编：《郑成功研究》，厦门大学出版社1994年版。

② 杨英：《先王实录》，福建人民出版社1981年版，第241~243页。

问题。

第一次粮食供应危机，发生在大军澎湖阻风期间。郑成功的复台大军于南明永历十五年三月二十二日（1661年4月21日）登船，二十三日从金门料罗湾出发。登船时，“每人发大麦两干担（一干担通常为十斤，即十二·五磅）作为五日的口粮”。[①]“二十四日，各船俱齐到澎湖，分各屿驻扎。”由于风向不顺，大军便在澎湖候风，“藩驾驻屛内屿候风开驾。二十七日，大师开驾至柑桔屿阻风，又收回澎湖屛内屿。时官兵多不带行粮，因何廷斌称，数日到台湾，粮米不竭，至是阻风乏粮。藩令户都事同洪游击就澎湖三十六屿□（派）取行粮，□□正供。时吊集各澳长追取接给。各澳长搜索二日，回称：各屿并无田园可种禾粟，惟番薯、大麦、黍稷，升斗凑解，合有百余石，不足当大师一餐之用。藩惊乏粮，又恐北风无期，随于三十晚传令开驾。时风报未息，风雨阴雾，管中军船蔡翼并陈广等跪禀，暂候风雨开驾。藩谕曰：冰坚可渡，天意有在。天意若付我平定台湾，今晚开驾后，自然风恬浪静矣。不然，官兵岂堪坐困斯岛受饿也？是晚一更后，传令开驾，□风雨少间，然波浪未息，惊险殊甚。迨至三更后，则云收雨散，天气明朗，顺风驾驶”。[②] 这次粮食供应危机，主要是由于大军在澎湖阻风而且没有多带行粮。每人携带的两斗大麦，是按战士5天的口粮准备的。但到了三十日，已是大军登船后的第9天。为了摆脱粮食供应危机，郑成功只好不等风雨停歇，命令船队冒险出发。好在其后有惊无险，船队顺利抵达台湾。

第二次粮食供应危机，大约发生在大军登陆台湾半个月以后。郑成功的大军四月初一日在台湾登陆，迅速形成了对荷兰人的两个主要据点热兰遮城和普罗文查城的分割包围，并很快取得了粮食补给。据《先王实录》记载，“是晚，赤嵌城夷长猫难实叮发炮击我营盘，并焚马厩粟仓。其赤嵌街系我民居草厝，藩恐被焚毁粮粟，特差户都事杨英持令箭委同杨戎镇督同援剿后镇张志官兵看守堵御，不许官兵混搬，亦不可致红夷焚毁，候明日分派发给官兵粮食。由是各街米粟，看守完全，无敢侵扰。次日，即令户都事杨英将街中米粟，一尽分发各镇兵粮，计匀足半个月”。[③] 但半个月之后，“台湾城未攻，官兵乏粮”。[④] 这次粮食供应危机，是由于郑军在台湾征集的第一批粮食已经吃完，而金、厦方面的运粮船未到以及新的征集粮食的工作尚未进行。随着新的征粮工作的开展以及金、厦运粮船

① 荷兰东印度公司：《巴达维亚城日志》，载厦门大学郑成功历史调查研究组编：《郑成功收复台湾史料选编》，福建人民出版社1982年版，第256页。

② 杨英：《先王实录》，福建人民出版社1981年版，第245~246页。

③ 杨英：《先王实录》，福建人民出版社1981年版，第248页。

④ 杨英：《先王实录》，福建人民出版社1981年版，第252页。

的到来，郑军的粮食供应又得到了暂时的解决。

第三次粮食供应危机，发生在南明永历十五年的七八月间（清顺治十八年七月、闰七月间）。这是时间最长、状况最严重的一次粮食供应危机。据《先王实录》记载，“七月，藩驾驻承天府。户官运粮船不至，官兵乏粮，每乡斗价至四五钱不等。令民间输纳杂子番薯，发给兵粮。……八月，藩驾驻承天府。户官粮船犹不至，官兵至食木子充饥，日忧脱巾之变。藩心含之，大书于座前云：户失先定罪。遣杨府尹同户都事杨英往鹿耳门守候粮船，并官私船有米来者，尽行买籴给兵。……□（二）十二日，遣户都事杨英押米船前往二林、南社接给兵粮，并同李胤察访兵心□（何）如回报。时粮米不接，官兵日只二餐，多有病没，兵心嗷嗷”。①

这次粮食供应危机，主要是由于金、厦运粮船没有及时到来所造成的。当时，郑成功认为这是户官郑泰的过失，因此写下了“户失先定罪”的告示。后来的一些研究者也有认为是郑泰运粮接济不力或有意不发船只到台湾造成的。事实上，当时金、厦运粮船没有及时接济台湾却是由于顶头逆风——“石尤风”的影响。卢若腾的《石尤风》一诗对金、厦运粮船无法抵达台湾和东征将士受饥的状况有十分生动的描写：“石尤风，吹卷海云如转蓬；连艘载米一万石，巨浪打头不得东。东征将士饥欲死，西望粮船来不驶。再遭石尤阻几程，索我枯鱼之肆矣。噫！吁嚱！人生惨毒莫如饥，沿海生灵惨毒遍，今日也教将士知。”② 说明当时郑泰是组织了运粮船接济台湾的，只是由于“石尤风”的影响，这些运粮船才未能及时接济台湾。另外，荷兰人的记载也为此提供了一些间接的佐证。C. E. S. 的《被忽视的“福摩萨”》记载，1661 年 8、9 月间，台湾海峡大风不止，③ 金、厦运粮船不能抵达台湾的客观因素是存在的。等到盼望已久的金、厦运粮船终于到来和台湾新垦的土地有所收获之后，这次粮食供应危机才得到了解决。

三次粮食供应危机，说明了 3 万复台大军在台湾这样一个新区作战，和后方基地之间还隔着一道波涛汹涌的台湾海峡，它的粮食供应工作是何等的繁重、艰巨和困难！

---

① 杨英：《先王实录》，福建人民出版社 1981 年版，第 256~258 页。

② 卢若腾：《岛噫诗》，台湾文献丛刊本，第 25 页。

③ C. E. S.：《被忽视的“福摩萨”》，载厦门大学郑成功历史调查研究组编：《郑成功收复台湾史料选编》，福建人民出版社 1982 年版，第 167~170 页。

二、解决粮食供应问题的各项措施

那么，郑成功是如何解决复台大军的粮食供应问题的呢？根据历史资料，他主要采取了以下几种办法：

1. 复台大军随军携带一部分粮食

前面已经说过，郑成功复台大军的首程队伍（第一梯队）每人携带了 20 斤的大麦。首程队伍大约为 25000 人，他们携带的行粮总数至少在 5000 石以上。二程队伍（第二梯队）大约为 5000 人，五月二日（5 月 29 日）抵达台湾。他们随身携带了多少粮食？没有具体的记载。但是，由于有了首程队伍的教训，他们人均携带行粮的数量至少不会少于首程队伍则是可以肯定的。那么，他们携带的行粮总数至少在 1000 石以上。随军携带的行粮，对于外线的短期作战，可以解决很大的问题。但对于复台战役这样一个持久的战斗来说，这点粮食，则有点杯水车薪。

2. 缴获荷兰人的粮食

由于郑成功进兵神速，荷兰人储存的大批粮食来不及处理，成了郑氏军队的战利品。据"热兰遮城堡决议录"记载，1661 年 5 月 3 日，热兰遮城堡中的荷兰人作出决议："从城堡抽调一百三十名战士增援热兰遮市区，以加强保护居民。同时要处理贮藏在那边许多房子里的大宗谷物，明天就要决定是否把它烧掉或搬进城里。由于数量很多，后一种办法几乎是不可能的，因为敌人随时会突然出现。"① 所以，荷兰人决定烧毁这批粮食。另据《巴达维亚城日志》记载，"关于这些谷物的数量，长官信中全未提及，但据司令官考乌信中所说，除稻谷二十万袋外，还有猪及家畜一千多头"。5 月 5 日，"长官于上午九时左右，派兵和一队民团到市区烧毁谷仓、市场、木材场、前排大房屋、装有十一万张鹿皮的木仓库、医院、锻造场和堆积如山的柴薪。木材场和毛皮库进行得很顺利，但谷仓和前排大房屋没有烧毁成功，这对敌人来说是再好不过的了。他们于第二天上午向市区东侧派出了帆船和几艘舢板船，将那些谷物全部载走。……国姓爷如果没有从该地获得如此大量的粮食，其军队就会因饥饿而崩溃，或者不得不被迫撤退，事实已清楚地证明了这一点"。② 郑成功从热兰遮市街和赤崁市街缴获的这批粮

---

① C. E. S.：《被忽视的"福摩萨"》，载厦门大学郑成功历史调查研究组编：《郑成功收复台湾史料选编》，福建人民出版社 1982 年版，第 207 页。

② 荷兰东印度公司：《巴达维亚城日志》，载厦门大学郑成功历史调查研究组编：《郑成功收复台湾史料选编》，福建人民出版社 1982 年版，第 268~269 页。

食，前面已经提到，足够整个复台大军半个月的食用。

另外，郑成功还派员搜查荷兰人囤积在各乡社的粮食，一并将它们缴获。据《先王实录》记载，“（四月）二十二日，遣杨戎政并户都事杨英同通事何廷斌查察各乡社，有红夷所积粟石及糖麦等物回报，发给兵粮，计粟六千石、糖三千余担”。[①]

3. **征购民间的粮食**

前面已经提到，首程队伍在澎湖阻风缺粮期间，曾“就澎湖三十六屿□（派）取行粮，□□正供”。但因“各屿并无田园可种禾粟，惟番薯、大麦、黍稷，升斗凑解，合有百余石，不足当大师一餐之用”。在七月官兵缺粮时，“令民间输纳杂子番薯，发给兵粮”。《先王实录》还记载，“（八月）二十八日，藩令户都事杨英持金十锭同杨戎政驰往四社买籴禾粟，接给兵粮，计可给十日兵食回报”。[②] 另据荷兰人记载，郑成功派人“登记农民的粮食，除留下十分之一自用外，其余全缴给国姓爷”。[③]

4. **金、厦后方基地的接济**

复台大军的粮食供给，最主要的来源还是后方基地厦门和金门的接济。目前可以找到的直接说明金、厦后方基地接济台湾军粮的资料只有两条。《台湾外记》记载，1661 年五月，“世子经差兵部主事杨荣押运粮饷、军器暨诸食物到台”。[④]《巴达维亚城日志》记载，“长官及评议会决定今后不再对敌发动进攻，而进行防御。他们派遣几利古塞号和顿·布尔夫号两船在海上巡逻，想截捕敌方从中国开来的运粮船。然而十月十四日装载大米的十二艘帆船，却未受丝毫阻碍，从鹿耳门航道入港”。[⑤]

另外，可以说明金、厦后方基地的接济对复台大军的粮食供给不可或缺的重要资料还是《先王实录》中的记载，“七月……户官运粮船不至，官兵乏粮……八月……户官粮船犹不至，官兵至食木子充饥，日忧脱巾之变”。[⑥] 这条资料从反面说明，金、厦运粮船的接济对复台大军的粮食供应有多么的重要。同时也说明，除了这段时间之外，金、厦运粮船对台湾的接济基本上是正常的。

---

① 杨英：《先王实录》，福建人民出版社 1981 年版，第 252 页。

② 杨英：《先王实录》，福建人民出版社 1981 年版，第 245、257、259 页。

③ 荷兰东印度公司：《巴达维亚城日志》，载厦门大学郑成功历史调查研究组编：《郑成功收复台湾史料选编》，福建人民出版社 1982 年版，第 280~281 页。

④ 江日升：《台湾外记》，福建人民出版社 1983 年版，第 161 页。

⑤ 荷兰东印度公司：《巴达维亚城日志》，载厦门大学郑成功历史调查研究组编：《郑成功收复台湾史料选编》，福建人民出版社 1982 年版，第 287 页。

⑥ 杨英：《先王实录》，福建人民出版社 1981 年版，第 256~257 页。

5. 垦荒生产、保障供给

郑成功在复台战役中，在取得驱逐荷兰人的最终胜利之前，就已经将大量的军队分派各地屯垦。过去的研究者大多只强调了这种屯垦对于台湾开发的意义。实际上，郑成功的屯垦兼顾到了眼前的利益和长远的利益。长远的利益，当然是开发台湾，将台湾建设成中国人的“万世不拔基业”①。而眼前的利益，则是要解决复台大军的吃饭问题，保障军队的粮食供给，这是更为紧迫和现实的任务。从这一角度去观察郑氏军队的屯垦，就可以发现屯垦对于收复台湾也具有重要的意义。

根据《先王实录》记载，永历十五年四月中旬，“台湾城未攻，官兵乏粮。……二十四日，藩以台湾孤城无援，攻打未免杀伤，围困待其自降，随将各镇分派汛地屯垦”。五月十八日，郑成功发布“屯垦令”，准许文武各官随意圈地开垦，其中“各镇及大小将领官兵派拨汛地，准就彼处择地起盖房屋，开辟田地，尽其力量，永为世业，以佃以渔及经商，但不许混圈土民及百姓现耕田地”。“六月，藩驾驻承天府，遣发各镇营归汛：左先锋扎北路新港仔、竹堑，以援剿后镇、后□镇、智武镇、英兵镇、虎卫右镇继扎屯垦。以中冲、义武、左冲、前冲、游兵等镇扎南路凤山、观音山屯垦。颁定文武官照原给额各六个月俸役银，付之开垦。”② 也就是说，郑成功在登陆台湾的当月，在首攻热兰遮城受挫之后，就已开始将军队分拨各地屯垦。这说明，郑成功在作出“围城待降”的战略决策之时，也作出了让军队进行垦荒生产来保障供给的部署。

再看看一些外国人的记载。《巴达维亚城日志》记载，郑成功“派十队士兵到北方耕种土地”，并且说，“此君要定居此地，听说附近还有许多士兵登陆，在许多土地上播下了种子”。③ *Blair & Robertson* 的 *The Philippine Island* 记载，“在十个月继续围攻的期间内……很多的劳工，不断地在耕种土地，一若他们已经变成为地主。并且在城未陷之先，汉人就已享受到其耕种的生产物，因为嗷嗷的海盗，在其来到台湾时，就已很有自信，在他所率领的五百只舢板船中，已携有很多的犁、种子和开垦所需要的其他物品，并有从事耕种的劳工”。④ 这些记载说明，郑氏军队在开垦的当年就播下了作物的种子，并且在荷兰人投降之前就已经开始享受到耕种的成果。也就是说，郑氏军队的屯垦，为复台期间的粮食供给也

① 杨英：《先王实录》，福建人民出版社 1981 年版，第 253 页。

② 杨英：《先王实录》，福建人民出版社 1981 年版，第 252~255 页。

③ 荷兰东印度公司：《巴达维亚城日志》，载厦门大学郑成功历史调查研究组编：《郑成功收复台湾史料选编》，福建人民出版社 1982 年版，第 280、290 页。

④ 转引自陈汉光：《郑氏复台与其开垦》，载《台湾文献》12 卷第 1 期。

作出了一定的贡献。

当然，也有一些资料似乎在说明，郑氏军队的屯垦在当年并没有什么收获。卢若腾的两首诗，《东都行》和《海东屯卒歌》代表了这样一种说法。《东都行》中写道："或自东都来，备说东都情。官司严督趣，令人垦且耕。土壤非不腴，区划非不平；灌木蔽人视，蔓草罥人行。木杪悬蛇虺，草根穴狸鼪。毒虫同寝处，瘴泉俱饪烹。病者十四五，聒耳呻吟声。况皆苦枵腹，锹锸孰能擎！自夏而徂秋，尺寸垦未成。"①《海东屯卒歌》中写道："故乡无粥饘，来垦海东田。海东野牛未驯习，三人驱之两人牵；驱之不前牵不直，偾辕破犁跳如织。使我一锄翻一土，一尺两尺已乏力；那知草根数尺深，挥锄终日不得息。除草一年草不荒，教牛一年牛不狂；今年成田明年种，明年自不费官粮。如今官粮不充腹，严令刻期食新谷；新谷何曾种一茎，饥死海东无人哭。"② 其中"自夏而徂秋，尺寸垦未成"，"新谷何曾种一茎，饥死海东无人哭"，似乎在说明，郑氏军队的屯垦，从夏到秋，一寸耕地也没有开垦出来，一根禾苗也没有种下去。这种说法，显然不符合事实。大家知道，诗歌是一种情绪的宣泄，它允许夸张。卢若腾像张煌言一样，对郑成功东征台湾持怀疑和反对的态度。他的《东都行》的最后两句，"苟能图匡复，岂必务远征"③，就表明了他的这种态度。在怀疑和反对东征台湾的立场的影响下，他对郑氏军队东征台湾的成果，包括屯垦的成果不能客观地予以肯定也是很自然的。所以，卢若腾这两首诗中对屯垦的描写，我们可以理解为郑氏军队开垦的艰难，但不能理解为开垦的第一年毫无成果。

6. 实行严厉的粮食政策

郑成功在千方百计地增加粮食来源的基础上，对粮食的管理、分配也实行了严厉的政策。这一政策有哪些具体的规定？由于史料的关系，我们无法得知。但通过郑成功诛杀吴豪和杨朝栋这两个事例，就可以知道，有关的规定是十分严厉的。

关于诛杀吴豪，《先王实录》记载，"五月初二日，藩驾驻台湾，集文武各官，会审搜掠台湾百姓银两、盗匿粟石罪犯，宣毅后镇吴豪伏罪被诛"。吴豪的罪行有两条：一是"搜掠百姓银两"，二是"盗匿粟石"。"盗匿粟石"也就是偷藏粮食，这是绝对不允许的。郑氏军队在台湾登陆之后，郑成功曾经下令，所有荷兰人和台湾民间的粮食，"不许官兵混搬"，只能统一收缴和征购，集中管理，

---

① 诸家：《台湾诗钞》，台湾文献丛刊本，第 23 页。
② 卢若腾：《岛噫诗》，台湾文献丛刊本，第 24 页。
③ 诸家：《台湾诗钞》，台湾文献丛刊本，第 23 页。

然后再分发各镇。[①] 吴豪违反了这一规定，加上又犯了郑成功十分痛恨的搜掠百姓财物的罪行，所以他必死无疑。

可是，对于吴豪的死，《先王实录》还记载说，郑成功提出东征台湾时，“时众俱不敢违，然颇有难色。惟宣毅后镇吴豪经到此处，独言风水不可，水土多病。藩心含之，谓其有阻贰师也。独协理五军戎政杨朝栋倡言可行，藩嘉与之，故于事平日，任以府尹事，诛吴豪”。[②] 杨英认为，吴豪之所以被杀，是因为他曾经反对过郑成功东征台湾，郑成功记恨，所以借故杀了他。杨英的这个说法是不公正的。如果说吴豪是因为反对郑成功东征台湾而被借故杀掉的话，那么，杨英根本无法解释，支持郑成功东征台湾而被任为府尹的杨朝栋，最后为什么也同样因为粮食问题而被郑成功杀掉？

据《台湾外记》记载，顺治十八年（1661 年）十二月“初六日，诸镇兵诣成功辕门，告给发月粮克扣，用小斗。质实，杀府尹杨朝栋、知县祝敬、斗给陈伍等示众”。[③] 杨朝栋是支持郑成功东征台湾的，他由于用小斗散粮，同样被郑成功处以极刑。这就说明了，在军事会议上，支持或反对东征台湾不是杨朝栋和吴豪生与死的关键，他们的死，都是由于在粮食问题上违反了郑成功的政策。《海上见闻录》的作者阮旻锡批评郑成功杀杨朝栋是“用法严峻，果于诛杀”。[④] 但他不知道，如果当时郑成功在粮食问题上不用严刑峻法，那么，复台大军的粮食供给就更难维持，军队的稳定就无法保证，收复台湾的历史使命也就难以完成。正是郑成功实行了严厉的粮食政策，才使当时的粮食供给能够比较有序地进行。

总之，郑成功在极其艰难困苦的环境下，通过各种办法，基本维持了复台大军的粮食供给，使收复台湾的伟大历史使命得以顺利完成。

---

① 杨英：《先王实录》，福建人民出版社 1981 年版，第 253、248 页。

② 杨英：《先王实录》，福建人民出版社 1981 年版，第 244 页。

③ 江日升：《台湾外记》，福建人民出版社 1983 年版，第 168 页。

④ 阮旻锡：《海上见闻录》，福建人民出版社 1982 年版，第 47 页。

附录二 一份从特殊角度观察记载郑成功收复台湾的史料

——读新近出版的《梅氏日记》有感

2003年4月，台湾《汉声》杂志132期出版了史料专刊《梅氏日记》，引起了郑成功研究者的注意。承蒙泉州郑成功研究会的厚爱，笔者获得了这本《梅氏日记》中文部分的复印本，得以先睹为快。详读此书之后，觉得这确实是一份有关郑成功收复台湾的珍贵的史料，愿在此谈几点看法：

一、这是一份从特殊角度观察、记载郑成功收复台湾的史料。

以往我们所看到的有关郑成功收复台湾的史料，不外乎是从两个角度来观察、记载这一重大历史事件的。一个是中国人的角度，包括郑氏部将及其后人的记载，如：杨英的《先王实录》、夏琳的《海纪辑要》、阮旻锡的《海上见闻录》、江日升的《台湾外记》等。杨英等人是郑成功收复台湾的直接参与者，但囿于中国人写史的习惯，对事件的记载一般都是粗线条的，比较简略。另一个是郑成功的敌人——荷兰人的角度，如：C. E. S. 的《被忽视的“福摩萨”》《巴达维亚城日志》等。荷兰人的记载比较详细，但仅限于对己方的记载，对郑军方面的记载，也只是根据远距离的观察和一些传闻。这本《梅氏日记》为我们提供了一种从特殊角度观察郑成功收复台湾的记载。《梅氏日记》的作者菲力普斯·丹尼尔·梅·梅杰斯特（Philippus Daniel Meij van Meijensteen）是荷兰东印度公司的土地测量师，郑成功攻打台湾之初被郑军俘虏，以后多次代表被俘的荷兰人与郑军交涉，也曾经被郑军派去测量土地和担任郑、荷交涉时的翻译。因此，他处在一个十分特殊的位置：他是荷兰人，但是他对郑成功及其军队的观察是近距离的，许多事情都是他亲身经历或目睹的，由此而留下的记载，自然具有以往的史料所不具备的价值。

二、《梅氏日记》提供了一些新的很有价值的资料。由于梅氏是在近距离观察郑成功及其军队的，所以他的记载里有一些以往的史籍中所没有的或更详细的资料。关于人物，他对郑成功、杨朝栋、何斌、吴豪等人的记载都有一些新的内容。例如，他对郑成功形象、性情、射箭技术的描写就非常具体。关于事件，他对普罗文查城（赤崁城）荷军的被围和投降、郑军在收复台湾期间的屯垦、大肚社土著居民和郑军的冲突的记载也都提供了一些新的东西。例如，他所记载的郑军每个士兵都要开垦耕种半 morgen（相当于半甲，约 5 ~ 6 亩）土地，必须种很多番薯，多到足够维持他们 3 个月的生活等内容，也是其他的资料所未见的。

三、应当恰如其分地认识《梅氏日记》。前面谈了《梅氏日记》的重要价值，但并不是说《梅氏日记》的所有记载都是正确无误的。首先，梅氏的这个记载准确地说并不是“日记”，而是“日志”。它不是梅氏在台湾第一时间的记载，而是 1662 年 3 月他回到巴达维亚之后的一个回顾性报告。因此，全文一开头就用了“去年”这样一个过去式的时间用语，而且文中还有“内容大概如此，因历时已久，确实的文句已不记得了”这样的话。既然是回忆性的记载，就不能保证所有的回忆都是准确的。其次，梅氏是郑军的俘虏，从立场上说，他和郑军敌对，这一点他在记载中毫不掩饰。既然他对郑军是怨恨和仇视的，就不能保证他对郑军的记载绝对客观公正。以他对郑成功形象的描写来说就不能全信，敌人眼中的形象一定不是真实面貌的客观反映。

第四章

郑成功文化刍论

近年来，一些当年郑成功曾活动过地区的人士，陆续提出了“郑成功文化”的概念。什么是郑成功文化？郑成功文化应包括哪些主要内容？本章提出一些不成熟的看法，以求教于方家。

一、什么是“郑成功文化”

现在的人们喜欢讲“文化”，似乎任何东西均可冠以“文化”之名。因此，有时会让人产生一些疑问：所谓的“×文化”或“××文化”是否都能有一个“有文化”的定义？别的不敢说，“郑成功文化”则是可以而且应当能有一个这样的定义的。

“文化”有广义和狭义两种范畴。广义的文化，指的是人类在社会历史发展过程中所创造的物质和精神财富的总和，它所包含的内容极为丰富。文化是由人所创造的，为人所特有的，是人们社会实践的产物，与人联系在一起的。虽然文化是人所创造的，但是，却极少有人的名字可以直接与“文化”二字联系在一起。历史上无数为创造“文化”作出了贡献的“名不见经传”的普通劳动者，他们的名字是无法与“文化”二字直接联系在一起的，因为，他们的名字早已淹没在历史的长河之中。即使是一些在历史上为“文化”的创造和传承作出较大的贡献，并在历史的记载中留下姓名的人，他们的名字也不能与“文化”二字直接联系在一起，否则，“文化”就太过泛滥了。只有极少数在历史上为“文化”的创造和传承作出重大贡献的人，他们的名字才有资格与“文化”二字直接联系在一起，如孔子文化、老子文化、孟子文化、朱子文化等。郑成功应该也有这种资格。

郑成功是我国著名的民族英雄，是一个在当代中国海峡两岸家喻户晓的历史人物。他驱逐荷兰殖民者，收复台湾，并且为台湾的开发作出了巨大的贡献，为中华民族建立了不朽的业绩。祖国的宝岛台湾和郑成功所发扬光大的中华民族不畏强暴、抵御外族侵略的精神和勇气，都是郑成功留给我们的重要的文化遗产。

“郑成功文化”是郑成功社会实践的产物，也是郑成功影响的产物，是由这位伟大的民族英雄而产生的特有的文化现象。具体地说，郑成功文化也有物质文化和精神文化两个方面。物质文化方面包括郑成功留下的遗迹，他和他的部众使用过的器物，人们为纪念郑成功所建立的塑像、纪念馆、陵墓、祠堂、宗庙等等。精神文化方面包括郑成功的业绩对中华民族的影响、郑成功的思想、郑成功指挥军队作战的战略战术、郑成功经营海内外贸易的策略与经验、后人对郑成功的研究、人们对郑成功的纪念、郑成功信仰等等。

二、“郑成功文化”的主要内涵

郑成功文化最主要的内容是什么呢？笔者以为，郑成功文化最主要的内容应当包括郑成功的爱国精神，郑成功立足海洋，建设强大海上武装力量、发展海内外贸易、富国强兵的思想与经验，等等。

1. 郑成功的爱国精神

郑成功的爱国精神在当时的时空条件下主要表现为移孝作忠，坚持明朝正朔，抵御殖民侵略、收复先人故土等几个方面。

郑成功是历史上“移孝作忠”的典范。中国人自古以来崇尚忠孝两全，但当忠孝不能两全而产生矛盾的时候，则鼓励移孝作忠，因为，国家的利益高于家庭的利益，忠于国家或忠君被认为是最高的孝，对父母的孝是可以而且应当转移到对国家和君主的忠诚上面的。郑成功生活在明清鼎革的年代，他的父亲郑芝龙是明朝重要的将领，担任过福建总兵官，并且由于拥立了南明隆武政权，被封为平国公。清顺治三年（1646年），当抗清形势不利，郑芝龙准备降清时，郑成功进行了极力的规劝。但郑芝龙一意孤行，要郑成功同往福州投降，“功不从，上书有‘从来父教子以忠，未闻教子以贰，今吾父不听儿言，后倘有不测，儿只有缟素而已’之句”。[①] 郑成功对父亲的不忠行为还写信进行了谴责：“我家本起草莽，骫法聚众，朝廷不加诛，更赐爵命，至于今上，宠荣迭承，阖门封拜。以儿之不肖，赐国姓，掌玉牒，畀印剑，亲若肺腑。即糜躯粉骨，岂足上报哉？今既不能匡君于难，致宗社堕地，何忍背恩求生，反颜他事乎？大人不顾大义，不念

① 江日升：《台湾外记》，福建人民出版社1983年版，第76页。

宗嗣，投身虎口，事未可知。赵武、伍员之事，古人每图其大者。惟大人努力自爱，勿以成功为念。”①

郑芝龙降清后，被清政府作为招降郑成功的工具，屡屡派人前往福建劝降。顺治十年（1653年）八月，郑芝龙差李德到厦门，说清政府欲封郑成功为“海澄公”，劝其归降。郑成功复以“盖自古大义灭亲，从治命不从乱命，儿初识字，辄佩服春秋之义。……忽承严谕，欲儿移忠作孝。……父既误于前，儿岂复再误于后乎”。十一年（1654年）八月，郑芝龙又遣次子郑渡、黄征明等到福建，配合清朝使者的招抚活动。郑渡对郑成功哭诉说：“父在京许多斡旋，此番不就，全家难保，乞勉强受诏。”郑成功说：“尔凡子未知世事。从古易代，待降人者多无结局，惟汉光武不数见。父既误于前，我岂蹈其后？……我岂非人类而忘父耶。”因黄征明乞书回复，郑成功又在给郑芝龙的信中写道：“大抵清朝外以礼貌待吾父，内实以奇货视吾父。今此番之敕书，与诏使之举动，明明欲借父以胁子。一胁则无所不胁，而儿岂可胁之人哉？且吾父往见贝勒之时，已入彀中，其得全至今者，亦大幸也。万一吾父不幸，天也，命也。儿只能缟素复仇，以结忠孝之局耳。”② 十三年（1656年）十二月，郑芝龙因劝降郑成功不果，又为家人尹大器首告，已被清廷囚禁，但仍不死心，又派谢表到宁德见郑成功。谢表对郑成功说：“太师受禁，无非为藩主不肯薙发耳！今天下已定，徒劳无益。父子天性，焉可弃绝？若早投诚一日，则太师早得一日之安。”成功喝曰：“尔辈但知保身，岂知误国为大。”之后，又写信给郑芝龙说：“吾父祸福存亡，儿料之熟矣。……儿志已坚，而言尤实，毋烦再报，乞赦不孝之罪。”③ 十八年（1661年）十月，郑芝龙被清廷处死。消息传到台湾，郑成功“伏案顿足大恸曰：父乎！当时不听儿苦谏，以致有今日。天乎，天乎！然伪朝待降人如此狡诈，儿不得不缟素复仇，以结忠孝之局也”。④ 郑成功的移孝作忠，说明他始终把国家利益、民族大义摆在了家庭和家族的利益之上。

坚持明朝正朔是郑成功爱国精神的又一重要体现。南明隆武皇帝朱聿键对郑成功有知遇之恩，郑成功对其忠心耿耿容易理解。隆武皇帝被清军杀害之后，郑成功海上起兵，以“大明招讨大将军”的名义，纠集抗清力量，“闻永历即位，遣人间道上表，尊奉正朔”。⑤ 郑成功对南明永历皇帝也表现出了一个臣子应有

① 温睿临：《南疆逸史》（下），中华书局1959年版，第426~427页。

② 杨英：《先王实录》，福建人民出版社1981年版，第62~64、85、94页。

③ 江日升：《台湾外记》，福建人民出版社1983年版，第132~134页。

④ 郑氏族人抄录：《延平王起义实录》（未刊稿），永历十五年十月。

⑤ 夏琳：《海纪辑要》，台湾文献丛刊本，第4页。

的忠诚，他曾先后两次率兵、派兵南下广东勤王，谋求同永历皇帝的会合。在收复台湾的过程中，郑成功“改赤崁地方为东都明京”。[①] 所谓“东都明京”，就是东方首都、明朝京城的意思，是相对于永历皇帝的“行在”（西都）而言的，表明了郑成功随时欢迎永历皇帝移跸台湾，并且有决心把台湾建成全国抗清中心的政治态度。郑成功“将卒之年，谣传永历遇害，有劝其改年者，泣曰：‘皇上西狩，存亡未卜，何忍改年！’终身尊奉正朔”。[②]

郑成功对明朝正朔的坚持，也得到了他的儿子郑经的继承。康熙二年（1663年），“永历讣至，世子犹奉其正朔，称永历十七年”。郑经嗣位19年，“虽得七府，雄踞一方，而终身称世子，奉明正朔不少变，舆论称之”。[③] 郑经在明王朝已无任何一个皇帝存在的情况下，犹能坚持明朝正朔，显示了对“国家”的忠诚。郑成功乃至郑经这种对于“国家”始终不渝的忠诚，让历史上一些为个人做“皇帝梦”而搞割据、搞“独立”的枭雄显得十分渺小，也使中华传统文化中“忠君爱国”的思想得到了发扬光大。因此，清初时有人就说，“台湾赐姓公之贤，以为诸葛忠武、郭汾阳、岳武穆后之一人也”。还有人说，“赐姓提一旅之师伸大义于天下，取台湾存有明正朔于海外者将四十年，事虽不成，近古以来未曾有也，贤于文信国远矣”。[④]

如果说郑成功的移孝作忠、坚持明朝正朔所体现的“爱国主义”，在今天看来还有一定的历史局限的话，那么，他不畏强暴，抵御西方殖民侵略、收复先人故土的爱国主义精神，在今天则仍然具有崇高的时代价值。郑成功生活的时代，葡萄牙、西班牙、荷兰等西方殖民者早已开始了对亚洲的侵略扩张。他们先后在东南亚的一些地区建立了殖民地，并且把魔爪伸向了我国沿海地区。荷兰殖民者在1624年侵占台湾之后，还不断地侵扰闽粤沿海地区，给当地人民的和平生活和商业活动造成了很大的破坏。郑成功敢于同当时世界上头号海上军事强国——荷兰殖民者进行斗争，并且最终驱逐了荷兰殖民者，收复了祖国的宝岛台湾，维护了中国人民和中华民族的根本利益。他面对强权，敢于斗争、善于斗争的英雄壮举，将永远为中国人民所传颂。

1652年台湾郭怀一起义之后，荷兰人对郑成功的到台船只每多留难，甚至公然劫捕，特别是郑成功曾发布命令封锁马尼拉的西班牙人，而台湾的荷兰人拒不执行。这引起郑成功的极大不满，1656年6月27日（永历十年闰五月初六日），

---

① 杨英：《先王实录》，福建人民出版社1981年版，第253页。

② 夏琳：《海纪辑要》，台湾文献丛刊本，第30页。

③ 夏琳：《海纪辑要》，台湾文献丛刊本，第33、67页。

④ 刘廷献：《广阳杂记选》，台湾文献丛刊本，第19~21页。

郑成功发表布告，对台湾的荷兰人进行封锁，布告中写道：“以往，中国货船经常前往海外各地通商，备尝贸易之利。然而前往马尼拉之商民常向本藩申诉：马尼拉西班牙人视之为鱼肉，肆意欺压，而不当人看待。或几乎强夺商民运来之货物，或随意付款，常低于进货价格，并要久候，延误时间。大员荷兰人之所为，与马尼拉西班牙人如出一辙，亦视商民为可供人食之鱼肉。本藩闻之此情，心血翻腾，极为愤怒。……在此之前，本藩曾发一道命令，断绝与马尼拉贸易来往。此道命令，人人遵守，到处执行。唯有大员拒不执行，甚至不予张贴。……闻此实情，本藩亦决定与大员断绝贸易来往，任何船只，甚至连片板皆不准赴大员。然而鉴于有中国人居住彼处，为避免损害其利益，且有众多大小船只如今尚在各处，未能及时得悉此令，为此，本藩准其在一百日以内来回航行。在此时间之后，禁止大小船只来往。……以上命令，望严格遵守。本藩既已作此决定，决不让步，亦不作任何改变。百日后，此项禁令并不影响本藩常遣船只到沿海各地巡查，或采取某种行动。特此告知商民：大员与马尼拉系一丘之貉，既丑恶又傲慢。本藩言词及命令，犹如金科玉律，坚定不移。”① 郑成功对台湾荷兰人的封锁到了第二年（1657 年），最后，以荷兰人的让步妥协了事。“由是禁绝两年，船只不通，货物涌贵，夷多病疫。至是令廷斌求通，年输银五千两，箭柸十万枝，硫黄千担，遂许通商。”②

为了开辟一个理想的抗清基地，同时也为了收复先人故土，一劳永逸地解决与荷兰殖民者的矛盾、保障台湾人民的利益，郑成功不顾一些部将的反对，决定驱逐荷兰殖民者，收复台湾。近年来，台湾岛内有人对郑成功“收复台湾”的说法提出异议，认为此前台湾本岛未正式归入中国版图，“收复”二字不知从何谈起。为了说明“收复”二字是否合理，我们先看看郑成功是怎么说的。郑成功在召集部将讨论攻取台湾事宜时说，台湾“田园万顷，沃野千里……吾民麟集……近为红夷占据，城中夷伙不上千人，攻之可垂手得者”。③ 在郑成功的眼中，台湾当时已是中国人聚集的地方，只是近来被荷兰人占据，取之名正言顺。当征台大军已经出发，在澎湖候风之时，郑成功就拟好了给荷兰东印度公司台湾长官揆一的信。信中说：“澎湖邻近厦门、金门岛屿，因而应归其所属。大员位于澎湖附近，此地也应由中国政府管辖。关于这一点，可以从以下事实得到证实：这两

---

① ［荷兰］胡月涵：《十七世纪五十年代郑成功与荷兰东印度公司之间来往的函件》，载厦门大学台湾研究所历史研究室编：《郑成功研究国际学术会议论文集》，江西人民出版社 1989 年版，第 316~317 页。

② 杨英：《先王实录》，福建人民出版社 1981 年版，第 153 页。

③ 杨英：《先王实录》，福建人民出版社 1981 年版，第 244 页。

个位于中国海的岛屿上的居民都是中国人，他们自古以来占有并耕种这一土地。……你们必须明白继续占领别人的土地是不对的（这一土地原属于我们的祖先，现在理当属于本藩）。如果你们能用友好的谈判方式让出城堡，生命和财产安全将受到保障。"[①] 在台湾登陆后，郑成功在与荷兰东印度公司代表的交涉时称，"该岛一向是属于中国的。在中国人不需要时，可以允许荷兰人暂时借居。现在中国人需要这块土地，来自远方的荷兰客人，自应把它归还原主，这是理所当然的事。他说，尽管他的人民屡次受到荷兰人的虐待，但此来的目的并非同公司作战，只是为了收回自己的产业。……但如果荷兰人方面无视他的宽大为怀，拒绝交还他的财产，企图继续霸占下去，他只好用自己所拥有的一切力量来求其实现"。[②] 在经过长达数月对热兰遮城的围困之后，郑成功又遣通事李仲进城对揆一进行劝降："此地非尔所有，乃前太师练兵之所。今藩主前来，是复其故土。"[③] 在荷兰人被逐出台湾之后，郑成功在《复台》一诗中写道："开辟荆榛逐荷夷，十年始克复先基（太师会兵积粮于此，出仕后为红毛荷兰夷酋弟揆一王窃据）。"[④] 在郑成功的思想里，攻取台湾就是收复中国人的故土，就是保卫中国人的利益。这样的思想认识，比起与他同时代的一些封建统治者，如康熙皇帝、姚启圣、施琅对台湾的认识（他们认为：台湾向属化外，未入版图，只因居住在那里的内地人民不愿归化，才兴兵进剿），其境界不知要高出多少！

郑成功的爱国主义还表现在他对国人利益的关心和维护上面。郑成功的军队出征，每次他都要重申军纪，"严禁奸淫、焚毁、掳掠、宰杀耕牛等项"，并且告诫官兵们说，"劳征苦战十有余年，所为何事？总为报国救民起见"。[⑤] 在他得知由于清政府"迁界"而造成沿海人民流离失所之时，他感叹"吾欲留此数茎发，累及桑梓人民"，并且主张"今当驰令各处，收沿海之残民，移我东土，开辟草莱，相助耕种"。[⑥] 在保护海外华人的利益方面，郑成功在17世纪50年代由于马尼拉的华人受到西班牙殖民者的侵害、欺侮，曾经下令封锁马尼拉的西班牙人。收复台湾之后，郑成功派遣多明我会教士意大利人李科罗为特使，携带一封书信

① 吴玫译：《有关郑成功军队进攻台湾登陆过程的若干史料》，载《台湾研究集刊》1988年第2期。

② C. E. S.：《被忽视的"福摩萨"》，载厦门大学郑成功历史调查研究组编：《郑成功收复台湾史料选编》，福建人民出版社1982年版，第153页。

③ 江日升：《台湾外记》，福建人民出版社1983年版，第167页。

④ 郑成功：《复台》，载厦门大学郑成功历史调查研究组编：《郑成功收复台湾史料选编》，福建人民出版社1982年版，第1页。

⑤ 杨英：《先王实录》，福建人民出版社1981年版，第170页。

⑥ 江日升：《台湾外记》，福建人民出版社1983年版，第170页。

前往马尼拉。信中对西班牙殖民者“凌迫我商民，开争乱之基”进行了谴责，同时，也对西班牙人“迩来稍有悔意，遣使前来乞商贸易条款”表示赞赏，并且要求西班牙人“每年俯首来朝纳贡”。然而，西班牙殖民者变本加厉，反而要将华人中的非天主教徒一律驱逐出境，这样就引起了骚动。动乱中，西班牙人残杀了大批华人。消息传到台湾，郑成功立即决定派兵征讨吕宋，保护华人的利益，可惜，不幸几天后急病去世，没有付诸实施。①

2. 郑成功立足海洋，建设强大的海上武装力量、发展内外贸易、富国强兵的思想和经验

在中国的传统文化中，重陆轻海、重农轻商的思想一贯占据主导地位。尤其是明朝洪武年间实行“禁海”政策之后，虽然有过“郑和下西洋”这种昙花一现式的航海壮举，但此后国家的海防和外贸却一蹶不振，长期为“倭寇”、海盗、西方殖民者所困扰。郑成功由于家族渊源的关系，对海洋有比较充分的认识。他的思想和社会实践，丰富了中国的海洋文化，为弥补中国传统文化的某些不足作出了重要的贡献。

郑成功为了抗清和抵御西方殖民者的需要，建设了一支强大的海上武装力量。郑成功水师的规模堪称中国历代水师之最，鼎盛时期，拥有大小战船数千艘。具体船只的数字，各种文献记载略有不同，最高的说有 8000 艘。夏琳的《闽海纪要》就记载说，1658 年，郑成功准备北伐，当时“甲士十七万、铁人八千、战船八千扬帆而进，号八十万”。② 杨英的《先王实录》则记载，1656 年，郑成功“传令各镇备办出征，候南下师回日，同往北征，着出征船只各给船牌照票，以防混冒，计大小给一千一百张，另南船未算”。③ 当时，郑军的前提督黄廷正率师南征，没有包括南征船只在内，同时也没有包括准备留守厦门、金门的船只在内，就已经发了船牌照票 1100 张。此后，郑成功一方面“令取运船料，发各镇造修战船，以赴北征”④，一方面又派兵南下，“先取许龙，牵其船只”，“所得辎重米粟不计，船只分发各镇配兵”。⑤ 因此，到 1658 年郑氏水师鼎盛时期，战船即使没有 8000 艘，两三千艘总是少不了的。正是凭借这样一支强大的海上武装力量，郑成功不仅在所有抗清势力中成为与清政府周旋最久的势力，而且还打败了当时拥有世界上最强海上实力的荷兰殖民者，收复了台湾，为中华民

① 赖永祥：《明郑征菲企图》，载《台湾风物》第 4 卷第 1 期。

② 夏琳：《闽海纪要》，台湾文献丛刊本，第 21 页。

③ 杨英：《先王实录》，福建人民出版社 1981 年版，第 135 页。

④ 杨英：《先王实录》，福建人民出版社 1981 年版，第 146 页。

⑤ 杨英：《先王实录》，福建人民出版社 1981 年版，第 167 页。

族作出了重大的贡献。

郑成功对利用海洋作为通商贸易的纽带、发展经济、强兵裕国有过一些精辟的论述。早在1646年，他在给隆武皇帝的条陈中就提出了“通洋裕国”的建议,[①] 并在其劝说父亲郑芝龙不可降清时，提出了“大开海道，兴贩各港，以足其饷”的想法。[②] 在这种思想的指导下，郑成功积极发展对外贸易，以其利润作为军队经费的主要来源。在郑氏集团中，设有仁、义、礼、智、信、金、木、水、火、土10个商行，分属山、海五大商。金、木、水、火、土5个商行设在杭州及其附近，为山路五商，负责出口物资的采购事宜。仁、义、礼、智、信5个商行设在厦门及其附近，为海路五商，负责出口物资的派运事宜。[③] 郑成功远洋商船船队的情况，据曾在郑氏队伍中专管通洋船只后来降清的史伟琦称：“臣在海上从逆之际，专管通往外国之海船，故曾督船亲临日本、吕宋、交趾、暹罗、柬埔寨、西洋等国，因而有所知晓。郑成功强横时期，原以仁、义、礼、智、信五字为号，建置海船，每一字号下各设有船十二只。……每年牟利不可胜数。”[④] 也就是说，郑成功有60艘大海船专营海外的通商贸易。据大陆学者杨彦杰估算，东西两洋相加，郑成功海外贸易所获利润总额，每年为234万~269万两银。[⑤] 台湾学者南栖曾评论说：“我们对于郑成功的五商组织在明清之际的重农轻商时代，规模如此宏大，成就如此辉煌，实不胜钦佩与向往。”[⑥]

以上，仅选择了“郑成功文化”的两个主要内容进行阐述。事实上，“郑成功文化”还有许多很有价值的内容，例如，郑成功的治军思想、郑成功的战略战术、郑成功的爱国业绩与思想对我们今天的启迪等等，有待于人们进一步研究。

---

① 江日升：《台湾外记》，福建人民出版社1983年版，第68页。

② 江日升：《台湾外记》，福建人民出版社1983年版，第75页。

③ 南栖：《台湾郑氏五商之研究》，载《台湾郑成功研究论文选》，福建人民出版社1982年版，第194~208页。

④ 厦门大学台湾研究所、中国第一历史档案馆编辑部编：《康熙统一台湾档案史料选辑》，福建人民出版社1983年版，第82页。

⑤ 杨彦杰：《一六五〇至一六六二年郑成功海外贸易的贸易额和利润额估算》，载《郑成功研究论文选续集》，福建人民出版社1984年版，第231页。

⑥ 南栖：《台湾郑氏五商之研究》，载《台湾郑成功研究论文选》，福建人民出版社1982年版，第208页。

第五章

郑成功如何带兵打仗

在本书第四章中，对郑成功文化进行了初步的诠释，重点探讨了“郑成功文化”中的爱国精神，以及郑成功立足海洋，建设强大海上武装力量、发展海内外贸易、富国强兵的思想与经验。但郑成功毕竟是一名军事将领，他一生最主要的精力是用在抗清和驱荷这两件与打仗直接相关的事业上的，他的不朽的历史功绩——收复台湾，更是一个直接的军事问题。谈郑成功，如果不谈郑成功如何带兵打仗，对他的研究似乎就有些舍本逐末。所以，本章再以“郑成功如何带兵打仗”为题进行一些探讨。

尽管我们不喜欢战争，但人类有时是无法避免战争的。正义的战争、为保卫民族和国家利益的战争、为推翻暴政解放人民的战争，不但无可避免，有时还会促进社会的进步。而且，在我们中国老百姓的心目中，历史上最有智慧的人物，肯定包括姜子牙、诸葛亮、刘伯温，这样一些历史上真实存在或故事中特别能打仗的人。这就说明，老百姓都知道，打仗需要文化，只有特别有文化、有谋略的人才能打好仗。郑成功就是这样一个有文化的儒将，一个杰出的军事家。

那么，郑成功究竟是如何带兵打仗的呢？下面，从五个方面来谈这个问题：

一、水师是郑氏军队克敌制胜的利器

郑成功之所以可以和清朝的八旗铁骑长期抗衡，可以和当时号称“海上马车夫”的荷兰殖民者一争高下，主要原因是他的水师很强大。清朝的八旗军队虽然在对付其他抗清力量时显得战斗力很强，但对拥有强大水师的郑成功军队有时却无可奈何。荷兰东印度公司虽然海上实力强大，但远离母国和公司的基地——巴达维亚，面对同样拥有强大水师的郑成功军队，不得不俯首称臣。

郑成功的军队主要有两个兵种：陆军和水师。连横在《台湾通史》“军备志”中说：“延平开府思明，分陆军为七十二镇，水师二十镇。”[①] 从这个记载来看，郑成功的陆军数量大大超过了水师，但是，郑成功的陆军在执行作战任务的时候，往往会利用船只进行输送，到了目的地后才登岸作战。完成陆地作战任务后，又会登船撤退。因此，在外人看来，郑成功的陆军有时几乎与水师无异。郑成功军队几次大的南征北战，都是利用船只来输送兵力的，例如，1658—1659 年的北伐，十几万人马，就是全部靠船只输送的，1661 年攻打台湾，先后两个梯队 3 万人马，更是只能靠船只输送渡海作战。

郑成功的水师和船队的规模究竟有多大？可以说，郑成功水师的规模堪称中国历代水师之最，鼎盛时期，拥有大小船只数千艘。具体船只的数字，各种文献记载略有不同，最高的说有 8000 艘。夏琳的《闽海纪要》就记载说，1658 年，郑成功准备北伐，当时“甲士十七万、铁人八千、战船八千扬帆而进，号八十万”。[②] 另据计六奇《明季南略》记载，郑成功的水师船只，在北伐途中，当时停泊在江苏焦山的就有 2300 艘。[③] 杨英的《先王实录》则记载，1656 年，郑成功“传令各镇备办出征，候南下师回日，同往北征，着出征船只各给船牌照票，以防混冒，计大小给一千一百张，另南船未算”。当时，郑军的前提督黄廷正率领 12 镇官兵南征，没有包括南征船只在内，同时也没有包括准备留守厦门、金门的船只在内，就已经发了船牌照票 1100 张。此后，郑成功一方面“令取运船料，发各镇造修战船，以赴北征”；一方面又派兵南下，“先取许龙，牵其船只”，“所得辎重米粟不计，船只分发各镇配兵”。[④] 因此，到 1658 年郑氏水师鼎盛时期，战船即使没有 8000 艘，两三千艘总是少不了的。

正是由于拥有这样一支强大的水师和船队，郑成功在和清军作战时，总是以己之长，克敌之短，他选择的后方基地先是厦门和金门，后来又选择了台湾。他选择的作战区域，几乎都在沿海或沿江河地区，很少深入内地。他选择的作战策略，也基本上是利用大海和江河的阻隔以及船只的机动性，打得赢就打，打不赢就走，乘风而来，飘忽而去，常常让清军望洋兴叹。

---

① 连横：《台湾通史》上册，商务印书馆 2010 年版，第 219 页。

② 夏琳：《闽海纪要》，台湾文献丛刊本，第 21 页。

③ 计六奇：《明季南略》，台湾文献丛刊本，第 330 页。

④ 杨英：《先王实录》，福建人民出版社 1981 年版，第 135、146、167 页。

二、围城而不攻城

郑成功一生的用兵，有一个现象值得注意，那就是在一些重大的战役中，对一些主要的城镇往往采用长期围困的办法，很少组织力量进行攻坚，攻城的战例很少。永历六年（顺治九年，1652 年）正月，郑成功曾组织力量攻打长泰县城。“令各镇围困数匝，攻打数次，城坚未易遽拔。二月初二日，严令攻城。游兵营吴世珍奋勇登城，被炮击下身死……遂传令，攻城为下，以计取之。”① 围城的战例则较多，典型的战例有四个：

1. 南明永历四年（清顺治七年，1650 年）六月到八月，郑成功对驻守在广东潮州的郝尚久的军队进行了 3 个月的围困。当时有部将陈斌献计说：“潮邑东面环溪，只一浮桥通漳大路，惟西南北平地，可施攻击。必须断其浮桥，以绝援兵，然后移扎西南攻围。内乏粮糈，外无救兵，不降何待？”② 目的是通过围困，想迫使郝尚久投降。在这 3 个月中，福建漳州的清军到潮州增援，郑成功的军队也没有打援，让漳州来的清军进了潮州城。“由是围困三个月不下。本藩以暑天蒸热，兵士多病，解围。”③

2. 南明永历六年（清顺治九年，1652 年）四月到九月，郑成功的军队围困漳州达 6 个月之久。据《台湾外记》记载，清军在漳州被围之后，即驰调浙江金衢总兵马逢知增援。部将甘辉向郑成功请求：“逢知至，辉愿领兵御之。功曰：不然，凡用兵之道，岂可全恃勇力？当明彼此之情。今陈锦新丧，提调无人，抚提以素称骁勇之逢知，着其前来，必以一当百。勿战，纵之入城，然后围之，城内多添人马，粮食易竭，外调既迟，内势窘促，破之必矣。”④ 马逢知的援兵进入漳州城之后，郑成功“传令各筑营盘围困。其营盘外开河沟一丈，鹿角一重，木栅一重，木栅内则竖籧篨，每籧篨三个隔一位，设一铜百子铳。另筑短墙如城一样困守之。此北将王有才所画进，传各营如式而行。以为久困之计”。⑤ 后来因大批清军前来增援，郑成功又主动地解围撤兵。这次围城，给清军的打击很大，有些清兵逃出投降，漳州城内“饿死男女数余万”⑥。

---

① 杨英：《先王实录》，福建人民出版社 1981 年版，第 41 页。
② 杨英：《先王实录》，福建人民出版社 1981 年版，第 16 页。
③ 杨英：《先王实录》，福建人民出版社 1981 年版，第 17 页。
④ 江日升：《台湾外记》，福建人民出版社 1983 年版，第 103 页。
⑤ 杨英：《先王实录》，福建人民出版社 1981 年版，第 46~47 页。
⑥ “中研院”史语所编：《明清史料已编》上册，第 3 本，中华书局 1987 年版，第 269 页。

3. 南明永历十三年（清顺治十六年，1659 年）七月，郑成功率领十多万大军，数千只战船，大举北伐，直抵南京城下。根据清方的记载，郑成功到达南京城下后，“相继于太平、观音、神策、金川、钟阜、仪凤、江东等门外扎营，处处排列大炮，并备有云梯、藤牌、竹筐、铁锹、錾子等物，意欲攻城，然贼深知臣等防守坚固，难于攻破，故又设立木栅，为长期围困之计。于上江、下江、江北等地停泊船只，拦截要道，以断我粮草”。为围困南京，郑军在南京城外“立营八十三座”。①与郑成功一道参加北伐的张煌言记载：“延平大军围石头城者已半月，初不闻发一镞射城中，而镇守镇江将帅，亦未尝出兵取旁邑。如句容、丹阳，实南畿咽喉地，尚未扼塞，故苏、常援虏，得长驱入石头。”②杨英的《先王实录》也记载了郑成功与部将甘辉之间关于攻围南京的一场讨论。甘辉建议说，“大师久屯城下，师老无功，恐援虏日至，多费一番工夫，请速攻拔，别图进取。”而郑成功则对其说：“自古攻城掠邑，杀伤必多，所以未即攻者。欲待援虏齐集，必扑一战。邀而杀之，管效忠必知我手段，不降亦走矣。况属邑节次归附，孤城绝援，不降何待？且铳炮未便。”③结果，郑军在围困南京城十多天后，最后反被清军突袭，自身遭受很大的损失，不得不撤回厦门。

4. 南明永历十五年（清顺治十八年，1661 年）四月至十二月，郑成功在收复台湾的过程中，又围困了荷兰殖民者的据点热兰遮城达 9 个月之久。在这 9 个月当中，一前一后，郑成功曾对热兰遮城进行过两次攻击。在经过初期的四月二十七日（5 月 25 日）第一次攻击未能得手之后，据《先王实录》记载，“藩以台湾孤城无援，攻打未免杀伤，围困待其自降。随将各镇分派汛地屯垦”。④后期，一个从热兰遮城中逃出投降的荷兰士兵透露守城者的意志已接近崩溃，在他的建议下，郑军于十二月初六日（1662 年 1 月 25 日）对热兰遮城发动了一次猛烈的炮火攻击，摧毁了守城者的意志，荷兰殖民者最终投降。

上述几个典型战例说明，郑成功喜欢围城，却很少攻城。除了围困热兰遮城，在经过最后的猛攻，取得了很好的战果外，其他的战例最后的战果并不理想。尤其是北伐围困南京城的战役，最后兵败而回。时人和一些史家对郑成功采取围城而没有马上攻城的做法提出了种种批评，有认为他中了敌人缓兵之计，也

---

① 中国第一历史档案馆编：《清初郑成功家族满文档案译编》，载陈支平主编：《台湾文献汇刊》第一辑第六册，九州出版社、厦门大学出版社 2005 年版，第 117、121 页。

② 张煌言：《张苍水诗文集》，台湾文献从刊本，第 4 页。

③ 杨英：《先王实录》，福建人民出版社 1981 年版，第 210 页。

④ 杨英：《先王实录》，福建人民出版社 1981 年版，第 252 页。

有认为他骄傲轻敌、贻误战机。① 这些批评，实际上都不了解郑成功为什么会采取这种围城而不攻城的战法，可以说都不得要领。郑成功的这种战法，其实是根据其军队自身水师机动能力强、攻坚能力较弱的特点而形成的。这也可以说是郑氏的“家传法宝”。郑芝龙在顺治三年（1646 年）降清被挟持北上时，给郑成功留下了一封信，信中就有“众不可散，城不可攻”② 这样一句话。这是郑芝龙集团几十年生存和发展的基本经验，而且也符合兵法原则。《孙子》说：“上兵伐谋，其次伐交，其次伐兵，其下攻城，攻城之法为不得已。”③ 郑成功在用兵实践中，根据自己军队的特点，对城可围而不可攻的道理深信不疑，且行之有效。尽管有时不能取得很明显的战果，但至少能够避免自己的军队受到太大的牺牲。我们看他所选择围困的城市，一定是在江、河、海边，一定是水师能够到达的地方，一定是打得赢就打、打不赢能走的地方。以上述四个围城战例的地点来说：潮州在韩江边上；漳州在九龙江边上，东有北溪，西有西溪；南京在长江边上，旁边还有秦淮河；热兰遮城更是三面环海。选择这样的地方围城，即使不能消灭敌人，至少自己也不会被敌人所消灭。郑成功十分注意保存自己的有生力量，这也就是他的军队能在所有抗清力量中坚持最久的原因。

三、赏罚分明

郑成功为了鼓励将士们英勇杀敌，早在南明永历五年（清顺治八年，1651 年）四月，就颁布了《杀虏大敌、中敌赏（罚）格》，并且设立了督阵官。④ 永历六年（顺治九年，1652 年）三月，为了迎击浙闽总督陈锦亲率大军的进攻，郑成功又宣布：“此番杀虏，照《大敌赏罚格》，副将以下退却者，许督阵、监营登场枭示，统领总镇，登时捆解军前枭示。”⑤ 至于这个“赏（罚）格”具体的条文，有关文献没有记载，我们不得而知。但杨英的《先王实录》中有许多郑成功根据这个“赏（罚）格”奖励和惩处将士的记载。如：

永历五年六月，为奖励五月在海澄磁灶地方杀败清军漳州总兵王邦俊功，

---

① 薛瑞录：《郑成功北伐战略新探》，载厦门大学台湾研究所历史研究室编：《郑成功研究国际学术会议论文集》，江西人民出版社 1989 年版，第 84 页。

② 邵廷采：《东南纪事》，台湾文献丛刊本，第 127~128 页。

③ 中国人民解放军军事科学院战争理论部《孙子》注释小组：《孙子兵法新注》，中华书局 1977 年版，第 22 页。

④ 杨英：《先王实录》，福建人民出版社 1981 年版，第 33 页。

⑤ 杨英：《先王实录》，福建人民出版社 1981 年版，第 43 页。

“升赏苏茂、林胜二镇为首功，甘辉官兵为副功，万礼、柯鹏官兵为又副功。照中敌赏格外，仍行五军张英将督阵官袁进、池仕绅、张铭依首、副功赏银加级”。①

十月，为奖励九月在漳浦杀败漳州总兵王邦俊功，“官兵照《大敌赏格》而行”。②

十一月，为奖惩当月在同安小盈岭杀败清福建陆路提督杨名皋（高）一战的官兵，“照《大敌》升赏，以杨祖为首功，甘辉、援剿左右、正兵镇先锋等为次功。祖挂服戎印，赐蟒玉，改奇兵营为奇兵镇。中冲镇、游兵营降罚捆责”。③

永历六年正月，在进攻长泰和漳州清军援军的战斗中，“时亲丁镇前锋营将陈震、总班曾猛退却，登时阵前枭示”。④

三月，为奖励当月在漳州江东桥一带杀败浙闽总督陈锦官兵，“本藩随照《大敌》升赏有差：以礼武镇陈俸、甘辉、黄廷、黄山等为首功。升右先锋黄廷为提督前，甘辉为提督中，黄山为提督右，以副将廖敬管右先锋镇，欧斌管亲丁镇，余新署援剿右镇，正兵营升为正兵镇”。⑤

类似上述的记载，在《先王实录》中有很多。在每一次较大的战事之后，郑成功都要进行总结，都要根据将士们的表现进行奖惩，奖励的优厚和惩治的严厉，给人留下了十分深刻的印象。其中：

永历五年（顺治八年，1651 年）四月，为追究厦门失守有关责任官兵，郑成功调族叔郑芝莞至，“责曰：吾南下时，未敢以地方城池付汝，是汝自请水陆拨镇付汝提调，有失依军令，今有何说？莞归罪阮引。藩曰：水师未败，而汝先搬物，身已在船矣。立令推出斩之，诸将跪告不得，竟徇军中。次日，阮引枭示，何德捆责一百二十棍、革职，杀其副将杨升”。⑥ 亲至族叔，由于不能率领将士英勇拒敌，反而畏战先逃，同样不能逃脱被处死的命运。

永历六年（顺治九年，1652 年）正月，清军海澄守将赫文兴“开城率将士诣军前纳城，随赏将领官兵银一万两，赫文兴五千两，授前锋镇，赐挂破虏将军印、蟒玉，其参幕毛恒并将领各升授有差”。⑦ 赫文兴后来由于战功，还被郑成功擢升为左提督，并奏请永历皇帝封其祥符伯爵位。但在永历九年（顺治十二

---

① 杨英：《先王实录》，福建人民出版社 1981 年版，第 34 页。
② 杨英：《先王实录》，福建人民出版社 1981 年版，第 37 页。
③ 杨英：《先王实录》，福建人民出版社 1981 年版，第 38 页。
④ 杨英：《先王实录》，福建人民出版社 1981 年版，第 41 页。
⑤ 杨英：《先王实录》，福建人民出版社 1981 年版，第 44 页。
⑥ 杨英：《先王实录》，福建人民出版社 1981 年版，第 31 页。
⑦ 杨英：《先王实录》，福建人民出版社 1981 年版，第 40 页。

年，1655年）五月，因督操不力，被郑成功责罚。当时，郑成功在厦门，“吊各提督、统领、镇营就演武亭合操，照五梅花操阵法，如对敌赏罚军令。……时左提督赫文兴督操，队伍不齐。藩阅之，吊文兴就操场令责四十棍，诸镇将跪劝免，实降一级，督操官陈武捆责百二，贯耳游示。文兴因此悒悒，惊忧抱病”。后于当年九月病逝，郑成功“亲临祭葬，优恤其家”。①

永历十一年（顺治十四年，1657年）十月，为追究闽安镇失守责任，管援剿后镇事林明、护卫左镇杜辉，责以救援无功，帮守致溃，令推辕门正法；中提督甘辉等劝解，各捆责一百二十棍以儆，杜辉充提督尾名操兵，林明左戎旗下尾名操兵。另察各镇副锋、翼将、司哨先溃者四十二员，一并枭示，军中慑服。②

郑成功对畏敌怯战者的处罚很严厉，但对有将士无意中对他造成的伤害却十分宽容。永历十三年（顺治十六年，1659年）四月，郑成功在宁波附近的定关准备下船时，“同数匹马驰至后提督队伍内，先行至一小沟，前呼者辟开，班官穿戴，闻听不真，藩马走过，颊上被班官陈勇斩马刀伤一痕，血怆不止。至下船后，提督捆陈勇至处斩。藩令释之，发银赏慰之，谕曰：尔非敢故，乃误也，亦我自误。今伤痕已愈，奋勇立功，更不尔负。勇幸赦生回，又得赏银，各兵闻者悦服”。③

郑成功为军队规定了一整套临阵对敌的奖惩制度，又有严格的措施保证它的切实执行，所以，他的军队在作战中一般都能勇往直前。

四、教育将士胸怀大目标，维护人民群众的利益

军队南征北战，必然和民众发生密切的联系。郑成功经常教育将士要胸怀反清复明的大目标，强调在行军打仗过程中要维护民众的利益，争取民心的支持。

永历十二年（顺治十五年，1658年）五月，郑成功调集各路兵马准备北伐。行前，重申军纪：“不准奸淫、掳掠妇女。如有故违，本犯立即枭示，大小将领一体从重连罪”；“不许擅毁（民众）居室，敢有故违，大小将领一并连罪”；“不准掳掠男子为伙兵，如有故违，本犯枭示，将领连罪”；“严禁混抢……如有违令，敢有擅动民间一草一木者，本犯枭示，大小将领连罪不贷”；“禁宰牛……如有故违，本犯枭示，将领连罪”；“各官兵不许借坐给牌商船……如违，致船户

① 杨英：《先王实录》，福建人民出版社1981年版，第119、126页。

② 杨英：《先王实录》，福建人民出版社1981年版，第161~162页。

③ 杨英：《先王实录》，福建人民出版社1981年版，第188页。

禀报，本官兵枭示，将领连罪不贷”。“各项禁条有犯，断断无赦。但官兵不识字，着副翼、司哨、书记逐队解说晓谕遵守。”①

永历十三年（顺治十六年，1659 年）五月四日，郑成功在浙江舟山时又重申：“本藩亲统大师，不惮数千里长驱远涉，进入长江，刻期恢复，上报国恩，下救苍生。此行我师一举一动，四方瞻仰，天下见闻，关系匪细。……总以收拾民心，上为国家大计。须体此意，谆谆严饬所辖：登岸之时，不准动人一草一木，有犯连罪。”②

二十三日，郑成功进入长江，在永胜洲又重申：“自古做大事以得民为本。至于行师而耕市不变，则声闻远播，四方咸有徯后之望。……兹本藩亲统大师，进取金陵，虽克诘戈矛为杀虏要着，而约束兵士、收拾民心当与战勋并重。……本藩颁刻禁条，不许擅扰百姓，又申之文谕，可谓详且尽矣。兹又重申前意，言之不厌详者，其中必有大关系存焉。愿诸将深体而力行之。”③

二十七日，郑军到达顺江洲，官兵乏粮，郑成功准许官兵在江北各地取粮，但再次重申：“本藩统兵十余年，历尽艰险劳瘁，实为杀虏救民、恢复大事起见。至于因地取粮，不得已以佐兵糈。若专主抢掠，此乃相聚为盗，绝无远大规模，本藩何苦为诸无赖之巨魁，身受罪恶？……兹再严饬禁令：江北地方，准其取粮，准其坐船。至于江南地方，务要一草一木不动，伙兵水梢不准上岸，不准坐船。微如火柴，亦就江北取去，供江南之用，使禁令得以划一。且江北瓜州、六合、仪真，素称富庶之地，所取定不胜计，官兵尽已富饶，亦可知足。若江南，敢有故犯者，是真真无王法，目无天道，目无本藩。明明欲做盗贼，不肯做大事。本藩安用管此顽冥之将、管此顽冥之兵为也？如有违令，断必尽法而行，通船通队，尽行枭示，该管大小将领尽行枭示，本提统领一体连罪，决无姑恕。”④

六月二十五日，郑成功巡视已被郑军占领的镇江城，他对驻守在此地的右武卫周全斌和担任常镇道的冯澄世说：“城守贵乎严肃，宁民必以简静。镇江首先归顺，乃为恢复之始，当十分加意抚字，以为天下榜样。宜严束官兵，日夜住宿窝铺，不许混落城下，擅入民家，致行骚扰。该道不时缉解，有扰民者罪连该统领。其民，不准道府差役扰索，该统领须为查察，有病民者，即拿启报，罪连该道。此处骚扰，即四方望风而遁，天下事自尔等坏矣。慎之！慎之！”“冯道由是

① 杨英：《先王实录》，福建人民出版社 1981 年版，第 171~173 页。

② 杨英：《先王实录》，福建人民出版社 1981 年版，第 189 页。

③ 杨英：《先王实录》，福建人民出版社 1981 年版，第 192 页。

④ 杨英：《先王实录》，福建人民出版社 1981 年版，第 193~194 页。

安抚如故，市不易肆，民不知兵。”①

在收复台湾的过程中，郑成功也十分注意维护民众的利益。永历十五年（顺治十八年，1661年）五月初二日，他“集文武各官，会审搜掠台湾百姓银两，盗匿粟石罪犯，宣毅后镇吴豪伏罪被诛”。② 十八日，在发布“屯垦令”时，郑成功反复强调：“不许混侵土民及百姓现耕物业”“不许混圈土目及百姓现耕田地”。③ 七月，当驻扎北路屯垦的援剿后镇、后冲镇官兵不幸与大肚社土著居民发生冲突时，郑成功“差兵都事李胤监制各□（镇）□（不）许搅扰土社”。并将滋事的后冲镇等官兵调离，“移扎南社”。④

郑成功严肃军纪、维护民众利益的严厉作风在官兵中有很大的震慑力，有两个例子可以说明：

1. 永历九年（顺治十二年，1655年）七月，郑成功曾派洪旭为水师总督、甘辉为陆师总督、陈六御为总制五军戎政，率领队伍北伐。这支队伍出发前，郑成功“发银一万两，付陈总制领载北上。凡攻城略邑有功，先赏后报；有罪，镇将会议先斩后闻；其官兵奸淫抢掠，连罪将领，阿私不举，罪总制。时师至湄洲，北镇下有一兵取水，拾人一鸡，被监营报解，遂集诸镇议罪。甘辉对众自认统御陆师失律，去衣请责示儆。诸将迟疑。辉曰：尔等今日不责我，是致我总督与本藩杀耶？师行在迩，令即不行，尚望恢复致远？于是总制请令箭置于前，责十棍，犯兵枭示，付翼、司哨队各捆责，北镇舟师后至，免罪。以故军令严明，官兵遵守，进城秋毫无犯”。⑤

2. 永历十二年（顺治十五年，1658年）十一月，郑成功北伐的队伍在攻破浙江磐石卫时，“时后提督下副将胡雄伙兵匿一妇人，连罪俱杀，副将胡雄惊自缢死。何佑亦连其罪伏诛，诸将跪乞曰：‘此猛员难得，处处有勋，杀之可惜。’力保之。乃免，降兵捆责”。⑥

正因为郑成功的军纪严明，注意保护民众的利益，所以，他的许多军事行动都得到了民众的支持和响应。北伐攻打南京的战役，江、浙、安徽一带先后有70余州县纷纷起来响应。其中江苏江浦县的攻占特别有故事性，也特别能够说明郑成功的军事行动得到了民众的大力支持。据《先王实录》记载，“奉差徐明小哨

① 杨英：《先王实录》，福建人民出版社1981年版，第203页。
② 杨英：《先王实录》，福建人民出版社1981年版，第253页。
③ 杨英：《先王实录》，福建人民出版社1981年版，第254页。
④ 杨英：《先王实录》，福建人民出版社1981年版，第257页。
⑤ 杨英：《先王实录》，福建人民出版社1981年版，第128~129页。
⑥ 杨英：《先王实录》，福建人民出版社1981年版，第182页。

往芜湖，因不识港路，径入江浦港。适有虎卫将四员在岸，与二百步虏相持，本哨四人，亦登岸帮助，虏遂惊走。八人乘势追赶去南门，本县并防守虏兵从北门逃遁，本县土民迎接官兵八人入城镇守。现有县书手田沛同父老前来军前迎降，给谕安民，随行张兵部委员镇守。时童谣有云：是虎乎否？八员铁将，惊走满城守虏”。[①] 只有8名官兵，在当地民众的支持下，就占领了一座江浦县城，这说明，民众的支持对取得战争的胜利有多么的重要。

在收复台湾的斗争中，由于郑成功的军队以严明的军纪维护了人民群众的利益，不但汉族民众积极支持郑成功驱逐荷兰殖民者的斗争，而且，原住民对郑军的驱荷也大力予以支持，他们自动帮助郑军肃清躲藏在原住民村社的荷兰人。所以，有一个名叫汉布鲁克（Hambrock）的荷兰牧师曾悲叹说：“我国人无论投向何方，都不能逃出虎口。”[②]

五、常用的战术和器具

郑成功军队运用的战术很多，一些前人创造的有效的战术他们都会运用。而且，他们还创新或改进了一些战术。例如，五梅花阵法就是他们创新的一种战术。据《先王实录》记载，永历九年（顺治十二年，1655年）三月，郑成功在新建成的厦门演武亭督兵训练。“一日，藩在楼观各兵阵操有未微妙者，于是再变五梅花操法，日亲临督操，步伐整齐，逐队指示。计半月，官兵方操习如法。始集各镇合操法，并设水师水操法，俱有刻版通行。”五月，又“吊各提督、统领、镇营就演武亭合操，照五梅花操阵法，如对敌赏罚军令”。[③] 五梅花操阵法是否是郑成功的新创？下文还将进一步探讨，但根据上述的记载，至少这个阵法根据郑成功的构想作了一些新的改变。

根据《台湾外记》记载，20多年后，施琅率领的清军在进攻澎湖时，也曾使用了五梅花阵法来对付刘国轩率领的郑军。在施琅招集各将领总结澎湖初战经验教训的会议上，为了避免出现初战时清军船只自相冲撞的现象，“吴英献策曰：国轩所恃者，不过数只熕船而已。我们船只，可分开列阵，不必齐进，当用五梅花破之。琅曰：何为五梅花？英曰：彼船少，我舟多，以五船结一队，攻彼一

---

① 杨英：《先王实录》，福建人民出版社1981年版，第204页。

② 荷兰东印度公司：《巴达维亚城日志》，载厦门大学郑成功历史调查研究组编：《郑成功收复台湾史料选编》，福建人民出版社1982年版，第278页。

③ 杨英：《先王实录》，福建人民出版社1981年版，第112、119页。

只，其不结队者为游兵，或为奇兵，或为援兵，悉远驾观望，相机而应，则无成䑸冲撞之患，又可以各尽其能，奋勇破敌。琅大悦曰：据公妙论，破之必矣！先以三叠浪而进，变以五梅花”。后清军“果以五船合围一只”[①] 的战法攻击郑军船只，并且取得了澎湖之战的大胜。[②] 按照这一说法，五梅花阵法是兴化总兵吴英向施琅提出来的，但在吴英自己所写的《行间纪遇》[③] 中，详细地记载了澎湖战役中的许多事情，却根本没有提到他献计五梅花阵法的事。所以，《台湾外记》的这个记载只能存疑。

根据《先王实录》的记载，五梅花操阵法开始时是陆师的战术，后来也成为水师的战术。这种战术的要义就是从不同方向，如梅花瓣形，以五对一，轮番进攻，形成局部以多打少的局面。

郑氏陆军采用五梅花操阵法的战例有：永历十年（顺治十三年，1656 年）十二月，郑成功进军罗源、宁德时，清军派梅勒章京阿格商等率领满兵“马步数千，尾后牵制”。郑成功决定让中提督甘辉、左先锋镇周全斌、援剿后镇陈魁断后，寻机杀敌。至护国岭险要处，甘辉令周全斌率兵在左，陈魁率兵在右，自己居中迎敌。由于山势险要，清军俱下马作战。甘辉对周全斌说：“虏众我寡，又俱真满披挂，未可轻视。须令将领各纠精神，死中求生，以计取之。彼下马逼我，我照操法，三退诱之，彼披挂必倦，然后我兵齐进，以一当百，可取胜也。”[④] 果然，这一战郑军获得大胜，并且杀死了清军的勇将阿格商。从甘辉对周全斌所说的“我照操法”一言中可以得知，郑军在此战中采用的战术就是五梅花操阵法。

郑氏水师采用五梅花操阵法的战例则有：永历十五年（顺治十八年，1661 年）四月，郑军在登陆台湾后，在争夺台江内海控制权的战斗中，尽管荷兰方面“最大和最重的赫克托号”“一驶过去就用大炮击穿了许多逼近的”郑军船只，但是郑军船只，“并不因此而退却。在战斗狂热中，有五六艘最勇敢的帆船从各个方向向赫克托号围攻”。最后，赫克托号“因船上火药爆炸而沉没，船上的货物和兵士全归于尽”。[⑤] 用五六艘船从各个方向围攻敌人的船只，这就是典型的五梅花操阵法。

郑氏水师还经常使用多叠冲犁和连环攻击的战术。所谓多叠冲犁战术，就是

---

① 江日升：《台湾外记》，福建人民出版社 1983 年版，第 343 页。

② 江日升：《台湾外记》，福建人民出版社 1983 年版，第 339 页。

③ 吴英：《行间纪遇》，燕翼诒谋堂藏版，道光丙午年（1846 年）。

④ 杨英：《先王实录》，福建人民出版社 1981 年版，第 142~143 页。

⑤ C. E. S.：《被忽视的“福摩萨”》，载厦门大学郑成功历史调查研究组编：《郑成功收复台湾史料选编》，福建人民出版社 1982 年版，第 143 页。

把进攻的船只分为数叠，利用上风、上流的位置，轮番冲击敌人的船只，有时可把敌方船只直接冲沉，有时则利用靠近敌船的机会，官兵直接登上敌船作战、夺取敌人船只。例如，永历十四年（顺治十七年，1660 年）四月，郑成功在准备迎击清军对厦门的进攻时，就曾对水师将领们说："此番杀虏，我师船只众多……今面议预先派定分明，以便堵御。每镇挑选二号中船及水艍作头叠，桅尾挂红旗为号；一号大船作二叠，老□（营）桅尾挂黄旗为号。遇敌，头叠船前冲，二叠船相机赴应。头叠二叠船务要挑□（选）将领官兵，配驾站舨。每船又另配选配船精兵，大船约四十名，中船约二十名，水艍约十五名，坐在舱内；候本船冲犁虏船，可以过船时，即齐拥过船。未冲犁时，不准轻动偾事。……至于辖下挑选外，如不十分经战，大船跟后驾驶，以作声势，不许先时乱进，自相紊乱。此杀敌机宜，立将头叠、二叠及精兵俱报，请给旗号，并领银两。"①

所谓连环攻击战术，就是在攻击中，将船只靠上敌船，并且将本方的船只连接在一起，组成一条步兵可以跳船通过的船桥，后面船只的官兵可以通过这条船桥，迅速赶到敌船上进行搏杀，直至夺取敌人的船只。在台湾的海战中，郑氏水师使用了这种战术。据荷方记载，"他们用两只大帆船紧靠我船斯・格拉弗兰和白鹭号的尾部"。"这两只船的后面紧接着另外两只船，其后又紧接着两只船。这样有五六对敌船前后连接在一起，搭成了一座桥。敌方的船长们手执利剑把后面的兵士赶到前面去，以代替被打死了的人。他们使用这种前仆后继、以多胜少的办法，终于不顾我方的决死抵抗，爬上了斯・格拉弗兰号。"②

郑氏军队在陆上作战时，经常会构建一种临时性的攻防兼备的工事，郑军自己将其称为"籧篨"。台湾学者江树生在《郑成功和荷兰人在台湾的最后一战及换文缔和》一书中，根据荷兰文的资料将它译为"篮堡"。"所谓篮堡是我从当时荷文档案的 Schanskorf 翻译过来的。这个荷文的意思是装着沙土的篮子，用于战争时摆设成防卫用的战壕。荷兰汉学家 Dr. G. Schlgel 于 1886—1890 年出版的巨著《荷华文语类参》，把这个字译作土篑。大概当时郑军是用竹子编成篮子装沙土进去，然后堆积摆设而成战壕，以防对方射击，其功用有如今天的沙包。以前有些译作称这篮堡为土垒，使当时的进军状况不易被了解。因为郑军推进热兰遮城时，大都于夜间把篮堡向前移动，白天就躲在篮堡后面，如果译作土垒要移动就很难了。"③ 所谓"籧篨"，原意是指竹或苇所编的粗席，这里指的是用竹篮

---

① 杨英：《先王实录》，福建人民出版社 1981 年版，第 229 页。

② C. E. S.：《被忽视的"福摩萨"》，载厦门大学郑成功历史调查研究组编：《郑成功收复台湾史料选编》，福建人民出版社 1982 年版，第 144 页。

③ 江树生：《郑成功和荷兰人在台湾的最后一战及换文缔和》，载《汉声》第 45 期。

装满沙土堆积而成的临时性的工事。籧篨有一个最大的特点，它可以根据战斗的需要，进行移动。移动时，只要士兵搬动竹篮，重新堆垒即成。籧篨不但可以移动，而且可以堆垒成适合地形需要的各种高度。籧篨之上还可以架设火器攻击敌人。

在杨英的《先王实录》中，有许多关于籧篨的记载。如前引围困漳州的资料中，郑成功“传令各筑营盘围困。其营盘外开河沟一丈，鹿角一重，木栅一重，木栅内则竖籧篨，每籧篨三个隔一位，设一铜百子铳”。[①] 在围困热兰遮的战斗中，籧篨发挥了重要的作用，上引江树生的著作根据荷兰人的档案资料记录了大量这样的记载（江文中“篮堡”即籧篨）。1662 年 1 月 15 日，“敌人在羊厩和第二渔场的军营里，很积极地在制造堆积很多很高的篮堡”。17 日，“敌人于昨夜在墓园和市场南边搬来很多篮堡”。18 日，“我们看见敌人昨夜在墓园又搬来一批篮堡”。19 日，“敌人又在市场南边和墓园搬来很多篮堡……在第二渔场搬来很多篮堡，看起来他们是要用篮堡把羊厩那边围起来”。20 日，“敌人昨夜又在墓园和市场南边搬来很多篮堡，看起来，他们是把乌特勒支碉堡作为攻击目标，因为那些篮堡造成的所有炮台上的炮眼，都朝向那碉堡”。21 日，“敌人夜里在靠近碉堡下面的地方，用约一百个篮堡堆成一个半月形”。23 日，“敌人昨夜第一次在很靠近碉堡的地方，搬来非常多的篮堡筑成炮台，也在墓园前面搬来很多很多篮堡”。“这些炮台用数不尽的篮堡护卫着，又有数千个武装的士兵躲在那些篮堡后面，那些篮堡坚固到我们的炮弹和子弹都打不坏。”[②] 逐渐迫近的包围圈和 1 月 25 日猛烈的炮火，给热兰遮城里的荷兰人造成了极大的心理压力，最后不得不放弃抵抗。这其中，籧篨的作用极为明显。

郑氏军队使用的许多军械、器具也非常有特点，例如，藤牌、战被、铳弹等。

藤牌，又称团牌；战被，又称滚被，是郑氏军队中普遍使用的防卫性的护具，有专门的机构负责督造。《先王实录》记载，永历五年（顺治八年，1651 年），郑成功“委陈启设局督造军器、藤牌、战被、火筒、火罐等项”。[③] 配合藤牌和战被的使用，郑氏军队还发展成了一套专门的战术。据《明季南略》记载，“滚被者，用一大棉被厚二寸，一人执之，双手有刀。如箭至，即张被遮候，箭过，即卷被持刀滚进，砍人马足”。在敌人进攻时，“郑兵严阵当之，屹然不动，俱以团牌自蔽，望之如堵”。等到敌人第一波冲锋过去，第二波冲锋尚未发动之

---

① 杨英：《先王实录》，福建人民出版社 1981 年版，第 46 页。

② 江树生：《郑成功和荷兰人在台湾的最后一战及换文缔和》，载《汉声》第 45 期。

③ 杨英：《先王实录》，福建人民出版社 1981 年版，第 35 页。

时，“郑兵疾走如飞，突至马前杀人。其兵三人一伍，一兵执团牌蔽两人、一兵砍马、一兵砍人，甚锐，一刀挥，铁甲军马为两段”。“其藤牌，桐油浸透，刀箭不入。”藤牌舞动时，技精者，但见“牌影如花，不见其身”。[①]

铳弹是郑氏军队使用的填充火药的爆破弹，与当时大量使用的填充火油的火筒、火罐等燃烧弹不同。据《先王实录》记载，永历十年（顺治十三年，1656年）五月，郑成功给军队配置铳弹，“每名兵另带铳弹三粒在身，遇敌掷击，俱自此始”。[②] 这种掷击的铳弹，应是较为原始的手榴弹或手雷之类，在当时的中国军队中，是较为先进的武器。

① 计六奇：《明季南略》，台湾文献丛刊本，第331~332、339、338页。

② 杨英：《先王实录》，福建人民出版社1981年版，第135页。

附录　郑成功诛杀吴豪的若干问题

郑成功在率领复台大军登陆台湾后不久，就诛杀了自己的大将宣毅后镇吴豪。至于郑成功为什么要杀吴豪，什么时间杀的吴豪，过去人们都以杨英《先王实录》的记载为依据：郑成功提出东征台湾时，“时众不敢违，然颇有难色。惟宣毅后镇吴豪经到此地，独言风水不可，水土多病。藩心含之，谓其有阻贰师也。独协理五军戎政杨朝栋倡言可行，藩嘉与之，故于事平日，任以府尹事，诛吴豪”。① 南明永历十五年“五月初二日，藩驾驻台湾，集文武各官，会审搜掠台湾百姓银两、盗匿粟石罪犯，宣毅后镇吴豪伏罪被株”，② 不疑有它。可是，近年来由于荷兰文献《梅氏日记》③ 和《热兰遮城日志》第4册④先后翻译出版，关于郑成功诛杀吴豪有了更多的说法。这里略作一些梳理，对郑成功诛杀吴豪的时间、地点、原因、善后等若干问题进行一些探讨，以求更接近于历史的真实。

近年翻译出版的《热兰遮城日志》记载说，1661年6月17日（星期五），荷兰人俘虏了一个在乌特勒支堡附近高地站岗的郑军哨兵，据这个哨兵说，“国姓在普罗岷西亚那城堡里。Gauja Bancka（吴豪）距今11天前，在普罗岷西亚那中国人的医院里，被国姓斩首了，因为他对这市镇里（这市镇由他担任指挥）的财物，不但没有登记成册，还让人偷走，他自己也偷拿”。⑤ “吴豪（Gauja Bancka）跟国姓从厦门要前来此地时，曾经表示很不愿意来此地，因此国姓对他怀恨在心。这怀恨之心从那时一直留存，而现在更甚，因为他对这城堡不发动攻击，有些士兵，也因此在赤崁被处斩。他奉命去南边的Kadnio时，也偷取那地方全部的谷物，并使之腐坏”。⑥ “吴豪（Gauja Bancka）遭遇困难的一个重要原因是，在那射击之后，他让那些插在这市镇旁边的堡篮的旌旗被【荷兰人】拿

① 杨英：《先王实录》，福建人民出版社1981年版，第244页。

② 杨英：《先王实录》，福建人民出版社1981年版，第253页。

③ 菲力普斯·丹尼尔·梅·梅杰斯特著，江树生译注：《梅氏日记》，载《汉声》第132期。

④ 江树生译注：《热兰遮城日志》第4册，台南市政府2011年版。

⑤ 江树生译注：《热兰遮城日志》第4册，台南市政府2011年版，第511页。

⑥ 江树生译注：《热兰遮城日志》第4册，台南市政府2011年版，第512页。

走。”[①] “吴豪是在那医院（那医院的四周都派武装的士兵围起来）的广场被斩首的，之后他的尸体（由他们的大官们用隆重的仪式）火化。他（惋惜地）说，他（吴豪）当时若被我们打死，将会更好。他（吴豪）那时曾经数次去那些堡篮那里，每次去，他身边经常有五六个人被我们的炮弹打死”。[②]

另据《梅氏日记》记载，在1661年5曰25日到6月中旬之前的这段时间里，“吴豪（Gouja Bancka）是他（指郑成功——引者注）最重要的将官之一，也被斩首了。他在大员一个中国人Siesick的房子里，从地下挖到四五千两银，分给士兵，因此被告发了。但是他的几个军官和我们的译员秘密告诉我们说，主要的原因是去年国姓爷准备要来攻打‘福尔摩沙’时，他是最反对的人，他推说，鹿耳门港道是在大员城堡的射击区内，现在国姓爷发现并非如此才把他斩首。”[③]《梅氏日记》的作者菲力普斯·丹尼尔·梅·梅杰斯特，原来是荷兰东印度公司的土地测量师，在郑成功攻打台湾之初就被郑军俘虏，以后多次代表被俘的荷兰人与郑军交涉，还曾经被郑军派去测量土地以及担任郑、荷交涉时的翻译，他对郑氏军队的观察是近距离的。但《梅氏日记》严格说来并不是“日记”，而是“日志”。因为它不是梅氏在台湾第一时间的记载，而是1662年3月他回到巴达维亚之后的一个回顾性的报告。因此，他的一些回忆并不是那么准确和具体。尽管如此，《梅氏日记》还是很有参考价值的。

从《热兰遮城日志》和《梅氏日记》的记载中，我们看到了有关郑成功诛杀吴豪和《先王实录》有一些不同的说法。

一、关于时间

《热兰遮城日志》根据一名郑军俘虏的口供，说郑成功是在1661年6月17日（星期五）的11天前杀的吴豪，也就是说吴豪是在6月6日被杀的。按照郑鹤声所编《近世中西史日对照表》，1661年6月6日是南明永历十五年五月初十日。[④] 这样，关于郑成功诛杀吴豪的时间，除了杨英《先王实录》所说的永历十五年五月初二日之外，又有了同年的五月初十日这样一种说法。两种说法，哪一

① 江树生译注：《热兰遮城日志》第4册，台南市政府2011年版，第516页。

② 江树生译注：《热兰遮城日志》第4册，台南市政府2011年版，第517页。

③ 菲力普斯·丹尼尔·梅·梅杰斯特著，江树生译注：《梅氏日记》，载《汉声》第132期，第47页。

④ 郑鹤声编：《近世中西史日对照表》，中华书局1981年版，第291页。

个更准确，没有更多的资料可资证明，只能并存参考。

二、关于地点

《热兰遮城日志》记载，那名郑军俘虏先说，吴豪是“在普罗岷西亚那中国人的医院里，被国姓斩首了”。后来又说，“吴豪是在那医院的广场被斩首的”。两相比较，“吴豪是在那医院的广场被斩首的”更为可信，因为吴豪是经过“会审”之后被斩首的，在“医院的广场”斩首具有公示、教育广大军民的作用，而在“医院里”起不到这样的作用。因此，在赤崁中国人医院的广场被斩首的可能性更大。

另据翁佳音、黄验合著的《解码台湾史（1550—1720）》记载：“荷兰人在台湾兴建二间病院，一为台湾（大员）病院，在安平古堡南边，今第二公墓附近，主要收容入港的罹病船员、士兵。一为赤崁病院，主要收容贫病汉人。郑成功大军登陆时，土地测量员梅氏说他早上10点左右，‘正在赤崁的普罗文西亚市镇外的中国人，指挥几个中国水泥匠建造大门’。中国人医院就是赤崁病院，由文献可知，病院与坟场（义冢，stesfhuizen）相邻。清代台湾府城宁南坊之南的魁斗山（俗称鬼仔山）有义冢，‘历年久远，丘冢累塞’，在今南山公墓一带，而当年荷兰人的‘中国人医院’就在这里。”①

三、关于吴豪被诛杀的原因

《热兰遮城日志》和《梅氏日记》也比《先王实录》有更多的或更具体的一些说法，归纳起来，共有以下几条：

1.《先王实录》记载，吴豪的罪状之一是“搜掠台湾百姓银两”。《热兰遮城日志》记载，吴豪被诛杀，“因为他对这市镇里（这市镇由他担任指挥）的财物，不但没有登记成册，还让人偷拿，他自己也偷拿”。②《梅氏日记》记载说，吴豪“在大员一个中国人 Siesick 的房子里，从地下挖到四五千两银，分给士兵，

① 翁佳音、黄验：《解码台湾史（1550—1720）》，远流出版事业股份有限公司，2017年，第209页。

② 江树生译注：《热兰遮城日志》第4册，台南市政府2011年版，第511页。

因此被告发了。”[①] 从荷兰人的记载中，我们可以了解到，吴豪的宣毅后镇曾经是大员市镇（后来称安平镇）的驻防军队之一，就是他纵容部属“搜掠”大员市镇百姓的银两，特别是从一个名叫 Siesick 的中国人家中挖出了四五千两的银子，都瓜分了。

2. “盗匿粟石”是《先王实录》记载的吴豪又一条罪状。《热兰遮城日志》记载，吴豪“奉命去南边的 Kadnio 时，也偷取那地方全部的谷物，并使之腐坏”。[②] 根据荷兰人的记载，吴豪盗匿的是赤崁南边一个名叫 Kadnio 的地方的谷物。尽管不知道这个“Kadnio”具体指的是什么地方，但它是赤崁以南的一个地方是明确的。

3. 反对攻取台湾是《先王实录》记载的吴豪最重要的罪状。《热兰遮城日志》也记载，“吴豪（Gauja Bancka）跟国姓从厦门要前来此地时，曾经表示很不愿意来此地，因此国姓对他怀恨在心。”《梅氏日记》也记载说，吴豪被杀，“他（指的应是郑成功——引者注）的几个军官和我们的译员秘密告诉我们说，主要的原因是去年国姓爷准备要来攻打‘福尔摩沙’时，他是最反对的人。他推说，鹿耳门港道是在大员城堡的射击区内，现在国姓爷发现并非如此才把他斩首。至于那些钱的事，只是借口而已”。[③] 笔者曾经认为，“杨英认为，吴豪之所以被杀，是因为他曾经反对过郑成功东征台湾，郑成功记恨，所以借故杀了他。杨英的这个说法是不公正的。如果说吴豪是因为反对郑成功东征台湾而被借故杀掉的话，那么，杨英根本无法解释，支持郑成功东征台湾而被任为府尹的杨朝栋，最后为什么也同样因为粮食问题而被郑成功杀掉”。“杨朝栋是支持郑成功东征台湾的，他由于用小斗散粮，同样被郑成功处以极刑。这就说明了，在军事会议上，支持或反对东征台湾不是杨朝栋和吴豪生与死的关键，他们的死，都是由于在粮食问题上违反了郑成功的政策而造成的。”现在加上《热兰遮城日志》和《梅氏日记》的记载，笔者的观点有必要加以适当的修正。因为，不但杨英认为郑成功是由于记恨吴豪反对攻取台湾而借故杀他，连被荷兰人俘虏去的一个郑军的士兵，以及郑军的“几个军官和我们的译员”都这样说，可见，这在当时已经是一个“公开的秘密”。可以肯定，郑成功对吴豪反对攻取台湾确是心怀不满。因为吴豪反对的不是郑成功的一个平常的军事决定，平常的军事问题，郑成功是

---

① 菲力普斯·丹尼尔·梅·梅杰斯特著，江树生译注：《梅氏日记》，《汉声》第 132 期，第 47 页。

② 江树生译注：《热兰遮城日志》第 4 册，台南市政府 2011 年版，第 512 页。

③ 菲力普斯·丹尼尔·梅·梅杰斯特著，江树生译注：《梅氏日记》，《汉声》第 132 期，第 47~48 页。

允许部将有不同意见的，这对集思广益有帮助。但攻取台湾是郑成功酝酿已久、牵涉到郑军战略转移的重大的决策，当时许多将领都有畏难情绪，而吴豪以到过台湾的特殊身份，振振有词地说出了一大堆反对的根据，这极其容易动摇其他将领的决心，让郑成功这个重大决策得不到众将领的支持而流产。所以郑成功会对此耿耿于怀。好在这个决策得到了杨朝栋等人的表态支持，最后得到了实行。而且《梅氏日记》还提供了一个重要的信息，吴豪在反对攻取台湾时，还提供了一个理由，那就是鹿耳门港道也在热兰遮城堡的火力控制下。后来郑成功发现并不是这么回事。说明吴豪不但反对攻取台湾，后来证明还提供了假的军事情报。郑成功对吴豪反对攻取台湾不满，更恨他提供了假的军事情报，这才是他被杀的主要原因。

4. 攻打热兰遮城不力，还被荷兰人缴获了一些旗帜，造成了不良的影响。《热兰遮城日志》记载，那个被荷兰人俘虏的郑军士兵说，由于吴豪反对攻打台湾，郑成功对吴豪的“怀恨之心从那时一直留存，而现在更甚，因为他对这城堡不发动攻击，有些士兵，也因此在赤崁被处斩”。[①]“吴豪（Gauwa Bancka）遭遇困难的一个重要原因是，在那射击之后，他让那些插在这市镇旁边的堡篮的旌旗被【荷兰人】拿走”。[②]也就是说，吴豪作为驻守大员市镇、离热兰遮城堡最近的郑氏军队（宣毅后镇）的指挥官，他的队伍在郑成功发动对热兰遮城堡的炮击中（5月25日）很不得力。特别是在炮击之后，郑军在实行围城策略、前沿阵地稍有回缩的情况下，吴豪没有及时派人收回插在大员市镇旁边前沿阵地的郑军旗帜，让它们成了荷兰人的战利品，长了荷兰人的威风，挫伤了郑氏军队的士气，使郑成功极为恼火。郑成功不仅追究了吴豪的责任，也追究了宣毅后镇一些士兵的责任。

以上四个方面的原因加在一起，不杀吴豪不足以整肃军纪，不足以教育广大的将士。所以，郑成功诛杀吴豪是理所当然的。这也是郑成功为什么要“集文武各官”对吴豪进行“会审”，又在“医院的广场”上进行斩首的原因。

四、关于吴豪后事的处理

《热兰遮城日志》记载，那个被荷兰人俘虏的郑军士兵说，吴豪被处死之后，

---

① 江树生译注：《热兰遮城日志》第4册，台南市政府2011年版，第512页。

② 江树生译注：《热兰遮城日志》第4册，台南市政府2011年版，第516页。

“他的尸体（由他们的大官门用隆重的仪式）火化”。[①] 这说明，吴豪死后，他的同僚和友人们对他后事的处理是隆重的，而不是草草了事。显然，这肯定得到了郑成功的允许。郑成功一向赏罚分明，吴豪被处死，是对他犯罪事实的惩罚。他的后事得以隆重举办，是对他以往贡献的肯定。这种做法，既严明了军纪，又体现了一定的人文关怀。

① 江树生译注:《热兰遮城日志》第 4 册，台南市政府 2011 年版，第 517 页。

第六章

郑成功爱民护民思想述论

郑成功是伟大的民族英雄，他驱逐荷兰殖民者、收复台湾的业绩永远彪炳于中华民族的史册。在郑成功创造伟大历史功勋的同时，在他一生的军旅生涯中，有一个重要的思想始终决定着他的行为准则，那就是爱民护（救）民的思想。不论是在抗清北伐的过程中，还是在收复台湾的征途上，他的心中始终有百姓。这也是他能够在无比艰难的环境中，得到广大人民群众的支持，取得辉煌斗争业绩的根本原因。

一、在抗清的斗争中维护民众的利益，争取民心的支持

在抗清斗争中，郑成功经常教育将士要胸怀反清复明的大目标，强调在行军打仗过程中要维护民众的利益，争取民心的支持。

早在永历四年（清顺治七年，1650年）十一月，郑成功军队到广东潮州一带征粮。忠振伯洪旭对郑成功说，“各县饷米约完十分七八，所欠者穷苦贫民耳。徒滋追呼之苦，而饱奸差之腹，不如出赦，以彰浩荡之仁”，① 郑成功马上同意了。当时，郑成功军队处境比较困难，粮饷较为缺乏，而潮汕地区又是一个不清不明、或清或明的地方，有些地方势力对郑成功并不友好，但郑成功能够体恤最贫穷的那部分民众的困难，免去了向他们征粮。

永历十二年五月，郑成功调集各路兵马准备北伐。行前，重申“出军严禁条令”：“照的恢复伊始，信义为先，故逆者剿之，顺者抚之。剿抚分明，所以示大信、伸大义于天下，此诚今日之要着。如严禁奸淫、焚毁、掳掠、宰杀耕牛等

① 杨英：《先王实录》，福建人民出版社1981年版，第22页。

项，本藩已刻板颁行，谅谆不啻再三，尔提督、统领、镇营，劳征苦战十有余年，所为何事，总从报国救民起见。……从今之后，尔提督、统领、镇营，凡经过及屯扎地方，务要遵依明禁，翕然画一，以共奉恢复之大业，……本藩令重如山，有犯无赦！各宜着实凛遵。”“就地方取粮，亦不得已之役。官兵只准取粮，不准奸淫、掳掠妇女。如有故违，本犯立即枭示，大小将领一体从重连罪”；“不许擅毁（民众）居室，敢有故违，大小将领一并连罪”；“不准掳掠男子为伙兵，如有故违，本犯枭示，将领连罪”；“严禁混抢，……如有违令，敢有擅动民间一草一木者，本犯枭示，大小将领连罪不贷”；“禁宰牛，……如有故违，本犯枭示，将领连罪”；“各官兵不许借坐给牌商船，……如违，致船户禀报，本官兵枭示，将领连罪不贷”。“各项禁条有犯，断断无赦。但官兵不识字，着副翼、司哨、书记逐队解说晓谕遵守。”①

永历十三年五月四日，郑成功在浙江舟山时又重申：“本藩亲统大师，不惮数千里长驱远涉，进入长江，刻期恢复，上报国恩，下救苍生。此行我师一举一动，四方瞻仰，天下见闻，关系匪细。……总以收拾民心，上为国家大计。须体此意，谆谆严饬所辖：登岸之时，不准动人一草一木，有犯连罪。”②

二十三日，郑成功进入长江，在永胜洲又重申：“自古做大事以得民为本。至于行师而耕市不变，则声闻远播，四方咸有徯后之望。……兹本藩亲统大师，进取金陵，虽克诘戈矛为杀虏要着，而约束兵士、收拾民心当与战勋并重。……本藩颁刻禁条，不许擅扰百姓，又申之文谕，可谓详且尽矣。兹又重申前意，言之不厌详者，其中必有大关系存焉。愿诸将深体而力行之。”③

二十七日，郑军到达顺江洲，官兵乏粮，郑成功准许官兵在江北各地取粮，但再次重申：“本藩统兵十余年，历尽艰险劳瘁，实为杀虏救民、恢复大事起见。至于因地取粮，不得已以佐兵糈。若专主抢掠，此乃相聚为盗，绝无远大规模，本藩何苦为诸无赖之巨魁，身受罪恶？……兹再严饬禁令：江北地方，准其取粮，准其坐船。至于江南地方，务要一草一木不动，伙兵水梢不准上岸，不准坐船。微如火柴，亦就江北取去，供江南之用，使禁令得以划一。且江北瓜州、六合、仪真，素称富庶之地，所取定不胜计，官兵尽已富饶，亦可知足。若江南，敢有故犯者，是真真无王法，目无天道，目无本藩。明明欲做盗贼，不肯做大事。本藩安用管此顽冥之将、管此顽冥之兵为也？如有违令，断必尽法而行，通

---

① 杨英：《先王实录》，福建人民出版社 1981 年版，第 170~173 页。

② 杨英：《先王实录》，福建人民出版社 1981 年版，第 189 页。

③ 杨英：《先王实录》，福建人民出版社 1981 年版，第 192 页。

船通队，尽行枭示，该管大小将领尽行枭示，本提统领一体连罪，决无姑恕。”①

六月二十五日，郑成功巡视已被郑军占领的镇江城，他对驻守在此地的右武卫周全斌和担任常镇道的冯澄世说：“城守贵乎严肃，宁民必以简静。镇江首先归顺，乃为恢复之始，当十分加意抚字，以为天下榜样。宜严束官兵，日夜住宿窝铺，不许混落城下，擅入民家，致行骚扰。该道不时缉解，有扰民者罪连该统领。其民，不准道府差役扰索，该统领须为查察，有病民者，即拿启报，罪连该道。此处骚扰，即四方望风而遁，天下事自尔等坏矣。慎之！慎之！”“冯道由是安抚如故，市不易肆，民不知兵”。②

郑成功严肃军纪、维护民众利益的严厉作风在官兵中有很大的震慑力，有两个例子可以说明：

1. 永历九年七月，郑成功曾派洪旭为水师总督、甘辉为陆师总督、陈六御为总制五军戎政，率领队伍北伐。这支队伍出发前，郑成功“发银一万两，付陈总制领载北上。凡攻城略邑有功，先赏后报；有罪，镇将会议先斩后闻；其官兵奸淫抢掠，连罪将领，阿私不举，罪总制。时师至湄洲，北镇下有一兵取水，拾人一鸡，被监营报解，遂集诸镇议罪。甘辉对众自认统御陆师失律，去衣请责示儆。诸将迟疑。辉曰：尔等今日不责我，是致我总督与本藩杀耶？师行在迩，令即不行，尚望恢复致远？于是总制请令箭置于前，责十棍，犯兵枭示，付翼、司哨队各捆责，北镇舟师后至，免罪。以故军令严明，官兵遵守，进城秋毫无犯”。③

2. 永历十二年十一月，郑成功北伐的队伍在攻破浙江磐石卫时，“时后提督下副将胡雄伙兵匿一妇人，连罪俱杀，副将胡雄惊自缢死。何佑亦连其罪伏诛，诸将跪乞曰：‘此猛员难得，处处有勋，杀之可惜。’力保之。乃免，降兵捆责”。④

正因为郑成功的军纪严明，注意保护民众的利益，所以，他的许多军事行动都得到了民众的支持和响应。北伐攻打南京的战役，江、浙、安徽一带先后有70余州县纷纷起来响应。

其中江苏江浦县的攻占特别有故事性，也特别能够说明郑成功的军事行动得到了民众的大力支持。据《先王实录》记载，“奉差徐明小哨往芜湖，因不识港路，径入江浦港。适有虎卫将四员在岸，与二百步虏相持，本哨四人，亦登岸帮

① 杨英：《先王实录》，福建人民出版社1981年版，第193~194页。

② 杨英：《先王实录》，福建人民出版社1981年版，第203页。

③ 杨英：《先王实录》，福建人民出版社1981年版，第128~129页。

④ 杨英：《先王实录》，福建人民出版社1981年版，第182页。

助，虏遂惊走。八人乘势追赶去南门，本县并防守虏兵从北门逃遁，本县士民迎接官兵八人入城镇守。现有县书手田沛同父老前来军前迎降，给谕安民，随行张兵部委员镇守。时童谣有云：是虎乎否？八员铁将，惊走满城守虏。”① 只有8名官兵，在当地民众的支持下，就占领了一座江浦县城，这说明，民众的支持对取得战争的胜利有多么的重要。

南征北战，进入清政府统治区域时是如此，对待根据地厦门的百姓，郑成功更是尽力地予以维护。每当清朝军队威胁到厦门时，郑成功都要求百姓和官兵的眷属撤离厦门，避免他们受到清朝军队的侵害，因为他们有过惨痛的教训。永历五年三月，清军乘郑成功南征广东偷袭厦门，厦门军民的生命财产受到了严重的损害。用郑成功的话说，清军偷袭厦门得手，“虔刘我士民，掳辱我妇女，掠我黄金九十余万，珠宝数百镒，米粟数十万斛，其余将士之财帛，百姓之钱谷，何以胜计”。② 为了避免这种悲剧重演，郑成功在此后厦门面临重大军事行动之前，都要求“并空思明”。③ 他的出发点，完全是为了百姓和官兵眷属的生命和财产安全着想。

根据《先王实录》的记载，郑成功在清军准备攻打厦门时，每次都要求厦门的民众和官兵的眷属搬家渡海，以避战火。具体的记载有：永历九年九月，“省报：乌金世子统率新到满汉三万到省，扎扰民居养马，并吊本省兵马，一齐窥犯思明州。……本藩传令并空思明州，听居民搬移过海，其将领官兵家眷搬住金门、浯州、镇海等处，听从其便”。④ 十月，“居民并将领家眷俱搬过海，思明并空”。⑤ 十年三月，“虏世子吊各澳船只，令韩尚亮统领水师船只，欲犯思明，……藩又令兵民家眷搬移过海，调遣水陆官兵，棋布待敌”。⑥ 十四年四月，“报：虏出征兵马备到，船只、器械、舵梢齐集，约期来犯思明。……传令各提督统镇下将领官兵家眷搬往金门，仍委英兵镇陈瑞督辖兵往金门保护家眷，并令余官镇、郑户官帮同照管家眷”。⑦ 五月，郑成功虽然打败了达素对厦门的进攻，但他判断：“此番达虏来侵，虽被我杀败，其船只所失无几，满虏领先锋者所擒亦不多。伪朝既吊数省兵马船只，动费许多钱粮，……势必凑集，再决胜负。……我师粮费浩繁，岂能坐待其战？□（尔）等各归原汛，就地养兵。又须

① 杨英：《先王实录》，福建人民出版社1981年版，第204页。

② 杨英：《先王实录》，福建人民出版社1981年版，第63页。

③ 杨英：《先王实录》，福建人民出版社1981年版，第127、240页。

④ 杨英：《先王实录》，福建人民出版社1981年版，第127页。

⑤ 杨英：《先王实录》，福建人民出版社1981年版，第128页。

⑥ 杨英：《先王实录》，福建人民出版社1981年版，第133页。

⑦ 杨英：《先王实录》，福建人民出版社1981年版，第226~227页。

□□（将领）家眷□移浯州金门，并空思明以待之。”① 六月，“其思明州将领官兵家眷，一尽移金门、浯州、烈屿等处，居民有搬移过水者，听其自便，不禁”。②

这些记载清楚地表明：保护厦门民众和官兵眷属的生命财产安全，是郑成功面对战事来临时最先的考虑。让民众撤离到安全区域，并且还要派兵“保护”和“照管”，这种情景，我们只能在200多年后共产党、八路军领导的抗日根据地面临日本鬼子扫荡时才能经常看到。

二、在反抗西方殖民者和收复台湾的斗争中时刻把人民群众的利益放在心上

在反抗西方殖民者对我国东南沿海的侵扰和收复台湾的伟大的斗争中，郑成功更是时刻把人民群众的利益放在心上，为了维护人民群众的利益，勇于和西方殖民者进行坚决的斗争。

郑成功生活的时代，葡萄牙、西班牙、荷兰等西方殖民者早已开始了对亚洲的侵略扩张。他们先后在东南亚的一些地区建立了殖民地，并且把魔爪伸向了我国沿海地区。荷兰殖民者在1624年侵占台湾之后，不断地侵扰闽粤沿海地区，给当地人民的和平生活和商业活动造成了很大的破坏。特别在1652年台湾郭怀一起义之后，荷兰人对郑成功的到台船只每多留难，甚至公然劫捕。郑成功为了维护中国商民的利益，曾发布命令封锁马尼拉的西班牙人，而台湾的荷兰人拒不执行。这引起郑成功的极大不满，1656年6月27日（永历十年闰五月初六日），郑成功发表布告，对台湾的荷兰人进行封锁，布告中写道：“以往，中国货船经常前往海外各地通商，备尝贸易之利。然而前往马尼拉之商民常向本藩申诉：马尼拉西班牙人视之为鱼肉，肆意欺压，而不当人看待。或几乎强夺商民运来之货物，或随意付款，常低于进货价格，并要久候，延误时间。大员荷兰人之所为，与马尼拉西班牙人如出一辙，亦视商民为可供人食之鱼肉。本藩闻之此情，心血翻腾，极为愤怒。……在此之前，本藩曾发一道命令，断绝与马尼拉贸易来往。此道命令，人人遵守，到处执行。唯有大员拒不执行，甚至不予张贴。……闻此实情，本藩亦决定与大员断绝贸易来往，任何船只，甚至连片板皆不准赴大员。然而鉴于有中国人居住彼处，为避免损害其利益，且有众多大小船只如今尚在各

① 杨英：《先王实录》，福建人民出版社1981年版，第239~240页。

② 杨英：《先王实录》，福建人民出版社1981年版，第240页。

处，未能及时得悉此令，为此，本藩准其在一百日以内来回航行。在此时间之后，禁止大小船只来往。……以上命令，望严格遵守。本藩既已作此决定，决不让步，亦不作任何改变。百日后，此项禁令并不影响本藩常遣船只到沿海各地巡查，或采取某种行动。特此告知商民：大员与马尼拉系一丘之貉，既丑恶又傲慢。本藩言词及命令，犹如金科玉律，坚定不移。"① 郑成功对台湾荷兰人的封锁到了第二年（1657 年），最后，以荷兰人的让步妥协了事。"由是禁绝两年，船只不通，货物涌贵，夷多病疫。至是令廷斌求通，年输银五千两，箭柸十万枝，硫磺千担，遂许通商"。②

为了开辟一个理想的抗清基地，同时也为了一劳永逸地解决与荷兰殖民者的矛盾、保护台湾人民的利益，郑成功不顾一些部将的反对，决定驱逐荷兰殖民者，收复台湾。郑成功在召集部将讨论攻取台湾事宜时说，台湾"田园万顷，沃野千里……吾民麟集……近为红夷占据，城中夷伙不上千人，攻之可垂手得者"。③ 在郑成功的眼中，台湾当时已是中国人聚集的地方，只是近来被荷兰人占据，取之名正言顺。当征台大军已经出发，在澎湖候风之时，郑成功就拟好了给荷兰东印度公司台湾长官揆一的信。信中说："澎湖邻近厦门、金门岛屿，因而应归其所属。大员位于澎湖附近，此地也应由中国政府管辖。关于这一点，可以从以下事实得到证实：这两个位于中国海的岛屿上的居民都是中国人，他们自古以来占有并耕种这一土地。……你们必须明白继续占领别人的土地是不对的（这一土地原属于我们的祖先，现在理当属于本藩）。如果你们能用友好的谈判方式让出城堡，生命和财产安全将受到保障。"④ 在台湾登陆后，郑成功在与荷兰东印度公司的代表交涉时称，"该岛一向是属于中国的。在中国人不需要时，可以允许荷兰人暂时借居，现在中国人需要这块土地，来自远方的荷兰客人，自应把它归还原主，这是理所当然的事。他说，尽管他的人民屡次受到荷兰人的虐待，但此来的目的并非同公司作战，只是为了收回自己的产业。……但如果荷兰人方面无视他的宽大为怀，拒绝交还他的财产，企图继续霸占下去，他只好用自

---

① 〔荷兰〕胡月涵：《十七世纪五十年代郑成功与荷兰东印度公司之间来往的函件》，载厦门大学台湾研究所历史研究室编：《郑成功研究国际学术会议论文集》，江西人民出版社 1989 年版，第 316~317 页。

② 杨英：《先王实录》，福建人民出版社 1981 年版，第 153 页。

③ 杨英：《先王实录》，福建人民出版社 1981 年版，第 244 页。

④ 吴玫译：《有关郑成功军队进攻台湾登陆过程的若干史料》，载《台湾研究集刊》1988 年第 2 期。

己所拥有的一切力量来求其实现”。[①] 在郑成功的思想中，攻取台湾就是收复中国人的故土，就是保卫中国人的利益。这样的思想认识，比起与他同时代的一些封建统治者，如康熙皇帝、姚启圣、施琅对台湾的认识（他们认为：台湾向属化外，未入版图，只因居住在那里的内地人民不愿归化，才兴兵进剿），其境界不知要高出多少！

在收复台湾的过程中，郑成功也十分注意维护民众的利益。永历十五年五月初二日，他“集文武各官，会审搜掠台湾百姓银两，盗匿粟石罪犯，宣毅后镇吴豪伏罪被诛”。[②] 十八日，在发布“屯垦令”时，郑成功反复强调：“不许混侵土民（指土著居民——引者注）及百姓现耕物业”，“不许混圈土民及百姓现耕田地”。[③] 在他得知由于清政府的“迁界”而造成沿海人民流离失所之时，他感叹“吾欲留此数茎发，累及桑梓人民”，并且主张“今当驰令各处，收沿海之残民，移我东土，开辟草莱，相助耕种”。[④]

一视同仁地处理好与土著居民的关系、维护土著居民的利益，更是充分体现了郑成功爱民护（救）民思想的博大与高度。

大量的军事移民来到台湾之后，由于生活空间的扩大，必然和原来的土著居民产生广泛的接触。如果处理不好，就有可能产生矛盾和冲突。郑成功在这方面采取了许多有效的措施，不但维护了土著居民的利益，同时，为正确处理汉族移民和土著居民的关系做出了榜样。

郑成功采取的措施主要有以下几个方面：

1. 团结上层人物，广泛争取土著民众对驱荷和抗清事业的支持。复台大军登陆后不久，当新善、开感等里的土著居民头目前来迎附时，郑成功即设宴款待，并赐给正副土官袍帽靴带等物，表示慰问。由于土著居民受荷兰人欺凌已久，郑成功的亲善态度使他们深受感动。于是，“南北路土社闻风归附者接踵而至，各照例宴赐之，土社悉平怀服”。[⑤] 郑成功还亲自到新港、目加溜湾、肖垅、麻豆等社视察，土著居民“男妇壶浆，迎者塞道”。郑成功慰以好言，赐之酒食、烟、布，土著民众“甚是喜慰”。[⑥] 土著民众对郑成功的驱荷事业也积极予以支持，他们帮助郑氏军队肃清躲藏在土著村社中的荷兰人。因此，一名荷兰牧师曾

---

① C. E. S：《被忽视的“福摩萨”》，载厦门大学郑成功历史调查研究组编：《郑成功收复台湾史料选编》，福建人民出版社 1982 年版，第 153 页。

② 杨英：《先王实录》，福建人民出版社 1981 年版，第 253 页。

③ 杨英：《先王实录》，福建人民出版社 1981 年版，第 254 页。

④ 江日升：《台湾外记》，福建人民出版社 1983 年版，170 页。

⑤ 杨英：《先王实录》，福建人民出版社 1981 年版，第 250 页。

⑥ 杨英：《先王实录》，福建人民出版社 1981 年版，第 252 页。

悲叹说："我国人无论投向何方，都不能逃出虎口。"①

2. 严禁滋扰土著村社，维护土著民众的根本利益。为了取得稳定的粮食供应以及立足台湾的长远目标，郑成功发布了垦地令，鼓励文武各官以及广大官兵家眷创建田宅，永为世业。但同时也反复强调，"不许混侵土民及百姓现耕物业"，"不许混圈土民及百姓现耕田地"。② 1661年8月，驻扎北路屯垦的援剿后镇、后冲镇官兵不幸与大肚社土著居民发生冲突。郑成功"差兵都事李胤监制各□（镇）、□（不）准搅扰土社，并将滋事的后冲镇等官兵调离，"移扎南社"。③ 9、10月间，由于大陆运粮船未到，郑氏军队普遍缺粮，"官兵至食木子充饥"，"日只二餐，多有病没"。而这时土著民众的秋食已熟，郑氏官兵却能做到秋毫无犯，最后，由郑成功遣户都事杨英和承天府尹杨朝栋持金10锭前往新港、目加溜湾、肖垅、麻豆等社公平"买籴禾粟，接给兵粮，计可给十日兵粮回报"。④

3. 向土著居民传授农业技术，帮助他们发展生产。郑氏入台时，土著居民的农业生产技术十分落后，有着灌溉便利的"近水湿田，置之无用"，"不知犁耙斧锄之快，只用寸铁□凿"，一甲之园，必一月以上方能耕完。秋收季节，"土民逐穗采拔，不识钩镰获之便，一甲之稻，云采数十日方完"。根据这种情况，户都事杨英向郑成功建议："宜于归顺各社，每社发给农口一名，铁犁、耙、锄各一副，熟牛一头，使教□□（牛）犁耙之法，□□（播种）五谷割获之方，聚教群习。"⑤到郑氏后期，"四社番亦知勤稼穑，务蓄积，比户殷富"。⑥ 这说明，郑氏政权的教化，使土著村社的农业生产有了很大的改变，富有成效。

郑成功还十分注意保护海外华人的利益。17世纪50年代由于马尼拉的华人受到西班牙殖民者的侵害、欺侮，郑成功曾经下令封锁马尼拉的西班牙人。收复台湾之后，郑成功派遣多明我会教士意大利人李科罗为特使，携带一封书信前往马尼拉。信中对西班牙殖民者"凌迫我商民，开争乱之基"进行了谴责，同时，也对西班牙人"迩来稍有悔意，遣使前来乞商贸易条款"表示赞赏，并且要求西班牙人"每年俯首来朝纳贡"。⑦ 然而，西班牙殖民者变本加厉，反而要将华人

---

① 厦门大学郑成功历史调查研究组编：《郑成功收复台湾史料选编》，福建人民出版社1982年版，第277页。

② 杨英：《先王实录》，福建人民出版社1981年版，第254页。

③ 杨英：《先王实录》，福建人民出版社1981年版，第257页。

④ 杨英：《先王实录》，福建人民出版社1981年版，第259页。

⑤ 杨英：《先王实录》，福建人民出版社1981年版，第259页。

⑥ 郁永河：《裨海纪游》，台湾文献丛刊本，第17页。

⑦ 赖永祥：《明郑征菲企图》，载《台湾风物》第4卷第1期。

中的非天主教徒一律驱逐出境，这样就引起了骚动。动乱中，西班牙人残杀了大批的华人。消息传到台湾，郑成功立即决定派兵征讨吕宋，保护华人的利益，可惜，不幸几天后急病去世，没有付诸实施。[①]

连横在《台湾通史》“职官志”中写道：“延平立法严，而爱民如子，劝之以忠，励之以勇，使之以义，绥之以和。闽粤之民，闻风而至，拓地远及两鄙，台湾之人，以是大集。”[②] 郑成功爱民护（救）民思想的实施，吸引了大批民众投入到开发台湾的浪潮中，为中华民族在台湾的发展和繁荣奠定了深厚的基础。

① 赖永祥：《明郑征菲企图》，载《台湾风物》第4卷第1期。

② 连横：《台湾通史》上册，商务印书馆2010年版，第112页。

第七章

郑成功与金门的关系

“郑成功与金门”是一个老题目。早在1969年，由郭尧龄先生编纂的《郑成功与金门》一书即由金门文献委员会组织出版。① 全书8万余字，对有关郑成功与金门史事的记述十分详备。本章仍以此为题，除对郑成功在金门的史事进行一些概要的论述之外，同时，也对有关史志和著作中一些不正确的记载，进行必要的纠正。

一、金门是郑成功抗清和收复台湾的基地

郑成功，原名森，字明俨，又字大木，福建南安石井人。明天启四年（1624年）出生于日本长崎平户，永历十六年（1662年）病逝于台湾。他的一生有两项事业名垂青史。一是逆从父命，毅然举起抗清大旗，倚仗强大的水师，南北征战十数年，令清朝统治者寝食难安。二是挥师东征，收复了被荷兰殖民者侵占达38年之久的台湾。尤其是后者，使他成了中华民族千古称颂的英雄。然而，不论抗清还是复台，郑成功一生的事业与金门始终有着密切的联系。

首先，金门是郑成功防止被其父裹胁的避祸之地。隆武二年（1646年），清军入闽，原先拥立隆武政权，此时仍握有重兵的郑芝龙退守安平。在清贝勒的招降下，郑芝龙准备降清。这时，年仅22岁的郑成功向其父提出了劝告：“吾父总握重权，未可轻为转念。以儿细度，闽粤之地，不比北方得任意驰驱。若凭高恃险，设伏以御，虽有百万，恐一旦亦难飞过。收拾人心，以固其本，大开海道，兴贩各港，以足其饷。然后选将练兵，号召天下，进取不难矣。”“夫虎不可离山，鱼不可脱渊；离山则失其威，脱渊则登时困杀。吾父当三思而行。”但郑芝

① 金门县政府印行：《金门县志》下册，1991年，第1562页。

龙降意已决，不愿接受劝告，“见成功语繁，厌听拂袖而起。成功出，适遇鸿逵于途，告以始末，逵壮之。功遂密带一旅，遁金门”。[①] 郑成功避走金门之后，郑芝龙在前往福州面见贝勒之前，曾差人到金门寻郑成功同行。成功上书其父曰：“我家本起草莽，骫法聚众，朝廷不加诛，更赐爵命。至于今上，宠荣叠承，阖门封拜，以儿之不肖，赐国姓，掌玉牒，畀印剑，亲若肺腑。即糜躯粉骨，岂足上报哉？今既不能匡君于难，致宗社堕地，何忍背主求生，反颜他事乎？大人不顾大义，不念宗嗣，投身虎口，事未可知。赵武、伍员之事，古人每图其大事者，惟大人努力自爱，勿以成功为念。”[②] 郑成功在金门写就的这封信，通篇充满了浩然正气，可谓古今少有的“教父篇”。郑芝龙于十一月十五日到福州，即被挟持北上，后困居北京，终至被杀。而郑成功在金门则海阔天空，其远大志向得以尽情施展。

其次，金门又是郑成功抗清的首义之地。郑芝龙既然降清，家人遂不以清兵暴虐为虑。没想到，清兵到安平后，仍然大肆淫掠，郑成功生母翁夫人（田川氏）为避免受到污辱，乃循日俗于十一月三十日巳时剖腹自杀。噩耗传到金门，郑成功既痛母亲死于非命，更感念隆武皇帝的大仇未报，乃于次日在金门烈屿誓师起兵。黄宗羲《赐姓始末》记载：“丙戌十二月朔，成功大会文武群臣于烈屿，设高皇帝位，定盟恢复。”[③] 其誓词“有‘本藩乃明朝之臣子，缟素应然，实中兴之将佐，披肝无地，冀诸英杰，共伸大义’之句”。[④] 郑成功起兵之初，追随者并不多。《闽海纪要》记载：“与所厚数十人举义，收兵南澳。”[⑤] 郑亦邹《郑成功传》则谓：“与所善陈辉、张进、施琅、陈霸、洪旭等愿从者九十余人，乘二巨舰断缆行，收兵南澳，得数千人。”[⑥] 金门举义虽然只有数十人，但它却是郑成功与其父分道扬镳之后抗清事业的开始。

郑成功经南澳募兵之后，军力有了一定的发展，乃开始在闽南及粤东沿海一带与清军作战。永历元年（1647 年）八月，攻海澄。九月，与郑鸿逵合攻泉州。二年闰三月，攻克同安，但据守半年后于八月失守。三年，先攻漳浦、诏安，后进入潮州。数年间，始终没有一个地方可长久立足。于是，郑成功想要寻找一块可以练兵措饷的地方作为根本之地。十一月，郑成功到黄岗时，曾对黄海如说：“我举义以来，屡得屡失，乃□□□（天未厌）乱，今大师至此，欲择一处，以

① 江日升：《台湾外记》，福建人民出版社 1983 年版，第 75~76 页。

② 温睿临：《南疆逸史》（下），中华书局 1959 年版，第 426~427 页。

③ 黄宗羲：《赐姓始末》，台湾文献丛刊本，第 2 页。

④ 江日升：《台湾外记》，福建人民出版社 1983 年版，第 80~81 页。

⑤ 夏琳：《闽海纪要》，台湾文献丛刊本，第 4 页。

⑥ 郑亦邹：《郑成功传》，载诸家：《郑成功传》，台湾文献丛刊本，第 5 页。

为练兵措饷之地。"① 并且，一度就准备选择潮属地方作为基地。但当时潮州各县群雄并起（俗有"五虎乱潮"之称），到处地方势力武装割据，不少山、水顽寨逆命抗从，或时顺时叛，经营此地大为不易。四年八月，郑芝鹏到潮阳，劝郑成功取金门、厦门二岛。"时金、厦两岛尚为建国公郑彩、定远侯郑联所据，肆虐不道，民不堪命，其将章云飞尤横。成功乃与陈霸等议曰：'两岛本吾家土地，彼兄弟所据，肆横无道，大为不堪。'乃严部署，自揭阳回军，于中秋夜抵厦门。联方醉万石岩，报至，不得入。诘朝出见成功于舟中，交拜甚欢。成功笑曰：'兄能以一军相假乎？'联未及对，诸执锐者前矣，唯唯惟命。于是麾军过船，联众皆降，海上军皆属焉。"② 从此，金、厦二岛就成了郑成功抗清的基地。

永历五年，金、厦二岛作为郑成功的基地经受了第一次考验。这年的闰二月底，清福建右路总兵马得功趁郑成功率大军南下广东，袭击厦门。二十八日，在同安刘五店击败郑军援剿后镇蓝登，乘胜渡海。"二十九日抵厦门城下。"③ 负责防守厦门的郑芝莞及水师前冲镇阮引、后冲镇何德等未经激烈抵抗，即于当夜率军民"俱出浯洲"。④ 清军于三月初一进驻空城，厦门失守。三日，马得功准备乘胜进攻金门，但因当时海上大雾迷漫（卢若腾《重建太武寺碑记》有"辛卯三月三日之雾"的记载，因此，清军攻金门应为三日），以及郑氏援军陆续赶到，金门得保无虞。卢若腾《神雾诗》对此事曾有生动的描述："辛卯三月朔，胡骑蹂禾山，虽饱未飏去，迥指沧浯湾。沧浯不可到，模糊烟霭间。援军次第集，神雾始飞还。当时水师尽入粤，仓卒一矢无人发。若非腾蛇携雾游，全岛生灵化白骨。岁岁给军民力空，临危偏藉神雾功。安得学成张楷裴优之奇术，晏然高卧孤岛中。"⑤ 十四日，郑鸿逵组织援军对清军占领的厦门进行封锁，"分发水师犯截五通、高崎等处，自以大船泊守神前港"，⑥ 并派郑德、周全斌到广东请郑成功回师。清军被围，"音讯不通，外援断绝"。⑦ 马得功见势不妙，只好乞求郑鸿逵网开一面。郑鸿逵考虑到兄长郑芝龙身在北京，又加上母亲黄氏夫人的命令，不

---

① 杨英：《先王实录》，福建人民出版社 1981 年版，第 7 页。

② 夏琳：《闽海纪要》，台湾文献丛刊本，第 7 页。

③ 厦门大学台湾研究所、中国第一历史档案馆编辑部编：《郑成功满文档案史料选辑》，福建人民出版社 1987 年版，第 6 页。

④ 杨英：《先王实录》，福建人民出版社 1981 年版，第 28 页。

⑤ 金门县政府印行：《金门县志》下册，1991 年，第 1219 页。

⑥ 杨英：《先王实录》，福建人民出版社 1981 年版，第 28 页。

⑦ 厦门大学台湾研究所、中国第一历史档案馆编辑部编：《郑成功满文档案史料选辑》，福建人民出版社 1987 年版，第 6 页。

敢把事做绝，因此，于二十七日撤围，并且还提供了三十八艘船只让马得功渡回。[①] 四月初一日，郑成功从广东回到厦门。厦门虽然回到了郑氏的手中，但损失惨重。据其后郑成功写给郑芝龙的信中说，清军“袭破我中左，蹂躏我疆土，虔刘我士民，掳辱我妇女，掠我黄金九十余万，珠宝数百镒，米粟数十万斛；其余将士之财帛，百姓之钱谷，何以胜计”。[②] 在这场后方基地的大浩劫中，所幸金门得以保全。郑成功回厦不久，即将厦门委付洪旭料理，自己则“移师金门后浦，扎营训练”。[③]

永历五年厦门失守、金门得以保全的事件，给郑成功留下了深刻的教训。自此之后，凡金、厦地区有重大战事，郑成功必将厦门居民及官兵眷口等搬往金门。金门更进一步成为金、厦根据地的后方堡垒。

永历九年，清廷命世子济度为定远大将军，统率满汉官兵数万人向以金、厦为中心的福建沿海地区发动进攻。在清军到达之前，郑成功首先“令兄泰移安平辎重于金门，徙泉属士民渡金、厦，空府藏，堕漳府、惠安、同安诸县城”。[④] 九月，郑成功进一步“传令并空思明州，听居民搬移渡海，其将领官兵家眷搬往金门、浯州、镇海等处，听从其便”。十月，郑成功“驻思明州演武亭，往来金门驻节。居民并将领家眷俱搬过海，思明并空”。[⑤] 十年三月，济度“吊各澳船只，令韩尚亮统领水师船只，欲犯思明，自统陆师屯扎石井，寇攻白沙城。藩又令兵民家眷搬移过海，调遣水陆官兵，棋布待敌。虏水师分作三䑸来犯，一䑸白舣犯白沙，一䑸犯金门、浯州，一䑸乌舣犯思明”。[⑥] 六日，清军齐出泉州港（杨英《先王实录》记为十六日，但卢若腾《丙申三月初六日大风覆虏》诗，[⑦]《重建太武寺碑记》中的“丙申三月六日之风”，[⑧] 以及《募建太武寺疏》中的“去岁三月六日，强师袭岛，飓风发于俄顷”，[⑨] 都说明清军的进攻是在六日）。两军刚一接仗，海面上狂风大作，阴雾迷漫。郑军见势，及时收回湾泊。而清军船队欲收回泉州及深沪港不得，被风浪打散。有避入围头被郑军俘获者，“有被

① 厦门大学台湾研究所、中国第一历史档案馆编辑部编：《郑成功满文档案史料选辑》，福建人民出版社 1985 年版，第 56 页。

② 杨英：《先王实录》，福建人民出版社 1981 年版，第 63 页。

③ 阮旻锡：《海上见闻录》，福建人民出版社 1982 年版，第 15 页。

④ 沈云：《台湾郑氏始末》，台湾文献丛刊本，第 30 页。

⑤ 杨英：《先王实录》，福建人民出版社 1981 年版，第 127~128 页。

⑥ 杨英：《先王实录》，福建人民出版社 1981 年版，第 133~134 页。

⑦ 诸家：《台湾诗钞》，台湾文献丛刊本，第 18 页。

⑧ 林焜熿：《金门志》，台湾文献丛刊本，第 60 页。

⑨ 林焜熿：《金门志》，台湾文献丛刊本，第 61 页。

浪打漂上青屿、金门登岸逃生乞降者，有飘出外洋至广海者”。郑军“大胜班回”，清世子“叹服渡海之难，收军回泉”。① 这次战役的胜利虽得力于天气的帮忙，但郑成功及早将居民和官兵家眷移往金门，广大官兵无后顾之忧，斗志昂扬，使自己立于不败之地。

永历十四年，清军乘郑成功南京战败，调集江、浙、粤、闽数省水师和几万陆上兵马，由安南将军达素率领，再次向金、厦地区发动大规模的进攻。四月，郑成功得到清军约期进犯的消息，即于初三日“传令各提督统镇下将领官兵家眷搬往金门，仍委英兵镇陈瑞督辖兵往金门保护家眷，并令余宫镇、郑户官帮同照管家眷”。② 二十四日，郑成功“行户官郑泰即将前派并该□防守围头船只，一尽吊回，防守金门，抛泊城保角，以防广虏并许龙贼船，并护家眷。其围头地方交与宣毅后镇防守”。③ 五月初十日，郑、清两军在金、厦海域进行激战，郑军取得胜利，据卢若腾《上永历皇帝疏》称：“我师斩获虏官兵一千六百余员名。自虏蹦闽以来，无此大衄。”④

郑军获胜之后，有情报说，“达素回省，传令各船并舵梢暂发回，候七月有令再吊”。这时，郑成功对形势的估计是：清军虽经失败，但还将发动新的进攻，战斗间歇只有几个月。因此，他召集诸将，作新一轮的军事部署：“此番达虏来侵，虽被我杀败，其船只所失无几，满虏领先锋者所擒亦不多。伪朝既吊数省兵马船只，动费许多钱粮，若此一战，达素、率太［泰］亦难回奏，势必凑集，再决胜负。但舵梢发回，吊齐动经数月，我师粮费浩繁，岂能坐待其战？□（尔）等各归原汛，就地养兵，又须□□（将领）家眷□移浯州、金门，并空思明以待之。”随派诸将分扎汛地，自领亲军等镇“驻扎浯州”。⑤ 此后数月，郑成功基本上都是以金门做大本营的。据杨英《先王实录》记载：“六月初□日，藩驾驻浯州后埔城。其思明州将领官兵家眷，一尽移金门、浯州、烈屿等处。居民有搬移过水者，听其自便，不禁。……七月，藩驾驻后埔城。……八月，藩驾驻后埔城。……九月，藩驾驻后埔城。……十月，藩驾回驻思明州。报：达素回京，各水师尽吊，俱搁在岸边。……十一月，藩驾移驻金门城。初二日，遣右武卫周全斌为总督……前往南下取粮。……十二月，藩驾驻金门。吊右武卫等南征大师班回。”⑥ 如果说，十月之前，郑成功驾驻金门主要还是为了防备达素发动新的进

① 杨英：《先王实录》，福建人民出版社1981年版，第134页。
② 杨英：《先王实录》，福建人民出版社1981年版，第227页。
③ 杨英：《先王实录》，福建人民出版社1981年版，第230页。
④ 卢若腾：《岛噫诗》，附录，台湾文献丛刊本，第74页。
⑤ 杨英：《先王实录》，福建人民出版社1981年版，第239~240页。
⑥ 杨英：《先王实录》，福建人民出版社1981年版，第240~243页。

攻的话，那么，十月之后，郑成功已经知道达素回京，清军暂时放弃了组织新一轮进攻的努力时，还仍然驻扎金门，并派周全斌等南下取粮，则是在为收复台湾做准备工作了。

永历十五年正月，郑成功在厦门召开军事会议。会上正式宣布了要东征台湾的决定。他说："天未厌乱，闰位犹在，使我南都之势，顿成瓦解之形。去年虽胜达虏一阵，伪朝未必遽肯悔战，则我之南北征驰，眷属未免劳顿。前年何廷斌所进台湾一图，田园万顷，沃野千里，饷税数十万。造船制器，所优为者。近为红夷占据，城中夷狄不上千人，攻之可垂手得者。我欲平克台湾，以为根本之地，安顿将领家眷，然后东征西讨，无内顾之忧，并可生聚教训也。"[①] 从郑成功这些讲话中可以看出，他东征台湾的主要目的，就是开辟一个更加理想的抗清基地，以取代过去数年中金、厦二岛所扮演的角色。应当说，郑成功的这个决定是十分正确的。在全国抗清斗争高涨时期，金、厦二岛作为根据地还能适应斗争的需要。但在北伐失败、全国的抗清斗争走向低潮之后，二岛弹丸之地则显得回旋余地太小。不但粮饷的征收是一个很大的问题，而且连安顿家眷都有困难。因此，开辟一个可以安顿将领家眷，并可生聚教训的稳定的根据地，从战略的眼光来看，确属当务之急。在郑成功开辟新基地的过程中，金门又始终发挥了一个老基地的作用。

据《先王实录》记载："二月，藩提师扎金门城，候理船只，进平台湾。时船只修葺未备，派首二程而行。首程：本藩并文武官；亲军；右武卫；左、右虎卫；提督骁骑镇；左先锋；中冲、后冲镇；宣毅前、后镇；礼武镇；援剿后镇等。刻期先行。令镇守澎湖游击洪暄前导引港。以兵官、前提督居守思明州，户官居守金门。藩亲祭江，传令船只尽驾到料罗湾，催官兵候齐，听令下船开驾。三月初十日，藩驾驻料罗，候顺风开驾。……二十二日，催官兵开船，天时霁静，自料罗放洋。"[②] 这些记载清楚地说明了，郑成功东征台湾的前期准备乃至最后出发，都是在金门进行的。

另外，郑成功东征之前曾令户官郑泰居守金门，从这一点，我们就可以知道，金门还是郑成功收复台湾的后方基地。复台大军首、二程队伍共有 3 万余人，所需粮饷除从荷兰人手中缴获并向台湾民间采购一部分之外，初期主要靠金、厦二岛接济。尤其是金门，作为户官郑泰居守的地方，更是援台物资的集散地。现存的金、厦二岛如何供应复台大军粮饷的直接史料虽不全，但我们可以从仅存的一些记载中，窥见当时金、厦向台湾运送粮饷情况之一斑：

---

① 杨英：《先王实录》，福建人民出版社 1981 年版，第 243~244 页。
② 杨英：《先王实录》，福建人民出版社 1981 年版，第 244~245 页。

《台湾外记》记载，顺治十八年（永历十五年，1661 年）五月，“世子经差兵部主事杨荣押送粮饷、军器暨诸食物到台”。[1] 这是可以直接说明从金、厦运送粮饷到台湾的记载。

《先王实录》则记载：“七月，藩驾驻承天府。户官运粮船不至，官兵乏粮，每乡斗价至四五钱不等。……八月，藩驾驻承天府。户官粮船犹不至，官兵至食木子充饥，日忧脱巾之变。藩心含（衔）之，大书于座前云：户失先定罪。遣杨府尹同户都事杨英往鹿耳门守候粮船，并官私船有米来者，尽行买籴给兵。”[2] 这个记载说明了，永历十五年七、八两月间，由于郑泰组织的运粮船不至，造成了在台湾的郑氏官兵严重缺粮的状况。反过来说，此前的四、五、六三个月，《先王实录》没有这方面的记载，说明金、厦运粮船则是及时到达的。

二、部将中的金门人

郑成功一生的事业和金门有着密切的联系，在他的部将中还有许多金门人。镇将以上的著名人物就有洪旭、周全斌、林习山、颜望忠、戴捷等。他们的主要事迹如下：

（一）洪旭

洪旭，字念衷，金门后丰港人。原为郑芝龙部将，隆武二年，封忠振伯。郑成功起兵抗清，为最早的追随者之一。

初任水师三镇。永历四年正月，郑成功令其“驻镇潮阳，以军器粮务委付任理，征输转运不竭，深倚重之”。[3] 八月，总理潮阳地方兵民粮饷事务。十一月，郑成功传令各镇催完各寨乐输饷米，旭启曰：“各县饷米约完十分七八，所欠者穷苦贫民耳。徒滋追呼之苦，而饱奸差之腹，不如出赦，以彰浩荡之仁。”[4] 成功从之。五年四月，管理厦门地方事务，“一应兵粮船器悉委任之”。[5] 八年十一月，清漳州千总刘国轩遣人约期献城归降，成功心有疑虑，欲亲往处理。旭曰：“藩主何用轻出，是真是诈，藩主密授机宜，遣数镇付旭提调，依期抵临城下，随机应变，迎机而乘，管下漳城报命可也。”成功然之，曰：“非尔代行不可

① 江日升：《台湾外记》，福建人民出版社 1983 年版，第 161 页。

② 杨英：《先王实录》，福建人民出版社 1981 年版，第 256~257 页。

③ 杨英：《先王实录》，福建人民出版社 1981 年版，第 13 页。

④ 杨英：《先王实录》，福建人民出版社 1981 年版，第 22 页。

⑤ 杨英：《先王实录》，福建人民出版社 1981 年版，第 32 页。

也。”十二月初一日，国轩果降，旭“入城安辑，秋毫不扰，文武官无有惊惶”①。九年二月，郑成功初设六官，旭任户官事。五月，任水师右军。七月，郑成功兴师北征，任水师总督，“北征水师水军事务征战机宜，悉听节制调度”②。北征过程中，先后收服清浙江定关守将张鸿德和台州守将马信，此二人后来均成为郑氏大将。十一年正月，为准备再度北征料理一应船务。七月，督理居守兵官事。十五年，成功东征，与黄廷、郑泰等留守厦门。十六年四月，因郑经与乳媪私通生子，成功遣官至厦门欲杀郑经及董夫人，旭等不肯奉令。

永历十六年五月，郑成功在台湾病逝，旭等立郑经为嗣，发丧即位。十七年，金、厦二岛为清军所破，郑氏将领多投诚于清，清靖南王耿继茂和福建总督李率泰亦遣人向旭致意。“若生擒郑经，许请封同安侯，镇守泉州，如海澄公样。旭笑而却之。”③ 并率所部拥郑经前往台湾。二十年，台湾连年丰熟，地方安定，乃向郑经进言：“文事武备，两者不可缺一。慎勿以天堑足恃，遂尔偷安忘战。……当勤训练操演，一旦有警，便可御敌。”“船只第一紧要，况东来已有数载，诸熕船、战船悉将朽烂，速当修葺坚牢，以备不虞。”郑经从之。“旭又别遣商船前往各港，多价购船料，载到台湾，兴造洋艘、鸟船，装白糖、鹿皮等物。上通日本，制造铜熕、倭刀、盔甲，并造永历钱；下贩暹罗、交趾、东京各处以富国。从此台湾日盛，田畴市肆不让内地。”④ 二十三年（一说二十年），因忧劳过度，染病身故，遗命其子洪磊，助郑氏饷银十万两。

洪旭的一生有几点值得特别注意：

1. 他文武全才，深受郑成功的赏识和信任，在郑军中有着很高的地位。他先后出任户官和兵官，执掌财政和军事大权，郑氏军中没有第二人。

2. 他对郑氏父子忠心不贰。永历十七、十八年，郑氏宿将大多降清，他对清方的利诱不为所动，毅然率所部拥郑经前往台湾，并为台湾的早期开发作出了贡献。

3. 他在经商方面也极具才能。早年，他在父亲洪公抡死后，即同兄弟及庶母刘氏一道，从事“商贩巨富”。⑤ 追随郑成功之后，在戎马倥偬之中，仍以“旭远”为商号，积极开展对清占区的走私贸易和海外贸易，为郑军打破清廷的经济封锁、为台湾的早期开发贡献了很大的力量。他死后，其子洪磊继承父业，

① 杨英：《先王实录》，福建人民出版社 1981 年版，第 97 页。

② 杨英：《先王实录》，福建人民出版社 1981 年版，第 123 页。

③ 江日升：《台湾外记》，福建人民出版社 1983 年版，第 187 页。

④ 江日升：《台湾外记》，福建人民出版社 1983 年版，第 192 页。

⑤ 林焜熿：《金门志》，台湾文献丛刊本，第 316 页。

直到康熙二十三年（1684 年），仍有海船在从事日本、暹罗等处的贸易。[①]

（二）周全斌

周全斌，字邦宪，金门浦边人。早年追随郑成功抗清，为中冲镇柯宸枢属下辖员。[②] 永历四年九月，任援剿后镇中军翼将。五年三月，清将马得功攻陷厦门，奉郑鸿逵之命，到广东大星所向郑成功报讯。六年四月，任房宿营，参加围攻漳州之役。七年五月，署理后冲镇事。八年二月，护卫郑成功到安平与清使会谈。十年三月，任左先锋镇。十一年正月，升为统领戎旗右镇。十二年三月，戎旗右镇改为右武骧镇，后又改为右武卫镇。五月，随郑成功北征。十三年六月，在攻打镇江时身负重伤，随后奉令“统辖镇守镇江府”，“守镇调治”。[③] 七月，郑军在南京战役中失败，撤出镇江。十月，屯扎浙江沙园所，就地征输兵饷。十四年正月，回师厦门。七月，为东征台湾准备粮饷，与马信统率各镇北征，略地取粮，获辎重粮米甚多。十一月，统率兵船南下潮阳等处取粮，满载而归。

永历十五年三月，率领首程队伍东征台湾。十六年三月，奉令攻袭南澳陈豹，豹闻风降清。四月，回师厦门，因其时厦门误传全斌奉成功密谕欲杀诸将，洪旭等将其拘禁。有人劝郑泰杀之，幸求救于董夫人（郑成功妻），乃得免。五月，郑成功在台湾病逝，郑经在厦门发丧嗣位，以全斌为五军都督。十月，奉郑经入台平乱，斩黄昭，郑世袭图谋自立事件得以迅速平息。十七年十月，清军联合荷兰舰队会攻金、厦二岛。郑军与战不利，唯全斌所率十三船“往来攻击，剽疾如马，红夷炮无一中者。得功兵望见，披靡不敢前”。[④] 激战中，将清福建陆路提督马得功逼落海中溺死。十八年正月，郑军乏粮，率所部从广东南澳到福建诏安降清，被清廷封为承恩伯。

清康熙三年（即永历十八年，1664 年）十一月、四年四月，作为施琅的副帅，两次统领清水师攻台，均遭飓风打回。六年，奉旨入京。九年，为家奴陈暹、赵志、林凤等诬告，罪名是与郑经立誓、假意投诚，并派人前往台湾接应郑经造反等。虽经审讯核实澄清，但因遭此打击，于当年十二月十九日病故。[⑤]

周全斌足智多谋，英勇善战。郑成功不但经常采纳他的建议，而且还屡次委以重任。永历十三年闰正月，北征途中，郑成功以清浙江总督赵国祚正在温州府

---

① 台湾银行经济研究室编：《郑氏史料三编》，台湾文献丛刊本，第 219~222 页。

② 周全斌为柯宸枢辖员事，见杨英《先王实录》永历九年七月的记载。郑成功说，唯柯平可以监纪周全斌，“渠出平父之辖员”。柯平的父亲柯宸枢原任中冲镇，永历三年十月二十八日战死于盘陀岭。

③ 杨英：《先王实录》，福建人民出版社 1981 年版，第 202 页。

④ 夏琳：《闽海纪要》，台湾文献丛刊本，第 35 页。

⑤ 台湾银行经济研究室编：《郑氏史料三编》，台湾文献丛刊本，第 131 页。

城，欲攻之，问计诸将。全斌认为温州城坚，“莫如攻其所必救，方可诱虏截杀，计歼国祚。此时瑞安县城虽坚树木栅，相其地势情形，我师攻围，遂拨一镇兵马，带伙兵略取青田、泰顺之粮，以饱我师。国祚必统丑出援，诱而杀之，在吾掌中，乘胜迫温，不用力而可得也。于以（是）台处可传檄而定，则水陆并发，进取宁波船只，延揽英雄，广募士卒，然后直抵长江，痛杀虏奴一场，则金陵可得，再杀虏奴一场，中兴业过半矣。此得寸进尺之谓也。藩如议未攻”。十四年正月，全斌建议将屯扎舟山等处官兵“调回思明训练，择地取饷，以裕兵食，以鼓人心，以战则胜，以守则固，虏虽百万来犯，亦可立破也”。[①] 这些想法与郑成功不谋而合。四月，清兵大举进攻金、厦前夕，全斌又进言：“大敌在即，赏罚尤当严明，则将领知所策励。前年南京之失，总系天数，非战之罪，在藩主固不深究，然前此当敌之将领，未免疑虑。今此将领□官兵，恐多观望。三月间行兵官同都事拟呈功罪，未蒙批夺拟定，似非所以策后效而儆将来，以开使过之门也。”[②] 郑成功立即采纳了这个意见，随将南京战役的功罪进行分叙。

从永历十二年任右武卫镇之后，周全斌在郑军中地位日益重要。北伐南京，东征台湾，平定内乱，逼杀马得功，每战必冲锋在前。他的作用也受到了清方的高度重视，当他降清时，广东总督卢崇峻曾说：“周全斌乃贼中最为凶悍者，此贼纳降，至关重大。”[③] 尽管他后来离开了郑氏队伍，但他一生最辉煌的时期是在郑军中度过的。作为郑成功最重要的部将之一，周全斌在金门历史上也是一个十分值得研究的人物。

然而，应当指出的是：近年出版的《金门县志》有关周全斌的传记，虽仅寥寥数百字，但却出现了较多的错误。其全文如下：

> 周全斌，字邦宪，浦边人。有文武才略，尝为刀笔吏于漳州。顺治九年（1652年），郑成功取海澄，全斌投谒，成功问策将安出，全斌对曰：以大势论之，藩主志在勤王，必先通广西，达行在。会孙可望、李定国连师粤东，出江西，从洞庭直取江南，是为上策。今李成栋已殁，广州新破，是粤西之路未得通，徒自劳也。今且固守各岛，上踞舟山，以分北来之势，下守南澳，以遏南边之侵，兴贩洋道，以足粮饷，然后取漳泉以为基业，由汀郡福兴水陆并进，则八闽可得矣。成功大悦，授房宿镇。康熙元年，两岛破，海师多归命，全斌亦遣子入质福州，率所部从镇海卫归清，封承恩伯。四年

---

① 杨英：《先王实录》，福建人民出版社1981年版，第185、224页。

② 杨英：《先王实录》，福建人民出版社1981年版，第231~233页。

③ 厦门大学台湾研究所、中国第一历史档案馆编辑部编：《康熙统一台湾档案史料选辑》，福建人民出版社1983年版，第28页。

靖海将军施琅，统师定台湾，总督李率泰以全斌副之，至清水沟，遭风引还。召回京，屯垦外郡，有从征罗刹之劳。(《台湾外志》《周氏家谱》)①

在这个“传记”中，至少有以下这些错误：

其一，周全斌顺治九年投谒郑成功的说法，根据的是江日升《台湾外志》(或称《台湾外记》)的记载，但不可信。根据杨英《先王实录》的记载，周全斌原为郑成功部将中冲镇柯宸枢属下的辖员。柯宸枢死于永历三年十月，说明周全斌至少在这以前，也就是顺治六年十月以前就已投奔郑成功。而且，《先王实录》还记载，永历四年九月，“旧将蓝登来见，授援勦后镇，蒋恺为副将，拨周全斌为辖下中军翼将，督兵镇守中左”。五年三月“二十二日，定国公遣都督郑德同援勦后镇中军翼将周全斌船到大星，报称：……伪部院张学圣令泉虏将马得功、漳虏将王邦俊袭破中左，水师前冲镇阮引、后冲镇何德等退敌不支，俱出浯洲，百姓望救。定国公特差斌等抛海前来，请藩主班师”。② 可见，《先王实录》对周全斌顺治九年以前在郑军中的活动有着十分具体的记载，更为可信。而周全斌顺治九年才投谒郑成功的说法，只能是错误的。

其二，周全斌顺治九年授房宿镇的说法亦有误。据《先王实录》记载，永历六年四月，“兵众云集，开设二十八宿营：角宿戴捷，亢宿林德，氐宿郑荣，房宿周全斌，心宿周腾，尾宿杨正，箕宿郑文星，斗宿林功，牛宿谢对，女宿蔡科，虚宿洪承宠，危宿赖策，室宿廉彪，壁宿唐邦杰，奎宿叶章，昂宿杜辉，柳宿姚国泰，井宿陈习山”。十一月，“其二十八宿营暂拨归镇”。③ 从四月至十一月，“房宿营周全斌”的记载，在《先王实录》中至少有四处。④ 可见，永历六年（即顺治九年），郑成功设立的是二十八宿营，周全斌任房宿营，不是房宿镇。从另一个角度来说，周全斌原为援勦后镇中军翼将，二十八宿营成立，升任房宿营，属正常升擢。而按《台湾外志》的说法，周全斌尝为漳州刀笔吏，在海澄投谒郑成功时，也没有担任什么武职，仅靠一篇宏论，郑成功即授为镇将，于情理不合。

其三，“康熙元年，两岛破”，显然错误。据《清实录》记载，康熙二年十二月一日，“靖南王耿继茂、福建总督李率泰疏报：十月二十一日，臣等统率大军渡海，攻克厦门，贼众惊溃登舟。水师提督施琅会荷兰夹板船邀击之，斩首千

① 金门县政府印行：《金门县志》下册，1991年，第1486页。

② 杨英：《先王实录》，福建人民出版社1981年版，第19、28页。

③ 杨英：《先王实录》，福建人民出版社1981年版，第45、51页。

④ 杨英：《先王实录》，福建人民出版社1981年版，第45、46、50页。

余级，乘胜取浯屿、金门二岛，逆贼郑锦、周全斌等势穷宵遁”。[①] 可见，清兵攻陷金、厦二岛为康熙二年事。

其四，周全斌率所部从镇海卫归清的说法，也是错误的。康熙九年，周全斌为家奴诬告，在审讯中，周全斌曾供称：“我领我所属官兵在广东南屿（澳）地方，从福建诏安县处投诚。”“我带领我所辖官兵在广东南屿（澳），自福建诏安县地方投诚。”[②] 镇海卫在福建漳浦县，而周全斌是从“诏安县处投诚”，所以，就不会是“从镇海卫归清”。

其五，康熙四年，周全斌征台，“至清水沟遭风引还”的说法也不准确。据《台湾外志》记载：“四月，施琅见船只已备，遂会藩、院。调诸投诚官郑鸣骏……等兵分配，飞题报出师日期，将大队舟师出铜山。十五日开洋，是夜三更，至青水墘（即澎湖沟也），忽烟雾四合，飓风大作，狂涛叠至，横涌冲击。琅等舟师弗能成綜，各飘散靡定。”[③] 而据周全斌自己报称：“本伯周全斌等与靖海将军……本月（四月）十六日，联艅自浯洲乌沙头开驾进发台湾。当夜虽有朔风微起，但仍奋勇前行，至十七日破晓，飞渡澎湖口，傍午驶近澎湖山，欲于当日驶抵澎湖。不期骤遇狂风大作，暴雨倾注，巨浪排空，云雾迷漫。于风涛中，或桅樯断折，或船尾破伤，或船具损坏，偌大船艅瞬息飘散无遗。”[④] 可见，《台湾外志》把这次征台行动的出发地点和时间全都搞错了。至于“至青水墘（即澎湖沟）”遇风的说法，也不可靠。因为，不仅周全斌，其他参加此次行动的将领如施琅、黄梧等人，均称是在“澎湖口”或“阳沟”遇风的[⑤]，没有提到“青水墘”。即使按《台湾外志》的说法是“青水墘”，“墘”为闽南语，意为边沿的意思，“青水墘”即“青水边”。另外，“青水”与“清水”，也不同。“青水”指的是海水的颜色，“清水”则说明海水清澈，因此，“青水乾”也不能变成“清水沟”，“至清水沟，遭风引还”的说法，应改为至澎湖口或澎湖沟遭风引还。

其六，周全斌“屯垦外郡”的说法亦有错。从周全斌被诬案有关供词中可以知道，周全斌自调入北京后，一直住在那里，直到病故，并不曾“屯垦外郡”。倒是他原来的一些部众曾被安插在河南、湖南等处“开垦”“种田”。[⑥] 说周全斌

---

① 台湾银行经济研究室编：《清圣祖实录选辑》，台湾文献丛刊本，第 17 页。

② 台湾银行经济研究室编：《郑氏史料三编》，台湾文献丛刊本，第 121、131 页。

③ 江日升：《台湾外志》，上海古籍出版社 1986 年版，第 226 页。

④ 厦门大学台湾研究所、中国第一历史档案馆编辑部编：《康熙统一台湾档案史料选辑》，福建人民出版社 1983 年版，第 54 页。

⑤ 厦门大学台湾研究所、中国第一历史档案馆编辑部编：《康熙统一台湾档案史料选辑》，福建人民出版社 1983 年版，第 50~62 页。

⑥ 台湾银行经济研究室编：《郑氏史料三编》，台湾文献丛刊本，第 120~144 页。

“屯垦外郡”，是误说。

其七，说周全斌“有从征罗刹之劳”，亦误。前面已经提到，周全斌自调入北京后，一直到康熙九年十二月病故，始终没有离开过北京。康熙年间，清政府确曾利用郑氏降将招募福建投诚归农兵丁，组成藤牌兵前往黑龙江反击俄罗斯的侵略，但那是康熙二十四年的事情。《清史稿》记载：“诏选八旗及安置山东、河南、山西三省福建投诚藤牌兵，付左都督何祐率赴盛京，命朋春统之，进剿罗刹。以副都统班达尔沙、副都统衔玛拉、銮仪使建义侯林兴珠、护军统领佟宝参赞军务。祐、兴珠皆郑氏将来降者也。”① 康熙九年病故的周全斌不可能在康熙二十四年“从征罗刹”，这是显而易见的。

（三）林习山

林习山，字尔登，号简初，烈屿东林人。《先王实录》和《海上见闻录》有时亦将林习山称为洪习山。另据 1991 年出版的《金门县志》记载，烈屿西吴有“明赠龙虎将军洪惠轩墓”，并注明洪惠轩乃“习山之父”。② 这些都说明了林习山原本姓洪。习山原为郑芝龙旧将，也是最早追随郑成功抗清的将领之一。永历元年任楼船镇，后转右冲镇。三年，随郑成功南征云霄、漳浦、诏安、潮州，被成功誉为“战守优宜”。③ 四年，镇守潮阳达濠地方。时，黄海如欲谋叛，奉令将其处死。五年，因监守施琅被其脱逃，罢职赋闲。前引《金门县志》人物志记载，林习山永历“八年封忠定伯，十三年随成功攻南京，屯岳庙山，中炮阵亡，年五十四”。④ 这个记载的根据是什么，不得而知，但根据其他文献的记载，林习山封忠定伯的时间和在南京阵亡的说法，都是值得商榷的。

首先，林习山封忠定伯的时间问题。《海纪辑要》记载，隆武元年“封平国公部将洪旭为忠振伯、张进忠匡伯、林习山忠定伯、陈辉忠靖伯”。⑤《海上见闻录》也把此事记在隆武元年，“晋封芝龙为平虏侯，寻封平国公，鸿逵为定虏侯，寻封定国公。……又封平国公部将施天福为武毅伯、洪旭为忠振伯、林习山忠定伯、张进忠匡伯、陈辉忠靖伯，定国公部将陈豹为忠勇侯、林察为辅明侯”。⑥ 另据《先王实录》记载，永历五年五月二十日，郑成功“令右先锋黄廷围厝拿施琅，令亲随黄昌围拿施琅父大宣并家属。施琅交忠定伯林习山羁船中，山令副

---

① 赵尔巽等：《清史稿》第 34 册，中华书局 1976 年版，第 10136 页。

② 金门县政府印行：《金门县志》上册，1991 年，第 301 页。

③ 杨英：《先王实录》，福建人民出版社 1981 年版，第 5 页。

④ 金门县政府印行：《金门县志》下册，1991 年，第 1473 页。

⑤ 夏琳：《海纪辑要》，台湾文献丛刊本，第 2 页。

⑥ 阮旻锡：《海上见闻录》，福建人民出版社 1982 年版，第 3~4 页。

将吴芳看守之”。①也说明永历五年时林习山已是忠定伯。按常理推之，林习山监守施琅被其脱逃之后，差点被郑成功处死，此后亦无勋绩，永历八年封爵实无可能。因此，可以肯定林习山封忠定伯是在隆武年间。那么，是否就是隆武元年呢？虽然《海纪辑要》和《海上见闻录》都把此事放在隆武元年，但说明是与郑芝龙封平国公同时或稍后。据《小腆纪年附考》记载，隆武二年六月（一说七月），因皇子琳原出生，隆武进诸臣爵，“进郑芝龙爵泉国公，寻改平国公，鸿逵爵漳国公，寻改定国公，郑氏厮养，俱得诰敕”。②说明郑芝龙封平国公是在隆武二年，因此，林习山封忠定伯的时间也应当在隆武二年。

其次，林习山是否在南京阵亡的问题。据《台湾外记》记载，顺治十六年南京之役，林习山确曾“屯扎岳庙山”。《台湾外记》又记载，南京之役后，“马信、陈尧策、王秀奇、林习山……蔡政等陆续俱回”。十七年四月，“郑成功改建威伯右提督马信为提督骁骑亲军，同忠定伯林习山守烈屿”。六月，林习山还参加了郑成功召开的军事会议。郑成功东征时，林习山被留在厦门，“洪旭、黄廷、王秀奇、林习山……柯平等，又擢洪旭之子磊、冯澄世之子锡范、陈永华之侄绳武三人，共辅世子经，守厦门调度各岛”。③另据康熙元年清方开列的“壬寅年五月初八日郑成功殁后，郑锦现管伪文官，伪镇及伪文武官员册底”，“忠定伯林习山”也在“伪武闲员”之中。④说明到了康熙元年林习山仍然健在。所谓林习山在南京之役中阵亡的说法只能是错误的。

（四）颜望忠

颜望忠，金门贤厝人。永历十三年，任后提督右镇，参加北伐南京之役。撤出长江时，因万礼牺牲，奉命管束后提督官兵。十四年，任智武镇。十五年五月，作为东征的二程队伍到达台湾。十六年，任统领中权镇。十七年，郑经赴台平息内乱后，将安平镇交与镇守。十九年，清军欲大举攻台，请缨出御澎湖，“曰：望忠受恩两世，当此危急之际，敢惜微躯而不向前乎。经大悦，抚忠背曰：今日得公前去，余复何虑”。⑤三月，至澎湖，就娘妈宫屯设大营，于左右峙各整炮台，严阵以待。后清军船只遭飓风打散，望忠亦于六月班师回台。二十六年，与杨祥会启，愿领兵船征吕宋，因冯锡范反对未果。其后事迹不详。

（五）戴捷

戴捷，金门人。卢若腾《重建太武寺碑记》称：“洪公名旭，周公名全斌，

① 杨英：《先王实录》，福建人民出版社 1981 年版，第 33 页。

② 徐鼒：《小腆纪年附考》下册，中华书局 1957 年版，第 487 页。

③ 江日升：《台湾外记》，福建人民出版社 1983 年版，第 146、149、152、157~158 页。

④《郑氏关系文书》，台湾文献丛刊本，第 9~15 页。

⑤ 江日升：《台湾外记》，福建人民出版社 1983 年版，第 190 页。

戴君名捷，作记者卢某，皆浯产也。”[①] 永历六年，郑成功设二十八宿营，任角宿营。四月，参加漳州之役，专扎东门堵御。八年三月，管援剿前镇事。十一月，刘国轩献漳投诚，统兵镇守漳州。十四年五月，清军大举进攻金、厦二岛，奉命防守高崎寨，督火攻营许祥、付初及协理大炮蒋宠施放大炮，击伤清军兵船，受到成功奖赏。十一月，以援剿前镇暂统英兵、后劲二镇南下潮阳取粮，大获而归。十五年，响应洪旭倡议，为重建金门太武寺捐资出力。十八年三月，奉命驻守澎湖，四个月更替调往台湾，屯扎赤山地方。十九年，再次前往澎湖防守。六月，与颜望忠一道班师回台。其后事迹不详。

1991 年出版的《金门县志》在人物志“武秩表”中，将戴捷列为“都司”级武官,[②] 误，应列为“总兵”级。

三、“郑成功破坏金门生态环境说”质疑

不知从何时起，在金门有了这样一种说法：古时候，金门的生态环境很好，草木森森，巨木参天，处处沼泽，绿草如茵，因此，唐朝时才会择为牧马区。可是，到明末清初的时候，金门的生态环境却遭受了大规模的破坏。原因之一，就是郑成功要造船东渡台湾，大量地砍伐了岛上的樟树，致使水土流失，生态改变，金门变成了风沙肆虐的地方。[③] 然而，这种把金门生态环境恶化与郑成功联系在一起的说法，并无充分的根据，是大可质疑的。

首先，有关郑成功的活动，与他同时代或稍后的人们留下了大量的记载，但是，没有任何一种记载能够说明郑成功为了造船（或修船）曾经大量砍伐过金门岛上的樟树。最初提出郑成功砍伐岛上樟树的，是闽县人刘敬修纂于 1921 年的《金门县志》。在卷五“物产篇”中，刘敬写道：“按旧志物产类无木之属，询之土人，则曰金门滨海，风大不宜木也。然登太武山，则有偃盖松，殆千余年，至今尚存，风伯不敢摧也。又旧志云，双山之下，弥望坦平，故名青山坪，松柏茂密，每伏莽，患行人，官为伐去。想见当时树木之盛，则咎在人事，不在地力，是金门未尝无松柏也。又旧多樟木，因郑成功造船，斫伐殆尽，吾尝闻之金门人

---

① 林焜熿：《金门志》，台湾文献丛刊本，第 61 页。

② 金门县政府印行：《金门县志》下册，1991 年，第 1454 页。

③ 许维民：《金门之旅》，设计家文化出版事业有限公司 1993 年版，第 22~23 页；许维民：《风狮爷》，设计家文化出版事业有限公司 1995 年版，第 10 页。

云，是金门亦宜樟也。”① 由此可见，所谓“郑成功将岛上樟木砍伐殆尽”的说法，只是200多年后《金门县志》作者听到的一种传闻，并无其他根据。而这种传闻的可信度如何，值得人们三思。

其次，郑成功修造船只的木料一向取之大陆，作为海岛的金门，当时是否生长着可供修造船只的大樟树，大有疑问。

郑成功渡海东征这一年，也就是清顺治十八年（1661年）年底，清政府颁布“严禁通海敕谕”。其中说：“逆贼郑成功盘踞海徼有年，以波涛为巢穴，无田土物力可以资生，一切需用粮米、铁木物料，皆系陆地所产，若无奸民交通商贩，潜为资助，则逆贼坐困可待。”② “一切需用……铁木物料，皆系陆地所产”，也就是说，郑成功修造船只的木料都是大陆所出产的，他所占领的沿海各岛屿并不出产可供修造船只的巨木，其中包括金门在内。

档案史料说明，郑成功在大陆获取修造船只的木料，主要有两种方式：一是派遣专人或通过代理商人在清军占领地区秘密采购。顺治十二年（1655年），清政府破获林行可“通洋接济”大案。此案即郑成功通过代理商人从内地获取造船巨木的典型例子。据福建巡抚刘汉祚报称：“林行可等愍不畏法……竟用逆贼旭远印记购买造船巨木，差伊侄林凤廷同腹党王复官、林茂官公然放木下海，直至琅琦贼所，打造战船。且串通伪差官颜廷瑞，令官匠林九苞等，敢于附省洪塘地方制造双桅违禁海船，令海贼洪二等亲驾出洋，更散顿巨木数千株于石工窑、芹洲、南屿、阮洋、董屿诸港，乘机暗输。铤险罔利，已非一日。”二是在生产木材地区进行军事行动时注意随时收集船料。例如，顺治十六年，郑成功大举北伐，他的一支队伍在浙江温岭活动时，不但征集了大量的粮米，而且还征集了“造舡板木六堆，大桅木七株”。③

因为造船木材出产于清政府统治地区，而清政府又严加封锁，所以，郑成功的军队平时不能随意获取船料。为了解决这个问题，郑成功任命洪旭统一管理船务，而且还建立了船料的储备制度，以便在必要时，可随时分发各镇修造战船。据《先王实录》记载，永历十一年（1657年）初，“藩令取运船料，发各镇造修战船，以赴北征。一应船务，俱委右军忠振伯料理”。④

---

① 刘敬：《金门县志》卷五，物产，福建师范学院图书馆油印本1959年版。

② 厦门大学台湾研究所、中国第一历史档案编辑部编：《郑成功档案史料选辑》，福建人民出版社1985年版，第393页。

③ 厦门大学台湾研究所、中国第一历史档案编辑部编：《郑成功档案史料选辑》，福建人民出版社1985年版，第208、275页。

④ 杨英：《先王实录》，福建人民出版社1981年版，第146~147页。

然而，在准备东征台湾的过程中，尽管郑成功先后三次下令各镇修整船只，但修船工作却进行得很不顺利。永历十四年九月，“藩令各镇备葺船只，轮番出征”。十月，“催各镇修葺船只，限月终报竣，赴十一月出征”。次年正月，“藩驾驻思明州，传令大修船只，听令出征”。然而，到了二月，“藩提师扎金门城，候理船只，进平台湾。时船只修葺未备，派首、二程而行”。[①] 前后经过五个月而仍有“船只修葺未备”，究其原因，只能是一个理由，那就是修船的材料——主要是木材供应困难。因为，自北伐南京失败之后，郑氏军队又经历了清军对金、厦二岛的进攻。这时，福建沿海的形势已发生了不利于郑氏的变化，郑氏军队要从金、厦二岛之外获取修造船只的木料更加困难，而旧有的木料储备因连年征战亦所剩无多，所以，修船的进度才受到了影响。这就是郑成功在东征台湾之前因修船所面临的窘境。如果按刘敬所说，当时金门岛上有许多樟木可供郑氏军队砍去造船，那么，郑氏军队的修船决不至于发生什么困难。可是，事实却正好相反，郑氏军队连修船的木料都供应不上。以此推之，当时金门（连同厦门在内）并无许多能用于修造船只的樟树可供郑氏军队砍伐，这已是十分明显的事情。

最后，从一些传说、古籍和方志资料中还可以证明：金门的生态环境并不是到了明末清初才开始恶化的。

据许维民先生《后浦历史之旅》记载：“相传朱熹采风岛上，正值仲夏时分，见田畴中遍植花生、高粱，内心担心居民多食此谷物，必易患麻风病。其后再度来金视学，是初冬时候，是时田中萝卜繁生，才欣然告知乡绅，萝卜刚好克花生、高粱之热毒。朱熹如此悲天悯人，因此甚受岛民敬重。”[②] 当然，这只是一个民间传说。如果这个民间传说能够反映一定的史实，那么其中就包含着一些当时（宋代）金门生态环境的信息。因为，根据这一传说，当时岛上遍植花生、高粱，居民多以此为食，说明其时花生和高粱是岛上最主要的农作物。花生和高粱都是旱作植物，花生喜欢高温、干燥，适宜沙质土壤栽培，高粱抗旱。这两种植物成为岛上主要农作物，说明当时岛上的环境已是干旱而且沙多。朱熹到金门采风应当在他担任同安县主簿的时候，也就是在南宋绍兴二十一年（1151年）以后的若干年间。也就是说，在郑成功征台之前500多年的时候，金门已是干旱而且沙多的地方。

如果说民间传说还难以为凭，那么，明代古籍和方志中的记载就更能说明问题。明隆庆《同安县志》记载：“浯州居海中，有风沙之苦（东方最甚，田鲜可

① 杨英：《先王实录》，福建人民出版社1981年版，第242~244页。

② 许维民：《后浦历史之旅》，设计家文化出版事业有限公司1996年版，第83页。

耕，民移务渔），其俗尤敦俭素。”① 同样成书于隆庆年间，由金门人洪受撰写的《沧海纪遗》一书中则记载：“论到艰苦者，惟十八都为甚。盖此都遍地飞沙积压。下户之民，无尺寸之田地者，十有八九也。其生计所赖者，专在于渔。”② 另外，刊行于明崇祯四年（1631 年）的《闽书》也记载：“岛曰浯州，风沙所生。其民敦俭。”“浯州屿，在大海中……其地俭于田园，民渔盐，而士诗书。烈屿……居民业渔盐。”③ 这就充分说明了，至少在郑成功之前 100 年，金门就已经是一个风沙肆虐、农业条件不好的地方，居民只好大多以渔盐为业。

综上所述，所谓郑成功为了造船东征台湾，大量砍伐岛上的樟树，致使金门生态环境恶化的说法，并无史实根据，应予纠正。

---

① 林焜熿：《金门志》，台湾文献丛刊本，第 392 页。

② 洪受：《沧海纪遗》，转引自汪毅夫：《中国文化与闽台社会》，海峡文艺出版社 1997 年版，第 138 页。

③ 何乔远：《闽书》第一册，福建人民出版社 1994 年版，第 943、273~274 页。

附录　郑成功对金门社会风尚由“崇文”到“尚武”变化的影响

在民族英雄郑成功的一生中，金门是一个十分重要的地方。这里不但是他防止被父亲裹胁降清的避祸之地、抗清的首义之区，也是他日后南征北战、坚持抗清，以及驱逐荷兰殖民者、收复台湾的基地。对于金门来说，郑成功也是一个十分重要而又影响深远的人物。郑氏军队多年的驻守和经营，给金门留下了许多名胜古迹，也对金门的社会和历史产生了深远的影响。其中，金门社会风尚由崇文到尚武的改变应是最明显的例子。

一

明末之前，金门社会风气崇文，科名鼎盛。明代（1368—1644 年）276 年间，金门共出了 28 名进士、95 名举人。“地不逾三十里”的蕞尔小岛，甚至有一科出了 8 名举人（俗称“八鲤渡江”），以及一科 5 名进士的辉煌的例子。

表 7-1　明代金门籍进士人物表

姓名	科次	名次	乡籍	备注
张　定	弘治三年（1490 年）庚戌科	二甲 34 名	十七都青屿人	
黄　伟	正德九年（1514 年）甲戌科	二甲 43 名	十七都汶水人	
陈　健	嘉靖五年（1526 年）丙戌科	三甲 139 名	十七都阳翟人	
许　福	嘉靖十四年（1535 年）乙未科	二甲 92 名	十九都后浦人	
许廷用	嘉靖二十年（1541 年）辛丑科	三甲 157 名	十九都后浦人	

续 表

姓名	科次	名次	乡籍	备注
张凤徵	嘉靖四十四年（1565年）乙丑科	三甲 97 名	十七都青屿人	
萧复阳	嘉靖四十四年（1565年）乙丑科	三甲 159 名	十七都沙尾人	
蔡贵易	隆庆二年（1568 年）戊辰科	三甲 146 名	十八都平林人	
蔡守愚	万历十四年（1586年）丙戌科	二甲 13 名	十八都平林人	
李　玑	万历十四年（1586年）丙戌科	三甲 196 名	十七都田墩人	
蔡献臣	万历十七年（1589年）己丑科	二甲第 6 名	十八都平林人	
蔡懋贤	万历十七年（1589年）己丑科	二甲第 5 名	十八都平林人	
蒋孟育	万历十七年（1589年）己丑科	三甲 45 名	十七都浦边人	《明清历科进士题名碑录》作“龙溪县民籍”
黄华秀	万历十七年（1589年）己丑科	三甲 90 名	十七都西黄人	《明清历科进士题名碑录》作“南安县军籍”
陈基虞	万历十七年（1589年）己丑科	三甲 35 名	十七都阳翟人	
张继桂	万历二十三年（1595年）乙未科	三甲 113 名	十七都青屿人	《明清历科进士题名碑录》作“龙溪县民籍”
蔡复一	万历二十三年（1595年）乙未科	二甲 27 名	十七都山都人	
许　獬	万历二十九年（1601年）辛丑科	二甲第 1 名	十九都后浦人	
张廷拱	万历二十九年（1601年）辛丑科	三甲 100 名	十五都大嶝人	

续　表

姓名	科次	名次	乡籍	备注
刘行义	万历三十八年（1610年）庚戌科	三甲124名	十七都刘澳人	
林　釬	万历四十四年（1616年）丙辰科	一甲第3名（探花）	十八都瓯垅人	
张朝纲	万历四十四年（1616年）丙辰科	三甲129名	十七都青屿人	
苏寅宾	万历四十七年（1619年）己未科	三甲37名	十七都蔡店人	
陈昌文	天启二年（1622年）壬戌科	三甲289名	十九都古坵人	
蔡国光	崇祯七年（1634年）甲戌科	三甲195名	十八都平林人	
龚天池	崇祯十年（1637年）丁丑科	三甲44名	十七都何厝人	《明清历科进士题名碑录》作“晋江县民籍”
卢若腾	崇祯十三年（1640年）庚辰科	二甲18名	十九都贤聚人	
张朝綖	崇祯十三年（1640年）庚辰科	二甲21名	十七都青屿人	

资料来源：洪受：《沧海纪遗》；林焜熿：《金门志》；《明清历科进士题名碑录》，台湾华文书局股份有限公司1969年版。

表7-2　明代金门籍举人人物表

姓　名	科次	乡籍
陈　显	洪武五年（1372年）壬子科	十八都陈坑人
吴大宜	正统十二年（1447年）丁卯科	十七都沙尾人
林　玘	景泰四年（1453年）癸酉科	二十都上林人
陈　琳	景泰四年（1453年）癸酉科	十七都阳翟人
洪　敏	成化十九年（1483年）癸卯科	十八都西洪人

续　表

姓　名	科次	乡籍
张　定	成化十九年（1483 年）癸卯科	十七都青屿人
陈兴仁	弘治五年（1492 年）壬子科	十七都东埔人
吕　川	弘治八年（1495 年）乙卯科	十八都西仓人
张　宜	弘治十四年（1501 年）辛酉科	十七都青屿人
李　煌	弘治十七年（1504 年）甲子科	十九都前水头人
吴　蕴	正德二年（1507 年）丁卯科	二十都烈屿人
黄　泰	正德五年（1510 年）庚午科	十七都汶水人
萧冠玉	正德五年（1510 年）庚午科	十七都沙尾人
黄　伟	正德五年（1510 年）庚午科	十七都汶水头人
陈　回	正德八年（1513 年）癸酉科	十七都斗门人
黄时懋	正德八年（1513 年）癸酉科	十七都东店人
陈　健	正德十四年（1519 年）己卯科	十七都阳翟人
王　佐	嘉靖元年（1522 年）壬午科	十五都大嶝人
许　福	嘉靖七年（1528 年）戊子科	十九都后浦人
吴德范	嘉靖七年（1528 年）戊子科	二十都烈屿人
张　明	嘉靖七年（1528 年）戊子科	十七都沙尾人
陈　温	嘉靖七年（1528 年）戊子科	十七都阳翟人
张文录	嘉靖七年（1528 年）戊子科	十七都青屿人
许大来	嘉靖十年（1531 年）辛卯科	十九都后浦人
蔡宗德	嘉靖十年（1531 年）辛卯科	十八都平林人
王　臣	嘉靖十年（1531 年）辛卯科	十七都吕厝人
黄　源	嘉靖十年（1531 年）辛卯科	十七都汶水头人
吕文伟	嘉靖十年（1531 年）辛卯科	十八都林兜人
许以明	嘉靖十年（1531 年）辛卯科	十九都后浦人
许　贽	嘉靖十年（1531 年）辛卯科	十九都后浦人
林可栋	嘉靖十三年（1534 年）甲午科	二十都东林人
卢天祐	嘉靖十六年（1537 年）丁酉科	十九都贤聚人

续 表

姓　名	科次	乡籍
杨师颜	嘉靖十九年（1540 年）庚子科	十七都官澳人
王时拱	嘉靖十九年（1540 年）庚子科	十七都山后人
许廷用	嘉靖十九年（1540 年）庚子科	十九都后浦人
蔡　焕	嘉靖二十二年（1543 年）癸卯科	十八都平林人
陈思诚	嘉靖二十八年（1549 年）己酉科	十七都东埔人
阳汝蕃	嘉靖二十八年（1549 年）己酉科	十八都田央人
萧复阳	嘉靖四十年（1561 年）辛酉科	十七都沙尾人
洪鸣阳	嘉靖四十年（1561 年）辛酉科	二十都青岐人
张凤徵	嘉靖四十年（1561 年）辛酉科	十七都青屿人
陈荣祖	嘉靖四十三年（1564 年）甲子科	十七都阳翟人
蔡贵易	嘉靖四十三年（1564 年）甲子科	十八都平林人
李明忠	隆庆元年（1567 年）丁卯科	十九都李厝人
陈荣选	万历四年（1576 年）丙子科	十七都阳翟人
蔡用明	万历七年（1579 年）己卯科	十七都山兜人
张廷相	万历七年（1579 年）己卯科	十七都埔头人
张日益	万历十年（1582 年）壬午科	十七都青屿人
蔡守愚	万历十三年（1585 年）乙酉科	十八都平林人
李　玑	万历十三年（1585 年）乙酉科	十七都田墩人
蔡懋贤	万历十三年（1585 年）乙酉科	十八都平林人
陈廷樑	万历十三年（1585 年）乙酉科	十七都斗门人
蔡献臣	万历十六年（1588 年）戊子科	十八都平林人
陈基虞	万历十六年（1588 年）戊子科	十七都阳翟人
蒋孟育	万历十六年（1588 年）戊子科	十七都浦边人
黄华秀	万历十六年（1588 年）戊子科	十七都西黄人
张继桂	万历十六年（1588 年）戊子科	十七都青屿人
黄华瑞	万历十六年（1588 年）戊子科	十七都西黄人
赵维藩	万历十六年（1588 年）戊子科	十七都浦边人

续 表

姓 名	科次	乡籍
吕大楠	万历十六年（1588 年）戊子科	十八都林兜人
张懋华	万历二十二年（1594 年）甲午科	十七都田墩人
蔡复一	万历二十二年（1594 年）甲午科	十七都山都人
蔡有麟	万历二十二年（1594 年）甲午科	十八都平林人
许光卿	万历二十二年（1594 年）甲午科	十九都后浦人
张廷拱	万历二十五年（1597 年）丁酉科	十五都大嶝人
许 獬	万历二十五年（1597 年）丁酉科	十九都后浦人
陈士铨	万历二十八年（1600 年）庚子科	十七都阳翟人
刘行义	万历二十八年（1600 年）庚子科	十七都刘澳人
李 雍	万历三十一年（1603 年）癸卯科	十九都前水头人
张朝纲	万历三十四年（1606 年）丙午科	十七都青屿人
陈士英	万历三十四年（1606 年）丙午科	十八都新堠人
林 釬	万历四十年（1612 年）壬子科	十八都瓯垅人
苏寅宾	万历四十年（1612 年）壬子科	十七都蔡店人
吕天畀	万历四十年（1612 年）壬子科	十七都吕厝人
陈如松	万历四十年（1612 年）壬子科	十八都陈坑人
陈昌文	万历四十三年（1615 年）乙卯科	十九都古坵人
徐 绵	万历四十三年（1615 年）乙卯科	十七都东埔人
董文衡	万历四十六年（1618 年）戊午科	十九都古坑人
张 灏	万历四十六年（1618 年）戊午科	十五都大嶝人
刘廷宪	天启元年（1621 年）辛酉科	金门所人
李敷明	天启元年（1621 年）辛酉科	十七都南安乡人
许逵翼	天启元年（1621 年）辛酉科	十九都后浦人
许 焕	天启元年（1621 年）辛酉科	十九都后浦人
蔡国光	天启七年（1627 年）丁卯科	十八都平林人
张 瀚	天启七年（1627 年）丁卯科	十五都大嶝人
辛一鹭	天启七年（1627 年）丁卯科	十九都后垵人

续 表

姓　名	科次	乡籍
龚天池	崇祯三年（1630 年）庚午科	十七都何厝人
杨期演	崇祯三年（1630 年）庚午科	十七都赤埕人
陈观泰	崇祯六年（1633 年）癸酉科	十七都阳翟人
陈守臣	崇祯六年（1633 年）癸酉科	十七都营山人
卢若腾	崇祯九年（1636 年）丙子科	十九都贤聚人
颜应奎	崇祯十二年（1639 年）己卯科	十九都贤聚人
张朝綖	崇祯十二年（1639 年）己卯科	十七都青屿人
黄　策	崇祯十五年（1642 年）壬午科	十七都汶水头人
张汝瑚	崇祯十五年（1642 年）壬午科	十七都青屿人

资料来源：洪受：《沧海纪遗》；林焜熿：《金门志》；金门县立社会教育馆：《金门县志》，1992 年。

可是，到了清代以后，这种文才辈出的盛况不再。清代 261 年间（1644—1905，科举于 1905 年被废止），据史志记载，金门共有 6 名进士、38 名举人。

表 7-3　清代金门籍进士人物表

姓名	科次	名次	乡籍	备注
陈睿思	康熙六年（1667 年）丁未科	三甲 5 名	祖籍“十七都阳翟”	《同安县志》称，“非浯产，以其祖居浯洲，仍列为浯人”
张对墀	康熙六十年（1721 年）辛丑科	三甲 27 名	十七都青屿人	《明清历科进士题名碑录》作“晋江县人”
许履坦	雍正元年（1723 年）癸卯年恩科	三甲 49 名	十九都后浦人	《明清历科进士题名碑录》作“晋江县人”
许　琰	雍正五年（1727 年）丁未科	三甲 54 名	十九都董林人	
郑用锡	道光三年（1823 年）癸未科	三甲 109 名	祖籍十八都内洋，父移居台湾淡水	《明清历科进士题名碑录》作“台湾府淡水人”
李景铭	光绪三十年（1904 年）甲辰恩科	二甲 109 名	十九都古宁头人	《明清历科进士题名碑录》作“闽县人”

资料来源：林焜熿：《金门志》；《明清历科进士题名碑录》，台湾华文书局股份有限公司 1969 年版；金门县立社会教育馆：《金门县志》，1992 年。

表 7-4　清代金门籍举人人物表

姓名	科次	乡籍
张逢震	顺治八年（1651 年）辛卯科	十七都青屿人，住府城
龚卿佐	顺治十一年（1654 年）甲午科	十七都吕厝人
陈睿思	康熙五年（1666 年）丙午科	祖籍十七都阳翟
蔡登龙	康熙八年（1669 年）己酉科	十七都蔡厝人
倪周旦	康熙八年（1669 年）己酉科	金门所人
陈有庆	康熙八年（1669 年）己酉科	十八都赤后人
陈士节	康熙十一年（1672 年）壬子科	十七都阳翟人
吕二酉	康熙二十年（1681 年）辛酉科	十八都西仓人
黄　晄	康熙二十年（1681 年）辛酉科	十七都汶水头人
刘夔龙	康熙二十年（1681 年）辛酉科	十七都刘澳人，入籍漳浦
龚之辅	康熙二十三年（1684 年）甲子科	十七都何厝人
陈骝先	康熙二十九年（1690 年）庚午科	十七都阳翟人
洪心澄	康熙三十五年（1696 年）丙子科	十九都后丰港人
史大范	康熙四十一年（1702 年）壬午科	翔风里后王人
王孔彰	康熙四十四年（1705 年）乙酉科	十七都山后人
陈肇俊	康熙四十四年（1705 年）乙酉科	
张对墀	康熙五十三年（1714 年）甲午科	十七都青屿人
洪淳瑛	康熙五十三年（1714 年）甲午科	十九都后丰港人
张星徽	康熙五十六年（1717 年）丁酉科	十七都青屿人
许观海	康熙五十九年（1720 年）庚子科	十九都后浦人
王飞龙	雍正元年（1723 年）癸卯科	十五都大嶝人
许　琰	雍正二年（1724 年）甲辰科	十九都董林人
卢家椿	雍正二年（1724 年）甲辰科	十九都贤聚人
张宪三	雍正四年（1726 年）丙午科	十七都青屿人
张德溥	雍正十年（1732 年）壬子科	十七都青屿人
陈元章	乾隆三年（1738 年）戊午科	十七都阳翟人
陈应瑞	乾隆六年（1741 年）辛酉科	十八都下坑人
张时霖	乾隆九年（1744 年）甲子科	十七都青屿人
许我生	乾隆十二年（1747 年）丁卯科	十九都后浦人

续 表

姓名	科次	乡籍
许崇楷	乾隆二十四年（1759 年）己卯科	十八都后沙人
郑用锡	嘉庆二十三年（1818 年）戊寅科	祖籍十八都内洋，父移居台湾淡水
吕世宜	道光二年（1822 年）壬午科	祖籍十八都西仓，移居厦门
林　豪	咸丰九年（1859 年）己未恩科	十九都后浦人
林资熙	光绪元年（1875 年）乙亥恩科	十九都后浦人
张庆治	光绪二年（1876 年）丙子科	十九都古宁头人
洪作舟	光绪八年（1882 年）壬午科	十九都后浦人
谢观澜	光绪二十三年（1897 年）丁酉科	十八都料罗人
李国佐	光绪二十八年（1902 年）壬寅恩科	十九都古宁头人

资料来源：林焜熿：《金门志》；金门县立社会教育馆：《金门县志》，1992 年。

从以上表列中可以看到，清代 6 名金门籍进士中，有 5 名实际上已入籍他乡，只有许琰 1 人才是毫无疑义的金门人。38 名金门籍举人中，也有多名实际上已入籍他乡。和明代 28 名进士、95 名举人的盛况相比，清代金门崇文风气的衰落和以科举成就功名的士族的式微已显而易见。

二

在崇文风气衰落的同时，尚武的风气却逐渐兴盛起来。明代虽有一些金门人投身戎行，担任武职，但为数很少。明代 278 年间（1368—1644 年），金门人担任游击以上官职的仅有 3 人。

表 7-5　明代金门籍武职人物表

姓名	官职	任职时间	乡籍
邵应魁	参将	嘉靖年间	金门所人
黄一环	副将	万历四十年（1612 年）壬子科武举，后任怀远副总兵。	汶水头人
黄　祥	副将	崇祯年间	前水头人

资料来源：林焜熿：《金门志》；金门县立社会教育馆：《金门县志》，1992 年。

然而，在南明和明郑时期（1645—1683 年），金门由于成了抗清的基地，许多金门人参加了抗清的队伍，不少人担任了南明政权或郑氏军队的官职。38 年间，担任游击以上官职的金门人就有 15 人之多。

表 7-6　南明和明郑时期金门籍武职人物表

姓名	官职	任职时间	乡籍
洪　旭	兵官	永历十一年至二十三年（1657—1669 年）	后丰港人
周全斌	五军都督	永历十六年至十八年（1662—1664 年）	浦边人
林习山	总兵	永历元年至五年（1647—1651 年）	烈屿东林人
颜望忠	总兵	永历十三年至二十六年（1659—1672 年）	贤聚人
戴　捷	总兵	永历八年至十九年（1654—1665 年）	金门人
卢若骥	总兵	永历年间	贤聚人
卢　恩	总兵	永历年间	贤聚人
翁峻高	总兵	永历年间	盘山人
许　溥	副将	永历年间	后浦人
洪　曦	副将	永历年间	后丰港人
洪　恩	副将	永历年间	后丰港人
黄　珪	副将	隆武年间	汶水人
许文起	游击	永历年间	后浦人
洪　暄	游击	永历十五年（1661 年）前后	后丰港人
卢若骥	游击	隆武年间	贤聚人

资料来源：林焜熿：《金门志》；金门县立社会教育馆：《金门县志》，1992 年；邓孔昭：《郑成功与金门史事研究》，载《郑成功与明郑台湾史研究》，台海出版社 2000 年版。

经过明末清初这一特殊的历史时期之后，金门社会尚武的风气大盛起来。清代 200 多年间，金门人担任提督的有 4 人、总兵有 8 人、副将有 15 人、参将有 8 人、游击有 26 人。

表 7-7　清代金门籍武职人物表

姓名	官职	任职时间	乡籍
蔡攀龙	提督	乾隆五十三年（1788 年）	琼林人
李光显	提督	嘉庆二十一年至二十四年（1816—1819 年）	古宁头人
邱良功	提督	嘉庆十四年至二十二年（1809—1817 年）	后浦人
吴建勋	提督	道光二十一年至二十三年（1841—1843 年）	后浦人
许　盛	总兵	康熙年间	后沙人
翁　云	总兵	康熙年间	盘山人
李耀先	总兵	乾隆年间	古宁头人
邱联恩	总兵	嘉庆年间	后浦人
杨　华	总兵	嘉庆年间	湖下人
陈光求	总兵	道光年间	后浦人
文应举	总兵	道光年间	后浦人
杨　恩	总兵	道光年间	湖尾人
许国桂	副将	康熙年间	后沙人
李　仁	副将	康熙年间	山西人
张　正	副将	康熙年间	大嶝人
董　芳	副将	康熙年间	古坑人
李永辑	副将	康熙年间	古宁头人
李尚经	副将	康熙年间	古宁头人
黄振玉	副将	乾隆年间	英坑人
谢　云	副将	乾隆年间	大嶝人
杨康灵	副将	嘉庆年间	后浦人
郭扬声	副将	嘉庆年间	后浦人
邱镇功	副将	道光年间	后浦人
许扬州	副将	咸丰年间	后浦人

续 表

姓名	官职	任职时间	乡籍
卢成金	副将	同治年间	后浦人
谢国忠	副将	同治年间	入赘金门
邱炳忠	副将	光绪年间	后浦人
许　泽	参将	康熙年间	后浦人
李耀国	参将	康熙年间	山前人
蔡文升	参将	雍正年间	琼林人
文际高	参将	乾隆年间	后浦人
林廷福	参将	嘉庆年间	后浦人
郭良安	参将	嘉庆年间	后浦人
薛师仪	参将	咸丰年间	山仔兜人
萧邦祐	参将	光绪年间	后浦人
许　华	游击	康熙年间	后浦人
陈良弼	游击	康熙年间	前墩人
李维烈	游击	康熙年间	古宁头人
李　智	游击	康熙年间	古宁头人
黄天任	游击	康熙年间	汶水人
蔡文郁	游击	雍正年间	琼林人
蔡　习	游击	乾隆年间	后浦人
许　绩	游击	乾隆年间	后浦人
杨　天	游击	乾隆年间	董林人
洪　就	游击	乾隆年间	烈屿人
黄　瑞	游击	乾隆年间	董林人
许廷佐	游击	乾隆年间	后浦人
许朝耀	游击	乾隆年间	后浦人
刘宗宪	游击	乾隆年间	后浦人
黄志辉	游击	嘉庆年间	后浦人
萧兴邦	游击	嘉庆年间	后浦人

续　表

姓名	官职	任职时间	乡籍
文成才	游击	道光年间	后浦人
许允青	游击	道光年间	后浦人
黄金络	游击	道光年间	前水头人
许鹏飞	游击	道光年间	
黄忠贞	游击	道光年间	后浦人
陈洸湖	游击	道光年间	金门所人
彭夺超	游击	咸丰年间	后浦人
许瑞声	游击	咸丰年间	后浦人
黄绍其	游击	咸丰年间	金门人
蔡朝阳	游击	咸丰年间	金门人

资料来源：林焜熿：《金门志》；金门县立社会教育馆：《金门县志》，1992 年；钱实甫编：《清代职官年表》第 3 册，提督年表，中华书局 1980 年版。

从以上表列中可以看出，明代金门人官至游击以上职位者，少之又少。经过南明和明郑这一特殊的历史时期之后，清代金门人官至游击以上职位者急剧增加。这种现象，充分说明了金门社会尚武风气的形成和兴盛。

三

金门社会风尚由崇文到尚武的改变和郑成功的影响有着密切的关系，这一影响是通过以下途径而产生作用的：

首先，郑成功及其继承者让清政府看到了金门战略地位的重要性，因而在这里设置了金门总兵，从此金门就变成了军事重镇。

顺治七年（1650 年）郑成功取厦门、金门为根据地以后，金门就成了金、厦根据地坚固的后方堡垒。顺治八年，金、厦二岛经受了第一次考验。这年的闰二月底，清军福建右路总兵马得功趁郑成功率大军南下广东，袭击厦门和金门。结果，厦门失守，金门得以保全。这件事给郑成功留下了深刻的教训，自此之后，凡金、厦地区有重大战事，郑成功必将厦门居民及官兵眷口等搬往金门。

顺治十二年，清世子济度统率满汉官兵数万人向以金、厦为中心的福建沿海地区发动进攻。在清军到达之前，郑成功首先“令兄泰移安平辎重于金门，徙泉属士民渡金、厦”。[①] 九月，郑成功进一步“传令并空思明州，听居民搬移渡海，其将领官兵家眷搬住金门、浯州、镇海等处，听从其便”。十月，郑成功“驻思明州演武亭，往来金门驻节。居民并将领家眷俱搬过海，思明并空”。次年三月，清军兵分三路，向金门、厦门和白沙发动进攻。两军刚一接仗，海上狂风大作，阴雾迷漫。郑军见势，及时收回湾泊。而清军船队欲收回泉州及深沪港不得，被风浪打散。郑军“大胜班回”，清世子“叹服渡海之难，收军回泉”。[②] 这次战役的胜利，虽得力于天气，但郑成功及早将居民和官兵家眷移往金门，广大官兵无后顾之忧，斗志昂扬，早已使自己立于不败之地。金门作为战略后方的作用，再一次显示出来。

顺治十七年，清军乘郑成功南京战败，调集江、浙、粤、闽数省水师和几万陆上兵马，由安南将军达素率领，再次向金、厦地区发动大规模的进攻。四月，郑成功得到清军约期进犯的消息，又如法炮制，“传令各提督统镇下将领官兵家眷搬往金门，仍委英兵镇陈瑞督辖兵往金门保护家眷，并令余宫镇、郑户官帮同照管家眷”。[③] 五月，郑、清两军在金、厦海域进行激战，郑军取得胜利，“北兵大败，横尸满海”。[④] 金、厦海域又一次成为清军难以逾越的屏障。

郑成功去世后，其子郑经亦使用同样的战略，每逢金、厦地区有重大战事，必将居民和将领家眷迁往金门。康熙二年（1663 年），清军乘郑成功死后郑氏内乱，又一次组织对金、厦地区的进攻。他们得到情报：“海贼布告厦门民户携带家口躲避，并将大小贼眷皆令迁往金门，并将所有船只集结于围头。”[⑤] 这次战役，清军虽然取得了胜利，攻占了金、厦二岛，但也付出了很大的代价，提督马得功在海战中溺水身亡。

康熙十三年，郑经趁“三藩之乱”回师大陆，重新占领了金门和厦门，又一次把它作为经营大陆沿海的根据地，一直到康熙十九年二月再次退出。

从顺治七年至康熙十九年的 30 年间，金门和厦门作为郑氏集团根据地（在清方看来是“贼巢”）的时间长达 20 年。这两个地方让清政府伤透了脑筋，也认识了它们战略地位的重要。康熙十九年，清军占领金、厦之后，福建总督姚启圣就说过，“金门、厦门实比海坛、铜山更为险要……金、厦二区费朝廷数百万

① 沈云：《台湾郑氏始末》，台湾文献丛刊本，第 30 页。

② 杨英：《先王实录》，福建人民出版社 1981 年版，第 127、128、134 页。

③ 杨英：《先王实录》，福建人民出版社 1981 年版，第 227 页。

④ 夏琳：《海纪辑要》，台湾文献丛刊本，第 26 页。

⑤ 厦门大学台湾研究所、中国第一历史档案馆编辑部编：《康熙统一台湾档案史料选辑》，福建人民出版社 1983 年版，第 17 页。

金钱，费大兵多少性命，全荷朝廷洪福，恢复此地，焉能不择能将把守，为盘石之计乎”。[①] 正是出于这种考虑，清政府决定在金门设置总兵 1 员、兵 3000 名驻扎防守。从此，金门就成了东南沿海的一个海防重镇。

其次，成了海防重镇的金门，其居民有了更多投身戎行的机会，久而久之，尚武的风气就逐渐兴盛起来。

金门镇设立之初，设兵 3000 名，分“中、左、右三营，每营战、守兵各五百名。(康熙) 二十三年，每营抽出战、守兵各五十名，拨归澎湖。明年，每营又裁战、守兵各五十名。二十七年，裁去中营，所遗兵匀归左、右两营”。此后，金门镇营兵虽经多次裁、添、改、拨，但两营的兵制却没有改变，一直到同治七年（1868 年），裁金门镇总兵，改置金门协副将为止，金门镇的兵额都在 2000 名左右。而据《金门志》记载，“明金门守御千户所差操、屯种旗军，旧额一千五百三十名。万历时，存操海军六百十八名、屯种军七十四名”。[②] 清代与明代相比，金门的兵额增加了一倍以上。

根据清代的兵役制度，“绿营士兵一律募本地人充任，不得由外来或无固定籍贯的人充当”。“士兵一经入伍，即编入兵籍，成为职业军人，终生不能更动。应募入伍虽出于自愿，但入伍后却没有退伍的自由。” “另外，各营按额定人员数，规定一定的比例，发给马兵、步兵的部分子弟每月五钱饷银。拿饷的子弟，称为余丁，当部队奉调出征时，余丁要随营出发，担负杂役和部分运输工作。余丁年满十六岁后，如遇营中守兵出缺，可参加考试，考试及格，即可补为守兵。”[③] 另据《增修金门县志》记载，“清初于金门设水师总兵镇，除其正式营兵外，并就地募勇二千四百名。其勇平时在家各就所业，按月领取饷银，惟轮值守更及每年会操一次而已。遇有边警，即征召集中，或出师征战，或移防它处，此为志愿从军也”。[④] 在这样一个只有数万人口的岛屿，由于金门镇的设立，其中的两三千名居民就变成了职业军人，还有他们的两千多名子弟也成了预备军人（余丁），这对当地的社会风气怎能不产生重大的影响？

所以，清代金门人兄弟数人或子孙几代从军的例子十分常见。如后浦人文应举，其弟应彩，其子成锦、成辅、成佐，从子成才，孙子其琨、其珍等都先后从

---

① 姚启圣：《忧畏轩奏疏》，载陈支平主编：《台湾文献汇刊》第二辑第二册，九州出版社、厦门大学出版社 2005 年版，第 252~253 页。

② 林焜熿：《金门志》，台湾文献丛刊本，第 81~82、77 页。

③ 中国军事史编写组：《中国军事史》第 3 卷，解放军出版社 1987 年版，第 468 页。

④ 金门县立社会教育馆：《金门县志》中册，1992 年，第 745~746 页。

军。[①] 后浦人邱良功，其子联恩，从子成勋，孙子炳忠、炳信等也都先后投身戎行。[②]

但是，在“万般皆下品，唯有读书高”的封建年代，崇文风气的盛行才是人们所津津乐道的，而崇文风气的衰落和尚武风气的兴盛，却是人们羞于或不屑于提及的。我们在翻阅金门史志记载的“风尚”和“士习”的时候，看到的总是明代的一些崇文风尚的记载，诸如“业儒者多，科目恒不乏人，最下乃精习法律耳”（隆庆间《县志》），“士笃诗书，科目称盛”（《闽书》），“朱子主邑簿，采风岛上，以礼导民。浯既被化，因立书院于燕南山。自后家弦户诵，优游正义、涵泳圣经，则风俗一丕变也”（《沧浯琐录》），“号称海滨邹鲁”（洪受《料罗建中军议》）等。而清代则没有这方面的记载。清人林焜熿所写《金门志》中说，“浯洲海外一派，地不足三十里。当有明隆、万、启、祯间，名流辈出，宏才硕学、经济气节，史不绝书。近复以武功显，搴节钺、膺五等者比闾相望”[③]，说明了社会风尚的丕变。而这种丕变，与郑成功的影响有着密切的关系，这是郑成功生前所始料未及的。

① 林焜熿：《金门志》，台湾文献丛刊本，第283、286、327页。

② 林焜熿：《金门志》，台湾文献丛刊本，第278、294、298~300页。

③ 林焜熿：《金门志》，台湾文献丛刊本，第392~393、205页。

第八章

郑氏时期台湾社会经济的若干问题

从1662年到1683年，郑氏政权在台湾实行了22年的统治。郑氏治台期间，由于汉人的大量移入和清、郑双方军事斗争的影响，台湾的社会经济在取得较快发展的同时，也不可避免地带有某些时代赋予的特点。本章试图对当时台湾的社会以及经济状况作一探讨。

一、军事体制下的社会结构

郑氏治理台湾，最高权力的代表不是延平王，而是“招讨大将军”。郑成功有生之年，对永历帝（朱由榔）册封的延平王称号一直未使用，而仅用“招讨大将军”的名义发号施令。他死后，郑经和郑克塽也都是使用“招讨大将军世子”的名义管理台湾。① 郑氏降清时，延平王的册、印可以先行缴纳，唯有招讨大将军印却等到户口兵马各项册籍全部造好以后才予以上缴，② 这说明它始终是郑氏行使权力的象征。另外，在郑氏政权中起着重要作用的陈永华，也一直是使用“咨议参军”的名义参与治理台湾的。因此，郑氏政权的权力结构虽然有军、政两个不同的系统，但其核心和主要部分是按照军事体制来建立的。实行这种体制，是为了适应抗清斗争的需要。在这种体制下，台湾的社会结构主要呈现为：郑氏家族、文武官员、明宗室、海商、乡绅地主、士兵、农民、渔民、手工业者、小贩、雇工、土著民众等，这样一种关系。以郑成功、郑经、郑克塽为代表的郑氏家族是台湾社会的最高统治者，他们以招讨大将军或其世子的名义统率全体军民。平时奉行寓兵于农的政策，战时征调士兵归伍作战。他们还是台湾最大

① 夏琳：《闽海纪要》，台湾文献丛刊本，第66~67页。

② 施琅：《靖海纪事》，福建人民出版社1983年版，第105~106页。

的地主，直接拥有“官佃田园”近万甲（每甲约合 11.3 亩）。同时，还代表国家征收私有土地的田赋以及各种捐税。他们又是海商集团的首领，拥有许多大型海船，每年往返于日本、吕宋、交趾、暹罗、柬埔寨、西洋等国从事远洋贸易，获得丰厚的利润。为了维护既得的经济和政治利益，他们以台湾为基地，维持庞大的军队，与清政权隔海对峙，一有机会，还要兴兵大陆。他们的军事力量对台湾社会具有很强的控制力。20 余年间，台湾社会内部保持相对的稳定，与郑氏政权强有力的军事控制有很大的关系。

文武官员、明宗室、海商和乡绅地主处于台湾社会的上层。这一部分人的情况比较复杂，他们之中还可以分为许多不同的阶层。例如，一些执掌大权的统兵将领与一般的官吏、员弁之间，在政治地位和经济实力等方面都不可同日而语。但是，相对于广大的士兵和民众来说，他们又是统治阶级。这部分人数量不少，以 1683 年为例，当年，在澎湖战役中战死和降清的千总以上的武职官员就有 600 人。① 随后，和郑克塽一道降清的武职官员还有 1600 余人，文职官员 400 余人。② 当时，在台湾的明宗室也有宁靖王朱术桂、鲁王世子朱桓、泸溪王朱慈爌，巴东王朱江、乐安王朱熺、舒城王朱浚、奉新王朱熺、奉南王朱逵、益王宗室朱镐等。文武官员和明宗室不但人数众多，而且，他们中的许多人同时又是地主。当时，台湾有一种特殊的土地名称，叫作“文武官田”，指的就是他们以及一些乡绅地主所拥有的土地。文武官田曾达到 2 万余甲。文武官员中有些人还身兼海商，如武平侯刘国轩和吏官洪磊，他们在 1683 年澎湖战役之后还派出海船前往日本和暹罗贸易。③

武职官员不仅在人数上比文职官员多，而且具有更强的经济实力。洪旭临死前曾遗命其子洪磊捐助郑氏饷银 10 万两。刘国轩在郑氏政权财政困难的情况下，曾主动自辞俸禄，同时捐助自辖兵 3 个月的军饷。其他将领如吴淑、何祐、江胜、林升等也都效仿而行，而当时的文官们却没有余资可以捐助。④ 这说明，由于军事体制的影响，武职官员在社会上具有比文职官员更高的政治和经济地位。士兵、农民、渔民、手工业者、小贩、雇工、土著民众等处于台湾社会的底层。由于郑氏奉行寓兵于农的政策，士兵和农民的身份是可以统一的，“兵即为农，农即为兵”。⑤ 例如，1682 年，郑氏得知施琅屯兵铜山（今东山）的消息，曾将草地种田之人挑

① 施琅:《靖海纪事》，福建人民出版社 1983 年版，第 82、85~89 页。

② 台湾银行经济研究室编:《清圣祖实录选辑》，台湾文献丛刊本，第 135 页。

③ 台湾银行经济研究室编:《郑氏史料三编》，台湾文献丛刊本，第 219 页。

④ 江日升:《台湾外记》，福建人民出版社 1983 年版，第 289、296 页。

⑤ 施琅:《靖海纪事》，福建人民出版社 1983 年版，第 129 页。

出6000名，教打鹿枪，派守澎湖。后因缺粮，又将鹿枪手调赴草地耕种。由于军事斗争的需要，当时士兵的人数在总人口中占有很高的比例。以1683年来说，澎湖战役中，战、溺而死的郑氏士兵有1.4万余人，投降的士兵有4853名。① 随后，和郑克塽一道投降的士兵还有4万余人。② 这一年，郑氏军队曾达到6万人，占当时台湾汉族人口总数的一半左右。即使在郑、清双方无战事的年份，如1668年(康熙七年)，根据施琅《尽陈所见疏》中提供的数字估计，士兵的人数也占到当时台湾汉族人口的25%~30%。农民（包括自耕农和佃农）是当时台湾社会主要的生产者，其中佃农的人数比自耕农要多。因为，当时不但官田全部由佃农耕种，而且文武官田绝大多数也都是由佃农垦成并进行耕种的。

由于连年征战，台湾下层民众的负担相当沉重，他们不仅随时可能被征召入伍，而且还要承担繁重的捐税和劳役。《台湾外记》和《海纪辑要》等书中载有许多这样的例子：1680年，郑氏政权得知清军将有征剿的意图，即下令“天兴知州张日曜按屯册甲数，每十人抽其一充伍，训练以备用，得兵三千有余。其街市商民，十家共输一丁，每名折价征银一百两，贫富不均，民大怨望”。1681年，为了“生财裕饷”，采纳了工官杨贤的建议，“凡所有村落民舍，计周围丈量，以滴水外，每间每丈宽阔征银五分……百姓患之，毁其居室甚众”。③ 而为了北部鸡笼城的防守，“凡军需粮饷悉着土番沿途接递，男子老幼均任役使，督运弁目酷施鞭挞，土番不堪”。④

沉重的负担容易引起底层民众的不满，不利于社会的稳定。但因为士兵占了底层人口的很大比例，而军队相对便于控制，所以，尽管当时也出现了一些土著村社起来反抗、士兵降清逃亡等事件，但总的来说，郑氏时期的台湾社会还是比较稳定的。这种稳定，只有在清军强大的军事压力降临台湾本岛时才遭到了破坏。

二、移民和土著居民的关系

大量的军事移民和民间移民来到台湾之后，生活空间扩大，必然和土著居民产生广泛的接触。在当时的移民和土著居民的关系中，郑氏政权奉行的基本上是

① 施琅：《靖海纪事》，福建人民出版社1983年版，第82、86、89页。

② 台湾银行经济研究室编：《清圣祖实录选辑》，台湾文献丛刊本，第135页。

③ 江日升：《台湾外记》，福建人民出版社1983年版，第306、320页。

④ 夏琳：《闽海纪要》，台湾文献丛刊本，第74页。

一种民族和睦的政策。尤其是郑成功在这方面采取了许多有效的措施，为正确处理移民和土著居民的关系做出了榜样。

郑成功采取的措施主要有以下几个方面：

（一）团结上层人物，广泛争取土著民众对驱荷和抗清事业的支持

复台大军登陆后不久，当新善、开感等里的土著居民头目前来迎附时，郑成功即设宴款待，并赐给正副土官袍帽靴带等物，表示慰问。由于土著居民受荷兰人欺凌已久，郑成功的亲善态度使他们深受感动。于是，“南北路土社闻风归附者接踵而至，各照例宴赐之，土社悉平怀服”。郑成功还亲自到新港、目加溜湾、肖垅、麻豆等社视察，土著居民“男妇壶浆，迎者塞道”。郑成功慰以好言，赐之酒食、烟、布，土著民众“甚是喜慰”。① 土著民众对郑成功的驱荷事业也积极予以支持，他们帮助郑氏军队肃清躲藏在土著村社中的荷兰人。因此，一名荷兰牧师曾悲叹：“我国人无论投向何方，都不能逃出虎口。”②

（二）严禁滋扰土著村社，维护土著民众的根本利益

为了取得稳定的粮食供应以及立足台湾的长远目标，郑成功发布了垦地令，鼓励文武各官以及广大官兵家眷创建田宅，永为世业。但同时也反复强调，“不许混侵土民（指土著居民）及百姓现耕物业”，“不许混圈土民及百姓现耕田地”。1661 年 8 月（农历七月），驻扎北路屯垦的援剿后镇、后冲镇官兵不幸与大肚社土著居民发生冲突。郑成功“差兵都事李胤监制各□（镇）□（不）准搅扰土社”。并将滋事的后冲镇等官兵调离，“移扎南社”。9—10 月间，由于大陆运粮船未到，郑氏军队普遍缺粮，“官兵至食木子充饥”，“日只二餐，多有病没”。而这时土著民众的秋粮已熟，郑氏官兵却能做到秋毫无犯，最后，由郑成功遣户都事杨英和承天府尹杨朝栋持金 10 锭前往新港、目加溜湾、肖垅、麻豆等社公平“买籴禾粟，接给兵粮，计可给十日兵粮回报”。③

（三）向土著居民传授农业技术，帮助他们发展生产

郑氏入台时，土著居民的农业生产技术十分落后，有着灌溉便利的“近水湿田，置之无用”，“不知犁耙斧锄之快，只用寸铁□凿”，一甲之园，必一月以上方能耕完。秋收季节，“土民逐穗采拔，不识钩镰获之便，一甲之稻，云采数十日方完”。根据这种情况，户都事杨英向郑成功建议：“宜于归顺各社，每社发给农口一名，铁犁、耙、锄各一副，熟牛一头，使教□□（牛）犁耙之法，

---

① 杨英：《先王实录》，福建人民出版社 1981 年版，第 250、252 页。

② 厦门大学郑成功历史调查研究组编：《郑成功收复台湾史料选编》，福建人民出版社 1982 年版，第 277 页。

③ 杨英：《先王实录》，福建人民出版社 1981 年版，第 254、257、259 页。

□□（播种）五谷割获之方，聚教群习。”① 杨英的建议是否为郑成功所采纳，由于《先王实录》后文缺失，过去，史学界一般不作判定，但根据以下情况分析，郑成功是采纳了这项建议的。

1. 郑成功对土著居民一贯友善，有利于土著居民的事，他一定会支持。

2. 郑成功为了建立“万世基业”，对开发台湾持积极态度，帮助土著居民发展生产，有利于台湾的开发。

3. 杨英将这件事郑重载入《先王实录》，本身就说明这个建议受到了重视，如果这个建议被郑成功排斥，他不会将其载入的。

4. 郑氏期间，土著村社的农业生产有了实际的进步。杨英建议之前，新港、目加溜湾、肖垅、麻豆四社的民众，还是“计口而种，不贪盈余”，② 实际上，因为生产技术落后，无法多种，也不可能有盈余。但根据郁永河《裨海纪游》记载，郑氏后期，“四社番亦知勤稼穑，务蓄积，比户殷富”。③ 这说明，郑氏政权的教化，使土著村社的农业生产有了很大的改变，富有成效。

郑成功逝世之后，郑经、郑克塽继承了郑成功的民族和睦政策。“深耕种，通鱼盐，安抚土番，贸易外国。”④ “安抚土番”是当时郑氏内政的一个重要方面。郑经对土著居民还实行了一些特殊的照顾，例如，土著居民的儿童入乡塾读书，可以蠲其父母的徭役，汉族居民则不能享有这样的待遇。可是，由于郑氏政权连年征战，一部分负担不可避免地也会转嫁到土著居民的身上，“曩郑氏于诸番徭役颇重”⑤。因此，也发生过一些土著村社起来反抗郑氏政权的事件。1664年（康熙三年），北路阿狗让土著居民起来反抗，郑经遣勇卫黄安加以平复。1682年，北路鸡笼、新港仔、竹堑等七社土著居民因不堪徭役，奋起抗争，郑克塽遣宣毅前镇叶明等前往镇压。各社土著居民闻大军进剿，各挈家眷逃入深山。吏官洪磊认为，“土番之变，情出无奈……当柔以惠，则怀德远来，善抚而驾驭之”，建议遣员招抚。郑克塽采纳了这个建议，遣各社通事入山招抚，“领其众仍回原社耕种”。⑥ 此外，郑氏政权对一些未归化的土著部落也进行了一些讨伐行动。

尽管有过一些矛盾和冲突，郑氏时期，汉族移民和土著居民的关系总的还是

① 杨英：《先王实录》，福建人民出版社1981年版，第259页。
② 江日升：《台湾外记》，福建人民出版社1983年版，第168页。
③ 郁永河：《裨海纪游》，台湾文献丛刊本，第17页。
④ 阮旻锡：《海上见闻录》，福建人民出版社1982年版，第54页。
⑤ 郁永河：《裨海纪游》，台湾文献丛刊本，第36页。
⑥ 江日升：《台湾外记》，福建人民出版社1983年版，第324~325页。

和睦的，尤其是民间的关系更是如此。《诸罗县志》记载，郑氏据台，汉人既多，往来相接，土著居民对汉人“长幼尊卑皆呼兄弟。半线以上，称‘付逋’（番语亲戚也）。称内地，统名之曰唐山”。[①] 可见，当时的民族关系相当融洽。

三、土地开发与生产发展状况

为了解决军粮的供应和立足台湾的长期打算，郑氏政权对台湾的土地开发十分重视。在郑成功的复台船队中，“已携有很多的犁、种子和开垦所要的其他物品，并有从事耕种的劳工”。[②] 在取得赤崁地区的控制权之后，尽管围困热兰遮的战斗还在进行，郑成功就将一部分军队分派汛地屯垦。不久，又正式发布了垦地令谕。其中，最主要的内容有两条：一是“各处地方或田或地，文武各官随意选择，创建庄屋，尽其力量，永为世业”；二是“各镇及大小将领官兵派拨汛地，准就彼处择地起盖房屋，开辟田地，尽其力量，永为世业”。[③] 这两条的实质就是鼓励私垦（包括民垦）和军垦。而且，不仅是鼓励，甚至还严加督促。卢若腾《东都行》和《海东屯卒歌》中对此都有描写：“或自东都来，备说东都情。官司严督趣，令人垦且耕。”[④] “今年成田明年种，明年自不费官粮。如今官粮不充腹，严令刻期食新谷。”[⑤] 说明当时郑氏政权对土地开垦确实抓得很紧。

开垦的成效也是显著的。私垦部分，据蒋毓英《台湾府志》记载，文武官田园曾达到20271.8甲，也就是近23万亩，其中，新港溪以北地区（清初称诸罗县），文武官田园共计8356.3甲，而由荷据时期垦成的官佃田园只有787.4甲。二层行溪以南地区（清初称凤山县），文武官田园共有7315.7甲，而由荷据时期垦成的官佃田园只有1892.5甲。上述两溪之间的地区（清初称台湾县），荷据时期已得到相当程度的开发，但文武官田园仍有4599.7甲之多。[⑥] 军垦部分，也就是所谓的营盘田，郑氏军队赖以自耕自给，各种史志记载没有留下具体的数字。但根据分析，这部分土地的数量也是很大的。首先，要保证数万军队的粮食供应，营盘田的面积，至少也应当在1万甲以上。其次，按屯垦人数计算，郑氏军

---

① 周钟瑄：《诸罗县志》，台湾文献丛刊本，第163页。

② 曹永和：《郑氏时代之台湾垦殖》，载《台湾早期历史研究》，台湾联经出版事业公司1985年版，第267页。

③ 杨英：《先王实录》，福建人民出版社1981年版，第254页。

④ 诸家：《台湾诗抄》，台湾文献丛刊本，第23页。

⑤ 卢若腾：《岛噫诗》，台湾文献丛刊本，第24页。

⑥ 蒋毓英：《台湾府志》，厦门大学出版社1985年版，第73~75页。

队最少时也有约 2 万人，以 3/10 投入屯垦（或说以半数投入屯垦），则屯垦人数至少也有 6000 人。按清初台湾每名屯种士兵给田 30 亩计算，① 这 6000 人，所耕种的面积也不会少于 1.5 万甲。

另外，据其他学者考证，当时郑氏军队屯田的地点已知的有 40 余处，台湾现今的许多地名都与当时的屯田有关。例如，台南县的本协、新营、后镇、旧营、五军营、果毅后、查亩营、林凤营、中营、下营、二镇、中协、左镇、小新营、后营、大营，高雄县的营前、营后、前锋、后协、中冲、北领旗、三镇、角宿、援剿右、援剿中、仁武、中权，高雄市的后劲、左营、右冲、前镇，屏东县的大响营、德协、统领埔，嘉义县的后镇、双援，桃园县的营盘坑，台北县的国姓埔等。从这些地名中，人们也不难了解到当年屯田的规模。

郑氏时期开垦的区域，主要集中在以承天府（今台南市）为中心，北至北港溪，南至下淡水溪的台湾中南部地区。北港溪以北和下淡水溪以南地区也有少量的开发。

为了使开垦的土地获得良好的灌溉，当时还修筑了许多水利设施。这些水利设施大致可分为三类：一种是郑氏军队修筑的，因此，其名称常带有军队的番号，如三镇埤、三镇陂、北领旗陂、中冲崎陂、苏左协陂、角宿陂、仁武陂等；一种是明宗室和郑氏文武官员修筑的，如月眉池（宁靖王朱术桂所修）、辅政埤（辅政公郑聪所修）、三老爷陂、五老爷陂等；一种是民间修筑的，如甘棠潭（佃民所筑）、王友埤（佃民王友所修）、十嫂埤（王十嫂募佃所筑）等。这些水利设施大多规模较小，稍具规模者，有草潭，“蓄水甚多，灌注甚广”，② 三老爷陂、角宿陂均“灌田颇多”。③

由于土地的大量开发和水利的兴修，从 1665 年（康熙四年）起，农业连年丰收，不但岛上军民的粮食可以自给，而且，还能“以其有余，供给漳泉，以取其利”。④ 在这基础之上，制糖、制盐、烧瓦、建筑、造船、冶铁等手工业也有了一定程度的发展。例如，当时台湾有蔗车 100 张⑤，以每张蔗车每年榨汁 700 桶，每桶蔗汁制糖 100 斤计算，其年制糖能力大约在 7 万担以上。荷据时期，盐的生产采用卤水煎煮法，不但费工时，而且盐味苦涩，不便食用。郑氏时期，教民晒盐，“就濑口地方，修筑丘埕，泼海水为卤，暴晒作盐，上可裕课，下资民

① 中国第一历史档案馆整理：《康熙起居注》第二册，中华书局 1984 年版，第 1307 页。
② 蒋毓英：《台湾府志》，厦门大学出版社 1985 年版，第 34 页。
③ 王瑛曾：《重修凤山县志》，台湾文献丛刊本，第 36~37 页。
④ 连横：《台湾通史》下册，商务印书馆 1983 年版，第 380 页。
⑤ 《福建通志台湾府》，台湾文献丛刊本，第 167 页。

食”。[①] 新方法制盐，“色白而咸，用功甚少”。[②] 不但盐的品质得到了提高，而且还提高了劳动生产率。砖瓦的生产也是这样，当时在柴头港建立了砖瓦窑，教匠士烧瓦，结束了全靠大陆转运砖瓦的历史。

当时，岛内生产的农产品和手工业产品品种相当丰富。据蒋毓英《台湾府志》记载，粮食作物有稻、麦、黍稷、菽四大类，30 余个品种，蔬菜有 40 多个品种，水果有 20 多个品种，还有丰富的水产品和家禽家畜。手工业产品有盐、黑砂糖、白砂糖、冰糖、气酒、老酒、番仔酒、菁靛、藤皮、白灰、木炭、棉布、竺布、麻布、毛被、鹿皮等。施琅在《恭陈台湾弃留疏》中有这样一段描述：“臣奉旨征讨，亲历其地，备见野沃土膏，物产利溥，耕桑并耦，鱼盐滋生，满山皆属茂树，遍处俱植修竹。硫黄、水藤、糖蔗、鹿皮以及一切日用之需，无所不有。”“人居稠密，户口繁息，农工商贾，各遂其生。”[③] 当时，台湾共有街市店厝 6270.5 间，[④] 可见其商业的繁荣，这也从另外一个角度说明了郑氏时期开发的成果。

四、土地所有制

随着郑成功垦地令的执行和荷兰东印度公司王田的接收，一种不同于荷据时期土地占有形式的封建土地所有制在台湾开始形成。在这种土地所有制形态下，土地分为官田、文武官田、营盘田三种类型。

官田是郑氏政权直接占有的土地，它是由荷兰东印度公司接收的王田转变而成的。荷兰人投降之时，双方签订的协议中规定：“所有在‘福摩萨’之中国债务人及中国租地人之名单以及他们所欠债务应从公司账簿中抄出，呈交国姓殿下。”[⑤] 移交租地人名单，就是为了保证在荷兰人撤走之后，原有荷兰东印度公司的王田不致流失到私人手里。在此之前，郑成功在垦地令中三令五申“不许混圈土民及百姓现耕田地”，除了维护土著居民和汉族百姓的现有利益外，也有为了王田不被侵占，以便最后完整接收的目的在内。事实上，郑氏政权对王田的接收也是相当完整的。1659 年，荷兰东印度公司拥有的耕地总面积是 12252 甲，

---

① 江日升：《台湾外记》，福建人民出版社 1983 年版，第 191 页。

② 连横：《台湾通史》下册，商务印书馆 1983 年版，第 348 页。

③ 施琅：《靖海纪事》，福建人民出版社 1983 年版，第 121 页。

④ 《福建通志台湾府》，台湾文献丛刊本，第 168 页。

⑤ C. E. S.：《被忽视的“福摩萨”》，载厦门大学郑成功历史调查研究组编：《郑成功收复台湾史料选编》，福建人民出版社 1982 年版，第 183 页。

1660年是11484甲,[①] 而郑氏时期官田的总面积是9782.8甲[②]。经过巨大的社会变革之后，王田的保存率还达到了85%。

官田的经营，据清初第一任诸罗知县季麒光说："伪郑自给牛种，佃丁输税于官，即红夷之王田，伪册所谓官佃田园也。" "官佃田园，牛具、埤圳，官给、官筑，令佃耕种。"[③] 另据《诸罗杂识》记载："盖自红夷至台，就中土遗民令之耕田输税，以受种十亩之地名曰一甲，分别上、中、下则征粟。其陂塘堤圳修筑之费，耕牛、农具、籽种，皆红夷资给，故名曰王田，亦犹中土之人受田耕种而纳税于田主之义，非民自世其业而按亩输税也。及郑氏攻取其地，向之王田，皆为官田，耕田之人，皆为官佃，输税之法，一如其旧，即伪册所谓官佃田园也。"[④] 由于官田的经营方式与荷据时期王田相同，有人就认为郑氏时期仍继续实行荷据时期的土地制度，这种看法是片面的。实际上，《诸罗杂识》已经指明，王田的经营方式"亦犹如中土之人受田耕种而纳税于田主之义"，也就是说，它与中国大陆上某种土地经营方式也是相同的。在中国大陆，历代政府或皇室直接占有的耕地就称官田，有些官田，如明代的军屯田和部分民屯田，"土地、种子、耕牛与农具等生产资料和生产工具，完全由政府供给"。[⑤] 因此，与其说郑氏官田是继承了荷兰人的土地制度，还不如说它是当时中国大陆封建国有土地所有制形式的移植。

由于官田实行租赋合一的田赋制度，它的赋率相对较高，约占收成的1/3。季麒光在《条陈台湾事宜文》中说："官佃田园，尽属水田，每岁可收粟五十余石，伪郑征至十八石、十六石，又使之办糖、麻、豆、草、油、竹之供。"[⑥] 另据他的《复议二十四年饷税文》记载，官田各等则征赋标准如表8-1所示。

表8-1 官田各等则征赋标准表

地则	每甲赋率	地则	每甲赋率
上田	18石	上园	10.2石
中田	15.6石	中园	8.1石
下田	10.2石	下园	5.4石

---

① 杨彦杰:《荷据时代台湾史》，江西人民出版社1992年版，第173~174页。

② 蒋毓英:《台湾府志》，厦门大学出版社1985年版，第73页。

③ 《福建通志台湾府》，台湾文献丛刊本，第164~165页。

④ 王瑛曾:《重修凤山县志》，台湾文献丛刊本，第103页。

⑤ 郑学檬、蒋兆成、张文绮:《简明中国经济通史》，黑龙江人民出版社1984年版，第319~321页。

⑥ 《福建通志台湾府》，台湾文献丛刊本，第156页。

官田的田赋包括了偿还郑氏政权对生产的各项投资在内，因此，它对佃农的剥削，与当时中国大陆各地实行的大约50%的地租率相比，还是较轻的。

文武官田是郑氏时期私田的别称，也是台湾封建地主所有制的最初表现形式。郑成功的垦地令中规定：文武各官及总镇大小将领家眷，“随人多少，圈地永为世业”。“文武各官圈地之处，所有山林陂池，具图来献。本藩薄定赋税，便属其人掌管。”“文武各官开垦田地，必先赴本藩报明□数，而后开垦。至于百姓，必先开□数报明承天府，方准开垦。如有先垦而后报及报少而垦多者，察出定将田地没官，仍行从重究处。”① 另据《诸罗杂识》记载，文武官田“三年一丈量，蠲其所弃而增其新垦，以为定法”。② 可见，郑氏政权对文武官田的管理还是比较严密的。开垦的多少视各人能力的大小而定，宁靖王朱术桂在竹沪垦田数十甲，而陈永华“岁入谷数千石”③，其耕地面积当在百甲以上。

文武官田的经营方式，据季麒光称：“文武诸人各招佃丁，给以牛种，收租纳税，伪册所谓文武官田也。”“文武官田园，自备牛种，与佃分收，止完正供。”④ 说明文武官田的地主，除了土地之外，也提供耕牛、农具、种子等生产资料和生产工具。但是，文武官田地主对生产的投资不像官田那样划一，正像前面已经叙述的一样，有些水利设施是佃人自己修筑的。因此，文武官田的地租也比租赋合一的官租要复杂，往往是由地主和佃人对生产投资的不同比率而确定的，“与佃分收”，就是这个道理。一般说来，文武官田的租率和官田相差无几，在生产条件基本一致的情况下，两种佃丁的负担也约略相等。

文武官田的征赋标准，过去的史志记载没有一种完全正确，综合各种记载分析，正确的征赋标准应当是，各等则都是官田的1/5。⑤ 具体赋率如表8-2所示。

表8-2 文武官田各等则征赋标准表

地则	每甲赋率	地则	每甲赋率
上田	3.6石	上园	2.04石
中田	3.12石	中园	1.62石
下田	2.04石	下园	1.08石

除了田赋的征收之外，文武官田还必须应付各种差役，如宁靖王朱术桂的数

① 杨英：《先王实录》，福建人民出版社1981年版，第254~255页。
② 王瑛曾：《重修凤山县志》，台湾文献丛刊本，第104页。
③ 郁永河：《裨海纪游》，台湾文献丛刊本，第51页。
④ 《福建通志台湾府》，台湾文献丛刊本，第164~165页。
⑤ 邓孔昭：《郑氏文武官田租税考》，《台湾研究集刊》1986年第1期。

十甲土地，郑氏“从而征其田赋，悉索募应”①。

营盘田就是军屯田，“镇营之兵，就所驻之地自耕自给，名曰营盘”。② 营盘田的情况，由于有关记载较为简略，难得其详，但根据现有的史料分析，郑氏的营盘田和当时大陆的军屯田一样，已经出现了国有制与私有制并存，并由国有向私有转化的现象。郑成功的垦地令中规定，郑氏官兵在汛地屯垦的土地，“可永为世业，以佃以渔及经商”。说明营盘田不但有继承权，而且有租佃权，已具有私有的性质。但是，与文武官员及百姓开垦必先报明甲数，山林陂池也要“薄定赋税”不同，“营盘田”的开垦无须报明甲数，其山林陂池也不征收赋税，说明营盘田和私有的文武官田还是有所区别的。

《台湾外记》记载，郑氏军屯田的做法是：“按镇分地，按地开荒。”“其火兵则无贴田，如正丁出伍，贴田补入可也。”“照三年开垦，然后定其上、中、下则，以立赋税。但此三年内，收成者借十分之三，以供正用。”③“火兵”指随军亲属。郑氏的营盘田，只有正丁可以授田，随军亲属不予授田，但在正丁出伍的情况下，亲属可以补入继承。此外，营盘田三年起科赋税的做法，和崇祯时明朝政府规定“勿论军种民种，一照民田起科”，④ 也是相一致的。这些都显示了郑氏的营盘田在保持国有土地性质的同时，也具有某些私有土地的性质。

五、1680 年以后的社会危机

1680 年，郑经再次从福建沿海败退之后，台湾的各种社会危机开始显露出来。

首先，统治集团内部的危机。郑经自厦门败归之后，意志消沉，“怠于政事”，“溺于酒色”。⑤ 统治集团之间，“陈（永华）、冯（锡范）相互争权，刘（国轩）拥重兵在外，叔侄相猜，文武解体，政出多门，各怀观望”。不久，陈永华被迫辞职并很快死去。接着，1681 年 3 月 17 日（康熙二十年正月二十八日），郑经病逝。两天以后，冯锡范与郑经诸弟以年轻有为的监国郑克壓非郑经

① 高拱乾：《台湾府志》，载《台湾府志三种》上册，中华书局 1985 年版，第 1082 页。

② 王瑛曾：《重修凤山县志》，台湾文献丛刊本，第 104 页。

③ 江日升：《台湾外记》，福建人民出版社 1983 年版，第 169 页。

④ 郑学檬、蒋兆成、张文绮：《简明中国经济通史》，黑龙江人民出版社 1984 年版，第 324 页。

⑤ 夏琳：《闽海纪要》，台湾文献丛刊本，第 66 页。

亲子为名，将其绞杀，而把年仅 12 岁的郑克塽拥立嗣位。郑克塽是冯锡范的女婿，自此，郑氏内政，事无大小皆取决于冯锡范，外事则取决于刘国轩。他们一个恃戚怙势，一个拥兵跋扈，因此，导致了郑氏内部“上下离心”。①

其次，郑氏军队的危机。面对统治集团的腐败和清军强大的压力，郑氏官兵对前途普遍失去了信心，与清军暗通款曲、协谋内应以及直接前往降清的事件屡有发生。1681 年底，曾有郑军 11 镇接受了清军的策反。据姚启圣奏报：“续顺公沈瑞、伪宾客司傅为霖共纠联十一镇，于康熙二十年十月内俱已纠合停当，已经领臣所颁绫札重赏，协谋内应，以待我师。因师未进，为同谋伪镇朱友出首。”②尽管这次策反最终败露，但郑军中的离心倾向已不可遏止。当时，在军中地位仅次于刘国轩、冯锡范的左武卫何祐也秘密和清军取得了联系，“谋结党类，以待内应”。因此，施琅在澎湖战役之前就说过：“我舟师若抵澎湖，势难遏各伪镇伪卒之变乱。则踞守澎湖逆贼纵有万余，内多思叛。驱万贼万心之众，以抗我精练勇往之师，何足比数。”③ 这种分析，完全符合当时郑军的实际。

再次，由于天灾人祸，台湾社会出现了许多不安定的因素。从 1681 年起，台湾连续三年遭受旱灾，但在 1683 年 6 月下旬却连降暴雨，造成洪水泛滥。这种反常的气候，给当时的农业带来了沉重的打击。1682 年，台湾出现了严重的饥荒，“米价腾贵，民不堪命”。1683 年，“二月，米价大贵，人民饥死甚多”。④到了 7 月，当时在台湾的英国商人曾记载说：“台湾因米粮缺乏，军民之间怨声不绝。在大约 10 日之间，几乎无米可买，以后亦极昂贵。贫民非混食番薯不能果腹。若无米粮从暹罗、马尼拉等处运来，则不免饿死矣。”⑤ 除了水、旱灾害之外，火灾等事故也不断发生。仅《海上见闻录》记载，1681 年，“四月……承天府火灾”。“八月二十八日，中军营火。”“九月初三日，涂轻庭（应为土墼埕）火。”1682 年，“七月……安平镇火。”“十二月，承天府火灾，沿烧一千六百余家。”⑥ 灾害频仍，给民众生活带来了很大的危害，也影响了社会的安定。

此外，郑氏退守台湾之后，无法像过去那样在大陆沿海筹措粮饷，一切负担都必须转嫁在台湾民众身上，民众普遍感到不堪负荷，对郑氏政权的不满情绪也

---

① 厦门大学台湾研究所、中国第一历史档案编辑部编：《康熙统一台湾档案史料选辑》，福建人民出版社 1983 年版，第 232、259 页。

② 厦门大学台湾研究所、中国第一历史档案编辑部编：《康熙统一台湾档案史料选辑》，福建人民出版社 1983 年版，第 259 页。

③ 施琅：《靖海纪事》，福建人民出版社 1983 年版，第 126、65 页。

④ 阮旻锡：《海上见闻录》，福建人民出版社 1982 年版，第 76 页。

⑤ 台湾银行经济研究室：《十七世纪台湾英国贸易史料》，台湾银行 1959 年版，第 42 页。

⑥ 阮旻锡：《海上见闻录》，福建人民出版社 1982 年版，第 74~76 页。

逐渐增长。清军的谍报人员对当时台湾的社会状况曾有这样的评论："彼处米贵，每担价银五六两，七社土番倡反，形势甚蹙，人人思危。"① 特别是在澎湖战役之后，台湾更是风声鹤唳，草木皆兵。尽管当时郑军还有数万兵卒，但军心瓦解，全无斗志。加上施琅对在澎湖降清的官兵优礼相待，全部赏给袍帽、银米，负伤者派人医治，要和家人团聚者用小船送回台湾。降卒归台后辗转传述，"台湾民众莫不解体归心，唯恐王师之不早来"。② 在这种情况下，旧的社会体系已无法维持，一场新的社会变革的到来已不可避免。

---

① 施琅：《靖海纪事》上卷，福建人民出版社 1983 年版，第 78 页。

② 阮旻锡：《海上见闻录》，福建人民出版社 1982 年版，第 78 页。

附录一　从荷兰文献看郑成功军队在复台期间的垦殖活动

郑成功在收复台湾期间，为了解决军粮的供应，并且立足台湾的长期打算，在围困热兰遮城堡的同时，就派出了大批的军队到台湾的南北各地进行屯垦。有关郑成功军队在收复台湾期间的垦殖活动，虽然《先王实录》（《从征实录》）、《台湾外记》、《海上见闻录》等中国史籍均有记载，但大多都比较简略。作为郑成功的敌人，当时的荷兰人也在注视着郑成功军队的垦殖活动，他们的记载往往还比较详细。这里透过荷兰人所写《梅氏日记》和《热兰遮城日志》中的记载，就郑成功军队在复台期间的垦殖活动进行一些探讨。

一

《梅氏日记》[①] 的作者菲力普斯·丹尼尔·梅·梅杰斯特（Philippus Daniel Meij van Meijensteen）是荷兰东印度公司在台湾的土地测量师。1661 年 5 月 6 日，在郑成功军队迫降荷兰人的普罗文查（Provintia）城堡时成为郑军的俘虏，以后多次代表被俘的荷兰人与郑军交涉，也曾经被郑军派去测量土地和担任郑成功与热兰遮（Zeelandia）城堡中的荷兰人交涉时的翻译。《梅氏日记》准确地说并不是真正的“日记”，它不是梅氏在台湾第一时间的记载，而是 1662 年 3 月他被郑军释放回到巴达维亚（Batavia）之后的一个回顾性的报告。因此，全文一开头就用了“去年”这样一个过去式的时间用语，[②] 而且文中还有“内容大概如此，因

① 菲力普斯·丹尼尔·梅·梅杰斯特著，江树生译注：《梅氏日记》，载《汉声》第 132 期。

② 菲力普斯·丹尼尔·梅·梅杰斯特著，江树生译注：《梅氏日记》，载《汉声》第 132 期，第 21 页。

历时已久，确实的文句已不记得了”[1] 这样的话。既然是回忆性的记载，就不能保证所有的回忆都是准确的。而且，梅氏是郑军的俘虏，从立场上说，他和郑军是敌对的，这一点他在记载中毫不掩饰。既然他对郑军是怨恨和仇视的，就不能保证他对郑军的记载绝对客观公正。然而，他对郑成功及其军队的观察毕竟是近距离的，许多事情都是他亲身经历或目睹的。特别是他作为一个土地测量师，土地的开垦和测量更是他的“专业”，因此《梅氏日记》中有关郑氏军队在复台期间垦殖活动的记载，自然具有很高的价值，可以作为我们研究郑氏军队在复台期间垦殖活动的重要参考。

《梅氏日记》中有几段关于郑成功军队垦殖活动的记载，以下按时间顺序予以引述：

1661 年 6 月初，“他们（指郑氏军队——引者注，下同）缺乏米和食物的情形，已严重到他（指郑成功）的军队无法继续驻守大员。六月初，约有一万一千到一万二千人，被派去北边的各村社，约有五六千人派去南边的各村社。……他们也很勤劳地大量栽种番薯，以便需要时，可替代米食用”。[2]

6 月中，“约在六月中，国姓爷把‘福尔摩沙’分给他的官员和将领，每人分到南北距离八小时路程的领地，每个领地都要在中央地带建造一个大城市，作为官员或将领的居处，边界要各造一个乡镇，用以安定他的辖区。所以每一个土地测量师都被派去确实测量每一块领地，指出应该建造城市和乡镇的地方，使每一个城市尽可能刚刚好距离海边四小时路程，并可使数百个他的士兵住在那里面。在这样的地方，我们都要竖立大柱子，另外每小时的路程要插一个路标。我……被派去北部，要去到噶玛兰（宜兰）的弯处，其他三个土地测量师被派去南部，要去到瑯峤（恒春）的最末端。……我们从麻豆北边一个半小时路程（约八公里半）的小溪（谅即茅港尾溪），是要去哆啰咽（在今台南县东山乡）的半路，中国人称为 Hoem Cangbooij（茅港尾，在今台南县下营乡）的地方，开始测量第一个领地。经过了哆啰咽、诸罗山（今嘉义市）、他里雾（云林县斗南）、猫儿干（Bossaccan，在今云林县仑背乡）、虎尾垅（云林县褒忠），到达二林（彰化县二林）。据我的记忆，总共约走了二十四到二十五哩（mijlen）路（约一百八十公里，一哩等于七·四零七公里）。经过的情形非常困难，因为道路不好，又下雨，泥泞

---

① 菲力普斯·丹尼尔·梅·梅杰斯特著，江树生译注：《梅氏日记》，载《汉声》第 132 期，第 27 页。

② 菲力普斯·丹尼尔·梅·梅杰斯特著，江树生译注：《梅氏日记》，载《汉声》第 132 期，第 49 页。

满地，饮食又很坏。我们测量到那里时，传来上面的命令，叫我们停止测量，回去赤崁。……在那些村社里住有很多中国士兵，每一个将官手下的军队约有一千至一千二百人，他们在山脚以及所有能开垦成水田的土地上，每一二百人为一群，很认真地耕种土地，无论年纪多小，全无例外地，都必须种很多番薯，多到足够维持他们三个月的生活。当土地测量师到达那里时，村社的外面和里面，几乎没有一个角落没被耕种，或没被围起篱笆来。而且，我们很惊讶地看到那些异教徒的无理和勤劳，连接各村社，经常有人来回走动的乡村道路也被栽种了，以致从普罗岷西亚出发的整条道路，走不到五十竿（约一百九十公尺），可能还走不到十到二十竿（约五十七公尺）就会遇见三、四、五或六个人或更多人，像其他贫穷的中国人那样又推又拉地在耕种。国姓爷分给他们上千只的牛，以及很多锄头和其他农具，使他辖区内每一个人都能立刻开始耕种”。①

9月，“派去北边各村社的敌人军队也退回来了，都一起驻在麻豆后方一小时半路程，靠近茅港尾的野外。那些士兵奉命，每个人都要开垦耕种半morgen的土地，违者处斩。从南边退回来的士兵，因可以吃牛肉（国姓爷叫人宰牛给他们吃），又稍微强壮有精神了，所以他们又从赤崁稍往南下，去Tapassoejongh森林（Tapassoejongh森林，此地不知在何处，不过应在郑成功的保留区以外，故应在今阿公店溪以南）附近的野地建造牛棚，开始从事农耕”。②

以上《梅氏日记》的记载为我们提供了这样的一些信息：

1. 郑成功军队的垦殖活动有一个庞大、长远的计划，有一个比较完整的空间布局。郑成功军队的屯垦以镇为单位，每一镇的官兵约一千至一千二百人。他们屯垦的地点分布在以赤崁（在今台南市）为中心的台湾南北各地，北至“噶玛兰（宜兰）的弯处”，南至“瑯峤（恒春）的最末端”。各镇之间的距离约8小时的路程。“一小时路程”为当时荷兰人计算距离的一种单位，“等于五·六五一公里”。③ 各镇必须在自己屯垦区域的中央地带建造一个“大城市”，“作为官员或将领的居处”，还要在和其他镇相邻的地界各造一个“乡镇”，“用以安定他的辖区”。郑成功对于各镇屯垦地点的这种安排，显然出于开发台湾的长期打

---

① 菲力普斯·丹尼尔·梅·梅杰斯特著，江树生译注：《梅氏日记》，载《汉声》第132期，第50~51页。

② 菲力普斯·丹尼尔·梅·梅杰斯特著，江树生译注：《梅氏日记》，载《汉声》第132期，第64页。

③ 菲力普斯·丹尼尔·梅·梅杰斯特著，江树生译注：《梅氏日记》，载《汉声》第132期，第21页。

算，他安排军队四出屯垦的目的，不但要解决军队眼下的军粮问题，同时也着眼于要将台湾建设成中国人的“万世不拔基业”。①

2. 郑成功在复台期间安排从事屯垦的兵力最多时达到了在台总兵力的一半以上。按梅氏的说法，“六月初，约有一万一千到一万二千人，被派去北边的各村社，约有五六千人派去南边的各村社”。6 月初的时候，郑成功收复台湾的二程队伍已经抵达台湾，这时，他在台湾的总兵力大约是 30000 人。② 而派去进行屯垦的兵力有 16000 到 18000 人，已经超过了一半。

3. 在从事屯垦的军队中，每个士兵要开垦和耕种的土地是有指标的，每人必须开垦和耕种“半 morgen 的土地，违者处斩”。“半 morgen”相当于以后台湾地积单位的“半甲”，即 5.6 亩（1 甲等于 11.2 亩）。他们栽种的番薯，必须“足够维持他们三个月的生活”。因此，士兵们都很勤奋，他们“很认真地耕种土地，无论年纪多小，全无例外……村社的外面和里面，几乎没有一个角落没被耕种，或没被围起篱笆来。……连接各村社，经常有人来回走动的乡村道路也被栽种了”。

这样的一些信息内容是我们以往在其他的文献资料中所未见的。

二

《热兰遮城日志》是荷兰东印度公司台湾长官的秘书所记录的公司在台湾事务的日志，它是荷兰人在台湾进行贸易和实行殖民统治的全面的记录。日志开始的时间为 1629 年 10 月 1 日，结束的时间是 1662 年 2 月 9 日（附录资料最后的时间为 1662 年 2 月 20 日）。记事的内容十分具体、详细，是研究荷据时期台湾历史的珍贵资料。《热兰遮城日志》中也有不少有关郑成功军队从事垦殖活动的记载。但这些记载，往往来源于困守在热兰遮城堡中的荷兰人通过偷袭捕捉到郑军的士兵和一般的民人，或者是由于各种原因主动投靠荷兰人的郑军士兵和民人所提供的口供。这些人把自己掌握的耳闻目睹的东西告诉荷兰人。当时的荷兰人只能通过这种方式了解郑军的情况。所以荷兰人的这些记载，不一定都是准确的事实，但还是有一定的参考价值。

《热兰遮城日志》中有关郑氏军队进行垦殖活动的记载不少，这里选录一些如下：

---

① 杨英：《先王实录》，福建人民出版社 1981 年版，第 253 页。

② 邓孔昭：《郑成功与明郑在台湾》（修订版），厦门大学出版社 2014 年版，第 32 页。

1661年6月1日，“国姓爷分发犁和其他农具给士兵，人们不知道，他对那些原来的农夫有何打算，很多人秘密地逃去山上和中国（大陆）了，他的士兵也被分发去各村社，一直去到Sanckanja（苗栗后垅的新港仔）”。①

17日，“农夫仍可拥有他们自己的土地，并自由耕种。国姓派十个军团去北部（不知道去北部的哪里）开垦耕作土地。有一个军团在这市镇，一个军团在羊厩，没有军团被派去中国（大陆）”。②

8月13日，“农作物在各处耕种，甚至在那些村社附近也在耕种。……最近在晴朗的中午从赤崁前来热兰遮市镇的中国人士兵，是来接替其他士兵的。在（在‘福尔摩沙’岛上的）内陆，农业开垦颇有进展”。③

16日，“那些中国士兵，大部分往内地（台湾岛上的内地）去开垦那些新的农地，……农耕到处推行进展，但究竟推行进展的情形如何，是顺利或不顺利，他都说不上来”。④

9月3日，“一个名叫Njo的官吏，被派带领三千个士兵去路程五六天的北边的村社，他们已经在那里开垦土地并建造房屋了，但距今约十五天前，被当地居民袭击杀戮，致使这个官吏只带领两百个人回来，因此，大部分的中国人惊惧不已，没有人愿意再去那里，所以在那方面现在没有中国人了，不过到距离此地四天路程的地方还有中国人。国姓爷的士兵所开垦栽种的作物，长得不很好，因为他们栽种得太晚了”。⑤

4日，“昨天逃来我们这边那个中国人，他说明如下：……有一个官吏被派带领九百人去二林（Tackai）或其附近，带牛要去耕种农地，那些人中，有一个人赶着牛在耕作时，被福尔摩沙人袭击，并有两百人随即被杀死。有两艘被派运牛去那里的戎克船，适于那时抵达，得知此事以后，就逃往中国去了，不再回来此地。从那里回来的两百人，被剥得赤裸裸，没有衣服可穿”。⑥

14日，“作物长得很不好，旱田的稻子，都被虫吃掉了，他从未看到这么糟糕的，水田的情况稍微好一点。士兵在那些村社附近耕种的农地，没有什么收成的希望，因为那些人，饿到没有足够的力气耕种”。⑦“旱地的作

① 江树生译注：《热兰遮城日志》第4册，台南市政府2011年版，第493页。
② 江树生译注：《热兰遮城日志》第4册，台南市政府2011年版，第513页。
③ 江树生译注：《热兰遮城日志》第4册，台南市政府2011年版，第577页。
④ 江树生译注：《热兰遮城日志》第4册，台南市政府2011年版，第583页。
⑤ 江树生译注：《热兰遮城日志》第4册，台南市政府2011年版，第600~601页。
⑥ 江树生译注：《热兰遮城日志》第4册，台南市政府2011年版，第604~605页。
⑦ 江树生译注：《热兰遮城日志》第4册，台南市政府2011年版，第622页。

物，以及现在刚栽种的地瓜（番薯），全都被虫吃光了，种在水田的作物还没有发芽，因此粮食作物的情况也很不好”。①

26日，“派去驻守在内陆（台湾岛的内陆）的士兵，已被调回来，并已解除农耕的工作了，只有一些体弱病患还留在那里（继续耕种的农事）。有九百个士兵，分属两个军团，由两个官员率领，去位于（赤崁）北边六天行程的村庄，这些士兵只有一百七十个人回来，其余的人都被杀死了，有一个官员也受伤而死了（指左先锋镇杨祖）”。②

10月1日，“派去南边耕地种田的那一千人，（奉命调回时只有约两百人回来，其余的都死了，而回来的那些人全都衰弱得步履满跚，等等。……由国姓爷的士兵在那些村社附近耕种的田地，没有种出可以收成的作物”。③

22日，“在北边的那些村社里，现在几乎没有士兵了，绝大部分的人都被调回来了；派去的人，有一半生病虚弱地回来，已经没有意愿，也没有兵力可派去那里了”。④

从《热兰遮城日志》的这些记载中，我们可以得到这样一些有用的信息：

1. 关于郑氏军队因屯垦与大肚社土著居民发生冲突的时间有了更具体的范围。过去，我们根据杨英《先王实录》的记载，只知道这件事发生在清顺治十八年（南明永历十五年，1661年）的七月。“七月，……援剿后镇、后冲镇官兵激变大肚土番叛，冲杀左先锋镇营，杨祖与战被伤，败回至省，病死之，围援剿后镇张志营，右虎卫、英兵镇、智武镇败回，差兵都事李胤监制各□（镇）□（不）准搅扰土社。”⑤ 而这年中历的七月（无论是清历还是明历），相对于西历来说是1661年的7月26日至8月24日。但根据以上《热兰遮城日志》1661年9月3日的那条记载，这事发生在“距今约十五天前”，因此，我们对这件事发生的时间就有了更准确的把握。9月3日的“约15天前”，也就是8月19日（七月二十五日）前后。这样的信息，对于这一事件的深入研究是有帮助的。

2. 与大肚社土著居民的冲突事件使郑军的屯垦活动受到了很大的影响。事件之后，不少原本从事屯垦的士兵被调回，暂时地停止了屯垦的活动。“派去驻守在内陆的士兵，已被调回来，并已解除农耕的工作了，只有一些体弱病患还留在那里（继续耕种的农事）。”“在北边的那些村社里，现在几乎没有士兵了，绝

---

① 江树生译注：《热兰遮城日志》第4册，台南市政府2011年版，第625页。
② 江树生译注：《热兰遮城日志》第4册，台南市政府2011年版，第640页。
③ 江树生译注：《热兰遮城日志》第4册，台南市政府2011年版，第646页。
④ 江树生译注：《热兰遮城日志》第4册，台南市政府2011年版，第667页。
⑤ 杨英：《先王实录》，福建人民出版社1981年版，第257页。

大部分的人都被调回来了。”说明了当时的一些实际情况。

3. 郑氏军队屯垦第一年的收成情况不是很好。那些被捕获或主动投靠荷兰人的郑军士兵或民人几乎一致地认为：“国姓爷的士兵所开垦栽种的作物，长得不很好，因为他们栽种得太晚了。”“士兵在那些村社附近耕种的农地，没有什么收成的希望，因为那些人，饿到没有足够的力气耕种。”“由国姓爷的士兵在那些村社附近耕种的田地，没有种出可以收成的作物。”由于战事耽误了农时、缺粮影响了屯垦士兵的体力，以及虫害等因素的影响，郑氏军队屯垦第一年的收成情况不是很好。

这些信息，对于深入研究郑军与大肚社土著居民的冲突事件以及评估郑军屯垦第一年的成效都有一定的参考价值。

从《梅氏日记》以及《热兰遮城日志》的记载中，我们可以看到：郑成功在围困热兰遮城期间就派出了大批的军队去从事屯垦。参加屯垦的人数占到了当时总兵力的一半以上。郑成功将屯垦的军队分布在台湾的南北各地，南至琅峤（恒春），北至噶玛兰（宜兰），各屯垦点之间的距离有一个全面的空间布局的考虑，着眼于台湾长期的开发与建设。同时，还规定了每一个士兵垦耕土地面积的定额。可是，由于在垦耕过程中，援剿后镇和后冲镇官兵与大肚社土著居民发生了冲突事件，郑成功不得不调整了计划，将一部分屯垦军队调回。而且，由于耽误了农时、从事屯垦军队缺粮、虫害以及最初士兵没有农业生产的经验等原因，屯垦第一年的收成情况并不是很好。但是，这期间的垦殖活动为以后的土地开发积累了经验和教训，打下了基础。赶走荷兰人之后，郑氏官兵更是掀起了一股土地开发的热潮。没过几年，1665 年，台湾就取得了大丰收，“是年大丰熟，民亦殷足”。[①] 1666 年，“又加年丰”。[②] 1671 年，“台湾秋禾大收”。[③] 从此，台湾农业生产走上了一条良性发展的道路。

---

① 江日升：《台湾外记》，福建人民出版社 1983 年版，第 192 页。
② 江日升：《台湾外记》，福建人民出版社 1983 年版，第 193 页。
③ 江日升：《台湾外记》，福建人民出版社 1983 年版，第 210 页。

附录二　郑氏文武官田租税考

文武官田是郑氏时期台湾私田的别称，也是台湾封建地主经济的发端。文武官田的地租和赋税情况如何？这是一个似乎已经清楚，实际上仍有许多模糊混乱的问题。本章准备就此谈一些看法。

一

过去，人们对郑氏文武官田地租和赋税情况的认识，大多是根据连横《台湾通史》“田赋志”中的表述。连氏说：“宗室文武召民自辟，谓之私田，即所谓文武官田者也。定则之法，亦分三等，纳税之外，又课其赋。”① 同时，还列有两个表：

表 8-3　郑氏文武官田租率表

地则	一甲租率	地则	一甲租率
上田	3 石 6 斗	上园	2 石 2 斗 4 升
中田	3 石 1 斗 2 升	中园	2 石 6 斗 2 升
下田	2 石 4 斗	下园	1 石 8 升

表 8-4　郑氏文武官田税率表

地则	一甲租率	地则	一甲租率
上田	14 石	上园	7 石 9 斗 6 升
中田	12 石 4 斗 8 升	中园	6 石 4 斗 8 升
下田	8 石 1 斗 6 升	下园	4 石 3 斗

因为连氏的表述与一般田赋和地租的习惯称法不同，所以，人们对此产生了各种不同的理解。

第一，认为连氏所指的“税”就是田赋。如《台湾省通志》“政事志・财政

① 连横：《台湾通史》上册，商务印书馆 1983 年版，第 125 页。

篇”中说：“文武官员之私田，除收田租外，耕者尚需对政府纳赋，是为田赋。其赋税率或谓如次表（即表8-3）。”①

第二，认为连氏所指的“税”就是地租。如有的学者说：“据《台湾通史》记载，当时地主向佃农收租的税率如下：上田十四石、上园七石九斗六升、中田十二石四斗八升、中园六石四斗八升、下田八石一升六升、下园四石三斗。”②

第三，没有明确指明连氏所指的“租”“税”是什么，但把两项相加，作为佃农的负担。台湾学者周宪文先生认为，“郑氏时代的文武官田（又称私田），租之外，还有税，而且税重于租。两者合计，其率大体超过官田”。“文武官田（园）之开垦，投资者虽为文武官员，开垦者仍为胼手胝足之农民，故就农民负担而言，后者重过前者（官田），方合情理。今以文武官田之租、税合并考虑，庶乎近矣。”③ 陈碧笙先生的《台湾地方史》中说：“文武官田，即郑氏宗室及文武将吏招民自垦之田，亦称私田，亦分上中下三则缴纳税赋：上田税率十四石，租率三石六斗，中田税率十二石四斗八升，租率三石一斗二升；下田税率八石一斗六升，租率二石四斗，租税合计与官田租率约略相等。”④

第一种看法将“租”当作田租，把“税”当作田赋，这如果从一般田租和田赋的习惯称法来看，自然是不错的。但是，连氏的表述和一般的习惯称法并不相同，而且是完全相反的。他把地主向郑氏官府缴纳的田赋叫作“租”，而把佃农向地主缴纳的那一部分实物叫作“税”，这只要认真研究一下《台湾通史》“田赋志”中的几个表，就能发现这一点。这些表中，不但郑氏文武官田，即如郑氏官田、清代民田，其赋率也都是一概称为“租”率的。再看一看表中的数字，文武官田的“税率”大大高于“租率”，如果“税”就是田赋，“租”就是地租，那么，这种田赋高于地租的现象也是难以理解的。所以，《台湾省通志》“政事志·财政篇”中的说法，只能是作者的一种疏忽和误解。

既然连氏所指的“租”就是田赋，下面，我们就具体地研究一下“表8-3 郑氏文武官田租率表”中的内容。

二

“郑氏文武官田租率表”中有一个明显的错误：上则园每甲租率2石2斗4

---

① 台湾省文献委员会：《台湾省通志》卷三，政事志·财政篇，众文图书公司1970年版。

② 陈动：《郑氏时期台湾农民的田赋负担》，载《中国社会经济史研究》1982年第3期。

③ 周宪文：《台湾经济史》，台湾开明书店1980年版，第184~186页。

④ 陈碧笙：《台湾地方史》，中国社会科学出版社1982年版，第95页。

升，而中则园每甲租率却是2石6斗2升，这显然是不可能的。有人以为，这大概是连横无意之中将它们倒置了，于是就擅自将它们交换了位置，变成上则园2石6斗2升、中则园2石2斗4升。[①] 其实，连横并没有把它们的位置搞错。要证明这一点，有一个检验的办法：在连横所列的“郑氏官田租率表”“郑氏文武官田租率表”和“郑氏文武官田税率表”中，把文武官田的租率和税率相加，基本上等于官田的租率。文武官田上则园租率2石2斗4升，加上“税率”7石9斗6升，正好等于官田“租率”10石2斗。可见，2石2斗4升所在的位置并不错。那么，为什么中则园的“租率”会高于上则园呢？用同样的办法查验，2石6斗2升加上中则园“税率”6石4斗8升，为9石1斗，正好超过官田中则园“租率”8石1斗整整1石。由此说明，2石6斗2升实际上是1石6斗2升之误。

除了这个明显的错误之外，连横“郑氏文武官田租率表”中的数字，和清政府领台之初由蒋毓英所修的第一部《台湾府志》，以及康熙五十六年（1717年）由周钟瑄所修的《诸罗县志》中的记载相比，也有不少出入。蒋氏《台湾府志》记载，“伪时文武官田园科则：上则田每甲征粟三石六斗，园每甲征粟二石零四升；中则田每甲征粟三石一斗二升，园每甲征粟一石一斗二升；下则田每甲征粟二石零四升，园每甲征粟一石零八升”。[②]《诸罗县志》则记载：“文武官佃则：上则田每甲征粟三石六斗，中则三石一斗二升，下则二石四斗；上则园如田之下则，中则一石一斗二升，下则一石八升。”[③] 它们之间的差别详见表8-5。

表8-5　文武官田租率差别表

	蒋氏《台湾府志》	《诸罗县志》	《台湾通史》
上则田租率	3石6斗	3石6斗	3石6斗
中则田租率	3石1斗2升	3石1斗2升	3石1斗2升
下则田租率	2石4升	2石4斗	2石4斗
上则园租率	2石4升	2石4斗	2石2斗4升
中则园租率	1石1斗2升	1石1斗2升	2石6斗2升 （为1石6斗2升之误）
下则园租率	1石8升	1石8升	1石8升

① 台湾省文献委员会编：《台湾省通志》卷三，政事志·财政篇，众文图书公司1970年版，第97页。

② 蒋毓英：《台湾府志》，厦门大学出版社1985年版，第76页。

③ 周钟瑄：《诸罗县志》，台湾文献丛刊本，第86页。

上则田、中则田和下则园三种记载完全一致，自无疑义。下则田与上则园每甲征粟数相同，这一点，《台湾府志》和《诸罗县志》也是一致的。所不同的是，《台湾府志》的数额是2石4升，《诸罗县志》却是2石4斗。哪个记载更可信呢？这里也有一个检验的办法：细心地研究一下郑氏官田和郑氏文武官田的租率之间的关系，就会发现，文武官田租率大多正好是官田的1/5。官田中下则田和上则园的租率是10石2斗，1/5正好是2石4升。所以，蒋氏《台湾府志》中的记载是可信的，《诸罗县志》中的2石4斗，实为2石4升之误。至于中则园的“租率”，《台湾府志》和《诸罗县志》都是1石1斗2升。按理说，这个数字是不能轻易怀疑的。可是，如果用上述的方法检验，却又有问题。官田中则园租率为8石1斗，1/5是1石6斗2升，这正好和连横误写成2石6斗2升的数字相符。一般说来，其他五个等则都正好是官田的1/5，不会唯独中则园例外。另外，1石6斗2升，上距上则园租率2石4升是4斗2升，下距下则园租率1石8升是5斗4升，也比1石1斗2升上差9斗2升，下差只有4升要相对合理。

总的说来，在连横“郑氏文武官田租率表”中有三个数字应当修正。正确的文武官田征赋的标准应当是：上则田每甲征粟3石6斗、中则田3石1斗2升、下则田2石4升、上则园2石4升、中则园1石6斗2升、下则园1石8升，分别是“郑氏官田租率”的1/5。至于“文武官田”，田赋在当时是否称为“租”，下面谈到“税”时一并再议。

三

前面已经说过，把连横的“郑氏文武官田租率表”和“郑氏文武官田税率表”中的数字相加，除个别等则略差外，正好等于“郑氏官田税率表”中的数字，加上“纳税之外，又课其赋”的说法，为此，我们完全可以这样理解：（1）文武官佃负担的地租，与官佃基本相同。（2）文武官佃除向主人缴纳一部分地租外，直接向郑氏官府纳赋。（3）文武官佃向主人缴纳的那一部分地租叫作“税”。下面，我们就具体地分析一下，连横的说法是否符合历史实际。

为了叙述的方便，我们首先考察一下，文武官佃是否直接向郑氏官府纳赋。郑成功在复台大军登陆台湾后不久，就发布了屯垦令。其中有关文武官圈地和招佃开垦的条文是这样的：“文武各官圈地之处，所有山林陂池，具图来献。本藩薄定赋税，便属其人掌管，须自照管爱惜，不可斧斤不时，竭泽而渔，庶后来永享无疆之利。”“文武各官开垦田地，必先赴本藩报明□数，而后开垦。至于百姓，必开□数报明承天府，方准开垦。如有先垦而后报及报少而垦多者，察出定将田地没官，仍行从重究处。”① 从这里可以看出：郑氏对文武官田园的管理是很严格的，不但要报明甲数，而且还要将所有山林陂池绘图献上。在这种情况下，文武官田要想不和郑氏发生联系，而由佃人直接向郑氏官府纳赋，这显然是不可能的。对此，《诸罗县志》记载得十分清楚：“有佃输租于文武各官，而文武各官又各输粟于官者，谓之文武官佃。”②《续修台湾府志》所引《诸罗杂识》中也说：“郑氏宗党及文武伪官与士庶之有力者，招佃开垦，自收其租，而纳课于官，名曰私田，即伪册所谓文武官田也。”③ 明裔宁靖王朱术桂在郑成功死后，由于“授餐之典废”，“无以资衣食，乃就竹港垦田数十甲”，“郑氏又从而征其田赋”。④ 此为文武官田地主向郑氏纳赋的一个具体的例子。

文武官田的地租没有一分为二，而是由佃丁完整地交给地主，这点已无疑义。那么文武官田地租的数量情况如何呢？这个问题由于缺乏具体的记载，已不可确考。但有几点是应当注意到的：第一，地租的情况比田赋或租赋合一的官租要复杂，往往是由地主和佃人对土地投资的不同比率而确定的。其数额，除部分铁租外，也不会一成不变，许多因素都可能影响到租率的变化。第二，文武官田的租率只能等于或略低于官田的租率。这是因为，官田的佃丁耕种的是现成的土地，而文武官佃耕种的则是自己开辟出来的土地。当然，官佃耕种的土地也可能是他们自己过去或祖上开辟出来的，所以，两种佃丁负担约略相等，应当是符合历史实际的。第三，从荷兰王田、郑氏官田和清初民田的租率来看，这一时期，台湾的地租率没有多少变化。郑氏官田的租率因袭荷兰王田，这一点尽人皆知。而清初民田的租率，据《诸罗县志》记载：“一甲之田，上者出粟六七十石，最下者亦三四十石。佃输业户者十之二三，业户赋于官半焉。”⑤ 根据产量的二三成计算，这时的租率大约还是相当于郑氏官田的租率。如果以业户要拿地租的一半左右交纳田赋计算（康熙二十三年至雍正六年间，台湾民田的征赋标准：上田每甲八石八斗、中田七石四斗、下田五石五斗、上园五石、中园四石、下园二石四斗⑥），这时的租率和郑氏官田的租率也是十分接近的。既然荷兰王田、郑氏官田、清初民田的租率都是相等或相近的，那么，文武官田的租率与此也肯定不会有很大的差别。

---

① 杨英：《先王实录》，福建人民出版社 1981 年版，第 254~255 页。

② 周钟瑄：《诸罗县志》，台湾文献丛刊本，第 85~86 页。

③ 余文仪：《续修台湾府志》，台湾文献丛刊本，第 241~243 页。

④ 陈元图：《明宁靖王传》，载《台湾府志三种》上册，中华书局 1985 年版，第 1082 页。

⑤ 周钟瑄：《诸罗县志》，台湾文献丛刊本，第 87 页。

⑥ 周钟瑄：《诸罗县志》，台湾文献丛刊本，第 90 页。

上面已经论证了并不存在文武官佃向郑氏官府直接交纳田赋同时又向地主缴纳一部分地租的现象。因此，文武官田地租中实际上也就不存在叫作“税”的一部分。连横根据官田租率减去文武官田租率得出的“郑氏文武官田税率表”，实际上也就没有什么意义。它除了让人们了解文武官田的地主在地租收益中可以得到多少纯利率之外，更多的则是引起了混乱。

至于连横为什么把田赋叫作“租”，把地主在地租收益中的纯利率叫作“税”，没有材料可资说明。不过，明末清初，在台湾移民主要祖籍地的漳州府属，确实出现了在地租中分离出租、税两个部分的现象。顾炎武在《天下郡国利病书》中说：“漳民（受）田者往往惮输赋税，而潜割本户米配租若干石以贱售之。其买者亦利以贱得之，当大造年辄收米入户，一切粮差皆其出办。于是，得田者坐食租税，与粮差概无所与，曰小税主。其得租者但有租无田，曰大租主（民间卖田契券大率计田若干亩，岁带某户大租谷若干石而已）。民间仿效成习，久之租与税遂分为二。而佃户又以粪土银私授受其间，而一田三主之名起焉。”“受田之家，其名有三。一曰大租主（共此一田，出少银买租，办纳粮差）；一曰税主（出多银卖税，免纳粮差，俗称粪主），一曰佃户（出力代耕，租税皆其办纳）。”① 尽管当时很有可能某些漳籍移民已把这种习惯带到了台湾，而后来台湾也确实出现了一田二主、一田三主和大小租的现象，但是，从上面的叙述中已经可以看到，文武官田的主佃关系和这种一田三主的主佃关系是完全不同的。如果连横是套用了这里的称法，很明显，这种套用并不恰当；如果不是套用这里的称法，那么，就更看不出他的称法有何根据了。

综上所述，把郑氏文武官田的田赋叫作“租”，又把文武官田的地租分离出一部分叫作“税”的做法是错误的。文武官田征赋的标准，以往的记载都不尽正确，而以连横《台湾通史》中的记载错误最多，蒋毓英《台湾府志》中的记载出入较小。正确的征赋标准应当是，各等则都是官田租率的1/5。

① 顾炎武：《天下郡国利病书》卷九十五，广雅书局刻本，清光绪二十六年（1900年）。

第九章

郑经的生平和主要事迹

郑经，郑成功长子，乳名锦，字式天，号贤之，福建南安人，生于明崇祯十五年（1642 年）十月初二日。[①] 自幼得到郑成功的重视和培养，性情谦恭慈让，推诚待人，擅长诗赋，也好骑射。

顺治十八（1661 年）年三月，郑成功率领大军东征台湾，留郑经监守金、厦二岛。康熙元年（1662 年）三月，郑经和四弟的乳母陈氏私通，生下了孩子，向郑成功谎报为侍妾所生。郑成功初闻添孙，十分高兴，派人赏赐郑经、董夫人（郑成功夫人、郑经母亲）、陈氏母子以及在台的将士。四月，郑经妻子的祖父唐显悦揭发了事情的真相，责成功治家不严。成功得此消息大怒，派黄毓持令箭到厦门，命令居守在金门的兄长郑泰监杀郑经、董夫人和陈氏母子。郑泰和兵官洪旭等在厦诸将商议，拒绝执行杀死郑经和董夫人的命令。五月初八日，郑成功在台湾病逝。[②]

六月，郑氏赏勋司蔡政奉郑成功所遗冠袍到厦门，郑经在郑泰、洪旭等人的拥戴下，发丧嗣位。而在台湾的黄昭、萧拱宸等人则拥戴郑成功的弟弟郑世袭护理大将军印，图谋自立。当时，福建总督李率泰、靖南王耿继茂得知郑成功病逝的消息，调集兵马，齐集漳、泉，强兵压近金、厦。同时，不断派人前来招抚。郑经与郑泰等人商议：台湾初辟，先王仙逝，又遭萧、黄二贼构乱于内。藩院闻信，频频遣员招抚。顺从，有负先王宿志；不从，则指日加兵。内外交困，岂不危险？不如暂借招抚为由，拖延岁月，等东征平息了内乱，再作区处。郑泰、洪

① 厦门郑成功研究会、厦门郑成功纪念馆编：《郑成功族谱三种》，福建人民出版社 1986 年版，第 100 页。

② 江日升：《台湾外记》，福建人民出版社 1983 年版，第 171～173 页。

旭等人深表赞同，并决定由他们与李率泰等周旋。[①] 十月，郑经率领陈永华、周全斌等人东渡台湾平乱。到达澎湖之后，接受陈永华的建议，遣人先往台湾布告：不日亲统大军，抵台奔丧，请各处官兵就地迎接。[②] 在台湾登陆后，除黄昭等少数将领抵抗外，多数将领拥兵观望，左虎卫黄安则率兵前来支援。经过一番战斗，黄昭被周全斌阵斩，萧拱宸等几个主谋者被收杀。郑经对其余官兵皆不追究，且礼遇郑世袭，待之如初。将黄安升为勇卫将军，与其约儿女婚姻。任命原赏勋司蔡政为审理所正。并亲自巡视台湾南北各地。[③]

二年（1663年）正月，郑经率舟师回厦门。当时，南明永历帝的死讯传来，郑经仍然坚持奉明朝正朔。在台湾时，郑经曾搜到户官郑泰和黄昭的往来书信，疑其有异志。郑泰居守金门，拥有重兵和大量的财富，知道郑经怀疑自己，也称病不到厦门相见。六月，郑经以将前往台湾，请郑泰居守金、厦，铸居守印，差协理户官吴慎送到金门。六日，郑泰犹豫再三，还是带着兵船和十万两饷银到厦门拜谢。郑经慰劳毕，托更衣入内，由陈永华、洪旭宣布郑泰的罪行，将其软禁。十日，郑泰自缢。[④] 十月，李率泰、耿继茂、海澄公黄梧、水师提督施琅联合荷兰东印度公司的舰队，合攻金、厦两岛，郑经寡不敌众，退守铜山。三年（1664年）三月，郑经见众将纷纷叛降，加上缺粮，铜山难以久驻，于是放弃铜山，带领洪旭、陈永华、冯锡范等少数兵马，退守台湾。一起退往台湾的还有一批明宗室、遗老和乡绅。

到台湾后，郑经分配诸镇荒地，寓兵于农，又在承天府起盖房屋，安插明宗室暨乡绅等。[⑤] 以咨议参军陈永华管理政事。改东都为东宁，置天兴、万年二州。四年（1665年）八月，任陈永华为勇卫，并接受他的建议，在台湾建圣庙、设学校。

六年（1667年），福建招抚总兵官孔元章先让道员刘尔贡、知州马星到台湾，带去一封书信，表示只要郑经归顺剃发，可以册封为“八闽王”，并将沿海岛屿归其管辖。郑经在给孔元章的信中表示：王侯之贵，我已自有，并且已立下

---

① 夏琳：《闽海纪要》，台湾文献丛刊本，第31页；江日升：《台湾外记》，福建人民出版社1983年版，第175页。

② 江日升：《台湾外记》，福建人民出版社1983年版，第178页。

③ 夏琳：《闽海纪要》，台湾文献丛刊本，第32~33页。

④ 夏琳：《闽海纪要》，台湾文献丛刊本，第32~33页；《郑氏关系文书》，台湾文献丛刊本，第9~10页。

⑤ 江日升：《台湾外记》，福建人民出版社1983年版，第189页。

了万世不拔的基业。不会为了贪图爵号和疆土，去做削发的事情。[①] 八月，孔元章亲自到台湾，提出：将沿海地方与郑氏通商，但要郑氏称臣奉贡并遣子入京为质。[②] 郑经提出：先王在日，也只差“剃发”二字。如果照朝鲜事例，不剃发，则可。[③] 八年（1669年）六月，刑部尚书明珠、吏部侍郎蔡毓荣到福建，和靖南王耿继茂、福建总督祖泽溥共同主持与郑氏的和谈。七月，先遣兴化知府慕天颜和都督佥事季佺到台湾宣示朝廷招抚之意，郑经愿照朝鲜例入贡，“不剃发”，同时还提出“不登岸”的要求。九月，康熙帝接到明珠等人的奏报后谕示：如果郑经留恋台湾，不忍抛弃，可以任从其便。至于比照朝鲜例不剃发、愿进贡投诚之说，不便允从。朝鲜系从来之外国，郑经乃中国之人，如果因为居住台湾，不行剃发，则投诚何以为据？如果真的遵制剃发归顺，朕不惜封赏高爵厚禄。[④] 郑经在“不登岸”的条件被接受之后，仍然坚持：只有照朝鲜例不剃发，才能从议，如果要削发，至死不易。[⑤] 和议不成。

九年（1670年）二月，郑经派遣监纪推官吴宏济带书信到云南联络平西王吴三桂，信中说：今四海仰望，惟殿下一人。不知军政之余，是否也知道有海外孤臣？我这里地方虽小，但楼船千艘、甲士十万，惟殿下所驱使。[⑥] 同年，英国东印度公司到台湾请求通商，并于次年与郑经签订了通商协定，不久，又在安平建立了商馆。十三年（1674年），靖南王耿精忠据福州反，遣人请郑军入闽为援。四月，侍卫冯锡范、右武卫刘国轩等先到厦门。五月，郑经以参军陈永华为总制，留守台湾，自率陈绳武、洪磊等到厦门，并派人到耿精忠处，议拨船只及地方安插兵众。耿精忠见郑氏军队兵、船不多，有些轻视，遂悔前约，不许与郑氏往来，郑、耿于是交恶。[⑦] 郑经传檄四方，先后占领海澄、同安。六月，泉州、漳州先后迎降，郑经在泉州镌刻出版诗集《东壁楼集》。七月，潮州总兵刘进忠以城降附。九月，以刘国轩抵御前来进攻泉州的王进，国轩大败王进于惠安涂岭，乘胜追至兴化城外。十二月，郑经重设六官，以洪磊为吏官、杨英为户官、

① 厦门大学台湾研究所、中国第一历史档案馆编辑部编：《康熙统一台湾档案史料选辑》，福建人民出版社1983年版，第70页。

② 夏琳：《闽海纪要》，台湾文献丛刊本，第37页。

③ 江日升：《台湾外记》，福建人民出版社1983年版，第194页。

④ 厦门大学台湾研究所、中国第一历史档案馆编辑部编：《康熙统一台湾档案史料选辑》，福建人民出版社1983年版，第85页。

⑤ 江日升：《台湾外记》，福建人民出版社1983年版，第208页。

⑥ 夏琳：《闽海纪要》，台湾文献丛刊本，第38页。

⑦ 台湾银行经济研究室编印：《十七世纪台湾英国贸易史料》，台湾银行1959年版，第24~32、40~42页。

郑斌为礼官、柯平为刑官、杨贤为工官，各官名俱加协理。不设兵官，以陈绳武为赞画兵部。同时设六科都事、都吏及察言、承宣二司，中书舍人本科等官。军政事宜，都取决于赞画陈绳武和侍卫冯锡范。①

十四年（1675 年）正月，耿精忠派人向郑经祝贺元旦，送来船五只，以释前嫌。郑经同意双方讲和，以枫亭为界，互不侵犯。② 六月，据守漳州的黄芳度（海澄公黄梧之子）重新剃发拒郑，郑经攻城不利，筑长垣围漳州。十月，标将吴淑献城投降，芳度投井而死。郑经入城，封吴淑平虏将军、后提督。剖开黄梧的棺木，将他的尸体斩首，其亲属无论长幼全部处死，以报黄梧挖郑氏祖坟之仇。有人建议也毁掉黄梧的祖坟。郑经说：罪止其身，和他的祖宗没有关系。不同意挖黄氏的祖坟。③ 同年，英国东印度公司在厦门建立商馆，万丹（今印尼爪哇岛西部）、暹罗（今泰国）及安南（今越南）等国也请求在厦门互市，得到郑经的允许，厦门又恢复了以往的繁荣。④

十五年（1676 年）正月，郑经命右虎卫许耀、前冲锋镇洪羽等分道攻取广东府县，郑军占领碣石、长乐、新安、龙门，围惠州。二月，郑经令中书舍人许明廷提督泉、漳学政，考校生童。同月，吴三桂令尚之信将惠州让给郑军，由刘国轩占领。五月，郑军进占汀州。当时，福建的泉州、漳州、汀州，广东的潮州、惠州均为郑氏所占领。八月，康亲王杰书入闽。九月，进入福州。十月，郑经命许耀率兵进取福州。许耀轻敌，在乌龙江大败而还。随后两个月内，郑军先后失去了邵武和汀州。⑤

十六年（1677 年）初，郑军又遭受一连串的败绩。正月，兴化被宁海将军喇哈达、平南将军赖塔攻破。二月，泉州失守。郑经在漳州听到泉州失守的消息，惊慌之中，主动放弃漳州、海澄，退居厦门，准备回台湾。由于厦门百姓哭留和董夫人切责，不敢言归。各路兵将稍集，郑经调水师防卫厦门，分汛把守。追究各处失守责任，斩左武卫薛进思，杖责右虎卫许耀，令后提督吴淑、左虎卫何祐图功赎罪。四月，康亲王派佥事道朱麟、庄庆祚到厦门招抚。郑经礼待朱、庄二使，但坚持照朝鲜例不剃发，同时还表示不敢忘华夷之辨，不愿裂冠毁冕，而要向中原共逐鹿。⑥ 六月，驻守潮州的刘进忠归顺朝廷，郑经派舟师接驻守惠

---

① 阮旻锡：《海上见闻录》，福建人民出版社 1982 年版，第 58 页；夏琳：《闽海纪要》，台湾文献丛刊本，第 45 页。

② 夏琳：《闽海纪要》，台湾文献丛刊本，第 46 页。

③ 阮旻锡：《海上见闻录》，福建人民出版社 1982 年版，第 60~61 页。

④ 夏琳：《闽海纪要》，台湾文献丛刊本，第 47~48 页。

⑤ 阮旻锡：《海上见闻录》，福建人民出版社 1982 年版，第 61~63 页。

⑥ 江日升：《台湾外记》，福建人民出版社 1983 年版，第 259~261 页。

州的刘国轩回厦门。① 康亲王又遣泉州知府张仲举、兴化知府卞永誉、监生吴公鸿等到厦门与郑经商谈，让郑军退出沿海岛屿。郑经与诸将会议。冯锡范提出：安民必先息兵，息兵必先裕饷。如果以生民为念，沿海岛屿归我所有，资给四府粮饷，则罢兵息民。和议不成。②

十七年（1678 年）二月，郑经以刘国轩为中提督，总督诸军，攻打海澄。经过长期围困，六月，海澄攻破，福建提督段应举、副都统穆赫林自杀，消灭满、汉官兵 2 万余人。郑军乘胜再下长泰、漳平、同安、南安、安溪、永春、德化等县，并进围泉州。八月，郑军镇守闽江口外定海（在今连江县）的楼船中镇萧琛遇敌大败，谎报福州水师大规模出动。郑经担心厦门有失，令刘国轩撤泉州之围，退守厦门。③ 九月，郑军所占漳、泉各县只剩下海澄一地，福建总督姚启圣派遣中书张雄到厦门议和，希望郑经退出海澄。郑经礼待张雄，表示：海澄是厦门的门户，不能让还。十月，姚启圣又派泉绅黄志美到厦门劝谕。郑经仍坚执前词。④

十八年（1679 年）四月，在台湾留守的陈永华建议：郑经长子克𡒉年满十六，应当遵循“君行则守”的惯例，将克𡒉立为“监国”。郑经派协理礼官郑斌到台湾，为克𡒉监国举行了仪式。五月，康亲王派苏堪到厦门见郑经，提出郑氏如能撤军东归，可以照依朝鲜事例，代为题请。郑经认为，先王在日，也只差“削发”二字。现在康亲王能照朝鲜事例不削发题请，可以考虑接受。但冯锡范提出：海澄不能放弃，应当作为双方的往来公所。苏堪表示：要照朝鲜事例，郑氏应当退守台湾。凡海岛归之朝廷，以澎湖为界，通商贸易。海澄不能成为往来公所。郑氏应当派一位使者与康亲王面议。郑经于是派宾客司傅为霖为使者，先后到福州和漳州，拜见康亲王和姚启圣。因姚启圣坚持不敢将版图封疆（指海澄）轻议作双方往来公所，和议又不成。⑤

十九年（1680 年）二月，深得郑经信赖的援剿前镇总兵施明良（亦名施亥，施琅的侄儿）密通福建总督姚启圣，企图将郑经擒获，并献厦门，被刘国轩侦知处死。同月，福建水师提督万正色率师攻占海坛、崇武，郑军右武卫林升退守金门。郑经听到林升退守金门的消息，急忙调令镇守海澄的刘国轩退守厦门。但此时人心涣散，一些文官已经先行携眷登船，有些军队乘机抢掠。郑经见大势已

① 夏琳：《闽海纪要》，台湾文献丛刊本，第 54 页。

② 江日升：《台湾外记》，福建人民出版社 1983 年版，第 265~268 页。

③ 夏琳：《闽海纪要》，台湾文献丛刊本，第 58 页。

④ 江日升：《台湾外记》，福建人民出版社 1983 年版，第 285~286 页。

⑤ 江日升：《台湾外记》，福建人民出版社 1983 年版，第 290、292~293 页。

去，于二十六日匆忙撤离厦门。二十九日到澎湖，自感无颜回台。经陈永华与长子克𡒉率文武官员连续具启，于三月十二日回台湾。[①]

郑经回台湾后，被其母亲董夫人责备：如此不才，不如不要西征。枉然害了家乡，苦了百姓，没有一点好处。[②] 郑经失去了再次西征的意志，将政事交给克𡒉管理，终日沉溺于酒色。二十年（1681 年）正月二十五日，中风不语，二十八日病故。[③] 终年 40 岁。死后先葬台湾。三十八年（1699 年）五月，经康熙帝特旨准许，郑经和郑成功的灵柩从台湾迁回福建南安县康店乡祖墓安葬。[④]

---

① 夏琳：《闽海纪要》，台湾文献丛刊本，第 63~64 页。

② 夏琳：《闽海纪要》，台湾文献丛刊本，第 64 页。

③ 厦门大学台湾研究所、中国第一历史档案馆编辑部编：《康熙统一台湾档案史料选辑》，福建人民出版社 1983 年版，第 232 页。

④ 厦门郑成功研究会、厦门郑成功纪念馆编：《郑成功族谱三种》，福建人民出版社 1986 年版，第 100 页。

附录 郑经的婚姻情感生活与郑氏政权的两次内乱

郑经是郑成功的嫡长子，是郑氏政权的第三代领导人。他为人“仁慈俭恤，谦恭爱人”，“好学善射”。[①]“工诗赋，善弓马，推诚待人，礼敬明室遗宗”。[②]在继承郑成功的遗志和事业方面能够坚定不移。他坚持抗清，在开发和建设台湾方面也有许多建树。然而，他在婚姻、情感生活和家庭关系方面却处理得很不好，并且造成了严重的后果，成为郑氏政权两次内乱的肇因。本文通过对一些史料的梳理、分析，对一些有关的问题提出自己的看法，供大家参考。

一、郑经与唐氏的婚姻

郑经的妻子姓唐，是南明隆武政权兵部右侍郎唐显悦的孙女。关于唐氏，有关史料记载如下：

郑克塽等所撰《郑氏附葬祖父墓志》记载：“母唐为明进士兵部尚书唐讳显悦公孙女，生于壬午年十二月十二日未时，卒于丙午年七月二十四日丑时，享年二十有五”。[③]可见，唐氏生于1643年1月31日，死于1666年8月24日，实际上死时只有23周岁多一些。而郑经生于“壬午年十月初二日未时”，[④]与唐氏同一年出生，仅大两个多月。至于他们何时结的婚，未见明确的记载。而明代男子16岁即可成婚，或许他们的婚姻生活已有七八年。

江日升的《台湾外记》记载，“经聘唐显悦长子之女为妻，端庄静正而不相

① 江日升：《台湾外记》，福建人民出版社1983年版，第164页。

② 夏琳：《海纪辑要》，台湾文献丛刊本，第67页。

③ 厦门市郑成功纪念馆、厦门市郑成功研究会编：《郑成功族谱四种》，福建人民出版社2006年版，第266页。

④ 厦门市郑成功纪念馆、厦门市郑成功研究会编：《郑成功族谱四种》，福建人民出版社2006年版，第266页。

得，故多外蓄姣童、骚妇为乐”。[1] 根据这个记载，唐氏“端庄静正”，但与郑经之间的夫妻关系却不和谐，郑经经常在外寻欢作乐。

夏琳的《海纪辑要》记载，“唐妃，乃兵部侍郎显悦孙女，贞静有礼，不苟言笑。世子惑于嬖妾，久不见答，郁抑而卒。及世子病革，乃追悔前非，遗命合葬”。[2] 一个“不苟言笑”的妻子，郑经很长时间都不搭理她，唐氏因此“郁抑而卒”。这样的婚姻，彼此之间都是无趣而痛苦的。

徐鼒《小腆纪传》“唐显悦”传记载，“唐显悦，字子安，仙游人。天启壬戌（1622年）进士。……隆武召为右通政，以兵部右侍郎致仕，全家渡厦门。朱成功子经之妻唐氏，显悦女孙也，而不礼于经，显悦衔之”。[3] 这个记载说明，唐氏不受郑经礼待，唐显悦因此怀恨在心。

沈云的《台湾郑氏始末》记载，“初世子经取（娶）尚书唐显悦女孙为妇，不相得”。[4]“经初娶唐氏，妒悍无子。妾林氏生男克壂，唐嫉谓非经出，欲害之，经乃秘之他所。他妾再生男，则又告，显悦以为私乳媪所生，遂搆大难，几灭族。实则夕御更迭，虽经与董夫人莫察也”。[5] 在沈云的这个记载中，唐氏不仅不再是“端庄静正”“贞静有礼”的形象，而且还十分的“妒悍”。沈云的这个记载，除了明显的将林氏生克壂以及乳媪生男的时间前后倒置之外，其他的则不能轻易地怀疑。因为，郑经婚姻、情感生活和家庭关系中一些原本看来不合情理的现象，只有根据这里的说法，才能得到比较合理的解释。

试想，如果唐氏真是一个“端庄静正”“贞静有礼”的妻子，那么，她对郑经这样一个豪门巨族“三世祖”的荒唐事，就有可能抱着“出嫁从夫”的态度，比较平静地面对，就不会搬出自己的祖父闹出那么大的动静，更不会搞得自己“郁抑而卒”，年纪轻轻就丢掉了性命。只有相当的“妒悍”，才会出现心理的极度不平衡，才会将郑经的私生活中的一些隐秘事闹得满城风雨，甚至不顾后果地让自己的祖父去谴责治家（包括治军）十分严厉的郑成功，差点造成杀夫灭家的悲剧。郑经在他的诗集《东壁楼集》中有一首《妒妇歌》，诗中写道：“妒妇口舌利，发声愚夫趑。巧言皆正理，存心最狠毒。若见婢妾辈，眉发上倒触。轻则发怒詈，大则加箠梏。甚至施异刑，死生立迫促。夫婿惧威风，微言反受辱。虽死且不避，无子心甘足。夫婿惊严命，婢妾日卖鬻。鬻卖一朝尽，方快其所欲。

① 江日升：《台湾外记》，福建人民出版社1983年版，第164页。

② 夏琳：《海纪辑要》，台湾文献丛刊本，第70页。

③ 徐鼒：《小腆纪传》，台湾文献丛刊本，第788页。

④ 沈云：《台湾郑氏始末》，台湾文献丛刊本，第55页。

⑤ 沈云：《台湾郑氏始末》，台湾文献丛刊本，第75页。

似此妒妇愚夫，皆可诛灭无属”。[①] 郑经能把“妒妇”写得如此活灵活现，或许就是根据自己的经历有感而发。

以往的史家大多都赞扬唐氏的“端庄静正”“贞静有礼”，谴责郑经的荒唐。而根据沈云《台湾郑氏始末》的记载，郑经也是这段不幸婚姻的受害者。

二、郑经与其弟乳母陈氏的私通

《台湾外记》关于郑经与其弟乳母陈氏的爱恋经过及其后果的描写过于生动，显然有演义的成分，但不能否认其中也有一些事实的依据。《台湾外记》记载，“时经四弟之乳母陈氏，年可二十六七岁，双眉如远山淡扫，不施粉黛，光彩可人，且窈窕轻佻，语言丰韵。经见之，魂销天外。然其母董氏，家规严肃，未由接语。一日，经入内候母安，适从陈氏卧旁过。陈氏初起未妆，拨朦胧眼，娇声曰：‘孝哉人子！’经遂停足窗外，曰：‘好似睡起海棠初拭目，醉余杨柳不胜衣。’陈氏娇语答曰：‘未逢恩宠先流盼，恐惹梦魂湿泪斑。’经逼近门首，以手招曰：‘人众非言语所。下午偷空到书院一话，何如？’经请其母安出，广稠之际，惟相视以目传情而已。是日，经心不能主，如痴如醉。陈氏亦沾泥柳絮，欲逐春风遂素服淡妆，下午托抱弟从众于中堂，作匿影藏形之戏，互相躲避，各展其巧。陈氏乘便脱空至经处，经屏左右候之，急搂陈氏于怀，抚其背曰：‘真可餐也！’藏于宝帐，共赴高唐之梦。恐人觉之，急去。后愈狎昵，恍如佳偶。惟瞒成功一人而已”。[②] “经因私通陈氏有娠，生男子，诡报侍妾所出。……功大喜，颁赏台湾诸将士暨留守金、厦兄泰并洪旭、黄廷、王秀奇等币帛。而又加给其妻董氏金六锭、花红六匹，子经四锭、花红四匹，生母陈氏金二锭、花红二匹。孙赏亦如之”。[③] “经差赍谢启，暨诸王、乡绅贺启至。功阅及尚书唐显悦，内有‘三父八母，乳母亦居其一。令郎狎而生子，不闻饬责，反加赍赏。此治家不正，安能治国乎？’功登时气塞胸膛。立差都事黄毓，持令箭并画龙桶三、漆红头桶一，过金门与兄泰，同到厦门斩其妻董氏治家不严之罪，并其子经与其所生孙、乳母陈氏。黄廷、洪旭、陈辉、王秀奇等接令骇然。泰与毓、旭等商议曰：‘主母、小主，其可杀乎？然藩令到，又不得不遵。以我愚意，可将陈氏并

---

① 泉州文库整理出版委员会编：《延平二王遗集（外二种）》，上海辞书出版社 2012 年版，第 121 页。

② 江日升：《台湾外记》，福建人民出版社 1983 年版，第 164 页。

③ 江日升：《台湾外记》，福建人民出版社 1983 年版，第 171 页。

孙杀以复命。至主母、小主，我等共出启代为请罪。不知列位以为何如?’旭曰：‘此金石至论，拜服！拜服！’随将所议启董夫人与经，经与董夫人曰：‘此可与法两尽。’遂出二人斩之。将头付黄毓过台报命”。①

根据《台湾外记》的说法，陈氏是郑经四弟的乳母。而根据《郑氏宗谱》记载，郑成功“妣董氏。合葬康店山大墓。侧庄氏、温氏、史氏、蔡氏。子十：经（又名锦）、聪，俱董出。明、睿、智，庄出。宽，温出。裕，董出。温，史出。柔，温出。发，蔡出”。② 可见，郑经的四弟是郑睿，而郑睿的生母是庄氏。郑经到董夫人处请安时，经过四弟乳母“卧旁”的可能性不大。

另据郑达的《野史无文》记载，“初，招讨有少子裕舍。裕舍生，令昭娘乳之。经私通于昭娘，延平闻而怒，令沉昭娘于海。经匿之。后昭娘怙宠，凌辱经妻唐夫人。夫人怒，使其祖父密白延平，招讨使礼部都事黄元亮往杀经”。③《野史无文》的这个记载，除明显地把陈氏错当昭娘外，关于郑经与其弟郑裕的乳母私通的记载则是可信的。郑裕出生于顺治“庚子年十一月二十七日”,④ 换成公历，则是1660年12月28日，因此，他的哺乳时间，正好与故事发生的时间契合。而且，郑裕的生母是董夫人，郑经到董夫人处请安时，经过郑裕乳母陈氏的“卧旁”才合情合理。所以，陈氏不是郑经四弟郑睿的乳母，而应该是郑经七弟郑裕的乳母。郁永河《郑氏逸事》也记载，“锦舍（即郑经）与弟裕舍乳母某氏通”。⑤

唐显悦谴责郑成功，说什么“三父八母，乳母亦居其一。令郎狎而生子，不闻饬责，反加赍赏。此治家不正，安能治国乎?”。所谓的“三父八母”，旧指同居继父、不同居继父、从继母改嫁之继父，合称三父；嫡母、继母、养母、慈母、嫁母、出母、庶母、乳母，合称八母。虽然乳母是八母之一，但弟弟的乳母不是本人的乳母。唐显悦以郑经私通八母之一的乳母的罪名谴责郑经，即使根据封建礼教，似乎也有些牵强。唐显悦的做法曾被郑成功的部将怀疑是清方的指使，黄安就曾对郑成功说，“中冓事隐，安见显悦非为梧卖者?”⑥ 意思是说，像这样宫室深密处的私隐事，唐显悦竟然将它张扬出来，有意败坏郑氏的名声，怎

---

① 江日升：《台湾外记》，福建人民出版社1983年版，第172页。

② 厦门市郑成功纪念馆、厦门市郑成功研究会编：《郑成功族谱四种》，福建人民出版社2006年版，第197页。

③ 郑达：《野史无文》，台湾文献丛刊本，第166页。

④ 厦门市郑成功纪念馆、厦门市郑成功研究会编：《郑成功族谱四种》，福建人民出版社2006年版，第241页。

⑤ 郁永河：《裨海纪游》，台湾文献丛刊本，第50页。

⑥ 沈云：《台湾郑氏始末》，台湾文献丛刊本，第56页。

能排除他不是被黄梧（郑成功叛将、清封海澄公）所收买？黄安质疑唐显悦的做法有一定的道理。即使唐显悦没有为清方所收买，他这种为儿女（孙女）私情泄愤而不顾大局的做法，也是应当谴责的。唐氏的“妒悍”，或许可以从唐显悦身上找到家族遗传的根源。

郑经与七弟郑裕的乳母陈氏的私通，最后演变成了不幸的悲剧。不但陈氏和无辜的孩子死于非命，而且此事也是造成郑成功死亡的原因之一（“成功怒欲诛经，令不行，遂愤懑成疾卒。”①），更是成为郑氏政权第一次内乱的导火线。

三、与林昭娘的关系及郑克壆的身世之谜

有关郑经与林昭娘的关系及郑克壆的身世，有各种各样的记载。

郁永河《郑氏逸事》记载，“郑经幼好渔色，多近中年妇人，民妇为经诸弟乳母者，经皆通焉。有昭娘者，遂纳为妾，有宠。经妻唐氏无出，昭娘首生钦舍，当时流言昭娘假娠乞养，实屠者李某子，独郑经谓生时目睹，不之信，族人窃诽之。未几，昭娘以众嫉死矣”。②

《野史无文》记载，“克壆小字钦舍。其母昭娘也，姓林氏，为李乙妻，入招讨府为奶媪，经私通之，有妊。招讨屡欲置之死，经匿之厦门。及免身，生克壆。唐夫人怨昭娘，经益宠之”。③

《台湾郑氏始末》的记载，“经初娶唐氏，妒悍无子。妾林氏生男克壆，唐嫉谓非经出，欲害之，经乃秘之他所”。④

《海纪辑要》记载，“初，世藩未有子，嬖妾产女，密取他人之子代之，即克壆也。其事甚秘，世藩莫知，甚爱之，立为监国”。⑤

阮旻锡《海上见闻录》记载，清康熙十八年（1679年）“四月，陈永华启请元子克壆为监国，时年十六，号曰‘监国世孙’”。⑥ 二十年正月三十日，“董太妃与诸公子收监国印，克壆不肯与，拥兵自卫。公议以克壆乃乳母抱养之子，非亲血脉，乃缢杀之”。⑦

① 徐鼒：《小腆纪传》，台湾文献丛刊本，第788页。
② 郁永河：《裨海纪游》，台湾文献丛刊本，第52页。
③ 郑达：《野史无文》，台湾文献丛刊本，第174页。
④ 沈云：《台湾郑氏始末》，台湾文献丛刊本，第75页。
⑤ 夏琳：《海纪辑要》，台湾文献丛刊本，第67页。
⑥ 阮旻锡：《海上见闻录》，福建人民出版社1982年版，第70页。
⑦ 阮旻锡：《海上见闻录》，福建人民出版社1982年版，第74页。

《台湾外记》记载，郑经西征，陈永华留守台湾。“华胸藏韬略，持己廉正，法严约束，夜不闭户，百姓乐业。后见经诸弟微有恃势，占夺民田，华虽屡遏止，似若艰于破面执法。遂以‘元子年登十六，聪明特达，宜循君行则守之典，请元子克壆监国。’经允其请。四月初六日，遣礼官郑斌赍谕抵台湾，同陈永华立克壆监国”。[①] 康熙二十年正月，郑经死后，冯锡范“着礼官郑斌等办理丧事。随密向国轩谋曰：‘监国乃螟蛉子，安得承继？’轩曰：‘此郑氏之家事，岂外人所预？’……六官会议，择日嗣位。锡范密向聪、明、智、柔诸公子言曰：‘自古承继大统，嫡庶尚且有分，何况螟蛉？’郑聪等曰：‘公此言，真国之辅佐！’克壆李氏之子，血抱抚养，人所周知，独藩主为嬖者瞒昧。且此子狂悖刚强，苟与嗣位，将来有不利于邦家”。[②]

在以上这些记载中，各说纷纭。但其中有些问题并没有分歧，而可以肯定。例如：

1. 林昭娘的来历。林昭娘原来是屠夫李某的妻子，也是因为到郑成功府中为郑经的某个弟弟（郑经的五弟郑智、六弟郑宽、七弟郑裕均出生于清顺治十七年，即公元 1660 年；八弟郑温出生于康熙元年，即 1662 年。[③]）当乳母，郑经与之私通，并将其纳为妾侍，进而得到郑经的宠爱。

2. 郑克壆的出生年份。郑克壆康熙十八年（1679 年）十六岁，古人的年龄算虚岁，因此，他出生于康熙三年（1664 年）。

有的问题虽有不同的说法，但经过梳理、分析，也可以得到一定的厘清：

例如，郑克壆的身世之谜。根据以上的记载，郑克壆的身世有两种不同的说法。第一种说法，郑经与林昭娘私通之后，昭娘有孕，生郑克壆。昭娘分娩之时，郑经就在当场，曾亲眼目睹。第二种说法，郑经与林昭娘私通，昭娘有孕，生女，密取他人（李某）之子代之，骗过了郑经。这两种说法，哪种更为可信？其实明眼人一看就明白。

第一种说法，克壆出生之时，郑经在场，昭娘没有任何作假的空间。因此，旁人也没有任何可以怀疑的空间。虽然后来还有克壆乃抱养的流言，但郑经始终相信自己的眼睛，不为所动。不但郑经始终相信克壆乃自己亲生，精明能干的陈永华也没有怀疑过郑克壆的身世，否则，他不会将自己的“季女”嫁与克壆为妻。

---

① 江日升：《台湾外记》，福建人民出版社 1983 年版，第 290 页。

② 江日升：《台湾外记》，福建人民出版社 1983 年版，，第 309 页。

③ 厦门市郑成功纪念馆、厦门市郑成功研究会编：《郑成功族谱四种》，福建人民出版社 2006 年版，第 240~241 页。

第二种说法，昭娘密取他人之子以代自己所产之女，这种“狸猫换太子”的做法，在郑经已经执掌大权的康熙三年、在此前郑经还没有男性继承人、郑经每个孩子的出生都会引起特别关注的情况下，其实很难能够做到。

既然郑克壂为郑经的亲子不容怀疑，那么，所谓他乃抱养的螟蛉子的说法是如何产生的呢？显然，这是郑经“妒悍”的妻子唐氏的“杰作”。正如《台湾郑氏始末》所记载的：“唐氏，妒悍无子。妾林氏生男克壂，唐嫉谓非经出，欲害之”。[①] 亦如《郑氏逸事》所记载的：“当时流言昭娘假娠乞养，实屠者李某子，独郑经谓生时目睹，不之信”。[②] 这次，唐氏的加害没有产生直接的作用，但她的“妒悍”，导致了郑经的更加不满。唐氏因此更加“郁抑”，2 年后（或许不到 2 年，唐氏死于康熙五年七月，郑克壂出生于康熙三年不知何月），以不到 24 周岁的年龄黯然去世。

既然，郑克壂非郑经亲生乃唐氏“妒悍”而制造出来的流言，那么，为什么在郑经死后这种说法反而成了“定论”，成了置郑克壂于死地的“理由”呢？这当然与郑氏家族内部的矛盾、与郑经死后家族的“大家长”董夫人的感情倾斜有关。

郑克壂出生之后，除了郑经坚信不疑外，唐氏所制造的流言总在家族中隐秘地散布着：“族人窃诽之。未几，昭娘以众嫉死矣”。[③] 这种流言所以总有市场，当然和家庭、家族的矛盾有关。以林昭娘的身份，产下郑氏家族第一顺位的继承人，引起众人的嫉恨是可以想象的。除了唐氏之外，郑经的其他妾侍、郑经诸弟及其妻妾都有可能成为这种流言的传播者。不久，林昭娘就成了家族矛盾的牺牲者。

据《郑氏逸事》记载，郑克壂16 岁“监国”后，“赏罚功罪，一出于公，即诸父昆弟有过，不少假，用之宗族多怨之。及郑经自厦门败归，视监国处分国事悉当，益信其贤，自是军国事悉付裁决，与精兵三千为护军，宗族益惮监国而含怨愈深矣。会经疾遽亡，未立后，家人方治含殓，经母董氏出坐帏中，传集各官，听读遗命，立新主，逡巡无举。经诸弟白董氏先收监国印。董氏命太监往取印，钦舍不与。时因讹传监国率兵且至，众仓惶不知所出。群妾有和娘者，即克塽母也，曰：‘监国必无是，请往取之。’钦舍曰：‘此印先君所授，军国系焉。向使一太监传命，真伪莫据，何可轻付？和娘来，固当持去。遂随和娘至丧次，再拜董氏前纳印。’董氏曰：‘汝非郑氏骨血，宁不知乎？’钦舍未及对，经诸弟

① 沈云：《台湾郑氏始末》，台湾文献丛刊本，第 75 页。

② 郁永河：《裨海纪游》，台湾文献丛刊本，第 52 页。

③ 郁永河：《裨海纪游》，台湾文献丛刊本，第 52 页。

群起挞之。钦舍笑曰：‘挞我何足武，我平日不避嫌怨，守法不阿，亦为郑氏疆土耳。今日死生惟命，何挞为？’董氏命置傍室中，不令出。经诸弟又遣乌鬼往缢之。乌鬼畏不敢前。钦舍知不能生，遂自缢死”。①

《野史无文》也记载，“克壓执法，不私诸父兄。……于是父兄外戚不敢为非。果断过于经，郑氏昆弟人人怨之。……经返台湾而病殁，未尝遗命克壓行招讨事。郑氏子弟既怨之，而冯锡范又欲立克塽，乃扬言曰：‘彼非郑氏子，孰肯为之下？’相与环泣，诉于经母董夫人前。夫人曰：‘若非吾骨肉，一旦事权尽归之，将奈何？’皆曰：‘吾郑氏无遗类矣！’乃收其监国印。夜使乌鬼拉杀之。而立克塽”。② 克壓死后，董夫人召克壓之妻陈夫人至，“抚慰之有加，曰：‘总制，先将军之贤辅，尔无虑也。彼行当自死。’夫人泣，左右见者不忍即视。乃又询所欲为，夫人曰：‘昔将军在，以我为儿妇。今克壓非太夫人孙，身不得为太夫人妇。且昔闻之先君，罪人之妻不可承事贵人，既为罪人妻，宜出。愿居克壓丧柩旁，以执箕帚、除污秽。’董夫人听之。夫人昼夜哭于柩侧，如是者百日，而自经死”。③

《台湾外记》记载，克壓处事“明敏果断。诸叔有欲夺占，事闻，壓让诸叔曰：‘当以国为家，百姓足，则自足矣！何必自有为哉？’必执不可。诸叔不敢横为，百姓喜有天日”。④

阮旻锡《海上见闻录》记载，郑经死后，“董太妃与诸公子收监国印，克壓不肯与，拥兵自卫。公议以克壓乃乳母抱养之子，非亲血脉，乃缢杀之。妻陈氏亦自缢。二月初一日，董太妃率世子克塽即位，时年十二岁。百官朝贺毕，太妃起，出位，谕所以诛监国故，以世子托付冯、刘等，俾竭力匡扶，涕泣沾襟，众心大慰。……以二公子聪为辅政公，领护卫”。⑤

从以上的这些记载中可以看出：郑克壓监国之后，处事果断、执法公正，对家族中一些叔叔们侵占民众利益的不法行为屡屡予以制止和惩罚，引起了郑经诸弟的不满和怨恨。郑经死时，没有来得让克壓正式接班。而郑经的弟弟们担心克壓如果正式继位，他们以后的日子将会更不好过。因此，他们和冯锡范（郑克塽的岳父）勾结在一起，利用那个已经在家族中徘徊了多年的幽灵——所谓郑克壓非郑经亲生的流言，一定不让克壓继位。在这场家族矛盾的争斗中，有定夺大权

① 郁永河：《裨海纪游》，台湾文献丛刊本，第 53 页。

② 郑达：《野史无文》，台湾文献丛刊本，第 174 页。

③ 郑达：《野史无文》，台湾文献丛刊本，第 175 页。

④ 江日升：《台湾外记》，福建人民出版社 1983 年版，第 290 页。

⑤ 阮旻锡：《海上见闻录》，福建人民出版社 1982 年版，第 74 页。

的董夫人的情感天平明显地向儿子们（其中郑聪、郑裕为其亲生，后来郑聪当了辅政公）这一方倾斜了。她亲自出面将以往的流言说明是事实："谕所以诛监国故"。[①] 她甚至对克壓的夫人陈氏说，"彼行当自死"（或许在董夫人看来，得罪了叔叔们就必须死）。[②] 正因为董夫人的感情倾斜，本来应该成为郑氏政权第四代领导人的年轻有为的郑克壓才不幸死于非命。董夫人的"偏心"，遭到了克壓夫人陈氏的"抗议"，在董夫人向陈氏表示她因为是陈永华之女可"无虑"的时候，陈氏谢绝了董夫人的"好意"，哀怨地说："昔将军在，以我为儿妇。今克壓非太夫人孙，身不得为太夫人妇。且昔闻之先君，罪人之妻不可承事贵人，既为罪人妻，宜出。"[③]董夫人在这场家族争斗中虽然一时在情感上倾向了儿子们，但在她的心中不是没有煎熬的。据《台湾外记》记载，5 个月后，康熙二十年六月，"国太以监国死非其罪，且非己意，辄积郁于怀，遂染疾，于二十九日卒"。[④]

董夫人在史家的笔下一直是一个比较正面的角色。《海纪辑要》称其为："方正端雅。凡理家政、处媵妾，俱以贤德见称。辛卯马得功入岛，妃独怀其姑木主以行，赐姓嘉其识大义，尤加敬礼。居常无事，深戒子孙以抚恤民瘼为念。至七郡之失、厦门之弃，每云'若辈不才，徒苦生灵。今百姓流离至此，须加轸恤'。凡难民得免丁役者，皆董妃之赐也"。[⑤] 这样的评价，显然忽视了郑成功曾经"以教子不严"的缘故派人要杀她的事实。[⑥] 郑成功的严厉，曾被认为是"乱命"而被部属们拒绝执行。但郑成功责董夫人"教子不严"却一点也不冤枉。郑经和她身边的乳媪陈氏私通生子，只是她"教子不严"的例证之一。还有许多的例子可以说明她的"教子不严"。郑成功死后，郑经又和另一个弟弟乳媪林昭私通并进一步将其纳为妾侍，是董夫人"教子不严"的例证之二。郑经西征之时，董夫人的其他几个儿子在台湾侵占民众的田产、侵害民众的利益，造成陈永华不便管、郑克壓管后产生了叔侄矛盾，是她"教子不严"的例证之三（尽管她在子孙面前也时常会说一些须"以抚恤民瘼为念"的空话）。屡行不法的诸子与公正执法的孙子郑克壓形成对立、矛盾激化之后，她又坚定地站在儿子们一边，绞杀了年轻有为的郑克壓，并让自己亲生的、"懦而贪"的儿子郑聪当了

---

① 阮旻锡：《海上见闻录》，福建人民出版社 1982 年版，第 74 页。

② 郑达：《野史无文》，台湾文献丛刊本，第 175 页。

③ 郑达：《野史无文》，台湾文献丛刊本，第 175 页。

④ 江日升：《台湾外记》，福建人民出版社 1983 年版，第 314 页。

⑤ 夏琳：《海纪辑要》，台湾文献丛刊本，第 67 页。

⑥ 夏琳：《海纪辑要》，台湾文献丛刊本，第 30 页。

“辅政公”,[①] 这是她“教子不严”的例证之四。凡此种种，足以说明，董夫人并没有把“母亲”这个角色扮演好。这或许就是郑经情感生活“荒唐”的根源之一。

四、郑经荒唐的情感生活与郑氏政权的两次内乱

纵观郑经的婚姻和情感生活：他和妻子唐氏的婚姻是不幸的，唐氏的“妒悍”造成了他们婚姻的不和谐，甚至差点引来杀身之祸。而他和妻子之外的其他妾侍的感情应该是不错的，他死后，未满“七七”，康熙二十年三月十一日，他“所爱四嫔同日俱投环从死”。[②] 当然，郑经在情感生活方面是很不严肃的，甚至在性心理方面似乎也有一些偏差，“幼好渔色，多近中年妇人，民妇为经诸弟乳母者，经皆通焉”。[③] 他的荒唐的情感生活，直接或间接地造成了郑氏政权的两次内乱，给郑氏政权的稳定和发展带来了极大的危害。

郑氏政权的第一次内乱。

郑成功从唐显悦的书信中得知郑经与弟乳母私通生子的消息后，“登时气塞胸膛。立差都事黄毓，持令箭并画龙桶三、漆红头桶一，过金门与兄泰，同到厦门斩其妻董氏治家不严之罪，并其子经与其所生孙、乳母陈氏”。[④] 郑成功如此严厉的命令让在金、厦的诸将“接令骇然”，他们决定只把乳媪陈氏和私生的孩子杀死复命，而联名替郑经和董夫人求情。“功不允。解所佩剑交黄毓，再来金门见泰，必当照令而行”。[⑤] 从郑成功的角度，“王子犯法与庶民同罪”，当时，通奸者是必须处死的，所以，郑经也不能宽贷。“成功立法尚严，虽在亲族有罪，不少贷。……其立法，有犯奸者，妇人沉之海，奸夫死杖下”。[⑥] 而从金、厦诸将的角度，这种诛杀“主母”和“小主”的命令是无法执行的。而且，当时金、厦诸将拒绝诛杀郑经还有一个重要的因素：郑成功收复台湾后，康熙元年（1662年）初，曾“严谕搬眷，郑泰、洪旭、黄廷皆不欲行，于是不发一船至台湾。而差船来吊监纪洪初辟等十人分管番社，皆留住不遣，海上信息隔绝”。[⑦] 原来在

---

① 江日升：《台湾外记》，福建人民出版社 1983 年版，第 312 页。
② 佚名：《闽海纪略》，台湾文献丛刊本，第 62 页。
③ 郁永河：《稗海纪游》，台湾文献丛刊本，第 52 页。
④ 江日升：《台湾外记》，福建人民出版社 1983 年版，第 172 页。
⑤ 江日升：《台湾外记》，福建人民出版社 1983 年版，第 172 页。
⑥ 郁永河：《稗海纪游》，台湾文献丛刊本，第 50 页。
⑦ 阮旻锡：《海上见闻录》，福建人民出版社 1982 年版，第 48 页。

金、厦的诸将就不想搬眷去台湾，“时台地初辟，水土不服，病者即死。故致各岛搬眷，俱迁延不前”。[①] 郑经在，他们迁延搬眷赴台，只能算是消极抗命，而且，责任可以由郑经担着；如果他们把郑经也杀了，再拒绝搬眷赴台，那就是“造反”了。所以，他们拒杀郑经也有抵制搬眷的因素在。“成功闻诸将拒命，愤甚。……五月癸酉朔，成功病，强掖黄安登将台，望澎湖，有船东至否？”黄安又劝他宽恕郑经，以免其他部将的不安，“‘父子至亲且若是，他更何以自处？’成功益忿怒，狂走。越八日庚辰（初八日），啮指而卒”。[②] 显然，郑成功的去世和郑经与乳媪私通的事情有很大的关系。

郑成功病逝后，郑经在厦门得报发丧嗣位。而在台湾，“其弟世袭护理大将军印，以世子得罪于父，遂欲阴谋自立”。[③] 郑世袭的心腹亲信在前往游说一些统兵大员以获取拥戴时，都拿郑经的不是说事。例如，张骥在游说右虎卫黄安时说，“世子乱伦，情急于势，党众拒父。……此乃不孝，乌可承统？”但黄安不为所动，答以“子承父业，谁敢异心？”张骥只好知难而退。[④] 而张骥在游说后冲镇黄昭时，黄昭却认为，郑经“所行，真不堪为人上。……护理仁慈弟也。弟承兄业，未为不可”。[⑤] 张骥在游说中冲镇萧拱宸时，萧拱宸也认为，“世子行既不正，护理仁慈，承继大统，名正言顺”。[⑥] 郑世袭的另一个亲信曹从龙则建议说，“可假藩主遗言，数世子罪状，命弟继统，方可以服众”。于是，“袭即假成功遗言，出告四方。黄昭、萧拱宸即扶袭为东都主，分兵拒经”。[⑦] 郑氏政权出现了叔侄争权，分庭抗礼的局面。而郑世袭的“阴谋自立”以及一些将领的拥护，都是以郑经的品行不能服众为借口。

康熙元年十月，郑经率领周全斌、冯锡范、陈永华等统兵前往台湾平定内乱。因策略得当，除阵斩黄昭，“收杀萧拱宸、李应清、曹从龙等，余皆不问”。“请世袭至，待之如初”。[⑧] 这次内乱及其平定，虽然没有造成很大的杀戮，但还余波未了。

康熙二年正月，郑经率舟师回厦门。他在台湾时，发现了户官郑泰和黄昭的来往书信，因此怀疑郑泰和黄昭曾有勾结。郑泰居守金门，拥有重兵和大量的财

① 江日升：《台湾外记》，福建人民出版社 1983 年版，第 170 页。
② 沈云：《台湾郑氏始末》，台湾文献丛刊本，第 56 页。
③ 夏琳：《海纪辑要》，台湾文献丛刊本，第 67 页。
④ 江日升：《台湾外记》，福建人民出版社 1983 年版，第 173 页。
⑤ 江日升：《台湾外记》，福建人民出版社 1983 年版，第 174 页。
⑥ 江日升：《台湾外记》，福建人民出版社 1983 年版，第 174 页。
⑦ 江日升：《台湾外记》，福建人民出版社 1983 年版，第 174 页。
⑧ 阮旻锡：《海上见闻录》，福建人民出版社 1982 年版，第 49 页。

富，知道郑经怀疑自己，也称病不到厦门相见。六月，郑经采用陈永华的计策，称将前往台湾，请郑泰居守金、厦，铸居守印，差协理户官吴慎送到金门。郑泰犹豫再三，最后还是带着兵船和十万两饷银到厦门拜谢。结果被郑经软禁。他的弟弟郑鸣骏和儿子郑缵绪“率诸将及眷口下船，入泉港投诚。船凡二百□□、精兵八千、文武官数百员。全斌等追之，不及。泰□之，遂自缢”。①

这一次内乱，尤其是郑泰势力的降清，极大地削弱了郑氏政权的力量，涣散了人心。“自郑鸣骏入泉州，人心解散，镇营多叛，右武卫杨富、左武卫何义、忠靖伯陈辉等，文官参军蔡鸣雷、礼官都事陈彭等皆先后投降。”②

郑氏政权的第二次内乱。

郑经诸弟和冯锡范以年轻有为的“监国”郑克壆非郑经亲生为借口，将其杀害，拥立年仅12岁的郑克塽。这是郑经荒唐的情感生活再一次被亲族作为生事的借口。这一次内乱过后，郑氏集团内部更是上下离心，不久，宾客司傅为霖就纠联了11镇准备接受清福建总督姚启圣的策反。尽管这次策反最终败露，但郑军中的离心倾向已不可遏止，郑氏集团的最终败亡已不可避免。

郑经的婚姻和情感生活虽然是他的私事，但由于他没有把这些私事处理好，在特殊的家庭和社会背景下，演变成一系列造成严重后果的大事件，给他的事业造成极大的危害。古人强调“修身、齐家、治国、平天下”，“修身”“齐家”没有做好的郑经，就不免在“治国”“平天下”方面留下诸多的遗憾。

---

① 夏琳：《海纪辑要》，台湾文献丛刊本，第33~34页。

② 阮旻锡：《海上见闻录》，福建人民出版社1982年版，第51页。

第十章

卢若腾、王忠孝、沈光文、郑经等人对明郑时期台湾文学发展的贡献

郑成功发动收复台湾的战役之后，许多不愿臣清的仁人志士和南明遗老便开始注视发生在台湾岛上的一切。特别是当他们在中国大陆及其沿海已经失去立足之地时，他们只能追随郑成功和郑经移居台湾。他们生逢乱世，颠沛流离，不但关心时局的发展，更关心台湾发生的事情，忧国忧民之余，也常常睹物伤情，写下了大量的诗文。他们的创作，为台湾文学的发展作出了杰出的贡献。在他们当中，卢若腾、王忠孝、沈光文以及郑经的贡献比较突出。

一、卢若腾有关台湾的文学作品

卢若腾（1598—1664 年），字闲之，别字海运，号牧洲，亦号留庵，又称自许先生，福建同安浯屿（今金门）人。明崇祯十三年（1640 年）进士，曾任兵部主事，后任浙江布政使司左参议，分司宁绍巡海兵备道。南明隆武时，授都察院右副都御史、浙东（温、处、宁、台）巡抚，加兵部尚书衔。清军南下，他兵败负伤回闽。后依附郑成功，在金、厦生活了十几年。清康熙三年（南明永历十八年，1664 年），他随郑氏军队从铜山（今福建东山）撤往台湾，至澎湖病逝。他一生写了大量的诗文，现存的有《留庵文集》《留庵诗集》《岛噫诗》等。卢若腾长期生活在郑氏军队中，对郑成功收复台湾、郑氏军队在台湾的屯垦都极为关注，写下了许多诗篇，成为明郑时期台湾文学创作的重要作品。卢若腾与台湾有关的诗文主要有：

1. **《石尤风》**

石尤风，吹卷海云如转蓬；连艘载米一万石，巨浪打头不得东。东征将士饥欲死，西望粮船来不驶。再遣石尤阻几程，索我枯鱼之肆矣。噫！吁

嚱！人生惨毒莫如饥，沿海生灵惨毒遍，今日也教将士知。①

“石尤”一词，《辞海》的解释为：“石尤，即石尤风。打头逆风。伊世珍《琅嬛记》引《江湖纪闻》：石尤风者，传闻为石氏女嫁为尤郎妇，情好甚笃。为商远行，妻阻之，不从。尤出不归，妻忆之，病亡。临亡长叹曰：吾恨不能阻其行，以至于此。今凡有商旅远行，吾当作大风，为天下妇人阻之。自后商旅发船，值打头逆风，则曰：此石尤风也。遂止不行”。②

卢若腾的《石尤风》一诗，反映了郑成功收复台湾期间，金、厦运粮船不能及时接济台湾，在台的郑氏军队遭遇粮食供应严重困难的窘境。这也是目前所能见到的唯一可以直接说明金、厦运粮船为什么没有及时接济台湾的中文史料。当时，在台湾的郑成功认为运粮船不到是户官郑泰的过失。据杨英《先王实录》记载：七月，“户官运粮船不至，官兵乏粮，每乡斗价至四五钱不等。令民间输纳杂子番薯，发给兵粮”。八月，“户官粮船犹不至，官兵至食木子充饥，日忧脱巾之变。藩心含之，大书于座前云：户失先定罪。遣杨府尹同户都事杨英往鹿耳门守候粮船，并官私船有米来者，尽行买籴给兵”。“时粮米不接，官兵日只二餐，多有病殁，兵心嗷嗷”。③ 卢若腾的《石尤风》一诗不但可以成为说明这段历史的重要资料，同时也反映了郑氏军队在收复台湾斗争中的艰苦卓绝。

2.《海东屯卒歌》

故乡无粥饘，来垦海东田。海东野牛未驯习，三人驱之两人牵。驱之不前牵不直，偾辕破犁跳如织。使我一锄翻一土，一尺两尺已乏力。那知草根数尺深，挥锄终日不得息。锄草一年草不荒，教牛一年牛不狂。今年成田明年种，明年自不费官粮。如今官粮不充腹，严令刻期食新谷。新谷何曾种一茎，饥死海东无人哭。④

《海东屯卒歌》一诗反映了郑氏军队在台湾屯垦的不易，也饱含着对郑氏屯卒的同情。同时，也没有隐瞒对郑成功台湾屯垦政策和屯垦成效的批评，“如今官粮不充腹，严令刻期食新谷。新谷何曾种一茎，饥死海东无人哭”，就说明了这一点。当时，包括卢若腾在内的，以张煌言为代表的一些人，在抗清的策略上与郑成功有不同的意见，他们认为郑成功收复台湾、开发台湾是抗清的一种退却，所以持不支持的态度。这在卢若腾的其他诗文中也有反映。

3.《东都行》

澎湖之东有岛，前代未通中国，今谓之东番。其地之要害处，名台湾。

---

① 卢若腾：《岛噫诗》，台湾文献丛刊第 245 种，第 25 页。

② 辞海编辑委员会：《辞海》（缩印本），上海辞书出版社 1989 年版，第 1840~1841 页。

③ 杨英：《先王实录》，福建人民出版社 1981 年版，第 256~258 页。

④ 卢若腾：《岛噫诗》，台湾文献丛刊第 245 种，第 24 页。

红夷筑城贸易，垂四十年。近当事率师据其全岛，议开垦立国，先号为东都明京云。

海东有巨岛，华人旧不争。南对惠潮境，北尽温麻程。红夷浮大舶，来筑数雉城。稍有中国人，互市集经营。虏乱十余载，中原事变更。豪杰规速效，拥众涉沧瀛。于此辟天荒，标立东都名。或自东都来，备说东都情。官司严督趣，令人垦且耕。土壤非不腴，区划非不平。灌木蔽人视，蔓草罥人行。木杪悬蛇虺，草根穴狸鼪。毒虫同寝处，瘴泉供饪烹。病者十四五，聒耳呻吟声。况皆苦枵腹，锹锸孰能擎。自夏而徂秋，尺土垦未成。红夷怯战斗，独恃火器精。城中一炮发，城下百尸横。林箐深密处，土夷更狰狞。射人每命中，竹箭铁标并。相期适乐土，受廛各为氓。而今战血溅，空山磷火盈。浯岛老杞人，听此忧悙悙。到处逢杀运，何时见息兵。天意虽难测，人谋自匪轻。苟能图匡复，岂必务远征。①

《东都行》一诗，是卢若腾根据从台湾回来的人所提供的信息而撰写的。诗中对台湾的历史、地理、自然环境等均有所描述，重点是描写了郑成功在收复台湾过程中设立了东都、郑氏军队在台湾屯垦的艰辛、围困热兰遮战斗的残酷、与土著居民冲突的危险等情形。诗中同样流露出了对郑成功东征台湾的不理解、不支持甚至有意贬低的情绪，如认为郑氏军队在台湾的屯垦是“自夏而徂秋，尺土垦未成”；对郑成功的东征的感慨是“苟能图匡复，岂必务远征”。

4.《殉衣篇为许尔绳妻洪氏作》

妾为君家数月妇，君轻别妾出门走。从军远涉大海东，向妾叮咛代将母。妾事姑嫜如事君，操作承欢毫不苟。惊闻海东水土恶，征人疾疫十而九。犹望谣传事未真，岂意君讣播人口。茫茫白浪拍天浮，

谁为负骨归邱首。君骨不归君衣存，揽衣招魂君知否。妾惟一死堪报君，那能随姑长织留。死怨君骨不同埋，死愿君衣永相守。骨可灭兮怨不灭，衣可朽兮愿不朽。妾怨妾愿只如此，节烈声名妾何有。②

《殉衣篇为许尔绳妻洪氏作》一诗，是卢若腾用第一人称为郑成功的士兵许尔绳之妻洪氏（名和）③ 所写的，反映的是一个真实的凄美的爱情故事。故事中，许尔绳与洪和结婚后仅数月就从军去了台湾。不久就传来了许尔绳在台湾因

---

① 诸家：《台湾诗钞》，台湾文献丛刊第280种，第23页。

② 卢若腾：《殉衣篇为许尔绳妻洪氏作》，载施懿琳等：《全台诗》第一册，远流出版事业股份有限公司2004年版，第32~33页。

③ 林豪《澎湖厅志》、连横《台湾诗乘》，此诗题目均为《殉节篇为烈妇洪和作》，因此，洪氏的全名应为洪和；据施懿琳等：《全台诗》第一册，远流出版事业股份有限公司2004年版，第32页注释7。

时疫而病死的消息，而且尸骨无法运回安葬。新婚不久的洪和就以丈夫穿过的衣服招魂，并自殉与丈夫的衣服埋葬在一起。卢若腾以这个故事为题材，写下了这首动人的诗篇。这首诗反映了当时台湾自然环境的恶劣，歌颂了一位普通士兵妻子洪和忠贞的爱情。

卢若腾有关台湾的诗作还有《长蛇篇》《澎湖文石歌》等。① 他的这些诗作虽然基本上不是在台湾写的，但往往能从不同的角度反映发生在台湾的重大事件，充分体现了作者的大局观和对社会生活感受体察入微的细腻，是明郑时期台湾文学作品的重要组成部分。

二、王忠孝有关台湾的文学作品

王忠孝（1593—1666 年），字长孺，号愧两，福建惠安沙格人。明崇祯元年（1628 年）进士，曾任户部主事。隆武政权时，授光禄寺少卿，后擢升都察院协理院事左副都御史。隆武政权败亡后，曾集众千余人在惠安、莆田一带起兵抗清。失败后依附郑成功，被永历政权授兵部右侍郎。清康熙三年（南明永历十八年，1664 年），东渡澎湖，后移居台湾。康熙五年（1666 年），在台湾病逝。一生的著作，后人辑为《惠安王忠孝公全集》。王忠孝与台湾有关的诗文主要有：

1.《同辜在公年兄抵澎湖坐渔舟风雨大作赋此志感》

中原遭板荡，王室叹飘摇。孤臣惭报国，只有励贞标。波涛经荐险，风雨任萧萧。非敢侈忠荩，分义不容浇。逢有同心侣，罔恤艰与夷。兰芷芬共臭，松筠叶相依。跼蹐漏帆下，衣衫湿侵肌。呼炉煨村酒，藉以避寒饥。开樽雨复作，徙倚靡所之。舟子形忧叹，家僮怀鬱伊。何以度长宵，浩吟破闷诗。矢志既如此，困厄莫须疑。偃卧板帆眠，辗转畏淋漓。②

王忠孝此诗是他与辜朝荐（字在公，广东揭阳人，与王忠孝同为崇祯元年进士）东撤台湾居留澎湖时所写。据王忠孝《自状》中说，甲辰（清康熙三年·南明永历十八年，1664 年），王忠孝等从铜山（今福建东山）到金门，响应郑经的召唤前往台湾。从料罗湾出发，“三月初十日晚开洋，次晨到澎湖，是夜风波震撼，浪兼天涌，余偕在公借坐洪钟特舟，眷属仍坐自舟，中流发漏，几于沉溺，幸无事。辰后舟亦至澎，稍稍憩息。……泊一月，意卜居焉，借栖无地。四

① 施懿琳等：《全台诗》第一册，远流出版事业股份有限公司 2004 年版，第 32、34 页。

② 王忠孝：《同辜在公年兄抵澎湖坐渔舟风雨大作赋此志感》，载施懿琳等：《全台诗》第一册，远流出版事业股份有限公司 2004 年版，第 18 页。

月初八日，再移于东，……午刻抵东宁，初十日登岸”。① 在澎湖期间，他们只能住在渔船上。这首诗反映了他们从金门到澎湖以及在澎湖居留期间的波涛汹涌、风雨飘摇、饥寒交迫的情景。也表达了他们苦中作乐、不向困厄低头的坚定意志，“何以度长宵，浩吟破闷诗。矢志既如此，困厄莫须疑”。王忠孝的这首诗有一定的代表性，据连横《台湾通史》中说：“吾闻延平入台后，士大夫之东渡者盖八百余人。”② 通过王忠孝的描写，我们可以了解他们这一批人在赴台过程中的艰难险阻。同时，还可以作为“卢若腾至澎湖，有微恙，不二日死”③ 的一个注脚。

2. **《东宁中秋有感》及《中秋夜月光异常》**

今夜东州月，初升色皎皎。晴空杳无云，碧曜当天炤。四顾望霁辉，万户争欢叫。爝火难为光，余氛莫敢搅。天公似有意，明兴为之兆。④

中秋依是古中秋，不觉明州换海州。自厌衰年须鬓改，一轮皓月鉴余修。⑤

这两首诗记载了当年（1664 年）台湾的中秋夜月色特别明亮，“碧曜当天炤”，“爝火难为光”，“中秋月夜光异常”。反映了郑氏军民在台湾欢度中秋的盛况，“万户争欢叫”。同时也反映了作者当时的心情和愿望，“天公似有意，明兴为之兆”。

3. **《东郊行》及《东宁风土沃美急需开济诗勖同人》。**

逸兴踏芳郊，春风处处同。心烦傍岸柳，身弱怯繁霜。椎结多随汉，衣冠半是唐。好将开济手，文治接鸿濛。⑥

巨手劈洪濛，光华暖海东。耕耘师后稷，弦诵尊姬公。风俗凭徐化，语音似渐通。年来喜丰稔，开济藉文翁。⑦

这两首诗，不但对当时台湾的民情、风俗有所描写，而且还歌颂了郑成功、郑经在台湾的开创和建设之功，同时还积极鼓励同仁志士为台湾的开发和建设多

---

① 王忠孝：《惠安王忠孝公全集》，台湾省文献会 1993 年版，第 39 页。

② 连横：《台湾通史》下册，商务印书馆 2010 年版，第 557 页。

③ 江日升：《台湾外记》，福建人民出版社 1983 年版，第 187 页。

④ 王忠孝：《东宁中秋有感》，载施懿琳等：《全台诗》第一册，远流出版事业股份有限公司 2004 年版，第 18 页。

⑤ 王忠孝：《中秋夜月光异常》，载施懿琳等：《全台诗》第一册，远流出版事业股份有限公司 2004 年版，19 页。

⑥ 王忠孝：《东郊行》，载施懿琳等：《全台诗》第一册，远流出版事业股份有限公司 2004 年版，第 19 页。

⑦ 王忠孝：《东宁风土沃美急需开济诗勖同人》，载施懿琳等：《全台诗》第一册，远流出版事业股份有限公司 2004 年版，第 21 页。

作贡献。“椎结多随汉，衣冠半是唐”，椎结又作椎髻，指椎形的发髻，说明当时王忠孝住地东郊一带的民众大多是汉人的装束，甚至还保留了更多的汉唐遗风。而“巨手劈洪濛，光华暖海东”两句，不仅说明此时的王忠孝已充分肯定郑成功、郑经收复台湾、开发台湾的功绩，也说明了他思想认识上的一个巨大转变。王忠孝一开始对郑成功东征台湾也是持怀疑和不解的态度，他在给张煌言的一封信中说：“顷者，虏又虐徙海滨，所在骚然。乘此时一呼而集，事半功倍。而僻据海东，不图根本，真不知其解也。……弟久欲卜迁，而无其地，不识可一帆相依否？便中幸贲德音，偕行者，不仅弟一人也。”① 王忠孝质疑郑成功收复台湾是“僻据海东，不图根本”，甚至表示要离开郑成功的队伍。可是，无情的事实教育了王忠孝等人，转眼几年间，大陆各地的抗清势力被清军消灭殆尽，台湾成了不愿降清的人们唯一可去的地方。王忠孝、卢若腾等人最后也不得不迁居台、澎。时局的发展证明了郑成功的远见，也使王忠孝不得不由衷地佩服郑成功对台湾的开辟之功。思想的转变，促使王忠孝对台湾的开发和建设持更加积极的态度，他认为，“东宁风土沃美，急需开济”，他们这一批文人学士也有共同的责任，一起参与台湾的开发与建设，“开济藉文翁”。

4.《居东首春遥祝圣躬》（二首）、《东方首春有怀》、《渡海羁栖》

紫极映黄道，垂裳奠异封。历绵国步远，地迥岁华浓。天意护渔藻，臣心俨镐雍。遐方步淑气，海外犹朝宗。

运转乾坤正，春临万象知。日轮垂照邈，皇历锡恩迟。圣德方怀远，天高或听卑。小臣无以报，遥挹汉官仪。②

问余何事渡横流，为个纲常割不休。岁历忽颁怀旧阙，春英乍放警新筹。江山别粉雄风壮，书剑犹存灏气留。伫见阳和迴北谷，何愁吾道付沧洲。③

奔忙岁月亦云深，鬓里繁霜肃气侵。既少隆中预定略，如何梁甫作幽吟。殊方林壑惊峗屼，故国黍苗叹鬱森。年老羁栖知曷极，好坚末节不移心。④

这四首诗中，王忠孝体现了一个南明遗老对明朝的忠诚。“遐方步淑气，海

① 王忠孝：《惠安王忠孝公全集》，台湾省文献会 1993 年版，第 195 页。

② 王忠孝：《居东首春遥祝圣躬》（二首），载施懿琳等：《全台诗》第一册，远流出版事业股份有限公司 2004 年版，第 19 页。

③ 王忠孝：《东方首春有怀》，载施懿琳等：《全台诗》第一册，远流出版事业股份有限公司 2004 年版，第 19~20 页。

④ 王忠孝：《渡海羁栖》，载施懿琳等：《全台诗》第一册，远流出版事业股份有限公司 2004 年版，第 20 页。

外犹朝宗”“小臣无以报，遥挹汉官仪”“问余何事渡横流，为个纲常割不休”“年老羁栖知曷极，好坚末节不移心”均表达了这样含义。同时，诗中还透露了两个重要的信息。

其一，《居东首春遥祝圣躬》（二首）说明，迟至清康熙四年（南明永历十九年，1665年）春，王忠孝还不知道永历帝已经遇害的消息（永历帝于康熙元年四月二十五日在昆明被害），还在台湾“遥祝圣躬”。据《海纪辑要》记载，永历十七年（1663年），郑经就已经得知永历帝被害，“是年，永历讣至，世子犹奉其正朔”。[①] 而像王忠孝这样重要的南明遗老迟至康熙四年春还不知情，说明郑经在奉永历正朔的同时，曾严密封锁了永历帝被害的消息，以免涣散军心。

其二，“历绵国步远”“皇历锡恩迟”“岁历忽颁怀旧阙”几句诗说明，1665年春，郑经在台湾曾经颁行“大明永历十九年历”，以鼓舞台湾军民的士气。同时也说明，在当时追随郑成功、郑经到台湾的一大批文人学士中有精通天文历法的人才。

王忠孝有关台湾的诗还有《卧茅斋有思》《促儿孙入山》《偶感》《东宁友人贻丹荔数十颗有作》等。[②] 文则有《东宁上帝序》《哭侄孙及甫文》等。《东宁上帝序》是王忠孝为当时在天兴州东安坊倡建的上帝庙[③]所写的一篇文章，其中，对郑成功收复台湾之后台湾社会的变化给予了充分的肯定。他认为，“赐姓抚兹土，华人遂接踵而来，安平东宁，所见所闻，无非华者。人为中国之人，土则为中国之土，风气且因之而转矣”。[④] 同时，这篇文章对台南上帝庙的修建以及真武大帝（又称北极真君、北极大帝、玄天上帝等）信仰在台湾传播历史的研究提供了重要的资料。《哭侄孙及甫文》是王忠孝为他的侄孙王及甫所写的一篇祭文。王及甫为家庭的粮食供应和照顾王忠孝的生活起居，曾三次居留台湾，最终在台湾病死。王及甫第三次赴台时，正值王忠孝生病，“时余有呻吟之苦，得尔至而霍然，盖喜极而忘其病也”。“尔之间关于东也，至再至三，无非以我老而待我，爱敬至矣。谁知夺尔之速，反使哀痛伤我心也”。“尔何因而没于东耶？吾每念及，未尝不愁肠百结，泪滛滛莫禁也”。[⑤] 文中王忠孝那种渴望亲情、珍惜亲情、对亲人早逝的哀痛心情，溢于言表，十分感人。

王忠孝有关台湾的诗文尽管不多，但从不同的侧面反映了当时台湾的社会生

---

① 夏琳：《海纪辑要》，台湾文献丛刊本，第33页。

② 施懿琳等：《全台诗》第一册，远流出版事业股份有限公司2004年版，第20~21页。

③ 蒋毓英《台湾府志》记载：“上帝庙，在府治东安坊，伪时建，祀北极大帝”。厦门大学出版社1985年版，第64页。

④ 王忠孝：《惠安王忠孝公全集》，台湾省文献会1993年版，第22页。

⑤ 王忠孝：《惠安王忠孝公全集》，台湾省文献会1993年版，第40~41页。

活，具有重要的文学和史学价值。

三、沈光文在明郑时期所写的有关台湾的文学作品

沈光文（1612—1688 年），字文开，号斯菴，浙江鄞县人。明崇祯九年（1636 年），入南京国子监就读。清顺治二年（南明弘光元年，1645 年），授太常博士。次年，随鲁王入闽，迁工部郎中。顺治五年（南明永历二年，1648 年），永历帝升其太仆寺少卿。蒋毓英《台湾府志》记载，沈光文“辛卯年，从肇庆至潮州，由海道抵金门。壬寅，八闽总制李公讳率泰闻其名，遣员致书币邀之。……七月，挈其眷买舟欲入泉州，过围头洋，遇飓风，漂泊至台，不能返棹，遂寓居焉”。① 可见，沈光文是辛卯年（清顺治八年，南明永历五年，1651 年）到金门，壬寅年（清康熙元年，永历十六年，1662 年）七月才飘流台湾的。

季麒光在《沈光文传》中写道：“沈光文，……辛卯年，从肇庆至潮州，由海道抵金门。督院李公闻其名，遣员致书币邀之，斯菴不就。七月，挈其眷买舟欲入泉州，过（团）围头洋，遇飓风，飘泊至台。……方其从鲁监国始事越东，……后从宁海出石浦，抵舟山。又自舟山渡厦门至南澳，入潮之揭阳。是时永历假号于肇庆，斯菴复往从之。随监郑鸿逵军事。又从揭阳来旅寓于金门所。越十有余年，而转徙至台湾。”② 辛卯年是 1651 年，越 11 年就是壬寅年（1662 年），也肯定了沈光文是壬寅年到的台湾。

沈光文自己在《东吟社序》中也说到，“余自壬寅将应李部台之召，舟至围头洋，遇飓飘流至斯。海山阻隔，虑长为异域之人，今二十有四年矣”。③《东吟社序》作于“康熙二十四年乙丑梅月”，倒回去 24 年正好是壬寅年（康熙元年），足以肯定沈光文 1662 年入台不会有错。沈光文入台之时，郑成功已经病逝，由于他“将应李部台之召”，前往泉州降清，得罪了郑经。只好“于目加溜湾番社傍教授生徒，兼以医药济人”。④ 清朝平定台湾之后，沈光文与诸罗县知县季麒光交好，并与之以及其他一些人结成了“东吟诗社”。清代官员和文人在

---

① 蒋毓英：《台湾府志》“沈光文传”，载《台湾府志三种》上册，中华书局 1985 年版，第 223~224 页。

② 季麒光撰、李祖基点校：《蓉洲诗文稿选辑・东宁政事集》，香港人民出版社，2006 年版，第 122~123 页。

③ 沈光文：《东吟社序》，载《台湾府志三种》下册，中华书局 1985 年版，第 2576 页。

④ 蒋毓英：《台湾府志》“沈光文传”，载《台湾府志三种》上册，中华书局 1985 年版，第 224 页。

否定和无视其他南明学人成果的情况下，独尊沈光文。清代史家全祖望将沈光文“飘泊至台湾”时间，写成“时郑成功尚未至，而台湾为荷兰所据”。“遂与中土隔绝音耗，海上亦无知公之生死者”。从而，把沈光文作为南明学人中最早入台者。甚至把沈光文尊为“海东文献，推为初祖”。[①] 沈光文所写的诗赋也大多收入到了清初编写的台湾方志艺文志中。近年来，台湾岛内编辑出版的《全台诗》也将沈光文所有的作品（包括不在台湾所写、写的不是台湾的作品）收入其中。[②] 实际上，沈光文可以确定为明郑时期（1662—1683 年）在台湾所写的作品并不很多，主要有：

1.《癸卯端午》

年年此日有新诗，总属伤心羁旅时。却恨饿来还不死，欲添长命缕何为。

海天多雨湿端阳，闭户翛然一枕凉。不是好高偏绝俗，并州今且作商量。

笑予何事日栖迟，不读离骚便赋诗。几度寻筇欲问酒，蒲香隔院竟招谁。[③]

癸卯年为清康熙二年（南明永历十七年，1663 年），这一年已是郑成功收复台湾的第二年。沈光文“壬寅年”（1662 年）到台湾，《癸卯端午》作于台湾是可以肯定的。

2.《州守新构僧舍于南溪人多往游余未及也》

沿溪傍水便开山，我亦闻之拟往还。一日无僧浑不可，十年作客几能闲。书成短偈堪留寺，说到真虚欲点顽。正有许多为政处，仅将心思付禅关。[④]

郑成功 1661 年在台湾设立一府二县，府为承天府，县为天兴、万年。清康熙三年（南明永历十八年，1664 年），郑经改东都为东宁，升天兴、万年二县为州。台湾才有了“州守”，也就是知州的设置。当然，早于台湾，明郑在厦门也曾有“州守”之设（思明州知州）。但有论者认为，“南溪即台南之城南竹溪，新构之寺，即后世之竹溪寺”。[⑤] 在新的资料发现之前，姑从此论。因此，这首

① 全祖望：《沈太仆传》，载龚显宗编：《沈光文全集及其研究资料汇编》，台南县立文化中心 1998 年版，36~37 页。

② 施懿琳等：《全台诗》第一册，远流出版事业股份有限公司 2004 年版，第 36~66 页。

③ 施懿琳等：《全台诗》第一册，远流出版事业股份有限公司 2004 年版，第 41 页。

④ 施懿琳等：《全台诗》第一册，远流出版事业股份有限公司 2004 年版，第 61 页。

⑤ 盛成：《沈光文自著诗文中之自述》，载龚显宗编：《沈光文全集及其研究资料汇编》，台南县立文化中心 1998 年版，第 428 页。

诗可以先暂定为写于明郑时期的台湾。

3.《题赤坎城匾额图》《题宁靖王斋壁》《往宁靖亭修谒》

郑王忠勇义旗兴，水陆雄师震海瀛。炮垒巍峨横夕照，东溟夷丑寂无声。①

修得一间屋，坐来身与闲。夜深常听月，门闭好留山。但得羁栖意，无嗟世路艰。天人应共仰，愧我学题蛮。②

阳谷生辉尚未炎，滕王亭子绿新添。雨余折角诚堪异，海外依人半受嫌。寻路入来皆茂草，隔溪处望映珠帘。主翁有恙因辞客，名纸烦通属典签。③

《题赤坎城匾额图》很显然是写于明郑时期。这时，沈光文对郑成功收复台湾还是肯定的、歌颂的。而在清朝平定台湾之后，沈光文在写《平台湾序》时就不是这般口气了："台湾遐岛，赤嵌孤城。……辛丑四月，郑成功奋命台湾，竟夺其地而有焉。……郑成功之攻克台湾也，兵民慑伏，上下悚惶，雕题黑齿之夫，跳梁不敢；鏤耳文身之辈，蠢动无闻。……壬寅年，成功物故，郑锦僭王。附会者言多谄媚，逢迎者事尽更张。般乐之事日萌，奢侈之情无厌。横征浪费，割肉医疮。峻法严刑，壅川弥谤。主计者所用非所养矣，所养非所用矣。世风日下，人事潜移。"④ 可见，前后的分际是很明显的。

《题宁靖王斋壁》《往宁靖亭修谒》写的是与明宁靖王交往的事情。其中，"主翁有恙因辞客，名纸烦通属典签"，说的是沈光文前往拜访宁靖王朱术桂，因主人生病不便接待，沈光文留下名片就走了。可见，这两首诗写于明郑时期也应该没有什么问题。

4.《移居目加湾留别》《至湾匝月矣》《晓发目加湾即事》《发新港途中即事》

流离相见便欣依，闽粤周旋荷解衣。敢谓鲁连深自耻，不知重耳竟何归。欲聆佳信频西望，却讶离群又北飞。但令双鱼无或间，困穷亦足慰周饥。⑤

闭门只是爱深山，梦里家乡夜夜还。士学西山羞不死，民非洛邑敢居

① 施懿琳等：《全台诗》第一册，远流出版事业股份有限公司 2004 年版，第 44 页。

② 施懿琳等：《全台诗》第一册，远流出版事业股份有限公司 2004 年版，第 45 页。

③ 施懿琳等：《全台诗》第一册，远流出版事业股份有限公司 2004 年版，第 62~63 页。

④ 沈光文：《平台湾序》，载《台湾府志三种》下册，中华书局 1985 年版，第 2652~2661 页。

⑤ 施懿琳等：《全台诗》第一册，远流出版事业股份有限公司 2004 年版，第 64 页。

烦。羁栖尘市依人老，检点诗书匝月闲。究竟此身无处著，每因散步到禅关。①

浓雾不为雨，乘朝向北行。此中有长恨，回首意难平。冀作南山豹，新闻出谷莺。忽然开霁处，前路甚分明。②

隐心甘作苦，逐逐却难禁。计拙忧成老，身闲喜独吟。尘嚣浑欲脱，山水试相寻。满路芙蓉发，秋光已觉深。③

这几首诗显然是沈光文在隐居目加溜湾时的作品，毋庸置疑。

5.《咏篱竹》《释迦果》《番柑》《番桔》《椰子》《番妇》

分植根株便发枝，炎方空作雪霜思。看他尽有参天势，只为孤贞尚寄篱。④

称名颇似足夸人，不是中原大谷珍。端为上林栽未得，只应海岛作安身。⑤

种出蛮方味作酸，熟来黄玉影栾栾。假如移向中原去，压雪庭前亦可看。⑥

枝头俨如挂繁星，此地何堪比洞庭。除是土番寻得到，满筐携出小金铃。⑦

壳内凝肪径寸浮，番人有法制为油。穷民买向灯檠用，只为芝麻岁不收。⑧

社里朝朝出，同群担负行。野花头插满，黑齿草涂成。赛胜缠红锦，新装挂白珩。鹿脂搽抹惯，欲与麝兰争。⑨

这几首写物产、水果、人物的诗，写的都是台湾有而金、厦没有的东西。因此，可以肯定写于台湾。其中描写台湾原住民妇女的《番妇》尤为生动："野花头插满，黑齿草涂成。""鹿脂搽抹惯，欲与麝兰争。"

6.《寄怀庄桤庵》《别顾南金》

别岛山川异，伤怀是故臣。同心为千载，分手记初春。分袂在元宵后。

① 施懿琳等：《全台诗》第一册，远流出版事业股份有限公司 2004 年版，第 64~65 页。
② 施懿琳等：《全台诗》第一册，远流出版事业股份有限公司 2004 年版，第 54 页。
③ 施懿琳等：《全台诗》第一册，远流出版事业股份有限公司 2004 年版，第 54 页。
④ 施懿琳等：《全台诗》第一册，远流出版事业股份有限公司 2004 年版，第 42 页。
⑤ 施懿琳等：《全台诗》第一册，远流出版事业股份有限公司 2004 年版，第 42 页。
⑥ 施懿琳等：《全台诗》第一册，远流出版事业股份有限公司 2004 年版，第 43 页。
⑦ 施懿琳等：《全台诗》第一册，远流出版事业股份有限公司 2004 年版，第 43 页。
⑧ 施懿琳等：《全台诗》第一册，远流出版事业股份有限公司 2004 年版，第 43 页。
⑨ 施懿琳等：《全台诗》第一册，远流出版事业股份有限公司 2004 年版，第 49 页。

志士尊声气，东都重缙绅。寒梅将欲放，折寄不嫌烦。[1]

明知苦节却难贞，九载相怜藉友声。邱壑有情推大老，色言欲避笑愚生。入山地近区南北，南金移居南路，此日情深胜弟兄。安得时时慰依傍，长如鸥鹭得随行。[2]

这两首诗中，出现了“东都”和“南路”这两个台湾的地名，可以说明是写于台湾或描写台湾的诗。

沈光文明郑时期在台湾写的诗，反映了一个失意、落寞文人的情绪和心境，大多是个人境遇的写照。与卢若腾、王忠孝相比，缺少了一些家国情怀，缺少了一些对普通民众和士兵的关怀，在思想性和体现中华文化核心价值方面明显不如。说他是“海东文献”“初祖”，显然过誉。

清代官员和文人之所以高抬沈光文，最重要的是因为他晚年的“政治正确”。清朝平定台湾后，沈光文写了《平台湾序》，此文全面叙述了台湾的地理环境、民情风俗、历史沿革，重点歌颂了清政府对台湾的平定和府县的设置。文字优美，具有重要的文学和史料价值。这篇文章也可以看成是沈光文政治上的“自白书”，文中除了对明郑时期进行贬低、攻击之外，还对康熙帝和施琅进行了歌功颂德：“猗欤盛哉！猗欤盛哉！圣天子在上，海不扬波，德其溥矣；大将军柔远，重译来归，功实懋焉。”[3] 有了这样的政治表态，沈光文作为南明遗老的身份便被“洗白”了，他就变成了清政府认可的“海东文献”“初祖”。

四、郑经和《东壁楼集》

郑经（1642—1681年），郑成功长子，乳名锦，字式天，号贤之，福建南安人。自幼得到郑成功的重视和培养，性情谦恭慈让，推诚待人，擅长诗赋，也好骑射。清顺治十八年（1661年），郑成功率领大军东征台湾，留郑经监守金、厦二岛。次年，郑成功在台湾病逝，郑经在厦门嗣位，并带兵入台，挫败了其叔郑世袭自立的阴谋。康熙三年（1664年），在经历内乱和清军的攻击下，郑军在福建沿海的岛屿丧失殆尽，郑经只好率军退守台湾。之后，郑经在陈永华的辅佐下，励精图治，采取了一系列有利于社会进步的措施：改东都为东宁，升二县为州，分配诸镇荒地，寓兵于农，建圣庙、设学校，台湾各项事业有了明显的发

① 施懿琳等：《全台诗》第一册，远流出版事业股份有限公司2004年版，第53页。

② 施懿琳等：《全台诗》第一册，远流出版事业股份有限公司2004年版，第62页。

③ 沈光文：《平台湾序》，载《台湾府志三种》下册，中华书局1985年版，第2667页。

展。康熙十三年，郑经响应“三藩之乱”，回师西征，并在这一年刊印了诗集《东壁楼集》。这次出兵，郑经曾先后攻取闽、粤数府，但最终仍归失败。十九年，再次退守台湾。次年病逝。

关于《东壁楼集》，港、台学者朱鸿林和龚显宗都曾有专文介绍。朱鸿林先生认为，《东壁楼集》“极可能是刊印于当时商业极盛而有书刊业务存在的泉州”。①“根据《自序》所言，《东壁楼集》各诗均是郑经东居台湾时所作。……此集所涵盖的时间，正包括了郑经永历十八年甲辰（1644——应为1664）三月退守台湾起至永历二十八年甲寅（1674）三月郑军出海入闽的整整十年”。② 全书刊诗480首。“十年之间所作，愿意留传的尚有480首之多，平均每月作诗四首，可算是个允文允武，真正钟情风雅的侯门佳胄了。……诗歌的命题和取材，大多以寄情遣兴和山川风月为主，有托意而未必有实指。……综合说来，这些累积十年的诗歌，整体上确从多方面反映了郑经这个人物的家庭身世、生活嗜好、学问交游、心情意志、对于时人时事的观感等等。有的是不著意的反映，但也有不少色彩鲜明、立场明显，足以反映郑经个人的志向和真情的。”③ 龚显宗先生也认为，“此书有诗四百八十首，是作者在台十年（一六六四至一六七四年）的生活记录和心灵告白，也呈现当时台湾的各种风貌。……《东壁楼集》是第一部全然以台湾为背景和题材的著作”。④

在《东壁楼集》中，许多诗确实反映了郑经的思想、生活、情趣等方方面面的样貌。

1. 反映坚持抗清立场的诗

《不寐》：寂寞常不寐，中夜独长吁。腥氛满天地，中原尽狼胡。政令出群小，诛戮皆无辜。万姓遭狼毒，谁能振臂呼。闻风常起舞，对月问锟铻。听潮思击楫，夜雪忆平吴。遵养待时动，组练十万夫。⑤

《悲中原未复》：胡虏腥尘遍九州，忠臣义士怀悲愁。既无博浪子房击，须效中流祖逖舟。故国山河尽变色，旧京宫阙化成丘。复仇雪耻知何日，不

---

① 朱鸿林：《郑经的诗集和诗歌》，载中国明史学会主办：《明史研究》第4辑（庆贺王毓铨先生85华诞暨从事学术研究60周年专辑），黄山书社1994年版，第214页。

② 朱鸿林：《郑经的诗集和诗歌》，载中国明史学会主办：《明史研究》第4辑（庆贺王毓铨先生85华诞暨从事学术研究60周年专辑），黄山书社1994年版，第216页。

③ 朱鸿林：《郑经的诗集和诗歌》，载中国明史学会主办：《明史研究》第4辑（庆贺王毓铨先生85华诞暨从事学术研究60周年专辑），黄山书社1994年版，第220页。

④ 龚显宗：《从〈东壁楼集〉看郑经与台湾》，载《历史》月刊2002年6月号，第49页。

⑤ 郑经：《东壁楼集》，载泉州文库整理出版委员会编：《延平二王遗集（外二种）》，上海辞书出版社2012年版，第129页。

斩楼兰誓不休。①

《自叹》：自叹身居在阁中，此心尚欲乘长风。余闲便舞双飞剑，无事长弯两石弓。龙伏紫渊犹未出，凤栖碧树且谩翀。待时若遇红云起，奋翼高腾大海东。②

《和康甫应天讨虏大海出师》：薄出西征驾战舟，长歌击楫济中流。国家元运今朝复，胡虏妖氛一旦收。万姓欢呼恢汉室，孤臣喜得见神州。十年遵养因时动，壮士何辞栉沐秋。③

《题东壁楼景自叙》：西郭楼台近水滨，青山白云相与邻。试为阁中谁隐者，昔日先朝一汉臣。④

《自叹自想》：渡海东来忽几秋，勋名未遂不胜愁。卧龙犹复待云雨，有日高飞遍九州。⑤

《闻西方反正喜咏得诚字》：群胡乱宇宙，百折守丹诚。海岛无鸾信，乡关断鸡声。义师兴棘岫，壮气撼长鲸。旗旆荆襄出，刀兵日月明。一闻因色动，满喜又心惊。愿扫腥膻幕，悉恢燕镐京。更开朝贡路，再筑受降城。⑥

从这些诗中，我们可以看到，郑经当时虽然身为台湾的最高统治者，但他却始终认为自己就是“先朝一汉臣”。他坚持抗清立场，不忘训练，“余闲便舞双飞剑，无事长弯两石弓”，一旦时机成熟，就要“奋翼高腾大海东”，体现了他的政治操守和抱负。

2. 反映关心民众疾苦的诗

《望雨》：炎天苦热如临深，旱色常多带重阴。万姓瞻呼祈雨润，寸衷密祝喜龙吟。愧无引咎成汤效，休羡歌薰大舜琴。惟冀云行膏泽沛，群黎洗尽

---

① 郑经：《东壁楼集》，载泉州文库整理出版委员会编：《延平二王遗集（外二种）》，上海辞书出版社 2012 年版，第 172 页。

② 郑经：《东壁楼集》，载泉州文库整理出版委员会编：《延平二王遗集（外二种）》，上海辞书出版社 2012 年版，第 172 页。

③ 郑经：《东壁楼集》，载泉州文库整理出版委员会编：《延平二王遗集（外二种）》，上海辞书出版社 2012 年版，第 185 页。

④ 郑经：《东壁楼集》，载泉州文库整理出版委员会编：《延平二王遗集（外二种）》，上海辞书出版社 2012 年版，第 204 页。

⑤ 郑经：《东壁楼集》，载泉州文库整理出版委员会编：《延平二王遗集（外二种）》，上海辞书出版社 2012 年版，第 205 页。

⑥ 郑经：《东壁楼集》，载泉州文库整理出版委员会编：《延平二王遗集（外二种）》，上海辞书出版社 2012 年版，第 194 页。

旧忧心。①

《喜雨》：永日忧焚望雨时，海天风电乍纷披。云霓交集碧空暗，民物遍沾膏泽熙。鼓腹高吟多稼曲，挥琴载咏芃苗诗。喜深梦寐转惊觉，惟愿年年勿失期。②

《喜雨》：及时好雨落通宵，车炮密云绿野飘。雷震磤磤烁火电，风吹洒洒动波潮。水天一望连烟接，城郭四郊带雾饶。晓起初晴千岫碧，菁葱景色笔难描。③

《祈雨未应自罪三章》：祈雨不来心未虔，皆繇予罪深如渊。昊苍若悯万黔苦，早赐飞云触石天。

忧心祈祝须承虔，罪过深重若九渊。俯看吾民哀谲苦，一声呼雨一声天。

罪深山重降灾爞，殃我群黎如此穷。惟望昊天怜万姓，罚愆责过在予躬。④

从这几首望雨、祈雨、喜雨的诗中，可以看出郑经对民众穷苦生活的体恤，对及时好雨、农业丰收的期盼，甚至因为祈雨不灵而“罪己”、自责。

3. 反映人物交往的诗

在《东壁楼集》中，有一些郑经和其他人物唱和交往的诗，如：《和李正青不遇空怨归依偕字韵》⑤、《和李正青忧蛏惧谗得匿字》⑥、《和复甫怒螺歌赠李正

① 郑经：《东壁楼集》，载泉州文库整理出版委员会编：《延平二王遗集（外二种）》，上海辞书出版社 2012 年版，第 171~172 页。

② 郑经：《东壁楼集》，载泉州文库整理出版委员会编：《延平二王遗集（外二种）》，上海辞书出版社 2012 年版，第 175~176 页。

③ 郑经：《东壁楼集》，载泉州文库整理出版委员会编：《延平二王遗集（外二种）》，上海辞书出版社 2012 年版，第 182 页。

④ 郑经：《东壁楼集》，载泉州文库整理出版委员会编：《延平二王遗集（外二种）》，上海辞书出版社 2012 年版，第 206 页。

⑤ 郑经：《东壁楼集》，载泉州文库整理出版委员会编：《延平二王遗集（外二种）》，上海辞书出版社 2012 年版，第 135 页。

⑥ 郑经：《东壁楼集》，载泉州文库整理出版委员会编：《延平二王遗集（外二种）》，上海辞书出版社 2012 年版，第 135 页。

青依碛字韵》①、《和复甫咏蛏戏赠李正青》②、《和柯仪宾侍游潜苑咏》③、《游陈复甫憩园》④、《和陈复甫赠李正老对酒春园作》⑤、《和柯仪宾侍游潜苑咏》⑥、《和康甫应天讨虏大海出师》⑦、《夏日李公见访》⑧、《和康甫》⑨ 等。从作品的名称上看，这些诗，与李正青有关的有6首，与陈复甫有关的有4首，与柯仪宾有关的有2首，与康甫有关的也是2首。朱鸿林先生认为，这些人物，"有号复甫的陈永华，字正青的李茂春"，"柯义（仪）宾很可能是郑成功的长女婿柯良，'康甫'很可能是随同郑经西征的二名主将之一、郑经的亲家和侍卫冯锡范"。⑩这些说法和判断有的是准确和合理的，但有的似乎还有问题。

李正青，名茂春，正青是他的字。据《台湾通史》"诸老传"："李茂春子正青，福建龙溪人。隆武二年举孝廉。性恬淡，风神整秀，善属文。……永历十八年春，嗣王经将入台，邀避乱缙绅东渡，茂春从之。卜居永康里，筑草庐曰梦蝶，咨议参军陈永华为记。手植梅竹，日颂佛经自娱，人称李菩萨。卒葬新昌里"。⑪ 从郑经的诗中可以看出，李茂春是郑经的诗友之一。郑经曾称李茂春为"诗豪"，赞其"文锋射斗惊云汉"，"一斗百篇诗渺渺，三杯落笔字滔滔"。《夏日李公见访》一诗就描述了他们之间的交往：初夏碧空炎气牢，晓晴轻艇渡诗豪。文锋射斗惊云汉，兰棹轻风动海涛。隔水漫游休道远，涉江续句不辞劳。窗

① 郑经：《东壁楼集》，载泉州文库整理出版委员会编：《延平二王遗集（外二种）》，上海辞书出版社2012年版，第150~151页。

② 郑经：《东壁楼集》，载泉州文库整理出版委员会编：《延平二王遗集（外二种）》，上海辞书出版社2012年版，第166页。

③ 郑经：《东壁楼集》，载泉州文库整理出版委员会编：《延平二王遗集（外二种）》，上海辞书出版社2012年版，第169页。

④ 郑经：《东壁楼集》，载泉州文库整理出版委员会编：《延平二王遗集（外二种）》，上海辞书出版社2012年版，第181页。

⑤ 郑经：《东壁楼集》，载泉州文库整理出版委员会编：《延平二王遗集（外二种）》，上海辞书出版社2012年版，第181页。

⑥ 郑经：《东壁楼集》，载泉州文库整理出版委员会编：《延平二王遗集（外二种）》，上海辞书出版社2012年版，第184页。

⑦ 郑经：《东壁楼集》，载泉州文库整理出版委员会编：《延平二王遗集（外二种）》，上海辞书出版社2012年版，第185页。

⑧ 郑经：《东壁楼集》，载泉州文库整理出版委员会编：《延平二王遗集（外二种）》，上海辞书出版社2012年版，第195页。

⑨ 郑经：《东壁楼集》，载泉州文库整理出版委员会编：《延平二王遗集（外二种）》，上海辞书出版社2012年版，第206页。

⑩ 朱鸿林：《郑经的诗集和诗歌》，刊于中国明史学会主办：《明史研究》第4辑（庆贺王毓铨先生85华诞暨从事学术研究60周年专辑），黄山书社1994年版，第226页。

⑪ 连横：《台湾通史》下册，商务印书馆2010年版，第562页。

前汲水然新茗，几上焚香酌旧醪。一斗百篇诗渺渺，三杯落笔字滔滔。花间风月欢同醉，醉舞歌声彻九皋。①

陈复甫即陈永华，复甫是他的字。陈永华（1634—1680年），少年聪慧，15岁时，已补龙溪县学博士弟子员。清顺治十三年（1656年），王忠孝称陈永华有经济之才，荐与郑成功，成功延与长子郑经伴读。此后，陈永华便成为郑经身边最重要的辅佐人员。康熙元年（1662年），任咨议参军。先后协助郑经平息了郑世袭和郑泰的内乱，并积极推进台湾经济和文化事业的发展。从郑经与其唱和的诗来看，陈永华不但是郑经重要的辅佐人员，而且还是郑经的诗友。

至于柯仪宾，柯仪宾是一种称呼，不是一个人的名字。明代称宗室诸王的女婿为仪宾，柯仪宾就是姓柯的某王的女婿。郑成功被南明隆武帝赐“国姓”，又被永历帝册封“延平王”，当然，他的女婿是可以称为“仪宾”的。而郑成功的长女确实嫁给了柯姓。据郑克塽《郑氏附葬祖父墓志》记载：郑成功有女四人，“长适柯讳良”。② 这样看来，朱鸿林先生的“柯义（仪）宾很可能是郑成功的长女婿柯良”的说法，似乎没有什么毛病。但问题在于，郑成功有生之年，对永历帝册封的延平王称号一直没有使用，而仅用“大明招讨大将军”的名义发号施令。郑经也一直都是使用“招讨大将军世子”的名义管理台湾。③ 郑经自己都不称王，他会把专属于王的女婿的称呼“仪宾”用在自己的姐夫或妹夫的身上吗？这是很值得怀疑的。况且，如果是郑经的姐夫或妹夫，平辈亲人之间，柯仪宾似乎不必用“侍游”这样的词来形容他与郑经的同游。因此，这个“柯仪宾”很可能不是郑成功的长女婿柯良，而是另有其人，一个真正的明宗室某王的女婿。

当时，在金、厦依附郑成功和追随郑经到台湾的明宗室称王者不少。到郑克塽降清之时，在台湾的明宗室诸王还有：鲁王世子、宁靖王、泸谿王、巴东王、乐安王、舒城王、奉新王、奉南王等。④ 他们（或他们的父辈）中某人将女儿嫁给一个姓柯的，这是很有可能的。而这个姓柯的人能够两次陪同郑经游玩潜苑并相互唱和，说明这个人是郑经身旁比较重要的人物。由于资料的关系，我们无法知道诸王的仪宾都有谁，但可以知道当时郑经身边确有一个姓柯的人物比较重要，那就是柯平。柯平的父亲柯宸枢曾任郑成功的中冲镇，顺治六年（1649年）在漳浦盘陀岭战死，郑成功十分痛惜，曾“行令恤其家后，併令其子柯平来见”。

① 郑经：《东壁楼集》，载泉州文库整理出版委员会编：《延平二王遗集（外二种）》，上海辞书出版社2012年版，第195页。

② 郑克塽：《郑氏附葬祖父墓志》，载厦门郑成功研究会、厦门郑成功纪念馆编：《郑成功族谱三种》，福建人民出版社1986年版，第101页。

③ 夏琳：《闽海纪要》，台湾文献丛刊本，第66~67页。

④ 施琅：《靖海纪事》，福建人民出版社1983年版，第110页。

"令忠振伯发助丧银三百两，付平买米回家，以示优恤"。① 因此，柯平在抗清人士眼中，他是忠良之后。康熙元年到三年间（1662—1664 年），柯平任天兴县知县。康熙五年（1666 年），柯平任（协理）刑官。② 八年，奉郑经之命，与协理礼官叶亨一道，负责与清朝赴台代表谈判，还曾一度到泉州与清朝钦差大臣刑部尚书明珠、兵部侍郎蔡毓荣接触。③ 这样的人物，不但有资格与郑经同游（侍游）潜苑，并相互唱和。而且，也极有可能成为明宗室某王的仪宾。

总之，郑经诗中的"柯仪宾"的身份应该不止柯良一解。

朱先生"'康甫'很可能是随同郑经西征的二名主将之一、郑经的亲家和侍卫冯锡范"的推论是合理的，这里不作他论。

从诗中可以看出，郑经与之唱和的人物虽然不多，但都是当时一些比较知名和重要的人物。郑经曾在《约游得辰字》的诗中写道："同游须得同志者，好友何必在多人。"④ 亲密的诗友不多，一方面是由于他的身份、地位决定的，另一方面也是他的性格使然。

郑经与他人唱和的诗虽然不多，但他参与的诗人聚会却不少。从《东壁楼集》480 首诗中有 61 首分韵诗可见一斑。所谓分韵诗，在诗人聚会时，拈出一两句诗文，各自分得其中的一个字或两个字作为韵字作诗，就叫分韵诗，也称拈韵诗。在郑经的诗中，如《过故人庄得辙字》《海望得窝字》《村夜得眺字》《暮行河堤上得伫字浮字》《瀑壑晚坐得仞字飞字》《山中与幽人对酌得约字低字》等都是分韵诗。⑤ 郑经的分韵诗如此众多，从一个侧面也说明了当时诗会的兴盛。

4. 反映当时台湾建筑景观的诗

郑经的诗中，反映当时台湾建筑景观的有多首，吟咏的对象主要有东壁楼、潜苑、憩园、春园、闲园、容轩、水心亭等。

---

① 杨英：《先王实录》，福建人民出版社 1981 年版，第 6 页、第 11 页。

② 江日升：《台湾外记》，福建人民出版社 1983 年版，第 193 页。

③ 江日升：《台湾外记》，福建人民出版社 1983 年版，第 204~208 页。

④ 郑经：《东壁楼集》，载泉州文库整理出版委员会编：《延平二王遗集（外二种）》，上海辞书出版社 2012 年版，第 150 页。

⑤ 郑经：《东壁楼集》，载泉州文库整理出版委员会编：《延平二王遗集（外二种）》，上海辞书出版社 2012 年版，第 104 页。

有关东壁楼的有《东楼望》[①]、《东园夏集得开字岸字》[②]、《东壁楼》[③]、《题东壁楼景自叙》[④]、《东楼宴舞二首》[⑤] 等5首。其中，《东壁楼》中写道："高楼远峙白云边，绿海环城动碧涟。孤渚彩霞生画阁，一江明月度渔船。朱帘斜卷盘波日，玉槛横栖出岫烟。听政余闲觉寂寞，寄情山水墨翰筵。"不但描写了东壁楼的景致，也说明了东壁楼是郑经平时"听政"、办公的地方，也是余闲时举办"墨翰筵"（诗会）的地方。《东园夏集得开字岸字》中写道："嘉宾同玩赏，幽韵兴觉培。""酒阑诗事起，奇句迭相推"更说明了这一点。

有关潜苑的有《题潜苑景》[⑥]、《和柯仪宾侍游潜苑咏》[⑦]、《和柯仪宾侍游潜苑咏》[⑧]、《潜苑三洲》[⑨]、《再咏潜苑景一绝》[⑩]，也是5首。其中《题潜苑景》中写道："潜苑楼台上，巍巍接碧天。红莲含宿雨，绿柳带朝烟。归鸟集芳树，游鱼跃紫渊。夜思还入梦，拟到白云边"。《和柯仪宾侍游潜苑咏》中写道："小苑周围绕碧溪，晨昏雾霭看将迷。江深日色时时冷，柳暗莺声处处啼。船入杳冥人不见，山连䨴䨺马无蹄。芳林密密行难尽，夹水桃花满绿堤。"[⑪]《潜苑三洲》中写道："一苑皆春色，三洲带晚风。青山连碧汉，翠涧落晴空。渔艇出丛绿，岸花到处红。远峰横落日，长渚挂残红。流水摇溪月，轻烟笼岸枫。江波逐返棹，

---

① 郑经：《东壁楼集》，载泉州文库整理出版委员会编：《延平二王遗集（外二种）》，上海辞书出版社2012年版，第119页。

② 郑经：《东壁楼集》，载泉州文库整理出版委员会编：《延平二王遗集（外二种）》，上海辞书出版社2012年版，第133页。

③ 郑经：《东壁楼集》，载泉州文库整理出版委员会编：《延平二王遗集（外二种）》，上海辞书出版社2012年版，第177页。

④ 郑经：《东壁楼集》，载泉州文库整理出版委员会编：《延平二王遗集（外二种）》，上海辞书出版社2012年版，第204页。

⑤ 郑经：《东壁楼集》，载泉州文库整理出版委员会编：《延平二王遗集（外二种）》，上海辞书出版社2012年版，第207页。

⑥ 郑经：《东壁楼集》，载泉州文库整理出版委员会编：《延平二王遗集（外二种）》，上海辞书出版社2012年版，第152页。

⑦ 郑经：《东壁楼集》，载泉州文库整理出版委员会编：《延平二王遗集（外二种）》，上海辞书出版社2012年版，第169页。

⑧ 郑经：《东壁楼集》，载泉州文库整理出版委员会编：《延平二王遗集（外二种）》，上海辞书出版社2012年版，第184页。

⑨ 郑经：《东壁楼集》，载泉州文库整理出版委员会编：《延平二王遗集（外二种）》，上海辞书出版社2012年版，第189页。

⑩ 郑经：《东壁楼集》，载泉州文库整理出版委员会编：《延平二王遗集（外二种）》，上海辞书出版社2012年版，第205页。

⑪ 郑经：《东壁楼集》，载泉州文库整理出版委员会编：《延平二王遗集（外二种）》，上海辞书出版社2012年版，第184页。

霞影送归鸿。梳竹开幽径，芳林隐泽宫。清幽无限景，何必羡瀛蓬。”郑经在《东壁楼》自序中自称“潜苑主人”,① 说明潜苑是他们家的一处花园，是他经常前往放松和休闲的地方。从诗中可以看出，潜苑的风景极美，且又十分的幽静，确实是一个放飞闲情逸致的好去处。

有关憩园的诗有2首。一为《游陈复甫憩园》：“憩园桃李映杯春，满地残红浑绣茵。翠竹芳林开曲径，碧流孤棹动高旻。轻烟冉冉浮江际，飞鸟翩翩闹水滨。醉后归来将坠马，霏霏细雨净车尘。”② 另一为《游憩园》：“主人小筑出江滨，我醉落花铺作茵。日暮归来明月引，满衣犹自带芳尘。”③ 憩园是陈永华的居所，从诗中可以看出，它地处江滨（台江内海之滨），花开满园，落红遍地，是个风景不错的地方。郑经前往游园时都不醉不归，说明了他与陈永华之间的亲密关系。

有关春园的诗也有2首。一为《对酒春园》、一为《和陈复甫赠李正老对酒春园作》。其中，《对酒春园》中写道：“坐中诸子悉奇男，满腹珠玑宿润含。倚马赋诗成落笔，开怀酌酒乐遗簪。春光和暖物皆秀，风景清幽我自湛。兴起飞觞忘却暮，苑花残日半微酣。”④ 说明春园曾是郑经、陈永华、李正青等人饮酒赋诗的地方。

郑经这些吟咏台湾建筑景观的诗，说明郑成功收复台湾之后，尤其是在郑经败退台湾之后，经过几年的修养生息，台湾的经济状况已经有了很大的好转。郑经和一些重要将领才有能力营造像东壁楼、潜苑、憩园、春园、闲园这样或具有高楼、或景色十分优美幽静的园林。

5. 与饮酒有关的诗

郑经喜欢饮酒，与酒有关的诗也很多。在《东壁楼集》480首诗中，提到酒、醇醪、清醇、浊醪、旧醪、酌、饮、斟、啣杯、飞觞、流觞、醉、酣、醺醺、潦倒字眼的诗竟有74首之多。其中也不乏一些好句，如：

---

① 郑经：《东壁楼集》，载泉州文库整理出版委员会编：《延平二王遗集（外二种）》，上海辞书出版社2012年版，第98页。

② 郑经：《东壁楼集》，载泉州文库整理出版委员会编：《延平二王遗集（外二种）》，上海辞书出版社2012年版，第181页。

③ 郑经：《东壁楼集》，载泉州文库整理出版委员会编：《延平二王遗集（外二种）》，上海辞书出版社2012年版，第209页。

④ 郑经：《东壁楼集》，载泉州文库整理出版委员会编：《延平二王遗集（外二种）》，上海辞书出版社2012年版，第181页。

《江上吟》："市酒归独酌，狂歌自逍遥。……残灯伴孤枕，浓睡不觉宵"。①

《江上曲》："紫姜调江鲈，村酒每独醺。……醉罢欢就寝，潦倒一竹篨"。②

《夜吟》："花下常独酌，风月作嘉宾。……我醉花不厌，我醒复相亲"。③

《云山》："愁思不已姑饮酒，倾尽床头五石樽"。④

《柳边》："飞觞不觉日将暮，点点群鸦遶树栖。兴酣潦倒忘还路，碧空明月引醉迷"。⑤

《约游得辰字》："同游须得同志者，好友何必在多人。……载酒携肴游玩去，愿言休负此良辰"。⑥

《共流觞以醉月独长啸而悲风》："聚欢闲步出中洲，曲水流觞江水流。醉舞影随明月转，狂歌声与白云游"。⑦

《主人孤岛中》："孤岛别天人到少，举杯酌月度虚无"。⑧

《云卧留丹壑》："久谢功名忘俗念，惟将诗酒自欢娱"。⑨

《元夕》："今宵好景休轻过，薄酒藜羹茶数杯"。⑩

① 郑经：《东壁楼集》，载泉州文库整理出版委员会编：《延平二王遗集（外二种）》，上海辞书出版社2012年版，第118页。

② 郑经：《东壁楼集》，载泉州文库整理出版委员会编：《延平二王遗集（外二种）》，上海辞书出版社2012年版，第121页。

③ 郑经：《东壁楼集》，载泉州文库整理出版委员会编：《延平二王遗集（外二种）》，上海辞书出版社2012年版，第130页。

④ 郑经：《东壁楼集》，载泉州文库整理出版委员会编：《延平二王遗集（外二种）》，上海辞书出版社2012年版，第137页。

⑤ 郑经：《东壁楼集》，载泉州文库整理出版委员会编：《延平二王遗集（外二种）》，上海辞书出版社2012年版，第139页。

⑥ 郑经：《东壁楼集》，载泉州文库整理出版委员会编：《延平二王遗集（外二种）》，上海辞书出版社2012年版，第150页。

⑦ 郑经：《东壁楼集》，载泉州文库整理出版委员会编：《延平二王遗集（外二种）》，上海辞书出版社2012年版，第177页。

⑧ 郑经：《东壁楼集》，载泉州文库整理出版委员会编：《延平二王遗集（外二种）》，上海辞书出版社2012年版，第172页。

⑨ 郑经：《东壁楼集》，载泉州文库整理出版委员会编：《延平二王遗集（外二种）》，上海辞书出版社2012年版，第177页。

⑩ 郑经：《东壁楼集》，载泉州文库整理出版委员会编：《延平二王遗集（外二种）》，上海辞书出版社2012年版，第179页。

《独见海中月》："凭栏独览多思想，聊酌数杯枕釉眠"。[①]

《花坞樽前微醉得常字》："对景诗怀动，临风酒趣长。落英飘草径，流馥入霞觞。雨后花多笑，醉中我自狂"。[②]

《独饮》："月下闲行惟月伴，花间独酌有花亲。……醉舞狂歌频潦倒，良宵美景任驰神"。[③]

《过酒家》："上若酒家村，醲香度里门。邀朋常日过，共醉到黄昏"。[④]

从这些与酒有关的诗中，也可以对郑经的性情有一定的了解。

总而言之，郑经的《东壁楼集》不仅诗的数量多，而且具有很高的艺术水准，是当时流传下来的最重要的文学著作。进一步说，继承了郑成功遗志的郑经，坚持抗清立场，为台湾的开发和建设作出了重要的贡献，他不仅是一个政治家、军事家，同时也是一位杰出的诗人。

从以上卢若腾、王忠孝、沈光文、郑经的诗文中可以看出，明郑时期的台湾文学发展起点很高。这种状况是由于一大批不愿臣清的饱学之士突然涌入台湾所造成的。由于特殊的历史原因，他们中许多人的作品并没有流传下来，但从现在看到的这些就可以得出结论：那是一个文学创作辉煌的年代。

① 郑经：《东壁楼集》，载泉州文库整理出版委员会编：《延平二王遗集（外二种）》，上海辞书出版社 2012 年版，第 181 页。

② 郑经：《东壁楼集》，载泉州文库整理出版委员会编：《延平二王遗集（外二种）》，上海辞书出版社 2012 年版，第 191 页。

③ 郑经：《东壁楼集》，载泉州文库整理出版委员会编：《延平二王遗集（外二种）》，上海辞书出版社 2012 年版，第 196 页。

④ 郑经：《东壁楼集》，载泉州文库整理出版委员会编：《延平二王遗集（外二种）》，上海辞书出版社 2012 年版，第 202 页。

附录一　从卢若腾诗文看有关郑成功史事

卢若腾（1598—1664年），字闲之，别字海运，号牧洲，亦号留庵，又称自许先生，福建同安浯屿（今金门）人，明崇祯十三年（1640年）进士，曾任兵部主事，后任浙江布政使司左参议，分司宁绍巡海兵备道。隆武政权时，授都察院右副都御史、浙东（温、处、宁、台）巡抚，加兵部尚书。清军南下，他兵败负伤回闽。后依附郑成功，在金、厦生活了十几年。在此期间，写下了大量的诗文，现存的有《留庵文集》《留庵诗集》《岛噫诗》等。由于卢若腾长期生活在郑氏军中，留下了许多反映当时社会状况的诗文，对研究郑成功的史事具有很高的价值。以下是一些较为突出的例子。

一、《丙申三月初六日大风覆虏》为当年清军攻打厦门遭风败绩的时间提供了新证

清顺治十三年（南明永历十年，1656年），清定远大将军世子济度率军攻打厦门，忽遇飓风，船只多被打坏飘散，遭受严重损失，只好败回。关于清军遭风败绩的时间，史籍中有各种不同的记载。

《台湾外记》《海上见闻录》《小腆纪年附考》等书将此事记为这一年的“四月”。其中《海上见闻录》记载，“四月，清世子王吊各澳船只，令泉州城守韩尚亮统率出泉州港。赐姓令诸镇出围头外迎击。援剿左协王明统船击沉清船一只，信武营陈泽等乘势追赶。忽飓风大作，诸镇船收泊围头。清舟被风压下，有收入围头被获者；有飘入青屿、金门登岸乞降者；有飘出外洋至广海者；得收回泉港者不满十只，至是不敢渡海”。[①] 近年出版的《清史编年》也把这件事放在“四月”。[②]

① 阮旻锡：《海上见闻录》，福建人民出版社1982年版，第26~27页。

② 中国人民大学清史研究所编：《清史编年》第一卷，顺治朝，中国人民大学出版社1985年版，第448页。

另有一种记载是这一年的“三月”。夏琳《闽海纪要》、黄宗羲《郑成功传》、杨英《先王实录》等书都是如此记载。其中《先王实录》将清军遭风败绩的时间具体地记为“三月十六日”。三月，“虏世子吊各澳船只，令韩尚亮统领水师船只，欲犯思明。……十六日，虏师齐出泉港来犯，我水师左右军并援剿左镇黄昌、信武营陈泽、水师内司镇左右协统船出围头外迎敌。虏前艅被左协王明铳船先发一熕，击沉一只，虏船遂挽回，不敢前进。由是信武等镇营乘势追进。忽狂风大作，阴翳蒙雾，对面不见船艅，我师溜下，收泊围头。虏船欲收回泉港及深沪港不得，俱被狂风压下。有收入围头被我师牵坐者，有被浪打飘上青屿、金门登岸逃生乞降者，有飘出外洋至广海者，韩尚亮亦被沉溺。我师坐获大虏船十只，搁破焚毁三十余只，收回不上十数只，我师大胜班回。……（虏）世子亦叹服渡海之难，收军回泉”。[①] 杨英这时是郑成功的户都事（1655 年任），他对此役的记载如此详细具体，照理，“三月十六日”的时间是无可怀疑的。

然而，卢若腾《丙申三月初六日大风覆虏》一诗对此却提出了挑战。诗中写道：“虽有千万卒，不如一刻风。卒多而毒民，岁月无终穷；风劲而殪敌，一刻成奇功。彼狡潜擣虚，乘潮骋艨艟；夜发笋江曲，朝至澗头东。虏笑指三岛，云在吾目中；陡逢巽二怒，进退俱冥瞢。队队舳舻接，打断似飞蓬；齐擐犀兕甲，往谒蛟龙宫。亦或免淹溺，飘来沙上艭；猛兽伤入槛，鸷鸟困投笼。始知干净土，不容腥秽讧。”[②] 卢若腾的这首诗虽然只是文学作品，但由于它是即兴而作，其创作的时间，一般距离事件发生的时间很近，甚至可能就在当天，因此，他所记载的“丙申三月初六日大风覆虏”，具有很高的史料价值。

这样，就产生了“三月十六日”和“三月初六日”哪个更为可信的问题。笔者查阅了这一时期所能见到的各种档案史料，均不能对此提供佐证。因此，目前二者均是孤证，在新的史料发现之前，都同样值得重视。

二、《南洋贼》记述了郑成功与粤海许龙之间的矛盾

郑氏海上武装集团在长期的活动过程中，与其他海上武装集团之间存在激烈的矛盾和冲突。卢若腾的《南洋贼》一诗，就描写了郑成功与粤海许龙之间的这种关系。诗中写道：“可恨南洋贼，尔在南，我在北，何事年年相侵逼，戕我渔商不休息！天厌尔虐今为俘，骈首叠躯受诛殛。贼亦哗不惭，尔在北，我在南，

① 杨英：《先王实录》，福建人民出版社 1981 年版，第 133~134 页。

② 诸家：《台湾诗钞》，台湾文献丛刊本，第 18 页。

屡捣我巢饱尔贪，掳我妻女杀我男。我呼尔贼尔不应，尔骂我贼我何堪。噫嘻！晚矣乎！南洋之水衣带迩，防微杜渐疏于始，为虺为蛇势既成，互相屠戮何时已。我愿仁人大发好生心，招彼飞鸮食桑葚。”① 可是，由于卢若腾的诗中没有明确说明“南洋贼”指的是谁，因此，就容易产生一些误解。

近年出版的《台湾文学史》说，“在卢若腾的诗作中，最值得称道的，是抨击西方殖民统治与反映郑成功驱荷复台的作品。从数量上看，这类诗作不太多，但却很有分量。比如《南洋贼》……诗中所说的‘南洋贼’，指的是西方东来的殖民者，全诗蕴含着对殖民奴役与掠夺的有力控诉。诗人还总结历史教训，认为导致这种局面的出现是由于‘南洋之水衣带迩，防微杜渐疏于始’，指出必须加强防范，不给南洋贼以可乘之机，这在题材上也是一大突破。它是当时为数不多的揭露殖民统治的作品中的一首重要诗篇”。② 这段文字的作者是文学评论家，他从字面上去理解，把“南洋贼”当作以爪哇为根据地，并且侵占了台湾的荷兰殖民者，可以说也是自然的。此书出版前，主编刘登翰先生曾让笔者先读了这部分书稿，其时，笔者也未能发现有什么问题。实际上，卢若腾诗中的“南洋”，既不是我们现在所指的南洋群岛的概念，也不是近代以长江口为界中国南部海洋的概念（如南北洋、南洋水师），而是指广东澄海县一个名叫“南洋”的具体的地名。《潮州府志》记载，“南洋寨城，在澄海县东北四十里南洋下社。西至鸥汀城三十里，东至樟林城三十里。……环城皆水，直通外海，可泊战船，四乡米谷云集，居民富庶，乃可战可守之地”。③ 而“南洋贼”指的就是当时盘踞在南洋的以许龙为首的海上武装集团。

郑氏集团与许龙集团之间的矛盾由来已久，诗中所写的“何事年年相侵逼，戕我渔商不休息！”“屡捣我巢饱尔贪，掳我妻女杀我男”，是有大量的史实作为根据的。《东南纪事》记载，郑芝龙被清征南大将军博洛挟持北上时，曾“遗书戒成功曰：众不可散，城不可攻。南有许龙，北有名振，汝必图之”。④ 说明了在郑芝龙之时，郑氏集团与许龙集团之间就已经存在矛盾。郑成功起兵抗清后，许龙一开始就与郑军分庭抗礼，后又依附于清军，双方的矛盾愈演愈烈。

顺治六年（南明永历三年，1649 年）十一月，郑成功率军进入潮州，当地一些土豪纷纷降附，唯有南洋许龙不闻不问。郑氏大军从黄岗进军潮阳，须路经南洋，郑成功“发谕许龙，令除道并备小船以候过师，传令移师驻扎南洋山头

---

① 卢若腾：《岛噫诗》，台湾文献丛刊本，第 23 页。

② 刘登翰等主编：《台湾文学史》上卷，海峡文艺出版社 1991 年版，第 113~114 页。

③ 周硕勋：《潮州府志》卷六，城池，成文出版社 1967 年版。

④ 邵廷采：《东南纪事》，台湾文献丛刊本，第 127~128 页。

仔。许龙果抗命，仍敢出兵拒绝。藩怒，令舟师进塞□港，以陆师捣其巢穴。初八日，许龙出兵来迎，我师一鼓而平，许龙仅身免。……藩驻师南洋，令搬运粮粟万余石，余军器船只称是。其粟石令督饷黄恺拨运回中左，交郑四镇积贮”。①

顺治十五年（南明永历十二年，1658 年），郑成功准备大举北征，为了消除后顾之忧，决定先消灭许龙。四月初十日，郑成功“与左武卫林胜密议：先取许龙，牵其船只，破其巢穴，免其出没海上，使我师北征无南顾之虑。胜曰：然。即令林胜密寻响导，以胜澄海人，龙近邻也。传令行军北征，中后提督并右武卫首程先行，俱泊围头。本藩同左武卫、左右虎卫等镇开至浯洲，星夜溜下，不及会䑸，恐许龙侦知逃走，出其不意故也。许龙敢于作逆，以港门内深外浅，非深识港路，船多搁破。此日洪水缘河涨满，藩督舟师直捣其港。各镇至次日方知，溜下，惟亲军镇先到，所得辎重米粟不计，船只分发各镇配兵。许龙仅只身率众而逃，焚其巢穴而回”。②

郑成功两破许龙的巢穴——南洋，而许龙也多次主动与郑成功为敌。顺治七年（南明永历四年，1650 年）六七月间，郑成功围攻潮州郝尚久。七月二十日，清漳州参将赫文兴率军来援，“许龙渡载入城”，“由是围困三个月不下”。③ 另据《清实录》记载，康熙元年（1662 年）五月二十九日，“平南王尚可喜疏报总兵官许龙擒获海寇郑成功之弟郑成赐于厦门”。④

卢若腾对郑成功与许龙之间的这种矛盾，似乎持一种旁观的态度。诗的前半部分叙说了郑氏集团和许龙集团的立场，后半部分则表达了作者不愿看到这种矛盾激化和一种事实既成而无可奈何的心情。

三、《石尤风》解答了 1661 年七八月间金、厦运粮船为什么没有及时接济台湾的问题

顺治十八年（南明永历十五年，1661 年）七八月间，郑成功的数万大军在台湾一面围困着荷兰殖民者占据的热兰遮城，一面在各处汛地屯垦。然而，这时由于金、厦方面的运粮船没有及时到达，军队的粮食供应遇到严重的困难，据《先王实录》记载，七月，“户官运粮船不至，官兵乏粮，每乡斗价至四五钱不

---

① 杨英：《先王实录》，福建人民出版社 1981 年版，第 8~9 页。

② 杨英：《先王实录》，福建人民出版社 1981 年版，第 167~168 页。

③ 杨英：《先王实录》，福建人民出版社 1981 年版，第 17 页。

④ 张本政主编：《清实录台湾史资料专辑》，福建人民出版社 1993 年版，第 4 页。

等。令民间输纳杂子番薯，发给兵粮”。八月，“户官粮船犹不至，官兵至食木子充饥，日忧脱巾之变。藩心含之，大书于座前云：户失先定罪。遣杨府尹同户都事杨英往鹿耳门守候粮船，并官私船有米来者，尽行买籴给兵”。“时粮米不接，官兵日只二餐，多有病没，兵心嗷嗷。”①

金、厦方面的运粮船为什么没有及时接济台湾呢？当时，郑成功认为是户官郑泰的过失，因此写下了“户失先定罪”的告示。后来的一些研究者也有认为是郑泰运粮接济不力或有意不发船只到台湾造成的。事实上，当时金、厦运粮船没有及时接济台湾却是由于顶头逆风“石尤风”的影响。卢若腾的《石尤风》一诗对此描写得很清楚：“石尤风，吹卷海云如转蓬；连艘载米一万石，巨浪打头不得东。东征将士饥欲死，西望粮船来不驶。再遭石尤阻几程，索我枯鱼之肆矣。噫！吁嚱！人生惨毒莫如饥，沿海生灵惨毒遍，今日也教将士知。”②《辞海》对“石尤”一词的解释为，“石尤，即石尤风。打头逆风。伊世珍《琅嬛记》引《江湖纪闻》：石尤风者，传闻为石氏女嫁为尤郎妇，情好甚笃。为商远行，妻阻之，不从。尤出不归，妻忆之，病亡。临亡长叹曰：吾恨不能阻其行，以至于此。今凡有商旅远行，吾当作大风为天下妇人阻之。自后商旅发船，值打头逆风，则曰：此石尤风也。遂止不行”。③ 由此可见，当时郑泰是组织了运粮船接济台湾的，“连艘载米一万石，巨浪打头不得东”，只是由于“石尤风”的影响，这些运粮船才未能及时到达台湾。

卢若腾的《石尤风》诗，是目前所能见到的唯一可以直接说明金、厦运粮船为什么没有及时接济台湾的史料。然而它的可信度如何？荷兰人的记载可以为此提供一些间接的佐证。C. E. S.《被忽视的“福摩萨”》记载，1661 年 8、9 月间，台湾海峡大风不止，巴达维亚派出的新任长官和支援舰队在台湾无法靠岸。7 月 31 日，台湾新任长官克伦克抵达大员海湾。“几天后，由于大风将至，克伦克的船队离开碇泊地而开入大海，后来大风连日不停，他便借口船上缺水、缺粮，决定把船驶往日本。”“克伦克离开之后不久（八月十二日），支援舰队在考乌率领下到达大员海湾……虽然这时风势已减，航道内仍然大浪翻腾，不能开始工作。第二天，航道内的风浪仍然很大……舰队被迫向南移动而开出大海。十四、十五两日，风浪更大，舰队不得不移到更远的地方，因为任何船只都无法靠岸。十六日，大风平静下来，但航道内仍然波涛汹涌，不可能从船上卸下货物。十七日，气候起了变化，风力逐渐转为强风，船只只好全部离开海岸，开往大

---

① 杨英：《先王实录》，福建人民出版社 1981 年版，第 256~258 页。

② 卢若腾：《岛噫诗》，台湾文献丛刊本，第 25 页。

③《辞海》，上海辞书出版社 1979 年版，第 3731 页。

海。……第二次靠岸不成之后，舰队在海上停了二十八天。……风势减弱后，支援舰队于九月八日、九日、十日驶返大员海湾。"[①] 荷兰人的记载清楚地说明，从8月上旬到9月上旬（清历七月中旬至闰七月中旬，明历七月中旬至八月中旬[②]）间，台湾海峡的风浪确实很大，金、厦运粮船不能抵达台湾的客观原因是存在的。

另据《巴达维亚城日志》记载，1661年9月16日，荷兰军队向郑氏水师发动攻击失败之后，"长官及评议会决定今后不再对敌发动进攻，而进行防御。他们派遣几利古塞号和顿·布尔夫号两船在海上巡逻，想截捕敌方从中国开来的运粮船。然而十月十四日装载大米的十二艘帆船，却未受丝毫阻碍，从鹿耳门航道入港"。[③] 这说明，10月14日（清历八月二十二日，明历九月二十二日），金、厦方面派出的12艘运粮船已经抵达台湾。此前运粮船不到，除了气候方面的原因之外，没有别的因素。而郑泰等"不发一船至台湾"[④]，那已是康熙元年（1662年）正月后的事情了。

---

① C. E. S.：《被忽视的"福摩萨"》，载厦门大学郑成功历史调查研究组编：《郑成功收复台湾史料选编》，福建人民出版社1982年版，第167~169页。

② 郑鹤声：《近世中西史日对照表》，1661年，清历闰七月，明历闰十月，中华书局1981年版，第292页。

③ 荷兰东印度公司：《巴达维亚城日志》，载厦门大学郑成功历史调查研究组编：《郑成功收复台湾史料选编》，福建人民出版社1982年版，第287页。

④ 阮旻锡：《海上见闻录》，福建人民出版社1982年版，第48页。

附录二　沈光文史事诗事考析

沈光文（1612—1688 年），字文开，号斯菴，浙江鄞县人。明崇祯九年（1636 年），入南京国子监就读。清顺治二年（南明弘光元年，1645 年），授太常博士。次年，随鲁王入闽，迁工部郎中。五年（南明永历二年，1648 年），永历帝升其为太仆寺少卿。八年，“从肇庆至潮州，由海道抵金门”。[①] 此后，有关沈光文的事迹各书记载不一。其中最流行的说法，是他的同乡、清代著名文史学家全祖望所写的《沈太仆传》里所说的：沈光文遭风飘入台湾，“时郑成功尚未至，而台湾为荷兰所据”。“遂与中土隔绝音耗，海上亦无知公之生死者”。从而，把沈光文作为南明学人中最早入台者。甚至说沈光文是“海东文献，推为初祖。所著花木杂记、台湾赋、东海赋、檨赋、桐花赋、芳草赋、古今体诗。今之志台湾者，皆取之焉。……盖天将留之以启穷徼之文明，……为台人破荒”。[②] 同样也是浙江人的巡台御史范咸主修、刊行于乾隆十二年（1747 年）的《重修台湾府志》，不但收入了沈光文所写的《东吟社序》[③]、《平台湾序》,[④] 还收入了沈光文的 55 题 75 首诗。[⑤] 近年台湾出版的《全台诗》也收入了沈光文 70 题 105 首诗。[⑥] 事实上，全祖望所写的《沈太仆传》几乎是一篇神话故事，“创作”的成分居多，与史实相去甚远。而收入《重修台湾府志》和《全台诗》中的那些沈光文的诗，可以确定在台湾所写的不多，能确定不是在台湾所写的不少。在沈光文没有到台湾之前（没有成为台湾人之前）写的诗，写的也不是台湾的事情，

---

① 蒋毓英：《台湾府志》，厦门大学出版社 1985 年版，第 108 页。

② 全祖望：《鲒埼亭集》卷 27，载龚显宗编：《沈光文全集及其研究资料汇编》，台南县立文化中心 1998 年版，第 36~37 页。

③ 沈光文：《东吟社序》，载《台湾府志三种》下册，中华书局 1985 年版，第 2576~2579 页。

④ 沈光文：《东吟社序》，载《台湾府志三种》下册，中华书局 1985 年版，第 2652~2667 页。

⑤ 沈光文：《东吟社序》，载《台湾府志三种》下册，中华书局 1985 年版，第 2674~2699 页。

⑥ 施懿琳等：《全台诗》第一册，远流出版事业股份有限公司 2004 年版，第 36~66 页。

如何能成为台湾的诗？令人不解。下文略作考析，以求教于方家。

一

有关沈光文的记载，最有影响的是全祖望所写的《沈太仆传》。它的影响之所以大，首先是由于作者崇高的学术地位。全祖望是清代著名的文、史学家，浙东学派重要的代表人物之一，他写的东西，人们比较容易相信。而且，他还是沈光文的同乡（都是浙江鄞县人），一般来说获取资料相对比较容易。并且，据全祖望自己说，他还曾让人到台湾收集资料："会鄞人有游台者，予令访公集。竟得之以归，凡十卷，遂录入甬上耆旧诗"。① 这样一位拥有第一手资料的权威学者所写的东西，人们自然不会有半点的怀疑。因此，《沈太仆传》就成了人们竞相引用的资料，后来的沈光文传几乎全部都以其为蓝本。

那么，全祖望的《沈太仆传》是如何记载沈光文的事迹的呢？下面，我们摘取有关的部分加以解析。

> 沈太仆，光文，字文开，一字斯菴，鄞人也。……辛卯由潮阳航海至金门。闽督李率泰方招来故国遗臣，密遣使以书币招之。公焚其书，返其币。时粤事不可支。公遂留闽，思卜居于泉之海口。挈家浮舟，过围头洋口，飓风大作，舟人失维，飘泊至台湾。时郑成功尚未至，而台湾为荷兰所据。公从之，受一廛以居。极旅人之困，不恤也。遂与中土隔绝音耗，海上亦无知公之生死者。辛丑，成功克台湾，知公在，大喜，以客礼见。时海上诸遗老，多依成功入台，亦以得见公为喜，握手劳苦。成功令麾下致饩，且以田宅赡公。公稍振。已而成功卒，子经嗣，颇改父之臣，与父之政，军亦日削。公作赋有所讽，乃为爱憎所白，几至不测。公变服为浮屠，逃入台之北鄙，结茅于罗汉门山中以居。或以好言解之于经得免。山旁有目加溜湾者，番社也。公于其间，教授生徒，不足则济以医。叹曰："吾廿载飘零绝岛，弃坟墓不顾者，不过欲完发，以见先皇帝于地下，而卒不克，其命也夫！"已而经卒，诸郑复礼公如故。癸丑，康熙二十二年，大兵下台湾，诸遗臣皆物故，公亦老矣。……诸罗令李麟光贤者也。为之继肉继粟，旬日一候门下。时耆宿已少，而寓公渐集。乃与宛陵韩文琦、关中赵行可、无锡华衮、赵延桂、榕城林奕丹、吴蕖轮、山阳宗城、螺草阳王际慧结社。所称福台新

---

① 全祖望：《鲒埼亭集》卷27，载龚显宗编：《沈光文全集及其研究资料汇编》，台南县立文化中心，1998年版，第37页。

咏者也。寻卒于诸罗，葬于县之善化里东堡。公居台三十余年，及见延平三世盛衰。前此诸公述作，多以兵火散佚，而公得保天年于承平之后。海东文献，推为初祖。所著花木杂记、台湾赋、东海赋、檨赋、桐花赋、芳草赋、古今体诗。今之志台湾者，皆取之焉。呜呼！……盖天将留之以启穷徼之文明，……为台人破荒。①

纵观上述全祖望有关沈光文的记载，可以归纳为如下几个要点：

1. 沈光文是在辛卯年（清顺治八年，南明永历五年，1651 年）从潮阳航海到金门一段时间之后，在围头洋口遭遇飓风飘泊到台湾的。当时，郑成功还没有到台湾，台湾为荷兰人所据。

2. 沈光文刚到金门不久，当时的清福建总督李率泰曾遣使以书币对其进行招徕。沈光文不为所动，焚其书，返其币。

3. 沈光文到台湾的最初几年间，“与中土隔绝音耗，海上亦无知公之生死者”。

4. 辛丑年（清顺治十八年，南明永历十五年，1661 年）郑成功大军征台，知道沈光文在台湾，“大喜，以客礼见”。令部下给沈光文送吃的，还赠送田宅给沈光文。

5. 郑成功死后，郑经改变了郑成功的政策。沈光文作赋加以讽刺，遭到郑经的迫害，只好逃到罗汉门山中隐居，教书行医。郑经死后，郑经的兄弟和郑克塽又恢复了对沈光文的礼遇。

6. 即使在遭到郑经迫害期间，沈光文仍然表达了对明朝的忠诚，感叹他的一生都是为了保留头发，“以见先皇帝于地下”。

7. 清政府统一台湾后，诸罗知县对沈光文特别尊重，“诸罗令李麟光贤者也。为之继肉继粟，旬日一候门下”。

8. 沈光文死于康熙二十七年（1688 年），共“居台三十余年”。

那么，以下我们就根据这些要点，一一探寻有关沈光文历史的真相。

（一）沈光文哪一年飘流到台湾？最权威的说法，毫无疑问应当是沈光文自己的记载，而且，确有这样的记载。康熙二十四年，沈光文写《东吟社序》，其中就说道：“余自壬寅将应李部台之招，舟至围头洋，遇飓飘流至斯。海山阻隔，虑长为异域之人，今二十有四年矣。……康熙二十四年乙丑岁梅月，甬上流寓、

① 全祖望：《鲒埼亭集》卷 27，载龚显宗编：《沈光文全集及其研究资料汇编》，台南县立文化中心，1998 年版，第 37 页。

台湾野老沈光文斯菴氏题，时年七十有四。”[①] 壬寅年即清康熙元年（南明永历十六年，1662年），距离康熙二十四年正好是24年。沈光文说自己是康熙元年遭飓风飘流到台湾的，这么明确的记载，为什么许多研究者视而不见呢？

有人说：“《东吟社序》，似乎值不得作为研究沈光文之直接材料。”[②] 因为他认为，《重修台湾府志》的主修者范咸应该是秉承了乾隆皇帝的旨意，对《东吟社序》进行了润笔和修改。“《东吟社序》之‘酌改’或‘略为节润’，自属无疑。范咸当时之苦心，即在保存公之遗著，而不使之失传。因此序中，‘润’出‘康熙二十四年’‘归于圣代’，‘奉命来莅’，又有‘余自壬寅将应李部台之招，舟至围头洋，遇飓飘流至斯……今二十有四年矣’”。[③] 但是，这样的判断只是出于猜测：“惜无如全氏转载季氏之原稿相较，不知删润几何耳”。[④]

和这样的猜测相比，却有两条资料可以证明沈光文自称壬寅年飘流到台湾的说法是未经修改的。那就是与沈光文关系十分密切的诸罗知县季麒光所写的不同版本的《沈光文列传》和《沈光文传》。

季麒光在《〈沈斯菴诗〉序》中写道：“余将问棹北还，为斯菴作小传，载入志乘。”[⑤] 这个载入志乘的“小传”，就是台湾的第一部府志蒋毓英《台湾府志》中的《沈光文列传》，其中说，“沈光文，……辛卯年，从肇庆至潮州，由海道抵金门。壬寅，八闽总制李公讳率泰闻其名，遣员致书币邀之，期庵（应为斯菴——作者注）不就。七月，挈其眷，买舟欲入泉州，过围头洋，遇飓风，飘泊至台，不能返棹，遂寓居焉”。[⑥] 蒋毓英主修的《台湾府志》，季麒光出力尤多。在季麒光代分巡台厦道周昌所写的《台湾志书前序》中说，“台湾草昧初开，无文献之征，郡守暨阳蒋君经始其事，凤山杨令芳声、诸罗季令麒光广为搜讨，阅三月而蒋君董其成”。[⑦]在《台湾志序》中，季麒光也写道：台湾“洪荒初

---

① 沈光文：《东吟社序》，载《台湾府志三种》下册，中华书局1985年版，第2576~2579页。

② 盛成：《〈东吟社序〉盛成注》，载龚显宗编：《沈光文全集及其研究资料汇编》，台南县立文化中心1998年版，第145页。

③ 盛成：《〈东吟社序〉盛成注》，载龚显宗编：《沈光文全集及其研究资料汇编》，台南县立文化中心1998年版，第139~140页。

④ 盛成：《〈东吟社序〉盛成注》，载龚显宗编：《沈光文全集及其研究资料汇编》，台南县立文化中心1998年版，第145页。

⑤ 季麒光撰、李祖基点校：《蓉洲诗文稿选集·东宁政事集》，香港人民出版社2006年版，第92页。

⑥ 蒋毓英：《台湾府志》，载《台湾府志三种》上册，中华书局1985年版，第223~224页。

⑦ 季麒光撰、李祖基点校：《蓉洲诗文稿选集·东宁政事集》，香港人民出版社2006年版，第82页。

辟，文献无征，太守暨阳蒋公召耆老，集儒生，自沿革分野及草木飞潜，分条晰目，就所见闻，详加蒐辑，余小子亦得珥笔于其后”。[①] 这个由季麒光所写《沈光文列传》，不但肯定了沈光文是壬寅年（1662 年）飘流台湾的说法，而且，还更进一步明确了是这一年七月的事情。

季麒光还有另外一个版本的《沈光文传》。其中写道：“沈光文，……辛卯年，从肇庆至潮州，由海道抵金门。督院李公闻其名，遣员致书币邀之，斯菴不就。七月，挈其眷买舟欲入泉州，过（团）围头洋，遇飓风，飘泊至台。……方其从鲁监国始事越东，……后从宁海出石浦，抵舟山。又自舟山渡厦门至南澳，入潮之揭阳。是时永历假号于肇庆，斯菴复往从之。随监郑鸿逵军事。又从揭阳来旅寓于金门所。越十有余年，而转徙至台湾。……所著《台湾赋》、《东海赋》、《檨赋》、《桐花赋》、《芳草赋》及《花草果木杂记》、古近体诗，俱系存稿，未及梓行。今年七十有五，尚雄于诗词，文武执事之人皆敬礼之。嗟乎，斯菴虽未死，而晋处士、唐进士之称亦可以无愧矣。”[②] 从季麒光所写的这个版本的《沈光文传》中，可以看出三个问题：一、季麒光是在沈光文还活着，75 岁的时候，也就是康熙二十五年的时候写的这个传。二、文中写沈光文到台湾的时间是这样表达的：“辛卯年，……抵金门。……又从揭阳来，旅寓于金门所。越十有余年，而转徙至台湾。”辛卯年是 1651 年，越 11 年就是壬寅年（1662 年）。用不同的表达方法，再一次肯定了沈光文是壬寅年到的台湾。三、全祖望所写《沈太仆传》明显地引用了季麒光的《沈光文传》。只可惜他把季麒光写沈光文飘流台湾隐藏在后面的那句“越十有余年，而转徙至台湾”完全忽略了。

从沈光文自己写的《东吟社序》和季麒光所写的两种不同版本的沈光文传记中，可以十分明确地得知，沈光文遇风飘流到台湾的时间是康熙元年（壬寅年，1662 年）七月。而郑成功率领征台大军在台湾登陆的时间是顺治十八年（南明十五年，1661 年）四月初一日。郑成功比沈光文早到台湾一年多，因此，不存在沈光文到台湾时“郑成功尚未至”的情况。而且，沈光文到台湾的时候，荷兰人被郑成功驱逐出台湾也已经过去了半年以上的时间。

（二）所谓沈光文刚到金门不久，“闽督李率泰方招来故国遗臣，密遣使以书币招之。公焚其书，返其币”的说法，塑造了一个有气节的南明遗老沈光文的形象，可惜也是与史实相去甚远。

---

① 季麒光撰、李祖基点校：《蓉洲诗文稿选集·东宁政事集》，香港人民出版社 2006 年版，第 85 页。

② 季麒光撰、李祖基点校：《蓉洲诗文稿选集·东宁政事集》，香港人民出版社 2006 年版，第 122~124 页。

沈光文辛卯年（清顺治八年，1651 年）到金门。那么，李率泰什么时候才当的福建总督呢？据《清代职官年表》，李率泰顺治十三年（1656 年）二月，由两广总督改任浙闽总督。十五年（1658 年）七月，改任福建总督。康熙三年（1664 年）六月，在福建总督任上病免。① 可见，李率泰担任福建总督是在顺治十五年至康熙三年（1658—1664 年）期间，距沈光文到金门至少已经 7 年。也就是说，李率泰对沈光文进行招徕，至少也要在他到了金门 7 年以后。

在上引《东吟社序》中，沈光文自己曾说："余自壬寅将应李部台之招。"② 说明李率泰招徕沈光文是在壬寅年即康熙元年。沈光文是诚实的，他说自己"将应李部台之招"。既然是"将应李部台之招"，就不可能存在焚书、返币的事情。但在季麒光的《沈光文传》中，"将应李部台之招"，变成了"督院李公闻其名，遣员致书币邀之，斯菴不就"。③ 而在全祖望《沈太仆传》中，进一步演变成了"闽督李率泰方招来故国遗臣，密遣使以书币招之。公焚其书，返其币。"④ 一个美化沈光文的情节，就在季麒光和全祖望两人的接力下完成了。

事实上，当时沈光文之所以"将应李部台之招"，有一个大的历史背景。康熙元年五月初八日，郑成功不幸在台湾病逝。其弟郑世袭在黄昭、萧拱宸等人的拥护下，图谋自立。郑经在厦门闻讯后，也随即发丧嗣位。郑氏集团出现了叔侄争权的内乱。清方得知这一消息，认为这是瓦解郑氏集团的大好时机。于是，福建总督李率泰和靖南王耿继茂一面各率本部兵马齐集漳、泉，对郑氏占领下的金、厦地区形成强兵压境的局面；一面频频谴员招抚，以图涣散郑氏军心。郑经为了摆脱这种内外交困的状态，也授意郑泰、洪旭、黄廷等人与清方进行谈判。《台湾外记》记载了当时郑经与郑泰等人商议时的一些情况。郑经说，"东宁初辟，先王陡尔仙逝，兹又遭萧、黄二贼构衅于内，藩院闻信，频频谴员招抚，顺之，有负先王宿志；逆之，则指日加兵。内外受困，岂不危哉？不如暂借招抚为由，苟延岁月，俟余整旅东平，再作区处。诸君以为如何？旭曰：阳和阴违，俟靖内乱，再作筹画，藩主所见甚明"。⑤ 从七月到十二月，郑泰和李率泰之间使者不断，郑泰等人甚至交出了南明皇帝颁给的敕书三道、公侯、伯印 6 颗和郑氏文武官员、兵民、船只、器械总册一本，以及郑军缴获的清方州县各官印信 15

---

① 钱实甫：《清代职官年表》第二册，中华书局 1980 年版，第 1348、1349、1353 页。

② 沈光文：《东吟社序》，载《台湾府志三种》下册，中华书局 1985 年版，第 2576 页。

③ 季麒光撰、李祖基点校：《蓉洲诗文稿选集·东宁政事集》，香港人民出版社 2006 年版，第 123 页。

④ 全祖望：《鲒埼亭集》卷 27，载龚显宗编：《沈光文全集及其研究资料汇编》，台南县立文化中心 1998 年版，第 36 页。

⑤ 江日升：《台湾外记》，福建人民出版社 1983 年版，第 175 页。

颗，以表达投降的诚意，为郑经赢得了稳定内部局势的时间。[1] 而就在郑泰、洪旭、黄廷等人通过假投降的谈判拖延时间，以争取局势好转的时候，沈光文却已经将真降清的行动付诸实施了：他从金门出发前往泉州，想投靠福建总督李率泰。可惜船到围头湾遇飓风被飘流到了台湾。

（三）所谓沈光文飘流到台湾后，“与中土隔绝音耗，海上亦无知公之生死者”。这一说法是建立在沈光文辛卯年就飘流到台湾的基础之上的。就算这一说法可以成立，沈光文在这段时间里“与中土隔绝音耗，海上亦无知公之生死者”也是站不住脚的，有沈光文自己的诗为证：

沈光文《挽定西侯》诗云：

> 方喜廉颇老未曾，骇闻骑箕竟归升。只因心血回天竭，回看精英作厉能。滃水潮头凭怒立，秣陵城外识云凝。留将背字同埋土，黯黯重泉恨较增。[2]

定西侯是张名振的封爵。张名振（1601—1655 年），字侯服，应天江宁人（今江苏南京市）。南明弘光元年（1645 年），与张煌言等拥立鲁王于绍兴。鲁王兵败投奔郑成功，张名振则坚持在浙江沿海一带抗清。顺治十一年十一月二十八日（1655 年 1 月 5 日），病逝于舟山军中。生前在背上曾刺有“赤心报国”四字。张名振死于顺治十一年底，按全祖望的说法，沈光文这时已飘流到台湾两三年，正处于“与中土隔绝音耗，海上亦无知公之生死者”的状况。他如何能得知张名振的死讯？而沈光文知道张名振的死讯，并写下《挽定西侯》一诗，也充分说明了沈光文这时根本没有飘流到台湾，不存在“与中土隔绝音耗，海上亦无知公之生死者”的情况。

（四）所谓“辛丑，成功克台湾，知公在，大喜，以客礼见。时海上诸遗老，多依成功入台，亦以得见公为喜，握手劳苦。成功令麾下致饩，且以田宅赡公”，完全是全祖望想象出来的情节。

从前面的论述中，我们已经知道，沈光文入台在壬寅年，迟于郑成功一年多，沈光文到台湾时，郑成功已病逝。根本不可能出现“成功克台湾，知公在，大喜，以客礼见。时海上诸遗老，多依成功入台，亦以得见公为喜，握手劳苦”这样“生动”的场面。退一万步说，即便沈光文先入台，郑成功到台湾后，也完全没有可能给沈光文送吃的，还拿出田地和住宅来赡养他。

熟悉这段历史的人都知道，郑成功大军在征台最初的几个月里，他的军队都严重缺粮。杨英《先王实录》记载，在登陆台湾半个月，即四月中旬以后，郑成

① 邓孔昭：《郑成功与明郑在台湾》（修订版），厦门大学出版社 2014 年版，第 191 页。
② 施懿琳等：《全台诗》第一册，远流出版事业股份有限公司 2004 年版，第 65 页。

功的军队就开始“官兵乏粮”。[①] 到了七八月，情况更加严重：“七月，藩驾驻承天府。户官运粮船不至，官兵乏粮，每乡斗价至四五钱不等。令民间输纳杂子番薯，发给兵粮。……八月，藩驾驻承天府。户官粮船犹不至，官兵至食木子充饥，日忧脱巾之变。藩心含之，大书于座前云：户失先定罪。遣杨府尹同户都事杨英往鹿耳门守候粮船，并官私船有米来者，尽行买籴给兵。……时粮米不接，官兵日只二餐，多有病没，兵心嗷嗷。”[②] 初到台湾的郑成功在如此缺粮的情况下，有可能反而给已经在台湾定居了近十年（按全祖望的说法）有了稳定生活的沈光文送吃的东西吗？

为了解决数万大军的安顿问题，郑成功在登陆台湾后的第二个月就发布了“屯垦令”，要求文武各官及各镇大小将领官兵家眷，“创建田宅等项，……当以己力经营，不准混侵土民及百姓现耕物业”。“各处地方或田或地，文武各官随意选择，创置庄屋，尽其力量，永为世业，但不许纷争及混圈土民及百姓现耕田地。”[③] 可见，任何一个郑成功军队中的文武官员，到了台湾之后，都必须自己“创建田宅”“创置庄屋”，这时的郑成功怎么可能拿出田地和住宅来赡养据说已经在台湾定居了近十年的沈光文？

全祖望用心编造沈光文得到郑成功和各位南明遗老的敬重的情节，目的只是抬高他这位老乡的地位，可惜全无事实依据。

（五）所谓郑成功死后，郑经改变了郑成功的政策。沈光文作赋加以讽刺，遭到郑经的迫害，只好逃到罗汉门山中隐居，教书行医。郑经死后，郑经的兄弟和郑克塽又恢复了对沈光文的礼遇。这当然不是事实。郑经到台湾后之所以不能善待沈光文，不是郑经的问题，而是沈光文的问题。

郑成功死后，郑经内外交困，亟需稳定内部局势，而沈光文这时却响应了李率泰的招徕，“挈眷”“买舟”，前往泉州向清方投诚。只是船到围头洋，突遇飓风，被飘流至台湾。这样的事情，郑经事后不可能不知道。对一个在自己危难时刻有背叛行为的人，郑经不能善待他，于情于理，都是说得过去的。季麒光、全祖望隐瞒了沈光文准备降清的事实，而把沈光文流落乡野归咎于郑经，实在有欠公允。

郑经死后“诸郑复礼公如故”更是天方夜谭。郑经几个碌碌无为的弟弟和年幼的郑克塽，在郑经死后，郑氏政权到了风雨飘摇之时反而会想到去礼遇沈光文，让人难以想象。事实上，一直到郑氏降清，沈光文“台湾野老”的身份也没

---

① 杨英：《先王实录》，福建人民出版社 1981 年版，第 252 页。

② 杨英：《先王实录》，福建人民出版社 1981 年版，第 256~258 页。

③ 杨英：《先王实录》，福建人民出版社 1981 年版，第 253~254 页。

有任何的改变。

（六）所谓沈光文在遭到郑经迫害期间，仍表达了对明朝的忠诚，叹曰："吾廿载飘零绝岛，弃坟墓不顾者，不过欲完发，以见先皇帝于地下，而卒不克，其命也夫"，这无疑又是全祖望的想象。但我们可以用沈光文自己的记载来揭穿这种想象的虚幻。

沈光文在《东吟社序》中说："余自壬寅将应李部台之招，舟至围头洋，遇飓飘流至斯。海山阻隔，虑长为异域之人，今二十有四年矣。虽流览怡情，咏歌寄意，而同志乏俦，才人罕遇。徒寂处于荒野穷乡之中，混迹于雕题黑齿之社。何期癸甲之年，顿通声气，至止者人尽萧骚，落纸者文皆佳妙。使余四十余年拂抑未舒之气，郁结欲发之胸，勃勃焉不能自已。"① 一个准备响应李率泰之招，前往泉州向清政府投降的人，一个不得已在南明阵营中抑郁生活了四十余年的人，会是一个一心只想"欲完发，以见先皇帝于地下"的人吗？

沈光文在《平台湾序》中对坚持南明正朔的郑氏政权的灭亡欢呼雀跃，极力歌颂清康熙皇帝及施琅的德政和功劳："猗欤盛哉！猗欤盛哉！圣天子在上，海不扬波，德其溥矣；大将军柔远，重译来归，功实懋焉。"② 一个对新朝皇帝及其将领可以如此歌功颂德的人，有可能会是一个一心只想"欲完发，以见先皇帝于地下"的人吗？

全祖望在沈光文身上寄托了许多南明遗老气节的期望，可惜，他选错了宿主。

（七）所谓清初诸罗知县对沈光文特别尊重，"诸罗令李麟光贤者也。为之继肉继粟，旬日一候门下"。这里，全祖望更是错得离谱。

首先，清初第一任诸罗县令是季麒光，他跟沈光文之间是密切的诗友关系，而且全祖望的《沈太仆传》明显脱胎于季麒光的《沈光文传》。但全祖望为什么会在《沈太仆传》中将季麒光错成"李麟光"，实在无法理解。

其次，季麒光对沈光文虽然十分尊重，关系也非常密切，但他们之间并非只有季尊沈"旬日一候门下"，而是彼此以为知己，惺惺相惜。季麒光有一首《寿沈斯菴》的诗，对他们之间的关系有很好的描述：

> 人生重百年，所贵得其是。先生鲁国儒，掉臂惯经史。致身早不成，栖泊在海渚。及余蛮天来，笑谈无依倚。先生独昵余，不以簿书鄙。官衙寂如冰，一日常倒屣。……荡纸为歌诗，素心自相矢。茫茫大海东，位置余与

① 沈光文：《东吟社序》，载《台湾府志三种》下册，中华书局1985年版，第2576页。
② 沈光文：《平台湾序》，载《台湾府志三种》下册，中华书局1985年版，第2667页。

尔。千古慎勿谖，悠然此流水。①

“先生独昵余，不以簿书鄙。官衙寂如冰，一日常倒屣”，说明沈光文对季麒光的亲近，而且经常是沈光文到诸罗县衙去见季麒光。

（八）所谓“公居台三十余年，及见延平三世盛衰”，全祖望将沈光文入台时间搞错，因此，这里也就错了。

沈光文自壬寅（康熙元年，1662年）七月入台，至“戊辰年（康熙二十七年，1788年）七月十三日”去世，② 居台共27年，何来“三十余年”？他迟于郑成功入台，他入台时郑成功已经去世，有关郑成功在台湾的情况，他是不可能看到的。

全祖望的《沈太仆传》错误如此之多，为什么让后人深信不疑，竞相引用呢？除了全祖望崇高的学术威望之外，还有一个因素起了重要的作用。那就是他的有关沈光文的记载，得到了台湾著名史学家连横的加持。

连横《台湾通史》卷二十九“诸老”中的“沈光文”，基本取材于全祖望的《沈太仆传》，只是在个别地方略有不同。不同的地方如下：“永历三年，由潮阳航海至金门，闽督李率泰方招徕故国遗贤，密遣使以书币聘。光文焚书返币，……诸罗知县季麒光，贤者也，为粟肉之继，旬日一候门下。……著有《台湾舆图考》一卷，《草木杂记》一卷，《流寓考》一卷，《台湾赋》一卷，《文开诗文集》三卷，邑人全祖望为访而刊之，志台湾者多取资焉”。③

归纳起来，二者不同的地方有三点：

1. 全祖望记载，沈光文是辛卯年（清顺治八年，南明永历五年，1651年）由潮阳航海至金门；连横记载，沈光文是永历三年（清顺治六年，1649年）由潮阳航海至金门。

2. 全祖望记载，“诸罗令李麟光”；连横记载，诸罗知县为季麒光。

3. 二者有关沈光文著作的记载也有所不同。

除此之外，连横有关沈光文的记载基本上都取材于全祖望《沈太仆传》。而且，连横还在“诸老”传中把沈光文列在首位，置于徐孚远、王忠孝、辜朝荐、沈佺期、卢若腾等人之前。如果仅按他们在南明的官职和在郑氏队伍中的地位和影响，沈光文都无法享受这样的“荣誉”。连横之所以如此“尊重”全祖望的记载，如此“尊重”沈光文，当然是听信了全祖望描述的沈光文的如何有“气节”

① 季麒光撰、李祖基点校：《蓉洲诗文稿选集·东宁政事集》，香港人民出版社2006年版，第15页。

② 《斗南沈氏族谱》，转引自石万寿：《沈光文事迹新探》，载《台湾风物》43卷第2期。

③ 连横：《台湾通史》下册，商务印书馆2010年版，第557~558页。

以及郑成功对沈光文的“优待”和“重视”。因为这些记载与他自己史观中强烈的“崇郑（郑成功）”、排满思想十分“合拍”，所以乐于引用。也正因为有了连横的加持，全祖望有关沈光文的记载，更成为台湾史研究者眼中的“信史”。

以陈碧笙先生校注的蒋毓英《台湾府志》为例，其中的《沈光文列传》前面已经提到是出自季麒光的手笔。在记载沈光文飘流到台时间时，原文为：“壬寅，八闽总制李公讳率泰闻其名，遣员致书币邀之，期庵（应为斯菴——作者注）不就。七月，挈其眷，买舟欲入泉州，过围头洋，遇飓风，飘泊至台，不能返棹，遂寓居焉。”① 但陈碧笙先生受了全祖望和连横的影响，在“壬寅”之下加注为：“‘壬寅’，应为‘壬辰’之误”，② 将一个原本正确的东西，反而注错了。

笔者1991年出版的《台湾通史辨误》（增订本），曾根据李率泰任职福建总督的时间和沈光文自己的《东吟社序》，指出李率泰招降沈光文以及沈光文被飓风漂流到台湾都是“壬寅”年（康熙元年，1662年）的事情。③ 可惜没有引起人们太大的注意，只有龚显宗先生在《沈光文全集及其研究资料汇编》及《增编》中将其收入。④

近年潘承玉教授发表了《真相、遮蔽与反思——关于一桩文化史公案的后续考察》⑤、《神话的消解：诗史互证澄清一桩文化史公案》⑥ 两篇文章，指出沈光文准备降清、遭飓风漂流到台湾的时间是康熙元年底。沈光文被称为“海东文献初祖”“台湾孔子”的神话是由全祖望以及一些后来者编造出来的，他不配享有这么崇高的荣誉。潘先生的有些论点虽然还不够准确（如：沈到台湾的时间是康熙元年七月，不是年底），对沈光文的批评也严厉了一些，但他把对沈光文的研究大大地推进了一步。可是，这样的研究成果不但没有引起足够的重视，反而引来了许多的批评。有人反驳说，沈光文被誉为“台湾文献初祖”并不是由于全祖

---

① 蒋毓英撰、陈碧笙校注：《台湾府志校注》，厦门大学出版社1985年版，第108页。

② 蒋毓英撰、陈碧笙校注：《台湾府志校注》，厦门大学出版社1985年版，第108、112页。

③ 邓孔昭：《台湾通史辨误》（增订本），台湾自立晚报文化出版部1991年版，第310~311页。

④ 龚显宗：《沈光文全集及其研究资料汇编增编》下册，台南市政府文化局2012年版，第210~212页。

⑤ 潘承玉：《真相、遮蔽与反思——关于一桩文化史公案的后续考察》，《绍兴文理学院学报》，2007年第3期。

⑥ 潘承玉：《神话的消解：诗史互证澄清一桩文化史公案》，《复旦学报》（社会科学版），2008年第2期。

望的“回护”及“造神”运动的结果，而是历史事实。[①] 有人更进一步地认为：“全祖望所作的《沈太仆传》堪称乾隆时期有关沈光文研究的最为重要的一篇文献，也是沈光文接受史上影响深远的里程碑式的传记。”[②] 这些学者对全祖望《沈太仆传》的迷信可见一斑。

近年张萍发表的《从〈蓉洲诗文稿〉探究沈光文生平事迹》一文[③]，尽管引用了李祖基点校出版的《蓉洲诗文稿选辑》，但她错误地解读了季麒光所写的《沈光文传》中的有关记载。将沈光文“又从揭阳来，旅寓于金门所。越十有余年，而转徙至台湾”，[④] 没有理解为沈光文在金门住了“十有余年”，才转徙至台湾，而是理解为“从1646年钱塘兵败到转徙至台湾，其间‘越十有余年’”。[⑤] 因此得出了“根据《蓉洲文稿》等相关文章，考证其到台应该在1658到1659年之间。……以上推论也可通过全祖望《沈太仆传》得到印证”[⑥] 这样的结论。明显是因为无法从对全祖望的迷信中跳脱出来。

有关沈光文个人一些史实的错误原本事小，但它却可能影响到台湾文化史的诠释，因此，不能不加以指正。

二

在对沈光文何时飘流到台湾的史实有了正确的了解之后，我们可以对他的诗也进行一些分析。看看他的哪些诗是在台湾写或写台湾的，哪些诗不在台湾所写，写的也不是台湾的事情，跟台湾没有关系。

在收入范咸《重修台湾府志》“艺文志”和近年出版的《全台诗》中沈光文的诗，可以确定在台湾所写或写台湾的作品并不多，主要有：

---

① 乐天耀：《材料、事实与反思：有关沈光文的一桩文化史公案——兼与潘承玉先生商榷》，《中共宁波市委党校学报》，2012年第5期。

② 袁韵：《论全祖望在沈光文接受史上的贡献》，《宁波大学学报》（人文科学版），第32卷第2期，2019年3月。

③ 张萍：《从〈蓉洲诗文稿〉探究沈光文生平事迹》，《宁波大学学报（人文科学版）》第25卷第6期，2012年11月，第51~55页。

④ 季麒光撰、李祖基点校：《蓉洲诗文稿选集·东宁政事集》，香港人民出版社2006年版，第123页。

⑤ 张萍：《从〈蓉洲诗文稿〉探究沈光文生平事迹》，《宁波大学学报（人文科学版）》第25卷第6期，2012年11月，第53页。

⑥ 张萍：《从〈蓉洲诗文稿〉探究沈光文生平事迹》，《宁波大学学报（人文科学版）》第25卷第6期，2012年11月，第53页。

1.《癸卯端午》

年年此日有新诗，总属伤心羁旅时。却恨饿来还不死，欲添长命缕何为。

海天多雨湿端阳，闭户翛然一枕凉。不是好高偏绝俗，并州今且作商量。

笑予何事日栖迟，不读离骚便赋诗。几度寻筇欲问酒，蒲香隔院竟招谁。①

癸卯年为清康熙二年（南明永历十七年，1663 年），这一年已是郑成功收复台湾的第二年。沈光文“壬寅年”（1662 年）到台湾，《癸卯端午》作于台湾是可以肯定的。

2.《州守新构僧舍于南溪人多往游余未及也》

沿溪傍水便开山，我亦闻之拟往还。一日无僧浑不可，十年作客几能闲。书成短偈堪留寺，说到真虚欲点顽。正有许多为政处，仅将心思付禅关。②

郑成功 1661 年在台湾设立一府二县，府为承天府，县为天兴、万年。清康熙三年（南明永历十八年，1664 年），郑经改东都为东宁，升天兴、万年二县为州。台湾才有了“州守”，也就是知州的设置。当然，早于台湾，明郑在厦门也曾有“州守”之设（思明州知州）。而且，曾任“州守”的邓会也是信佛之人，并在厦门虎溪岩题刻诗句：“虎溪一望景多多，石壁千层拂薜萝。寄语山僧留尺许，他年容我作头陀。”③ 但有论者认为，“南溪即台南之城南竹溪，新构之寺，即后世之竹溪寺”。④ 在新的资料发现之前，姑从此论。因此，这首诗可以先暂定为写于明郑时期的台湾。

3.《题赤坎城匾额图》《题宁靖王斋壁》《往宁靖亭修谒》

郑王忠勇义旗兴，水陆雄师震海瀛。炮垒巍峨横夕照，东溟夷丑寂无声。⑤

修得一间屋，坐来身与闲。夜深常听月，门闭好留山。但得羁栖意，无

---

① 施懿琳等编撰：《全台诗》第一册，远流出版事业股份有限公司 2004 年版，第 41 页。

② 施懿琳等编撰：《全台诗》第一册，远流出版事业股份有限公司 2004 年版，第 61 页。

③ 厦门市政协文史和学习宣传委员会编：《厦门摩崖石刻》，福建美术出版社 2001 年版，第 81 页。

④ 盛成：《沈光文自著诗文中之自述》，载龚显宗编：《沈光文全集及其研究资料汇编》，台南县立文化中心 1998 年版，第 428 页。

⑤ 盛成：《沈光文自著诗文中之自述》，载龚显宗编：《沈光文全集及其研究资料汇编》，台南县立文化中心 1998 年版，第 44 页。

嗟世路艰。天人应共仰，愧我学题蛮。①

阳谷生辉尚未炎，滕王亭子绿新添。雨余折角诚堪异，海外依人半受嫌。寻路入来皆茂草，隔溪处望映珠帘。主翁有恙因辞客，名纸烦通属典签。②

《题赤坎城匾额图》很显然是写于明郑时期。这时，沈光文对郑成功收复台湾还是肯定的、歌颂的。而在清朝平定台湾之后，沈光文在写《平台湾序》时就不是这般口气了："台湾遐岛，赤嵌孤城。……辛丑四月，郑成功奋命台湾，竟夺其地而有焉。……郑成功之攻克台湾也，兵民慑伏，上下悚惶，雕题黑齿之夫，跳梁不敢；镂耳文身之辈，蠢动无闻。……壬寅年，成功物故，郑锦僭王。附会者言多谄媚，逢迎者事尽更张。般乐之事日萌，奢侈之情无厌。横征浪费，割肉医疮。峻法严刑，壅川弥谤。主计者所用非所养矣，所养非所用矣。世风日下，人事潜移。"③ 可见，前后的分际是很明显的。

《题宁靖王斋壁》《往宁靖亭修谒》写的是与明宁靖王交往的事情。其中，"主翁有恙因辞客，名纸烦通属典签"，说的是沈光文前往拜访宁靖王朱术桂，因主人生病不便接待，沈光文留下名片就走了。可见，这两首诗写于明郑时期也应该没有什么问题。

4.《移居目加湾留别》《至湾匝月矣》《晓发目加湾即事》《发新港途中即事》

流离相见便欣依，闽粤周旋荷解衣。敢谓鲁连深自耻，不知重耳竟何归。欲聆佳信频西望，却讶离群又北飞。但令双鱼无或间，困穷亦足慰周饥。④

闭门只是爱深山，梦里家乡夜夜还。士学西山羞不死，民非洛邑敢居烦。羁栖尘市依人老，检点诗书匝月闲。究竟此身无处著，每因散步到禅关。⑤

浓雾不为雨，乘朝向北行。此中有长恨，回首意难平。冀作南山豹，新

① 盛成：《沈光文自著诗文中之自述》，载龚显宗编：《沈光文全集及其研究资料汇编》，台南县立文化中心1998年版，第45页。

② 盛成：《沈光文自著诗文中之自述》，载龚显宗编：《沈光文全集及其研究资料汇编》，台南县立文化中心1998年版，第62~63页。

③ 沈光文：《平台湾序》，载《台湾府志三种》下册，中华书局1985年版，第2652~2661页。

④ 施懿琳等：《全台诗》第一册，远流出版事业股份有限公司2004年版，第64页。

⑤ 施懿琳等：《全台诗》第一册，远流出版事业股份有限公司2004年版，第64~65页。

闻出谷莺。忽然开霁处，前路甚分明。①

隐心甘作苦，逐逐却难禁。计拙忧成老，身闲喜独吟。尘嚣浑欲脱，山水试相寻。满路芙蓉发，秋光已觉深。②

这几首诗显然是沈光文在隐居目加溜湾时的作品，毋庸置疑。

5.《咏篱竹》《释迦果》《番柑》《番桔》《椰子》《番妇》

分植根株便发枝，炎方空作雪霜思。看他尽有参天势，只为孤贞尚寄篱。③

称名颇似足夸人，不是中原大谷珍。端为上林栽未得，只应海岛作安身。④

种出蛮方味作酸，熟来黄玉影栾栾。假如移向中原去，压雪庭前亦可看。⑤

枝头俨如挂繁星，此地何堪比洞庭。除是土番寻得到，满筐携出小金铃。⑥

壳内凝肪径寸浮，番人有法制为油。穷民买向灯檠用，只为芝麻岁不收。⑦

社里朝朝出，同群担负行。野花头插满，黑齿草涂成。赛胜缠红锦，新装挂白珩。鹿脂搽抹惯，欲与麝兰争。⑧

这几首写物产、水果、人物的诗，写的都是台湾有而金、厦没有的东西。因此，可以肯定写于台湾。其中描写台湾原住民妇女的《番妇》尤为生动："野花头插满，黑齿草涂成。""鹿脂搽抹惯，欲与麝兰争。"

6.《寄怀庄棬庵》《别顾南金》

别岛山川异，伤怀是故臣。同心为千载，分手记初春。分袂在元宵后。志士尊声气，东都重缙绅。寒梅将欲放，折寄不嫌烦。⑨

明知苦节却难贞，九载相怜藉友声。邱壑有情推大老，色言欲避笑愚生。入山地近区南北，南金移居南路，此日情深胜弟兄。安得时时慰依傍，

① 施懿琳等：《全台诗》第一册，远流出版事业股份有限公司2004年版，第54页。
② 施懿琳等：《全台诗》第一册，远流出版事业股份有限公司2004年版，第54页。
③ 施懿琳等：《全台诗》第一册，远流出版事业股份有限公司2004年版，第42页。
④ 施懿琳等：《全台诗》第一册，远流出版事业股份有限公司2004年版，第42页。
⑤ 施懿琳等：《全台诗》第一册，远流出版事业股份有限公司2004年版，第43页。
⑥ 施懿琳等：《全台诗》第一册，远流出版事业股份有限公司2004年版，第43页。
⑦ 施懿琳等：《全台诗》第一册，远流出版事业股份有限公司2004年版，第43页。
⑧ 施懿琳等：《全台诗》第一册，远流出版事业股份有限公司2004年版，第49页。
⑨ 沈光文：《寄怀庄棬庵》，载《台湾府志三种》下册，中华书局1985年版，第2687页。

长如鸥鹭得随行。①

这两首诗中，出现了“东都”和“南路”这两个台湾的地名，可以说明是写于台湾或描写台湾的诗。

以上沈光文的诗，可以确定写于台湾或写台湾的只有17题19首。占收入《重修台湾府志》沈诗的约四分之一，占收入《全台诗》中沈诗的约五分之一。

而在范咸《重修台湾府志》“艺文志”和近年出版的《全台诗》中，可以确定沈光文不是在台湾所写或写的不是台湾的作品却不少。要发现这一类的诗有几种途径：

1. 在康熙元年（壬寅年，1662年）七月以前所写的诗。沈光文壬寅年七月飘流到台湾，在此之前所写的诗当然就不是在台湾所写。这部分诗大多可以从诗的题目以及说明文字中看出来。以下这些诗就是如此：

《葛衣吟》：

> 永乐时，有河南佣者常衣葛衣，余绍兴出奔，亦只衣葛，今已两载。
>
> 岁月复相从，中原起战烽。难违昔日志，未泯一时踪。故国山河远，他乡幽恨重。葛衣宁敢弃，有逊鲁家佣。②

清顺治二年（南明弘光元年，1645年），明鲁王朱以海在张国维、张煌言等人的拥立下，监国于绍兴。次年六月初，清军渡过钱塘江，进攻绍兴。鲁王政权败溃，朱以海逃往舟山。沈光文说的“绍兴出奔”指的就是这个时候。他写《葛衣吟》在此两年之后，由此推算，写作时间应为顺治五年（1648年）。此时，沈光文尚奔走在闽粤间，自然不是在台湾所写。

《己亥除夕》：

> 年年送穷穷愈留，今年不送穷且羞。穷亦知羞穷自去，明朝恰与新年遇。……爆竹声喧似故乡，繁华满目总堪伤。起去看天天未晓，鸡声一唱残年了。③

己亥年为清顺治十六年（1659年），这时沈光文还在金门。因此，这首诗不是在台湾所写。

《隩草戊戌仲冬和韵》：

> 宁不怀乡国，并州说暂居。无枝空绕树，弹铗又歌鱼。炼骨危疑集，盈

---

① 沈光文：《别顾南金》，载《台湾府志三种》下册，中华书局1985年版，第2697~2698页。

② 施懿琳等：《全台诗》第一册，远流出版事业股份有限公司2004年版，第55~56页。

③ 沈光文：《己亥除夕》，载《台湾府志三种》下册，中华书局1985年版，第2678~2679页。

头珍惜梳。感追无限际，悔绝昔年裾。

……

采薇往古事，敢曰继其踪。散弃成吾逸，逢迎自昔慵。屐枯邀雨润，诗瘦倩云烘。即此寒山外，烟霞护碧笼。①

戊戌年为清顺治十一年（1654年），因此，这1题11首诗也不是在台湾所写。

《寄迹效人吟》：

忆自丙戌（1642年）乘桴，南来闽海，或经年泛宅，或偶寄枝栖，忧从中来，兴亦时有，每假题咏，聊混居诸。戊子（1644年）入粤，所吟亦多。辛卯以来，借居海岛，登山问水，靡不有诗，尤喜步和人韵，虽邱壑情深，觉感激时露。今秋检阅笥中，顿生悔愧，不论闲题记事，悉付祖龙。仲冬小窗冷坐，欲再发抒飘泊情事，偶得郑哲三海泊吟，不禁勃勃步韵，然哲三余未识面也。

不道十余载，犹然若故时。因人作事缓，连我信天疑。燕雁春秋易，沧桑日月迟。为兴靡骋感，且滞水之湄。

……

烟霞岛上满，落日鬼豪侵。支命全亏骨，包愁总在心。径荒陶兴浅，袍吝范寒深。起舞徒虚事，频年听翰音。②

沈光文在这题诗的题解中根据自己的经历叙述了3个时间：丙戌（1642年）、戊子（1644年）、辛卯（1651年），没有提壬寅年他飘流台湾的事情。很显然，这题诗中的6首诗是他在辛卯年之后、壬寅年七月之前写的。因此，这6首诗也不是在台湾所写。

《戏题》：

十五年来一故吾，衰颜无奈白髭须。只应遍处题诗句，莫问量江事有无。③

这首诗有两个关键词，一是“十五年”，二是“量江事”。所谓“量江事”，指的是沈光文参与南明鲁王政权以钱塘江为中心的抗清活动中的某件事。清顺治二年十二月，鲁王朱以海的军队二万余人渡过钱塘江，迫近杭州城，但被清军打得大败。“这次渡江攻杭战役失败后，鲁监国政权的将领壮志顿消，基本上转为

① 施懿琳等：《全台诗》第一册，远流出版事业股份有限公司2004年版，第55~56页。

② 施懿琳等：《全台诗》第一册，远流出版事业股份有限公司2004年版，第51~52页。

③ 沈光文：《戏题》，载《台湾府志三种》下册，中华书局1985年版，第2680页。

划江扼险的守势。”[①] 次年六月，鲁王又败往舟山。可见，“量江事”发生在顺治二年（1645年）底前后，最迟不会超过顺治三年（1646年）六月。过15年，为顺治十八年，沈光文还在金门。因此，这首诗也不是在台湾写的。

《挽定西侯》[②] 诗。前文已经提到，张名振死于顺治十一年十一月二十八日（1655年1月5日），沈光文听到张名振死讯肯定在此后不久。因此，这首诗也不是在台湾所写。

2. 与人交往的诗。此人与沈光文的交往不是发生在台湾。沈光文的诗自然也不在台湾所写。以下这些诗便是此类：

《答曾则通次来韵》：

海天滞迹久，世受国恩同。事业饥寒后，身名忍辱中。困当坚骨力，闲足老英雄。握手相怜处，何须怨谷风。[③]

《曾则通久病以诗问之》：

子固今能诗，恨其多病耳。岂疑圣人徒，乃踵吾家美。买药则无钱，受饥偏不死。挥毫但若吟，应即霍然矣。[④]

《柬曾则通借米》：

迩来乞食竟无处，饥即驱我亦不去。甑中生尘兴索然，飧风吸露望青天。穷途依人仍不足，自顾已忘荣与辱。何当稚子困饿啼，绝不欲我作夷齐。勉学鲁公书新帖，呼庚未免为臣妾。嗟，嗟，苦节尤难在后头，一日不死心中忧。[⑤]

沈光文与曾则通交往的诗有三首。有关曾则通的生平我们知道的不多，但卢若腾一首《送曾则通扶榇归江右（按则通为二云先生子）》却为我们提供了许多有用的信息：

君昔侍吾师，宦游入闽甸。吾师蒙难时，举家危悬线。君年未及壮，飘泊经石炼，岛栖十七载，苦泪挥霜霰。……游子孤所望，决计归乡县。吾师忠义骨，一纪羁浅窆，于今遂首邱，远道将裧輤。……匆匆忽别去，值我贫病洊。无金馈君赆，无酒饮君饯。赠君贫者言，言言心血溅。行矣尚勉旃，

① 顾诚：《南明史》，中国青年出版社1997年版，第271页。

② 施懿琳等：《全台诗》第一册，远流出版事业股份有限公司2004年版，第65页。

③ 沈光文：《答曾则通次来韵》，载《台湾府志三种》下册，中华书局1985年版，第2677页。

④ 沈光文：《答曾则通次来韵》，载《台湾府志三种》下册，中华书局1985年版，第2677~2678页。

⑤ 沈光文：《答曾则通次来韵》，载《台湾府志三种》下册，中华书局1985年版，第2686~2687页。

勿以规为瑱。①

曾则通的父亲是曾樱。曾樱，字仲含，号二云，江西临江府峡江县人。隆武政权时曾任吏部尚书、文渊阁大学士。隆武亡，依郑成功。顺治八年三月初一日，清总兵马得功袭击厦门，曾樱自缢。② 曾樱死后数日，门人阮旻锡、陈泰、僧人文台以僧龛将其抬至曾厝垵下船，交给家人，送至金门，由王忠孝等人帮助安葬。③ 卢若腾诗中“吾师忠义骨，一纪羁浅窀，于今遂首邱，远道将裓輤”，说明曾樱初葬金门“一纪”即12年之后，就要归葬故里了。曾樱死于辛卯年(1651年)，12年之后也就是1663年，即康熙二年。曾则通在康熙二年从金门扶榇归故乡江西峡江县，而沈光文在康熙元年七月飘流去了台湾，他们的交往不可能发生在台湾，只能在金门。因此，上述3首与曾则通有关的诗肯定不是写于台湾。

《卢司马惠朱薯赋谢》：

隔城遥望处，秋水正依依。煮石烟犹冷，乘桴人未归。调饥思饱德，同饿喜分薇。旧德萦怀抱（卢昔为我郡兵宪），于兹更不违。④

“卢司马”即卢若腾，卢若腾曾任浙江宁绍巡海兵备道。隆武政权败亡后，依附郑成功，是郑氏队伍中著名的南明耆老之一，长期居住金门。康熙二年十月，金、厦二岛为清军占领，卢若腾随郑经撤往铜山（今东山）。三年二月，前往台湾。《台湾外记》记载，“三月初二日，卢若腾至澎湖，有微恙，不二日死。”郑经“初七日午到澎湖。闻乡绅卢若腾死，亲往哭祭”。⑤《金门志》记载，卢若腾“康熙三年，将渡台湾，至澎湖病亟，梦黄衣神持刺来谒。忽问今是何日，侍者以三月十九日对。矍然曰：‘是先帝殉难之日也’，一恸而绝。遗命题其墓曰‘自许先生’。年六十六”。⑥ 不论是《台湾外记》的三月初，还是《金门志》的三月十九，卢若腾死于康熙三年的三月是不错的。他没有到台湾，刚到澎湖不久就病逝了。他送红薯给沈光文肯定不是在台湾或澎湖的事情，而是在金门的事情。因此，沈光文的这首诗也不是在台湾写的。

《谢王愧两司马见赠》：

廿载仰鸿名，南来幸识荆。忘机同海客，尊义缔寒盟。霖雨时需切，东

① 卢若腾：《岛噫诗》，台湾文献丛刊本，第13页。

② 计六奇：《明季南略》，台湾文献丛刊本，第348~351页。

③ 阮旻锡：《海上见闻录》，福建人民出版社1982年版，第14页。

④ 沈光文：《卢司马惠朱薯赋谢》，载《台湾府志三种》下册，中华书局1985年版，第2687页。

⑤ 江日升：《台湾外记》，福建人民出版社1983年版，第187页。

⑥ 林焜熿：《金门志》，台湾文献丛刊本，第264页。

山望不轻。流离谁似我，周急藉先生。①

王愧两司马即王忠孝。王忠孝，字长孺，号愧两，南明弘光政权时，曾被任命为绍兴知府，故沈光文称其为“王愧两司马”。王忠孝是崇祯元年（1628 年）的进士，授户部主事。三年，任河北蓟州漕运监司，以刚直无私著称。当时，朝廷派往蓟州节制漕运的宦官（称监视）邓希诏张扬跋扈，议设标兵、欲新其廨宇，都准备动用公款，均遭到王忠孝反对。“希诏大沮，恨公刺骨，遂密疏陷公。”② 朝廷听信谗言，将王忠孝入狱。“系诏狱二十八月，虽为司农、经略、宪臣、刑曹俱有救疏，卫官不敢枉，又惧忤中官，故迟而不结。……计自壬申秋至乙亥夏，靡日不在患难镠辐中。”③ 后因“希诏赃私狼藉，大珰恐为外庭所借口，疏参逮诏狱论斩，而公名亦遂登启事”。④ 王忠孝之名也因为登载“启事”之后为天下人所知。沈光文“廿载仰鸿名”指的应当就是这件事。壬申年是 1632 年，乙亥年为 1635 年，“廿载”应该是一个虚数，指的是 20 年左右。加上“南来幸识荆”“流离谁似我”两句，说明沈光文的这首诗是他在刚结束了浙、闽、粤数省的流离，到了金门住下，认识了王忠孝不久之后写的。沈光文辛卯年（1652 年）抵金门旅居，他到了金门以后，当然要前往拜访仰慕了 20 年的王忠孝。王忠孝对初来乍到、生活困难的沈光文给予一些接济，也在情理之中。所以，这首诗肯定也不是写于台湾。

3. 诗中透露的地点和某些内容说明此诗不是写于台湾。以下这些诗就属于这一部分：

《重九日登啸卧亭》：

重阳节至客心悲，托盟登临酒一卮。健挽石梁看没羽，醉摩字影读残碑。当年运数终穷九，廿载忧危共此时。为问生涯在何处，黄花知以晚为期。⑤

啸卧亭，址在金门岛西南，明代所建。杨宏举《虚江啸卧亭记》中说：“虚江为谁？都督俞公别号也。……初，公以乙未武进士加千户秩，来守金门，期年而化。暇时尝游息于此，故自题曰：‘虚江啸卧’云。……尝有志构亭，寻因升

① 沈光文：《写王愧两司马见赠》，载《台湾府志三种》下册，中华书局 1985 年版，第 2687～2688 页。

② 洪旭：《王忠孝传》，载《惠安王忠孝公全集》，台湾省文献委员会 1993 年版，第 255 页。

③ 王忠孝：《自状》，载《惠安王忠孝公全集》，台湾省文献委员会 1993 年版，第 32 页。

④ 洪旭：《王忠孝传》，载《惠安王忠孝公全集》，台湾省文献委员会 1993 年版，第 257 页。

⑤ 沈光文：《重九日登啸卧亭》，载《台湾府志三种》下册，中华书局 1985 年版，第 2684 页。

去不果。余后公二十二稔，乃来继治。思以阐公志也，故命工甃石构是亭于石。”① 可见，沈光文登啸卧亭只能是在金门的事情。

《齐价人移浯以诗投赠次韵答之》：

性懒恒耽逸，身闲若避纷。当关学望气，载酒欲轮文。佳翰诚臻圣，新诗更轶群。枝栖欣不远，时冀挹高云。②

“齐价人移浯以诗投赠此韵答之”，说的是齐价人到了“浯洲”（即金门）以后送了一首诗给沈光文，沈光文将此诗作为回赠。说明这件事情发生在金门。

《齐价人旋禾未及言别兹承柬寄欣和》：

忽带青云去，惟将逸韵留。刻舟知待雪，陶径已辞秋。风足高山水，光原灿斗牛。瑶华承寄问，多病获新瘳。③

这首诗和上一首诗的故事是相关联的。齐价人到了金门一段时间以后又要回嘉禾（即厦门）。沈光文因病未能前往送别，齐价人请别人转达了问候，沈光文于是写了这首诗表示感谢。说明这首诗也是写于金门。

《贷米于人无应者》：

同是穷途同作客，饱得烟霞煮得石。但使清虚腹里存，诗瘦偏多新意格。也知诗瘦恰随秋，高飞秋色入浯州。……感此高谊思所报，木瓜何以投永好。今日幼安固如何，却亦未曾除皂帽。④

此诗中有“高飞秋色入浯州”之句，说明此诗作于“浯洲”，也就是金门。加上前文中提到的沈光文曾在金门《柬曾则通借米》，说明此时沈光文穷困潦倒，时常向人借贷度日，以致有时到了无人理睬的地步。

《看菊》：

我昨咏邛须，相将造芳圃。南种悉珍奇，目所未见睹。何须问主人，携樽直入庑。主人笑出迎，看花有俦伍。……阳春天气佳，月丽清虚府。秉烛继夜游，分吟索韵谱。才推河间雄，笺飞白雪舞。诸公八斗高，自足当绣虎。我乃欲效颦，如弄输门斧。瞻言栖依处，何异金门坞（蠡城以南亦有金门坞）。傲骨我终持，不与时仰俯。……维菊与忘言，芬芬自倾吐。序晚值风霜，劲节孰予侮。藉非高士流，滥赏奚足取。共识此中意，斯会同友辅。⑤

---

① 林焜熿：《金门志》，台湾文献丛刊本，第14~15页。

② 沈光文：《齐价人移浯以诗投赠次韵答之》，载《台湾府志三种》下册，中华书局1985年版，第2679页。

③ 沈光文：《齐价人旋禾未及言别兹承柬寄欣和》，载《台湾府志三种》下册，中华书局1985年版，第2682~2683页。

④ 施懿琳等：《全台诗》第一册，远流出版事业股份有限公司2004年版，第39~40页。

⑤ 沈光文：《看菊》，载《台湾府志三种》下册，中华书局1985年版，第2684~2686页。

这首诗中有“瞻言栖依处，何异金门坞”之句，沈光文的意思，他将来栖依的地方，不会与金门有什么不同。因此，可以断定，这首诗也是写于金门。

《感怀八首》：

> 未伸靖节志，居此积忧忡。退避依麋侣，流离傍蜃宫。身闲因性懒，我拙任人工。岛上风威厉，衾寒梦未终。
>
> ……
>
> 忽尔冬将半，居诸不肯停。新诗萦雪梦，愁思入寒扃。同调孚声气，时贤重典型。敝庐依大武，遥接数峰青。①

要了解这首诗写于什么时候、什么地方，最重要的信息在“敝庐依大武”一句。关于“大武”是什么地方，龚显宗先生在这首诗的笺注中说：“毛一波《试论沈光文之诗》谓，诗中有‘蔽庐依大武’之句，除金门外，台湾有大武山，又有大武郡，光文曾避地大武分郡，可证为在台之作”。② 可是，沈光文所处的时代，台湾跟“大武”有关的地名只有以下几个地方：1. “大武笼山（在大武笼社。……山下有溪二条：曰沤湾溪、曰啯溪）”。③ 2. “大武垅社（离府治四十里）”。④ 3. “大武郡牛社（离府治三百四十里）”。⑤ 这些地方与沈光文在台湾时所住的“善化里（离府治二十五里）”⑥ 都有相当的距离，把它们和沈光文诗中的“大武”联系在一起显得有些牵强。

实际上，沈光文诗中的“大武”说的是金门的太武山。古人“大”字通“太”，也通“泰”字。《辞源》的解释是：“‘大’为‘太’的古字。骈雅训纂五释名称：‘古人太字多不加点，如大极、大初、大素、大室、大庙、大学之类。后人加点，以别小大之大，遂分而为二矣。’……也可作‘泰’。”⑦ 沈光文称“太武山”为“大武”，一是为了显示他的学识渊博，二是为了表示他对当时金门岛上权势者郑泰的尊重。郑泰是郑成功的族兄，也是郑氏政权的户官，他长年驻守金门，在金门的地位和影响都很大。古人有为尊者避讳的传统，用“大”字代替“太”字，既不影响原意，又避了郑泰的名讳（避同音），这种巧妙的处

---

① 沈光文：《感怀八首》，载《台湾府志三种》下册，中华书局 1985 年版，第 2689 ~ 2690 页。

② 龚显宗：《沈光文全集及其研究资料增编》上册，台南市文化局 2012 年版，第 152 页。

③ 蒋毓英：《台湾府志》，厦门大学出版社 1985 年版，第 19 页。

④ 蒋毓英：《台湾府志》，厦门大学出版社 1985 年版，第 10 页。

⑤ 蒋毓英：《台湾府志》，厦门大学出版社 1985 年版，第 11 页。

⑥ 蒋毓英：《台湾府志》，厦门大学出版社 1985 年版，第 10 页。

⑦ 何九盈、王宁、董琨主编，商务印书馆编辑部编：《辞源》（第三版），商务印书馆 2015 年版，第 908 页。

理，可惜，后人很少能够体会出来。因此，这首诗也是写于金门。

《普陀幻住庵》：

磬声飘出半林闻，中有茅菴隐白云。几树秋声虚槛度，数竿清影碧窗分。闲僧煮茗能留客，野鸟吟松独远群。此日已将尘世隔，逃禅漫学颂经文。①

这首诗不是写于台湾，先后已有多位学者指出。据台湾学者谢贵文教授介绍："如陈汉光指出'普陀，系指浙江普陀山而言。故此诗之成，应在隆武元年（顺治二年乙酉，1645 年）鲁王画江（画钱塘江而守）之役后。其时鲁王入海，光文可能逃到普陀山'。② 廖一谨亦持此说。③ 事实上，浙江普陀山确实有一座禅寺曰'幻住庵'，乃元朝禅门临济宗杨岐派传人——中峰明本禅师所建，他并著有《幻住庵清规》一卷，刊行于世。④ 由此可知，沈氏诗中的普陀幻住庵应非……大岗山旧超峰寺，亦与……内门紫竹寺无关。"⑤ 正如陈汉光先生所判断的那样，沈光文在追随鲁王抗清时确曾到过普陀山。据季麒光《沈光文传》记载："方其从鲁监国始事越东，不无一城一旅之思。及钱塘兵败，从曹娥江走宁、台，……后从宁海出石浦，抵舟山。又自舟山渡厦门至南澳。"⑥ 普陀山在舟山群岛，沈光文在舟山期间曾到访过普陀幻住庵，这首诗就是在那时写的。

以上沈光文的诗，可以确定不是在台湾所写或写的不是台湾的事情的诗至少有 18 题 40 首。显然，这个数字要多于可以确定在台湾所写或写台湾事情的 17 题 19 首。至于收入《重修台湾府志》和《全台诗》中的其余沈诗，目前还无法判定是否与台湾有关系。

通过以上的分析，我们可以发现，范咸的《重修台湾府志》有意或无意地将沈光文不是在台湾写的或写的不是台湾事情的诗收入到《艺文志》之中，大大增加了沈光文的作品在台湾官修府志中的分量，并且成了全祖望将沈光文誉为"海东文献""初祖"的佐证。

清代官员和文人高抬沈光文是有原因的。沈光文的诗友、诸罗知县季麒光

---

① 沈光文：《普陀幻住菴》，载《台湾府志三种》下册，中华书局 1985 年版，第 2674 页。

② 原注：陈汉光：《台湾诗录》上册，台湾省文献会 1984 年版，第 44 页。

③ 原注：廖一谨：《台湾诗史》，武陵出版社 1989 年版，第 86 页。

④ 原注：杨惠南：《两首有关台湾僧人抗清的诗作》，《佛学研究中心学报》3 期，1998 年，第 283 页。

⑤ 谢贵文：《沈光文在台的事迹及文学》（未刊稿），载泉州郑成功研究会 2019 年研讨会论文汇编：《明郑人物的活动及其历史影响》，第 12~13 页。

⑥ 季麒光撰、李祖基点校：《蓉洲诗文稿选集 · 东宁政事集》，香港人民出版社 2006 年版，第 123 页。

称："从来台湾无人也，斯菴来而始有人矣。台湾无文也，斯菴来而又始有文矣。"[①] 全祖望则说："前此诸公述作，多以兵火散佚，而公得保天年于承平之后。海东文献，推为初祖。……今之志台湾者，皆取之焉。……盖天将留之以启穷徼之文明，……为台人破荒"。[②] 他们如此说的前提，就是无视明郑时期大量追随郑成功、郑经来到台湾的文人、学士的存在，无视这些文人、学士留下的各种著作的存在。他们自己没有看到，不等于这些著作就不存在。我们今天依然能够利用的卢若腾的《岛噫诗》[③]、王忠孝的《惠安王忠孝公全集》[④]、郑经的《东壁楼集》[⑤] 等，都说明了这种无视的错误。他们对明郑时期其他文人著作的无视，最主要的还是政治上的原因。

在清代官员和文人的眼中，沈光文之所以值得肯定，最重要的是因为他晚年的"政治正确"。清朝平定台湾后，沈光文写了《平台湾序》，这篇文章可以看成是沈光文政治上的"自白书"。文中除了对明郑时期进行贬低、攻击之外，还对康熙帝和施琅进行了歌功颂德："猗欤盛哉！猗欤盛哉！圣天子在上，海不扬波，德其溥矣；大将军柔远，重译来归，功实懋焉。"[⑥] 有了这样的政治表态，沈光文作为南明遗老的身份便被"洗白"了，他就变成了清政府可以认可的"海东文献""初祖"。

在清郑对立、广大民众饱受战火的荼毒、许多人不得不颠沛流离的背景下，沈光文的诗，基本上反映了一个失意、落寞文人的情绪和心境，大多是个人境遇的写照。与同时期的卢若腾、王忠孝、郑经等人相比，缺少了一些家国情怀，缺少了一些对普通民众和士兵的关怀，在思想性和体现中华文化核心价值方面明显不如。说他是"海东文献""初祖"，显然过誉。

---

① 季麒光：《跋沈斯菴〈杂纪诗〉》，载季麒光撰、李祖基点校：《蓉洲诗文稿选集·东宁政事集》，香港人民出版社 2006 年版，第 98 页。

② 季麒光：《跋沈斯菴〈杂纪诗〉》，载季麒光撰、李祖基点校：《蓉洲诗文稿选集·东宁政事集》，香港人民出版社 2006 年版，第 98 页。

③ 卢若腾：《岛噫诗》，台湾文献丛刊本。

④ 王忠孝：《惠安王忠孝公全集》，台湾省文献会 1993 年版。

⑤ 郑经：《东壁楼集》，载泉州文库整理出版委员会编：《延平二王遗集》外二种，上海辞书出版社 2012 年版。

⑥ 沈光文《平台湾序》，载《台湾府志三种》下册，中华书局 1985 年版，第 2667 页。

附录三　从台湾教育史上的一桩公案谈起
——再论有关沈光文史事

台湾的汉文教育（或者说儒学教育）始于何时？多数的史学著作，一般都会从郑成功收复台湾之后，郑经的部将陈永华建议在台湾建孔庙、设学校谈起，充分肯定陈永华在台湾教育史上无可比拟的功绩。但从上世纪 90 年代以来，在台湾出现了另外一种声音，即把沈光文尊为“台湾孔子”。[①]孔子在中国教育史上的地位崇高无比。难道沈光文在台湾教育史上地位要高于陈永华？孰是孰非，自然成了台湾教育史上的一桩公案。

事实上，沈光文被誉为“海东文献初祖”,[②] 到“台湾孔子”，乃至在台南善化的庆安宫被尊为“文昌帝君”,[③] 都是由于错误的历史记载引导而造成的。笔者在 2020 年《台湾研究集刊》第 4 期发表了一篇《沈光文史事诗事考析》的文章，对沈光文入台的时间、他现存的诗作进行了详细的分析，指出他入台的时间并没有比郑成功早，而是比郑成功迟，他现存的诗作，很多不是在台湾写的，写的也不是台湾的事情，说他是“海东文献初祖”显然过誉。本文则从台湾的教育史入手，说明沈光文“台湾孔子”的称谓，也是盛名之下其实难副。

一、把沈光文誉为“台湾孔子”是因为错误的历史记载的引导而造成的

把沈光文称为“台湾的孔子”，相对有比较完整论述的著作是《台湾教育四百年》一书。[④] 书中虽充分肯定了陈永华在制定台湾的教育制度、推行官办教育

---

① 龚显宗编：《沈光文全集及其研究资料汇编》，台南县立文化中心 1998 年版，主任序、第 603 页、第 614 页、616 页。

② 全祖望：《鲒埼亭集》卷 27，载龚显宗编：《沈光文全集及其研究资料汇编》，台南县立文化中心 1998 年版，第 37 页。

③ 此信息由台南市安平文教基金会秘书长周芷茹女士提供，在此致谢！

④ 经典杂志编著：《台湾教育四百年》，经典杂志 2006 年版。

方面的功绩，但却又添设了“在台湾的孔子”一节。在这一节中，书中是这样论述的：“相对于官办教育的卓然有成，占相对多数的民间教育体系，自也是不遑多让。”因“因缘际会来到台湾的明儒沈光文，将教育带及民间乃至于原住民族，为他博得‘台湾孔子’的美名”。①“当时在民间书房担任教席者，多为随明郑来台的知识分子，对于台湾孩童的启蒙教育，他们做出了相当的贡献。其中，有‘台湾第一士大夫’之称的沈光文，更是极富（负）盛名且影响深远。”“沈光文，……及至郑成功据守厦门、金门，他选择不屈降于清廷，乃渡海至金门。一六五一年，清廷遣人持金游说其出任官职，沈光文严拒之；为免纠缠，隔年乃举家由金门转往泉州，孰料途中遇飓风竟漂至宜兰。抵台后，沈光文辗转南下居于台南。郑成功来台后以礼待之并供给田宅。而后郑经嗣位，因施政或改前朝之制，沈光文作《台湾赋》多所讥刺，遂引来杀身之祸，为保命乃落发为僧，变易服饰，逃往目加溜湾（今台南县善化镇）、大岗山（今高雄县阿莲乡）、罗汉门（今高雄县内门乡）等社，成立私塾以教授当地汉籍与原住民孩童，兼且行医治病。当时来台的知识分子，从事教育对象，往往限于官方或权贵子弟，像沈光文这般直入民间乃至原住民部落者，可说相当罕见。正因其将汉学教育带入平民阶层，故为他赢得‘台湾孔子’的美誉。”② 在此书的的附录“台湾教育大事记”中也写道：公元 1652 年，明永历六年，“明儒沈光文举家由金门转往泉州，途中遇飓风漂至宜兰，辗转南下居于台南”。公元 1662 年，明永历十六年，“六月，沈光文因作诗讥刺郑经，为保命乃逃往目加溜湾、大岗山、罗汉门等社，成立私塾以教授当地汉籍与原住民孩童，兼且行医治病。将汉学教育带入平民阶层，为他赢得‘台湾孔子’的美誉”。公元 1666 年，陈永华建议设立的孔庙和官学竣工。③

在这个把沈光文誉为“台湾孔子”的论述中，有关的重要的根据主要有以下几点：

1. 1651 年，“清廷遣人持金游说其出任官职，沈光文严拒之”。1652 年，为免纠缠，“沈光文举家由金门转往泉州，途中遇飓风漂至宜兰，辗转南下居于台南”。沈光文早于郑成功到台湾。

2. 1662 年“六月，沈光文因作诗讥刺郑经，为保命乃逃往目加溜湾、大岗山、罗汉门等社，成立私塾以教授当地汉籍与原住民孩童，兼且行医治病”。

3. 相对于陈永华在制定台湾的教育制度、推行官办教育方面的功绩，有

---

① 经典杂志编著：《台湾教育四百年》，经典杂志 2006 年版，第 39 页。

② 经典杂志编著：《台湾教育四百年》，经典杂志 2006 年版，第 42 页。

③ 经典杂志编著：《台湾教育四百年》，经典杂志 2006 年版，第 213 页。

“台湾第一士大夫”之称的沈光文直入民间乃至原住民部落办教育，更为难得罕见。正因为他将汉学教育带入平民阶层，故此赢得“台湾孔子”的美誉。

然而，所有这些把沈光文誉为“台湾孔子”的根据，都没有史实的基础，或者说都是由于错误的历史记载引导而造成的。这种没有了解准确的历史事实情况下得出的“美誉”，无异于神话。下面将依次对沈光文有关史实和他在台湾教育史上的作用，进行探究，并予以必要的澄清。

二、沈光文没有比郑成功早到台湾

所谓沈光文曾在1651年拒绝“清廷遣人持金游说其出任官职”，而又于1652年“举家由金门转往泉州，途中遇飓风漂至宜兰，辗转南下居于台南”，比郑成功早到台湾的说法，源于清乾隆年间著名文史学家全祖望的《沈太仆传》。全祖望说：“沈太仆，光文，字文开，一字斯庵，鄞人也。……辛卯由潮阳航海至金门。闽督李率泰方招来故国遗臣，密遣使以书币招之。公焚其书，返其币。时粤事不可支。公遂留闽，思卜居于泉之海口。挈家浮舟，过围头洋口，飓风大作，舟人失维，飘泊至台湾。时郑成功尚未至，而台湾为荷兰所据。……辛丑，成功克台湾，知公在，大喜，以客礼见。时海上诸遗老，多依成功入台，亦以得见公为喜，握手劳苦。成功令麾下致饩，且以田宅赡公。”① 笔者在《沈光文史事诗事考析》② 一文中对全祖望的《沈太仆传》进行了全面的辩驳，指出了全祖望为了美誉同乡（全祖望也是浙江鄞县即今宁波人），在有关沈光文的生平中制造出了太多的错误。原文篇幅很长，这里不便过多引述。但为了论述的需要，却有必要进行一些简要的介绍。

沈光文漂流到台湾不是在1652年，而是在1662年，他漂流到台湾之前，不仅没有拒绝清政府的招降，反而是接受了清福建总督李率泰的招降，他是在前往泉州投降的路上遇飓风漂流到了台湾。这么说最重要的根据，就是他自己在康熙二十四年（1685年）写的《东吟社序》中说的：“余自壬寅将应李部台之招，舟至围头洋，遇飓飘流至斯。海山阻隔，虑长为异域之人，今二十有四年矣。……

① 全祖望：《鲒埼亭集》卷27，载龚显宗编：《沈光文全集及其研究资料汇编》，台南县立文化中心1998年版，第37页。

② 邓孔昭：《沈光文史事诗事考析》，《台湾研究集刊》，2020年第4期。

康熙二十四年乙丑岁梅月，甬上流寓、台湾野老沈光文斯菴氏题，时年七十有四。"① 壬寅年是康熙元年，也就是 1662 年。沈光文应福建总督李率泰之招，在从金门往泉州（时李率泰领大军驻泉州）投降的路上，在围头洋遇飓风漂到台湾的。

沈光文的好朋友、诸罗县第一任知县季麒光曾给沈光文写过两篇传记。一篇是载入台湾第一部府志——蒋毓英《台湾府志》中的《沈光文列传》，其中说，"沈光文，……辛卯年，从肇庆至潮州，由海道抵金门。壬寅，八闽总制李公讳率泰闻其名，遣员致书币邀之，期庵（应为斯菴——本文作者注）不就。七月，挈其眷，买舟欲入泉州，过围头洋，遇飓风，飘泊至台，不能返棹，遂寓居焉"。② 此处引述的内容，除了"斯庵不就"4 个字是季麒光为了掩饰沈光文准备降清的事实而添加的蛇足之笔外，别的都还是准确的。按照季麒光的说法，既然沈光文不接受李率泰的招降，那么，他"买舟欲入泉州"干什么？当时李率泰正是驻扎在泉州，代表清政府趁郑成功逝世、郑氏内乱的情况下，主持对郑氏集团的招降活动的。"欲入泉州"就是准备降清，这岂是季麒光用"斯庵不就"可以掩饰的。但正是这 4 个字，给全祖望提供了进一步想象发挥的空间，变成了"公焚其书，返其币"，误导了后人对沈光文的了解。除此之外，季麒光提供的"壬寅，……七月，挈其眷，买舟欲入泉州，过围头洋，遇飓风，飘泊至台"的内容，不但证实了沈光文自己说的壬寅年漂流到台湾的记载的可信，同时还进一步明确了沈光文漂流到台湾是这一年七月的事情。七月正是台风季节，飓风多发。

季麒光在自己的著作《蓉洲文稿》中还有另外一个版本的《沈光文传》，其中写道："沈光文，……辛卯年，从肇庆至潮州，由海道抵金门。督院李公闻其名，遣员致书币邀之，斯菴不就。七月，挈其眷买舟欲入泉州，过（团）围头洋，遇飓风，飘泊至台。及郑大木掠有其地，斯庵以客礼相见。……方其从鲁监国始事越东，……后从宁海出石浦，抵舟山。又自舟山渡厦门至南澳，入潮之揭阳。是时永历假号于肇庆，斯菴复往从之。随监郑鸿逵军事。又从揭阳来旅寓于金门所。越十有余年，而转徙至台湾。"③ 这段记载，关于沈光文去台湾的部分，前面的"辛卯年，从肇庆至潮州，由海道抵金门。……七月，挈其眷买舟欲入泉

① 沈光文：《东吟社序》，载《台湾府志三种》下册，中华书局 1985 年版，第 2576～2579 页。

② 蒋毓英：《台湾府志》，载《台湾府志三种》上册，中华书局 1985 年版，第 223～224 页。

③ 季麒光撰、李祖基点校：《蓉洲诗文稿选集·东宁政事集》，香港人民出版社 2006 年版，第 122～123 页。

州，过（团）围头洋，遇飓风，飘泊至台”，是正叙。后面的“方其从鲁监国始事越东，……又从揭阳来，旅寓于金门所，越十有余年，而转徙至台湾”，是倒叙。讲的都是同一件事，也就是沈光文在辛卯年到了金门，经过多年之后，漂泊到了台湾。但前面一段过于省略，甚至将“壬寅”这么重要的年份都省去了。后面一段讲清楚到了金门之后“越十有余年，而转徙至台湾”，但经过了一番倒叙，对这段史实不是那么熟悉的读者往往容易产生误读。其实，辛卯年就是1651年，越11年就是壬寅年（1662年）。用不同的表达方法，季麒光再一次表达了沈光文是壬寅年到的台湾。

但在这一段的记载中，季麒光又有蛇足般的败笔，那就是“及郑大木掠有其地，斯庵以客礼相见”。既然沈光文是壬寅年（1662年）七月到的台湾，怎么会发生“及郑大木掠有其地，斯庵以客礼相见”的事情呢？稍微了解这段历史的人都会知道，郑成功复台大军在台湾登陆是1661年5月1日的事情，他驱走荷兰人是1662年2月的事情，他在台湾病逝是1662年6月23日（五月初八日），都比沈光文到台湾的时间要早。显然，季麒光在这里出现了严重的错乱。正是这个严重的错乱，又给全祖望提供了许多想象和发挥的空间，于是就演变出了：“辛丑，成功克台湾，知公在，大喜，以客礼见。时海上诸遗老，多依成功入台，亦以得见公为喜，握手劳苦。成功令麾下致饩，且以田宅赡公。”经过季麒光、全祖望二人添油加醋式的“润笔”，一个沈光文早于郑成功到台湾的“记载”就这样产生了。

把沈光文说成早于郑成功来到台湾，而且他又当过“太仆寺少卿”，因此，也就有了进一步把他称为“台湾第一士大夫”的说法。可是，事实证明：沈光文是晚于郑成功到台湾的，而且他到台湾是因为降清未遂而造成的。一个降清未遂、沦为“台湾野老”的人，还能享有“台湾第一士大夫”的美誉吗？

三、沈光文为保命逃到目加溜湾办教育的说法不足采信

所谓1662年“六月，沈光文因作诗讥刺郑经，为保命乃逃往目加溜湾、大岗山、罗汉门等社，成立私塾以教授当地汉籍与原住民孩童”的说法，也基本上是源于季麒光、全祖望的记载。季麒光说：“郑经嗣爵，多所变更。斯庵知经不能用人，且以一赋寓讥讽，为忌者所中，乃改服为僧，入山不出，教授生徒，兼

以医药济人。”[①] 全祖望则说：“已而成功卒，子经嗣，颇改父之臣，与父之政，军亦日削。公作赋有所讽，乃为爱憎所白，几至不测。公变服为浮屠，逃入台之北鄙，结茅于罗汉门山中以居。或以好言解之于经得免。山旁有目加溜湾者，番社也。公于其间，教授生徒，不足则济以医。”季、全二人的说法，与史实最大的出入，就是把沈光文不见容于郑经的责任归咎于郑经，其目的还是企图掩盖沈光文降清未遂的事实。

郑经到台湾之后所以不能善待沈光文，不是郑经的问题，而是沈光文的问题。郑成功死后，郑经内外交困，亟需稳定内部局势，而沈光文这时却响应了李率泰的招徕，“挈眷”“买舟”，前往泉州向清方投诚。因遭遇飓风意外，漂流至台湾。这样的事情，郑经事后不可能不知道。对一个在自己危难时刻有背叛行为的人，郑经不能善待他，于情于理，都是说得过去的。季麒光、全祖望隐瞒了沈光文准备降清的事实，而把沈光文流落乡野归咎于郑经，实在有欠公允。

至于说郑经在施政和用人方面改变了郑成功的政策，而引起沈光文作赋讥讽的说法，也同样站不住脚。郑经继承郑成功的遗志，在施政和用人方面也基本遵循郑成功的做法，这是有目共睹的，没人能举出他改变了郑成功政策的具体例子。沈光文确实写过一篇可称为“赋”的文章——《平台湾序》，其中也不缺讥讽郑经的内容：“壬寅年，成功物故，郑经僭王。附会者言多谄媚，逢迎者事尽更张。般乐之事日萌，奢侈之情无厌。横征浪费，割肉医疮。峻法严刑，蹙川弥谤。主计者，所用非所养矣，所养非所用矣。世风日下，人事潜移。”[②] 台湾学者盛成先生曾武断地说这篇《平台湾序》是经后人（指清代的人）窜改而成的，“斯庵以一赋寓讥讽（当为《台湾赋》，后世窜改为《平台湾序》）”,[③] 但他又从《平台湾序》中抽出一部分内容认定为《台湾赋》。在他认定为《台湾赋》的部分中，同样包括了上述讥讽郑经的内容。[④]

可是，如果我们细读《平台湾序》和盛成先生认定的《台湾赋》之间的差别，就会发现：清人是否窜改沈光文的《台湾赋》尚难断定，而盛成先生在把《平台湾序》的部分内容认定为《台湾赋》的过程中，“窜改”了其中一些关键的内容却可坐实。例如：紧接在上述讥讽郑经的内容之后，《平台湾序》写的是：

---

① 季麒光撰、李祖基点校：《蓉洲诗文稿选集·东宁政事集》，香港人民出版社2006年版，第123页。

② 沈光文：《平台湾序》，载《台湾府志三种》下册，中华书局1985年版，第2661页。

③ 盛成：《史乘与方志中的沈光文资料》，载龚显宗编：《沈光文全集及其研究资料汇编》，台南县立文化中心1998年版，第250页。

④ 盛成注：《台湾赋》，载龚显宗编：《沈光文全集及其研究资料汇编》，台南县立文化中心1998年版，第168页。

“甲寅之会，不观时势，辄欲猖狂。八千子弟，既非训练之师；三五幺么，谁是运筹之客？庚申二月，全军覆没，埋首台湾。举国惊疑，延颈内地。加之以，旱魃而米珠薪贵，地震而川竭山崩。芒芒黎庶，日不聊生。辛酉郑经奄逝，……螟蛉钦舍，正直监国，矫缢西廊；禨裸克塽，龆龀称藩，妄称东殿。……九日洋中，风吹后轴，八旬岛上，麓涌甘泉，岂非地转而将善也；海归一统之洪图，故得天灵而效顺也。民实皇清之赤子，……白叟黄童，方欣舜日；男耕女织，始庆尧年。茕茕异地之离人，言归桑梓；蚩蚩沿山之土著，悉奉章程。……唐韩愈之治潮阳，愚顽讲学，汉文翁之守巴蜀，巷陌兴歌。从此阐明文教，媲美名区，是十四省之外再加外海，于五十七县之中又增三邑。”① 而盛成先生认定的《台湾赋》写的是：“苟革面于天朝（注：尊奉鲁王），倾心正化，岂非蛮荒膏腴；讵祸胎无俊志，戾气尝横，恃此黑子弹丸。天理昧而不知，人事违而强作。唐韩愈之治潮阳，愚顽讲学，漠（汉）文翁之守巴蜀，巷里兴歌。从此阐明文教，媲美名区，茕茕异地之离人，言归桑梓；蚩蚩东胡之丑类，悉奉典章。岂非地转而将善也？一统之洪图，故得天露而效顺也，民实皇明之赤子。白叟黄童，永欣舜日；男耕女织，终庆尧年。”② 两相比较，盛成先生将沈光文《平台湾序》中的“民实皇清之赤子”，触目惊心地改成了“民实皇明之赤子”；并且，将文中显而易见的“天朝”（即清朝），毫无道理地注为“尊奉鲁王”。③ 这种粗暴对待史料的态度，是令人难以苟同的。

沈光文的《平台湾序》包括其中讥讽郑经的内容，很明显是写于清朝平定台湾之后。季麒光、全祖望为了掩饰沈光文因降清未遂而不见容于郑经的事实，把沈光文讥讽郑经之事穿越20余年，提前到郑经嗣位不久之时，是为了塑造沈光文是一个正直的、有勇气的、值得同情的形象。试想，一个原本需要郑氏政权供养，又有降清未遂不免被忠于明王朝的人视为有“劣迹”的人，他有可能在郑经嗣位不久就去作赋“讥讽”这位新的“衣食父母”吗？

所谓沈光文作赋“讥讽”郑经之后“为忌者所中”（季麒光语），或“乃为爱憎所白，几至不测”（全祖望语）的说法，其真实的情况一定是沈光文降清未遂之事被人举报了。一旦准备降清的真相败露，不要说郑经准备怎么对待他，沈光文自己也一定会觉得再没有脸面混在郑氏队伍中当个“食客”了。因此，避世

---

① 沈光文：《平台湾序》，载《台湾府志三种》下册，中华书局1985年版，第2661-2667页。

② 盛成注：《台湾赋》，载龚显宗编：《沈光文全集及其研究资料汇编》，台南县立文化中心1998年版，第168-170页。

③ 盛成注：《台湾赋》，载龚显宗编：《沈光文全集及其研究资料汇编》，台南县立文化中心1998年版，第169页注⑨。

为僧，走入山林，是个十分正常的选择，并不是郑经迫害的结果。

至于说沈光文“为保命乃逃往目加溜湾，……成立私塾以教授当地汉籍与原住民孩童”的说法，更是缺乏对当时台湾情况了解的“想当然”。目加溜湾虽是“番社”，但并不偏远，离当时台湾的政治中心（郑成功设立的承天府，后来清代的台湾府治）只有26里路程，“目加溜湾社离府治二十六里”。① 当时就是著名的“四社”之一（其他三社为新港、肖垅或称欧汪、麻豆）。郑成功登陆台湾后才十几天，到蚊港观察地形时，就曾视察“四社”。“四社土民，男妇壶浆，迎者塞道。藩慰劳之，赐以酒□（食），甚是喜慰。”② 这样一个郑氏政权眼鼻子底下，且又与郑氏政权关系密切的“番社”，会是一个可以躲避郑经“迫害”的“避难”场所吗？沈光文到目加溜湾“教授生徒”，不但不是受郑经的“迫害”，反而可以说是受到了郑氏政权的恩惠，表明郑经给了他一份工作、一个自食其力的机会。

没有官方的推动和帮助，沈光文是无法在目加溜湾“成立私塾以教授当地汉籍与原住民孩童”的。因为，当时台湾的原住民儿童不可能自觉地接受汉文教育，而前来沈光文自办的私塾上学。即使是汉人的学童（一定是以闽籍为主），也不可能主动接受一个操浙江宁波口音的老头来做他们的老师。

四、沈光文能在目加溜湾给“番童”教书是郑氏政权普惠政策的一个例子

所谓相对于陈永华在制定台湾的教育制度、推行官办教育方面的功绩，有“台湾第一士大夫”之称的沈光文直入民间乃至原住民部落办教育，更为难得罕见，正因为他将汉学教育带入平民阶层，故此赢得“台湾孔子”的美誉的说法，还是基于对当时台湾历史的不了解。

在明郑时期，台湾的汉文教育属于草创阶段。无论是设在承天府（赤崁）的学校还是设在乡间各村社的学校，都是在郑氏政权的推动下才建立的。没有什么可以“独立”于官办教育之外的民间教育。

据《台湾外记》记载，康熙四年（1665年），陈永华见台湾的各项事业已初步进入轨道，就向郑经建议说：“‘开辟业已就绪，屯垦略有成法，当速建圣庙、立学校’。经曰：‘荒服新创，不但地方局促，而且人民稀少，姑暂待之将来。’永华曰：‘非此之谓也。昔成汤以百里而王，文王以七十里而兴，岂关地方广阔？

---

① 蒋毓英：《台湾府志》，载《台湾府志三种》上册，中华书局1985年版，第26页。

② 杨英：《先王实录》，福建人民出版社1981年版，第252页。

实在国君好贤，能求人才以相佐理耳。今台湾沃野数千里，远滨海外，且其俗醇，使国君能举贤能以助理，则十年生长，十年教养，十年成聚。三十年真可与中原相甲乙。何愁其局促稀少哉？今既足食，则当教之。使逸居无教，何异禽兽？须择地建立圣庙，设学校，以收人才。庶国有贤士，邦本自固，而世运日昌。’经大悦，允陈永华所请。令择地兴建圣庙，设学校，于承天府鬼仔埔上，鸠工筑竖基址，大兴土木起盖。康熙五年丙午（附称永历二十年）正月，建立先师圣庙成（今台湾府府学是也），旁置明伦堂。又各社令设学校延师，令子弟读书。……三月，经以陈永华为学院，叶亨为国子助教，教之养之。至此台人始知学。”① 另据《裨海纪游》记载：“新港、嘉溜湾、欧王、麻豆，于伪郑时为四大社，令其子弟能就乡塾读书者，蠲其徭役，以渐化之。”②

这说明，当时，不论在汉族居民居住的地区，还是在原住民居住的地区，郑氏政权都普遍推行了要求学龄儿童入学的政策，“各社令设学校延师，令子弟读书”。为了吸引原住民子弟上学，郑氏政权还实行了一些鼓励的政策，可以免去学童父母的徭役。这样，原住民儿童上学才更有了积极性。所以，当时到“番社”教授原住民子弟读书不是沈光文个别的行为，而是在郑氏政权的主导之下，在各个“番社”，至少在“四社”里出现的普遍的现象。目加溜湾设立学校，并且延聘沈光文为老师，只是其中的一个例子。如果因为沈光文在目加溜湾“教授生徒”就将其誉为“台湾的孔子”，是典型的只见树木不见森林，是难以使人信服的。即使沈光文在目加溜湾书教得很好，培养了很多人才，顶多可称为“善化镇（当时的目加溜湾在今善化镇）的孔子”，连“台南的孔子”都不好说。因为，当时的“四社”都在现在台南的地域内，其他三社受教化的程度也都不比目加溜湾差。“四社番亦知勤稼穑，务蓄积，比户殷富，又近郡治，习见城市居处礼让，故其俗于诸社为优。”③

总的说来，沈光文当时在目加溜湾社教原住民儿童读书，只是郑氏政权“各社令设学校延师”中的一个师资而已。正如连横先生所说：当时，“避难搢绅，多属鸿博之士，怀挟图书，奔集幕府，横经讲学，诵法先王，洋洋乎，济济乎，盛于一时矣”。④ 只有在郑成功收复台湾之后，在陈永华的积极推动之下，台湾的汉文教育，才蓬勃开展起来。

---

① 江日升：《台湾外记》，福建人民出版社 1983 年版，第 192 页。
② 郁永河：《裨海纪游》，台湾文献丛刊本，第 17 页。
③ 郁永河：《裨海纪游》，台湾文献丛刊本，第 17 页。
④ 连横：《台湾通史》上册，商务印书馆 1983 年版，第 188 页。

第十一章

明郑时期台湾海峡两岸的海上交通问题

1661 年，郑成功率领 2. 5 万名官兵渡过台湾海峡，在禾寮港登陆，经过 9 个月的斗争，驱逐了荷兰殖民者，收复了祖国的宝岛台湾。1683 年，施琅率领清军在澎湖打败了郑氏军队，台湾的郑氏政权不得不向清政府投降。在这 22 年间，台湾海峡两岸基本上分别为两股敌对的政治势力所统辖。那么，当时海峡两岸海上交通的状况如何？会受哪些因素的制约？当时的人们是如何考虑和解决海上交通问题的？这是一些很有趣的问题，本章试作一些探讨。

一、1661—1683 年间台湾海峡两岸海上交通的状况

要了解当时海峡两岸海上交通的基本状况，首先，有必要将这时期海峡两岸海上交通的一些大事作一番整理。在这 22 年间，堪称海峡两岸海上交通“大事”的，主要有以下内容：

1. 1661 年（清顺治十八年，南明永历十五年）阴历三月二十三日，郑成功率领 2. 5 万名复台大军从金门料罗湾放洋。二十四日到达澎湖后，因风向变化受阻，船队分驻各屿候风。三十日，继续向台湾进发。四月初一日，船队从鹿耳门进港，在禾寮港登陆。①

2. 1661 年五月初二日，由左冲、前冲、智武、英兵、游兵、殿兵、义武 7 镇组成的郑氏复台大军第二梯队约 5000 人渡过台湾海峡，抵达台湾。②

① 杨英：《先王实录》，福建人民出版社 1981 年版，第 245~246 页。

② 杨英：《先王实录》，福建人民出版社 1981 年版，第 253、255 页；荷兰东印度公司：《巴达维亚城日志》，载厦门大学郑成功历史调查研究组编：《郑成功收复台湾史料选编》，福建人民出版社 1982 年版，第 276 页。

3. 1661 年七月至闰七月（明历七月至八月）间，由于强劲的顶头逆风（俗称“石尤风”），金厦运粮船无法渡过台湾海峡，在台的数万郑军嗷嗷待哺。直到八月二十二日（明历九月二十二日），金、厦方面派出的 12 艘运粮船才抵达台湾。①

4. 1661 年，郑成功挥师入台之后，清廷采纳了兵部尚书苏纳海等人的意见，“令将山东、江、浙、闽、广海滨居民尽迁于内地，设界防守，片板不许下水，粒货不许越疆。”② 把沿海 30 里地带划为“界外”，不许百姓居住，对金、厦、台、澎实行严厉的经济封锁。

5. 1662 年（清康熙元年，南明永历十六年）正月，郑成功严谕留在金、厦官兵的眷口搬往台湾，“郑泰、洪旭、黄廷等皆不欲行，于是不发一船至台湾。而差船来吊监纪洪初辟等十人，分管番社，皆留住不遣，海上信息隔绝”。③

6. 1662 年十月，郑经率周全斌、陈永华、冯锡范等千余人马赴台湾平息黄昭等拥立郑世袭的事件。事件平息后，于同年十一月回到金、厦。④

7. 1664 年三月，郑军尽失福建沿海岛屿，郑经率残部官兵眷口六七千人败退台湾。⑤

8. 1664 年十一月，施琅率周全斌等郑氏降将，统清军船只数百号，“进发台湾，舟师行至洋面，骤起飓风，难于逆进而还”。⑥

9. 1665 年三月和四月，施琅等又两次率领清军舟师向台湾进发，均被风浪打回。尤其是四月间的渡海攻台，清军船队已驶入澎湖口，但又遭飓风袭击，清军损失严重。⑦

10. 1665 年十月，郑氏部将左都督李（朱）英等自澎湖率众到浙江向清军投诚。一同前来的还有都督佥事翁贵、金兴、黄荣、刘进，总兵陈绮、朱忠、张朝绒等。⑧

---

① 邓孔昭：《郑成功与明郑台湾史研究》，台海出版社 2000 年版，第 67～69 页。

② 夏琳：《闽海纪要》，台湾文献丛刊本，第 28 页。

③ 阮旻锡：《海上见闻录》，福建人民出版社 1982 年版，第 48 页。

④ 阮旻锡：《海上见闻录》，福建人民出版社 1982 年版，第 49 页。

⑤ 江日升：《台湾外记》，福建人民出版社 1983 年版，第 187～188 页；施琅：《靖海纪事》，福建人民出版社 1983 年版，第 54 页。

⑥ 厦门大学台湾研究所、中国第一历史档案馆编辑部编：《康熙统一台湾档案史料选辑》，福建人民出版社 1983 年版，第 50 页；阮旻锡：《海上见闻录》，福建人民出版社 1982 年版，第 53 页。

⑦ 厦门大学台湾研究所、中国第一历史档案馆编辑部编：《康熙统一台湾档案史料选辑》，福建人民出版社 1983 年版，第 50～62 页。

⑧ 《清圣祖仁实录选辑》，台湾文献丛刊本，第 29 页。

11. 1666 年七月，郑氏部将都督李顺率官兵船只从澎湖到浙江向清军投诚。①

12. 1667 年，清政府两次派员到台湾进行招降。六月，首先派道员刘尔贡、知州马星到台湾。八月二十六日，福建招抚总兵官孔元章从厦门亲往台湾。他在台湾住了一个多月，于十月初七日从台湾回到厦门。这次和谈，清方提出了三个条件：开放沿海地方与台湾通商，郑氏必须称臣奉贡，郑经必须遣子入京为质。但为郑经所拒绝。②

13. 1668 年，清廷裁去了福建水师提督，同时将福建水师裁汰，撤归陆营。福建沿海的防务出现了很大的漏洞。1669 年，郑氏部将江胜到厦门建立走私贸易点。③

14. 1669 年，清政府派刑部尚书明珠、吏部侍郎蔡毓荣入闽，与靖南王耿继茂、福建总督祖泽溥等主持与台湾郑氏集团的谈判。一时间，使者在台湾海峡两岸频繁往返。七月，清方首先派遣兴化知府慕天颜、都督佥事季佺到台湾。同月，郑经派礼官叶亨、刑官柯平随慕天颜等到泉州商谈。八月，清方令慕天颜、季佺同柯平、叶亨等再往台湾。但谈判最终未能取得成果，慕天颜等辞回。④

15. 1670 年十月，郑氏部将宁远将军林伯馨、都督施轰率官 144 员、兵 1690 名、船 10 只，从台湾到浙江向清军投诚。⑤

16. 1671 年五月，清政府决定复设福建水师，总计水师官兵 10000 员名，战船 200 只。⑥ 福建水师复设之后，立即对沿海岛屿进行了搜剿，清除了许多郑氏军队在沿海岛屿设立的据点。⑦

17. 1671 年十月，郑氏部将总兵柯乔栋率官 549 员、船 11 只，从台湾到福建向清军投诚。⑧

18. 1674 年五月，郑经响应大陆“三藩之乱”，率师反攻大陆，回到福建沿海地区。

---

① 《清圣祖仁实录选辑》，台湾文献丛刊本，第 30 页。

② 厦门大学台湾研究所、中国第一历史档案馆编辑部编：《康熙统一台湾档案史料选辑》，福建人民出版社 1983 年版，第 69~73、75~76 页；夏琳：《闽海纪要》，台湾文献丛刊本，第 37 页。

③ 周凯：《厦门志》，台湾文献丛刊本，第 671 页；邓孔昭：《郑成功与明郑台湾史研究》，台海出版社 2000 年版，第 249~252 页。

④ 江日升：《台湾外记》，福建人民出版社 1983 年版，第 205~209 页。

⑤ 《清圣祖仁实录选辑》，台湾文献丛刊本，第 35 页。

⑥ 厦门大学台湾研究所、中国第一历史档案馆编辑部编：《康熙统一台湾档案史料选辑》，福建人民出版社 1983 年版，第 86~88 页。

⑦ 《清圣祖仁实录选辑》，台湾文献丛刊本，第 36 页。

⑧ 《清圣祖仁实录选辑》，台湾文献丛刊本，第 36 页。

19. 1678 年六月，郑军攻破海澄县城，将俘虏的清军官兵 2000 余人，“载过台湾，分配屯田”。①

20. 1680 年二月，郑军在大陆沿海全面溃败，郑经率领残部千余人马再次退守台湾。

21. 1682 年十二月，施琅率领清军 2 万余人、战船 200 余号从兴化平海卫渡海出征台湾。“于十二月二十三日出洋，忽转东风，乃止。二十七日开驾，至青水墘，风轻，又转东南顶头，再收平海。”②

22. 1683 年正月，郑氏副将刘秉忠带眷 82 名口、船 1 只，总理李瑞等夺民船 1 只、带兵 21 名，分别从澎湖到福建向清军投诚。三月，郑氏兵丁许福等 14 人，驾船 1 只，从台湾猴树港到福建向清军投诚。同月，澎湖民众许六、吴阿三等夺渔船 1 只，带眷 19 名口，到福建投诚。四月，郑氏兵丁郑才等 18 人，从淡水港到福建投诚。③

23. 1683 年六月，施琅率领清军 2 万余人、战船 200 余号从铜山放洋，在澎湖消灭了郑军主力，迫使台湾郑氏投降。

从以上“大事记”中可以看出，在明郑统辖台湾的 22 年间，台湾海峡两岸大规模的海上交通活动相当频繁，但大多数与军事活动有关。透过这些活动，可以看出，当时海峡两岸海上的交通，在清廷极力封锁的背景下，大致可以分为以下几种情况：

第一种情况，郑氏集团的势力并未退出大陆沿海，与台湾的海上交通仍有桥头堡。1661—1664 年年初、1674 年五月—1680 年年初，这两个时期即属于这种情况。在这种情况下，大陆沿海郑氏集团控制的地区（主要是厦门和金门）和台湾之间的海上交通基本上是畅通的。大陆其他地区由于清政府的严厉封锁，与台湾的海上交通则在严禁的范围之内，但不排除仍有走私活动在进行。

第二种情况，郑氏集团的主要势力退出了大陆沿海，但由于清军福建水师的裁撤，清军在大陆沿海的防务存在着许多漏洞，郑军在大陆沿海清廷设立的“界外”之地和一些岛屿上建立了不少走私贸易点。1668—1671 年间，即属于这种情况。在这种情况下，台湾和大陆沿海之间的走私活动相当活跃，海峡两岸之间的交通实际上也很频繁。据《台湾外记》记载，“（江）胜踞厦门，斩茅为市，禁止掳掠，平价交易。凡沿海内地穷民，乘夜窃负货物入界，虽儿童无欺。自

① 江日升：《台湾外记》，福建人民出版社 1983 年版，第 279 页。

② 施琅：《靖海纪事》，福建人民出版社 1983 年版，第 74 页。

③ 施琅：《靖海纪事》，福建人民出版社 1983 年版，第 77~78 页。

是，内外相安，边疆无衅。其达濠货物，聚而流通台湾。因此而物价平，洋贩愈兴”。①

第三种情况，郑氏集团的势力全部退出大陆沿海，海峡两岸基本处于隔绝状态。1664 年年初—1668 年，1672—1674 年年初，1680—1683 年间，即属于这种情况。在这种情况下，海峡两岸的交通，除了军事活动、使者往来之外，还有少数郑氏官兵渡海投诚以及走私活动的存在。

第四种情况，就像上述第五件事例所表明的那样，由于内部矛盾，在大陆沿海的郑氏势力对台湾进行封锁。在这种情况下，海峡两岸交通的断绝比上述其他三种情况都更为彻底。但这种情形时间较短，只在 1662 年的上半年出现过。

总而言之，当时海峡两岸的海上交通是在一种十分特殊的历史背景下进行的，它受到了许多因素的制约。

二、制约当时海上交通的因素

制约当时海峡两岸海上交通的因素，主要有以下几个方面：

（一）政治因素

郑成功的复台大军登陆台湾之后，全国的抗清斗争已接近尾声，尽管后来还有“三藩之乱”，但清政府已基本统一了全国。除了有几年时间郑氏集团在大陆沿海还占领了一些地方之外，当时海峡两岸基本上分属于敌对的清、郑双方所统辖。在相当长的一段时间里，清政府对于擅长海上活动的郑氏集团没有更好的办法，于是就采取了近于自残的严厉的“迁界”和“禁海”的措施。如前文所指出的，清政府在 1661 年进行了“迁界”，将沿海五省滨海 30 里的居民全部迁往内地，制造了一个绵延五省的滨海“界外”无人区。在台湾海峡之上，又人为地设置了一道隔离。

1674 年，“三藩之乱”发生后，福建沿海迁入“界内”的百姓纷纷回到故土。1678 年，清军基本控制了福建局势之后，清政府再行“迁界”之令，“将界外百姓迁移内地，仍申严海禁，绝其交通”。②“由是滨海数千里无复人烟。”③

1680 年，郑军从福建沿海败退之后，福建总督姚启圣、巡抚吴兴祚等人题请将福建“边界”开还百姓。清廷只同意“还金门、厦门、铜山、海坛四岛迁

---

① ①江日升：《台湾外记》，福建人民出版社 1983 年版，第 194 页。

② 《清圣祖仁实录选辑》，台湾文献丛刊本，第 76 页。

③ 阮旻锡：《海上见闻录》，福建人民出版社 1982 年版，第 70 页。

地”。姚启圣等人再行题请，清政府认为，“先经未设有边界时，海逆郑成功盘踞厦门、金门等处，恣意抢掠。后设立边界，迁移百姓，贼势渐衰，陆续大半投诚，余剩贼寇，我兵进征，即弃厦门等处逃遁台湾。耿精忠反叛复行平定之时，将叛时越界百姓未经迁移，以致贼寇郑经仍踞厦门等处，任意妄行。续后因叛时越界居住百姓收入内界，贼势又衰，我兵一进，郑经等败遁台湾、澎湖。迁界二十余年，且贼寇败遁未久，今不便开界，仍照顺治十八年例，将界严禁，或贼投诚尽净，或贼万不得来之日，该督等开界之处议题后议”。①

1683年正月，福建总督姚启圣针对海上状况，提出了“严绝三省接济台湾事本”，其中指出，“台湾乃海中孤岛，一岁之所入不足供一岁伪官兵之俸饷，所恃者奸民愍不畏死，贪利接济以苟存耳。江南、山东其为路迂曲，透越甚难，惟近而闽省，次则粤、浙，海面相联，易于接济”。因此，必须在广东的十字门、闽粤两省交界的南澳、浙闽两省的海上咽喉烽火门等处加强兵力，严加防守。“三省设兵既已周密，则接济自难飞渡矣。”②

政治上的对立给海峡两岸的海上交通造成了极大的不便。尽管清政府的“片板不许下水，粒货不许越疆”难以真正做到，但自从海峡两岸的海上交通被清政府严禁之后，海峡两岸平民百姓的自由往来已成为不可能。

（二）天气因素

由于当时的海上航行还处在帆船时代，海上交通受天气的影响十分明显。

以郑军的几次渡海行动来说，1661年三月，郑成功的复台大军就曾因天气的缘故，行动拖延了十几天，并在澎湖被困了数日。“三月初十日，藩驾驻料罗，候顺风开驾”，“二十三午，天时霁静，自料罗放□（洋）。二十四日，各船俱齐到澎湖，分各屿驻扎。藩驾驻嶹内屿候风开驾。二十七日，大师开驾至柑桔屿阻风，又收回澎湖嶹内屿。时官兵多不带行粮，因何廷斌称，数日到台湾，粮米不竭，至是阻风乏粮。藩令户都事同洪游击就澎湖三十六屿□（派）取行粮，□□正供。时吊集各澳长追取接给。各澳长搜索二日，回称：各屿并无田园可种禾粟，惟番薯、大麦、黍稷，升斗凑解，合有百余石，不足当大师一餐之用。藩惊乏粮，又恐北风无期，随于三十晚传令开驾。时风报未息，风雨阴雾，管中军船蔡翼并陈广等跪禀，暂候风雨开驾。藩谕曰：冰坚可渡，天意有在。天意若付我平定台湾，今晚开驾后，自然风恬浪静矣。不然，官兵岂堪坐困斯岛受饿也？是

① 厦门大学台湾研究所、中国第一历史档案馆编辑部编：《康熙统一台湾档案史料选辑》，福建人民出版社1983年版，第220、223页。

② 厦门大学台湾研究所、中国第一历史档案馆编辑部编：《康熙统一台湾档案史料选辑》，福建人民出版社1983年版，第257~258页。

晚一更后，传令开驾，□风雨少间，然波浪未息，惊险殊甚。迨至三更后，则云收雨散，天气明朗，顺风驾驶”。① 这次渡海行动，从料罗湾出发到登陆台湾，一共用了 8 天的时间，如果从在金门等风算起，则用了 21 天的时间。其间在澎湖的受困、缺粮等等，都是天气的因素所造成的。

1661 年七八月间，由于金、厦方面的运粮船没有及时到达，在台湾的郑氏军队严重缺粮。金、厦方面的运粮船为什么没有及时接济台湾呢？当时郑成功认为是户官郑泰的过失，因此写下了《户失先定罪》的告示。② 后来的研究者一般也都认为是郑泰运粮接济不力或有意不发船只到台湾造成的。但笔者从卢若腾的《石尤风》一诗中得出了与他人不同的结论，认为是由于天气的影响，这些运粮船才没有及时地到达台湾。③ 卢若腾《石尤风》一诗写得很清楚，“石尤风，吹卷海云如转蓬；连艘载米一万石，巨浪打头不得东。东征将士饥欲死，西望粮船来不驶。再遭石尤阻几程，索我枯鱼之肆矣。噫！吁嚱！人生惨毒莫如饥，沿海生灵惨毒遍，今日也教将士知”。④ 这首诗告诉我们，正是石尤风——顶头逆风造成了这次郑军后勤供给的不继，给台湾的郑军带来了极大的困难。

清军的渡海行动同样受到天气的影响而遭到多次的挫折。如同前面所提到的一样，在施琅 1683 年六月成功地渡过台湾海峡消灭澎湖郑军主力之前，清军曾在康熙三年十一月，四年三月和四月，二十一年十二月 4 次渡海征台，均因天气的影响无功而返。其中康熙四年四月的渡海行动，清军遭到了比较严重的损失。据施琅题报，四月“十六日，天时晴霁，臣又会同众伯、总兵官等，率领舟师开驾，进发台湾。十七日午时，臣等驶入澎湖口，骤遇狂风大作，暴雨倾注，波涛汹涌，白雾茫茫，眼前一片迷漫。我舟师不及撤回，皆被巨浪凌空拍击，人仰船倾，悲号之声，犹如水中发出，情势十分危急。臣所乘战船，亦漂流至南方，于十八日巳时，方驶至广东省潮州府属表卫，三更时分驶入南澳，于悬钟、铜山、陆鳌等处海域收回散落各船，二十六日返回厦门”。⑤

即使是康熙二十二年六月清军的渡海作战，成败之间，天气的因素也起了很大的作用。据《台湾外记》记载，郑军主将刘国轩听到清军六月来攻，感到很意外，因为六月澎湖多飓风，清军无避风锚地可停泊，一旦起风，郑军可坐收全胜之功。清军六月十五日抵达澎湖后，“十九早，北面黑云滚滚而起，且风亦微北，

---

① 杨英：《先王实录》，福建人民出版社 1981 年版，第 245~246 页。

② 杨英：《先王实录》，福建人民出版社 1981 年版，第 257 页。

③ 邓孔昭：《郑成功与明郑台湾史研究》，台海出版社 2000 年版，第 67~69 页。

④ 卢若腾：《岛噫诗》，台湾文献丛刊本，第 25 页。

⑤ 厦门大学台湾研究所、中国第一历史档案馆编辑部编：《康熙统一台湾档案史料选辑》，福建人民出版社 1983 年版，第 50~51 页。

浪声淹动，众各怀疑。琅仰天祝曰：皇天当怜沿海人民，受困已极。琅奉命进剿，切不可起暴，祐琅成功。忽然雷震，众军大喜（语云：六月一雷止九台，七月九台从雷来）”。① 一场可能给清军带来致命打击的飓风并没有刮起来。此后数日，澎湖一直没有大风天气出现，无避风锚地停泊的清军得以反客为主，顺利地打败了郑军。

（三）季风和地理因素

在以风帆为动力的年代，除了天气的因素之外，季风和地理也是制约海峡两岸海上交通的一个重要因素。季风是一种随季节改变而改变风向的风。据1685年蒋毓英修撰的《台湾府志》记载，台湾海峡地区，“清明以后，地气自南而北，则以南风为常风；霜降以后，地气自北而南，则以北风为常风”。“南风壮而顺，北风烈而严。南风多间，北风罕断。南风驾船，非台飓之时，常患风不胜帆，故商贾以舟小为速；北风驾船，虽非台飓之时，亦患帆不胜风，故商贾以舟大为稳。”② 荷兰人也记载说，“‘福摩萨’及其全部地区，一年中有半年风向从北方不停吹来，另外半年则从南方吹来。北风始于十一月左右，称为北贸易风，南风始于五月左右，称为南贸易风”。③ 北风季节，由南向北航行不易。南风季节，由北向南航行亦不易。顶风是无法航行的。台湾海峡东北——西南走向，季风的影响虽一般不至于使两岸间无法航行，但往往需要渡海者在选择航线时将其考虑在内。施琅在康熙二十一年（1682年）底准备利用北风渡海攻台时选择了兴化的平海作为出发地，二十二年六月利用南风攻台时选择了铜山作为出发地，都是出于这种考虑。而郑氏军队由于在大陆沿海控制的地区有限，往往没有这种选择的余地。例如，1661年七月至闰七月间，金、厦的运粮船因顶头逆风——石尤风的影响，无法渡海接济台湾。如果这时郑军在大陆沿海有比金门、厦门更偏北或偏南的一块基地，那么，从那里出发，运粮船所遭遇的就可能不是顶头逆风，而是可以利用的侧风了。所以，季风往往是和地理的因素一起起作用的。

三、郑清双方为解决当时海上交通问题所作的努力

尽管制约海峡两岸海上交通的因素不少，但当时的人们却排除了各种困难，

---

① 江日升：《台湾外记》，福建人民出版社1983年版，第340页。

② 蒋毓英：《台湾府志》，厦门大学出版社1985年版，第5~6页。

③ 厦门大学郑成功历史调查研究组编：《郑成功收复台湾史料选编》，福建人民出版社1982年版，第141页。

想出了许多办法，以解决海峡两岸的交通问题。

第一，郑成功收复台湾之后，郑氏集团仍极力保有厦门、金门等福建沿海岛屿，这既是抗清斗争的需要，也是维护海峡两岸交通的需要。从 1661 年三月郑成功复台大军离开金、厦，到 1683 年台湾郑氏向清军投降，22 年间，郑氏集团在经营台湾的同时，不到万不得已，决不放弃厦门、金门等大陆沿海岛屿。差不多有 9 年的时间（1661 年三月—1664 年二月放弃铜山，1674 年五月郑经率师回到金、厦—1680 年二月再次退守台湾），郑氏军队仍控制着大陆沿海的部分地区或岛屿。郑氏军队控制着大陆沿海部分地区，特别是厦门、金门等沿海岛屿，就为海峡两岸的海上交通提供了一条安全的航线。厦门—鹿耳门航线的开辟，可以说就是在这一时期完成的。这条航线在以后的一两百年间成了海峡两岸海上交通的最重要的航线。

第二，在失去厦门、金门等大陆沿海基地的情况下，台湾的郑氏集团也想出了一套有效的办法，基本上保证了海峡两岸货物的流通。这套办法最核心的内容，一是在大陆沿海设置一些走私、透越的据点；二是重金收买清军守边的官兵，收到了很好的效果。

据《台湾外记》记载，针对郑氏军队撤出大陆沿海，海峡两岸交通不便的情况，陈永华向郑经建议："诸岛沿边，迁移业已三载，清朝亦知我们株守而无西意。然台湾远隔汪洋，货物难周，以致兴贩维艰。当令一旅驻扎厦门，勿得骚扰沿边百姓，善与内地边将交，便可接济。"于是，郑经便派江胜等人到厦门、金门等地建立走私贸易据点。"江胜据厦门，以不骚扰为事，辑和边界，守将亦以宁静是安。虽汛地谨防，而透越不时可通。有佩鞍穿甲追赶者，明是护送；即巡哨屡行，有耀武扬威才出者，明使回避。故台湾货物船料，不乏于用。"郑经又采纳了江胜的建议收纳了粤东的邱辉，"辉集广、惠亡命以相助，且善为交通接济，货物兴贩，而台日盛"。在长期反封锁斗争中，台湾出现了一批善于在海峡两岸往来贸易的商人。如陈荣，"善贸易，往来接济，甚熟沿边，港口周知"。①所以，尽管清廷实行了严厉的封锁政策，但当时海峡两岸的交通和贸易活动却始终没有停止过。

第三，在郑氏集团和清政府的谈判活动中，双方曾提出一些涉及有关两岸交通的建议，尽管这些谈判没有成功，但从中却可以看出当时人们对两岸往来和交通问题的一些思考。

1678 年九月至 1679 年五月间，清、郑双方举行了一系列谈判。当时，郑军

① 江日升：《台湾外记》，福建人民出版社 1983 年版，第 193、209~210、315 页。

在福建沿海的势力已经消退，“时漳、泉县属尽弃，惟据守海澄”。[①] 清、郑双方的谈判就围绕着海澄的归属而进行。清方希望郑军归还海澄并退守台湾，双方“以澎湖为界，通商贸易”。在此条件下，清方官员可以向朝廷题请，让郑氏依照朝鲜事例，“作屏藩重臣”。而郑方提出，“海澄实为厦门之户，决不可弃。今既承亲王之命，将海澄为往来公所”。[②] 这次谈判虽然没有成果，但清、郑双方对海峡两岸交通问题的思考，却是应当引起注意的。郑方提出将海澄作为双方往来的公所，是企图在大陆建立一个“特区”，将海峡两岸的交通往来“合法化”，扩大两岸的交通往来。而清方提出“以澎湖为界，通商贸易”，是企图将海峡两岸的交通往来局限在澎湖进行，限制海峡两岸的交通往来。这说明，清、郑双方对“未来”海峡两岸往来和交通问题都是各有打算的。

第四，人们努力地探索季风的规律，尽可能地为两岸海上交通提供安全保证。由于受当时的科学发展水平所限，人们对海洋气象真正科学的认识和预报是谈不上的，但是，居住在海峡两岸的人们却从长期的渡海经验中去努力探索季风的规律，以便为己所用。这方面，施琅和姚启圣关于应当利用南风还是北风征台的讨论，为我们留下了一个很好的例子。

1681 年冬，施琅赴闽就任福建水师提督之后，曾提出利用次年的“三四月轻北风进兵”。1682 年三月，他再次上疏，提出“前议轻北风之候，犹恐未能万全”。“臣日夜磨心熟筹，莫如就夏至南风成信，连旬盛发，从铜山开驾，顺风坐浪，船得联综齐行，兵无晕眩之患，深有得于天时、地利、人和之全备。逆贼纵有狡谋，斯时反居下风下流。”[③]

五月，清军各路兵马齐集铜山。姚启圣与同安镇总兵吴英、兴化镇总兵林承、海坛镇总兵林贤、金门镇总兵陈龙、平阳镇总兵朱天贵等人商议渡海事宜。“大约俱言乘南风由铜山苏尖开洋，如遇西南风，则系顺风，乘其上风上流以取澎湖，提臣之见未尝不是。但澎湖、台湾北风澳多，如北风进兵，可以分䑸攻击，南风止娘妈宫一处可以湾船，现贼牢踞娘妈宫，我兵使一时未能克破，我舟众多，无澳停泊。此南风之可虑一也。查澎湖在台湾之北，而台湾则在澎湖之南，如乘南风取澎湖，即得澎湖，不能逆风取台湾，必得十月小阳，再图进取。如乘北风取澎湖，一得澎湖，即可长驱直取台湾。此南风之不如北风二也。”“臣

① 阮旻锡：《海上见闻录》，福建人民出版社 1982 年版，第 69 页。
② 江日升：《台湾外记》，福建人民出版社 1983 年版，第 292 页。
③ 施琅：《靖海纪事》，福建人民出版社 1983 年版，第 58~59 页。

等同五镇众议佥同，皆言不如十月可乘北风分道进兵。”[①]

七月，施琅再次强调，“夫南风之信，风轻浪平，将士无晕眩之患，且居上风上流，势如破竹，岂不一鼓而收全胜”。十一月，施琅取得专征权后，舟师北上平海。他在平海题报说，“此番拟在平海开洋，船只乃系坐子向午，顺风坐浪，直抵澎湖，占据上风上流，为制胜之要着也”。十二月，清军利用北风进兵不顺。1683 年四月，施琅又提出，“乘夏至南风成信，当即进发捣巢。盖北风刚硬，骤发骤息，靡常不准，难以逆料。南风柔和，波浪颇恬，故用南风破贼，甚为稳当”。[②] 最后，施琅利用南风渡海，取得了澎湖大捷。

总而言之，明郑时期，居住在海峡两岸的人们在政治上是对立的。可是，也由于政治上的原因（包括军事上的原因），还有经济上的原因、人文方面的原因，当时海峡两岸的海上交通却是相当“繁忙”的。从这以后，由于在台汉人的大量增加，海峡两岸的海上交通也就开始形成了一定的规模。

---

① 厦门大学台湾研究所、中国第一历史档案馆编辑部编：《康熙统一台湾档案史料选辑》，福建人民出版社 1983 年版，第 245~246 页。

② 施琅：《靖海纪事》，福建人民出版社 1983 年版，第 63、70、78 页。

第十二章

从“东都”“承天府”到“东宁”
——不同政治背景下的建置和地名改易

南明永历十五年（清顺治十八年，1661 年）五月，郑成功在驱逐荷兰殖民者、收复台湾的过程中，将赤崁地方称为“东都明京”，简称“东都”，并在台湾设立了承天府和天兴、万年二县。永历十六年，郑成功不幸病逝。郑经袭位后，在永历十八年（1664 年），将“东都”改为“东宁”。郑成功为什么要把赤崁称为“东都”，并且设立承天府？郑经又为什么要把“东都”改为“东宁”？“东都”改为“东宁”之后，“承天府”作为行政建置是否还继续存在？它的名称继续出现在一些史籍中到底是怎么一回事？本章在此略作探讨，对不同政治背景下台湾建置和地名的改易进行说明。

一、郑成功在台湾设立“东都”和“承天府”的用意

杨英《先王实录》记载，南明永历十五年（清顺治十八年，1661 年）五月初二日，郑成功“改赤崁地方为东都明京，设一府二县。以府为承天府，天兴县，万年县，杨戎政为府尹，以庄文烈知天兴县事，祝敬知万年县事”。同月“十八日，本藩令谕云：‘东都明京，开国立家，可为万世不拔基业。……承天府、安平镇，本藩暂建都于此。……本藩阅览形胜建都之处，文武各官及总镇大小将领设立衙门，亦准圈地，创置庄屋，永为世业。’”① 这个记载明白无误地告诉人们，郑成功在台湾赤崁地方设立了一个都城，这个都城的名称叫“东都明京”，“东都明京”所在的府城称为“承天府”。

那么，郑成功以南明永历皇帝册封的一个郡王（延平王）的身份，为什么要在自己占领下的台湾建立“东都明京”，并且将府名称为只有天下首郡才相称的

① 杨英：《先王实录》，福建人民出版社 1981 年版，第 253~254 页。

“承天府”呢？有学者认为，郑成功在台湾“开国立家”，开的就是“延平王国”，所以，这个都城当然就是“延平王国”的首都，承天府就是“延平王国”的京畿首府，所谓“奉天承运，开府赤崁”的意思。[①] 然而，这个解释没有解决为什么“延平王国”的首都会叫作“东都明京”、“东都明京”具有什么含义的问题。

其实，“东都明京”的含义很明白，那就是“东方的首都、明朝的京城”，也就是明朝东方首都的意思。因此，“东都”不是明郑的首都，而是明郑遥奉的南明永历皇帝的东方首都；“承天府”不是明郑的京畿首府，而是南明永历政权的京畿首府。这个东都是相对于西都（永历皇帝的行在）而言的。那么，为什么郑成功要给这时远在缅甸的永历皇帝设立一个东都呢？这就牵涉到了郑成功的政治态度和当时斗争形势需要的问题。

郑成功遥奉永历政权为正朔，这是尽人皆知的事情。然而，永历皇帝从登基时起就过着漂泊的生活，他的行在（永历政权象征性的首都）曾遍布广东、广西、湖南、贵州、云南，乃至缅甸。除了逃难途中短暂停留的地方不计外，永历帝先后“驻跸”时间满一个月的地方，详见表 12-1 所示。

表 12-1　永历帝驻跸满一个月的地点

时间	地点	备注
隆武二年（1646 年）十月—十二月	广东肇庆	在肇庆称帝
永历元年（1647 年）四月—八月	湖南武冈	改武冈州为奉天府
永历元年（1647 年）十二月—二年（1648 年）二月	广西桂林	
永历二年（1648 年）三月—六月	广西南宁	
永历二年（1648 年）七月	广西梧州	
永历二年（1648 年）八月—四年（1650 年）一月	广东肇庆	
永历四年（1650 年）二月—十月	广西梧州	

① 尹章义：《延平王国的性质及其在国史上的地位》，台湾《历史》月刊 2002 年 6 月号（第 173 期）；尹章义：《延平王国的性质及其在国史上的地位——敬答厦门大学邓孔昭教授》，载杨国桢主编：《长共海涛论延平——纪念郑成功驱荷复台 340 周年学术研讨会论文集》，上海古籍出版社 2003 年版。

续 表

时间	地点	备注
永历四年（1650年）十二月—五年（1651年）十二月	广西南宁	
永历六年（1652年）二月—十年（1656年）二月	贵州安隆	改安隆为安龙府
永历十年（1656年）三月—十二年（1658年）十二月	云南昆明	改云南府为“滇都”
永历十三年（1659年）闰正月—十五年（1661年）十二月	缅甸	最后被缅军缚送清吴三桂军

资料来源：据倪在田：《续明纪事本末》卷十三，“永历奔亡”整理而成，台湾文献丛刊本，第309~332页。

永历帝的颠沛流离，郑成功自然是很清楚的。郑成功和永历帝之间有过许多联系。据夏琳《海纪辑要》记载，郑成功起兵之初，“闻永历即位，遣人间道上表，尊奉正朔”。永历三年，“七月，永历遣使晋招讨大将军忠孝伯成功为延平公”（《闽海纪要》为“漳国公”）。四年“闰十一月，赐姓率各镇官兵南下勤王”，先后抵达广东揭阳和南澳，后因后方基地厦门被清军袭击而中止。七年五月，“成功既破固山金砺，遣监督池士绅以蜡表奏永历行在，并叙破提督杨名高及歼总督陈锦之功。永历乃命年英齎敕晋成功漳国公，封延平王；成功拜表辞让，请甘辉、黄廷等各镇封爵”。八年十月，郑成功“遣辅明侯林察、闽安侯周瑞督水师……率官兵战舰百余艘南下勤王。差效用官林濬奉勤王表诣永历行在，并持书会西宁王李定国”，但无功而返。十一年“十一月，永历遣漳平伯周金汤晋招讨大将军延平王成功潮王”①。《先王实录》记载，永历十四年正月，郑成功“遣苏迪章押送漳平伯周金汤、太监刘国柱到龙门港登程，往行在复命”②。尽管由于路途遥远和清军的阻隔，这种联系不是十分及时，但郑成功对这时永历帝的困境以及李定国抗清力量的衰落无疑是了解的。把赤崁改为东都，在台湾设立承天府，郑成功无非是为了表明一种政治态度：即他随时欢迎永历帝移跸台湾，而且他有决心把台湾建成全国抗清的政治中心。

既然郑成功是为了表示欢迎永历帝移跸台湾而设立东都和承天府，那么，为

① 夏琳：《海纪辑要》，台湾文献丛刊本，第4~20页。

② 杨英：《先王实录》，福建人民出版社1981年版，第223页。

什么郑成功此前不作这样的表态，而要到这时才作如此的表态呢？这是由于当时抗清斗争形势的需要所决定的。

在此之前，永历四年和八年，郑成功曾两次派兵勤王，可以说就表明了他欢迎永历帝移跸军前的态度。五年五月，永历帝身边的群臣在讨论应当依靠谁的时候，有人就主张可以前往依靠郑成功，“或言郑成功雄于闽，请依之”①。但因为当时全国抗清斗争的形势还好，各股抗清势力都以永历帝为奇货可居，永历帝自己对于“出海”，“惮险远”②，所以，郑成功没有必要作这样的表态。

郑成功收复台湾，设立东都、承天府之时，全国抗清斗争的形势已经发生了根本的变化。曾经连杀清朝二王，在西南打出一派抗清大好形势的李定国，这时只能在中缅边境地区作垂死的抵抗。而永历帝早在两年之前就已逃入缅甸，成为他人的笼中之鸟。全国的抗清斗争已经进入了低潮。在这种情况下，郑成功决定收复台湾，“以为根本之地，安顿将领家眷，然后东征西讨，无内顾之忧，并可生聚教训也”③。然而，郑成功的战略意图并不为人们所理解。对于郑成功收复台湾的壮举，人们提出了许多怀疑和质问，以为郑成功放弃了抗清复明的事业。在怀疑郑成功东征台湾动机的人们中，卢若腾、王忠孝、张煌言具有一定的代表性。

卢若腾（1598—1664 年），字闲之，别字海运，号牧洲，亦号留庵，又称自许先生，福建同安浯屿（今金门）人。明崇祯十三年（1640 年）进士，曾任兵部主事，后任浙江布政使司左参议，分司宁绍巡海兵备道。隆武政权时，授都察院右副都御使、浙东（温、处、宁、台）巡抚，加兵部尚书。清军南下，他兵败负伤回闽，后依附郑成功，是郑成功军中著名的南明耆老之一。卢若腾对郑成功东征台湾持怀疑和反对的态度，他有一首《东都行》的诗，最后两句是“苟能图匡复，岂必务远征”④，就反映了这样的情绪。

王忠孝（1593—1666 年），字长孺，号愧两，福建惠安沙格人。明崇祯元年（1628 年）进士，曾任户部主事。隆武政权时，授光禄寺少卿，后擢升为都察院协理院事左副都御使。隆武政权败亡后，曾纠众 5000 余人在惠安、莆田一带起兵抗清。失败后依附郑成功，被永历帝敕授兵部右侍郎，也是郑成功身旁重要的南明耆老之一。他对郑成功东征台湾也是持怀疑和不解的态度，他在给张煌言的一封信中说：“顷者，虏又虐徙海滨，所在骚然。乘此时一呼而集，事半功倍。

① 倪在田：《续明纪事本末》第 3 册，台湾文献丛刊本，第 320 页。
② 倪在田：《续明纪事本末》第 3 册，台湾文献丛刊本，第 320 页。
③ 杨英：《先王实录》，福建人民出版社 1981 年版，第 244 页。
④ 卢若腾：《东都行》，载诸家：《台湾诗钞》，台湾文献丛刊本，第 23 页。

而僻据海东，不图根本，真不知其解也。……弟久欲卜迁，而无其地，不识可一帆相依否？便中幸贲德音，偕行者，不仅弟一人也。”① 王忠孝质疑郑成功“僻据海东，不图根本，真不知其解也”，甚至表示要离开郑氏的队伍，而且，说明要和他一起走的还有其他人。

张煌言（1620—1664 年），字玄箸，号苍水，浙江鄞县人。崇祯十五年（1642 年）举人。鲁王监国时，赐进士，加翰林院编修，其后从侍讲兼兵科左给事中一直晋升至兵部右侍郎。鲁王去监国称号后，永历帝授兵部左侍郎兼翰林院学士。他领导的军队时常和郑成功的军队一起行动，但保持相对的独立性，是郑成功在东南沿海十分倚重的一支友军。张煌言反对郑成功东征台湾是人们所熟知的，他的态度在南明人物中很有代表性。他的《上延平王书》对郑成功东征台湾提出了种种怀疑和责难。信中说，“殿下东都（原文为‘东宁’，实误——引者注）之役，岂诚谓外岛可以创业开基，不过欲安插文武将吏家室，使无内顾忧，庶得专意征剿。但自古未闻以辎重、眷属置之外夷，而后经营中原者，所以识者危之。……若以中国师徒，委之波涛浩渺之中，拘之风土狉獉之地，真乃入于幽谷，其间感离、恨别、思归、苦穷种种情怀，皆足以压士气而顿军威。……殿下诚能因将士之思归，乘士民之思乱，回旗北指，百万雄师可得，百十名城可收矣。又何必与红夷较雌雄于海外哉！况大明之倚重于殿下者，以殿下之能雪耻复仇也。区区台湾，何与于赤县神州！而暴师半载，使壮士涂肝脑于火轮，宿将碎肢体于沙碛，生既非智，死亦非忠，亦大可惜矣！矧普天之下，只思明州一块干净土，四海所属望，万代所瞻仰者，何啻桐江一丝系汉九鼎？故虏之虎视匪朝伊夕。而今守御单弱，兼闻红夷构虏乞师，万一乘虚窥视，胜负未可知也。夫思明者，根柢也；台湾者，枝叶也。无思明，是无根柢矣，能有枝叶乎？此时进退失据，噬脐何及！古人云：‘宁进一寸死，毋退一尺生。’使殿下奄有台湾，亦不免为退步，孰若早返思明，别图所以进步哉！昔年长江之役，虽败犹荣，已足流芳百世。若卷土重来，岂直汾阳、临淮不足专美，即钱镠、窦融亦不足并驾矣。倘寻徐福之行踪，思卢敖之故迹，纵偷安一时，必贻讥千古。即观史载陈宜中、张世杰两人褒贬，可为明鉴。九仞一篑，殿下宁不自爱乎！夫虬髯一剧，只是传奇滥说，岂有扶余足王乎！若箕子之君朝鲜，又非可语于今日也”②。另外，他的《得故人书至自台湾》诗中最后两句，“寄语避秦岛上客，衣冠黄绮总堪疑”③，也表达了这样一种情绪。

① 王忠孝：《惠安王忠孝公全集》，台湾省文献委员会 1993 年版，第 195 页。

② 张煌言：《张苍水诗文集》，台湾文献丛刊本，第 30~31 页。

③ 张煌言：《张苍水诗文集》，台湾文献丛刊本，第 183 页。

很明显，张煌言等人不能理解郑成功东征台湾的意义，他们怀疑郑成功放弃了抗清复明的根本大计，以为东征台湾只是一种退避，就像徐福、卢敖之寻仙退隐，虬髯客张仲坚、箕子之避居海外一样。尽管张煌言、卢若腾对郑成功的责难是在东都和承天府设立之后，可以想见，在郑成功决定东征台湾之后到东都和承天府设立之前，这样的怀疑和责难一定更是不绝于耳。面对这样的怀疑和责难，郑成功必须要有一个明确的宣示，来表明他的态度，那就是：台湾不是他逃避抗清复明的避难之所，而是可以成为明朝的东方首都，全国抗清的政治中心。尽管实际上永历帝从缅甸移跸台湾的可能性几乎等于零，但东都明京和承天府的设立，却表明了郑成功要以台湾为基地坚持抗清复明的决心。因此可以说，设立东都和承天府，是郑成功宣扬东征台湾正当性的需要，也是他坚持抗清复明立场的表白。

当然，我们也看到了，在郑成功设立了东都和承天府之后，卢若腾和张煌言等人仍然对郑成功东征台湾持怀疑和责难的态度，说明郑成功这种宣示的客观效果并不是十分理想。但后来的事实却证明了郑成功是有远见的，几年之后，大陆各地的抗清势力被消灭殆尽，台湾成了不愿降清的人们唯一可去的地方，即如卢若腾和王忠孝，最后也不得不迁居台、澎。

二、郑经改“东都”为“东宁”的原因

那么，永历十八年（1664 年），郑经为什么又要将东都改为东宁呢？应当说，这也是抗清斗争形势发展的必然结果。

前面已经说过，郑成功设立东都，是为了表明他随时欢迎永历帝移跸台湾并要把台湾建设成为抗清复明基地的政治态度。可是，随着永历帝被清军捕获和杀害，南明最后一个小朝廷已不复存在，东都也就失去了它存在的象征性的意义。

永历十五年十二月，永历帝被缅甸政府擒送率军入缅的吴三桂。据《行在阳秋》记载，初三日，“是日未刻，二三缅官来见曰：此地不便，请移别所。尔国兵将近我城，我处发兵必由此过，恐为惊动。言未毕，数蛮子将上连杌子抬去。……步行约五里，渡河到岸，暗黑不识何兵。二更到营，始知为吴三桂矣”①。随后，永历帝即被吴三桂带回昆明。次年（清康熙元年）三月十二日，清廷以擒获永历帝诏告天下。诏书中说：“念永历既获，大勋克集。士卒免征戍之苦，兆

① 未著撰人：《行在阳秋》，台湾文献丛刊本，第 74 页。

姓省挽输之劳。疆圉从此奠安，闾阎获宁干止。是用诏告天下，以慰群情。”①四月二十五日，永历帝在昆明被处死。② 永历帝被捕的消息，因清廷诏告天下，不久就能传到台湾。至于永历帝的生死，在郑成功逝世之前，在台湾就已有谣传。《海纪辑要》记载，郑成功“将卒之年，谣传永历遇害，有劝其改年者，泣曰：‘皇上西狩，存亡未卜，何忍改年！’终身尊奉正朔。”永历十七年，“是年，永历讣至，世子犹奉其正朔”③。郑成功于永历十六年五月初八日逝世，此前永历帝遇害的消息还只是谣传，到了永历十七年，讣告才正式传到厦门。

永历帝被捕遇害之后，西都（永历帝的行在）已不复存在。如果郑经仍然将台湾称为东都，那么，它所表达的就已不再是郑成功设立东都时所具有的欢迎永历帝移跸台湾以及要把台湾建设成为抗清复明的基地的政治意涵，人们就要质疑郑经的“僭越”了。因为，没有了永历帝可以遥奉这样一个先决条件，东都的存在就失去了正当性。

当然，郑经也无暇在永历帝遇害消息正式传到厦门后就马上处理这件事。因为，永历十七年（清康熙二年，1663 年）正是他内外交困的时期。

永历十七年正月，郑经刚刚平定了黄昭等人拥立郑世袭的内乱事件后从台湾回到厦门。回到厦门之后的郑经面临着一件比处理郑世袭事件更为棘手的事情。在台湾查抄黄昭的文件时，发现了郑泰与黄昭的往来书信，郑经“疑其有异志，泰不自安，称病不入谒”。如何处理郑泰的问题，对于郑经来说，确实事关重大。在郑氏内部，郑泰拥有强大的实力。他长期担任郑成功的户官，执掌着郑氏集团的经济命脉，与其弟郑鸣骏、其子郑缵绪拥有大量的军队和船只，并且驻守在金门，和厦门近在咫尺。一旦祸起萧墙，对郑氏集团的危害极大。正是考虑到这些，郑经对郑泰迟迟不敢采取行动。六月，“陈永华谋以世子将归东都，命泰居守，铸居守户官印，遣协理吴慎赍至金门授之。泰犹豫未敢入谢，弟鸣骏力赞其行，遂带兵船及饷银十万赴思明州进见。世子慰劳毕，托更衣以入，永华即榜泰十罪，并出所与黄昭往来之书示泰。泰欲向辨，洪旭曰：‘无庸也！’挽至别室馆縠之。周全斌率兵并其船，独蔡璋一船逸出金门。鸣骏仓卒与泰之子缵绪率诸将及眷口下船，入泉港投诚。船凡二百□□、精兵八千人，文武官数百员，全斌等追之不及。泰□之，遂自缢”④。郑泰事件的发生，极大地削弱了郑氏集团的力量。

---

① 《清圣祖实录选录》，台湾文献丛刊本，第 7 页。

② 顾诚：《南明史》，中国青年出版社 1997 年版，第 1019 页。

③ 夏琳：《海纪辑要》，台湾文献丛刊本，第 30、33 页。

④ 夏琳：《海纪辑要》，台湾文献丛刊本，第 33~34 页。

永历十七年十月，被郑经假“和谈”策略迷惑了一年多的清军终于醒悟，在荷兰东印度公司舰队的协助下，向郑军驻守的厦门和金门发起了攻击。经历了郑成功逝世、郑世袭事件、郑泰事件之后的郑军虽然也取得了击毙清军提督马得功这样一些局部性的胜利，但终因寡不敌众，被迫退出了经营多年的战略基地——厦门和金门。失去金、厦之后，郑经退守铜山。但这时军心动摇，众将纷纷叛离。郑经眼看铜山难保，先行携带眷口及文臣、宗室、遗老过台。不久，铜山失陷，郑氏在大陆沿海的主要岛屿丧失殆尽。

永历十八年，退守台湾的郑经终于可以静下心来进行一番内部的整顿，清理各种关系，包括东都改名这样的事情才会提到议事日程上来。东都必须改名，但改称什么，却是要有讲究的。郑经坚持奉明朝为正朔，坚持不降清的立场，这方面他继承了郑成功的遗志。但郑经缺乏郑成功那样的雄才大略，也缺少郑成功那样的雄心壮志。经历了一连串内乱和被清军赶出大陆沿海之后，郑经最希望得到的就是安宁。因此，将东都改为东宁是最自然不过的事情。郑经在永历二十一年写给清方官员孔元章信中的一些话，可以看作是他为什么会把东都改称为东宁的诠释。信中说，“曩者思明之役，自以粮尽而退，非战之失也。而况风帆所指，南极高、琼，北尽登、辽，何地不可以开屯，何地不可以聚兵。不佞所以横绝大海，启国东宁者，诚伤士女之仳离，干戈之日滋也。……倘麾下以滨海为虑，苍生为念，则息兵安民，诚不佞之素志。或命一介之使，通互市之好，彼此无□，波浪不惊，沿海渔农，各归故业，使老幼男女皆得遂其生育，而贵朝亦可以岁赢数百万之赋。此仁人之心，即不佞亦有同怀也”①。很明显，郑经退到台湾之后(起码在最初的几年里)，最不愿见到的事情就是“士女之仳离，干戈之日滋”，最希望出现的局面是海峡两岸“彼此无□，波浪不惊”，双方“息兵安民”。在这种心态之下，把东都改为东宁无疑是最自然的选择。

三、改“东都”为“东宁”的同时“承天府”已撤废

那么，改东都为东宁、二县为州之后，承天府作为一个府的建置是否依然存在呢？过去的著作很少有人提出过这样的疑问。人们习惯以为，既然许多史料的记载只说到了改东都为东宁、改二县为州、增设南北路及澎湖安抚司，没有提到承天府的撤废，那么，承天府作为一个府的建置，它的继续存在就应当没有什么

① 厦门大学台湾研究所、中国第一历史档案馆编辑部编：《康熙统一台湾档案史料选辑》，福建人民出版社1983年版，第70页。

问题。1960年，台湾学者黄典权先生曾经提出，"郑经这一改制，因为旧史所记简括，给我们的印象，仿佛那不过是名称的变换，区制官吏地位职阶之提高而已，本质上似乎换汤不换药，尤其重要的是除了改东都及二县外，承天府竟是没有变动，它应该是长存而与明朔同终的。许多文献持此说法，笔者跟大多数朋友多年来也都'一同'地承认这样的历史'事实'。直到最近……觉得永历十八年政制区划的变易，当不仅是改名号之官样文章，而有着本质之变革意义在。……简言之，承天府之撤废也就在那'改东都为东宁、升天兴万年二县为州'的永历十八年"①。然而，黄典权先生的发现并没有引起学术界的关注，此后，许多有影响的台湾史著作仍然以为永历十八年以后承天府继续存在。例如：

（1）1977年出版，由台湾省文献会编写的《台湾史》中说，永历十五年，"五月二日，改台湾为东都，设一府曰承天……下设二县：曰天兴、万年；永历十八年（康熙三年），金、厦败绩，撤归台湾。八月，改东都为东宁，升天兴、万年二县为州，疆域仍之。……终郑氏之世，而为一府、二州、三司之局"②。

（2）1991年出版的《重修台湾省通志》卷七《政治志·建置沿革篇》也写道，永历"十八年（康熙三年，西元1664年）八月，改东都为东宁，天兴、万年二县为州（州官治汉人）。增设安抚司三，南北路及澎湖各一（南北路安抚司为治'番民'而设，澎湖为军事重镇而设）。故当时台湾地方行政区域之建置分为一府二州三司。……至永历三十七年（康熙二十二年，西元1683年）七月，郑克塽降清时，东宁共置一府二州三安抚司四坊二十六里二庄四十六社一镇"。③

（3）2002年出版，由黄秀政、张胜彦、吴文星编写的《台湾史》也说，"郑经退守台湾后，对政制有所变革，即于1664年（明永历十八年）改东都为东宁，东宁成为全台之称呼。同时改天兴、万年二县为州，各置知州，并于澎湖及南北二路各设安抚司，各设安抚使。承天府典（原文如此，'典'应为'与'字之误）两州之下计辖四坊二十四里和原住民之社"④。

很明显，这些著作都认为，东都改东宁之后，承天府作为一个府的建置仍然继续存在。然而，事实上，东都改东宁、改二县为州之后，承天府作为一个府的建置已经不可能继续存在了。

---

① 黄典权：《台南市区古属天兴州考论稿》，《台南文化》第7卷第1期，1960年9月。笔者过去没有注意到黄典权先生的这篇文章，经台湾政治大学历史学研究所博士生唐立宗先生撰文指教，在此鸣谢。

② 台湾省文献委员会编：《台湾史》，众文图书公司1979年版，第155页。

③ 台湾省文献委员会编印：《重修台湾省通志》卷七，政治志·建置沿革篇，台湾省文献委员会，1991年，第18页。

④ 黄秀政、张胜彦、吴文星：《台湾史》，五南图书出版公司2002年版，第56页。

理由之一：承天府原来是作为东都明京的京畿首府而存在的，有了东都才可能有承天府。既然东都存在的正当性已经失去，并且已经改名，承天府的存在也就失去了正当性。郑经在永历皇帝去世之后，既然已经想到了为东都改名，自然不会将承天府单独留下来。为了更好地了解这个问题，我们不妨参照一下明朝以及南明时期几个都城和京畿首府的名称。

表 12-2　明朝及南明都城与京畿首府名称

地名	都名	府名	备注
南京	南京、京师、南都、留都	应天府	洪武元年称南京，十一年称京师，永乐元年仍称南京[a]
北京	北京、京师	顺天府	永乐元年称北京，十九年改称京师[b]
福州	福京	天兴府	隆武元年改福州府为天兴府[c]
湖南武冈		奉天府	永历元年改武冈州为奉天府[d]
昆明	滇都		永历十年改云南府为滇都[e]
台湾赤崁	东都	承天府	永历十五年称东都、承天府

注释：a. 张廷玉等：《明史》第 4 册，中华书局 1974 年版，第 910 页。

b. 张廷玉等：《明史》第 4 册，中华书局 1974 年版，第 883 页。

c.《思文大纪》，台湾文献丛刊本，第 20 页。

d. 倪在田：《续明纪事本末》，台湾文献丛刊本，第 312 页。

e. 倪在田：《续明纪事本末》，台湾文献丛刊本，第 322 页。

很明显，应天、顺天、天兴、奉天这些都是明朝首都或南明政权临时首都京畿首府的名称。另外，明朝湖北也有一个承天府。那是嘉靖十年（1531 年），嘉靖皇帝将他的“龙飞之地”——原“兴献王”藩封地安陆州改升而成。嘉靖十八年，又在此建“兴都”留守司，把它视为嘉靖皇帝的父亲“睿宗兴献皇帝”（系追谥）的都城。① 因此，湖北的“承天府”也是“睿宗兴献皇帝”的“兴都”的京畿首府。台湾的承天府也是郑成功把它作为永历政权东都的京畿首府而命名的。既然东都之名都已经改了，承天府的名称自然也不能再用。不用承天作为府名，是否有可能改用其他的府名呢？这种可能性也是不存在的。如果改用了其他的府名，有关的记载就一定会在“改东都为东宁”之后，加上“改承天府为 ×× 府”。更重要的是，改二县为州之后，府的建置实际上已无须存在了。

---

① 张廷玉等：《明史》第 4 册，中华书局 1974 年版，第 1076 页。笔者原不知有这条资料，蒙中国社科院历史所何龄修先生指教，才知道加以利用，在此鸣谢。

理由之二：改天兴、万年二县为州之后，按照明代的行政设官制度，承天府也已失去了存在的空间。关于明代府、州、县主官的设置，据《明史》记载，“府。知府一人（正四品），同知（正五品），通判无定员（正六品），推官一人（正七品）……州，知州一人（从五品），同知（从六品），判官无定员（从七品，里不及三十而无属县，裁同知、判官。有属县，裁同知），其属，吏目一人（从九品，所辖别见）。知州掌一州之政。凡州二：有属州，有直隶州。属州视县，直隶州视府，而品秩则同。同知、判官，俱视其州事之繁简，以供厥职。……县，知县一人（正七品）”①。天兴、万年二州，究竟是属州，还是直隶州？根据分析，天兴、万年二州应当属于直隶州。因为属州等同于县，郑经和陈永华完全没有必要将县改为属州。将县改为属州之后的变化只有一个，那就是提高了主官的品级，加重了民众的负担。这和陈永华“改东都为东宁，置天兴、万年二州”的本意“与民休息”② 是格格不入的。直隶州等同于府，二县改为直隶州之后，承天府的存在就没有必要了，这样不但减少了官员，而且，还加强了郑氏政权对天兴、万年两个地方的直接管理。这种结果才符合郑经和陈永华在永历十八年进行一番整顿的目的和要求。因此，天兴、万年二县改州一定是改为直隶州。相对于县来说，直隶州的级别也更高一些，所以，有的史籍才会将此事记载为，“夏四月，经改东都为东宁，升天兴、万年县为州”③。既然，天兴、万年二县升为直隶州，直隶州的上面就已经不需要“府”的存在了。因此，承天府也就没有了继续存在下去的空间。

或许有人要问：东都改东宁，天兴、万年二县改州，史料均有记载，为何独承天府的撤废，史料没有片言只语提及？这个问题的答案，其实就在上述两个理由之中。在记载此事的杨英等人看来，改东都为东宁、改二县为州之中就已经隐含了承天府被撤废的意思，无须再添加这一笔。他们只是没有料到，他们省下的这一笔，居然给后人造成了这样的混乱。

理由之三：永历十八年之后，承天府府尹的完全“失踪”，也说明了承天府作为一个府的建置已经不存在了。从永历十五年五月郑成功任命杨朝栋为第一任府尹开始，承天府的府尹在郑氏政权中一直是一个重要的官职。郑氏政权的许多重要活动，都少不了他们的参与。因此他们的名字和事迹总会经常出现在有关的史籍或清方的文件中。根据各种史料的记载，从永历十五年五月至十八年，先后有 4 人担任过承天府府尹，具体情况如表 12-3 所示。

---

① 张廷玉等：《明史》第 6 册，中华书局 1974 年版，第 1849~1850 页。

② 郑亦邹：《郑成功传》，载诸家：《郑成功传》，台湾文献丛刊本，第 24 页。

③ 沈云：《台湾郑氏始末》，台湾文献丛刊本，第 60 页。

表 12-3 明郑承天府府尹情况表

姓名	任职时间	资料出处
杨朝栋	永历十五年五月至十二月	杨英《先王实录》、阮旻锡《海上见闻录》等
郑省英	永历十五年十二月起	江日升《台湾外记》
顾　礽	永历十六年	《郑氏关系文书》
翁天祐	永历十八年	《台湾郑氏军备图》

但是，永历十八年之后，承天府府尹的名字却从有关的历史记载中完全“消失”了。而天兴州知州、万年州知州乃至澎湖和北路安抚司安抚使的名字却屡屡在一些史籍中出现。如《海纪辑要》记载，永历三十五年十月，“郑克塽以天兴州知州柯鼎开为赞画中书舍人。……又以万年州知州张日曜为天兴州”。永历三十六年二月，“郑克塽以仪宾甘孟煜知天兴州”①。《重修台湾省通志·职官志·文职表篇》中有关承天府府尹、天兴州知州、万年州知州、北路安抚司安抚使、澎湖安抚司安抚使的表列②也充分说明了这样一种情况。永历十八年之后，承天府府尹的消失，也正好说明，改东都为东宁、改二县为州之后，承天府作为一个府的建置已经不存在了。

综合上述三条理由，可以确信，在郑经改东都为东宁，升二县为直隶州，增设南北路安抚司之时，承天府作为一个府的建置是被撤销了。因此，沈光文在《平台湾序》中才会有“承天为旧设之府，东宁乃新建之名”③ 的说法；陈文达的《台湾县志》才会有“成功死，子经立，改二县为二州，而裁去其府”④ 的记载。

当然，在一些史籍中，在永历十八年之后，仍然不断有承天府字样出现。例如，夏琳的《海纪辑要》记载，永历三十五年正月，郑经“殂于承天府行台”。“夏，四月，承天府灾”。三十六年“十二月，承天府火灾。是时岁饥，米价腾贵，民不堪命。承天府火，延烧一千六百余家”⑤。《闽海纪略》一书也记载，永历三十四年六月，“承天府猪生子，四耳三目，前二脚向上”。三十五年“正月，

① 夏琳：《海纪辑要》，台湾文献丛刊本，第 72~73 页。

② 台湾省文献委员会编印：《重修台湾省通志》，职官志·文职表篇，台湾省文献委员会，1991 年，第 5~8 页。

③ 沈光文：《平台湾序》，见范咸：《重修台湾府志》，载《台湾府志三种》下册，中华书局 1985 年版，第 2655 页。

④ 陈文达：《台湾县志》，台湾文献丛刊本，第 4 页。

⑤ 夏琳：《海纪辑要》，台湾文献丛刊本，第 67~74 页。

廿八日寅时，郑藩薨于承天府行台”。“三十日，侍卫将军冯锡范、武平伯刘国轩调兵驻承天府。”三十六年“十二月，承天府火灾，延烧千六百余家”。三十七年五月，“承天府猪生象”①。阮旻锡《海上见闻录》的记载也大致相同，其中有，康熙十九年六月，“承天府猪生子，四耳三目，前二足向上”。康熙二十年“正月二十八日丑时，世藩殂于承天府行台。三十日，冯锡范、刘国轩调兵驻承天府”。“四月，承天府火灾。”康熙二十一年“十二月，承天府火灾，延烧一千六百余家”②。但是，我们应当看到，这些史籍中出现的承天府所指的只是当时台湾的一个具体的地名，而不是行政区划意义上的承天府。这个被称为承天府的地方，就是赤崁。它是当时明郑台湾的政治中心，也是永历十五年至十八年承天府的府治所在地。永历十八年承天府作为一个“府”的建置被撤销之后，它的原府治所在地作为地名而被人们继续称为承天府，这是很自然的。就像当时郑氏军队中许多镇营的名字，也成了它们驻兵屯垦之处的地名一样。只是承天府涉及高度的政治敏感，它在郑氏降清之后，无法继续保留下来。

四、“东都”“承天府”地名的不同含义

综上所述，无论是东都、承天府还是东宁，这几个明郑时期的地名背后都有非常复杂的政治背景和曲折的故事。而且，东都和承天府作为地名具体包括多大的区域，不同的史籍有不同的记载。有时，同样的地名还有不同的含义。

杨英的《先王实录》说“改赤崁地方为东都明京”③。阮旻锡的《海上见闻录》也说“改赤崁地方为东都”④。说明东都就是赤崁。而且，从一般意义上说，作为都城，东都应该指的是一个城市规模的具体区域。然而，夏琳的《海纪辑要》则记载，“台湾既平，赐姓改为安平镇，赤崁城曰承天府，设县二，曰天兴，曰万年，总号曰东都”。⑤ 按照这种说法，东都则是整个台湾。卢若腾的《东都行》（有序）诗中写道：“澎湖之东有巨岛，前代未通中国，今谓之东番。其地之要害处名台湾，红夷筑城贸易垂四十年。近当事率师据其全岛，议开垦立国，先号为‘东都明京’云。（诗云）海东有巨岛，华人旧不争；南对惠潮境，北尽

---

① 《闽海纪略》，台湾文献丛刊本，第61~64页。

② 阮旻锡：《海上见闻录》，福建人民出版社1982年版，第74~76页。

③ 杨英：《先王实录》，福建人民出版社1981年版，第253页。

④ 阮旻锡：《海上见闻录》，福建人民出版社1982年版，第46页。

⑤ 夏琳：《海纪辑要》，台湾文献丛刊本，第29页。

温麻程。红夷浮大舶，来筑数雉城；稍有中国人，互市集经营。虏乱十余载，中原事变更；豪杰规速效，拥众涉沧瀛。于此辟天荒，标立东都名。或自东都来，备说东都情。”① 在卢若腾眼中，东都指的也是台湾全岛。永历十八年，郑经“改东都为东宁”，《海纪辑要》《台湾外记》《闽海纪略》等书记载相同，参考沈光文“承天为旧设之府，东宁乃新建之名”的说法，这里的东都也是指台湾全岛的意思。

承天府是东都的京畿首府，作为行政建置，它管辖天兴、万年二县，地域包括整个台湾。因此，承天府从它管辖范围来说，指的是整个台湾。但它的府治在赤崁，因此，《海纪辑要》才说“赤崁城曰承天府”。江日升的《台湾外记》也说，“改赤崁为承天府”。② 作为具体的地名，它指的是赤崁。特别是永历十八年承天府作为京畿首府被撤销之后，承天府指的只能是赤崁。

---

① 卢若腾：《东都行》，载诸家：《台湾诗钞》，台湾文献丛刊本，第 23 页。

② 江日升：《台湾外记》，福建人民出版社 1983 年版，第 161 页。

第十三章

天兴万年二县（州）辖境的再探讨

清顺治十八年（南明永历十五年，1661年），郑成功在收复台湾的过程中，在台湾设立了承天府和天兴、万年二县。康熙三年（1664年），郑经改天兴、万年二县为州。天兴、万年二县（州）的辖境如何划分，当时并无明确的记载保留下来。有的著作认为，天兴县（州）所管辖的地域就是清初诸罗县的地域，万年县（州）的地域清初则分为台湾县和凤山县，“天兴、万年二县，以新港溪为县界”。① 另有著作却认为，“清代籍台，当系改万年为凤山县，而分天兴为台湾、诸罗二县”。② 笔者曾经认同前一种说法，甚至还认为，“既然新港溪为天兴县和万年县的分界，而承天府的府城在新港溪以南、万年县的境内，那么，万年县即为当时承天府的附郭县，这也是没有疑义的”。③ 然而，进一步的研究使笔者对自己以前认同的乃至引申的结论都产生了怀疑，深感这一问题并不如此简单，有必要进行再探讨。

一、清初改天兴为诸罗县、分万年为台湾和凤山二县的说法错误

《重修台湾省通志》等著作之所以认为天兴县（州）所管辖的地域就是清初诸罗县的地域，万年县（州）的地域清初则分为台湾县和凤山县，“天兴、万年二县，以新港溪为县界”，自然有它的“根据”。

---

① 台湾省文献委员会：《重修台湾省通志》卷七，政治志·建置沿革篇，台湾省文献委员会，1991年，第13页。

② 黄典权：《台南市区古属天兴州考论稿》，《台南文化》第7卷第1期。

③ 邓孔昭：《郑成功与明郑台湾史研究》，台海出版社2000年版，第238页。

根据之一：康熙三十六年（1697 年）游历台湾的郁永河在《裨海纪游》中记载，“台湾既入版图，改伪承天府为台湾府，伪天兴州为诸罗县，分伪万年州为台湾、凤山二县”。[①]

根据之二：蒋毓英的《台湾府志》记载，台湾县治“北至新港溪与诸罗县交界四十里”。诸罗县治，“南至新港溪与台湾县交界一百四十里”。“台、凤、诸三邑，众水攸归。郡治在木岗山之阳，夹以两溪。北为新港，与诸罗界。南纳凤山之岗山溪，西入于台湾内港，与凤山界。而台湾县治在中焉。”[②]

根据以上两种资料得出：明郑时期的天兴县（州）所管辖的地域也就是清初诸罗县的地域，万年县（州）的地域清初则分为台湾县和凤山县。因为清初台湾县和诸罗县的界水是新港溪（今盐水溪），所以，明郑时期天兴县（州）和万年县（州）的分界线也就是新港溪。这样的推论似乎是合乎逻辑的。

其实，持郑氏的天兴县（州）地域即清初诸罗县的地域、万年县（州）的地域清初分为台湾县和凤山县说法的，不仅郁永河的《裨海纪游》。曾先后担任过台湾海防同知、台湾知府、台湾道员的尹士俍，在他撰写的《台湾志略》也记载说，郑氏降清后，“廷议设郡建官，制度规模，灿烂更新。改承天府为台湾府，万年州为台湾、凤山二县，天兴州为诸罗县”。[③] 周钟瑄的《诸罗县志》也记载说，郑成功“克台，置一府二县，县一曰天兴，即今诸罗地也。其明年，成功死，子经嗣，改县为州，名因之”。[④]

在认定新港溪为天兴县和万年县的分界、承天府的府城在万年县境内的前提下，得出“万年县即为当时承天府的附郭县”的结论也似乎是合乎逻辑的。

然而，如果认同了“天兴、万年二县，以新港溪为县界”“万年县即为当时承天府的附郭县”的推论，就会产生其他的一些“不合理”的事情：

“不合理”的事情之一：如果说万年县是承天府的附郭县（或称首县），为什么绝大多数文献记载，在提到天兴县和万年县的设置时，都把天兴县列在万年县之前？

曾在郑成功时期任户都事、郑经时期任天兴州知州和户官的杨英，在《先王实录》（或称《从征实录》）一书中记载，“改赤嵌地方为东都明京，设一府二县。以府为承天府，天兴县，万年县，杨戎政为府尹，以庄文烈知天兴县事，祝

① 郁永河：《裨海纪游》，台湾文献丛刊本，第 11 页。

② 蒋毓英：《台湾府志》，厦门大学出版社 1985 年版，第 8~9、24~25 页。

③ 尹士俍著，李祖基点校：《台湾志略》，九州出版社 2003 年版，第 9 页。

④ 周钟瑄：《诸罗县志》，台湾文献丛刊本，第 4 页。

敬知万年县事”。[①] 被阮旻锡称为“似是海上幕客曾住台湾者”[②] 的夏琳所著的《海纪辑要》（或称《闽海纪要》，二书内容相同，只有少数字句略有差异）记载，“台湾既平，赐姓改为安平镇，赤崁城曰承天府。设县二：曰天兴、曰万年。总号曰东都”。[③] 此外，《台湾外记》（或称《台湾外志》）、《海上见闻录》等专门记载郑氏政权史事的书籍，在提到天兴县和万年县的设置时，也都是把天兴县列在万年县之前。

清初第一任台湾知府蒋毓英撰写的《台湾府志》记载，郑成功“改台湾为安平镇，赤崁为承天府，总名东都。设一府二县：府曰承天，县曰天兴、万年”。[④] 其他的清代文献在记载此事时，也基本上都把天兴县列在万年县之前。

如果万年县是承天府的附郭县，就不可能出现上述的情况。因为附郭县是上一级政区（府）治所所在的县，它在人们心目中的地位一般高于其他的属县。各种文献在将它与其他属县并列时，肯定将它列在其他属县之前，就像康熙二十三年以后的文献，在将台湾、凤山、诸罗三县并列的时候，作为附郭县的台湾县肯定列于凤山县和诸罗县之前一样。既然万年县在所有的文献记载中都列于天兴县之后，由此可见，万年县不可能是承天府的附郭县。

“不合理”的事情之二：如果说天兴县（州）所管辖的地域就等于清初诸罗县的地域，万年县（州）的地域清初分为台湾县和凤山县，天兴、万年二县（州）是以新港溪为界，那么，为什么郑氏政权设置的这两个县（州）在人口、耕地、田赋收入、汉族居民基层社区“里”的设置方面会呈现出巨大的不均衡？

从蒋毓英的《台湾府志》中，可以了解到台湾、凤山、诸罗这三县地域中明郑时期的人口、耕地、田赋收入以及汉族居民基层社区“里”设置的数字。如果将诸罗县地域上的数字当作天兴县（州）的数字，台湾县和凤山县的数字加在一起当作万年县（州）的数字，看看会有什么样的情况出现。

人口：台湾府“口伪额二万一千三百二十”。其中，台湾县“口伪额一万一千七百八十二”，凤山县“口伪额五千一百二十六”，诸罗县“口伪额四千四百一十二”。[⑤] 按上述的认定，那么，天兴州的“口”（汉族居民中的成丁男子，不包括军人，下同）数是 4412 人，而万年州的“口”数是 16908 人。万年州的民口是天兴州的近 4 倍。

---

① 杨英：《先王实录》，福建人民出版社 1981 年版，第 253 页。

② 阮旻锡：《海上见闻录》，序，福建人民出版社 1982 年版，第 2 页。

③ 夏琳：《海纪辑要》，台湾文献丛刊本，第 29 页。

④ 蒋毓英：《台湾府志》，厦门大学出版社 1985 年版，第 2 页。

⑤ 蒋毓英：《台湾府志》，厦门大学出版社 1985 年版，第 71~72 页。

耕地：台湾府“伪额官佃上、中、下则田园共计九千七百八十二甲八分九厘五毫二丝三忽五微，伪额文武官上、中、下则田园共计二万零二百七十一甲八分四厘零四丝八忽五微”。其中，台湾县“伪额官佃上、中、下则田园共计七千一百零二甲八分九厘九毫二丝三忽九微，伪额文武官上、中、下则田园共计四千五百九十九甲七分四厘零一丝九忽四微”；凤山县“伪额官佃上、中、下则田园共计一千八百九十二甲五分六厘二毫一丝九忽，伪额文武官上、中、下则田园共计七千三百一十五甲七分八厘四毫一丝三忽”；诸罗县“伪额官佃上、中、下则田园共计七百八十七甲四分三厘三毫八丝零六微，伪额文武官上、中、下则田园共计八千三百五十六甲三分一厘六毫一丝六忽一微”。[①] 据季麒光《复议二十四年饷税文》记载，“伪郑自给牛种，佃丁输税于官，即红夷之王田，伪册所谓官佃田园也。文武诸人各招佃丁，给以牛种，收租纳税，伪册所谓文武官田也”。[②] 也就是说“官佃田园”是荷据时期已经开垦的耕地，是郑成功分设二县时就必须考虑的一个基础条件。文武官田是明郑时期开垦的一部分耕地（还有一部分耕地是营盘田）。按上述的认定，那么，天兴县在设置时的耕地面积（官佃田园）只有 787.4 甲，而万年县却有 8995.5 甲，万年县是天兴县的 11.7 倍。经过 20 余年的开垦，天兴州的耕地面积（官佃田园加上文武官田园）是 9143.7 甲，而万年州的耕地面积是 20910.9 甲。万年州的耕地面积是天兴州的约 2.3 倍。

田赋收入：台湾县“伪时官佃田园租粟共计六万二千三百零一石四斗四升二合二勺四抄六撮八圭，伪时文武官田园租粟共计八千八百九十四石八斗零二合三勺三抄九撮”；凤山县“伪时官佃田园租粟共计一万七千六百一十五石六斗零七合七勺八抄六撮，伪时文武官田园租粟共计一万五千五百五十二石九斗二升五合九勺一抄四撮二圭”；诸罗县“伪时官佃田园租粟共计五千零三石四斗三升九合八勺六抄三撮，伪时文武官田园租粟共计一万六千九百五十五石六斗四升七合零一抄七撮六圭”。[③] 按上述的认定，那么，天兴县设置时的田赋收入（官佃田园的“租粟”）只有 5003.4 石，而万年县却有 79917 石，万年县约是天兴县的 16 倍。到郑氏降清时，天兴州的田赋收入（官佃田园的“租粟”加上文武官田园的“租粟”）是 21959 石，而万年州的田赋收入是 104364.8 石。万年州的田赋收入是天兴州的 4.75 倍。

汉族居民基层社区“里”的设置数：坊里在（应为“庄”——校注者注）

---

① 蒋毓英：《台湾府志》，厦门大学出版社 1985 年版，第 73~75 页。

② 季麒光撰，李祖基点校：《蓉洲诗文稿选辑·东宁政事集》，香港人民出版社 2006 年版，第 158 页。

③ 蒋毓英：《台湾府志》，厦门大学出版社 1985 年版，第 77~78 页。

社镇（各名号皆伪时所遗，今因之，以从俗也——原文注）。“台湾县辖坊四、里十五。坊：东安坊、西定坊、宁南坊、镇北坊。”15“里”分别为武定里、永康里、广储东里、广储西里、长兴里、新丰里、归仁南里、归仁北里、永丰里、保大东里、保大西里、仁德里、仁和里、文贤里、崇德里。“凤山县辖里七、庄二、社十二、镇一”。7“里”分别为依仁里、永宁里、新昌里、长治里、嘉祥里、维新里、仁寿里。2“庄”分别是观音庄和凤山庄。“镇”为安平镇。“诸罗县辖里四、社三十四。”4“里”分别为善化里、新化里、安定里、开化里。①“坊”、“里”、“庄”、“镇”都是明郑时期汉族居民居住的社区，其中的4“坊”、2“庄”、1“镇”，按上述的认定，均属于万年州。而其中的“里”，天兴州只有4个，而万年州却有22个。万年州设置的“里”数是天兴州的5.5倍。

古今中外，同级政区之间在人口、耕地面积、田赋收入以及基层社区设置方面存在着较大的差异，这本来是正常的。但是，如果考虑到当时郑氏政权在台湾只设置了两个县（州），而这两个县（州）在上述方面会呈现出如此巨大的不均衡，则肯定是不合理的。

综上所述，天兴县（州）在当时人的心目中重要性略高于万年县（州），如果说它的人口、耕地面积、田赋收入、汉族居民社区的设置数反而都远远不如万年县（州），那是不可能的。因此，我们有理由怀疑，所谓清初改“天兴州为诸罗县，分万年州为台湾、凤山二县”、“天兴、万年二县，以新港溪为县界”的说法是错误的。

二、清初改万年为凤山县、分天兴为台湾和诸罗二县的说法也不正确

那么，黄典权先生所主张的清初系“改万年为凤山县，而分天兴为台湾、诸罗二县”的说法是否又站得住脚呢？

黄典权先生在《台南市区古属天兴州考论稿》② 一文中，根据郑氏政权的重要人物陈永华为李茂春所写的《梦蝶园记》、高拱乾《台湾府志》卷八人物“贞节”“郑宜娘”传中的记载，特别是陈文达《台湾县志》卷二“建置志”“公署”条中“台湾府公署，在东安坊……为伪天兴州旧署”的记载，证明东安坊、镇北坊以及今日台南市的华法寺一带郑氏时期是天兴州的辖地。他的文章在论证

① 蒋毓英：《台湾府志》，厦门大学出版社1985年版，第9~10页。
② 黄典权：《台南市区古属天兴州论稿》，《台南文化》第7卷第1期。

"台南市区古属天兴州"、永历十八年（康熙三年，1664年）升二县为州时"承天府"已被撤废方面是有说服力的。但是，在主张清初"当系改万年为凤山县，而分天兴为台湾、诸罗二县"时，却缺乏足够的说服力。天兴州的辖地包括了清初台湾县治（也是台湾府治）的所在地，并不等于它也包括了清初台湾县所有的辖地。黄典权先生除了上述的三条证明台南市部分市区古属天兴州的资料之外，没有举出其他任何一条可资证明清初系"改万年为凤山县，而分天兴为台湾、诸罗二县"的资料。

为了说明黄典权先生所主张的清初系"改万年为凤山县，而分天兴为台湾、诸罗二县"的论点是否站得住脚，我们不妨再根据蒋毓英《台湾府志》中的有关台湾、凤山、诸罗这三县地域中明郑时期的人口、耕地、田赋收入以及汉族居民基层社区"里"设置的数字，将凤山县的数字当作万年县（州）的数字，而将诸罗县和台湾县地域上的数字加在一起作为天兴县（州）的数字，进行一个比较，看看情况又是如何。

人口：按《台湾府志》的记载和上述的认定，那么，天兴州的民"口"数是16194人，而万年州的民"口"数是5126人。天兴州的民口是万年州的3.2倍。

耕地：按《台湾府志》的记载和上述的认定，那么，天兴县在设置时的耕地面积（官佃田园）是7890.3甲，而万年县是1892.6甲，天兴县是万年县的4.2倍。经过20余年的开垦，天兴州的耕地面积是20846.3甲，而万年州的耕地面积是9208.3甲。天兴州的耕地面积约是万年州的2.3倍。

田赋收入：按《台湾府志》的记载和上述的认定，那么，天兴县设置时的田赋收入（官佃田园的"租粟"）是67304.8石，而万年县是17615.6石，万年县是天兴县的3.8倍。到郑氏降清时，天兴州的田赋收入是93155.24石，而万年州的田赋收入是33168.52石。天兴州的田赋收入是万年州的2.8倍。

汉族居民基层社区"里"的设置数：按《台湾府志》的记载和上述的认定，那么，天兴州设置的"里"有19个，而万年州只有7个。天兴州设置的"里"数是万年州的2.7倍。

虽然，天兴县（州）的重要性略高于万年县（州），但可以肯定，郑氏政权在将台湾仅仅划为两个政区的情况下，一定会顾及两个政区在人口、耕地、财政收入等方面的大致平衡。而两个政区在短短20年中，之间的发展差异也不会有太大的不同。这种天兴县（州）在各方面都超过万年县（州）1倍以上的情况，应当也是不会出现的。

三、天兴、万年的分界线应是土墼埕以北的小水道及其延长线

在排除了上述的两种可能之后，正确的说法只能是清初台湾县的辖境，既不是全部属于明郑时期的万年县（州），也不是全部属于天兴县（州），而是分属于天兴县（州）和万年县（州）。

诸罗县第一任知县季麒光在《修建台湾府堂碑文》中记载，清初设一府三县之时，“就当日承天旧号改为台湾，隶首县台湾，仍土名也。分伪万年州土吉城以南为凤山县，分伪天兴州新港以北为诸罗县，各因其邑之山以名之也”。[①]“分伪万年州土吉城以南为凤山县，分伪天兴州新港以北为诸罗县”的意思非常明白：凤山县不是明郑时期万年县（州）的全部，诸罗县也不是天兴县（州）的全部，它们只是万年县（州）和天兴县（州）各自“分”出去的一部分。

而陈文达的《台湾县志》说得更加清楚，郑成功在台湾“设一府、二县：府曰承天，县曰天兴、曰万年。天兴辖北路（今属诸罗辖），万年辖南路（今属凤山辖），中路之地隶在二县之内”。[②] 所谓“中路之地隶在二县之内”，也就是说，清初台湾县的辖境明郑时期是分属于天兴县（州）和万年县（州）的。陈文达的这一说法最为可信，因为其所谓的“中路之地”（即清初台湾县的辖境），是台湾在荷据时期开发最有基础的地区，也是郑成功到台湾后汉人居住最为集中的地区。郑成功仅在台湾设两个县，肯定不会将这整个地区都划给其中的一个县，而造成这两县之间在人口、耕地、田赋收入和其他资源等方面巨大的不平衡。因此，把这一区域分划给天兴县（州）和万年县（州）是最为可能的。

既然清初台湾县的辖境明郑时期分属于天兴县（州）和万年县（州），剩下的问题是，天兴县（州）和万年县（州）之间的辖境如何划分？由于没有确凿的史料记载，我们只能根据其他的资料进行一些合理的推断。

上述蒋毓英《台湾府志》记载，清初台湾汉族居民基层社区，“各名号皆伪时所遗”，台湾县辖4坊、15里，凤山县辖7里、2庄、1镇，诸罗县辖4里。根据季麒光“分伪万年州土吉城以南为凤山县，分伪天兴州新港以北为诸罗县”、

---

① 季麒光撰，李祖基点校：《蓉洲诗文稿选辑・东宁政事集》，香港人民出版社2006年版，第87页。

② 陈文达：《台湾县志》，台湾文献丛刊本，第4页。

陈文达“天兴辖北路（今属诸罗辖），万年辖南路（今属凤山辖），中路之地隶在二县之内”的记载，我们可以先确定清初诸罗县所辖的4里，明郑时期属天兴县（州），凤山县所辖的7里、2庄、1镇属万年县（州）。根据黄典权先生《台南市区古属天兴州考论稿》的论述，我们还可以确定台湾县所辖的4坊属天兴县（州）。余下的台湾县所辖的15里，我们可以根据它们所处的地理位置以及天兴县（州）和万年县（州）所设坊里应大致平衡的考虑，对它们在明郑时期究竟是属于天兴县（州）还是万年县（州）作一个推论。

应当看出，季麒光“分伪万年州土吉城以南为凤山县”的说法，与蒋毓英《台湾府志》中“岗山溪，出自岗山北，西流过嘉祥里、依仁里，为二赞（层）行溪。又西过长治里，为竹扈塭，西至永宁里，流入于海（此台、凤界水也——原文注）”的说法具有很大的不同。按季麒光的说法，土吉城（土墼埕）以南即为凤山县的辖境，而“土墼埕”据谢金銮《续修台湾县志》“城池图”所示，在台湾县城内小西门往东不远之处（约在今台南市中西区府前路与永福路交叉路口一带）；而蒋毓英所说的台湾和凤山二县乃以“二层行溪”（今二仁溪）为界，二者之间隔有大片的区域。那么，两人的说法谁对谁错呢？其实，两人说的都没有错，只是都不够完整和准确。参照王必昌《重修台湾县志》中的台湾县境图（图13-1）、城池图（图13-2）以及陈文达的《凤山县志》中的山川图，可以发现：清初凤山县的7里，只有长治、维新、嘉祥、仁寿4里在二层行溪以南，而新昌、永宁、依仁3里却在二层行溪以北、土墼埕以南的区域。如果从土墼埕画一条往东的延长线，那么，台湾县的归仁北、归仁南、仁和、仁德、文贤、崇德、永丰7里也在这条延长线以南、二层行溪以北的区域。也就是说，土墼埕以南至二层行溪之间的区域，是清初台湾、凤山两县辖地互有交错的区域。

根据季麒光“分伪万年州土吉城以南为凤山县”的说法，土墼埕郑氏时期为万年县（州）的辖地自然没有疑义。又根据王必昌《重修台湾县志》中的城池图和谢金銮《续修台湾县志》中的城池图（图13-3）所示，土墼埕十分靠近西定坊和宁南坊，之间仅隔一条小水道（水道无名，所在位置大约在今台南市府前路一段，靠东的部分或许略为偏南一些）。这条小水道下游的出口原是台湾县城的“水门”。后来在这条小水道出口偏南之处修建了“小西门”。这条小水道的上游最远之处仅到大埔街和小南门的西南方。明郑时期，西定坊和宁南坊属天兴县（州），而土墼埕属万年县（州），它们之间的这条小水道应该就是当时天兴县（州）和万年县（州）的一段分界线。并且可以推论：天兴县（州）和万年县（州）东段的分界线也在这条小水道的延长线上。

如果假定当时天兴县（州）和万年县（州）的分界线，是从这条小水道上游的延长线笔直往东，那么，清初属于台湾县的归仁北、归仁南、仁和、仁德、文贤、崇德、永丰7里，郑氏时期就应当属于万年县（州）。这样，就等于当时的天兴县（州）辖4坊12里，而万年县（州）辖14里、2庄、1镇。两县（州）所辖坊、里、庄、镇大致相当，但天兴县（州）辖12里，比万年县（州）所辖的14里还少2里。因当时天兴县（州）的重要性略高于万年县（州），估计天兴县（州）的里数不会少于万年县（州）。因此，当时天兴县（州）和万年县（州）的分界线，应是从土墼埕以北的这条小水道上游的延长线略为偏南、蜿蜒往东。这样，清初属于台湾县的仁德、归仁北、归仁南3里，明郑时期就有可能属于天兴县（州），而天兴县（州）所辖的里数就将略高于万年县（州）了。

根据以上的分析，可以大致肯定，明郑时期天兴县（州）和万年县（州）分界线的走向应该是，最西的分界线在安平镇与北线尾之间的水道（大约在今台南市安平区区公所一带），经台江内海，经土墼埕以北小水道的入海口（今台南市中西区小西门圆环附近），经这条小水道及其延长线偏南蜿蜒往东（与现在台南市的府前路一段、东门路、中山路的走向大致相当，略为偏南）。

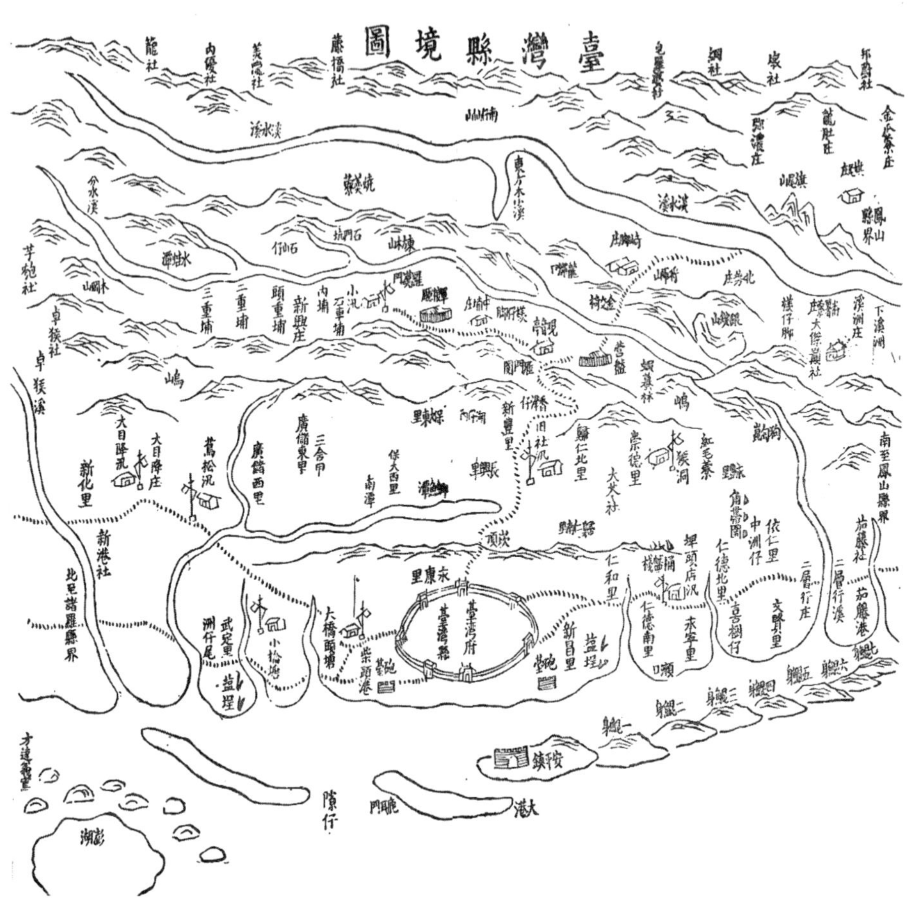

图 13-1　王必昌《重修台湾县志》台湾县境图

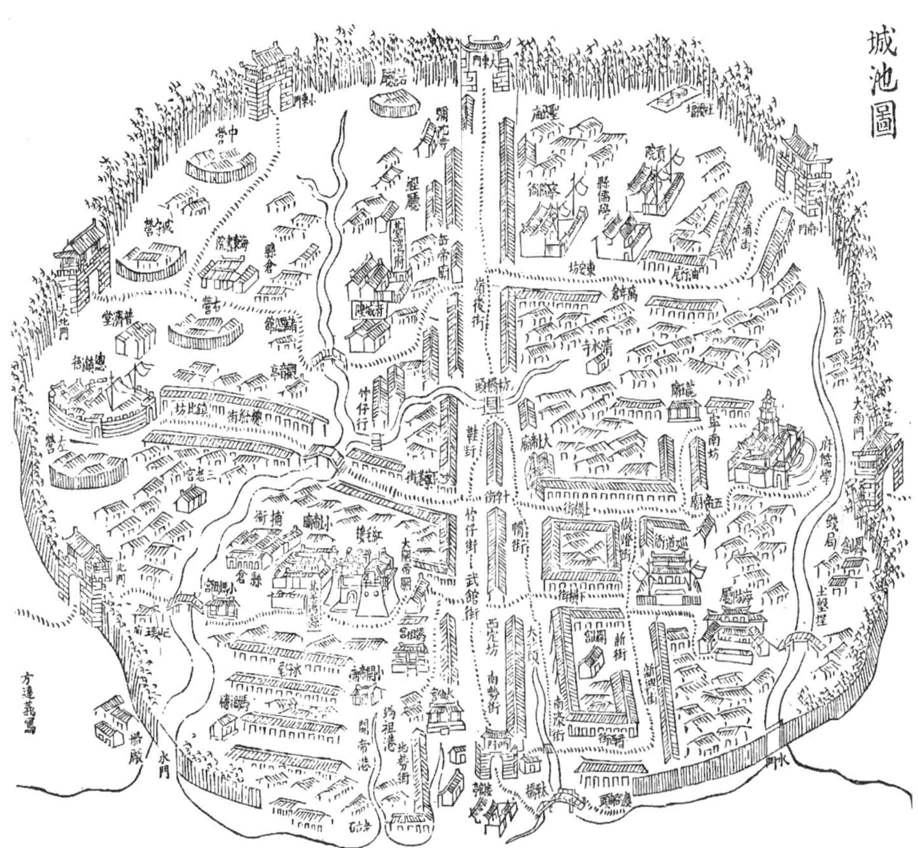

图 13-2　王必昌《重修台湾县志》城池图

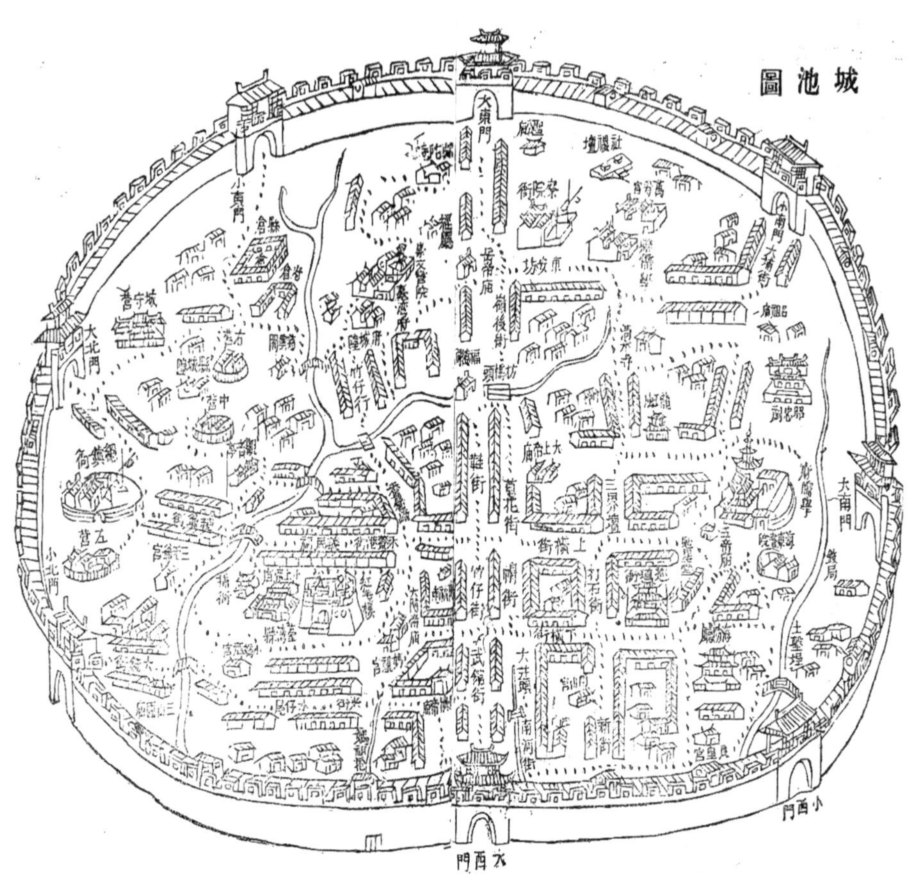

图 13-3　谢金銮《续修台湾县志》城池图

第十四章

清政府对郑氏集团的招降政策及其影响

明末清初，以郑芝龙、郑成功、郑经、郑克塽为代表的郑氏集团是一支重要的抗清力量。在清、郑之间长期的斗争中，清政府在军事活动的同时，对郑氏集团实行了一系列的招降活动。这些活动体现了清政府在不同时期对郑氏集团所采取的招降政策。是什么原因使得清政府长期采取了这样一些政策，这些政策又对郑氏集团有怎样的影响？本章试图就这些问题作一个粗略的论述。

一、清政府对郑氏集团采取的招降政策

从顺治三年（1646年）八月清军入闽，到康熙二十二年七月郑克塽向清朝正式投降，清政府对郑氏集团的招降大致可分为三个时期。

第一时期，从顺治三年八月到十二年九月。清政府的招降政策主要针对郑氏集团的首要，其体现在清军入闽前后对郑芝龙的招降和顺治十年前后对郑成功、郑鸿逵等人的招降。

1646年6月，鲁王政权败垮之后，南下清军面临着另一个南明政权——隆武政权。支撑着隆武政权的力量主要是郑芝龙的势力。当时清朝的“招抚江南大学士”、郑芝龙的同乡洪承畴向征南大将军贝勒博洛献计：“赂芝龙以王爵，福建可不劳一矢，浙中亦闻风溃矣。”① 并由洪承畴“以书招之，许以破闽为王”。② 博洛也写信对郑芝龙说：“现在铸闽粤总督印以相待。”③ 尽管博洛后来并没有实现自己的诺言，但这毕竟是清政府对郑氏集团招降的第一步。

① 徐鼒：《小腆纪年附考》下册，中华书局1957年版，第477页。

② 温睿临：《南疆逸史》（下），中华书局1959年版，第423页。

③ 夏琳：《闽海纪要》，台湾文献丛刊本，第4页。

郑芝龙降清之后，郑成功反其父之道而行，在海上起兵，坚持抗清道路，逐渐地把旧的郑氏集团集合于自己的旗帜之下，并发展壮大了这个集团的势力。顺治九年，清军在福建的长泰、漳州一带遭到了一连串的失败，浙闽总督陈锦在被郑军打败之后为家丁所杀。在这种情况下，清政府又开始了一系列对郑氏集团的招降活动，并使这种活动达到了一个高潮。

顺治九年十月，清政府让郑芝龙给郑成功和郑鸿逵写信，“许以赦罪、授官，听驻扎原住地方，不必赴京。凡浙、闽、广东海寇俱责成防剿，其往来洋船俱着管理，稽察奸宄，输纳税课”。① 十年正月，郑芝龙差周继武到厦门，传达了清廷招降的意思。五月，清政府封郑芝龙为同安侯；郑成功为海澄公，“镇守泉州等处地方充总兵官”；② 郑鸿逵为奉化伯；郑芝豹为左都督。八月，郑芝龙差李德、周继武又到厦门，探听郑成功对招降的态度。十一月，由于郑成功托言总兵官“尚在提督之下”，“一府未足屯兵”，清政府又封郑成功为“靖海将军”，并许“以漳州、潮州、惠州三府并泉州四府驻扎，即将水陆寨游营兵饷拨给”，但不许干预地方事务。③ 十一年二月，清政府遣郑、贾二使者到安平，将“靖海将军”和“海澄公”印敕交给郑成功。④ 七月，清政府已经看出郑成功没有归降实意，但仍敕谕郑成功：“尔若怀疑犹豫，原无归诚实意，当明白陈说，顺逆两端，一言可决。今如遵照所领敕印，剃发归顺则已，如不归顺，尔其熟思审图，毋贻后悔。”⑤ 这个敕谕虽不啻为最后通牒，但也还有等待观望的意思。九月，清朝使者叶成格、阿山到安平，谈判破裂。十一月，议政王、贝勒大臣会议，认为“郑成功……不降之心已决”。十二月，清政府命令“世子济度为定远大将军……率将士征剿郑成功”。⑥ 十二年九月，济度率满汉兵三万入闽，“使人持谕至厦门招抚”，⑦ 进行大兵压境下的最后招降。

第二时期，从顺治十三年到康熙元年（1662 年）五月郑成功去世。清政府对招降郑成功失去信心之后，一度对郑氏集团只是“一意捕剿”，杜绝了投降的来路。这种做法，显然只对郑氏有利，于是转而把招降的重点放在郑氏集团的部属方面，企图分化、瓦解郑氏的队伍。

顺治十三年六月，清政府在对江南、浙江、福建、广东督抚镇等官的敕谕中

---

① 台湾银行经济研究室编：《清世祖实录选辑》，台湾文献丛刊本，第 75 页。
② “中研院”史语所编：《明清史料丁编》第 1 本，上海商务印书馆 1951 年版，第 87 页。
③ 台湾银行经济研究室编：《清世祖实录选辑》，台湾文献丛刊本，第 91 页。
④ 杨英：《从征实录》，福建人民出版社 1981 年版，第 69 页。
⑤ 台湾银行经济研究室编：《清世祖实录选辑》，台湾文献丛刊本，第 101 页。
⑥ 台湾银行经济研究室编：《清世祖实录选辑》，台湾文献丛刊本，第 103 页。
⑦ 夏琳：《闽海纪要》，台湾文献丛刊本，第 16 页。

说："从海逆郑成功者实繁有徒……原其本念未必甘心从逆……今欲大开生路，许其自新。该督、抚、镇即广出榜文晓谕，如贼中伪官人等能悔过投诚，带领船只、兵丁、家口来归者，察照数目，分别破格升擢，更能设计擒斩郑成功等贼渠来献者，首功封以高爵，次等亦加世职。其前此陷贼官民及新归人等，该地方官问明来历，尽心安插。原有田产，速行察给。即无田产，亦设法周恤，务令得所。"① 八月，清政府封献城投降的郑氏部将黄梧为海澄公，并大加赏赐，以为来降之榜样。黄梧降清以后，要求清政府对来降者"资以月饷"。由此，清政府开始重视对一般士兵的招降。十四年五月，清政府对刘清泰提出的对郑成功应"以抚佐剿"的奏言批复："前因郑成功罪恶深重，故令一意捕剿。若其党羽果有其心来归者，着仍加招抚。"②

对于清方投降郑成功的将领，清政府曾经将他们定为罪在不赦，但最终也还是把他们列入了招降的范畴。十六年十月，清政府对前方督抚镇等官的敕谕中还是"叛将马信、李必、王戎、高谦皆身沐厚恩，甘心附逆，狂逞犯顺，罪不容诛"。③ 到了十八年闰七月，已经变成"至于马信、李必、王戎、高谦等，虽背恩从逆，念其陷贼之由，有恐无辜被人诬参而从贼者，有力穷被执者，有畏罪苟免偷生者，未必甘心从逆，亦因畏罪不敢复归，果能生擒郑成功，或斩其首，或擒其妻子，或自领部曲，或招贼党羽来归，不惟赦其前罪，仍一体分别封官"。④ 郑成功的部属有不少是从清方投降过去的，清政府招降政策的这一修订，就使它的范围进一步扩大了。

这一时期，和积极招降郑氏集团部属形成鲜明对比的是清政府对郑成功本人的态度。十四年三月，清政府对浙江、福建督抚镇等官的敕谕说："逆贼郑成功……若仍招抚优容，使得滥膺爵禄，岂不辱衣冠而羞士类？朕今独断于中，意在必讨。"⑤ 十六年十月，清浙江巡抚佟国器接到口传上谕："如海贼郑成功差人来投降书，仍系前番屡次谎称投降，此等因由，不必具奏。如亲身剃发，自行绑缚来降情确，准题奏。"⑥ 这些都反映了清政府的消极态度。

第三时期，从康熙元年六月到二十二年七月。清政府的招降政策兼顾到了郑氏集团的各个阶层，招降活动分头并进，越往后，政策规定越详备，适应范围越广泛，招降活动也越频繁。

---

① 台湾银行经济研究室编：《清世祖实录选辑》，台湾文献丛刊本，第120页。
② 台湾银行经济研究室编：《清世祖实录选辑》，台湾文献丛刊本，第131页。
③ "中研院"史语所编：《明清史料丁编》第5本，上海商务印书馆1951年版，第463页。
④ "中研院"史语所编：《明清史料丁编》第3本，上海商务印书馆1951年版，第252页。
⑤ 台湾银行经济研究室编：《清世祖实录选辑》，台湾文献丛刊本，第128页。
⑥ "中研院"史语所编：《明清史料丁编》第5本，上海商务印书馆1951年版，第479页。

从康熙元年六月，清靖南王耿继茂、福建总督李率泰得知郑成功去世的消息，“遣中军王明、赏功李有功持书入厦门议抚”起，清政府又恢复了对郑氏集团首要的招降活动，到二十二年七月郑克塽率郑氏集团投降为止，这类活动共进行了十次。从清政府答应的招降条件来看，可分为三种情况。第一，一般地表示将郑氏集团首要“从前抗违之罪尽行赦免”，并予以“厚爵加封”，“从优叙录，加恩安插”，但必须“剃发登岸”。元年六月的招降，二年底李率泰、尚可喜乘郑经败失金、厦，退守铜山时的招降，以及最后二十二年七月的招降，即奉行这样的政策。第二，允许郑氏驻守台湾，但必须“遵制剃发”。六年五月，孔云章入台招降，“时议以沿海地方与郑经通商，欲其称臣奉贡并遣子入京为质等三事”。① 八年六月，清政府遣明珠、蔡毓荣入闽。事前，皇帝敕谕二人：“若郑经等留恋台湾，不忍抛弃，亦可任从其便，至于比朝鲜不剃发、愿进贡投诚之说，不便允从。”② 十六年三月，康亲王杰书派人到厦门以及十七年姚启圣遣中书张雄到厦门的招降，即类于这一政策。第三，允照朝鲜事例，不剃发，只称臣纳贡。十六年七月、十八年五月，康亲王杰书两次派人到厦门以及二十一年十二月姚启圣派黄朝用到台湾的招降，都曾经答应过这些条件。

同一时期，清政府对郑氏集团部属兵民的招降活动也进一步加强。康熙元年三月，清政府“遣郎中岳诺惠等六员分往浙江、福建、广东三省安辑投诚官民”。③ 八月，“户部郎中贲岱、兵部郎中金世德入闽安城招抚”。④ 特别是十七年姚启圣代郎廷相为福建总督以后，提出“从海之人皆吾赤子”，⑤ 招降政策进一步落实。

姚启圣主持下的招降活动，其主要做法有：第一，颁示招抚赏格，规定了投降、动员亲属投降、投降携带人员器械、献地投降的各种不同赏格。对于那些跟随郑氏集团越久的人，赏格越重，“投诚兵丁……制造银牌于初到时分别给赏，长发者给牌重三两，发长已半者给牌重一两五钱，短发者给牌重八钱”。⑥ 赏格颁布之后，“海上……接踵来归者相率恐后”，“自康熙十七年六月初四日起至康

① 夏琳：《闽海纪要》，台湾文献丛刊本，第 37 页。

② “中研院”史语所编：《明清史料丁编》第 3 本，上海商务印书馆 1951 年版，第 272 页。

③ 台湾银行经济研究室编：《清圣祖实录选辑》，台湾文献丛刊本，第 8 页。

④ 阮旻锡：《海上见闻录》，福建人民出版社 1982 年版，第 49 页。

⑤ 姚启圣：《忧畏轩文告》，载陈支平主编：《台湾文献汇刊》第二辑第三册，九州出版社、厦门大学出版社 2005 年版，第 339 页。

⑥ 姚启圣：《忧畏轩文告》，载陈支平主编：《台湾文献汇刊》第二辑第三册，九州出版社、厦门大学出版社 2005 年版，第 334 页。

熙十九年七月暂止，节次招抚到投诚官兵共赏银一十二万六千九百九十八两六钱”。① 第二，安置投诚官兵士民。原郑氏集团将领投降之后，清地方官“即照镇将原衔立即具题，实授经制之官”②。并将“迁界”废地，“查有主还民之外，余应尽给投诚官兵开垦”。③ 第三，“开第于漳州，曰‘修来馆’。不爱官爵、银币、袍服，无真赝皆收之。令降者华毂鲜服，炫耀于漳、泉之郊”。④

主“抚”的督臣姚启圣如此，即使一贯对郑氏集团主“剿”的施琅在攻破澎湖之后，“以台湾未灭，为攻心之法，迎降弁目赏以袍服、靴帽，凡降卒四千余人，给以粮米。伤未及死者，凡六百余人，医治之，送还台”。⑤ 并礼待郑氏集团后期的支柱、自己的主要对手刘国轩，派其旧人曾蜚前往劝降。

另外，清政府为了表示对郑氏降将的恩宠和对从郑人员既往不咎的宽大态度，还采取了一些违背旧例的“特殊政策”。康熙三年五月，“吏部议复：兵部左侍郎石图疏言：‘闽海投诚伪武职官内有人品单弱、熟晓文义者，请酌改文职官。’查无旧例，不准行。得旨：‘投诚官内有通晓文义，愿以文职效用者，该地方督抚察明具题酌用。’”⑥ 六年四月，“户部议复：‘海上投诚郑世袭疏请还给伊父郑芝龙原产，查此系已入官估价变卖之产，不便准给。’得旨：‘此项田产，仍给与郑世袭。’”⑦ 十九年四月，“刑部议复海贼奸细朱霖拟斩秋后处决事，上曰：‘将朱霖一人处决何益？朕意且将此人放回招抚，尔等以为何如？’索额图、勒德洪、明珠奏曰：‘臣等意亦如此。’”⑧ 这类例子虽不多见，但它在招降活动中所起的感召作用是不容忽视的。

综上所述，我们可以看到，在清、郑之间38年的斗争过程中，尽管清政府对郑氏集团有过几次大规模的军事行动，有过“意在必讨”的时刻，但基本上还是长期采取了一种待降、招降的政策，这是清、郑斗争内容的一个十分重要的方面。

---

① 姚启圣：《忧畏轩奏疏》，载陈支平主编：《台湾文献汇刊》第二辑第二册，九州出版社、厦门大学出版社2005年版，第214页。

② 姚启圣：《忧畏轩文告》，载陈支平主编：《台湾文献汇刊》第二辑第三册，九州出版社、厦门大学出版社2005年版，第391~392页。

③ 姚启圣：《忧畏轩奏疏》，载陈支平主编：《台湾文献汇刊》第二辑第二册，九州出版社、厦门大学出版社2005年版，第197页。

④ 郑亦邹：《郑成功传》，载诸家：《郑成功传》，台湾文献丛刊本，第34页。

⑤ 郑亦邹：《郑成功传》，载诸家：《郑成功传》，台湾文献丛刊本，第37页。

⑥ 台湾银行经济研究室编：《清圣祖实录选辑》，台湾文献丛刊本，第21页。

⑦ 台湾银行经济研究室编：《清圣祖实录选辑》，台湾文献丛刊本，第31页。

⑧ 中国第一历史档案馆整理：《康熙汉文起居注》第一册，中华书局1984年版，第531页。

二、清政府对郑氏集团采取招降政策的主要原因

清王朝统治者本是一个少数民族的统治集团，在夺取全国统治权的斗争中，一向比较注重招降、吸收国内各民族的各种政治势力。尽管如此，在清政府对其他政治势力的招降活动中，也很少像对郑氏集团这样长期采取待降、招降的政策。清政府之所以长期对郑氏集团采取这种政策，除了上述的原因之外，可以说，主要是由于以下几方面的因素。

第一，利用郑氏集团中一部分人在抗清中的动摇性和妥协性。郑氏集团是一个以海商势力为核心的政治集团，组成十分复杂，除了海商势力之外，有明朝遗老，有清朝降将，有出身低微的“山贼”“海寇”，也有沿海流离失所、失去生计的农民和渔民。在这样一个政治集团中，各种人物对抗清的态度往往不是始终坚决的，常常表现出某种动摇性和妥协性。

在清、郑接触之始，清政府对“郑芝龙当大兵南下未抵闽中”，“即遣人来顺，移檄撤兵”，[①] 即有深刻的印象。尔后，郑芝豹始终和清政府保持联系，乃至最终投降，郑鸿逵奉母命放走袭击厦门的清军总兵马得功，都容易使清政府产生“其子弟何忍背弃父兄，甘蹈叛逆”[②] 的想法。顺治十年（1653 年）前后，清政府对郑成功的招降即是在这样一种认识的指导下进行的。虽然郑成功并没有投降，但是往后郑氏宗人向清政府投降的事例则屡见不鲜，如郑鸣骏、郑缵绪、郑世袭、郑赓以及郑芝豹生母黄氏率子侄向清政府投降，都可能进一步坚定清政府的这种认识。

郑氏宗人尚且如此，清政府对郑氏集团部属兵民更寄予厚望。浙闽总督刘清泰在清政府以海澄公印敕招抚郑成功失败之后说：“悬此印于国门，彼中岂无有内应者。”[③] 深信只要饵以爵位就能诱动郑氏集团中的一部分不坚定者。姚启圣任福建总督时，也曾十分注意三藩叛乱失败之后，“国轩气沮，目下似有可动之机”，“侦探密报，吴淑时望漳城流涕叹气”的情况，建议清政府对他们授以爵号，进行招抚。[④] 尤其在郑氏集团军事受挫时期，郑氏将士人心动摇、各思反叛

---

① 台湾银行经济研究室编：《清世祖实录选辑》，台湾文献丛刊本，第 82 页。

② 台湾银行经济研究室编：《清世祖实录选辑》，台湾文献丛刊本，第 75 页。

③ 夏琳：《闽海纪要》，台湾文献丛刊本，第 17 页。

④ 姚启圣：《忧畏轩奏疏》，载陈支平主编：《台湾文献汇刊》第二辑第二册，九州出版社、厦门大学出版社 2005 年版，第 3 页。

的现象尤为严重，清政府的招降活动也更加频繁。

第二，在东西南多事之秋，清政府需要对强敌进行各个击破。顺治年间，大陆东西南多股抗清势力并存，零星的南明残余势力不计，对清政府造成较大威胁的先后就有浙江的黄斌卿、张名振、张煌言，湖南的郝摇旗、何腾蛟，江西的金声桓，广东的李成栋，西南的孙可望、李定国、刘文秀、白文选。清政府的战略方针，是加紧对上述一些势力的“征剿”，而对于以海上为基地，一时难以消灭的郑氏集团，只好较多地采取待降、招降的政策，在一定时期内维持相安待降的局面。顺治八年二月，清福建巡抚张学圣、总兵马得功趁郑成功南下广东时袭击厦门，引起了郑成功在回师厦门后进攻漳浦及一系列的军事行动。张学圣等人的做法，显然不符合清政府的上述意图。所以，都察院左副都御史房可壮在奏参张学圣、马得功等人时说：“今日闽海之变，实闽抚张学圣以贪秽启之。海寇虽据厦门，然波恬数载。学圣不能彰国威而布皇仁，乃探彼远出，觊其厚资，率镇臣马得功、道臣黄澍直入寇巢，席卷其所有，致寇以索取原物为名称兵煽祸……误国酿乱，学圣之罪安可逃哉？”① 张学圣、马得功等人因此受到了惩处。顺治九年，李定国、刘文秀、白文选等人先后攻陷桂林、梧州、柳州、辰州，杀死清定南王孔有德、定远大将军和硕敬谨亲王尼堪。十年、十一年，张名振、张煌言二入长江，李定国进攻广东、广西。在这种情况下，清政府更是一方面加紧进兵，一方面对郑氏集团进行了空前的招降活动。

郑成功逝世，郑氏集团退守台湾之后，清、郑之间得有多年的相安无事。三藩乱起，郑经渡海西征，东西南半壁河山又呈多股势力反清的局面。清政府仍袭用过去的策略。康熙十三年“八月初六日，福建总督郎廷佐疏言：‘耿逆背叛，勾连海寇……宜剿抚兼施，乘机底定。’上谕：‘郎廷佐入闽之日，海寇宜用抚，耿精忠宜用剿或用间，相机便宜以行。’”② 三藩之乱失败，郑经再次退守台湾，清政府并没有决定乘胜向台湾进军。在御前决策时，关于“进剿海贼事，上问：‘尔等之意云何？’明珠奏：‘闽疆新定，逋逃残寇姑徐俟其归命，若再梗化，进剿未晚。’上颔之”。③ 也还是采取待降的老办法。

第三，郑氏集团在海上武装力量方面所占的优势以及台湾海峡的天险，也是清政府不得不长期采取待降、招降政策的一个重要原因。郑氏集团向为海上世家，拥有一支强大的海上武装力量。当时在战斗力和机动性方面，没有其他一股敌对力量能够望其项背。它攻城略地，飘忽无定，又以孤悬海外的金、厦、台、

① 台湾银行经济研究室编：《清世祖实录选辑》，台湾文献丛刊本，第 77 页。

② 台湾银行经济研究室编：《清圣祖实录选辑》，台湾文献丛刊本，第 48 页。

③ 中国第一历史档案馆整理：《康熙汉文起居注》第一册，中华书局 1984 年版，第 581 页。

澎为根据地，清军只好望洋兴叹。康熙二年，金、厦丢失，郑经退守铜山，黄梧“劝率泰乘胜逼铜山。率泰曰：‘穷寇勿追，追之则逸。入台湾后难图矣。乘彼人心未定，招抚以散其党羽，计之上也。’乃遣使至铜山，宣布朝廷德意”。[①]《台湾外记》记载，“姚启圣与施琅各执剿抚。万正色陈‘三不可行’，佐启圣当抚。同启圣合疏有云‘一曰，十年生聚，十年教养，况于数十年之积寇乎？二曰，汪洋万顷之隔，波涛不测之险。三曰，彼船只坚牢，水务精熟’之语。”[②] 说明姚启圣和万正色主抚的原因之一，就是因为郑氏海军势力的强大和台湾海峡的天险。直到最后，清政府批准郑克塽投降的决定，也是考虑了郑氏集团擅长海上活动的因素之后作出的。“议政王、贝勒大臣会议福建总督姚启圣奏招抚台湾贼众应如所请事。上问：‘准其投诚可否？’满汉大学士等皆奏以为可。上曰：‘若不许其投诚，则彼或窜处外国，又生事端，不若抚之为善。’诸臣皆曰：‘睿见诚然。’”[③]

第四，郑氏集团将士眷恋亲人故土的思想，也是清政府资以利用，并长期采取待降、招降政策的一个主要原因。郑氏集团的将士主要是漳、泉、潮、惠一带的人，具有较浓厚的地方色彩。早期，由于没有广大而巩固的后方，将士大多都有眷属，他们在保卫金、厦或在漳泉一带活动时有较高的战斗热情，一旦外线作战，即顾虑重重。郑成功第一次南下勤王，就是因为在将士听到厦门被袭，“哭声遍闻，诸镇亦来劝驾回掉（棹），谓三军各怀家属，脱巾亦是可虞”[④] 的情况下半途而废的。南京战败后，郑成功决定攻取台湾，“以为根本之地，安顿将领家眷，然后东征西讨，无内顾之忧”。吴豪等人却出来反对，以“风水不可，水土多病”,[⑤] 水道险恶，荷兰炮台利害为借口，实际上却是不愿意离开金、厦故土。郑成功收复台湾之后，“严谕搬眷（入台），郑泰、洪旭、黄廷等皆不欲行，于是不发一船至台湾”。[⑥] 康熙三年，郑军退往台湾以后，郑氏集团除一部分兵将在三藩叛乱时回大陆作战几年外，一直长驻台湾。特别是由于清政府实行了严厉的迁界、禁海令，台湾海峡两岸基本隔绝，郑氏集团将士对故土亲人的眷恋之情更切。

清政府利用这种人之常情进行招降。顺治十八年（1661 年）闰七月，在

---

① 陈衍：《台湾通纪》，台湾文献丛刊本，第 64 页。

② 江日升：《台湾外记》，福建人民出版社 1983 年版，第 333 页。

③ 中国第一历史档案馆整理：《康熙汉文起居注》第二册，中华书局 1984 年版，第 1034 页。

④ 杨英：《先王实录》，福建人民出版社 1981 年版，第 28 页。

⑤ 杨英：《先王实录》，福建人民出版社 1981 年版，第 244 页。

⑥ 阮旻锡：《海上见闻录》，福建人民出版社 1982 年版，第 48 页。

“招抚郑成功部下建功来归诏”中，即有“至其部下伪官将士人等，虽从逆助恶，但念尔等……违远乡里，损弃坟墓，亲戚暌绝，骨肉仳离，揆诸人理，宁无动念”① 之语。康熙七年，施琅在主张“因剿寓抚之法”时，也认为郑军“无家眷者十有五六，岂甘作一世鳏独，宁无故土之思”。② 康熙十九年四月，姚启圣建议将沿海迁地还其故主以招徕投诚，说：“今还其迁地，乐其故土，人人皆有安土重迁之思，田园地宅之恋，即迫之为盗亦不可得矣。”③ 郑经曾经不得不承认：“我之叛将逃卒，为先王抚养者二十余年，今其归清者，非必尽忘旧恩而慕新荣也，不过惮波涛，恋乡土，为偷安计耳。”④

第五，清政府在处理台湾郑氏问题上内部意见分歧，也是造成长期待降、招降局面的一个重要原因。康熙六年十一月和七年四月，施琅两次上疏，对处理台湾问题发表了重要见解，提出：“大师进剿，先取澎湖以扼其吭，则形势可见，声息可通，其利在我。仍先遣干员往宣朝廷德意，若郑经势穷向化，便可收全绩，倘顽梗不悔，俟风信调顺，即率舟师联䑸，直抵台湾。”“郑经得驭数万之众，非有威德制服，实赖汪洋大海为禁锢。如专一差官往招，则操纵之权在乎郑经一人，恐无率众归诚之日。若用大师压境，则去就之机在乎贼众，郑经安能自主？是为因剿寓抚之法。”⑤ 这个主张，15 年后变成了历史事实。但在当时，一方面清政府正在对郑氏集团进行招抚活动，另一方面，清政府中一部分人对施琅等郑氏降将存有戒心，所以这个主张未被采纳。而且，清政府还免去施琅福建水师提督的职务，将他和周全斌调入北京归旗，余众拆散，舰船焚毁，武力攻取台湾的主张被束之高阁。康熙十九年，福建总督姚启圣和水师提督万正色在进军台湾问题上发生了分歧。姚启圣主张乘郑经刚从大陆沿海败退之机，“自往台湾攻取”。万正色却认为，台湾港口迫狭，船舰“驻泊无所，粮运不继”，“不可轻议进兵”。⑥ 因为大臣中赞同万正色意见的居多，所以，清政府决定“台湾、澎湖暂停进兵，令总督、巡抚等招抚贼寇”。次年，清政府得到郑经死后郑氏集团内乱的消息，李光地和姚启圣力荐施琅任征台主将，清政府也决定“宜乘机规定澎湖、台湾……务期剿抚并用，底定海疆”。但施琅到任后，和姚启圣等人在征台

---

① “中研院”史语所编：《明清史料丁编》第 3 本，上海商务印书馆 1951 年版，第 252 页。

② 施琅：《靖海纪事》，福建人民出版社 1983 年版，第 54 页。

③ 姚启圣：《忧畏轩奏疏》，载陈支平主编：《台湾文献汇刊》第二辑第二册，九州出版社、厦门大学出版社 2005 年版，第 196~197 页。

④ 郑亦邹：《郑成功传》，载诸家：《郑成功传》，台湾文献丛刊本，第 25 页。

⑤ 施琅：《靖海纪事》，福建人民出版社 1983 年版，第 54 页。

⑥ 《清代官书记台湾郑氏亡事》，台湾文献丛刊本，第 16~17 页。

时间和路线问题上又发生了分歧，结果清政府再次下令，进剿台湾“可暂行停止”。① 只是到了施琅取得“专征”全权之后，才出现了军事方面由施琅全权负责，招抚及后勤方面由姚启圣和福建巡抚负责这样的分工。清政府内部对台湾问题意见分歧、举棋不定的状况才相应得到改变，施琅15年前的战略设想也才得到了实施。

三、招降政策对郑氏集团不同时期的影响

由于清、郑双方斗争形势的不断变化以及各个时期郑氏集团代表人物的政治态度不同，清政府招降政策在不同时期对郑氏集团所产生的影响也各异。

清政府对郑芝龙的招降受到了他本人的欢迎，却遭到了郑氏集团其他主要成员，如郑成功、郑鸿逵等人的抵制和反对。博洛把受降的郑芝龙挟持北上，虽然使郑氏集团一时处于群龙无首的状况，但却阻止了清政府的招降政策在郑氏集团中产生更大的影响，郑氏集团的力量也因而大多数分散和保存了下来，这是清政府对郑芝龙的招降表面看来成功实际却是失败的地方。

清政府的招降政策在郑成功时期的影响又是另外一种情况。郑成功对清招降的态度，总的说来是一不干，二利用。他不愿降清，这表现在他给郑芝龙的信中多次提出对清朝招降诚意的怀疑上，而且表现在谈判过程中故意在条件方面层层加码。清政府最初以泉州府地方给郑氏驻兵，郑成功即以“一府未足屯兵”为难。清政府答应给予漳、泉、潮、惠四府之后，郑成功又提出了“兵马繁多，非数省不足安插，和则高丽、朝鲜有例在焉”。目的就在于使清政府不能接受。他所以没有采取断然拒绝的生硬方法，而让清政府在一定时期内存有幻想，实出于“将计就计，权借粮饷，以裕兵食”② 的动机。《海上见闻录》记载，谈判期间，郑成功的军队“乃就福、兴、漳、泉措饷，派富户追纳……计所追凡四百余万”。③《从征实录》关于“征派四出”的记载更多。刘清泰在奏疏中道出了抚局被郑成功利用的难言的苦衷：“今既受抚，而屠掠索饷之文日日见告，初犹在漳、泉，今渐及兴、福、汀、延。地方官剿之，既恐有激变之名，而听之，则各有疏防之责。”④ 并指出郑成功“不过借安插玩弄，以支饰抚局，复借抚局游移，攻

① 台湾银行经济研究室编：《清圣祖实录选辑》，台湾文献丛刊本，第109、113、121页。

② 杨英：《先王实录》，福建人民出版社1981年版，第69、62页。

③ 阮旻锡：《海上见闻录》，福建人民出版社1982年版，第21页。

④ “中研院”史语所编：《明清史料甲编》第4本，上海商务印书馆1931年版，第329页。

劫乡堡……因借抚局以饵我……名为受抚，实恣剽劫”。[1] 因此，清政府对郑成功才改抚为剿。

这时期，清政府的招降政策对郑氏集团部将的直接作用不大。有人统计，终成功之世，郑氏集团镇将以上降清在信史上载有姓名的不过十几人。[2] 其中顺治七年黄海如、八年四月施琅、十三年六月黄梧等人的降清，都在清政府对郑氏集团部属的招降政策在福建公布之前。而在同一时期，清朝将领、官吏向郑氏集团投降的却有70余人。这固然因为，这一时期郑氏集团在军事方面的进展大多比较顺利，东南沿海一带人心向背较有利于郑氏，同时和清政府在招降活动中政策落实还不够也大有关系。曾经和张名振一起纵横浙海的阮美于康熙二年十一月第二次降清，在此之前，他写信给清方，谈到自己第一次降清的经历时说：“不肖颇识时务，统䑸齐入闽安镇，以受约束于皇清。……岂图一罹笼中，船兵掣散，资囊罄竭，又兼家计浩繁，日给不敷，穷途之惨，未有甚于此时也。”[3] 投降后遭到这种处境，清政府的招降政策，自然难以发挥更大的影响。

郑成功时期，尽管清政府的招降政策所起的直接作用不是很大，但是由于黄梧、施琅等人的降清，对郑氏集团以后的影响却是至关重大的。黄梧降清后，成为清政府招降纳叛的一面旗帜。他熟悉郑军内情，尚有许多故旧，在他手里招降活动屡屡奏效，不少郑氏将士降清后往往表示“愿隶海澄公标下效力”，[4] 清政府也多次对其“招徕有方”进行奖励。至于施琅以及后来的许多郑氏降将在征台之役中所起的作用，更是众人皆知的事实。

郑经对待清政府的招降，基本上坚持了郑成功的立场。用他自己的话说，叫作“和议之策不可久，先王之志不可坠”，[5] 即可以权宜利用，但终不投降的意思。郑成功在台湾逝世，郑氏部将黄昭等人拥立郑世袭，制造内乱，清方听到信息，乘机“频频遣员招抚”。在这种情况下，郑经和郑泰、黄廷、洪旭等人商议，“顺之，有负先王宿志；逆之，则指日加兵。内外受困，岂不危哉？不如暂借招抚为由，苟延岁月俟余整旅东平，再作区处”。于是，由郑泰等人将历年缴获的清方印札交还，并假造郑军人员、器械总册。以准备投降的姿态迷惑清方，郑经却乘“招抚之暇……同周全斌等舟师东去”，[6] 迅速平定了内乱。这是郑经利用

① “中研院”史语所编：《明清史料丁编》第2本，上海商务印书馆1951年版，第106~107页。

② 张雄潮：《郑成功于金厦外围战的战略战术》，《台湾文献》第13卷第1期。

③ “中研院”史语所编：《明清史料丁编》第3本，上海商务印书馆1951年版，第267页。

④ 台湾银行经济研究室编：《清圣祖实录选辑》，台湾文献丛刊本，第15、20页。

⑤ 夏琳：《闽海纪要》，台湾文献丛刊本，第17页。

⑥ 江日升：《台湾外记》，福建人民出版社1983年版，第175、177~178页。

招降的最显著的例子。

“剃发”和“朝鲜例”是清、郑谈判中争执最多的问题。郑经坚持不剃发和“援朝鲜例”，并不是为了取得“藩属”地位，也不是要把台湾从中国独立出去。他之所以要在这个清政府很敏感的问题上大做文章，其本意实在于以此难住清政府的招降，否则就很难解释，为什么在康熙十六年七月和十八年五月清康亲王杰书同意接受不剃发、“照朝鲜例”的条件以后，郑经又在海澄问题上与清政府僵持，致使谈判不成。

郑经自己在对待清政府招降问题上坚持了乃父的立场，但由于客观形势的变化以及清政府招降活动的加强，他无法阻止郑氏集团将士纷纷投向清朝。郑经两次失去沿海退守台湾时，将士降清者确如过江之鲫，随回台湾者仅数千和千余人。即在驻守台湾，清、郑相安无事期间，郑军将士从澎湖、台湾渡海降清者也屡屡有之。

郑经去世之后，郑氏集团内部又发生倾轧，刚毅“有乃祖风”的郑克壆被杀，乳臭未干的郑克塽继位。这时，郑氏集团的领导权实际上掌握在冯锡范和刘国轩手里。就这两人来说，冯锡范是“郑经结姻旧臣”，现又大权在握，郑氏集团的命运与他们个人利益紧密相关，所以他历来反对向清政府投降。即使到了施琅攻破澎湖，大兵压境，刘国轩和郑克塽已决定投降的情况下，他仍“挠其事者再”。[①] 而刘国轩在澎湖战役之前，曾多次拒绝清政府的招降，是一个坚决的“主战派”。澎湖决战失败之后，他从坚决主战急转为坚决主降，并利用他在郑氏集团中的地位和影响，做出了向清朝投降的决定。当黄良骥、萧武、洪拱柱等人“谋奉公子郑明奔吕宋”[②] 时，他又出来制止，保证了郑氏集团所有成员都服从于向清朝投降的决定。因此，当后来吴启爵回答康熙皇帝问平定台湾一事时说：“国轩倾心归命，挟以必从之势，故臣得毕事而归。”[③] 充分肯定了刘国轩在促成郑氏集团投降中的作用。

在郑氏集团走上穷途末路之时，姚启圣和施琅对郑氏集团将士兵民的招降、瓦解工作也取得了最大的效果。据姚启圣自己说，他曾通过“续顺公沈瑞、伪宾客司傅为霖共纠联十一镇，于康熙二十年十月内俱已纠合停当，已经领臣所颁绫札重赏，协谋内应，以待我师。因师未进，为同谋伪镇朱友出首”。[④] 当时郑氏

① 江日升：《台湾外记》，福建人民出版社 1983 年版，第 349 页。

② 夏琳：《闽海纪要》，台湾文献丛刊本，第 77 页。

③ 阮旻锡：《海上见闻录》，福建人民出版社 1982 年版，第 79 页。

④ 姚启圣：《忧畏轩奏疏》，载陈支平主编：《台湾文献汇刊》第二辑第二册，九州出版社、厦门大学出版社 2005 年版，第 488 页。

集团究竟有多少兵镇无法知道，但在台湾已“藉民兵自卫”[1]的情况下，“十一镇”肯定占了郑军的很大比重。这时，由于郑氏集团加予的沉重负担以及严重的自然灾害，台湾早已“米价腾贵，民不堪命”，[2]又因为施琅放回的降卒众口一词地传颂施琅之德，人心“乃无固志”，[3]“台湾民众惟恐王师之不早来”。郑克塽只好和冯锡范相对而泣：“民心既散，谁与死守，浮海而逃，又无生路，惟有求抚一策耳。”[4]

总的说来，清政府对郑氏集团的招降政策是以强大的武力为后盾的，前期收效还不甚显著，后来影响越来越大，以致最后水到渠成，迫使郑氏集团全体走上了投降的道路。

---

① 夏琳：《海纪辑要》卷二。夏琳：《闽海纪要》，台湾文献丛刊本，第65页。

② 阮旻锡：《海上见闻录》，福建人民出版社1982年版，第76页。

③ 黄宗羲：《郑成功传》，载黄宗羲：《赐姓始末》，台湾文献丛刊本，第45页。

④ 陈衍：《台湾通纪》，台湾文献丛刊本，第104页。

第十五章

清政府与台湾郑氏集团的谈判和“援朝鲜例”问题

郑成功收复台湾之后，郑氏集团以台湾为基地，凭借海峡的天险，与逐渐实现统一的清政权进行了长达22年的对抗。在双方的斗争中，除了军事手段之外，谈判也是当时斗争的主要方式之一，从康熙元年到二十二年（1662—1683年），双方进行了多次的谈判活动。这些谈判是在什么样的背景下进行的？双方各自提出过哪些条件？怎样评价这些条件？尤其是怎样看待郑氏集团提出的“援朝鲜例”问题？本章将对此进行探讨。

一、清、郑双方进行的各次谈判活动

在清政府与台湾郑氏集团所进行的几次谈判活动中，背景往往有很大的不同。一般说来，双方都是根据局势的变化，利用谈判作为手段，以求达到己方的政治或军事的目的。

康熙元年（1662年）五月，郑成功不幸在台湾病逝，其弟郑世袭在黄昭、萧拱宸等人的拥护下，图谋自立。郑经在厦门闻讯后，也随即发丧嗣位，郑氏集团出现了叔侄争权的内乱。清方得知这一消息，认为这是瓦解郑氏集团的大好时机。于是，福建总督李率泰和靖南王耿继茂一面各率本部兵马齐集漳、泉，对郑氏占领下的金、厦地区形成强兵压境的局面；一面频频遣员招抚，以图涣散郑氏军心。郑经为了摆脱这种内外交困的状态，也授意郑泰、洪旭、黄廷等人与清方进行谈判。《台湾外记》记载了当时郑经与郑泰等人商议时的一些情况。郑经说：“东宁初辟，先王陡尔仙逝，兹又遭萧、黄二贼构衅于内，藩院闻信，频频遣员招抚，顺之，有负先王宿志；逆之，则指日加兵。内外受困，岂不危哉？不如暂借招抚为由，苟延岁月，俟余整旅东平，再作区处。诸君以为如何？旭曰：阳和阴违，俟靖内患，再作筹画，藩主所见甚明。”① 这段记载，充分说明了郑经进行这次谈判的动机。

七月十日，郑泰等人差中军都督吴荫、杨来嘉到漳州会见耿继茂和李率泰。据李率泰事后题报，在商谈中，吴、杨二人“不明事理之词甚多，靖南王与臣即将我朝典制向彼等明白晓谕后遣回”。② 八月七日，郑泰等人又派遣游击姚万前往漳州，要求清方派代表到厦门进一步商谈。清方随即派都司王惟明、李振华及副将林忠前往厦门。八月二十五日，清方代表回到漳州，带回了郑泰等人交出的南明皇帝颁给的敕书三道和郑氏文武官员、兵民、船只、器械总册一本，以及郑泰、洪旭、黄廷三人给耿继茂、李率泰的一份公文。公文中强调，要使谈判成功，清方对郑氏官兵的安置工作必须“委曲筹度”，不要以“不相习之事与不相习之地”强加给郑氏官兵。③ 九月六日，杨来嘉从厦门前往漳州，带来了郑泰等人交出的公、侯、伯印 6 颗，以及原郑军缴获的清方州县各官印信 15 颗。他这次是作为郑氏集团使者，将随同耿继茂、李率泰的差官、题本，到北京“赴阙待命”。④ 十二月，“杨来嘉从京回厦，报‘必欲剃发登岸’。洪旭……遣员过台启经：‘招抚不成。’”⑤ 而在这段时间里，郑经与周全斌等早已率师入台，迅速平定了内乱。这次和谈，前后历时半年，郑经因此赢得了稳定内部局势的时间。

康熙二年十月至三年三月，清军在荷兰东印度公司舰队的协助下，先后夺取了厦门、金门、南澳、铜山等地，郑氏在大陆沿海的主要岛屿丧失殆尽。清军在取得沿海各岛之后，曾一度准备乘胜进攻台湾。康熙三年十一月和四年四月，施琅两次率水师渡海东征，均遭遇飓风，无功而返。两次攻台不利，使清廷中“风涛莫测，难以制胜”⑥ 的意见渐占上风，对郑氏集团的策略又转到以和平招抚为主的方面。

康熙六年，清政府首先派遣道员刘尔贡、知州马星到台湾，他们带去了福建招抚总兵官孔元章及郑经母舅董班舍的书函。清方表示，只要郑氏归顺剃发，可以将其册封为“八闽王”，并将沿海岛屿归其管辖。郑经在给孔元章的信中则表示，“王侯之贵，固吾所自有，万世之基已立于不拔”，“不佞亦何慕于爵号，何

① 江日升：《台湾外记》，福建人民出版社 1983 年版，第 175 页。

② 厦门大学台湾研究所、中国第一历史档案馆编辑部编：《郑成功档案史料选辑》，福建人民出版社 1985 年版，第 447 页。

③ 《郑氏关系文书》，台湾文献丛刊本，第 2 页。

④ 厦门大学台湾研究所、中国第一历史档案馆编辑部编：《郑成功档案史料选辑》，福建人民出版社 1985 年版，第 448 页。

⑤ 江日升：《台湾外记》，福建人民出版社 1983 年版，第 180 页。

⑥ 李元度：《清先正事略选》，台湾文献丛刊本，第 7 页。

贪于疆土，而为此削发之举哉”。[①] 刘、马二人回到泉州之后，八月二十六日，孔元章从厦门亲往台湾。他在台湾住了一个多月，于十月初七日从台湾回厦门。孔元章回程时带有郑氏馈送的大量礼品，其中包括檀香21担40斤、降香400斤、鹿筋200斤、鹿脯2610斤、大盐鳜鱼干150斤、程仪银360两。据孔元章自称，“本镇亲诣台湾，仰伏朝廷威福，业取逆等允从确据”[②]，谈判似乎有些进展。但据《闽海纪要》记载，这次谈判没有取得成果：“遣总兵孔元章至东宁招抚。时议以沿海地方与郑经通商、欲其称臣奉贡并遣子入京为质三事。经曰：‘和议之事不可久，先王之志不可坠。’即令舟人渡元章还。”[③]

康熙八年，清政府派刑部尚书明珠、吏部侍郎蔡毓荣入闽，与靖南王耿继茂、福建总督祖泽溥等主持与郑氏集团的谈判。七月，清方首先派遣兴化知府慕天颜、都督佥事季佺到台湾宣示招抚之意。郑经表示，“苟能照朝鲜事例，不削发，称臣纳贡、尊事大之意，则可矣”，并派礼官叶亨、刑官柯平随慕天颜等到泉州商谈。经反复交涉，清方在一些问题上作了让步，允许郑氏“藩封，世守台湾”，但在“削发”问题上不肯放松。八月，清方令慕天颜、季佺同柯平、叶亨再往台湾，劝郑经遵制削发。郑经坚持不肯削发。慕天颜见谈判已无余地，乃辞回泉州。“明珠、耿继茂等知经恃波涛之险，未可招抚，遂同蔡毓荣进京复命。”[④]

康熙六年和八年的谈判，表现为清方较为主动。他们几次派代表到台湾进行商谈，希望在谈判桌上得到用武力不易得到的东西。而郑经亦知海峡的风涛是清军一时难以克服的困难，坚持在“不削发”问题上做文章，抵制了清方的招抚。

康熙十三年，中国大陆发生“三藩之乱”，郑经乘机反攻大陆。在此后的几年间，郑经不但重新占领了厦门、金门、铜山等沿海岛屿，而且还先后攻占了福建和广东沿海的一些府县。连年的征战，使沿海残破不堪。在这种情况下，清方官员寄希望郑氏集团让出沿海岛屿，谈判活动仍时有进行。

康熙十六年四月，在福建主持军事活动的清康亲王杰书派遣佥事道朱麟、庄庆祚到厦门谈判，希望郑氏能归顺清朝，“共享茅土之封，永奠山河之固，传之子孙”，“世世食报无疆”。郑经礼待朱、庄二使，但坚持不剃发，要“照高丽、朝鲜例”。同时还表示不愿“裂冠毁冕”，而“欲向中原而共逐鹿”。[⑤] 郑经的态

---

① 厦门大学台湾研究所、中国第一历史档案馆编辑部编：《康熙统一台湾档案史料选辑》，福建人民出版社1983年版，第70页。

② 厦门大学台湾研究所、中国第一历史档案馆编辑部编：《康熙统一台湾档案史料选辑》，福建人民出版社1983年版，第75页。

③ 夏琳：《闽海纪要》，台湾文献丛刊本，第37页。

④ 江日升：《台湾外记》，福建人民出版社1983年版，第205、207、209页。

⑤ 江日升：《台湾外记》，福建人民出版社1983年版，第261页。

度，自然使谈判无法进行。

同年十二月，杰书又派遣泉州知府张仲举、兴化知府卞永誉、泉绅黄志美、监生吴公鸿到厦门谈判。这次，清方表示只要郑经让出沿海岛屿，可以“照朝鲜例”题请。而郑方却提出，“欲安民必先息兵，息兵必先裕饷，果能照先藩之四府裕饷，则各守岛屿，而民自安矣”。也就是说，要使双方息兵安民，郑氏集团不但不让出沿海岛屿，而且还要清方将漳、泉、潮、惠四府的粮饷让出来给郑氏养兵。双方条件差距太大，张、卞等人只好辞回。清宁海将军喇哈达认为，“徒以言语仆仆往返，未尽曲折以启其衷”，必须郑重修书，陈明利害，或许郑经能有一番感悟。于是，又派遣吴公鸿携书前往厦门。信中表示，“天下已定，东西南北悉入版图。而贵君臣独自窜穷荒，守明正朔，三十余年不忘旧君。此与吴三桂自称大周皇帝，为两朝之乱臣异矣。……愿贵君臣同于箕子，勿徒蹈田横故辙。则何不罢兵休士，全车甲以归保台湾，自处以外海滨臣之列？其受封爵，惟愿；其不受封爵，亦惟愿。我朝廷亦何惜以穷海远适之区，为尔君臣完全名节之地。……执事如知感朝廷之恩，则以岁时通奉贡献，如高丽、朝鲜故事，通商贸易，永无嫌猜，岂不美哉”。但郑方坚持“边所海岛悉为我有，资给粮饷，则罢兵息民”。[①] 因此，吴公鸿仍无功而返。

康熙十七年九月，福建总督姚启圣派遣中书张雄携带书信前往厦门议和。信中希望郑经能“念井里疮痍，翻然解甲释兵，纵数千万子弟尽还耕渔之乐，身享茅土之封”。郑经礼待张雄，并以“海澄为厦门门户，不肯让还为辞，送雄归”。十月，姚启圣又派泉绅黄志美携带书信前往厦门，清方的要求仍被郑氏所拒绝。郑经在回信中指责清方，“责人以难行之事，非安民之实心也”。[②]

康熙十八年五月，清康亲王杰书派苏埕到厦门见郑经，表示“若贵藩以庐墓桑梓黎民涂炭为念，果能释甲东归，照依朝鲜事例，代为题请，永为世好，作屏藩重臣”。冯锡范代表郑方提出，“海澄实为厦门之户，决不可弃。今既承亲王之命，将海澄为往来公所”。苏埕不敢同意，认为“欲照朝鲜事例，贵藩当退守台湾。凡海岛归之朝廷，以澎湖为界，通商贸易。海澄乃版图之内，岂可以为公所？此不但亲王不敢题请，即埕亦不敢代为转启也”。随后，郑经派遣宾客司傅为霖为使者，随苏埕先后到福州和漳州会见杰书和姚启圣。姚启圣坚持，“寸土属王，谁敢将版图封疆，轻议作公所”。[③] 尽管这次谈判没有取得成果，但郑方使者傅为霖却为姚启圣暗中所收买，成为日

① 江日升：《台湾外记》，福建人民出版社 1983 年版，第 265~268 页。

② 江日升：《台湾外记》，福建人民出版社 1983 年版，第 285~287 页。

③ 江日升：《台湾外记》，福建人民出版社 1983 年版，第 292、293 页。

后在郑军中策反的核心人物。

康熙十六年到十八年的几次谈判，基本上围绕着郑氏集团是否退出闽、粤沿海问题而进行。清方官员曾以“照朝鲜例”题请为诱饵，但郑氏坚持不退出大陆沿海的立场，不断变生枝节，致使谈判不成。

康熙十九年初，清军集中兵力，向郑氏占领的海坛（今平坛岛）、厦门等地发动进攻。郑军在战场上虽未遭受大的败绩，但因“久已无粮，尽皆退溃”。[①] 郑军先后撤出了海坛、崇武、海澄、厦门、金门等地，再次退守台湾。康熙二十年七月，经姚启圣和李光地先后极力推荐，清廷同意让施琅复任福建水师提督。在姚、施二人的主持下，清军一面积极准备用武力攻取台湾，一面也不放弃招抚和谈判的工作。

康熙二十一年五月，姚启圣授意革职副将黄朝用写信给郑氏主将刘国轩。八月，刘国轩派总稿黄学和翼将蔡猷雄到福建会见姚启圣等，并带来书信一封。郑氏使者表示：“请照琉球、高丽外国之例称臣奉贡，奉朝廷正朔，受朝廷封爵，接招者削发过海，在台湾者求免削发登岸，请示何处通商，并请道府正员过海订议等语。”姚启圣等人当即表示：“查琉球、高丽其地系外国之地，不在版图，其人即系外国之人，可免削发。今台湾虽属外国之地，而尔等俱泉、汀之人，据险阻化，岂容不肯削发，不让台湾请比琉球、高丽之例。”同时，一面具疏请旨。当时，清廷的意见是“台湾贼寇俱系闽地之人，不可与琉球、高丽外国比。贼□若能诚心改恶，削发归诚，督抚等公同详确，加意选择贤能官员，发往招抚，一面奏闻”。[②] 但姚启圣等人因不能确定台湾方面是否诚心归顺，没有派遣道府正员前往台湾，而只派黄朝用随同黄学等过台谈判。之后，郑氏方面又曾派遣天兴知州林良瑞（改名林珩）到福州会见姚启圣，但这时双方都在积极备战，谈判没有取得任何进展。

康熙二十二年六月，清、郑双方在澎湖决战，郑军精锐损失两万人，剩下刘国轩带领少数官兵、船只逃回台湾。澎湖战役之后，台湾风声鹤唳、草木皆兵。尽管当时郑军还有数万兵卒，但军心瓦解，全无斗志。郑氏集团已失去了谈判的筹码。

闰六月初八日，郑克塽派遣礼官郑平英、宾客司林惟荣等到澎湖施琅军前请降，但要求仍居台湾，“承祀祖先，照管物业”。[③] 施琅拒绝了郑氏的条件，要求

---

① 阮旻锡：《海上见闻录》，福建人民出版社 1982 年版，第 73 页。

② 厦门大学台湾研究所、中国第一历史档案馆编辑部编：《康熙统一台湾档案史料选辑》，福建人民出版社 1983 年版，第 252~254 页。

③ 施琅：《靖海纪事》，福建人民出版社 1983 年版，第 93 页。

郑氏必须将人民土地悉入版图，官兵遵制削发，移入内地，听从朝廷的安置。在当时的情况下，郑氏集团只能全部接受清方的条件。七月二十七日，郑克塽递交了正式的降本。八月十三日，施琅亲往台湾，接受了郑氏的归降。

二、不同背景下双方所提条件的变化

从以上的叙述中可以看到，在不同的背景条件下，清、郑双方在谈判中所提出来的条件也是各不相同的。归结起来，有这么几种情况：

第一种情况：当郑氏军队在大陆沿海拥有很强实力，并且在战场上略占优势时，双方在谈判中提出的条件如下：

清方：郑氏军队退出大陆沿海及其岛屿，双方以澎湖为界；依照朝鲜事例，代为题请。

郑方：已经占领的沿海岛屿不能退让，要息兵安民，清方须将漳、泉、潮、惠四府粮饷让给郑氏养兵。海澄（郑方占领）是厦门门户，尤其不能放弃，但可作为双方的往来公所。

第二种情况：当郑氏军队退守台湾，清军一时无法用武力攻取时，双方在谈判中所提条件又是这样的：

清方：郑氏可以世守台湾，但必须称臣奉贡、遵制剃发，沿海地方可开放与台湾通商。

郑方：援朝鲜例，称臣奉贡，但不剃发。

第三种情况：当清军完全控制台湾海峡的军事主动权，并攻下澎湖时，双方在谈判中所提条件则又变成：

清方：台湾的人民土地悉入版图，官兵遵制剃发，移入内地，听从朝廷安置。

郑方：希望仍居台湾，承祀祖先，照管物业。但最后只有无条件投降。

由此可见，谈判中所提出来的条件只是双方实力和斗争形势的晴雨表，是不断变化的。“援朝鲜例”并不是郑氏集团的专利，有的时候，倒是清方主动提出“依照朝鲜事例，代为题请”的条件，反而是郑氏集团以其他口实拒绝了。

另外，在双方的谈判中，还有一个现象值得注意：那就是在总体力量上处于相对弱小的郑氏集团一方，曾经谋求与清政府“对等”的政治地位，遭到清方的拒绝与驳斥。

康熙八年，郑经派遣礼官叶亨、刑官柯平携带复信前往泉州会见清方主持谈判的钦差大臣明珠和蔡毓荣。会见前，清方代表慕天颜与叶亨、柯平商量拜会礼仪。慕天颜首先对郑经复信中的一些措词提出异议，他说，“贵藩主书内有‘麟凤之姿，非藩笼所能囿’，人生天地间，惟昊天之子可云‘不囿’，若贵藩主不囿于藩笼，是台湾尚非其寄托也。又云‘英雄之见，非游说所能惑’，此乃战国之时朝秦暮楚，非今日大一统之论也。……至于‘通好之后’句愈谬矣！夫两大相偶，力敌势并，始可谓之通好。通好者，议和之实。今我朝廷以四海万国之尊，九夷八蛮，莫大来宾。而台湾乃海外一隅，欲匹夫行抗，强弱之势，毋论智愚咸知。今形于书内，是纸上甲兵，夫复何益？”柯平听了慕天颜的这一番议论，也不得不承认，“老先生所教甚明，此掌掾者之过也”。①

然而，在议及拜会礼仪时，双方又发生了严重的争执。慕天颜提出，明珠和蔡毓荣两位是钦差大臣，“虽公、督、抚、提见之，皆由角门而入，偏坐。汝二位报者，亦然”。郑氏使者不同意这样的安排，他们认为，“国有大小，使实一体”，拒绝执行地方官员拜见钦差大臣的礼仪，而要求以客礼拜会明珠等人。由于争执不下，双方“数日未会”。② 为了打破僵局，慕天颜乃提出在圣庙相见。圣庙是供奉儒家文化鼻祖孔子的地方，孔子是清、郑双方共同尊崇的中国传统文化的代表人物。对清方作出的这种安排，郑氏使者不便反对，只好由圣庙的角门入见明珠等人。这场由郑氏方面提出的争取“对等”地位而引起的争执，在孔圣人面前得到了暂时的化解。

三、如何看待郑氏集团所提出的“援朝鲜例”问题

如何评价清、郑双方在谈判中所提出来的条件，特别是“援朝鲜例”问题，是近年来一些史学工作者十分关注的焦点。

有些学者认为，“在清政府与郑氏集团的一系列和谈中，尽管有各式各样的讨价还价和利益冲突，但根本的分歧在于是否承认国家的统一和领土完整这一原则问题。‘依朝鲜例，称臣纳贡’，是郑氏集团在历次和谈中提出的首要条件，也是其和谈的基本立场。所谓‘依朝鲜例’就是要求清政府依照当时中国与朝鲜的关系模式来确定中国大陆与台湾、清中央政府与郑氏割据政权的关系。……郑氏集团坚持‘依朝鲜例’，就是要求清政府承认台湾为中国藩属国的地位，其目的在于将台湾从祖国大家庭中分裂出去。郑氏集团把分裂祖国作为结束与大陆敌对

① 江日升：《台湾外记》，福建人民出版社 1983 年版，第 206~207 页。

② 江日升：《台湾外记》，福建人民出版社 1983 年版，第 207 页。

状态、谋求和平的条件，当然是清政府所不能答应的”。① 这种观点，一味地谴责郑氏集团，把他们当作分裂祖国的势力，这是不符合历史事实的，也是不能接受的。事实上，郑氏集团并不是在“历次”谈判中都提出了“援朝鲜例”的条件，他们只是在一定的形势下（上述第二种情况下）才会提出这样的条件。因此，“援朝鲜例”不是郑氏集团的基本立场，而是他们在与清方进行斗争时所运用的一种策略。清方官员有时也采用这样的策略，以“依照朝鲜事例，代为题请”作为诱饵，企图让郑氏集团作出某种让步。有鉴于此，用“统一”和“分裂”的思维去分析这段历史，难免要出偏颇。如果用“明清鼎革之际，内战尚未结束”的思维去分析这段历史，就有可能得出更加符合历史实际的结论。

有的学者还说，“郑经为了达到分裂的目的，还不断宣称台湾不是中国领土，为把台湾从祖国分裂出去制造舆论。在康熙六年（1667 年）的和谈中，郑经就声称台湾远在海外，‘非属（中国）版图之中（《康熙统一台湾档案史料选辑》，第 70 页）。在康熙八年（1669 年）的和谈中，郑经又强调郑氏占据台湾是‘于版图疆域之外，别立乾坤’，又说台湾‘远在海外，与版图渺不相涉’（《台湾外志》第十五卷）。郑经的这些言论，不但无视台湾自古是中国领土的史实，而且也违背了其父郑成功的意志。……郑经的言行不仅是对中华民族的背叛，也是对其父辈事业的背叛”。② 根据这种说法，郑经已是民族的罪人，不可避免地要被钉在历史的耻辱柱上。但是，且慢！郑经是不是民族罪人，还要根据史实，作具体、深入的分析。

毋庸讳言，郑经确实说过上述的一些话。然而，他的对手清政府的皇帝和官员也说过一些同样的话。我们不能采取双重标准，据此将郑经“定罪”，而对清方皇帝和官员类似的言论视而不见或加以特别宽容。下面，是清方人员的一些言论：

> 康熙皇帝说过：“台湾属海外地方，无甚关系。因从未向化、肆行骚扰，滨海居民迄无宁日，故兴师进剿。”③
>
> 福建总督姚启圣说过：“查台湾地方自汉唐以及宋明，历代俱未入版图，地原系荷兰之地，人即住荷兰之人，自应听其住居方外，岂可劳师远涉以开边衅。一自郑贼占踞之后，即有浸浸不安思图内犯之势，其地即已不同当日荷兰之台湾矣。……今幸克取台湾矣……此天之所以为皇上广舆图而大一统也。”④

---

① 任力、吴如嵩：《清朝政府统一台湾的战略策略》，《中国军事科学》1996 年第 2 期。

② 任力、吴如嵩：《清朝政府统一台湾的战略策略》，《中国军事科学》1996 年第 2 期。

③ 王先谦：《东华录选辑》，台湾文献丛刊本，第 276 页。

④ 厦门大学台湾研究所、中国第一历史档案馆编辑部编：《康熙统一台湾档案史料选辑》，福建人民出版社 1983 年版，第 300~301 页。

> 福建水师提督施琅说过："台湾一地，原属化外，土番杂处，未入版图也。……郑芝龙为海寇时，以为巢穴。及崇祯元年，郑芝龙就抚，将此地税与红毛为互市之所。红毛遂联络土番，招纳内地人民，成一海外之国，渐作边患。……（今郑氏）纳土归命，此诚天以未辟之方舆，资皇上东南之保障。"①

> 姚启圣等人还说过，"查琉球、高丽其地系外国之地，不在版图，其人即系外国之人，可免削发。今台湾虽属外国之地，而尔等俱泉、汀之人，据险阻化，岂容不肯削发、不让台湾，请比琉球、高丽之例"。②

姚启圣、施琅等都是清初统一台湾的功臣，康熙皇帝则是一个为中华民族的发展作出过重大贡献的圣明的君主，他们对台湾的认识和郑经并没有太大的区别。他们同样认为，郑氏集团占领之下的台湾"属外国之地""未入版图"，只是因为占据这块土地的是中国政府的反抗者，为了消弭这种反抗，他们才不允许郑氏集团"援朝鲜例"。正如康熙八年清政府的一个敕谕中所说，"若郑经留恋台湾，不忍抛弃，亦可任从其便。朝鲜系从来所有之外国。郑经乃中国之人，若因居住台湾，不行剃发，则归顺悃诚，以何为据"。③ 这个敕谕清楚地表明，清政府强调的是人而不是地，在对台湾这块土地的认识上，清政府以及姚启圣、施琅等人并没有比郑经更为高明的地方。

更有甚者，为了消弭郑氏集团的抗拒，清政府还曾联合企图占据台湾的荷兰殖民者攻打郑氏集团。这种行径，无异于引狼入室。所幸他们在与荷兰殖民者联合的过程中还保持着一定的警惕，没有造成严重的后果。在郑氏集团归降之后，清政府内部还进行过一番要保留还是放弃台湾的讨论。学士李光地甚至提出，"空其地任夷人居之，而纳款通贡，即为贺兰（荷兰）有亦听之"④ 的荒谬主张。这说明，清政府中的一部分官员对台湾地位的认识，同样存在着极其糊涂和错误的思想。他们对台湾与祖国大陆悠久的历史联系一无所知。拘泥于清朝入关之前中国政府在台湾本岛上未设立行政建制以及荷兰曾经占据该地，就以为"台湾属外国之地"。这样的认识，与郑成功理直气壮地宣称"该岛（指台湾）一向是属于中国的"⑤ 相比，同样是巨大的倒退。所幸康熙、姚启圣、施琅等人虽然在台湾历史归属问题上有一些糊涂认识，但在处理台湾现实问题上决无糊涂行为。他

---

① 施琅：《靖海纪事》，福建人民出版社 1983 年版，第 120~121 页。

② 厦门大学台湾研究所、中国第一历史档案馆编辑部编：《康熙统一台湾档案史料选辑》，福建人民出版社 1983 年版，第 253 页。

③ "中研院"史语所编：《明清史料丁编》第 3 本，上海商务印书馆 1951 年版，第 272 页。

④ 李光地：《榕村语录续集》卷一一，付氏藏园刻本 1933 年版，第 11 页。

⑤ C. E. S.：《被忽视的"福摩萨"》，载厦门大学郑成功历史调查研究组编：《郑成功收复台湾史料选编》，福建人民出版社 1982 年版，第 153 页。

们在郑氏集团归降之后，及时地主张和支持将台湾归入清朝版图，并设立了一府三县。从此，台湾本岛正式处于中央政府的有效管辖之下。

通过以上的比较，可以清楚地看到，对于台湾地位的糊涂认识不是郑经所独有的。清政府的皇帝和官员也大致相同。这反映了当时封建统治者的认识水平（像郑成功这样的高瞻远瞩者是例外）。仅此将郑经说成是分裂国家的罪人，而一些具有同样认识的清朝皇帝和官员却成了维护统一的英雄，这在逻辑上是不能成立的。

郑经作为民族英雄郑成功的长子，他的识见和作为虽然无法与他伟大的父亲相比拟，但是，他确实继承了父辈的遗志和事业，在台湾的经济开发、文教事业等方面有不少的建树。“为中华民族开发台湾的伟大事业奠定了基础。”① 指责他“对中华民族背叛”，“对父辈事业背叛”是没有根据的。

就拿“援朝鲜例”问题来说。郑经提出“援朝鲜例”，并不是要把台湾变成朝鲜那样的藩属国，而是要求郑氏集团管辖下的人民（也包括大陆沿海人民）像朝鲜那样不“削发”。而这一点，恰恰是他的父亲郑成功发明的。早在1654年，也就是收复台湾的前八年，郑成功对清方前来招抚的使者说：“和则高丽朝鲜有例在焉。”② 郑经正是继承了郑成功的遗志，坚持“援朝鲜例”不削发的。关于“援朝鲜例”的含意，郑经在历次谈判中表达得十分清楚，不应该有任何的误解。

康熙六年，郑经在接见孔元章时说：“台湾远在海外，非中国版图，先王在日，亦只差‘薙发’二字。若照朝鲜事例，则可。”③

康熙八年，郑经对清谈判代表慕天颜说：“苟能照朝鲜事例，不削发，称臣纳贡，尊事大之意，则可矣。”“先王在日，前后招抚者，亦只差‘削发’二字，本藩焉肯坠先王之志。”又说，“苟能如朝鲜例，则敢从议，若欲削发，至死不易。”④

康熙十六年，郑经对清使朱麟、庄庆祚说：“先王在日，屡承招抚，只差‘薙发’二字。若照高丽、朝鲜例，则可从议。”⑤

康熙十八年，郑经对清使者苏埕说：“当先王在日，亦只差‘削发’二字，今既亲王能照朝鲜事例，不削发，即当相从，息兵安民也。”⑥

在上述史料面前，人们不难得出这样的结论：“援朝鲜例”就是不削发。有

① 张小林：《试论郑经建设台湾》，载《郑成功研究论丛》，福建教育出版社1984年版，第187页。

② 杨英：《先王实录》，福建人民出版社1981年版，第69页。

③ 江日升：《台湾外记》，福建人民出版社1983年版，第194页。

④ 江日升：《台湾外记》，福建人民出版社1983年版，第205~206、208页。

⑤ 江日升：《台湾外记》，福建人民出版社1983年版，第261页。

⑥ 江日升：《台湾外记》，福建人民出版社1983年版，第292页。

了这样的结论，郑经提出“援朝鲜例”也就不是什么十恶不赦的事情了。有位学者说过：“我认为不要抓住‘照朝鲜例’来做文章，不要把清郑矛盾提到统一和分裂甚至爱国和叛国的高度。应当说，清郑之争的性质，仍然是封建统治阶级中不同集团之间的矛盾。”[①] 这种认识，才是符合历史实际的。

大家知道，削发（或称剃发）是清政府推行民族压迫政策的一项十分残酷的措施（所谓“留头不留发”“留发不留头”）。削发与否，是汉族人民表明对清政府是否认同的一个最主要的标志（200 年后，太平天国的起义者们仍然把蓄发当作他们革命的主要标志之一）。郑经提出“援朝鲜例”不削发，不但因为他要继承郑成功抗清的遗志，同时，也是他在清方军事力量不足以威胁郑氏集团生存的情况下，用来对付清方“招抚”的一种十分有效的武器。郑经知道，在削发问题上，清政府也是不可能让步的，只要坚持不削发，就可抵御清政府的“和谈”攻势。郑氏集团正是运用这种策略，成功地抵御了清政府一次又一次的“招抚”。

经过多次谈判之后，清政府终于识破了郑氏集团提出“援朝鲜例”乃是缓兵之计，然而，在清军渡海作战能力未得到根本改善之前，却也无可奈何。等到清军做好了一切渡海作战的准备之后，郑氏集团再提出“援朝鲜例”就完全失灵了。据《清实录》记载，康熙二十二年（1683 年）五月二十三日，“先是，福建总督姚启圣疏言：海贼刘国轩遣伪官黄学赍书至，请照琉球、高丽等外国例，称臣进贡，不薙发登岸。应否如所请？请旨定夺。上曰：台湾贼皆闽人，不得与琉球、高丽比。如果悔罪，薙发归诚，该督抚等遴选贤能官前往招抚。或贼闻知大兵进剿，计图缓兵，亦未可料。其审察确实，倘机有可剿，可令提督即遵前旨进兵。至是……上乃趣施琅速进兵”。[②] 这说明，清政府最后也找到了对付“援朝鲜例”的办法，那就是以足够的军事压力，运用“武器的批判”，迫使郑氏集团再也无法祭出抵御和谈的“法宝”。

从清政府与台湾郑氏集团谈判的历史经验中，我们可以得到这样一些启示：在两个对立的政治集团之间，谈判是常见的较量方式之一，但最根本的是实力的较量。只要一方还有一定的“生存空间”，让他们在谈判中自动放弃原来存在的方式，而屈从于另一方，是很困难的。双方的斗争，最终解决问题的是实力。

---

① 孔立：《康熙二十二年：台湾的历史地位》，载陈在正、孔立、邓孔昭等：《清代台湾史研究》，厦门大学出版社 1986 年版，第 104 页。

② 台湾银行经济研究室编：《清圣祖实录选辑》，台湾文献丛刊本，第 123 页。

附录　泉州文庙在清政府与台湾郑氏政权谈判中曾起到的特殊作用

文庙是历代官方供奉和祭祀孔子的地方，是各地最重要的文化殿堂。可是，文庙有时也能在政治生活中发挥特殊的作用。康熙八年（1669年），在清政府与台湾郑氏政权的谈判中，泉州文庙就曾经发挥了一种特殊的作用，使双方避免了一些礼仪方面的争论，彼此可以坐下来商谈一些主要的问题。

一

关于这次谈判和泉州孔庙在其中曾经发挥的特殊作用，《台湾外记》有较为详细的记载，其具体经过如下：

康熙八年六月，清政府派刑部尚书明珠、兵部侍郎蔡毓荣为钦差大臣入闽，与靖南王耿继茂、福建总督祖泽沛齐集泉州，主持和台湾郑氏政权的谈判。七月初，清方派遣的兴化知府慕天颜、都督佥事季佺首先到了台湾，向郑氏宣示清政府的招抚之意。郑经表示，“苟能照朝鲜事例，不削发，称臣纳贡、尊事大之意，则可矣”①，并派礼官叶亨、刑官柯平携带给明珠等人的复信随慕天颜等到泉州进一步商谈。

在叶亨、柯平拜会清方钦差大臣明珠和蔡毓荣之前，慕天颜先与他们商量拜会礼仪。慕天颜首先对郑经给明珠复信中的一些措词提出异议，他说：“贵藩主书内有‘麟凤之姿，非藩笼所能囿’，人生天地间，惟昊天之子可云‘不囿’，若贵藩主不囿于藩笼，是台湾尚非其寄托也。又云‘英雄之见，非游说所能惑’，此乃战国之时朝秦暮楚，非今日大一统之论也。兹九重之上，特布恩纶，遣大臣赍敕前来。余又以三品京秩衔命渡海，而以游说视之，所谓拟人不于其伦也。至于‘通好之后’句愈谬矣！夫两大相偶，力敌势并，始可谓之通好。通好者，议和之实。今我朝廷以四海万国之尊，九夷八蛮，莫大来宾，而台湾乃海外一隅，

① 江日升：《台湾外记》，福建人民出版社1983年版，第205页。

欲匹夫行抗，强弱之势，毋论智愚咸知。今形于书内，是纸上甲兵，夫复何益？总之，今日之事不成，于朝廷无所损，成则于贵藩主有所益。而明、蔡诸大人是善体皇上之心，虽不深加过问，倘一朝上闻，则大事决裂，而不可挽回。大事不成，五省滨民，莫不归咎于贵藩主，上干天和，端在此也。”柯平听了慕天颜的这一番议论，也不得不承认，“老先生所教甚明，此掌掾者之过也”。①

然而，在具体议及拜会礼仪时，双方又发生了严重的争执。慕天颜提出，明珠和蔡毓荣两人是钦差大臣，“虽公、督、抚、提见之，皆由角门而入，偏坐。汝二位报使，亦然”。郑氏使者不同意这样的安排，他们认为，“国有大小，使实一体”。拒绝使用地方官员拜见钦差大臣的礼仪，而要求以客使的礼仪拜会明珠等人。由于争执不下，双方“数日未会”。为了打破僵局，慕天颜乃提出在泉州文庙相见。文庙是供奉儒家文化鼻祖孔子的地方，孔子是清、郑双方共同尊崇的中国传统文化的代表人物，对于清方作出的这种安排，郑氏使者不便反对，只好由角门入见明珠和蔡毓荣等人。这场因拜会礼仪而产生的争执，由于地点选择在文庙而得到了化解。“明珠大悦天颜有应变之才。”②

拜会礼仪的争执解决之后，郑氏代表见到了清方的钦差大臣明珠和蔡毓荣等，谈判进入到一个更高的层级。郑氏使者坚持己方的条件是“朝鲜事例，不肯薙发，世守台湾，称臣纳贡”。明珠等许其以“藩封，世守台湾题请”，但对“既受封称臣，岂有异其制，别其服”感到十分不能理解，以为是“彼之使者，未通融耳”。于是，派遣慕天颜和季佺随郑氏使者再往台湾见郑经，并且带去耿继茂以及明珠等人给郑经的书信。耿继茂写给郑经的信中说：“国家欲延揽英雄，以安边民，故不惜诏使前来。今既允藩封，予守台湾，其侈已极！殿下既然称臣，又何异制？大丈夫当诚来诚往，不必过于拘泥，徒费笔舌，仆仆于波涛之间也。”明珠等人的信中则说：“阁下为中国之人，不宜引朝鲜之例。……夫称臣纳贡，既已遵国制，定君臣之义，譬如父子。从无父子而异其衣冠，岂可君臣而别其章服！此薙发一事，所当一意仰从，无容犹豫者也。”③

在此之前，明珠等人曾向清廷奏报：郑经“遣使前来称愿投诚。但以台湾之地，系其父郑成功所辟，不忍轻弃。言我等一经归顺，台湾即是朝廷地土，我等身体发肤，皆是朝廷所有，归顺全在一点真心，不在剃发登岸，愿照朝鲜例入贡等语”。康熙皇帝敕谕明珠、蔡毓荣等：“若郑经留恋台湾，不忍抛弃，亦可任从其便。至于比朝鲜不剃发、愿进贡投诚之说，不便允从。朝鲜系从来所有之外

---

① 江日升：《台湾外记》，福建人民出版社 1983 年版，第 206~207 页。

② 江日升：《台湾外记》，福建人民出版社 1983 年版，第 207 页。

③ 江日升：《台湾外记》，福建人民出版社 1983 年版，第 207~208 页。

国，郑经乃中国之人。若因居住台湾，不行剃发，则归属悃诚，以何为据？今命内弘文院学士多诺前往，尔等会同靖南王耿继茂及总督、巡抚、提督等传谕郑经来使，再差官同往彼地宣示：果遵制剃发归顺，高爵厚禄，朕不惜封赏。即台湾之地，亦从彼意，允其居住。……如不剃发投诚，明珠等即行回京。”① 清方使者慕天颜、季佺到台湾后劝郑经遵制削发。天颜说：“贵藩乃遁迹荒居，非可与外国之宾臣者比。今既欣然称臣，又欲别其衣冠制度，此古来所未曾有。伏冀裁决一时，安享百世。”郑经则回答说：“朝鲜岂非箕子后乎？士各有志，苟能如朝鲜例，则敢从议，若欲削发，至死不易。”慕天颜见谈判已无余地，乃辞回泉州。“明珠、耿继茂等知经恃波涛之险，未可招抚，遂同蔡毓荣进京复命。”②

这次谈判虽然没有取得最终的成果，但却是清、郑历次谈判中，代表层级最高、彼此提出的条件最为接近的一次。

二

从康熙八年清、郑谈判拜会礼仪争执得到化解这段插曲，我们可以了解到文庙在当时社会上的崇高地位，并且从中得到一定的启示。

首先，为什么拜会安排在文庙，郑氏使者就能心甘情愿地从角门而入，并且“偏坐”，而清方的钦差大臣明珠又能“大悦”，称赞慕天颜“有应变之才”呢？笔者没有找到有关当时的官员进文庙礼仪方面的规定，但通过推理可以断定：当时的官员，不论爵位或职务多高，即使是“公、督、抚、提”，要进文庙，“皆由角门而入”，而且只能“偏坐”。这和他们见钦差大臣的礼仪是相同的。所以，在郑氏使者看来，他们到文庙见清方的钦差大臣，可以当作他们在施行进文庙的礼仪，并没有失去己方的尊严，因此可以接受。而钦差大臣代表皇帝，只有皇帝和钦差大臣进文庙可以走大门。所以，在明珠看来，在文庙的拜会，不但自己钦差大臣的尊严得到了维护，又使对方可以接受这样的安排，当然是一件值得高兴的事情。从当时官员进文庙的礼仪中，我们可以充分了解到那时文庙在社会上的崇高地位。

其次，从这件事上我们也可以得到一些启示：当时的清政府和台湾的郑氏政权，他们在政治上的分歧很难妥协，但在崇尚中华传统文化的代表人物——孔子

① 厦门大学台湾研究所、中国第一历史档案馆编辑部编：《康熙统一台湾档案史料选辑》，福建人民出版社1983年版，第85页。

② 江日升：《台湾外记》，福建人民出版社1983年版，第208、209页。

方面却可以取得一致。

了解那段历史的人们都会知道，郑氏政权提出的“援朝鲜例”“不剃发”，并不是要把台湾变成像朝鲜那样的藩属国，而是要求郑氏政权管辖下的人民（有时也包括大陆沿海人民）像朝鲜人民那样不削发。这样的谈判条件，早在郑成功收复台湾之前很多年就提出来了。南明永历八年（清顺治十一年，1654 年），郑成功对清政府派来的招抚使者说：“和则高丽朝鲜有例在焉。”① 所谓“援朝鲜例”就是“不削发”，“不削发”就是在政治上不认同清政府的统治。因为“削发”（或称“剃发”）是清政府推行民族压迫政策的一项十分残酷的措施（所谓“留头不留发”“留发不留头”），“削发”与否，是代表汉族人民是否认同清政府的一个最主要的标志。郑经“不剃发”的立场“至死不易”，说明了他政治上坚决不与清政府妥协的决心。

而在将孔子尊崇为国家文化的最高代表人物方面，清、郑双方却没有分歧。郑氏政权秉承汉文化的传统，他们对孔子的尊崇容易理解。而入主中原不久、以满族贵族为核心的清朝统治者对孔子也是一样的尊崇。据《清史稿》记载：早在入关之前的崇德元年（1636 年），皇太极“建庙盛京，遣大学士范文程致祭”。顺治元年（1644 年），“世祖定中原，以京师国子监为大学，立文庙”。二年（1645 年），“定称大成至圣文宣先师孔子，春秋上丁，遣大学士一人行祭，翰林官二人分献，祭酒祭启圣祠，以先贤、先儒配飨从祀”。九年（1652 年），“世祖视学，释奠先师，王、公、百官，斋戒陪祀”。十四年（1657 年），给事中张文光言，“‘大成文宣’四字，亦不足以尽圣，宜改题‘至圣先师’。从之”。② 可见，清朝统治者对孔子也是一贯尊崇的。双方在文化认同上的这一点一致，就为当时在泉州文庙的拜会奠定了基础。

300 多年前海峡两岸谈判代表在泉州文庙的会见，也给我们提供了一定的启示：在国内的政治斗争中，政治上的分歧解决起来难度较大，文化上却能找到许多的共同点。双方不妨从文化上的认同开始，去逐渐解决政治上的分歧。

---

① 杨英：《先王实录》，福建人民出版社 1981 年版，第 69 页。

② 赵尔巽等：《清史稿》第 10 册，中华书局 1976 年版，第 2532~2534 页。

第十六章

清政府与荷兰人对郑氏的联合进攻

1662年，荷兰殖民者被郑成功逐出台湾。1683年，清政府降服台湾郑氏，实现了全国的统一。在这20多年间，作为中国新统治者的清朝当局，却曾与荷兰殖民者联合在一起，共同征讨郑氏，在国内的斗争中，引入了西方殖民者的力量。过去，有的著作忽视这一历史现象，认为“荷兰殖民者被郑成功赶走以后，不甘心失败，经常勾引清朝政府联合进攻郑成功，但清政府并没有同意。清廷后来攻打郑克塽，也是自己出兵，没有利用荷兰的海船、海军，这也是一件有远见的事情”。[①] 有的著作则称，这一时期的“荷人对于中国始终持温和之态度”。[②] 怎样评价清荷联合征讨郑氏？本章着重探讨这一问题。

一、清、荷联合对付郑氏的三个阶段

清荷之间的联合，是17世纪中叶中国东南沿海国内矛盾和国际矛盾交织的结果。这个过程，大致可分为三个阶段。

第一阶段，1653年到1661年。荷兰殖民者由于和郑成功的矛盾不断加深，试图和清朝廷建立贸易关系，并寻求结成军事联盟的可能性。

1646年，从郑成功起兵抗清时起，荷兰人中就有了郑成功打算进攻台湾的消息。“国姓爷由于处境不利，暗中觊觎‘福摩萨’……1646年，公司从日本方面第一次获得了这方面的消息。”[③] 以后，这种消息不断传来。1652年，台湾郭怀

---

① 郑天挺：《清史简述》，中华书局1980年版，第14页。

② 萧一山：《清代通史》第一册，中华书局1986年版，第668页。

③ C. E. S.：《被忽视的“福摩萨”》，载厦门大学郑成功历史调查研究组编：《郑成功收复台湾史料选编》，福建人民出版社1982年版，第123~125页。

一起义，荷兰殖民者也认为和郑成功必有联系。到了1654年，卸任的荷兰驻台湾第十任长官费尔堡回到巴达维亚，“建议荷兰东印度公司提高戒心，因为根据报告，海贼一官之子中国官员国姓爷，这时正在与鞑靼人作战，结果被打败赶出中国，将企图前来‘福摩萨’，以为安身之所”。[①] 费尔堡甚至说：“当我在台湾，一想起可能将不幸落在我们身上的那个人（指郑成功）时，我的头发就直立起来。”[②] 显然，荷兰人很早就把郑成功当作了他们潜在的敌人。

另外，在海上贸易方面，荷兰殖民者和郑成功更是早就发生了直接冲突。荷兰人不但在东西洋贸易中与郑成功竞争，而且时常在海上劫掠中国商船，使郑成功的商业利益受到了很大的损失。特别是郭怀一起义以后，荷兰人对郑氏到台船只“每多留难”，甚至公然劫捕。因此，郑成功也曾“刻示传令各港澳并东西夷国州府，不许到台湾通商”。[③] 据荷兰人记载：“1654—1655年间，很少商船从中国开来……国姓爷曾经封锁对我方的贸易，禁止中国帆船或大船航行于中国和‘福摩萨’之间，这个行动大大妨碍了公司在北方的商业活动。……（‘福摩萨’）从1652年到1657年曾经一度陷于萧条。”[④]

基于以上的原因，荷兰殖民者认识到，郑成功是他们最担心的敌人，而与郑成功为敌的清朝廷则可能是他们的盟友。于是，1653年，荷兰东印度公司第一次派船由台湾“至广东请贡，兼请贸易”。[⑤] 由此和清朝开始接触。但他们的要求，经广东巡抚具奏以后，没有得到批准。1656年8月，东印度公司再次派遣使者到了北京，“赍表朝贡，并请贡道以便出入”。礼部拟议“准五年一贡，贡道由广东入”，[⑥] 最后，清廷在给荷兰国王的敕谕中表示，“至所请朝贡出入、贸易有无，虽灌输货贝，利益商民，但念道里悠长，风波险阻，舟车跋涉，阅历星霜，劳绩可悯，若贡期频数，猥烦多人，朕皆不忍。著八年一次来朝，员役不过百人，止令二十人到京，所携货物，在馆交易，不得于广东海上私自货卖”。[⑦] 关于这一次荷人赴京，许多论著都认为是“不得要领而回”，然而，这仅仅是针对

① 甘为霖：《荷兰人侵占下的台湾》，载厦门大学郑成功历史调查研究组编：《郑成功收复台湾史料选编》，福建人民出版社1982年版，第116页。

② 菲列普斯：《荷兰占领台湾简记》，转引自丁名楠：《郑成功收复台湾驱逐荷兰殖民者的胜利斗争》，载厦门大学历史系编：《郑成功研究论文选》，福建人民出版社1982年版，第37页。

③ 杨英：《先王实录》，福建人民出版社1981年版，第153页。

④ C. E. S.：《被忽视的“福摩萨”》，载厦门大学郑成功历史调查研究组编：《郑成功收复台湾史料选编》，福建人民出版社1982年版，第125~126页。

⑤ 梁廷枏：《粤道贡国说》，转引自赖永祥：《清荷征郑始末》（续），载《台湾风物》第4卷第3期。

⑥ 《大清世祖章皇帝实录》卷一〇二，中华书局1985年版。

⑦ 《大清世祖章皇帝实录》卷一〇三，中华书局1985年版。

荷兰人要求海上贸易而言的。如果从整个清荷关系来看，则是揭开了新的一页。“它只有算作中华帝国的一个朝贡藩属，才得侧身于天朝的朝廷。”① 清廷承认荷兰的贡国关系，就为以后关系的进一步发展打下了基础。

由于和清廷在贸易方面未能取得进展，荷兰殖民者不得不暂时与郑成功取得妥协。1657 年，荷兰驻台湾长官揆一派何斌向郑成功请求解除封锁，进行通商，愿“年输银五千两，箭柸十万支，硫黄千担”。郑成功亦“遂许通商”。② 但是，这种一时的妥协，既没有动摇郑成功驱逐荷兰殖民者收复台湾为抗清基地的决心，也不会消除荷兰殖民者对郑成功的恐惧。郑成功南京战败之后，收复台湾提到议事日程上来，与荷兰殖民者的关系再度趋于紧张。1661 年 2 月，荷兰殖民者为争取主动，曾打算进攻郑成功。“在‘福摩萨’，至今仍对国姓爷的进攻感到十分苦恼，因此，长官和评议会认为应该攻击……这个敌人的巢穴。……我们如果占领该地（指金门），国姓爷将被迫放弃所有领地。这样，既增加了公司的利益，也会使国姓爷陷于衰亡，而且还可以博得鞑靼人的好感和在中国境内贸易的自由，甚至还可以获得其对外贸易的特权。从此，公司不仅将得到进入中国的根据地，而且还可以防止敌人通过台湾海峡。”③ 但在他们进攻郑成功的计划尚未付诸行动的时候，郑成功的复台大军已从金门料罗湾扬帆进发了。

在郑成功军队的围攻下，荷兰殖民者困守热兰遮孤城。他们除了寄希望于巴达维亚的援军之外，也希望和大陆的清军结成联盟。1661 年 10 月，几艘荷兰船只在澎湖被郑军打败后驶往大陆，他们向清朝的地方官员“请求在该地停泊装水、购买食品和柴薪”。这些荷兰人被引见靖南王耿继茂后，“靖南王对公司表示好感，特别希望联合攻打强盗国姓爷，并加以消灭”。④ 耿继茂还让荷兰人带回了一封信，“他十分慷慨地建议提供一切可能的援助，但也请我方派两艘战船前去消灭仍留在中国大陆的国姓爷军队”。11 月 26 日，台湾评议会根据耿继茂的建议，“要考乌（巴达维亚援台舰队司令）准备好三艘威力最大、航速最快的帆船，加上两艘小船，备足粮秣、弹药及其他军用物资，配备善战的士兵，打算用这支兵力同鞑靼人联合，进攻并消灭国姓爷留在中国的其他军队。他们希望这样可以牵制国姓爷对‘福摩萨’的包围。而我方舰只又可以运回必要的物资以供应

---

① 马克思：《俄国的对华贸易》，载《马克思恩格斯选集》第二卷，人民出版社 1972 年版，第 9 页。

② 杨英：《先王实录》，福建人民出版社 1981 年版，第 153 页。

③ 荷兰东印度公司：《巴达维亚城日志》，载厦门大学郑成功历史调查研究组编：《郑成功收复台湾史料选编》，福建人民出版社 1982 年版，第 237~238 页。

④ 荷兰东印度公司：《巴达维亚城日志》，载厦门大学郑成功历史调查研究组编：《郑成功收复台湾史料选编》，福建人民出版社 1982 年版，第 288 页。

大员的守城军队”。[①] 由于考乌率领舰队逃回巴达维亚，荷兰殖民者企图和清军联合，使郑成功腹背受敌，从而解脱在台湾困境的计划终于落空。

第二阶段，从1662年到1664年。荷兰殖民者被郑成功逐出台湾以后，念念不忘卷土重来，但力量孤单，又没有一个立足的基地，因此希望借清朝的力量消灭郑氏，达到自己的目的。清朝统治者则由于缺乏足以制胜郑氏的海军力量，需要借助荷兰的大型夹板船。他们互相利用，签订军事协议，采取联合的军事行动。

1662年6月，荷兰东印度公司首次派出由12艘夹板船、1284人组成的远征舰队，由海军提督巴尔塔沙·波特（Baltasar Bort，我国史籍中记载为出海王，是荷兰人为便于和清军合作的自称）率领，由巴达维亚出发。8月14日（七月初一），荷兰舰队驶抵闽江口五虎门，“各船上均竖有大纛旗。纛上书有‘支援大清国’字样”。当地清军派人前往询问，荷人声称“前来协助大清国征剿郑逆……请先准我船停泊内海”。18日荷人派代表1名、随从2名、通事2名、书办1名前往福州。来人持有致靖南王、总督和巡抚的照会，要求将船上所载胡椒、丁香、豆蔻、檀香、水银等物全数销售，“准于府、州贸易。若不得销售，则可以从十三艘船中酌留一二艘，以贮存货物，余者尽听调遣”。[②] 9月19日，波特又写信给福建总督，声明对“郑军以及一切清廷之敌人作战有万全之准备，惟应以准许自由贸易、恢复台湾为条件”。[③] 耿继茂、李率泰对与荷军合作的事情不敢擅自主张，故具疏请旨定夺。1663年2月2日，清廷批示：“彼红毛人来船出力剿贼，殊甚可嘉。可否助战，著该王、总督等核议具题。所带货物，著委员监督贸易。”[④] 在此期间，荷兰人还派遣商务员康上坦丁·诺贝尔（Constantine Nobel，我国史籍记为户部官老磨军士丹镇）等到京朝贡，并“请助师讨台湾”。[⑤] 在清方公文往返的时间里，在福建的荷兰人由于一时没有得到清廷的答复，曾单独攻击郑军船只，但没有获得多大战果。康熙二年春，波特率领舰队回

---

① C. E. S.：《被忽视的“福摩萨”》，载厦门大学郑成功历史调查研究组编：《郑成功收复台湾史料选编》，福建人民出版社1982年版，第172、174页。

② 厦门大学台湾研究所、中国第一历史档案馆编辑部编：《郑成功档案史料选辑》，福建人民出版社1985年版，第453~454页。

③ 转引自赖永祥：《清荷征郑始末》，载《台湾风物》第4卷第2期。

④ 厦门大学台湾研究所、中国第一历史档案馆编辑部编：《郑成功档案史料选辑》，福建人民出版社1985年版，第456页。

⑤ 赵尔巽等：《清史稿》第2册，中华书局1976年版，第169页。

返巴达维亚，临行与清闽安镇总兵韩尚亮约定，“待入夏后，率领舟师前来助剿”。①

1663年7月1日，波特再次率领由16艘夹板船、2600人组成的舰队从巴达维亚出发。8月底到达闽江口，9月5日驶抵闽安镇。（《台湾外记》《台湾郑氏始末》等书记荷舰由揆一领队，实误。）荷人这次赴闽，受到清方热情款待。靖南王耿继茂和福建巡礼委托官员特别给拨房屋，以便荷兰人“卸存货物”，并邀荷舰驶往泉州会齐。10月15日，荷舰驶入泉州湾。21日，波特向泉州城内的耿继茂和李率泰递交了一封有他签字盖章的信，他要求耿、李的回信也签字盖章，“以合乎平等外交的惯例，以昭信守”。② 这封信，就是通常所说的清荷联军协议的草本，它共有十一个条款。第一条规定：“清荷两国民间应有不得破坏之同盟关系存在。”第二条至第六条规定了军事合作的一些具体事项。第七条规定：“荷兰东印度公司在中国与一切华人得享有贸易之自由，不受任何干涉。但联军未克服金厦两地以前，对于荷人所带来之货物，暂不讨论。”第八条：“克服金厦两岛后，荷人必要时，得在两者之间，择取其一或其他地点，以驻舰队，以防海贼攻击。”第九条：“克服金厦两岛后，联军应驶往台湾。攻取此岛后，清军应将该岛以及一切城堡物件交与荷人，以供荷人居住。”最后一条规定：“此约应得清廷之批准，并将其批准送交荷人。”③ 耿继茂和李率泰对七、八、九三条持有保留意见。10月27日，耿、李二人在协议书上签字，并写信给荷方，对保留部分加以说明，表示只能按朝廷的授权范围来考虑荷兰人的要求。

协议签订后，分派“陆路提督马得功督郑鸣骏以船数百号出泉州港，水师提督施琅同海澄公黄梧出海澄港，靖南王耿继茂同荷兰国红夷扎营同安港之刘五店”，④ 相机渡海。11月18日和19日，清荷联军和郑军进行海战。荷兰船只从“外洋驶入海口，两面夹击”，⑤ 他们倚仗船高大且炮铳多，“横截中流，为清船藩蔽”。⑥ 20日，荷兰夹板船仍在海上牵制郑军，清军各路水师齐头并进，向厦门发起总攻击，郑军因寡不敌众，退出厦门。清荷联军占领厦门后，遂乘胜克取

---

① 厦门大学台湾研究所、中国第一历史档案馆编辑部编：《康熙统一台湾档案史料选辑》，福建人民出版社1983年版，第19页。

② 张书生：《荷兰东印度公司、台湾郑氏与清帝国的关系——介绍〈胡椒、枪炮及战场谈判〉一书》，载《中国史研究动态》1980年第4期。

③ 转引自赖永祥：《清荷征郑始末》，载《台湾风物》第4卷第2期。

④ 阮旻锡：《海上见闻录》，福建人民出版社1982年版，第51页。

⑤ 厦门大学台湾研究所、中国第一历史档案馆编辑部编：《康熙统一台湾档案史料选辑》，福建人民出版社1983年版，第29页。

⑥ 阮旻锡：《海上见闻录》，福建人民出版社1982年版，第51页。

金门、浯屿。

金厦战后，清荷双方在下一步作战意图上产生了分歧。关于这一点，台湾有的学者认为，“清荷联攻金厦后，荷人旋则要求清方协力进攻，然清方对近海之铜山，亦不主进攻，只允派若干篷船助战，荷军自然对此抱大不满”。① 其实，清军取得金厦两岛以后，一面对郑军进行诱降活动，一面积极准备进攻铜山。为了进攻铜山，曾“邀荷兰船助剿”，倒是荷方对进攻铜山不感兴趣，反请清方“派船兵进取台湾，伊等相助”。又建议清方“行文招降台湾兵民，伊等可派船协助运回闽省”。耿继茂、李率泰考虑到郑氏部属“早有思念故土之情，故依所请，派船二只，差官持谕，同往招抚”。② 1664 年 2 月，波特率领舰队单方面向澎湖、台湾进发，先占领了澎湖，后因听到清郑交涉有所进展，寄希望清方遵照协议将台湾移交，故又率领舰队返回巴达维亚。

1664 年 7 月 7 日，波特率领 12 艘船第三次驶往中国。8 月 20 日，在澎湖打败守岛郑军。27 日，侵占台湾北部的鸡笼港，把它“作为行驶于北方——即中国沿岸的船只的临时集合地”。③ 9 月 27 日，波特率领船十只、兵千人从鸡笼出发，10 月 5 日到达闽安镇。耿继茂等与其约定，“九月二十日至围头取齐，于十月初旬往澎湖攻贼巢。候风便进取台湾”。④ 关于波特第三次来征的这段航程，台湾学者赖永祥先生在《清荷征郑始末》一文中，认为是巴达维亚—闽安镇—澎湖—鸡笼，而据《巴达维亚城日志》和《清实录》的记载，参照公农日历，则应如上所述，为巴达维亚—澎湖—鸡笼—闽安镇。至于荷舰到了闽安镇以后的去向以及它为何没有根据约定和清军第二次合作，我国史籍未有确凿的材料可加说明。据《台湾外记》记载，“揆一王（应为波特）守候无期，仍率夹板尽上浙江，顺次普陀山。……十月，揆一王引诸夹板欲去舟山，船将出港……海中突出铁莲花，将荷兰所有夹板刺沉于海，死无遗类。十一月，部文到，允水师提督施琅……等进攻澎湖。琅差快哨于海外，寻揆一王夹板为先锋。……侦哨回复施琅云：夹板……尽沉于海”。⑤ 但是这个记载过于神话，对于荷军的去向和爽约不可作为依据。《南海普陀山志》虽也有“红毛番人来山……将归，船忽自焚，番人多溺海而死”的记载，但已记明为康熙四年五月事。荷人的记载似乎还有一点

---

① 赖永祥：《清荷征郑始末》，载《台湾风物》第 4 卷第 2 期。

② 厦门大学台湾研究所、中国第一历史档案馆编辑部编：《康熙统一台湾档案史料选辑》，福建人民出版社 1983 年版，第 21 页。

③ 荷兰东印度公司：《巴达维亚城日志》，载厦门大学郑成功历史调查研究组编：《郑成功收复台湾史料选编》，福建人民出版社 1982 年版，第 293 页。

④ 台湾银行经济研究室编：《清圣祖实录选辑》，台湾文献丛刊本，第 25 页。

⑤ 江日升：《台湾外记》，福建人民出版社 1983 年版，第 189~190 页。

线索。《巴达维亚城日志》记明，1665 年 1 月 27 日，巴达维亚城殖民当局曾向鸡笼的荷兰军队发布停止进攻台湾的命令。5 月 7 日，又通过决议："如果鞑靼人成为大员和'福摩萨'的主人并让我们占有其地，就由商务员诺贝尔接收。"5 月 29 日，给诺贝尔的训令中有"当鞑靼人向我方移交大员时，在此次出航的八十名士兵之外，应从鸡笼守军中尽量增拨兵力，担任守卫"。[①] 另据美国学者约翰・E. 小韦尔斯的著作《胡椒、枪炮及战场谈判》一书中说，这次"联合攻台，因荷军自称人数不足而作罢"。[②] 因此，可以作出这样的解释：这次合作没有成功，完全是因为荷兰人在金厦战后进攻台湾的要求没有得到清方的积极协助，故对与清方的军事合作已经失去兴趣，而希望清廷通过议和或军事手段取得台湾后向其移交。康熙三年十一月、四年三月和四月，施琅、周全斌等率舰队三次向台湾进发，都是清军的独自行动，没有荷兰舰只参加。

第三阶段，1678 年到 1680 年。清廷在平定三藩之乱的后期，为打败郑氏，进取台湾，再次要求荷人联军，但荷兰东印度公司没有进行合作。

1678 年，清军在福建平定了耿精忠的叛乱之后，对郑氏军队的作战也逐步转入有利的地位。福建总督姚启圣便积极开始准备消灭郑军、进取台湾。他鉴于康熙二年取得金厦二岛的经验，加上听到在福建的荷兰商人表示"愿出多船为国效力"，于是，会启康亲王杰淑，"求赐特敕，谕令该国发夹板大船二十只至闽夹击"。[③] 清廷接到杰淑的建议之后，由"内阁撰给敕书二道，速行递送"，[④] 让杰淑转交给在闽荷商带往巴达维亚。十八年二月十日（1679 年 3 月 21 日），清廷谕令杰淑等"檄荷兰国迅调舟师，务令如期而至"。三月十五日，因杰淑奏报进送敕书的"荷兰国人……因赶塘、石碑洋诸地为海寇所阻，不得行，故未达而返"时，清廷再次下令："荷兰国人为寇所阻，何以不行扑灭，俾得前行？音问既未能通，舟师必不能如期而至。如此，则我兵遇有机会……不必专候荷兰舟师。"[⑤] 六月，姚启圣又认为调荷兰"大船来攻海逆"，不可只发"一纸敕谕寄带于夷官之手"，而应"郑重其事，即于闽省原任道府择其能言达礼者一员为正、厅县一

---

① 荷兰东印度公司：《巴达维亚城日志》，载厦门大学郑成功历史调查研究组编：《郑成功收复台湾史料选编》，福建人民出版社 1982 年版，第 297、298 页。

② 张书生：《荷兰东印度公司、台湾郑氏与清帝国的关系——介绍〈胡椒、枪炮及战场谈判〉一书》，载《中国史研究动态》1980 年第 4 期。

③ 姚启圣：《忧畏轩奏疏》，载陈支平主编：《台湾文献汇刊》第二辑第一册，九州出版社、厦门大学出版社 2005 年版，第 452 页。

④ 厦门大学台湾研究所、中国第一历史档案馆编辑部编：《康熙统一台湾档案史料选辑》，福建人民出版社 1983 年版，第 186 页。

⑤ 台湾银行经济研究室编：《清圣祖实录选辑》，台湾文献丛刊本，第 93 页。

员为副，赍捧敕谕，颁给赏赍”，前往巴达维亚邀请。[①] 七月二十八日，议政王等会议，认为“应如该督所题，将闽省原任道府等官内遴选贤能二员，充为正副，该督酌量兼衔，即捧敕谕前去”。八月初一日奉旨：“依议。这差去官员着该部给札。”[②] 另据《台湾外记》记载：随后，姚启圣“加随征知府江南人刘仔道衔，同通事黄镛、林奇逢配健率百名，护送敕书，前往荷兰封王，并说其出夹板前来会师，合击各岛，然后再攻台湾而还。王虽拜受敕书，而以前岁失约为辞。……国王以揆一王已死，乏人统兵，坚执不出夹板。惟厚待刘仔等。送之归”。[③] 荷兰人不出兵的原因，除了上面他们自己所说的以外，最主要的还有两点。第一，对台湾在东方贸易中的地位已不那么重视，1668 年，他们主动撤出鸡笼即说明了这一点。第二，1678—1679 年间，荷兰东印度公司正在积极干涉爪哇封建王国间的事务，他们调动了大批军队，支持马打蓝国王阿孟古拉二世，镇压马都拉王子杜鲁诺·佐约领导的起义，因此，也没有余力再组织远征中国的舰队。

康熙十九年初，在福建的清军将领还为等不等荷兰船只产生过争议，总督姚启圣、陆路提督杨捷因为未接到前往巴达维亚使者的消息，主张“俟红毛船到，一同进兵”。水师提督万正色、巡抚吴兴祚主张“不若乘风汛之顺利，船只之堪用，无待荷兰船到，先水陆进攻贼窟之为得也”。[④] 结果，万正色坚持不等荷兰船只，攻下海坛，清军连克厦门、金门、铜山，军声大振。这个胜利，打破了一部分将领心中没有荷兰舰队的帮助就难以打败郑氏海军、克复沿海岛屿的想法。从此，跟荷兰联军的事情就再也没人提起。康熙二十二年六月，施琅的先锋蓝理在澎湖战役中受伤，肠子流出腹外，得到了荷兰医生的及时治疗，可以看作是荷人与清军最后的一个小小合作。

综上所述，从 1661 年底到 1680 年，清廷与荷人之间有多次的联军之议，荷人曾四次从台湾或巴达维亚派出舰队以求同清军合作，但他们间真正的协同作战只有一次。1665 年以后，清荷间的军事合作实际上即已结束。

---

① 姚启圣：《忧畏轩奏疏》，载陈支平主编：《台湾文献汇刊》第二辑第二册，九州出版社、厦门大学出版社 2005 年版，第 20 页。

② 厦门大学台湾研究所、中国第一历史档案馆编辑部编：《康熙统一台湾档案史料选辑》，福建人民出版社 1983 年版，第 186 页。

③ 江日升：《台湾外记》，福建人民出版社 1983 年版，第 296~297 页。

④ 姚启圣：《忧畏轩奏疏》，载陈支平主编：《台湾文献汇刊》第二辑第二册，九州出版社、厦门大学出版社 2005 年版，第 148、471 页。

二、如何评价清、荷联合攻打郑氏

联合外国殖民者，以攻击自己国内的敌人，这在历史上显然不是光彩的事情。但是，如果仅仅这样评价清荷联合征郑，那未免也过于简单了。这就有必要搞清楚：清廷与荷人联合的动机是什么？在联合的时候有没有失去警惕和主权？最后的客观效果怎样？

从上面叙述的大量史实可以看出，荷兰人在“进贡”和“助战”的名义之下与清廷进行合作，它的真实目的是十分清楚的。一是为了向郑氏复仇，以便继续侵占中国的领土台湾；二是企图通过“自由贸易”打开清朝门户，对中国进行经济掠夺。另外，荷军在攻占厦门以后的破坏行为①，以及在舟山普陀寺的海盗活动②，都足以说明，他们对中国的态度，并不是“温和”的。

马克思说过：“中国自古以来就对从海上侵入他们国家的一切外国人抱着反感，而且不是毫无根据地把他们同那些大概经常出没中国沿海的海盗或冒险家相提并论。”③ 刚刚建立了自己统治秩序的清朝廷，之所以会与荷兰殖民者进行这样的合作，是因为他们当时存在着把消灭郑氏的力量放在第一位，而把台湾的地位和归属放在第二位的决策思想。当时，清廷对于荷兰人的认识是相当肤浅的，不用说对其殖民主义的本质不可能认识，甚至连荷兰国家的地理位置等也没有搞清楚。在很长的一段时间里，清廷一直以为被荷兰东印度公司侵占的巴达维亚即荷兰本土。直到康熙二十五年八月，荷兰贡使“称伊国与鄂罗斯接壤，语言亦通”时，清廷还谕令在俄罗斯察汉汗复奏时，“若陆路难通，即以来疏付荷兰国代奏”。④ 正是中国传统的排斥外国入侵者的思想起了作用，才使清廷对荷人始终保持了审慎的态度。

荷兰人第一次来闽求援，耿继茂等人对联合攻打郑成功表示有很大的兴趣，但是，他没有轻易地直接出兵帮助荷兰人解除热兰遮之围（实际上也不可能），反而邀请陷于重围中的荷兰人派船前来消灭大陆上的郑氏军队，以验证荷兰人对

① 《台湾外记》记载：“红毛登岸，凡庵观庙宇神佛诸像俱被损坏，以为鬼也；惟有达摩存之。”江日升：《台湾外记》，福建人民出版社1983年版，第186页。

② 《南海普陀山志》卷六记载：“红毛番人来山，住半月，尽取铸像幢旛等物往日本贸易，得金二十余万。”秦耀曾撰：《南海普陀山志》，清道光十二年刻本。

③ 马克思：《俄国的对华贸易》，载《马克思恩格斯选集》第二卷，人民出版社1972年版，第9页。

④ 《大清世祖章皇帝实录》卷一二七，中华书局1985年版。

联合作战的诚意。清廷在接到耿继茂等人的题报之后，发出了一个十分谨慎的指令："着见机行事。"波特率舰队第一次来闽时，清廷对于是否要与荷人联合作战尚踌躇未定。兵部认为："红毛人本意实因郑逆攻取台湾，故欲借机报复。据此，或趁机截杀，或赏赐遣回之处，伏乞敕下该督抚酌情施行。"清廷批示："可否助战，着该王、总督、提督等核议具题。"① 这说明，清廷对于荷人联攻郑氏的要求并非一拍即合，是经过了反复权衡，方才作出抉择的。

荷兰舰队第二次来闽，据《台湾郑氏始末》记载，耿继茂、李率泰曾经会集众将讨论。有人提出："红毛古不通上国……海澄奸民李锦引据漳南澎湖屿，侵夺台湾地，筑室耕田其中。……郑氏夺复故土。而今引红毛克郑氏，若据台湾要互市，以闲寇掠闽粤间，谁复承其咎也。"但李率泰等为眼前功利所驱使，提出"谁复为百年计，功罣目前事耳"，决定进行联合作战。② 在签订协议的时候，耿、李等人对荷方提出的"择地（即协议第八条）、常久贸易（第七条）"等条件感到"大为骇异"。③ 但因清廷对协议有最后的审批权，所以他们除了对此作了一些解释之外，并没有要求将其删去。对协议的第九条，即台湾问题，耿、李等人特别向清廷请示："今该夷等或派兵合剿攻取，或行招抚收归，是否可将该地赐给该夷之处，臣等未曾奏明请旨，不敢擅议。"④ 清廷对此是否有过何种旨意，我国史籍未见有任何记载。上述的约翰·E. 小韦尔斯的著作中，则有 1664 年 5 月 3 日，钦使"到达福州，他们宣称，如果攻下了台湾，可以把它转交给荷兰人。可是荷兰人从未见过有关这一条款的书面文字"；以及"耿曾对荷兰人说，皇上曾命令他们组织清—荷联合讨伐台湾之役，将来还可能把台湾让给荷兰人。但他对于这一点不能作出书面保证"的内容。⑤ 这个记述说明，清廷当时并没有明确加以表态，只不过是说明了攻下台湾之后的一种"可能"性。而对于这种"可能"性，荷人是深有怀疑的，因此清荷间未能进行第二次合作。康熙五年正月，清荷联军的当事人之一，与荷人有较多接触的福建总督李率泰病故，临死前，他上疏提醒清廷对荷人要保持警惕，说"红毛夹板船虽已回国，然而往来频

---

① 厦门大学台湾研究所、中国第一历史档案馆编辑部编：《郑成功档案史料选辑》，福建人民出版社 1985 年版，第 455~456 页。

② 沈云：《台湾郑氏始末》，台湾文献丛刊本，第 58~59 页。

③ 厦门大学台湾研究所、中国第一历史档案馆编辑部编：《康熙统一台湾档案史料选辑》，福建人民出版社 1983 年版，第 20 页。

④ 厦门大学台湾研究所、中国第一历史档案馆编辑部编：《康熙统一台湾档案史料选辑》，福建人民出版社 1983 年版，第 21 页。

⑤ 张书生：《荷兰东印度公司、台湾郑氏与清帝国的关系——介绍〈胡椒、枪炮及战场谈判〉一书》，载《中国史研究动态》1980 年第 4 期。

仍，异时恐生衅端”，[①] 代表了与荷人进行合作的一部分清方官员的思想。康熙二十二年底，施琅在《陈台湾弃留利害疏》中也说：“此地原为红毛住处，无时不在涎贪，亦必乘隙以图。一为红毛所有，则彼性狡黠，所到之处，尚能蛊惑人心。重以夹板船只精壮坚大，从来乃海外所不敌。未有土地可以托足，尚无伎俩，若以此既得数千里之膏腴复付依泊，必合党伙窃窥边场，迫近门庭。此乃种祸后来，沿海诸省，断难晏然无虞。至时复勤师远征，两涉大洋，波涛不测，恐未易再建功效。”[②] 当时清廷对台湾在经济上的重要性尚认识不足，以为其钱粮不过只够一镇一县之用，只是台湾在海防上为东南屏障，从“弃之必为外国所据，奸宄之徒窜匿其中”[③] 这方面考虑，才赞同了将台湾保留。

在贸易方面，清廷对于荷人有时虽给予较为灵活的对待，但总的来说，也是存有戒心和加以限制的。前面已经说过，顺治十三年，清廷对荷人入贡的年限、道路、船只[④]、人员和贸易的方式作了限定。康熙元年，首次来征的荷兰舰队每条船上“船长、兵丁及水手均带有财物”，要求“自行销售，以为度日之需”。兵部主张，“其所带海上贸易货物，虽系违法，但与我军民出海贸易相比，则似应有别，故应委员销售，以此鼓励遐方番人向化之意，并仍请降旨饬该督抚严防”。清廷同意：“所带货物，着委员监督贸易。”[⑤] 据《钦定大清会典事例》记载：康熙二年，“荷兰国助剿海逆并请贸易。奉旨：着二年贸易一次”。清廷给予荷人助攻郑氏的这种酬谢是相当优厚的，当时清廷规定，外国除了正贡之年，贡使来京颁赏后，可在会同馆开市贸易外，“非正贡时，无故私来贸易者，该督抚即行阻逐”。[⑥] 荷人得享此项特权，一时对中国沿海的贸易活动相当活跃。《巴达维亚城日志》在这段时间里有不少关于荷船往返巴达维亚—鸡笼—福州间的记载。荷人由此野心勃勃，以为鸡笼“不久就会成为实现公司目标的有利场所”。[⑦] 但是好景不长，康熙五年，清廷突然下令：“荷兰国既八年一贡，其二年贸易永着停止。”[⑧] 六年，又对荷人违例从福建入贡事规定：“除今次不议外，嗣后遇进

① 印鸾章：《清鉴纲目》，国学整理社1936年版，第187页。

② 施琅：《靖海纪事》，福建人民出版社1983年版，第121~122页。

③ 台湾银行经济研究室编：《清圣祖实录选辑》，台湾文献丛刊本，第131页。

④ 荷人入贡的船只，据萧一山《清代通史》记载说，“船数以四艘为限”。见萧一山：《清代通史》第一册，中华书局1986年版，第667页。

⑤ 厦门大学台湾研究所、中国第一历史档案馆编辑部编：《郑成功档案史料选辑》，福建人民出版社1985年版，第455~456页。

⑥ 《钦定大清会典事例》卷五一〇，清宣统元年商务印书馆石印本。

⑦ 荷兰东印度公司：《巴达维亚城日志》，载厦门大学郑成功历史调查研究组编：《郑成功收复台湾史料选编》，福建人民出版社1982年版，第298页。

⑧ 《钦定大清会典事例》卷五一〇，清宣统元年商务印书馆石印本。

贡之年，务由广东行走，别道不许放入。”[①] 这些规定，结束了荷人在中国沿海贸易的特权，鸡笼由此失去了对中国沿海贸易的中转站的作用。康熙七年荷人撤离鸡笼，与清廷的规定应有一定的联系。又据《康熙汉文起居注》记载：二十年二月，“荷兰国请于福建地方不时互市，礼部议不允事。上曰：此事尔等之意如何？明珠奏曰：从来外国入贡各有年限，若令不时互市，恐有妄行亦未可定。上曰：外国人不可深信。在外官员奏请互市，各图自利耳。因顾问汉大学士等，李霨等奏曰：皇上睿见极当，不时互市必不可行。上又问学士李光地，光地奏曰：海寇未经剿除，荷兰国不时互市实有未便。上命依部议”。[②] 清廷对荷人贸易的限制，出自“它害怕外国人会支持很多的中国人在中国被鞑靼人征服以后大约最初半个世纪里所怀抱的不满情绪”。[③] 尤其是害怕台湾郑氏会利用这种贸易得到大陆源源不断的接济。直到台湾归清以后，清廷才允许荷人“在福建广东两省贸易，完日即令回国”。[④] 因此，这种限制，一方面是清廷对西方殖民者经济扩张的消极抵御，另一方面又是禁海和闭关政策的表现。

必须指出，也有一部分清廷官员在与荷人的关系以及台湾问题上存在着极其糊涂和错误的思想。他们对台湾与祖国大陆悠久的历史联系一无所知，拘泥于清朝入关之前中国在台湾本岛上未设立行政建制以及荷人曾经占据该地，以为台湾“原系荷兰之地，人即住荷兰之人”，[⑤] 对荷兰殖民者侵占我国领土的罪行毫无认识，只以消灭郑氏为念。为了消灭郑氏，他们宁可与并不深信的荷兰人联合作战，甚至产生了依赖荷兰大型夹板船的思想。在台湾归清之后，有的人还提出了“空其地任夷人居之，而纳款通贡，即为贺兰有亦听之”[⑥] 的荒谬主张。由于清廷对荷人保持警惕的思想在决策中占了上风，这些糊涂和错误的主张才基本上没有造成危害。

清廷与荷人的联合是一时的手段，其目的是在内战中消灭抗清的力量，实现国家的统一。明末清初的历史证明了，只有建立一个统一和强大的中国，才能更有力地抵御西方殖民势力的侵入。当然，清廷与荷人的联合，对实现国家的统一并没有什么帮助，即使是康熙二年的金厦战役，荷军所起的作用也并不很大。郑

① 《钦定大清会典事例》卷五一一，清宣统元年商务印书馆石印本。

② 中国第一历史档案馆整理：《康熙起居注》第一册，中华书局 1984 年版，第 666 页。

③ 马克思：《中国革命和欧洲革命》，载《马克思恩格斯选集》第二卷，人民出版社 1972 年版，第 7 页。

④ 《钦定大清会典事例》卷五一〇，清宣统元年商务印书馆石印本。

⑤ 厦门大学台湾研究所、中国第一历史档案馆编辑部编：《康熙统一台湾档案史料选辑》，福建人民出版社 1983 年版，第 300 页。

⑥ 李光地：《榕村语录续集》卷一一，付氏藏园刻本，1933 年。

军对荷人作战有丰富的经验，视荷军为“伤弓之鸟”。[①] 在战斗过程中，周全斌率领郑军“直绕夷船之后，冲大䑸而入，夷船发熕齐击，无一中者”。[②] “全斌分诸将引战红毛巨艇于沙浅处，焚之过半。”[③] 清廷后来过高地评价荷人在这次战役中的作用，是因为他们过去在与郑氏的海战中从未取得如此巨大的胜利，所以，便不适当地以为是荷人参战的结果。其实，没有荷人的参战，郑经在沿海的败退也是不可避免的，因为郑军在郑成功逝世之后，经过内乱，人心浮动，战斗力大大削弱。

让荷兰殖民者卷入中国的内战不但作用不大，而且是很危险的。从 17 世纪初年起，荷兰殖民者即开始侵扰中国的东南沿海，1604 年和 1622 年，荷兰人两次侵占澎湖，后来又侵占台湾达 38 年之久。在与清军联合的日子里，荷人不但妄图恢复在台湾的殖民统治，而且曾想征服清廷占领之下的厦门和金门，以挽回他们所谓的“声誉”。[④] 这种联合，随时都有可能变成引狼入室，给殖民者造成可乘之机。

郑成功驱逐荷兰殖民者，收复祖国神圣的领土台湾，我们给他以很高的历史地位，称他为伟大的爱国主义者和民族英雄。但是，从历史主义的角度，从郑成功自身来说，他当时不可能认识到，他的这一壮举具有反对殖民主义的光辉色彩，他只不过是为了继续抗清，寻求根据地，而向荷人索回“先人故土”。可见，我们对郑成功抗荷活动的评价主要是从社会客观效果来看的。同样，对清廷联荷活动的评价，也应该主要从客观效果来看。清廷联荷征郑，没有产生什么好的效果已见上述，但也没有产生坏的效果。如果清廷在康熙初年将台湾攻取后把它移交给荷兰人；如果清廷在郑氏归降之后将台湾弃守，“为贺兰有亦听之”，那么它在历史上就犯下了不可饶恕的罪过。所幸这些事实均未发生，清廷不过是在国内的斗争中利用了荷兰殖民者的海船、海军，不但没有丧失国家的主权、损害民族的尊严，而且还保持了一定的警惕，因此，似乎不必加以过分的指责。当然，也不能把它当作是“一件有远见的事情”。

---

① 江日升：《台湾外记》，福建人民出版社 1983 年版，第 184 页。

② 阮旻锡：《海上见闻录》，福建人民出版社 1982 年版，第 51 页。

③ 沈云：《台湾郑氏始末》，台湾文献丛刊本，第 59 页。

④ 荷兰东印度公司：《巴达维亚城日志》，载厦门大学郑成功历史调查研究组编：《郑成功收复台湾史料选编》，福建人民出版社 1982 年版，第 293 页。

第十七章

姚启圣在统一台湾过程中的作用①

姚启圣是康熙十七年（1678 年）六月到二十二年十一月的福建总督。对于他担任总督期间起了怎样的作用，向来有不同的看法，但都讲得比较简单。本章力求以充分的史实说明这个问题，希望能够作出合乎历史实际的评价。

清政府在郑氏占据台湾的初期，曾作出很大的努力争取台湾归清。但在康熙三、四年施琅征台受挫之后，除了进行几次遣员招抚以外，对台湾郑氏没有采取其他的行动。郑经反而乘三藩之乱进行反攻，闹得东南沿海几无宁日。清廷在平定三藩之乱的后期，重新开始了一个积极争取消灭郑氏、进取台湾的新时期。姚启圣当时正好就任福建总督，他为台湾归清、全国统一做了大量的工作。

一、政治上争取民心，分化瓦解郑氏的队伍

在郑清之间长期的对峙中，福建人民饱受兵燹之苦。无论清廷还是郑氏，都把战争的负担转嫁在他们的头上。沿海一带的人民因多有子弟参加郑氏的队伍，他们对于郑氏的同情，往往要超过对清廷官府的好感。而且，由于担心受到株连，他们生活在清廷的统治之下，很难有安定的感觉。姚启圣就任闽督不久，就提出了“今必有以壮闽人之势，当先有以固闽人之心，而后贼可退；又必出奇计，使台人反为吾用，而后贼可亡”② 的战略思想，并将这一思想较好地付诸行动，使清郑双方力量的消长发生了显著的变化。为了实现这个战略思想，姚启圣采取了一系列措施。例如，他发布“禁讼安民”的告示，不许好讼之徒，“以接

---

① 本章的写作曾与陈在正、陈孔立两位先生合作，由本人执笔。

② 全祖望：《鲒埼亭集选辑》，台湾文献丛刊本，第 67 页。

济通海事情创词耸控……诬陷良民”。[①] 他认为，“海逆蔓延，历有年所，漳泉何地何族，无与之为党者，岂可以一人而株连无辜?”[②] 只要本人并无通海接济行为，有子弟在海者不但不要加以追究，如果招得自己亲属投诚，还可以受到赏银，甚至“题授职衔”。这就稳定了沿海一带人民的情绪。但是，要从根本上争取和巩固民心，最重要的还是得减轻人民的某些负担。当时，福建人民“一苦于贼（指郑氏军队），二苦于兵，三苦于贪官污吏。……有害于民者虽不可枚举，然最大者如兵丁尽占民房、米谷发县采买、夫徭烦重难当三事，为害最烈”。[③] 为了解决这些问题，姚启圣确实尽了很大的努力。例如，他多次上疏请将满兵撤回、限定兵将住房数目，并且捐盖兵房，将占住的房屋清还居民。他对出征夫额作了严格的规定，“满洲披甲每百副准给夫四十名，绿旗兵一百名准给夫二十名”,[④] 对其他不得已使用的夫额，则尽量压低到最少的限度。如满兵三次撤回京师，前两次每副甲兵用夫约 20 名，第三次经他反复交涉，用夫量仅相当前两次的 1/3。[⑤] 对其余额外杂派的夫役一概禁止。为了减少兵丁骚扰百姓，姚启圣还“时与悍将骄兵悉力相持”。[⑥] 扰民者，绿旗兵丁直接予以惩处，满兵则通过与亲王、将军、都统交涉，务使有所收敛。

姚启圣还很重视整肃吏治，他认为：“贼之强弱在于闽之文武。文武才能匡乱，则贼败亡；庸懦坐视，则贼猖獗。故海贼非自能强弱也，由于官斯土者之能与不能耳。”[⑦] 他除了自己不受礼、不要钱以外，还三令五申，“苦劝文武各官，万万不可再害极苦百姓”。并且勒令那些贪官污吏“务要从头改弦易辙，彻底勉作清廉好官，将害民诸弊尽行痛革，以苏残喘。毋得仍前骗害百姓，自取杀身亡家恶报”。[⑧] 李光地在《榕村语录续集》中记载了这样一件事：姚启圣“请藩司

① 姚启圣：《忧畏轩文告》，载陈支平主编：《台湾文献汇刊》第二辑第三册，九州出版社、厦门大学出版社 2005 年版，第 318 页。

② 江日升：《台湾外记》，福建人民出版社 1983 年版，第 276 页。

③ 姚启圣：《忧畏轩文告》，载陈支平主编：《台湾文献汇刊》第二辑第四册，九州出版社、厦门大学出版社 2005 年版，第 61 页。

④ 姚启圣：《忧畏轩文告》，载陈支平主编：《台湾文献汇刊》第二辑第三册，九州出版社、厦门大学出版社 2005 年版，第 324~325 页。

⑤ 姚启圣：《忧畏轩文告》，载陈支平主编：《台湾文献汇刊》第二辑第四册，九州出版社、厦门大学出版社 2005 年版，第 262~266 页。

⑥ 全祖望：《鲒埼亭集选辑》，台湾文献丛刊本，第 69 页。

⑦ 姚启圣：《忧畏轩文告》，载陈支平主编：《台湾文献汇刊》第二辑第三册，九州出版社、厦门大学出版社 2005 年版，第 332 页。

⑧ 姚启圣：《忧畏轩文告》，载陈支平主编：《台湾文献汇刊》第二辑第四册，九州出版社、厦门大学出版社 2005 年版，第 254~258 页。

姓马者至，命坐其座。用二力士掖之不得动，渠自下堂，拜之八拜。藩司窘极。呼叫既毕，藩司叩头不能起，请其故。姚曰：无他，要汝做好官，帮我而已，凡予所欲为事，贵司帮我奉行尽力，不许丝毫欺蔽。藩司领命惟谨，渠遂搜剔害民之事尽行除去"。[①] 经过姚启圣等人的努力，福建成了有利于清军统一台湾的基地。

在巩固福建民心的同时，姚启圣大力开展了对郑氏集团的招抚工作，其主要做法有：第一，颁示招抚赏格。对投诚、动员亲属投诚、投诚携带人员器械、献地投诚的各种不同情况规定了具体的赏格，"出示遍传，使海贼闻知"。[②] 第二，建立常设机构，把"漳州卫改为修来馆，用黄性震董理"。[③] 对"海上文武兵将来者，次第俱赏银有差"。[④] 并且让"降者华毂鲜服，炫耀于漳泉之郊"[⑤]，以扩大影响。第三，通过各种渠道对郑氏集团进行招抚，进行分化瓦解。康熙十八年（1679 年），郑氏宾客司傅为霖随清使到漳州议和，姚启圣"执手恋恋，馈赠甚隆，为霖感激，亦恨其不能执鞭随镫也"。[⑥] 尤其是对上层将领如刘国轩等，姚启圣不但屡次遣人持书招抚，而且还曾建议清廷授以侯爵，以待其降。并利用阵前战后的机会，寄出大量的招书给郑氏的统兵将领，策划郑军反正。十九年二月，万正色攻取海坛，刘国轩"遁厦门见经，相持痛哭，出启圣、兴祚招书先后数十道，曰：诸将皆如是，奈何"。[⑦] 以后，朱天贵的投降以及沈瑞、傅为霖纠联十一镇协谋内应，都和这项工作有关。

为了招抚活动取得更好的效果，姚启圣十分注意安置投诚的工作。他在实践活动中认识到：如果安置不好，"我处少一投诚，海上多一盗贼，此消彼长，关系匪轻"。[⑧] 他总结出经验："投诚官给俸、兵给饷，此事最得投诚之心；……投诚候选官寄凭至闽，此事最得投诚之心；……将投诚官兵发往外省屯垦，此事最伤投诚之心，应将本省界外田地给予屯垦。"[⑨] 姚启圣根据投诚官兵的志愿，让

---

① 李光地：《榕村语录续集》卷一二，付氏藏园刻本，1933 年。

② 姚启圣：《忧畏轩奏疏》，载陈支平主编：《台湾文献汇刊》第二辑第一册，九州出版社、厦门大学出版社 2005 年版，第 363 页。

③ 江日升：《台湾外记》，福建人民出版社 1983 年版，第 287 页。

④ 阮旻锡：《海上见闻录》，福建人民出版社 1982 年版，第 72 页。

⑤ 郑亦邹：《郑成功传》，载诸家：《郑成功传》，台湾文献丛刊本，第 34 页。

⑥ 江日升：《台湾外记》，福建人民出版社 1983 年版，第 293 页。

⑦ 沈云：《台湾郑氏始末》，台湾文献丛刊本，第 74 页。

⑧ 姚启圣：《忧畏轩奏疏》，载陈支平主编：《台湾文献汇刊》第二辑第一册，九州出版社、厦门大学出版社 2005 年版，第 262~263 页。

⑨ 姚启圣：《忧畏轩奏疏》，载陈支平主编：《台湾文献汇刊》第二辑第二册，九州出版社、厦门大学出版社 2005 年版，第 188~189 页。

他们分别入伍、归农，务令得所。归农者，除拨给一定数量的田地让其开垦之外，每人还要发给三到十两的“牛种银”。入伍者，由于福建绿旗经制名额有限，不少人直接由姚启圣等人自行捐资膳养。在一段时间里，清军中投诚食俸官曾经达到5153员，食粮兵35677名。[①] 由于安置工作做得较好，投诚官兵入伍后感激备至，各思报效。如朱天贵所部官兵，听说姚启圣宁可把家中的银盘杯碗及妻妾簪镯之物悉率抵算，也不愿拖欠他们的俸饷、行粮，而“相视感叹，莫不涕零，各矢用命”。[②]

姚启圣主持下的招抚活动取得了很大的效果。据不完全统计，到他军前投降的，康熙十七年六月到十一月，就有官1237员，兵11639名。[③] 十七年十一月十五日至十八年四月十五日，又零星“招抚过伪官兵一万二千二百七十七员名”。[④]“廖琠、黄靖、金福、赖祖、廖兴，副总兵何逊等各带全镇伪文武官三百七十四员，伪兵一万二千一百二十四名”前来投诚。[⑤] 十九年四月，朱天贵率所部300余船、2万余兵来降。[⑥] 此外，加上前往宁海将军喇哈达和巡抚吴兴祚军前投诚的官兵，前后共计招降郑氏集团以及和郑氏集团有联系的官兵在13万人以上，被瓦解的尚不在其数。这对郑氏集团的削弱和影响是十分明显的。

二、军事上扭转了清军在福建战场的不利局面，提高了清军的战斗力

军事上，姚启圣为扭转清军在福建战场的不利局面和廓清郑氏在沿海的势力，作出了显著的贡献。另外，他在举荐施琅、整顿军队、提高清军战斗力方面也发挥了不可低估的作用。

康熙十七年初，郑军在福建的势力还相当强大。先大败清海澄公黄芳世于湾

---

① 姚启圣：《忧畏轩奏疏》，载陈支平主编：《台湾文献汇刊》第二辑第二册，九州出版社、厦门大学出版社2005年版，第362页。

② 姚启圣：《忧畏轩奏疏》，载陈支平主编：《台湾文献汇刊》第二辑第三册，九州出版社、厦门大学出版社2005年版，第6页。

③ “中研院”史语所编：《明清史料丁编》第3本，上海商务印书馆1951年版，第290页。

④ 姚启圣：《忧畏轩奏疏》，载陈支平主编：《台湾文献汇刊》第二辑第二册，九州出版社、厦门大学出版社2005年版，第57~58页。

⑤ 姚启圣：《忧畏轩奏疏》，载陈支平主编：《台湾文献汇刊》第二辑第一册，九州出版社、厦门大学出版社2005年版，第140页。

⑥ 中国第一历史档案馆整理：《康熙起居注》第一册，中华书局1984年版，第538页。

腰树，又大败提督段应举于祖头山，接着围海澄、陷平和。六月初九日，海澄被郑军攻破，段应举和副都统穆赫林自缢死，满汉官兵1.2万余人尽没于海澄县城。“海澄失陷，兵气懦怯，民情风鹤，在在竖旗起贼，处处望风投顺。”① 不多久，长泰、漳平、同安、南安、安溪、惠安、永春、德化各县相继落入郑氏之手，泉州被围。姚启圣于六月初接印署事，就面临这样困难的局面。他坐镇漳南，费尽苦心，极力办理修城、屯粮、置械、安民、励兵等事务，同时，又上疏朝廷提出对全局的“补救十事”。这十疏所提出的措施，为改善清军的布防，稳固局势，振作军心、民心起了一定的作用。接着他又积极配合康亲王杰书等致力于失地的恢复，于七月十三日恢复平和、八月十五日恢复漳平、九月二十二日恢复长泰、二十五日恢复同安。在恢复平和过程中，参将吕存德出兵时其母病故，姚启圣买棺代为殡殓，“温谕嘱其移孝作忠”，该将乃“感激思奋，于贼势狂逞之中，孤军深入，杀贼恢城”。② 由于姚启圣的精心筹划，加上各路援兵会集，九月“败刘国轩于江东桥，又败之于潮沟”③，清军在福建战场的不利局面开始有了转机。

十九年二月，姚启圣和万正色在要不要等待荷兰船只到达再行进兵的问题上产生了争执，姚启圣上疏朝廷，等候裁决。但当万正色决意进兵时，姚启圣便给予声援，“同总兵赵得寿、黄大来、平南将军赖塔，分统水陆官兵，七路进剿，破十九寨”。④ 又遣将渡海，拔厦门、金门。招降朱天贵。郑氏退往台湾，他们在大陆沿海的势力至此基本廓清。当时有人认为这次进剿系万正色首先题请，姚启圣止于策应，没有多大功绩。但康熙认为：“此举虽系正色首倡，姚启圣亦曾戮力援剿。若启圣不效力，正色亦无如何。”⑤ 肯定了姚启圣在这次战役中的作用。

为了争取海战中的主动，姚启圣曾先后题请复设福建水师提督并举荐施琅。十七年（1678年）四月，姚启圣任布政使时就向康亲王保举过施琅。任总督以后，他和提督杨捷等曾先后题请朝廷复设福建水师提督，得到清廷的批准。十八年六月，姚启圣上疏，说明郑氏畏惧施琅。施琅虽有一子在海，但有六子和数百家口在京，可保无他，可让他出任福建水师提督。七月十九日，姚启圣得悉清廷

---

① 姚启圣：《忧畏轩奏疏》，载陈支平主编：《台湾文献汇刊》第二辑第一册，九州出版社、厦门大学出版社2005年版，第302页。

② 姚启圣：《忧畏轩奏疏》，载陈支平主编：《台湾文献汇刊》第二辑第一册，九州出版社、厦门大学出版社2005年版，第311~312页。

③ 赵尔巽等：《清史稿》第33册，中华书局1976年版，第9859页。

④ 鄂尔泰等修：《八旗通志》卷一八一，姚启圣传，乾隆四年刻本。

⑤ 中国第一历史档案馆整理：《康熙起居注》第一册，中华书局1984年版，第511页。

已正式任命万正色为水师提督之后，又再次上疏，建议让施琅以靖海将军总统水师事务。但两次上疏均先后被驳回。① 清廷屡拒姚启圣所请，实因施琅有子侄在海而产生疑虑。十九年二月，施琅的儿子施齐和侄子施亥在厦门谋擒郑经未果被杀，姚启圣又两次上疏，奏明施琅子侄“假心事贼，真心为国”。清廷初还以“施齐等俱授海贼伪职，今不便据家人一语为凭遽议”② 为由，未肯深信。但经姚启圣将事实调查得一清二楚，才打消了对施琅的疑虑。加上李光地也力荐施琅，康熙遂下决心任命施琅代替万正色为福建水师提督。

姚启圣还为提高清军的素质和作战能力做了不少工作。他接任之初，清军因海澄受挫，兵心懈弛，影响斗志。姚启圣即捐银1.3万两，分赏满汉兵丁，并颁布赏罚格，以鼓舞士气。接着他针对当时绿旗兵中充当伴当、书记、军牢、夜不收、刽手、大旗以及马夫、水夫等项人员过多，战兵减少，“一到临阵，十不得七”的现象，将勤杂人员适当裁汰，“尽招实兵补伍”。他的这一措施，使全省“可得实兵数千之用”。③ 清军的作战能力得到进一步的提高。为了进取台湾，他又于二十年十月制定了进兵赏罚则例，题请清廷批准。施琅进兵台湾时，康熙曾命令将“前经姚启圣题定武牟功罪条例，着专交施琅遵行”。④ 澎湖战役中，清军斗志昂扬，有进无退，与执行这个则例亦有一定关系。

澎湖战役，姚启圣虽未能直接参加，但他应施琅请求，先后拨出自膳兵3300名、船104只、督标兵2000名、其他绿旗陆兵5920名参加了这次战役。姚启圣还曾到铜山为施琅等将士饯行，激发他们的斗志。为此，“琅……为书诀别妻子，誓必死。诸将士当行者皆作书抵家，处分后事，无一还心”。⑤ 总兵朱天贵等在海战中英勇捐躯。澎湖战后，施琅主张“台湾港道纡回，南风狂涌，深浅莫辨，似应少待。八月或十月，利在北风，进取万全”。⑥ 姚启圣认为，“海贼若止小败退回，则攻剿台湾断须九、十两月，乘顺北风，分途进剿。今我兵鏖战多时，海贼大败……所有精锐尽行斩溺，所有船只尽行焚毁，是贼今日之败几成全军覆

---

① 厦门大学台湾研究所、中国第一历史档案馆编辑部编：《康熙统一台湾档案史料选辑》，福建人民出版社1983年版，第185、187~188页。

② 厦门大学台湾研究所、中国第一历史档案馆编辑部编：《康熙统一台湾档案史料选辑》，福建人民出版社1983年版，第226页。

③ 姚启圣：《忧畏轩奏疏》，载陈支平主编：《台湾文献汇刊》第二辑第一册，九州出版社、厦门大学出版社2005年版，第290页。

④ 中国第一历史档案馆整理：《康熙起居注》第二册，中华书局1984年版，第905页。

⑤ 杜臻：《澎湖台湾纪略》，载诸家：《澎湖台湾纪略》，台湾文献丛刊本，第8页。

⑥ 施琅：《靖海纪事》，福建人民出版社1983年版，第89页。

没，则乘胜直捣台湾，似不宜迟”。[①] 他写信给施琅，并且送去大量的军需物资。“琅得书大喜，悉以诸资俱散之军中，军中人人鼓舞，计日渡海。……贼闻之汹惧”[②]，遂于闰六月初八日派人前来议降。从客观效果上看，姚启圣乘胜进击的主张也起了积极的作用。总的说来，姚启圣未获亲征，不能在澎湖战役中取得赫赫战功，但从整体上看，他在军事方面的贡献，也是不容忽视的。

三、军需后勤方面为清军进取台湾准备了必要的物质基础

在军需后勤方面，姚启圣积极催趱粮饷、修造船只、捐资捐膳，为清军进取台湾准备了必要的物资基础。

康熙十七年到二十二年间，为了应付频繁的军事活动，福建绿旗经制官兵多时有 10 万左右，少时也有 8 万。满洲甲兵多时有 9000 余副，少时也有 5000 副左右。此外，还有浙江等省调来的援剿官兵。这样一支庞大队伍的军需供应十分浩繁。当时满洲甲兵“每兵一名每月需银二十二两零”，年需银二百六七十两。绿旗兵“每月每名通计战守约给银一两三钱五分，米三斗”，[③] 年需银 20 两。援剿兵每名年需盐菜、行粮米银十五两左右。总计全省满汉援剿官兵年需粮饷三四百万两。而福建钱粮收入每年只有 90 万两左右，其余的要靠户部拨给，或由总督、巡抚设法解决。数年间，姚启圣为筹办饷银、挽运军粮、组织民夫、修造战船器械所做的事，难以一一枚举，仅以澎湖战役前后为例：施琅大军出发前，需预付粮饷和犒赏银 17 万余两。当时因藩库“无夙贮可动”，姚启圣除了千方百计从其他款项暂行挪借外，最后只好“传唤江南、浙江及粤东在闽贸易各商人汪成、周伸……亲给总督印票，暂借出商本银十二万一千二百两，凑应支给粮饷及预备犒赏”。这笔借款限一月交还，如若过期，姚启圣须自行“每两捐利一分二厘补商”。[④] 澎湖攻克后，姚启圣为了修葺船只和补充器械的损失，及时派出匠作，携带木材、油铁前往澎湖。同时又解付犒赏银 2.5 万两、火柴 6 万担，以及角

① 厦门大学台湾研究所、中国第一历史档案馆编辑部编：《康熙统一台湾档案史料选辑》，福建人民出版社 1983 年版，第 281 页。

② 杜臻：《澎湖台湾纪略》，载诸家：《澎湖台湾纪略》，台湾文献丛刊本，第 11 页。

③ 姚启圣：《忧畏轩奏疏》，载陈支平主编：《台湾文献汇刊》第二辑第一册，九州出版社、厦门大学出版社 2005 年版，第 494 页。

④ 姚启圣：《忧畏轩奏疏》，载陈支平主编：《台湾文献汇刊》第二辑第三册，九州出版社、厦门大学出版社 2005 年版，第 12～13 页。

弓、战箭、火药、火罐、喷筒、火箭、黑铅、大小铁子、袍褂靴帽等物到施琅军前。又应施琅的要求，解足秋季兵饷10万两、月米1万石和安置投诚粮米1.2万石到澎湖。姚启圣还四出布告，招民觅载蔬菜食物前去售卖，以满足澎湖军民生活日用的需求。

组织军需供应和招抚安置投诚都需要大量的资金，而当时清廷由于平定三藩的连年战争，财力、物力都相当困难。为了减轻国家负担，姚启圣不断捐资捐膳。任总督之前，姚启圣奉康亲王杰书之令，带自膳兵救援漳州，捐银50026两；又兼带韩大任兵往漳，捐资买马制械，用银15900余两；又捐马6匹，捐盐菜银900两；共捐银66800余两。以当时捐银500两加一级计算，累计加级133级。任总督后，他和平南将军赖塔捐造潮州船只，自己捐银4260两；又于漳州府捐造船只用银8130两；又捐膳74只船上官兵，先后给过粮饷银29381两；因兵部侍郎温岱到闽会议暂停进剿台湾，遂将水兵陆续裁汰，给其盘费归农，捐银21042两；又捐给潮州炮位、军械，用银1594两；他和吴兴祚等捐赏投诚官兵，自己捐银78571两；又捐赏投诚官兵袍褂等物，用银9974两。到康熙十九年十月止，姚启圣又共捐银152900余两。连同以前记录，累计加级400余级。这种记录，对姚启圣的实际升赏已无任何作用。以后，姚启圣又为捐膳朱天贵官兵，给过俸饷、行粮、料草等银203598两；又捐银1万两给泉州府买米济贫；捐盖福州、泉州两处兵屋，用银4975两；为全省府州县学捐置学田，用银5000余两；澎湖大捷，捐赏官兵用银15970两、购物用5242两；又捐解火炮、器械各项，用银10557两。据以上并不完全的统计，姚启圣先后捐资475000余两。即使扣除他死后兵部题参浮冒钱粮的47000余两，仍有428000两之多。这个数字，已是他倾家所有，“暨其薨，肃然无储蓄，诸子卖田以葬，贫如故”。[①] 可以说，姚启圣已经把多年的积蓄全部献给了平定台湾的事业。

“暴力的胜利，是以……暴力所拥有的物质资料为基础的”[②]，施琅在军事上的胜利和姚启圣在军需后勤供应方面的努力是分不开的。施琅说：“行间将士知有督臣趱粮运策应，则粮无匮乏之患，兵有争先之勇，壮志胜于数万甲兵。”“总督姚启圣捐造船只、捐膳水兵……又亲来厦门弹压，弹心催趱粮饷，挽运不匮，加以厚资犒赏将牟，三军莫不感激思奋。今日克取澎湖之大捷，皆督臣赏赍鼓舞之功，乃有此成效也。”[③] 可见施琅对姚启圣在这个方面的工作是充分肯定的。

---

① 全祖望：《鲒埼亭集选辑》，台湾文献丛刊本，第74页。

② 恩格斯：《反杜林论》，载《马克思恩格斯选集》第三卷，人民出版社1972年版，第206页。

③ 施琅：《靖海纪事》，福建人民出版社1983年版，第60、89页。

四、致力善后工作，最早提出了将台湾保留在版图中的主张

台湾归清后，姚启圣即致力于善后工作，最早提出了保留台湾归入清朝版图的主张。

康熙二十二年八月十七日，姚启圣对福建等省的善后事宜连上八疏，洋洋近万言。这是封建官僚中不可多得的为国为民之言，主要有以下几方面的内容：第一，要求改革和整顿。提出“凡行诸政事，施诸号令者，似必事事足以超轶千古，而后我皇上之政治真如尧舜再见也。……况福建各省多遭寇乱，井里萧条，蒙皇上轸念民艰，励精图治。第积习相沿，骤难更变。若复因仍陋习，即使随事补救，究竟无益治平。以臣愚见，必须彻底澄清，从头整顿”。第二，与民休养生息。提出“复五省迁界”，“开六省海禁”，“还绿旗官兵久占民房”，“闽民困苦已极，请赦免未完钱粮”等事。第三，要皇上躬行节俭，以正风俗。提出“人心风俗之厚薄，实关治道政教之卑隆，不得不于节俭之中更加节俭，使……四海咸知圣躬亲为作则，庶好奢之风止，而好贪之心息，元气与国运俱培，风俗偕人心并古”。第四，裁官益民。指出福建“官多兵少，十羊九牧”。“天下之为文武者，一经做官，身便不同齐民，饮食居处、人情分资迥异百姓，其妻即属夫人，呼奴使婢，簪珥服饰大异民妇，欲不剥取诸民，克取诸兵，乌可得也。是多一官实多一百姓之害，欲为百姓除害，不得不裁官。”第五，保留台湾。① 姚启圣关于保留台湾归入清朝版图的主张，是目前所能见到的这类意见中最早的记载。而施琅在这个时候，还是持“（台湾）或弃或留，伏候上裁”② 的态度，他那著名的《恭陈台湾弃留利害疏》是在这以后四个多月才上的。姚启圣说：“今幸克取台湾矣，若弃而不守，势必仍作贼巢。……况台湾广土众民，户口十数万，岁出钱粮似乎足资一镇一县之用，亦不多费国帑……似未敢轻言弃置也。”③ 过去的著述大多只提到施琅在保留台湾问题上的作用，很少提及姚启圣，这是不公正的。姚启圣还向新降的郑氏军民咨询利弊，着手兴革。他在布告中说：“尔等久居此地，素谙地方情形，一应利弊，何者当兴，何者当革，勿以本部院粗浮无

---

① 厦门大学台湾研究所、中国第一历史档案馆编辑部编：《康熙统一台湾档案史料选辑》，福建人民出版社 1983 年版，第 293~302 页。

② 台湾银行经济研究室编：《清圣祖实录选辑》，台湾文献丛刊本，第 127 页。

③ 厦门大学台湾研究所、中国第一历史档案馆编辑部编：《康熙统一台湾档案史料选辑》，福建人民出版社 1983 年版，第 301 页。

当，摈却深藏。幸各直言无隐，以凭采择举行。”① 表现出他的政治家的胸怀。

姚启圣一生的最后阶段，以灭台湾郑氏为己任，但由于他死在叙功不及之后，过去有人说他是因“台湾平，琅封靖海将军、靖海侯，而公不复序，郁郁疽发背，即以是年十一月卒”。② 其实这是主观的想象。赏功不及的刺激固然有，但姚启圣数年前早已病魔缠身，且几次病危，是强烈的事业心使他坚持了下来。请看下面这样一份“病历”：康熙十八年正月二十一日，姚启圣和吴兴祚在提督杨捷营中议事，“忽然发昏不知人事”。七月二十四日，又“复发昏一次，至八月十二日方得起床”。十九年二月，姚启圣积极配合万正色进攻大陆沿海岛屿的郑军，二十七日破厦门，二十九日，“复发昏迷，良久方苏”。四月初一日，“病势更重，喉哽心噎，腿肿头昏”。五月二十五日，姚启圣率将士合营大操，中途又“发昏不省人事，良久方苏，抬舁入城，而已骨痛肉麻，不成人形”。病得如此严重，姚启圣还请亲自督兵攻打台湾，表示“与其死于妇女之手，何如死于疆场之中”。六月初一、二日，“饭食不进，气喘不止。延医凌金楷、吕正齐等，俱称草木药料难以见效”。③ 这时姚启圣担心病躯影响朝廷赋予的使命，曾上疏告病请休，却得到康熙的谕旨：“卿才品优长，简任闽督，剿御海贼，平定地方，劳绩茂著。着勉加调摄，殚心供职，不必以病求罢。”④ 二十年九月三十日“呕血盈盆”。二十一年三、四月，姚启圣在铜山练兵候风，施琅说他“虽痊疾未愈，而办贼之心尤切，必欲扶病赴公”。⑤ 九、十月“患背疽将危，妻妾子女毫无念及，惟以不得台湾……为恨”。⑥ 二十二年，台湾既定，疽复发。十一月十一日，郑克塽等齐到闽省，陆续进京，此时，姚启圣了却“数年未了之心事”，⑦ 方才安然死去。可以说他是鞠躬尽瘁，以身殉职的。

总之，姚启圣在台湾归清的过程中，在政治、军事、后勤以及善后工作等方面都作出了显著的贡献。他应当算是清政府统一台湾的一大功臣。

---

① 姚启圣：《忧畏轩文告》卷四，咨询台湾利弊，载闽中子民编：《闽颂汇编》，康熙年间刻本。

② 王源：《姚少保启圣传》，载《碑传选集》，台湾文献丛刊本，第 245 页。

③ 姚启圣：《忧畏轩奏疏》，载陈支平主编：《台湾文献汇刊》第二辑第一册，九州出版社、厦门大学出版社 2005 年版，第 176～179 页。

④ 姚启圣：《忧畏轩奏疏》，载陈支平主编：《台湾文献汇刊》第二辑第一册，九州出版社、厦门大学出版社 2005 年版，第 185 页。

⑤ 施琅：《靖海纪事》，福建人民出版社 1983 年版，第 70 页。

⑥ 厦门大学台湾研究所、中国第一历史档案馆编辑部编：《康熙统一台湾档案史料选辑》，福建人民出版社 1983 年版，第 300 页。

⑦ 姚启圣：《忧畏轩文告》，载陈支平主编：《台湾文献汇刊》第二辑第四册，九州出版社、厦门大学出版社 2005 年版，第 490 页。

五、应当怎样评价姚启圣

任何英雄人物的产生，都是时势所创造的。姚启圣从一个被清廷议罪，“永不叙用”的革职知县成为统一台湾的一大功臣，是历史给他提供了活动的舞台。

康熙二年，姚启圣以镶红旗举人选授广东香山县知县。八年，以“擅开海禁，被劾夺官”。[①] 革职以后，由于仕途无望，加上在广东多年，熟悉海上贸易情形，他走上了经商的道路。康熙十二年底三藩叛乱，接着郑经乘机反攻，时局的变化，使他有了一个“赎罪”和重返仕途的机会。十三年正月，正在广东经商的姚启圣听到吴三桂之变，急忙赶回浙江，与其子姚仪捐资招募勇士数百，迎赴奉命大将军和硕康亲王杰书军前效力。清廷在四处变乱之际，自然不会拒绝一个自图报效的革职知县的热情，所以让他权署诸暨县事。由于进剿紫阆、枫桥等处有功，十四年三月，由于康亲王的推荐，姚启圣奉旨升擢为浙江温处道佥事。后来，又随都统喇哈达恢复温、处，随贝子进攻石塘，恢复福建。十五年十一月，又奉旨优升为福建布政使。在布政使任上，姚启圣奔驰粤东、江左，招抚渠魁，又统领投诚韩大任等官兵救援漳州。十七年初，郑军在福建发动了一连串的攻势，当时的总督郎廷佐和巡抚杨熙在郑军的攻势面前束手无策，使清军陷入了困境。在这种情况下，清廷再次超升姚启圣为福建总督。可以说，如果没有三藩之乱，姚启圣从一个革职知县累迁升至总督是根本不可能的。徐元文参劾姚启圣的疏中说：“启圣自为香山县知县，秽迹彰闻，革职提问，永不叙用。只以逆孽变乱，孑身戎行，遂冒军功，骤至节钺。”[②] 除诬陷之词外，却说出了时势给姚启圣创造的条件。姚启圣能够在总督任上有所成就，和时势的发展也有很大的关系。清廷在平定三藩之乱后，在国内只剩下了郑氏一股敌对势力，故能集中力量，积极进取。和康熙初年相比，当时的福建总督李率泰也是一个很有作为的人物，但为当时的形势和清廷的方针所决定，他终于没有能够取得姚启圣所达到的成就。

但是，如果说姚启圣能够脱颖而出纯属时势的创造，他个人的主观因素没有任何的作用，那也不是事实。姚启圣“少年颇有图王定霸之想”[③]，“性豪荡不

---

① 赵尔巽等：《清史稿》第 33 册，中华书局 1976 年版，第 9857 页。

② 蔡冠洛编著：《清代七百名人传》中册，中国书店 1984 年版，第 1222~1223 页。

③ 李光地：《榕村语录续集》卷一八，付氏藏园刻本，1933 年。

羁，喜任侠”。[①] 早年遇二健卒掠女子，他夺刀杀卒，送女子还家。知香山县时，因“前政负课数万，系狱”，他又“悉为代偿”。[②] 三藩乱起之时，姚启圣正经商，从他后来捐资的大量数目来看，其经营获利颇丰。如果继续经商，当可致富。但他毫不犹豫地捐资募勇，弃商从戎。如果没有以天下事为己任的抱负，没有为国报效的素志，一个被定为“永不叙用”的人是很难再有这种热情的。然而五年的冷板凳反而使姚启圣立功之心更切。特别是担任福建总督之后，为了报答清廷对他的三次超升之恩，同时也为了为闽省除后患，为浙江、广东、江南、山东四省开海还界，为百姓计安全的目的，几年中，他进取台湾之心始终不渝，甚至不顾沉重的病躯，坚持在第一线作不懈的努力。康熙十九年金厦收复后，万正色等人极力反对进攻台湾，朝廷中不少人也支持万正色意见。清廷派出兵部侍郎温岱到福建会议停止进剿台湾事宜，将全省陆路绿旗兵丁裁去 1.9 万余名，同时将水兵陆续裁汰，“中外无复以台湾为事”。[③] 如果不是姚启圣坚持“剿灭台湾之议，坚任荡平海贼之事”，[④] 康熙初年那种毁船裁兵、放弃进取台湾的历史就有可能重演。另外，姚启圣在政治、军事、组织各方面的显著才能，也是他能够为历史作出贡献的条件之一。在斗争中，他剿抚兼施，设间用谋，运筹自如。如果不具备这些条件，他也难以胜任在前线统筹全局的工作。

我们评价历史人物的功绩，不是为古人争功，而是要探讨他在当时的历史条件之下，经过个人的努力，怎样为历史的发展作出自己的贡献。由于“一个人的发展取决于和他直接或间接进行交往的其他一切人的发展”。[⑤] 我们评价姚启圣的功绩，既要看到他个人的贡献，也要看到当时广大人民群众和清军士兵的努力，看到大批顺应历史潮流的郑氏将士的力量，以及康熙和施琅等人物的突出贡献。应当把康熙、施琅和姚启圣放在一起考察，不要抑此扬彼，而要看他们各自做了些什么，这样，对他们的历史功绩就可能有更清楚的认识。

当时，对康熙来说，他必须把台湾郑氏问题放在国家全局中进行考虑。三藩平定之前，他没有用很多的精力来对付台湾郑氏问题。与郑氏的斗争，在大多数情况下，都由福建督抚办理。他对姚启圣平定台湾的决心和才干是高度赞赏和信赖的。平定三藩之后，康熙把更多的精力转移到台湾郑氏问题上来。但他对于水

---

① 王源：《姚少保启圣传》，载《碑传选集》，台湾文献丛刊本，第 240 页。

② 赵尔巽等：《清史稿》第 33 册，中华书局 1976 年版，第 9857 页。

③ 王源：《姚少保启圣传》，载《碑传选集》，台湾文献丛刊本，第 244~245 页。

④ 姚启圣：《忧畏轩奏疏》，载陈支平主编：《台湾文献汇刊》第二辑第一册，九州出版社、厦门大学出版社 2005 年版，第 225 页。

⑤ 马克思、恩格斯：《德意志意识形态》，载《马克思恩格斯全集》第三卷，人民出版社 1972 年版，第 515 页。

路进兵没有很大的把握，而前方的官吏和将领之间意见又往往很不一致。在这种情况下，要对重大的问题作出正确的决断，又要使主要将领之间在事业上很好地合作，这是很不容易的。年轻的康熙帝能够听取各种意见，作出正确的决策，使台湾郑氏问题顺利得到解决，是有很大贡献的。没有康熙帝的支持，姚启圣和施琅不可能获得成功。姚启圣“总督福建地方文武事务兼理粮饷”，政治、军事、后勤什么都得管。正如全祖望在《姚公神道第二碑铭》中指出：“平台之谋尽出于公。平台之军器、军饷、军装尽出于公。”① 施琅在取得专征权之前只负责水师事务，取得专征权之后，他是军事方面的总负责人，但是不管招抚，不管军需。他和姚启圣在一些具体问题上有分歧，但他们进取台湾的决心，独当一面的能力，以及为事业献身的精神是一致的。没有姚启圣，就没有经过长期经营所形成的局面和军事进攻的良好条件，施琅就不能打，打了也不能成功。没有施琅，就没有澎湖战役的胜利（前任水师提督万正色不敢打台湾），台湾归清的最后结局也不会那么快到来。因此，康熙、姚启圣和施琅，他们在台湾归清、国家统一事业中各自发挥了必不可少的作用，他们只能相辅相成，不能互相取代。

然而，历史有时也会进行恶作剧，它使姚启圣从一个永不叙用的革职知县成为平定台湾、国家统一事业中的英雄，但功成之后，却又让他从顶峰跌落下来，台湾归清之后，康熙帝对施琅屡加褒奖，复授其靖海将军，封靖海侯，世袭罔替。姚启圣不但没有受到奖赏，反而两次受严旨斥责，死后也没有任何封谥。是什么原因使姚启圣“赏不及”，甚至遭受如此厄运呢？这里牵涉到康熙的好恶和官场的倾轧。

施琅和姚启圣为国家和民族所作的贡献应该得到充分的肯定，但也应该看到他们作为封建官僚互相争功的事实。康熙二十年十月六日，施琅抵闽上任，同月二十七日，清廷即收到他“征剿事宜，理当独任”② 的疏请。二十一年十月，清廷允许施琅专征。施琅取得专征权，就为日后争功取得了主动权，台湾平定以后，施琅在多次奏疏中大说姚启圣的坏话，为其罗织罪名，为自己争功作舆论准备。七月二十九日，他一反闰六月十一日疏中“臣专征，止宜主剿，不宜议抚之事”的说法，③ 攻击姚启圣和巡抚所差去台议抚官员，“并无到澎湖知会，枉道直去台湾，恳其就抚。是均军国之事，故作两途歧视，毋乃有轻国体而贻笑于逆众者乎”。④ 光上疏还不够，施琅又专差吴启爵赴京“披陈面奏”。李光地说他

① 全祖望：《鲒埼亭集选辑》，台湾文献丛刊本，第 73 页。

② 台湾银行经济研究室编：《清圣祖实录选辑》，台湾文献丛刊本，第 115 页。

③ 施琅：《靖海纪事》，福建人民出版社 1983 年版，第 98 页。

④ 施琅：《靖海纪事》，福建人民出版社 1983 年版，第 104 页。

“蓄毒入郑家，得姚一点阴利事，命陈起爵（疑为吴启爵之误）入奏”① 似指此。八月九日又攻击姚启圣不及时接济秋季粮饷，并说姚自膳兵中朱兴等十三条船“径不请令，私自逃回”等等。② 施琅对姚启圣的攻击大多并非事实。如秋季粮饷，闰六月初五日即已题明解出，朱兴等十三船官兵也是施琅亲自批准他们护送朱天贵身尸“驾回埋葬”的。③ 然而，施琅的题本和吴启爵的“面奏”对康熙帝产生了很大的影响。吴启爵入奏之后，施琅便受到奖赏，而姚启圣则遭到斥责。

此外，朝中的大学士、学士明珠，王熙，李光地等人，经常在康熙身边议事，他们替施琅说话，同时渲染姚启圣的不足甚至加以中伤，这在《起居注》中有不少的记载。清宗室昭梿也曾说：“姚制府启圣……尝与纳兰太傅明珠不睦，太傅嗾徐总宪元文劾之。”④ 但大臣们的倾轧，必须通过康熙帝而起作用。康熙正感到姚启圣在福建军民中的影响太大，而准备加以削弱，偏偏在这个时候，姚启圣又连上善后和“让功”等疏，终于使康熙帝的不满爆发，遂下谕：“姚启圣前有议叙之旨应停止，尔等将此意拟切责票签送进。”⑤ 姚启圣在“让功”疏中确实流露了对朝廷给予施琅专征权以来的不满情绪，康熙对这种居功怨愤的情绪进行适当的指责是可以理解的，但因此而全面抹杀姚启圣的功绩，则未免太过。

关于姚启圣在台湾归清过程中的巨大功绩，不少史家作了充分的肯定。《八旗通志》《鲒埼亭全集》《清先正事略》《清史稿》等书，在肯定施琅战功的同时，也都肯定了姚启圣在运筹规划、招抚设间、催趱粮饷等方面的重大贡献。近年来，史学界有些学者在自己的研究领域中，或多或少地牵涉到了对姚启圣的评价，提出了一些自己的看法。从总的来说，多数都比较客观，但在个别学者的论著中，还存在着扬施抑姚的倾向。我们相信，经过大家的努力，在充分发掘史料的基础之上，运用历史唯物主义的观点进行分析，就一定可以使这个历史人物的面目充分展现出来。这对于我们宣传爱国主义的传统，促进台湾回归、国家统一的事业都有一定的现实意义。

---

① 李光地：《榕村语录续集》卷一二，付氏藏园刻本，1933 年，第 12 页。

② 施琅：《靖海纪事》，福建人民出版社 1983 年版，第 108 页。

③ 姚启圣：《忧畏轩奏疏》，载陈支平主编：《台湾文献汇刊》第二辑第三册，九州出版社、厦门大学出版社 2005 年版，第 19 页。

④ 昭梿：《啸亭续录》，载昭梿：《啸亭杂录》，中华书局 1980 年版，第 504 页。

⑤ 中国第一历史档案馆整理：《康熙起居注》第二册，中华书局 1984 年版，第 1078 页。

附录一　从一首八闽童谣谈姚启圣为政清廉

姚启圣，原名万雍，字熙止，号忧庵，浙江会稽（今绍兴）人。清康熙十五年（1676年）十一月任福建布政使，十七年六月超升福建总督，二十二年十一月在任上病逝。姚启圣在福建任职期间，除了在平定三藩之乱、降服台湾郑氏、实现国家统一大业中建立了巨大的功勋外，他一心为民、清廉克己的作风，也在当时传为佳话。康熙年间刻本《闽颂汇编》中有一首“八闽童谣”，十分生动地描述了姚启圣的事迹。

这首童谣共十一段，虽篇幅较长，但非常感人，故全文抄录于此，以飨读者。

公真险，海贼猖狂山岳撼，此时公受登坛选，阵阵身亲士卒先，火炮矢石如雨点，大海狂澜浪涌天，邻舟覆没公舟闪，真冒险。

公真劳，幕宾不设悉亲操，口言目视手挥毫，笔未停时报贼剿，躬环甲胄破群妖，惟恐一事浚民膏，再三斟酌费推敲，真焦劳。

公真苦，一心要把穷黎抚，痛哭流涕禁文武，不误军需不累民，唯有捐金代民补，不取官民一个钱，处处不教要阿堵，真是苦。

公真愁，贼叛交侵数十秋，闽民困苦生难谋，杂派私征禁未休，夫徭塘马尚诛求，可怜今年又不收，千愁万愁在心头，真是愁。

公真穷，辕门只有鼓逢逢，人情关节毫不通，卧内如水两手空，家无片瓦两袖风，霎时几两拿不出，全然不像总督公，真个穷。

公真瘦，如何方把残黎救，策画那分夜与昼，如何方能定海寇，驱残去暴凯歌奏，如今贼退民渐肥，瘦尽我公一身肉，真正瘦。

公真病，成功不有反遭阱，不应孟浪反遭横，操戈相犯不与争，忍气吞声安义命，去年吐血一大盆，今生背疽四月兢，真成病。

公真呆，选将招降日费财，黄金散尽无疑猜，为国忘家志不灰，为主捐躯出海隈，艟艨直下声如雷，视死如归去不回，真正呆。

公真羞，做官做到极品头，夫人公子不穿䌷，空箱几只如浮鸥，举家布蔬相悠游，外面繁华内穷愁，夫妻相对冷飕飕，岂不羞。

公真怪，不收文武礼一介，清官战将重赏赉，造船养兵置器械，尽把家中田地卖，总督做了四五年，欠了钱粮又欠债，真奇怪。

公可怜，今人做官多要钱，那管百姓苦颠连，珠围翠绕拥花钿，绫罗缎综绣云烟，金银满屋身安闲，真正味活似神仙。惟我公，真可怜，一分不要室如悬，数碗菜腐供饔餐，仍似秀才旧穷酸，为民惟恐一事愆，左思右想心力穿，体尽民瘼革尽弊，公心犹恐或不然。半夜里，忽挥拳，梦与贼战大海边；正危坐，忽潸潸，想起某事欠周全。昼夜魂梦不安眠，行间四载苦万千，出海九月浪里颠，为国忘家身弃捐，苦苦恼恼度了四五年，凄凄楚楚受尽了忧煎。世间做官美福全，我公何曾过一天，可怜，可怜，真可怜！

在这首童谣之后还有一段附注，其中说："闽人喜谣，田夫、渔父、农妇、村童有所感触则谣，其义质直，其论公，士君子往往乐闻之。右十一谣歌似为诵我制府姚公者，其实痛公怜公也。始而群儿拍掌联袂歌于闾巷，不终日蒙童吟于塾市、人说于途，于是人士写录传观，父老听之至泣下。盖公之立念清源，一心军民，其所布政皆坦然于中，行出俯仰无愧，绝无昔贤孤捐矫节发于勉强之意，故此谣感恩怜惜，有家人父子一般缠绵不已之情。……天下皆知我公之功业，天下亦皆知我公之清廉爱民，而不知我公之劳、苦、穷、愁、病、瘦、险、羞、可怜之状一至此极，安得不将此谣特表而出之。"①

童谣是一种民间文学的形式，但是，这首"八闽童谣"中所表达的内容却有充分的史实依据。下面，我们就结合史实谈谈姚启圣是如何为政清廉的。

一、严禁收受礼品、贿赂，决不徇私枉法

康熙十七年（1678年）六月，姚启圣就任福建总督伊始，就贴出告示，禁革馈遗。其中说："日者阖属文武，以本部院新任，势必红批送礼，希望收纳，可藉偷安。不知武能杀贼、文能爱民，即一字不通候问，本部院亦必题荐超升；倘或庸贪虐民、遇贼败遁，即日送万金，本部院势必题参拿问。贤否立别，馈送何益，合行严禁。"② 当时，官场风气腐败，送礼、贿赂之风盛行，不但新官上任下属官员馈送贺礼，即平时年节、上司生辰等，亦有不少人备办厚礼。为此，姚启圣又多次申饬，禁止馈送。如康熙十七年七月三十日的告示中说："照得闽

① 佚名：《闽颂汇编》，载陈支平主编：《台湾文献汇刊》第二辑第五册，九州出版社、厦门大学出版社2005年版，第424~430页。

② 姚启圣：《忧畏轩文告》，载陈支平主编：《台湾文献汇刊》第二辑第三册，九州出版社、厦门大学出版社2005年版，第314~315页。

省文武，虽贤能廉勇不乏其人，然贪鄙懦弱实繁有徒。皆因平时专事虚文，馈送上司厚礼，一蒙收入，便放胆作不肖官。本部院深知其弊，故于抵任时，即严行禁绝，不许借贺到任名色，馈送礼银在案。今节届中秋，诚恐所属文武仍踵从前陋习，投批送礼，合行严饬。……倘敢故违，并将批礼一并题参不贷。”①

二十一年九月十五日的告示中说，“凡遇节辰，不论实礼、套礼，以及红批、贺启等项，一概不许投收缴进，如敢故违，官则纠参，差役处死，决不姑贷”②。姚启圣说到做到，从任事以来，痛绝文武馈遗，数年如一日，从不苟且。他曾向文武官员公开立誓：“如我收尔等馈遗、暮金、代仪、币帛、杯缎以及寿烛、果品、小菜各物一分一厘者，姚即当男为盗、女为娼，死于千刀万箭之下。文武各官如不洗涤肺肠，改做清官，爱民如子，仍前败检害民，我若听情面不参不杀者，姚亦当男为盗、女为娼，死于千刀万箭之下。”③ 可见“童谣”中所说的“不取官民一个钱”“不收文武礼一介”并非虚言。

二、劝止族戚交游投靠，不搞裙带关系

封建社会，一人得道，鸡犬升天，某人升迁，众亲友接踵而至，谋求官职者有之，前来抽丰者有之，而封建官僚也往往以安插亲朋故旧、用民脂民膏豢养大批食客为常事。但是，姚启圣却不因自己为一省总督而给亲友以任何特殊的好处。他曾在入闽的关口浦城张贴告示，“劝止交游族戚”。其中说：“照得姚……仕闽八载，无论阖属之节序生辰，概行峻拒，即泉水、腐菜，一丝一毫皆发现价平买，此天地鬼神所鉴临，而官吏军民所深悉者。……比年以来，盟心矢血，誓不改操，饮水茹蘖，益加惕凛。以致禄无斗储，俸无一钱，穷同彻骨，窘欲剥肤。诚恐交游族戚不谅，勉为廉吏心肠，一至再至，临莅如水之署，客子不满愿欲，地主莫措周旋。……恳我交游族戚，垂怜垂谅，已来者，即行还辕，未来者，更为税驾。如或执意必来，充耳枉顾，恐嚼然鸡肋，归资无措，进退维谷，

① 姚启圣：《忧畏轩文告》，载陈支平主编：《台湾文献汇刊》第二辑第三册，九州出版社、厦门大学出版社 2005 年版，第 352~353 页。

② 姚启圣：《忧畏轩文告》，载陈支平主编：《台湾文献汇刊》第二辑第四册，九州出版社、厦门大学出版社 2005 年版，第 232 页。

③ 姚启圣：《忧畏轩文告》，载陈支平主编：《台湾文献汇刊》第二辑第四册，九州出版社、厦门大学出版社 2005 年版，第 256~257 页。

慎勿怨我詈我也。”① 真是“人情关节毫不通”！

但若由此以为姚启圣生性孤僻吝啬，那就大错特错了。姚启圣生性豪爽，在为民为国方面往往是一掷万金。

三、克己奉公，为国为民大量捐资

姚启圣到福建任职之前，曾有七年时间从事经商活动，积累了一定的资财。到福建任职之后，这些资财尽被他陆续捐作公用。

任总督之前，姚启圣奉康亲王杰书之令，带自膳兵救援漳州，捐银五万零二十六两；又兼带韩大任兵往漳，捐资买马制械，用银一万五千九百余两；又捐马六匹、捐盐菜银九百两。任总督后，他和平南将军赖塔捐造潮州船只，自捐银四千二百六十两；又于漳州府捐造船只用银八千一百三十两；又捐膳七十四只船上官兵，先后给过粮饷银二万九千三百八十一两；因兵部侍郎温岱到闽会议暂停进剿台湾，遂将水兵陆续裁汰，给其盘费归农，捐银二万一千零四十二两；又捐给潮州炮位、军械，用银一千五百九十四两；他和福建巡抚吴兴祚等捐赏投诚官兵，自捐银七万八千五百七十一两；又捐赏投诚官兵袍褂等物，用银九千九百七十四两。② 捐膳朱天贵官兵，给过俸饷、行粮、料草等银二十万三千五百九十八两；澎湖大捷，捐赏官兵用银一万五千九百七十两、购物五千二百四十二两；又捐解火炮、器械各项，用银一万零五百五十七两。③ 在此期间，姚启圣还捐银一万两给泉州府买米济贫；④ 捐盖福州、泉州两处兵屋，用银四千九百七十五两；⑤ 为全省府、州、县学捐置学田，用银五千余两。⑥ 据以上不完全统计，姚启圣为国为民先后捐银四十七万五千余两，即使扣除他死后兵部题参他浮冒钱粮的四万

① 姚启圣：《忧畏轩文告》，载陈支平主编：《台湾文献汇刊》第二辑第四册，九州出版社、厦门大学出版社 2005 年版，第 250~252 页。

② 姚启圣：《忧畏轩奏疏》，载陈支平主编：《台湾文献汇刊》第二辑第一册，九州出版社、厦门大学出版社 2005 年版，第 189~197 页。

③ 姚启圣：《忧畏轩奏疏》，载陈支平主编：《台湾文献汇刊》第二辑第三册，九州出版社、厦门大学出版社 2005 年版，第 53~60 页。

④ 姚启圣：《忧畏轩奏疏》，载陈支平主编：《台湾文献汇刊》第二辑第三册，九州出版社、厦门大学出版社 2005 年版，第 144~145 页。

⑤ 姚启圣：《忧畏轩奏疏》，载陈支平主编：《台湾文献汇刊》第二辑第三册，九州出版社、厦门大学出版社 2005 年版，第 297~300 页。

⑥ 佚名：《闽颂汇编》，载陈支平主编：《台湾文献汇刊》第二辑第七册，九州出版社、厦门大学出版社 2005 年版，第 555~562 页。

七千余两，仍有四十二万八千两之多。这个数字，已是他倾家所有。为了捐膳朱天贵官兵，他曾把家中所有银盘杯碗并妻妾簪镯悉率抵算。① “暨其薨，诸子卖田以葬，贫如故。”②

姚启圣为国为民捐出大量资财，而他自己却过着清苦的生活。身为总督，“体无鲜衣，口无美味”，“每日家人自磨豆腐，三盘分食，醋酱等物，皆系自做。一日买办只许在一两之内，不许出一两之外，所买者不过青菜、葱韭”，“一家布蔬淡如”。③ 一面是“造船养兵置器械，尽把家中田地卖”，一面是“数碗菜腐供饔餐，仍似秀才旧穷酸”，这个对照，充分反映了姚启圣克己奉公的品德。

四、严束部属，惩处贪官污吏

姚启圣知道，仅有自己和个别人的清廉是不够的，要实行廉明的政治，就必须惩治贪官，旌扬廉吏，勉励更多的官员做清廉好官。他曾经贴出告示，“苦劝文武各官，万万不可再害极苦百姓”。其中说：“我从任事以来，痛绝文武馈遗，如暮金、代仪、币帛等项，四载如一日，从不苟且，此尔文武各官及通省绅士庶民所共见共闻者。……窃以大法小廉，总督不要钱，大小文武各官自然不敢要钱矣，谁知竟有大谬不然者。今之文武各官，其意以为，你总督不要钱，我的钱我仍旧是要的。真可恨也，真可杀也！我今细想，四载总督，不能为百姓除害去弊，我即生不如死。所以在病重昏瞶之中，愈以不得为民除害为恨。……嗣后各官务要从头改弦易辙，彻底勉作清廉好官，将害民诸弊尽行痛革，以苏残喘。毋得仍前骗害百姓，自取杀身亡家恶报。倘有故违，许尔民据实赴辕门呈控……三品以上，立刻拿参，文官六品以下，武官四品以下，先斩后奏。”④ 另据当时学士李光地记载，一日，姚启圣“请藩司姓马者（马斯良，康熙二十一年至二十四年任福建布政使）至，命坐其座，用二力士掖之不得动，渠自下堂拜之八拜。藩司窘极，呼叫既毕，藩司叩头不能起，请其故。姚曰：无他，要汝作好官，帮我而已，凡予所欲为事，贵司帮我奉行尽力，不许丝毫欺蔽。藩司领命惟谨。渠遂

---

① 姚启圣：《忧畏轩奏疏》，载陈支平主编：《台湾文献汇刊》第二辑第三册，九州出版社、厦门大学出版社 2005 年版，第 6 页。

② 全祖望：《鲒埼亭集选辑》，台湾文献丛刊本，第 69 页。

③ 姚启圣：《忧畏轩文告》，载陈支平主编：《台湾文献汇刊》第二辑第五册，九州出版社、厦门大学出版社 2005 年版，第 372~373 页。

④ 姚启圣：《忧畏轩文告》，载陈支平主编：《台湾文献汇刊》第二辑第四册，九州出版社、厦门大学出版社 2005 年版，第 260 页。

搜剔害民之事，尽行除去。……贪官即刻参处，蠹役立毙杖下，惟作恶秀才未至处死，然亦闻风缩面矣”。①

对于为官清廉者，姚启圣则给予褒扬。晋江县令沈朝聘“性淡泊，署内粗粝自甘”，“勤劳赴事”，在“大兵至，供亿浩繁”之时，“朝聘从容调理，事得就，而民亦安”②。姚启圣对此进行公开宣传，他发布告示说：“今访得晋江沈令，做官真正清廉，五十七县之中，若沈令者可称翘楚矣。今计典在即，除秉公核荐，以示鼓励，以慰舆情外，合行出示晓谕。”③

五、体察民瘼，剔除弊政

姚启圣在任期间，始终把巩固民心、关心民间疾苦、减轻人民负担作为他施政的重点。

他就任福建总督的第一天，即在驻地漳州发布告示，征求民间意见，“将漳属地方培养民生之利、侵渔奸弊之害，何者当兴，何者当革，幸指教言，备细呈禀，以凭酌夺举行”④。在经过深入调查之后，姚启圣认为，当时福建人民“一苦于贼（指郑氏军队），二苦于兵，三苦于贪官污吏。……有害于民者虽不可枚举，然最大者如兵丁尽占民房、米谷发县采买、夫徭烦重难当三事，为害最烈”⑤。为了解决这些问题，他多次上疏请将满兵撤回，限定兵将住房数目，并且捐盖兵房，将占住的房屋清还居民。对出征夫额作了严格的规定，对不得已使用的夫役，则尽量压低到最少的限度，对其余额外杂派的夫役，一概禁止。为了减少兵丁骚扰百姓，姚启圣“时与悍将骄兵悉力相持”⑥。扰民者，绿旗兵丁直接予以惩处，满兵则通过与亲王、将军、都统交涉，务使有所收敛。

在姚启圣担任福建总督的五年间，他发布的有关“禁革供应陋规”“严禁滥派夫役”“严禁官价虐取”“禁兵扰害复业”“禁封民房”“严禁大当酷派”等等

---

① 李光地：《榕村语录续集》卷一二，付氏藏园刻本，1933年。

② 怀荫布：《泉州府志选录》，台湾文献丛刊本，第113页。

③ 姚启圣：《忧畏轩文告》，载陈支平主编：《台湾文献汇刊》第二辑第四册，九州出版社、厦门大学出版社2005年版，第260页。

④ 姚启圣：《忧畏轩文告》，载陈支平主编：《台湾文献汇刊》第二辑第三册，九州出版社、厦门大学出版社2005年版，第313页。

⑤ 姚启圣：《忧畏轩文告》，载陈支平主编：《台湾文献汇刊》第二辑第四册，九州出版社、厦门大学出版社2005年版，第61页。

⑥ 全祖望：《鲒埼亭集选辑》，台湾文献丛刊本，第69页。

方面的告示，就有一百四十余种之多。例如，他所革除的“现年大当”，就为福建人民除去了一项遗害数百年的积弊。明初以来，福建乃至全国均有在甲长中轮充“现年里长”之例，“贪官污吏于现年里长催征钱粮之外，即巧立名色件件种种，俱于现年里长是问。……故于将当现年里长之时，即纠合里下有田地者共凑银两，以应无数私派，名曰大当。凡新官莅任，则有衙内床椅器用之费；上官往来，迎接送礼、中伙下程与宴会饯别，则有排酒、铺坛、结彩之费；以至公堂常例，答应差使、值柜收头、拆封赔补火耗与贴解戥头，及造册工食，无一不出诸大当现年。是以终岁勤动，生平积蓄，十年大当一役，必至破家荡产而后已”①。姚启圣主张，“此项大弊必须彻底澄清，断难因仍遗害。然欲去杂派害民之弊，必先禁止大当；然欲禁止大当之弊，必先革去现年里长，而后贪官污吏无处着手，自不能问甲甲而求之，按户户而索之矣”②。可见，在“贼叛交侵数十秋，闽民困苦生难谋”之时，姚启圣为“如何方把残黎救”，确实尽了自己的最大努力。

姚启圣为政清廉的事迹得到了当时朝野的高度评价。康熙皇帝曾钦赐御书“清、慎、勤”匾额给姚启圣，肯定了他为统一事业和福建人民所做的一切。而福建人民更是感戴姚启圣的恩德，尽管姚启圣生前一再禁止对他进行颂扬，但是，人们心中自发的情感是遏止不住的。当时民间以刻谣、立碑、绘像、塑像、兴祠等各种方式来表达他们对姚启圣的尊崇。康熙二十二年十月，在福州“洪江之浒”，“全闽工士农商”树立了“姚公再造全闽鸿功碑”，大书特书姚启圣“救民用兵之绩”③。姚启圣死时，“百城惊悼，群聚而哭于都亭，舂不相降，卒有私为持服者。而漳、泉二府之民争乞公之遗衣冠葬之其乡，福州之民乞留葬于城外之东山，既不得，请麻衣执绋，号啕送者直过仙霞（闽浙分界的关口）。归而各以私钱为之建祠，甚且有肖公之影祀之家者”④。姚启圣死后多年，“至今有官吏不肖为恶者，相率而哭诸姚庙”⑤。

姚启圣是一个封建官僚，他本身性情“豪荡不羁”，并不是一个清心寡欲、洁身自好之人。然而，担任福建总督之后，他知道，要想成就一番事业，就必须

① 姚启圣：《忧畏轩文告》，载陈支平主编：《台湾文献汇刊》第二辑第四册，九州出版社、厦门大学出版社 2005 年版，第 445~446 页。

② 姚启圣：《忧畏轩文告》，载陈支平主编：《台湾文献汇刊》第二辑第四册，九州出版社、厦门大学出版社 2005 年版，第 447~448 页。

③ 全闽士农工商：《姚公再造全闽鸿功碑》，见佚名：《闽颂汇编》，载陈支平主编：《台湾文献汇刊》第二辑第一册，九州出版社、厦门大学出版社 2005 年版，第 19~31 页。

④ 全祖望：《鲒埼亭集选辑》，台湾文献丛刊本，第 73 页。

⑤ 李光地：《榕村语录续集》卷一二，付氏藏园刻本，1933 年。

取得百姓的支持，而要取得百姓的支持，就必须为政清廉。他曾说："闽省初经恢复，闾里凋残，加以海贼跳梁，差役繁重，百姓之苦实倍他省，全赖通省文武洁己临民，虚中听政。治民如治家，细心讲求，必如何使家给户足，人人不受饥寒；爱兵如爱子，甘苦同受，必如何使壁垒改观，人人皆有斗志。"① 他始终身体力行，做了大量廉洁爱民的实事，而且还留下了许许多多廉政建设的名言：

（1）在简政方面，他提出必须"裁官益民"。指出福建"官多兵少，十羊九牧"。"天下之为文武者，一经做官，身便不同齐民，饮食居处，人情分资迥异百姓，其妻即属夫人，呼奴使婢，簪珥服饰大异民妇，欲不剥取诸民，克取诸兵，乌可得也。是多一官实多一百姓之害，欲为百姓除害，不得不裁官，欲为贪吏惩暴，更不得不裁官。"②

（2）在整肃官场和社会风气方面，他认为："若夫仕官回家，必皆两袖清风，住旧屋课子孙而已，故出仕之处则请入名宦祠，居乡之时则请入乡贤祠。如有盖造大屋、广置田园、多买婢仆、精制器皿服饰者，则乡党皆贼之，为其做贪官害百姓所得之财，甚有洁清自好者耻于结亲，谓审贪官之子孙必无昌盛。人皆以入名宦、乡贤为可尊可敬之君子，以盖房、买田为可贱可耻之小人，是以人皆砥砺名节，争自濯磨，耻做贪官，乐为廉吏，上行下效，俭素成风……人皆守分、家尽富饶。此所以万年长治安享太平也。"③ 他甚至敢请"皇上躬行节俭，以挽回风俗人心"，指出"人心风俗之厚薄，实关治道政教之卑隆，不得不于节俭之中更加节俭，使……四海咸知圣躬亲为作则，庶好奢之风止，而好贪之心息，元气与国运俱培，风俗偕人心并古矣"④。他勉励下属官员："堂堂须眉男子，要做清官，须要一直做到底，万万不可因受穷不过，便要改头换面，思想背地弄得银子到手，或者瞒得过上司以图侥幸。……做清官原是难事，但要拿定主意，把奢华富贵、为妻为子念头尽行革绝。……惟我文武诸公共为勉之。"⑤

姚启圣的廉政思想，在今天仍不失为一笔宝贵的精神遗产。

---

① 姚启圣：《忧畏轩文告》，载陈支平主编：《台湾文献汇刊》第二辑第三册，九州出版社、厦门大学出版社 2005 年版，第 320 页。

② 姚启圣：《忧畏轩奏疏》，载陈支平主编：《台湾文献汇刊》第二辑第三册，九州出版社、厦门大学出版社 2005 年版，第 292~293 页。

③ 姚启圣：《忧畏轩奏疏》，载陈支平主编：《台湾文献汇刊》第二辑第三册，九州出版社、厦门大学出版社 2005 年版，第 120~121 页。

④ 姚启圣：《忧畏轩奏疏》，载陈支平主编：《台湾文献汇刊》第二辑第三册，九州出版社、厦门大学出版社 2005 年版，第 281~284 页。

⑤ 姚启圣：《忧畏轩文告》，载陈支平主编：《台湾文献汇刊》第二辑第四册，九州出版社、厦门大学出版社 2005 年版，第 405~406 页。

附录二　姚启圣著述小考

姚启圣是清康熙十七年（1678年）六月到二十二年十一月的福建总督，在清政府统一台湾的事业中建立了巨大的功勋。他的一生除了在军功、政绩方面很有建树之外，还给后人留下了不少宝贵的著述。可是，过去对姚启圣著述情况的介绍却众说纷纭，莫衷一是。萧一山的《清代学者著述表》，认为姚启圣著有《平海录》《忧畏轩遗集》《以俟集》等。[①] 谢国桢的《晚明史籍考》，却认为《平海录》为姚启圣之孙姚述祖所撰。[②] 近年武新立先生编著的《明清稀见史籍叙录》，也认为姚启圣著有《以俟集》《平海录》《忧畏轩遗集》《闽颂汇编奏疏文告》等多种。[③] 笔者认为，上述说法都不完全正确，故作小考，以求教于方家。

姚启圣原名万雍，字熙止，号忧庵，曾"自署其燕居之轩曰忧畏，曰吾忧在苍生之不理，不忧海贼之不灭；畏在闾阎之不乐，不畏强御之不欢"[④]。所以，他的文稿一般都冠有"忧畏轩"三字，如《忧畏轩奏疏文告》《忧畏轩遗集》等。《忧畏轩奏疏文告》共十卷，其中奏疏六卷，文告四卷，由"闽中子民"刊入康熙年间刻本《闽颂汇编》之中。《忧畏轩遗集》则刊入《越中文献辑存》。这两种为姚启圣的著作自无疑义，问题在于，未见刊行的《平海录》和《以俟集》是否也是姚启圣的著作。

最早提到《平海录》一书的，是著名史学家全祖望。他在《姚公神道第二碑铭》中写道："述祖其（启圣子姚仪）子也，伉爽称其家儿，于予为同年生，方铨次公奏疏文移，为《平海录》如干卷，而请列公祠于命祀，许之。"[⑤] 谢国桢先生据此认为，《平海录》为"清会稽姚述祖撰。……是书记其祖与水师提督

① 萧一山：《清代学者著述表》，国立编译馆，1944年。

② 谢国桢：《晚明史籍考》，华东师范大学出版社2011年版，第650页。

③ 武新立：《明清稀见史籍叙录》，金陵书画社1983年版，第164~165页。

④ 全闽士农工商：《姚公再造全闽鸿功碑》，见佚名：《闽颂汇编》，载陈支平主编：《台湾文献汇刊》第二辑第一册，九州出版社、厦门大学出版社2005年版，第28页。

⑤ 全祖望：《鲒埼亭集选辑》，台湾文献丛刊本，第75页。

施琅平台湾事”[①]。萧一山先生的根据大概也是这句话，关键在于各自的理解不同。“方铨次公奏疏文移”中的“铨次”应为“诠次”，其解释一为选择和编次，一为选择而类叙之。前者形容加工的成分略少，后者形容加工的成分较多。萧一山先生的理解应是前者，故认为《平海录》的著者应当还是姚启圣，而谢国桢先生的理解自然是后者。其实，不管对“铨次”二字怎样理解，把《平海录》当作是姚启圣的另一部著作都是不妥当的。因为，即使《平海录》是姚述祖仅仅把姚启圣奏疏文移作了一番选择和重新编排而成的，那么，它实际上只不过是《忧畏轩奏疏文告》和《忧畏轩遗集》的一个新编本子，也不能算是姚启圣的另一部著作。况且，对全祖望的这句话还可以有第三种理解，因为，他在撰写《姚公神道第二碑铭》的时候，姚述祖“方铨次公奏疏文移，为《平海录》如干卷”，说的是姚述祖正在编写这部书，这部书当时还没有完成。这时，距清政府平定台湾已“将七十年”[②]，全祖望和姚述祖“同年生（1705年）”，都将五十岁了。全祖望刚活满五十就去世了。姚述祖卒年不详，但会不会由于健康或别的什么原因，中途搁下了《平海录》的编写呢？这种可能当然也是存在的。因为，除了全祖望的记载和对这个记载的引用之外，我们从其他史籍中无法找到《平海录》成书的记载。

再说《以俟集》。《以俟集》稿本藏中国社会科学院历史研究所图书馆，有关此稿本的一些具体情况，《明清稀见史籍叙录》中已有介绍。稿本未具作者姓名，武新立先生根据《清代学者著述表》，说它是姚启圣所著。稿本后有胡师竹手跋一篇，称“右《以俟集》一卷，系姚启圣手稿”，其根据也是《清代学者著述表》。至于萧一山先生根据什么说它是姚启圣的著作，则无从查考。笔者曾翻阅过此稿本，觉得它不像是姚启圣的手笔。主要的根据是，稿本中一篇题为《号亦庵说》中写道：“予自以碌碌无奇，落落不可，尝自号曰朽木子，示无用也。既而齿渐长，发渐短，前望已往之哲，后望续起之英，又不禁赧然而愧。”姚启圣号忧庵，不号亦庵，亦未尝自号朽木子，他“少年颇有图王定霸之想”，晚年又以平定台湾郑氏、实现国家统一大业为己任，不似书中作者之自我菲薄。由此可见，此书非姚启圣所撰，而是一个号亦庵，又自号朽木子之人的作品。

总之，姚启圣的著作，可以肯定的只有《忧畏轩奏疏文告》和《忧畏轩遗集》，把《平海录》和《以俟集》说成是他的著作并不妥当。

---

① 谢国桢：《晚明史籍考》，华东师范大学出版社2011年版，第650页。

② 全祖望：《鲒埼亭集选辑》，台湾文献丛刊本，第73页。

附录三　姚启圣与《忧畏轩奏疏》

姚启圣是清康熙十七年（1678年）六月到二十二年十一月的福建总督。他任职期间，为清政府统一台湾做了大量的工作，发挥了重要的作用。清初统一台湾，用现在流行的语言来说，是一个庞大的系统工程。但通常人们大多只知道施琅在其中起了重要的作用，建立了巨大的功勋，而知道姚启圣贡献的人比较少。主要的原因，是由于康熙皇帝在统一台湾之后有明显的抑姚扬施的倾向，他身边的一些大臣也跟着贬低姚启圣，对后世产生了很大的影响。更重要的原因是，施琅的《靖海纪事》曾经刊行，流行于世，人们知道的多，利用的也多。而姚启圣逝世之后，他的奏疏，虽然曾经由“闽中子民”辑录，附在当时福建民间怀念、歌颂姚启圣的专集《闽颂汇编》之中。《闽颂汇编》虽经刊行，但其中颂扬姚启圣的大量言论难以被清廷坦然接受，因此在社会上流传极少，后来的人们也就无从据此了解姚启圣的作为。

2005年，陈支平主编的《台湾文献汇刊》由九州出版社和厦门大学出版社联合出版，《闽颂汇编》收入其中，《忧畏轩奏疏》① 得以和更多的读者见面，这是一件对学术研究大有裨益的事情。但稍有遗憾的是，《台湾文献汇刊》中的《忧畏轩奏疏》出现了一些错页、漏页或重页，有时会让读者不明所以，产生一些困惑。本文结合《忧畏轩奏疏》的主要内容，介绍其中反映的重要史事和姚启圣在清政府统一台湾过程中所发挥的巨大作用，同时，也对《台湾文献汇刊》中《忧畏轩奏疏》的一些错漏予以说明。

一

《忧畏轩奏疏》共分6卷，收录了姚启圣从康熙十七年六月初二日至二十二年九月初六日间的156件奏疏，内容十分丰富。

① 姚启圣：《忧畏轩奏疏》《忧畏轩文告》，载陈支平主编《台湾文献汇刊》第二辑第一~三册，九州出版社、厦门大学出版社2005年版。

卷一有“宠命”和“剿海”两部分的内容，共有33件奏疏。

“宠命”部分是17件奏疏，根据主要内容大致可分为三类：

1. 姚启圣对清廷给予他的特别优升和各种表彰的谢恩。从《宠命自天沥情控辞》①、《仰副殊恩》② 等奏疏，可以看到，清廷将姚启圣从福建布政使直接优升为福建总督的事。从《为国捐资》③、《官衔难堪》④ 等奏疏，可以看到，姚启圣在已经成为总督、兵部尚书的正一品官员之后，又不断地捐资助饷，捐资总额达到15万多两银子，记录应加的职级竟然达到300多级的事情。从《御书奏谢》,⑤ 可以看到，康熙帝在二十一年八月曾亲笔题写了“清慎勤”匾额赐给姚启圣。

2. 姚启圣的自述。从《遵例自陈》⑥ 一疏，可以看到他自述的一份简历。这份简历回顾了康熙二年（癸卯）中举、任广东香山县知县，到十八年三月间姚启圣的一些主要经历，特别是十三年正月以后的经历尤为详细。

3. 姚启圣带病任职的一些情况。从《吁恳调理》、⑦《祈悯病躯》⑧ 等奏疏，可以看到，姚启圣在康熙十八年正月至十九年八月间，由于操劳过度，曾先后4次昏迷，不省人事。但他抱着要“亲自督兵攻打台湾，岂容告病”的决心，以及“与其死于妇女之手（指在病榻上被人照顾中死去——引者注），何如死于疆场之中”⑨ 的意志。

卷一的“剿海”部分有16件奏疏，主要集中反映了康熙十七年六月间，姚

① 姚启圣：《忧畏轩奏疏》，载陈支平主编《台湾文献汇刊》第二辑第一册，九州出版社、厦门大学出版社2005年版，第117～122页。

② 姚启圣：《忧畏轩奏疏》，载陈支平主编《台湾文献汇刊》第二辑第一册，九州出版社、厦门大学出版社2005年版，第123～126页。

③ 姚启圣：《忧畏轩奏疏》，载陈支平主编《台湾文献汇刊》第二辑第一册，九州出版社、厦门大学出版社2005年版，第189～198页。

④ 姚启圣：《忧畏轩奏疏》，载陈支平主编《台湾文献汇刊》第二辑第一册，九州出版社、厦门大学出版社2005年版，第199～205页。

⑤ 姚启圣：《忧畏轩奏疏》，载陈支平主编《台湾文献汇刊》第二辑第一册，九州出版社、厦门大学出版社2005年版，第207～210页。

⑥ 姚启圣：《忧畏轩奏疏》，载陈支平主编《台湾文献汇刊》第二辑第一册，九州出版社、厦门大学出版社2005年版，第133～145页。

⑦ 姚启圣：《忧畏轩奏疏》，载陈支平主编《台湾文献汇刊》第二辑第一册，九州出版社、厦门大学出版社2005年版，第175～184页。

⑧ 姚启圣：《忧畏轩奏疏》，载陈支平主编《台湾文献汇刊》第二辑第一册，九州出版社、厦门大学出版社2005年版，第185～188页。

⑨ 姚启圣：《忧畏轩奏疏》，载陈支平主编《台湾文献汇刊》第二辑第一册，九州出版社、厦门大学出版社2005年版，第178页。

启圣刚就任福建总督时，清军与郑军交战不利的情况，以及姚启圣采取的一些补救措施和安排。当时最重大的事件是清军海澄县的失守。在《密陈海澄》一疏中，姚启圣根据从城内逃出的清军兵丁提供的情况奏称："城内马已吃完，都统、提督俱是步行。海澄镇兵有家眷者，兵逃顺贼，其妻子二百余口，亦俱杀吃。绿旗官兵一万余名，今止存八百余人，有饿毙者、赴水者、顺贼者，满洲苦独力，亦多投出顺贼。"①

卷二"剿海"共有姚启圣康熙十七年七月至十八年六月间有关清、郑双方军事斗争的22件奏疏，主要反映了三方面的内容。

1. 清军在福建战场逐渐挽回了颓势。从《调兵援泉》②、《恢复平和》③、《亟请调兵》④、《恢复漳平》⑤、《大败海贼》⑥、《恢复长泰》⑦、《恢复同安》⑧ 等奏疏，可以看到，经过姚启圣和清军将士的努力，从康熙十七年七月中旬开始，清军在福建战场逐渐扭转了不利的局面，先后解救了郑军对泉州、漳州的围困，恢复了平和、漳平、长泰、同安等县城。

2. 姚启圣提出了恢复福建水师提督的设置和福建水师的重建。从《请复水师提督》⑨、《题复水师》等奏疏，可以看到，姚启圣鉴于福建水师提督自康熙七年裁撤之后，没有专任的水师统兵大员，建议恢复福建水师提督的设置。他认为，"此时水战更重于陆战，以陆攻水，断难净绝根株，若欲以水攻水，而无总

① 姚启圣：《忧畏轩奏疏》，载陈支平主编《台湾文献汇刊》第二辑第一册，九州出版社、厦门大学出版社2005年版，第232页。

② 姚启圣：《忧畏轩奏疏》，载陈支平主编《台湾文献汇刊》第二辑第一册，九州出版社、厦门大学出版社2005年版，第297~301页。

③ 姚启圣：《忧畏轩奏疏》，载陈支平主编《台湾文献汇刊》第二辑第一册，九州出版社、厦门大学出版社2005年版，第302~313页。

④ 姚启圣：《忧畏轩奏疏》，载陈支平主编《台湾文献汇刊》第二辑第一册，九州出版社、厦门大学出版社2005年版，第314~345页。

⑤ 姚启圣：《忧畏轩奏疏》，载陈支平主编《台湾文献汇刊》第二辑第一册，九州出版社、厦门大学出版社2005年版，第346~349页。

⑥ 姚启圣：《忧畏轩奏疏》，载陈支平主编《台湾文献汇刊》第二辑第一册，九州出版社、厦门大学出版社2005年版，第366~372页。

⑦ 姚启圣：《忧畏轩奏疏》，载陈支平主编《台湾文献汇刊》第二辑第一册，九州出版社、厦门大学出版社2005年版，第374~376页。

⑧ 姚启圣：《忧畏轩奏疏》，载陈支平主编《台湾文献汇刊》第二辑第一册，九州出版社、厦门大学出版社2005年版，第378~381页。

⑨ 姚启圣：《忧畏轩奏疏》，载陈支平主编《台湾文献汇刊》第二辑第一册，九州出版社、厦门大学出版社2005年版，第350~358页。

统重臣，何能削除祸乱？”①

3. 姚启圣制定了对郑军将士更加优惠的招抚条例。从《特广招抚条例》② 一疏可以看到，姚启圣借鉴此前福建总督李率泰善于剿抚并用的经验，制定了“招抚条例十款，……已经出示遍传，使海贼闻之。近投诚者接踵而至”。③ 这个条例，不仅在短期内收到了明显的效果，更为削弱、瓦解郑军的力量发挥了重要的作用。

卷三“剿海”共有姚启圣康熙十八年六月至十九年二月间有关清、郑双方军事斗争的23件奏疏，主要反映了两方面的内容。

1. 姚启圣举荐施琅。在《特举能臣》④ 一疏中，姚启圣认为：“目下剿贼平海，全赖水师提督一官。……总督、巡抚、陆路提督不过相助为理，而决胜成功，实水师提督一人任也。……臣任藩司时，闻知原任水师施威名。郑锦畏之如虎，所以郑锦将施之子齐舍与侄亥舍给以官爵以羁縻之。通省之乡绅、举贡生员、文武兵民、黄童白叟，万口同声，皆知其堪任水师提督也。”姚启圣也坦诚地说明了他此前曾因听说施琅“有子有侄在海，且当日撤回（指施琅康熙七年从福建水师提督任上撤回北京任内大臣），原自有因，臣亦不敢力保”是有罪的。他和平南将军赖塔商议之后认为，“施琅即有一子在海，尚有六子在京，其京中家口数百，岂肯为一子而舍六个儿子与数百口家眷乎？”最后，下决心举荐施琅。

2. 姚启圣提出了一系列关于瓦解郑军的措施并奏明招抚工作已经取得的成效。《散贼腹心》⑤ 一疏中，姚启圣提出了有针对性地对郑军中的重要将领刘国轩、吴淑、陈昌、林升、江钦、吴潜等人如投诚分别授予爵位和实职的建议。《请鼓向化》一疏中，姚启圣建议在已经投诚的郑氏“文官内，考其文义粗通者林上苑等九员，投诚武官内，考其技射颇强者李秉汉等三十八员，伏祈皇上大沛特恩，将此考选数十员投诚之官先行选用，寄凭到闽。贼渠既颁敕印，隆以高爵大位之恩，微员复即急选。各有职业功名之望，贼自闻风恐后，断不眷恋海岛，

---

① 姚启圣：《忧畏轩奏疏》，载陈支平主编《台湾文献汇刊》第二辑第一册，九州出版社、厦门大学出版社2005年版，第354~355页。

② 姚启圣：《忧畏轩奏疏》，载陈支平主编《台湾文献汇刊》第二辑第一册，九州出版社、厦门大学出版社2005年版，第360~365页。

③ 姚启圣：《忧畏轩奏疏》，载陈支平主编《台湾文献汇刊》第二辑第一册，九州出版社、厦门大学出版社2005年版，第362~363页。

④ 姚启圣：《忧畏轩奏疏》，载陈支平主编《台湾文献汇刊》第二辑第一册，九州出版社、厦门大学出版社2005年版，第498~505页。

⑤ 姚启圣：《忧畏轩奏疏》，载陈支平主编《台湾文献汇刊》第二辑第二册，九州出版社、厦门大学出版社2005年版，第1~4页。

将见空巢来归。不惜用数十人之名器，以招多贼，实过得胜兵数万人矣”。[①] 在康熙十七年六月至十八年十月间，郑军先后有 29837 名以上的官兵向清军投降，除解散回家务农的之外，留在清军食俸、食粮的还有 17213 员名。[②]

卷四“剿海”共有姚启圣康熙十九年三月至二十年十一月初六日间有关清、郑双方军事斗争的 21 件奏疏，主要反映了以下几方面的内容。

1. 姚启圣提出要进一步落实对投诚人员的政策。《请安投诚》一疏中，姚启圣认为，“为投诚计久安，不得不大破旧例。……投诚者不难于招抚，而难于安插，而更难于使安插之久远不变。……界外仍旧迁弃，此事殊未尽善。……将投诚官兵发往外省屯垦，此事最伤投诚之心。今应将本省界外田地，给与屯垦。”[③]《请用投诚》一疏中，姚启圣又提出了请求将从郑军投诚官员中选出的 100 多人，“赐照旧例录用，寄凭至闽。则现在投诚者自各欣欣向荣，而甘奔台湾者亦乐归恐后矣”。[④]《投诚开垦》一疏中，姚启圣认为，郑军官兵中，许多人“前因迁其地土故走而为盗，后因发往外省令弃其故土而复为盗。今还其迁地，乐其故土，人人皆有安土重迁之思、田园地宅之恋，即迫之为盗亦不可得矣。界外田主，经今二十年，死亡过半。查有主还民之外，余应尽给投诚官兵开垦，以安反侧，以省国帑者也”。[⑤]《请还边界》一疏中，姚启圣认为：“贼遁台湾，而迁民之为盗犹有相随而去者，实因迁界无地可耕，故不得不随波逐流耳。今日台湾逃归之众咸称，人人皆望回乡，止因边界严切，归恐无地。……若一还边界，则上可以增国课，下可以遂民生，并可以收鱼盐之利，以饷新兵，安投诚之兵永无反侧。远可以使台湾之众望风来归，近可以春夏之交米不腾贵。是还界一事，实今日闽省第一要务也。”[⑥]

2. 姚启圣在郑军从厦门、金门福建沿海败退之后，提出了一系列新的军事

① 姚启圣：《忧畏轩奏疏》，载陈支平主编《台湾文献汇刊》第二辑第二册，九州出版社、厦门大学出版社 2005 年版，第 32 页。

② 姚启圣：《忧畏轩奏疏》，载陈支平主编《台湾文献汇刊》第二辑第二册，九州出版社、厦门大学出版社 2005 年版，第 57~59 页。

③ 姚启圣：《忧畏轩奏疏》，载陈支平主编《台湾文献汇刊》第二辑第二册，九州出版社、厦门大学出版社 2005 年版，第 187~189 页。

④ 姚启圣：《忧畏轩奏疏》，载陈支平主编《台湾文献汇刊》第二辑第二册，九州出版社、厦门大学出版社 2005 年版，第 193 页。

⑤ 姚启圣：《忧畏轩奏疏》，载陈支平主编《台湾文献汇刊》第二辑第二册，九州出版社、厦门大学出版社 2005 年版，第 196~197 页。

⑥ 姚启圣：《忧畏轩奏疏》，载陈支平主编《台湾文献汇刊》第二辑第二册，九州出版社、厦门大学出版社 2005 年版，第 282~283 页。

主张和举措。《平海机宜》① 一疏中，提出了"厦门、金门急宜固守，不可轻弃"；"沿海内外要汛各须分守，以壮厦门声势"；"台湾断须次第攻取，永使海波不扬"；"福建边界急请开垦"；"投诚官兵众多，急请拨饷安插，以弥后患"等8项重要主张。《安设要汛》② 一疏中，对清军在福建的各军事要地的兵力进行了重新的布置和安排。

3. 姚启圣请求表彰在郑军中死难的施琅儿子施世泽（即施齐）和侄儿施明良（即施亥），为清廷重新启用施琅扫除障碍。在《请恤用间忠魂》③ 一疏中，姚启圣查明，施世泽、施明良由于企图作为清军内应，擒拿郑经，被书办吕运出首，在康熙十九年二月二十三日，两家70余口在金门料罗湾被杀，沉尸海底。当时同谋"共擒郑经之人皆系郑经左右亲随之人，以致郑经仓忙奔逃，将古器金玉等物，不及搬移下船，放火自焚。不可谓非施世泽等之功也"。④"此虽谋擒之功未遂，而郑经因之内变，内外夹攻，贼众奔走，金、厦全收。揆厥所由，二人之功，似不可泯。"⑤

4. 姚启圣关注台湾的动态，对施琅刚上任就提出要专征台湾的要求十分不满，提出了夹击台湾的策略。在《密探台湾》一疏中，姚启圣根据郑军中的内应密报得知，郑经于康熙二十年正月二十五日夜中风不语，二十八日夜丑时病故。"三十日缢死其长子监国，以非的（嫡）派故也。二月初一日，立秦舍（郑克塽），年十二，乃冯侍卫之婿。其叔聪舍摄政，陈、冯互相争权，刘拥重兵主外。叔侄相猜，文武解体，政出多门，各怀观望。"⑥ 在《夹击台湾》⑦ 一疏中，姚启圣对刚刚就任福建水师提督的施琅就提出攻打台湾不需福建总督和巡抚同征、只要他自己专征的要求十分不满，表示"臣闻之，不禁中心如焚如溺，而不能自

① 姚启圣：《忧畏轩奏疏》，载陈支平主编《台湾文献汇刊》第二辑第二册，九州出版社、厦门大学出版社2005年版，第223~234页。

② 姚启圣：《忧畏轩奏疏》，载陈支平主编《台湾文献汇刊》第二辑第二册，九州出版社、厦门大学出版社2005年版，第235~271页。

③ 姚启圣：《忧畏轩奏疏》，载陈支平主编《台湾文献汇刊》第二辑第二册，九州出版社、厦门大学出版社2005年版，第293~317页。

④ 姚启圣：《忧畏轩奏疏》，载陈支平主编《台湾文献汇刊》第二辑第二册，九州出版社、厦门大学出版社2005年版，第312~313页。

⑤ 姚启圣：《忧畏轩奏疏》，载陈支平主编《台湾文献汇刊》第二辑第二册，九州出版社、厦门大学出版社2005年版，第315页。

⑥ 姚启圣：《忧畏轩奏疏》，载陈支平主编《台湾文献汇刊》第二辑第二册，九州出版社、厦门大学出版社2005年版，第319~320页。

⑦ 姚启圣：《忧畏轩奏疏》，载陈支平主编《台湾文献汇刊》第二辑第二册，九州出版社、厦门大学出版社2005年版，第349~356页。

已”，并提出了兵分两路，一路由施琅从澎湖进兵，一路由他和福建巡抚从福州的定海（在今连江县）向台湾上淡水进兵的策略。

5. 姚启圣为攻打台湾、渡海作战制定了赏罚条例。在《酌定赏罚》[①] 一疏中，姚启圣认为，渡海攻台，非比寻常。“两军相对之际，必须三军奋勇，乘风破浪，擒渠夺船，若不重加赏罚，无以大振官兵，故赏必从重，罚必从严。获船之大小，跳船之先后，原奉有一定之部例。兹再于部例之外，另立优格及严定退缩参差之条。”分别对跳上敌方各种不同等级人物的船只，以及登陆作战后，各种攻克郑军阵地或擒获郑军各级人物，制定了具体的赏格。对海上作战时各类船只任何的观望、退缩，以及登陆作战后，不能攻克敌方阵地或任何的临阵退缩，制定了详细的惩罚规定。据《康熙起居注》记载，二十一年十月初六日，康熙帝在同意由施琅专征台湾的同时，也吩咐“前经姚启圣题定武弁功罪条例，着专交施琅遵行”。[②]

卷五“剿海”共有姚启圣康熙二十一年三月二十五日至二十二年八月十七日间有关清、郑双方军事斗争和攻克澎湖、台湾郑氏投降的 25 件奏疏，主要反映了以下几方面的内容。

1. 姚启圣和施琅之间在“共征”还是“专征”问题上的斗争。《惊闻奏改师期》一疏中，姚启圣得知施琅的奏疏中有“督臣生长北方，虽有经纬全才，汪洋巨浪之中，恐非所长，令……驻厦门居中节制。……臣见之，不禁惊异欲死。……臣剿灭台湾之心数年于兹，……一旦令臣回驻厦门，此臣宁愿战死于海，而断不肯回厦门偷生者也”。[③]《剿海机宜》[④] 一疏中，姚启圣奏报了他和施琅在攻打台湾应该利用北风还是南风问题上的分歧。姚启圣曾召集同安镇总兵吴英、兴华镇总兵林承、海坛镇总兵林贤、金门镇总兵陈龙、平阳镇总兵朱天贵，“及出海大小将弁用心察审”，大家都认为，澎湖、台湾北风澳多，南风澳少。利用南风，只有一举攻克澎湖的娘妈宫才能顺利进展，而利用北风回旋余地更大。

---

① 姚启圣：《忧畏轩奏疏》，载陈支平主编《台湾文献汇刊》第二辑第二册，九州出版社、厦门大学出版社 2005 年版，第 371~385 页。

② 中国第一历史档案馆整理：《康熙起居注》第二册，中华书局 1984 年版，第 905 页。

③ 姚启圣：《忧畏轩奏疏》，载陈支平主编《台湾文献汇刊》第二辑第二册，九州出版社、厦门大学出版社 2005 年版，第 408~411 页。

④ 姚启圣：《忧畏轩奏疏》，载陈支平主编《台湾文献汇刊》第二辑第二册，九州出版社、厦门大学出版社 2005 年版，第 415~421 页。

2. 姚启圣题报清军澎湖大捷的情况。在《飞报镇臣奋勇阵亡》① 和《攻克澎湖》② 疏中，姚启圣综合各个总兵的战报，向清廷汇报了清军在澎湖取得大捷的情况，特别是对他所捐膳的平阳镇总兵朱天贵、兴化镇总兵吴英统领的船兵的作战情况，以及朱天贵的战死的介绍尤为详细。

3. 姚启圣最早提出了要保留台湾的建议。康熙二十二年八月十七日，在《舆图既广请立规模》一疏中，姚启圣提出："今幸克取矣，若弃而不守，势必仍作贼巢。旷日持久之后，万一蔓延再如郑贼者，不又大费天心乎？故臣以为，台湾若未窃作敌巢，则剿亦不应剿，守亦不必守，此自然之理也。今既窃作敌巢矣，则剿故不可少，守亦不可迟，此相应而至之势，亦自然之理也。……况台湾广土众民，户口十数万，岁出钱粮似乎足资一镇一县之用，亦不必多费国帑。此天之所以为皇上广舆图而大一统也。似未敢轻言弃置也。"③

卷六"保民"共有姚启圣题报的有关民事方面的奏疏 32 件，主要反映了以下几方面的内容。

1. 姚启圣要求尽可能减少军队扰民。在《请定夫役》一疏中，他指出"闽省自逆孽作乱，于今三十年，用兵不绝，夫马络绎未休。兹今海寇披猖，请烦禁旅大师，调集邻省官兵，全集漳郡，会剿夹击，一切军需供亿粮料等项，无一不出诸民间。甚至过岭涉溪水陆之人夫，运炮输粮行居之赍送，何莫非疮痍之孑遗老幼男妇咸供力役。民夫之苦未有如闽省之甚者也。今满汉官兵，若调防、搬运、铡草等项，或用夫七八百名，或用夫千余名，或用夫数千名。甚至出兵之际，以四五百之兵，而反用夫千余名，或止兵一千名，而反用夫二三千名。……不肖有司借此为名，听凭奸猾，指一科十，坐收其利。……在官兵则相习成风，视取夫为一定不可少之旧规，在百姓则破家荡产，以供夫为一生最可怜之苦事。一派未完，后派再至，骨肉分离，辗转沟壑，此实闽省第一大害也"。④ 他请求清廷审定军队用夫的标准和给予他监督用夫的权力。在《兵民分居》⑤、《请定兵

① 姚启圣：《忧畏轩奏疏》，载陈支平主编《台湾文献汇刊》第二辑第三册，九州出版社、厦门大学出版社 2005 年版，第 15~23 页。

② 姚启圣：《忧畏轩奏疏》，载陈支平主编《台湾文献汇刊》第二辑第三册，九州出版社、厦门大学出版社 2005 年版，第 25~52 页。

③ 姚启圣：《忧畏轩奏疏》，载陈支平主编《台湾文献汇刊》第二辑第三册，九州出版社、厦门大学出版社 2005 年版，第 87~88 页。

④ 姚启圣：《忧畏轩奏疏》，载陈支平主编《台湾文献汇刊》第二辑第三册，九州出版社、厦门大学出版社 2005 年版，第 91~93 页。

⑤ 姚启圣：《忧畏轩奏疏》，载陈支平主编《台湾文献汇刊》第二辑第三册，九州出版社、厦门大学出版社 2005 年版，第 159~169 页。

民分居》①、《请还借屋》②、《请还空屋》③、《请查住房》④ 等疏中，姚启圣对驻闽清军的住房和征用民间的住房也提出了一系列的要求。

2. 姚启圣要求蠲免民众无法交纳的钱粮。在《请蠲漳泉钱粮》⑤ 一疏中，姚启圣指出："从来大军之后必有凶年，盖师行之地何时不取给于民间，兼之流离逃窜，十室九空，势所必至。闽省屡遭寇躏，用兵数载，八郡之中，漳、泉尤甚。漳、泉各属自去年寇陷，处处掳掠焚劫，追粮追饷，蹂躏已极。恢复以来，颠沛失所，父母妻子未能完聚。……飞鸿未集，奔命已疲，疮痍未起，膏血已竭。……今之为盗者皆漳、泉之民也，大约资生无策，追呼逼迫，不得已而走险耳。如蒙特施旷恩，则负隅之众必感戴皇仁，接踵归化，此又于蠲免中隐寓一招抚之机也。"他吁请清廷蠲免康熙十九年漳、泉二府的钱粮。在《请蠲漳郡正赋》⑥、《请蠲钱粮》⑦、《请赦四郡钱粮》⑧ 等疏中，他又请求将海澄县和龙溪县五都所有康熙十九年的钱粮；全省所有康熙十七年起到二十年止未完的地丁钱粮；受战火影响最严重的福建沿海福州、兴化、泉州、漳州四府所有康熙十七年到十九年民众还欠交的钱粮都予以蠲免。

3. 姚启圣题请革除在福建流行已久、危害极大的"大当里役"陋规。在《请除大当积弊》一疏中，姚启圣指出，福建地方各里"百姓田地各分十甲，向因涣散无纪，难以催征钱粮，故于十甲之中，轮充现年里长，自一甲至十甲，周而复始。原无害民之事也。讵法久弊生，贪官污吏于现年里长催征钱粮之外，即巧立名色，件件种种，俱于现年里长是问，而现年里长之苦不可言矣。苦楚难支，故于将当现年里长之时，即纠合里下有田地者共凑银两，以应无数私派，名

---

① 姚启圣：《忧畏轩奏疏》，载陈支平主编《台湾文献汇刊》第二辑第三册，九州出版社、厦门大学出版社 2005 年版，第 169~180 页。

② 姚启圣：《忧畏轩奏疏》，载陈支平主编《台湾文献汇刊》第二辑第三册，九州出版社、厦门大学出版社 2005 年版，第 197~200 页。

③ 姚启圣：《忧畏轩奏疏》，载陈支平主编《台湾文献汇刊》第二辑第三册，九州出版社、厦门大学出版社 2005 年版，第 201~210 页。

④ 姚启圣：《忧畏轩奏疏》，载陈支平主编《台湾文献汇刊》第二辑第三册，九州出版社、厦门大学出版社 2005 年版，第 257~266 页。

⑤ 姚启圣：《忧畏轩奏疏》，载陈支平主编《台湾文献汇刊》第二辑第三册，九州出版社、厦门大学出版社 2005 年版，第 109~115 页。

⑥ 姚启圣：《忧畏轩奏疏》，载陈支平主编《台湾文献汇刊》第二辑第三册，九州出版社、厦门大学出版社 2005 年版，第 149~158 页。

⑦ 姚启圣：《忧畏轩奏疏》，载陈支平主编《台湾文献汇刊》第二辑第三册，九州出版社、厦门大学出版社 2005 年版，第 193~196 页。

⑧ 姚启圣：《忧畏轩奏疏》，载陈支平主编《台湾文献汇刊》第二辑第三册，九州出版社、厦门大学出版社 2005 年版，第 241~246 页。

曰大当。凡新官莅任，则有衙内、床椅、器用之费；上官往来，迎接、送礼、中伙、下程，与宴会、饯别，例有排酒、铺毡结彩之费。以至公堂常例、答应差使、值柜收头拆封、赔补火耗与贴解戥头，及造册工食，无一不出诸大当现年。是以终岁勤动，生平积蓄十年，大当一役，必至破家荡产而后已。……臣思此项大弊必须彻底澄清，断难仍因遗害。然欲去杂派害民之弊，必先禁止大当，然欲禁止大当之弊，必先革去现年里长，而后贪官污吏无处着手，自不能问甲甲而求之，按户户而索之矣"。①

4. 姚启圣对台湾平定之后一些重大政策调整提出建议。在《请复五省迁界》②、《请开六省海禁》③、《请裁冗官》④ 等疏中，姚启圣对台湾平定之后需要调整的一些政策以及应当注意的重大社会问题提出大胆的建议。特别在《请正风俗》一疏中，他甚至提出："特请皇上躬行节俭，以挽回风俗人心。"他认为，"连岁用兵，国帑之耗费已竭，民生之疮痍未起，尤当倍为节省。故文官好尚奢华，欲其勉为廉吏，奉公守法，爱养元元，乌可得也。武官好尚奢华，求其洁己束兵，整顿营务，效力疆埸，乌可得也。……伏乞圣明俯念人心风俗之厚薄，实关治道政教之卑隆，不得不于节俭之中更加节俭，使近而宫中府中，远而天下四海，咸知圣躬亲为作则，庶好奢之风止，而好贪之心息，元气与国运俱培，风俗偕人心并古矣。"⑤ 姚启圣有魏征的胆气，可惜他遇上的不是唐太宗。正是这样的一些奏疏触犯了康熙帝的逆鳞。据《康熙起居注》记载，二十二年九月九日，"福建总督姚启圣请开垦广东等省沿海荒地等事共八本。上曰：朕观姚启圣近来行事颇多虚妄。……今台湾降附，海贼荡平，该省近海地方应行事件，自当酌量陆续施行。姚启圣预行借端陈请，明系沽名市恩，殊为不合。这各本俱不准行。明珠等奏曰：姚启圣乃一好事夸诞之人，诚如圣鉴。上曰：尔等严切拟票送进。"⑥

---

① 姚启圣：《忧畏轩奏疏》，载陈支平主编《台湾文献汇刊》第二辑第三册，九州出版社、厦门大学出版社 2005 年版，第 248~251 页。

② 姚启圣：《忧畏轩奏疏》，载陈支平主编《台湾文献汇刊》第二辑第三册，九州出版社、厦门大学出版社 2005 年版，第 271~275 页。

③ 姚启圣：《忧畏轩奏疏》，载陈支平主编《台湾文献汇刊》第二辑第三册，九州出版社、厦门大学出版社 2005 年版，第 277~280 页。

④ 姚启圣：《忧畏轩奏疏》，载陈支平主编《台湾文献汇刊》第二辑第三册，九州出版社、厦门大学出版社 2005 年版，第 287~295 页。

⑤ 姚启圣：《忧畏轩奏疏》，载陈支平主编《台湾文献汇刊》第二辑第三册，九州出版社、厦门大学出版社 2005 年版，第 281~284 页。

⑥ 中国第一历史档案馆整理：《康熙起居注》第二册，中华书局 1984 年版，第 1067 页。

二

《忧畏轩奏疏》是当时清、郑双方斗争的一个十分重要的记录，它对人们深入了解当时福建局势的演变以及清政府统一台湾的进程有很高的价值，对了解姚启圣在这一历史进程中的重大贡献更是不可或缺。通过《忧畏轩奏疏》，人们可以清楚地看到：

1. 姚启圣上任后扭转了清军在福建战场的不利局面，并把郑军赶出了福建沿海，形成了可以对台湾郑氏进行最后一击的有利局面。

姚启圣就任福建总督之时，清军在福建战场上十分被动。康熙十七年六月初九日，清军重兵防守的海澄县城被郑军攻破，福建提督段应举和副都统穆赫林自杀身亡，满汉官兵 1.2 万人或战死或被俘。“海澄失陷，兵气懦怯，民情风鹤，在在竖旗起贼，处处望风投顺”。[①] 不多久，长泰、漳平、同安、南安、安溪、惠安、永春、德化各县相继落入郑氏之手，泉州被围。面临这样困难的局面。姚启圣坐镇漳南，费尽苦心，极力办理修城、屯粮、置械、安民、励兵等事务，同时，又上疏清廷提出对全局的“补救十事”。这十疏所提出的措施，为改善清军的布防，稳固局势，振作军心、民心起了一定的作用。接着他又积极配合康亲王杰书等致力于失地的恢复，于七月十三日恢复平和、八月十五日恢复漳平、九月二十二日恢复长泰、二十五日恢复同安。在恢复平和过程中，参将吕存德出兵时其母病故，姚启圣买棺代为殡殓，“温谕嘱其移孝作忠”，该将乃“感激思奋，于贼势狂逞之中，孤军深入，杀贼恢城”。[②] 由于姚启圣的精心筹划，加上各路援兵会集，清军在福建战场的不利局面开始扭转。又经过一年多的争夺，清军与郑军的攻防易势，郑军逐渐退缩到以厦门、金门为中心的沿海岛屿和海澄（今漳州龙海市海澄镇）等沿海部分地方。

康熙十九年二月，姚启圣配合水师提督万正色对厦门和金门发动进攻，与姚启圣暗中有联系的郑军援剿前镇施明良（施琅侄儿）密谋内应擒拿郑经，虽事情败露，但导致郑经惊慌失措，匆忙逃离厦门，退走台湾。郑军在福建沿海一线全面败溃。金厦收复后，万正色等人极力反对进攻台湾，朝廷中不少人也支持万正

① 姚启圣：《忧畏轩奏疏》，载陈支平主编《台湾文献汇刊》第二辑，第一册，九州出版社、厦门大学出版社 2005 年版，第 302 页。

② 姚启圣：《忧畏轩奏疏》，载陈支平主编《台湾文献汇刊》第二辑，第二册，九州出版社、厦门大学出版社 2005 年版，第 228 页。

色意见。清廷还派出兵部侍郎温岱到福建会议停止进剿台湾事宜。是姚启圣坚持“台湾断须次第攻取，永使海波不扬，……剿灭台湾，永除后患”，① 避免了康熙初年那种毁穿载兵、放弃进取台湾历史的重演。

郑军退守台湾不久，陈永华、郑经相继去世，年轻有为的郑克壓因郑氏内乱被杀，台湾郑氏已处于风雨飘摇之中。经姚启圣大力推荐，擅长海战的施琅出任福建水师提督。施琅上任之后为了“专征权”和姚启圣产生了很大的矛盾，姚启圣心中虽有许多不满，但为了平定台湾的大局，他在做好攻台大军后勤供应的同时，还为清军制定了渡海作战的“进兵赏罚则例”。澎湖战役中，清军斗志昂扬，有进无退，与执行这个则例也有一定关系。并且应施琅的要求，先后拨出自膳兵3300名、船104只，督标兵2000名、其他绿旗陆兵5920名参加了澎湖战役。姚启圣还曾到铜山为施琅等将士饯行，激发他们的斗志。② 姚启圣所做的这一切，为清军对台湾郑氏的最后一击，打下了坚实的基础。

2. 姚启圣为争取福建民众支持国家的统一事业做了大量的工作，从而把福建建成了清初统一台湾的可靠基地。

在郑、清之间长期的对峙中，福建人民饱受兵燹之苦。无论清廷或郑氏，都把战争的负担转嫁在他们的头上。沿海一带的人民因多有子弟参加郑氏的队伍，他们对于郑氏的同情，往往要超过对清廷官府的好感。而且，由于担心受到株连，他们生活在清廷的统治之下，很难有安定的感觉。姚启圣就任闽督不久，就提出了“今必有以壮闽人之势，当先有以固闽人之心，而后贼可退；又必出奇计，使台人反为吾用，而后贼可亡”③ 的战略思想，并将这一思想较好地付诸行动，使清、郑双方力量的消长发生了显著的变化。

为了实现这个战略思想，姚启圣采取了一系列措施。例如，他发布“禁讼安民”的告示，不许好讼之徒，“以接济通海事情创词耸控，……诬陷良民”。④ 他认为：“海逆蔓延，历有年所，漳泉何地何族，无与之为党者，岂可以一人而株连无辜?”⑤ 只要本人并无通海接济行为，有子弟在海者不但不要加以追究，如果招得自己亲属投诚，还可以受到赏银，甚至“题授职衔”。这就稳定了沿海一带人民的情绪。

---

① 姚启圣：《忧畏轩奏疏》，载陈支平主编《台湾文献汇刊》第二辑第一册，九州出版社、厦门大学出版社2005年版，第225页。

② 邓孔昭：《郑成功与明郑在台湾》（修订版），厦门大学出版社2014年版，第226页。

③ 全祖望：《鲒埼亭集选辑》，台湾文献丛刊本，第67页。

④ 姚启圣：《忧畏轩文告》，载陈支平主编《台湾文献汇刊》第二辑第三册，九州出版社、厦门大学出版社，2005年版，第318页。

⑤ 江日升：《台湾外记》，福建人民出版社1983年版，第276页。

要打败郑氏，最终平定台湾，最重要的还是必须减轻民众的负担。当时，福建人民"一苦于贼（指郑氏军队），二苦于兵，三苦于贪官污吏。……有害于民者虽不可枚举，然最大者如兵丁尽占民房、米谷发县采买、夫徭烦重难当三事，为害最烈"。[①] 为了解决这些问题，姚启圣确实尽了很大的努力。例如，他多次上疏请将满兵撤回、限定兵将住房数目，并且捐盖兵房，将占住的房屋清还居民。他还下决心革除了为害福建民间数百年的大当里役的陋规。他对出征夫额作了严格的规定，"凡遇出兵，满洲每甲一百副用夫四十名，每千副甲用夫四百名，计甲之多寡，用夫之增减。绿旗官兵每百名用夫二十名，兵千名用夫二百名外，每炮一位用夫三名，计兵计炮之多寡，用夫之增减，以为定例。"[②] 对其他不得已使用的夫额，则尽量压低到最少的限度。如满兵三次撤回京师，前两次每副甲兵用夫约 20 名，第三次经他反复交涉，用夫量仅相当前两次的三分之一。[③] 对其余额外杂派的夫役一概禁止。发生兵丁骚扰百姓事件，绿旗兵丁直接予以惩处，满兵则通过与亲王、将军、都统交涉，务使有所收敛。

3. 姚启圣在招抚工作方面积极作为，为削弱、瓦解郑军的力量发挥了十分重要的作用。

姚启圣十分赞赏在他之前担任福建总督的李率泰（顺治十五年到康熙三年）所开展的招抚工作，他不但予以仿效，还进行了许多创新。他对郑氏集团的招抚工作，主要做法有：①颁示招抚赏格。对投诚、动员亲属投诚、投诚携带人员器械、献地投诚的各种不同情况规定了具体的赏格，"出示遍传，使海贼闻知"。[④] ②通过各种渠道对郑氏集团的官员分别做工作，进行分化瓦解。康熙十八年，郑氏宾客司傅为霖随清使到漳州议和，姚启圣"执手恋恋，馈赠甚隆，为霖感激，亦恨其不能执鞭随镫也"。[⑤] 尤其是，对上层将领如刘国轩等，姚启圣不但屡次遣人持书招抚，而且还曾建议清廷授以侯爵，以待其降。并利用阵前战后的机会，寄出大量的招书给郑氏的统兵将领，策划郑军反正。十九年二月，万正色攻取海坛，刘国轩"遁厦门见经，相持痛哭，出启圣、兴祚招书先后数十道，曰：

① 姚启圣：《忧畏轩文告》，载陈支平主编《台湾文献汇刊》第二辑第四册，九州出版社、厦门大学出版社 2005 年版，第 61 页。

② 姚启圣：《忧畏轩文告》，载陈支平主编《台湾文献汇刊》第二辑第四册，九州出版社、厦门大学出版社 2005 年版，第三册，第 92 页。

③ 姚启圣：《忧畏轩文告》，载陈支平主编《台湾文献汇刊》第二辑第四册，九州出版社、厦门大学出版社 2005 年版，第四册，第 262~266 页。

④ 姚启圣：《忧畏轩文告》，载陈支平主编《台湾文献汇刊》第二辑第四册，九州出版社、厦门大学出版社 2005 年版，第一册，第 363 页。

⑤ 江日升：《台湾外记》，福建人民出版社 1983 年版，第 293 页。

诸将皆如是，奈何”。[①] 之后，朱天贵的投降以及沈瑞、傅为霖纠联11镇协谋内应，都和这项工作有关。

为了招抚活动取得更好的效果，姚启圣十分注意投诚官兵的安置工作。他在实践活动中认识到：如果安置不好，“我处少一投诚，海上多一盗贼，此消彼长，关系匪轻”。[②] 他总结出经验：“投诚官给俸、兵给饷，此事最得投诚之心；……投诚候选官寄凭至闽，此事最得投诚之心；……将投诚官兵发往外省屯垦，此事最伤投诚之心，应将本省界外田地给予屯垦。”[③] 姚启圣根据投诚官兵的志愿，让他们分别入伍、归农，务令得所。归农者，除拨给一定数量的田地让其开垦之外，每人还要发给三到十两的“牛种银”。入伍者，由于福建绿旗经制名额有限，不少人直接由姚启圣等人自行捐资膳养。在一段时间里，清军中投诚食俸官曾经达到5153员，食粮兵35677名。[④] 由于安置工作做得较好，投诚官兵入伍后感激备至，各思报效。如平阳镇总兵朱天贵所部官兵，听说姚启圣宁可把家中的银盘杯碗及妻妾簪镯之物悉率抵算，也不愿拖欠他们的俸饷、行粮，而“相视感叹，莫不涕零，各矢用命”。[⑤]

姚启圣主持下的招抚活动取得了很大的效果。据不完全统计，到他军前投降的，康熙十七年六月到十一月，就有官1237员，兵11639。十七年十一月十五日至十八年四月十五日，又零星“招抚过伪官兵一万二千二百七十七员名”。“廖琠、黄靖、金福、赖祖、廖兴，副总兵何逊等各带全镇伪文武官三百七十四员，伪兵一万二千一百二十四名”前来投诚。十九年四月，朱天贵率所部三百余船、二万余兵来降。此外，加上前往宁海将军喇哈达和巡抚吴兴祚军前投诚的官兵，前后共计招降郑氏集团以及和郑氏集团有联系的官兵在13万人以上，被瓦解的尚不在其数。[⑥] 这对郑氏集团的削弱和影响是十分明显的。

4. 姚启圣个人慷慨捐资、捐膳，为打败郑军、统一台湾耗尽了全部家财。

姚启圣康熙八年在广东香山县知县任上被革职之后，留在广东经商，积累了

---

① 沈云：《台湾郑氏始末》，台湾文献丛刊本，第74页。

② 姚启圣：《忧畏轩奏疏》，载陈支平主编《台湾文献汇刊》第二辑第一册，九州出版社、厦门大学出版社2005年版，第262~263页。

③ 姚启圣：《忧畏轩奏疏》，载陈支平主编《台湾文献汇刊》第二辑第一册，九州出版社、厦门大学出版社2005年版，第二册，第188~189页。

④ 姚启圣：《忧畏轩奏疏》，载陈支平主编《台湾文献汇刊》第二辑第一册，九州出版社、厦门大学出版社2005年版，第二册，第362页。

⑤ 姚启圣：《忧畏轩奏疏》，载陈支平主编《台湾文献汇刊》第二辑第一册，九州出版社、厦门大学出版社2005年版，第二册，第三册，第6页。

⑥ 邓孔昭：《郑成功与明郑在台湾》（修订版），厦门大学出版社2014年版，第223页。

不少家财。十三年，他在广东听到“三藩之乱”的消息，立即回到浙江，捐资募兵，投赴康亲王杰书军前效力。当时清廷的财政相当困难。姚启圣大量捐资捐膳，在任福建总督之前，他奉康亲王杰书之令，带自膳兵救援漳州，捐银 50026 两，又兼带韩大任兵往漳，捐资买马制械，用银 15900 余两，又捐马 6 匹，捐盐菜银 900 两，共捐银 66800 余两。以当时捐银 500 两加 1 级计算，累计加级 133 级。任总督后，他和平南将军赖塔捐造潮州船只，自己捐银 4260 两；又于漳州府捐造船只用银 8130 两；又捐膳 74 只船上官兵，先后给过粮饷银 29381 两；因兵部侍郎温岱到福建会议暂停进剿台湾，要将水兵陆续裁汰，给其盘费归农，捐银 21042 两；又捐给潮州炮位、军械，用银 1594 两；他和吴兴祚等捐赏投诚官兵，自己捐银 78571 两；又捐赏投诚官兵袍褂等物，用银 9974 两。到康熙十九年十月止，姚启圣又共捐银 152900 余两。连同以前记录，累计加级 400 余级。这种记录，对姚启圣的实际升赏已无任何作用。以后，姚启圣又为捐膳朱天贵官兵，给过俸饷、行粮、料草等银 203598 两；又捐银 10000 两给泉州府买米济贫；捐盖福州、泉州两处兵屋，用银 4975 两；为全省府州县学捐置学田，用银 5000 余两；澎湖大捷，捐赏官兵用银 15970 两、购物 5242 两；又捐解火炮、器械各项，用银 10557 两。据以上不完全统计，姚启圣先后捐资 475000 余两。即使扣除他死后兵部题参浮冒钱粮的 47000 余两，仍有 428000 两之多。① 这个数字，已是他倾家所有，“暨其薨，肃然无储蓄，诸子卖田以葬，贫如故”。② 可以说，姚启圣已经把多年积蓄的个人财产全部献给了统一台湾的事业。

5. 姚启圣多次举荐施琅，对施琅的复出发挥了关键的作用。

施琅在康熙七年奉调进京任内大臣之后，一直在坐冷板凳。姚启圣参与尤其是主持福建军务之后，便积极地主张复设福建水师提督并举荐施琅。康熙十七年四月，姚启圣在福建布政使任上，即启文向康亲王杰书等保荐施琅。九月，刚任福建总督不久的姚启圣就上疏题请复设福建水师提督。但此时由于姚启圣已经知道施琅有子、侄在郑氏队伍中，并听说“当日撤回，原自有因”，③ 所以，在推荐水师提督人选上一时产生了犹豫，不敢力保施琅，而与巡抚吴兴祚、陆路提督杨捷采取同样的立场，称“今复与抚、提二臣面商，皆称无可保题之员。臣细加搜求，实无谙练水战堪任闽省水师提督之官，不敢冒昧妄保，……请乞敕部另简

---

① 邓孔昭：《郑成功与明郑在台湾》（修订版），厦门大学出版社 2014 年版，第 227 ~ 228 页。

② 全祖望：《鲒埼亭集选辑》，台湾文献丛刊本，第 74 页。

③ 姚启圣：《忧畏轩奏疏》，载陈支平主编《台湾文献汇刊》第二辑第一册，九州出版社、厦门大学出版社 2005 年版，第 500 页。

廉勇优长、威名素著、深识水性、谙练才能者，仰祈钦点一员，勒限星驰赴任”。①

好在姚启圣的犹豫并没有维持太久。康熙十八年六月，他上了《特举能臣疏》，首先强调了水师提督一职的重要性。其中说，“目下剿贼平海，全赖水师提督一官。今陆路既不能冲击矣，如水师战胜，贼自败走台湾，如水师不胜，贼仍盘踞厦门。是总督、巡抚、陆路提督不过相助为理，而决战成功，实水师提督一人任也”。随之，他反省了自己曾经“明知故忍”，不敢力保施琅的私心，决然而然地举荐施琅出任福建水师提督。并且针对清廷的疑虑，指出“施琅即有一子在海，尚有六子在京。其京中家口数百，岂肯为一子而舍六个儿子与数百口家眷乎?”② 清廷这时已补授万正色为福建水师提督，没有同意姚启圣的建议。七月十九日，姚启圣得悉清廷已正式任命万正色为福建水师提督之后，再次上疏建议让施琅以靖海将军总统水师事务，或将万正色移调广东，又遭驳回。③

清廷屡次驳回姚启圣的题请，实因施琅有子、侄在郑氏队伍中而产生疑虑。康熙十九年二月，施琅的儿子施齐（又名施世泽）、侄子施亥（又名施明良）在厦门谋擒郑经未果被杀，姚启圣得悉此事，于十九年四月和十二月两次上疏，奏明施琅子侄“假心事贼，真心为国”。清廷开始时还以“施齐等俱授海贼伪职，今不便据家人一语为凭遽议”为由，④ 不肯深信。后经姚启圣将施齐等如何陷身郑氏队伍，又怎样为谋擒郑经被杀的事实调查得一清二楚，清廷才打消了对施琅的疑虑，这就为施琅的复出扫除了最根本的障碍。后来，学士李光地见康熙皇帝对施琅已经再无疑虑，也大力举荐了施琅，施琅才得以复出。⑤ 因此，最早大力举荐施琅的是姚启圣，打消康熙帝对施琅疑虑的也是姚启圣。

6. 姚启圣最早提出了保留台湾的主张。

关于台湾弃留问题，过去人们大多只知道施琅的《恭陈台湾弃留疏》，⑥ 肯定施琅在台湾弃留问题上的重要贡献，而对这一问题的来龙去脉并不清楚。事实

① 姚启圣：《忧畏轩奏疏》，载陈支平主编《台湾文献汇刊》第二辑第一册，九州出版社、厦门大学出版社 2005 年版，第 399 页。

② 姚启圣：《忧畏轩奏疏》，载陈支平主编《台湾文献汇刊》第一辑第六册，九州出版社、厦门大学出版社 2005 年版，第 498~502 页。

③ 厦门大学台湾研究所、中国第一历史档案馆编辑部编：《康熙统一台湾档案史料选辑》，福建人民出版社 1983 年版，第 187~188 页。

④ 厦门大学台湾研究所、中国第一历史档案馆编辑部编：《康熙统一台湾档案史料选辑》，福建人民出版社 1983 年版，第 226 页。

⑤ 邓孔昭：《郑成功与明郑在台湾》（修订版），厦门大学出版社 2014 年版，第 248~249 页。

⑥ 施琅：《靖海纪事》，福建人民出版社 1983 年版，第 120~124 页。

上，是姚启圣最早提出了保留台湾的主张。

清军打下澎湖之后，台湾郑氏的命运基本上已经确定。康熙二十二年六月二十六日，施琅首先在《飞报大捷疏》中提出了台湾的去留问题。他说："今澎湖既已克取，台湾残贼必自惊溃胆落，可以相机扫荡矣。但二穴克扫之后，或去或留，臣不敢自专，合请皇上睿夺，或遴差内大臣一员来闽，与督臣商酌主裁，或谕令督抚二臣会议定夺，俾臣得以遵行。"①

七月，郑克塽派员到施琅澎湖军前，表示就抚。二十四日，施琅在《台湾就抚疏》中又提出，台湾"或去或留，事关重大，所当亟请皇上迅赐睿裁，敕差才能户、兵二部迅速前来，会同督抚主裁料理，安置得宜，毕此大事"。② 此二疏上后，清廷下令"台湾应弃应守，俟郑克塽等率众登岸，令侍郎苏拜与该督、抚、提会同酌议具奏"。③

八月十九日，施琅抵达台湾后再次上疏，请清廷将台湾"应去应留，……迅赐睿夺，俾得钦遵奉行"。④ 施琅这时对台湾弃留问题只是采取了一种客观的做法：他是武将，攻城掠地是他的责任，至于地方打下以后如何安置，他必须让朝廷，乃至地方督抚拿主张。

而姚启圣在八月十三日接到兵部密咨，要求其对台湾弃留问题进行奏闻之后，即于八月十七日在《舆图既广请立规模》一疏中，提出了保留台湾的建议。这个建议，在所有内外大臣中无疑是最早的。只是因为康熙帝当时不喜欢姚启圣其他的一些言行，而把这个重要的建议如同倒洗澡水把在盆中的孩子一起倒掉一样给漠视了。

由于姚启圣保留台湾的意见被驳不准之后，就使弃台论有了一定的市场。当时，朝廷中有人主张，台湾"孤悬海外，易薮贼，欲弃之，专守澎湖"。⑤ 当然，这种弃台论也未能占上风，一时廷议未决。工部侍郎苏拜和福建巡抚金鋐等人本来对台湾弃留问题负有会议专责（这时姚启圣已病死），却也是"以留恐无益，弃虞有害，各议不一"。⑥ 在这种情况下，实地考察过台湾的施琅，最终在十二月二十二日所上奏的《恭陈台湾弃留疏》中提出了保留台湾的建议，得到了康熙帝的采纳。

同样是保留台湾，对更早4个多月提出的姚启圣的主张下令不准行，而施琅

---

① 施琅：《靖海纪事》，福建人民出版社1983年版，第90页。

② 施琅：《靖海纪事》，福建人民出版社1983年版，第102页。

③ 《清圣祖实录选辑》，台湾文献丛刊本，第127页。

④ 施琅：《靖海纪事》，福建人民出版社1983年版，第111页。

⑤ 魏源：《康熙戡定台湾记》，载丁日健《治台必告录》，台湾文献丛刊本，第79页。

⑥ 江日升：《台湾外记》，福建人民出版社1983年版，第364页。

的建议却得到了采纳，这只能说明当时康熙帝和他身边的几位大臣（明珠、王熙、李光地等人）抑姚扬施有多明显。

姚启圣不但最早提出了保留台湾的主张，还向新降的郑氏军民咨询利弊，准备着手台湾统一后的治理。八月二十一日，他拟好《谘访台湾利弊》的布告，派人送到台湾张贴，其中说："所有在台湾百姓即属朝廷赤子，岂忍歧视？况台湾今甫新定，所应立章程法度，自须为彻始彻终之虑，务期垂久安长治之规，使海波不扬，万民乐业。虽居海外岛屿之中竟同光天化日之被，如广东之琼州、江南之崇明，方称万全。则今日之一举一动，一法一言，断不敢草草自主也。……尔等久居此地，素谙地方情形，一应利弊，何者当兴，何者当革，勿以本部院粗浮无当，摈却深藏。幸各直言无隐，以凭采择举行。"①此举表现出他的政治家的胸怀。可惜，天不假年，姚启圣在当年十一月就去世了。

三

《台湾文献汇刊》中的《忧畏轩奏疏》属影印出版，一旦发生差错，都是整页整页出现的。不知什么原因，它在出版过程中出现了一些错页、漏页和重页的现象，给著作的准确性和完整性带来了一些缺憾，也给一些读者者带来了一定的困惑。笔者当年和陈在正先生到北京图书馆收集台湾史资料时，曾见到过《闽颂汇编》中《忧畏轩奏疏》的原刊本（胶卷），现在根据手头的资料，对这些错漏进行一些补充和说明，以期有助于要利用这些资料的研究者。

1.《台湾文献汇刊》第二辑第一册第269页属"飞来页"，它没头没脑，前后都无法读通，实际上它是一个错页，它的正确位置应该在第270页之后、271页之前。

2. 第二辑第一册第415页和416页之间也是无法读通，中间缺少了某些内容，如果把后面的418页插入其中，整个内容就连贯了。所以，这也是一个错页。

3. 第二辑第一册第427页也显得很突兀，原因是这里丢失了一页，即原刊本《忧畏轩奏疏》卷二"剿海"第66页的A面，丢失的这一页原文如下："新兵粮饷　题为请拨新设兵丁以资饱腾事。窃照绿旗制兵计口授食，闽省海氛未靖，汛广兵单，不敷防御，案经前督臣郎题请添设兵二千五百名凑足，臣标五营，又臣

① 闽中子民辑：《闽颂汇编》，《忧畏轩文告》卷四，康熙年间刻本，第72页A面~73页A面。

题设内标三营兵三千二百名，通省新添兵一万八百名。海澄公标旧兵增入归标兵三千名，俱奉旨俞允在案。又抚臣题请新添抚标兵一千五百。”① 后面再接上 427 页的内容就连贯了。这是一张漏页。

4. 第二辑第一册第 460 页和 461 页留下两页空白，原因也是原文丢失了两页。根据原刊本，这两页原来的内容是：“只、兵丁尽带来闽。及至江南，即令万总兵择其船只可出海者，如无熟练水兵，即以臣任藩司时解去水兵一千一百余名之兵，配坐江南之船。至浙江时，亦令万总兵择其船只可用者，配以带去之兵，同带至闽。如此，则既有大鸟船一百只为主，江南、浙江即不能共发二百只，亦可挑江南船六十余只、浙江船三十余只，共合挑一百只，两省之船俱可相附而来矣。但闽兵止知福建海路，而在江南、浙江，其水路各别，闽兵亦不能知，应令在江在浙仍令各省水兵配驾，而以闽兵附搭其间，庶各通行，而无碍耳。臣等急于剿贼平海，故敢冒昧上请。至海道有无阻碍，船只之果否可用？臣实不能遥度，应请敕令总兵万经临江、浙之日，确一看验明白，听其择带到闽可也。事关军机，臣谨会同巡抚臣吴、将军管陆师提督事臣杨、将军管水师提督事臣王合疏密题。伏乞。”② 后面再接上 462 页的内容就连贯了。

5. 第二辑第一册第 490 页和 491 页也留下两页空白，原因也是原文丢失了两页。根据原刊本，这两页原来的内容是：“之船，提臣并未覆疏题明，应令何人统领，或可不用此船便能平海。湖南鸟船，提臣既不带来，后日修备之后，应令何官能领此船至闽，或可不用此船便能平贼。今日若□□一题明，俟提臣到闽之后，闽省船不足用，方思调拨鸟船及江南、浙江之船，彼时统领无人或风色不顺，事后追悔已无及矣。彼时束手无措，相对唏嘘，朝廷亦曷用此督提为也。况平海贼，实非闽省现在之船所可胜任，臣是以屡疏题请夹船江浙之船及鸟船也。今提臣不带前船，止带标兵三千名至闽。提臣谙练海上情形，或能即此破贼。然事不可定，臣又焉敢以不可定之事缄默不言，浪战万一？伏祈皇上睿裁。臣谨密疏具题，伏乞敕议施行。”③ 这样，前接第 489 页也就连贯了。

6. 第二辑第二册的第 5 页、第 6 页和第 7 页、第 8 页完全重复，显然是两个重页，这点很容易看出，不必多说。

7. 第二辑第二册的第 7 页和第 8 页之间无法连读，原因是当中丢失了两页。

---

① 闽中子民辑：《闽颂汇编》，《忧畏轩奏疏》卷二“剿海”，康熙年间刻本，第 66 页 A 面。

② 闽中子民辑：《闽颂汇编》，《忧畏轩奏疏》卷二“剿海”，康熙年间刻本，第 83 页 A、B 面。

③ 闽中子民辑：《闽颂汇编》，《忧畏轩奏疏》卷三“剿海”，康熙年间刻本，第 4 页 A、B 面。

根据原刊本，这两页原来的内容是："幼软弱，伊标兵八千名实不能管辖。其漳浦、同安仍应各设总兵官一员，将海澄公标下官兵，俱令总兵官等管理，整顿兵马，镇守地方。至海澄公黄芳泰或从优恩恤，仍以公衔移驻内地，或将伊标兵八千名通融拨给二镇，照旧只留兵一千二百名，如有事之处，令其策应，实于地方有益，等因。臣等看得，海澄失陷，漳浦、同安最为紧要。漳浦、同安应各设总兵官一员，其疏内别项情由，请敕该部确议，等因。查近经福督姚题请，同安、漳浦照旧仍设总兵，各设劲兵三千名。臣等会议，应如该督所题，同安、漳浦各设总兵官一员，各为三营，各官兵三千名。其应设总兵官二员，听总督姚、巡抚吴、提督杨公议遴选谋勇昭著之员题补。此总兵官等标下应设之兵，于新增兵一万八百名内通融拨足，等因具题。行文在案。其大将军 · 王请同安、漳浦请各设总兵官一员之处，应无容议。再，查海澄公黄梧自献海澄投诚以来，镇守岩疆，效力勤劳，其子黄芳度因孤守漳。"[①] 将这些内容插入第 7 页和第 8 页之间，这样，上下文就连贯了。

8. 第二辑第二册的第 30 页和第 31 页是两个空白页，其实也是原文丢失了两页。从第 29 页上一个奏疏正文已经结束就可以知道，第 30 页原来应该是上一个奏疏的时间。根据原刊本，第 30 页的原文是"康熙十八年六月　日"[②]。第 31 页的原文是"请鼓向化　题第十本，为请特恩先用投诚文武数十员以故向化事。切见海贼纷纭繁众，难以尽剿，臣厚赏招徕，官即给俸，兵即给粮，事事加意抚绥，无微不到，所以投诚接踵，而贼势渐衰也。然贼中有志功名者，见官虽给俸而终属虚名，尚无治兵治民之任，故多逡巡不前，尚未尽出投顺。今厚集舟师，操练马步，剿之之法不可不详，至招抚投诚，解散贼党，抚之之法不可不尽。臣今于",[③] 下接第 32 页也就连贯了。

9. 第二辑第二册的第 91 页和第 92 页之间无法连读，原因是当中丢失了一页。根据原刊本，这一页原来的内容是："厦门等处，约于何日可以进兵，希酌裁速议，挈衔会同题覆。及咨催去后，现候会议妥确，另行题覆外，所有调拨官兵，前赴配船数目，具疏题明。但各汛现在缺兵，今又调赴水师提臣军前如许官兵，沿边各处愈见单弱。伏祈皇上俯念闽疆见在大举，各汛所缺兵丁作何募足补额，庶军声克壮，而封疆巩固矣。事干军机，臣谨会同抚臣吴、将军管陆师提臣

---

① 闽中子民辑：《闽颂汇编》，《忧畏轩奏疏》卷三"剿海"，康熙年间刻本，第 14 页 B 面、第 15 页 A 面。

② 闽中子民辑：《闽颂汇编》，《忧畏轩奏疏》卷三"剿海"，康熙年间刻本，第 26 页 B 面，原文中日期空缺。

③ 闽中子民辑：《闽颂汇编》，《忧畏轩奏疏》卷三"剿海"，康熙年间刻本，第 27 页 A 面。

杨、水师提臣万合疏密。”① 加上这些内容，上下也就连贯了。

10. 第二辑第二册的第 172 页和第 173 页之间也是无法连读，原因也是当中丢失了一页。根据原刊本，这一页原来的内容是：“将军提臣杨，并集各镇营，分配满汉水陆官兵，候抚、提二臣订期到日，奋勇誓师，分路夹击声援外，所有遵奉上谕，屡次咨商缘由，臣等不得不先行题明，俟抚臣、水师提臣定议咨覆到日，再行会题恭覆者也。臣谨会同昭武将军管提督事臣杨合疏密题，伏乞皇上睿鉴施行。”②

11. 第二辑第三册的第 114 页是一个“飞来”的重复页，它在本册第 104 页已经出现过，那才是它正确的位置，而在第 114 页的位置却是完全多余的。

《忧畏轩奏疏》是研究清初统一台湾十分重要的文献资料。如果它能够更加完整、更加准确，或许会对研究者有更大的帮助。

① 闽中子民辑：《闽颂汇编》，《忧畏轩奏疏》卷三“剿海”，康熙年间刻本，第 57 页 B 面。

② 闽中子民辑：《闽颂汇编》，《忧畏轩奏疏》卷三“剿海”，康熙年间刻本，第 97 页 B 面。

第十八章

李光地、施琅、姚启圣与清初统一台湾

清初统一台湾，是继郑成功收复台湾之后，在台湾这块土地上发生的又一重大历史事件。在这一历史事件过程中，施琅与姚启圣建立了不朽的功勋，这已有许多学者进行过论述。而李光地作为当时康熙皇帝身旁的谋臣，也曾积极参与此事。李光地与施琅、姚启圣有着非同一般的关系，对他们二人的作为也产生过很大的影响。本章拟简要论述他们三人在统一台湾过程中的相互作用以及各自所作出的贡献。

一、姚启圣、李光地共荐施琅

施琅在康熙元年提升为福建水师提督之后，曾于康熙三年（1664 年）十一月、四年四月两次率舟师进取台湾；均因遭飓风无功而返。六年十一月，他再上《边患宜靖疏》，提出对台湾“乘便进取以杜后患”① 的积极方针。七年正月初十日，清廷降旨：“渡海进剿台湾逆贼，关系重大，不便遥定。着提督施琅作速来京，面行奏明所见，以便定夺。”② 四月，施琅入京面奏，上《尽陈所见疏》，仍提出积极进取台湾的主张。可是，他的意见未被采纳，“事下部议，以风涛莫测，难以制胜，寝其奏。乃裁水师提督，授公内大臣”。③ 此后，施琅留在北京，被封冻了 13 年。

施琅的复出，是时局变化的需要，也是姚启圣、李光地积极保荐的结果，其间经历了一个曲折的过程。

---

① 施琅：《靖海纪事》，福建人民出版社 1983 年版，第 49 页。

② 施琅：《靖海纪事》，福建人民出版社 1983 年版，第 51 页。

③ 李元度：《清先正事略选》，台湾文献丛刊本，第 7 页。

康熙十三年，三藩乱起，台湾的郑经乘机渡海西征，平静了多年的东南沿海又呈现战火纷飞的局面。到康熙十五年，耿精忠、尚之信先后降清，这时，清军在东南沿海的敌人只剩下郑经这一股势力。要对付以海岛为基地，擅长海战的郑氏集团，恢复福建水师提督的建制，选择水师提督的人选便被提到议事日程上来。

康熙十五年十二月，当时的福建总督郎廷相首先提出了恢复福建水师提督的建议，[①] 但没有得到清廷的批准。

姚启圣参与特别是主持福建军务之后，更积极地主张复设福建水师提督并举荐施琅。康熙十七年四月，姚启圣在福建布政使任上，即启文向康亲王杰淑等保荐施琅。[②] 十七年九月，刚任福建总督不久的姚启圣就上疏题请复设福建水师提督，其中说："此时水战更重于陆战，以陆攻水，断难净绝根诛。若以水攻水，而无总统重臣，何能削除祸乱。……伏祈皇上敕部详查旧制，准于海澄县复设水师提督一员，令其专练水兵，熟习惯战，牵制贼势，以便水陆夹攻厦门，海贼易于扑灭。"[③] 但此时由于姚启圣已经知道施琅有子、侄在郑氏队伍中，并听说"当日撤回，原自有因"，[④] 所以，在推荐水师提督人选上一时产生了犹豫，不敢力保施琅，而与巡抚吴兴祚、陆路提督杨捷采取同样的立场，称"今复与抚、提二臣面商，皆称无可保题之员。臣细加搜求，实无谙练水战堪任闽省水师提督之官，不敢冒昧妄保……请乞敕部另简廉勇优长、威名素著、深识水性、谙练才能者，仰祈钦点一员，勒限星驰赴任"。[⑤]

好在姚启圣的犹豫并没有维持太久。康熙十八年六月，他上了《特举能臣疏》，首先强调了水师提督一职的重要性。其中说，"目下剿贼平海，全赖水师提督一官。今陆路既不能冲击矣，如水师战胜，贼自败走台湾，如水师不胜，贼仍盘踞厦门。是总督、巡抚、陆路提督不过相助为理，而决战成功，实水师提督一人任也"。随之，他反省了自己曾经"明知故忍"，不敢力保施琅的私心，决然

---

① 厦门大学台湾研究所、中国第一历史档案馆编辑部编：《康熙统一台湾档案史料选辑》，福建人民出版社 1983 年版，第 122 页。

② 姚启圣：《忧畏轩奏疏》，载陈支平主编：《台湾文献汇刊》第二辑第一册，九州出版社、厦门大学出版社 2005 年版，第 500 页。

③ 姚启圣：《忧畏轩奏疏》，载陈支平主编：《台湾文献汇刊》第二辑第一册，九州出版社、厦门大学出版社 2005 年版，第 354~356 页。

④ 姚启圣：《忧畏轩奏疏》，载陈支平主编：《台湾文献汇刊》第二辑第一册，九州出版社、厦门大学出版社 2005 年版，第 500 页。

⑤ 厦门大学台湾研究所、中国第一历史档案馆编辑部编：《康熙统一台湾档案史料选辑》，福建人民出版社 1983 年版，第 172 页。

而然地举荐施琅出任福建水师提督。并且针对清廷的疑虑，指出“施琅即有一子在海，尚有六子在京。其京中家口数百，岂肯为一子而舍六个儿子与数百口家眷乎？”① 清廷这时已补授万正色为福建水师提督，没有同意姚启圣的建议。② 七月十九日，姚启圣得悉清廷已正式任命万正色为福建水师提督之后，再次上疏建议让施琅以靖海将军总统水师事务，或将万正色移调广东，又遭驳回。③

清廷屡次驳回姚启圣的题请，实因施琅有子、侄在郑氏队伍中而产生疑虑。康熙十九年二月，施琅的儿子施齐（又名施世泽）、侄子施亥（又名施明良）在厦门谋擒郑经未果被杀，姚启圣得悉此事，于十九年四月和十二月两次上疏，奏明施琅子侄“假心事贼，真心为国”。清廷开始时还以“施齐等俱授海贼伪职，今不便据家人一语为凭遽议”④ 为由，不肯深信。后经姚启圣将施齐等如何陷身郑氏队伍又怎样为谋擒郑经被杀的事实调查得一清二楚，清廷才打消了对施琅的疑虑，这就为施琅的复出扫除了最根本的障碍。

与姚启圣相比，李光地初时对进取台湾和举荐施琅采取较为审慎的态度，但后来由于加深了对施琅的了解，才开始对施琅的复出和进取台湾起积极推动作用。据李光地回忆，康熙十九年，他回安溪度假，同乡翰林庄延裕曾来相见，让他劝康熙派兵歼除郑氏，以使地方安宁。李光地答以，“他（指郑氏）已去隔大洋，料难卒至。且驱人于大海中，事之成否不可知，而人命大事，吾不敢启其端也”。“后回京，施将军时来说他的本事，海上可平，予亦不在意。以为此人骄狂，未必能成事，亦未知其实际若何。”⑤ 后来有一天，李光地与施琅在礼部侍郎富鸿基家见面，谈到顺治十六年（1659 年）清、郑南京之役时，施琅对郑氏军队长短处的深切见解，使李光地钦佩不已。从此，李光地一改以往的审慎态度，开始在康熙面前为施琅说话。

康熙二十年二月，施琅“求叙其长子施齐功，言施齐在海上欲为内应降我朝，为贼所杀，上问曰：施齐果以内附为海上杀耶？予对曰：施琅既来，琅海上所畏也，恐我朝用之，故彼用其子，以生我疑，不用其父耳。施齐后得便来降，

---

① 姚启圣：《忧畏轩奏疏》，载陈支平主编：《台湾文献汇刊》第一辑第六册，九州出版社、厦门大学出版社 2005 年版，第 498~502 页。

② 厦门大学台湾研究所、中国第一历史档案馆编辑部编：《康熙统一台湾档案史料选辑》，福建人民出版社 1983 年版，第 185 页。

③ 厦门大学台湾研究所、中国第一历史档案馆编辑部编：《康熙统一台湾档案史料选辑》，福建人民出版社 1983 年版，第 187~188 页。

④ 厦门大学台湾研究所、中国第一历史档案馆编辑部编：《康熙统一台湾档案史料选辑》，福建人民出版社 1983 年版，第 226 页。

⑤ 李光地：《榕村语录续集》卷一一，付氏藏园刻本，1933 年。

复为海上所得，知其必不能一心，故杀之。上又问曰：施琅果有甚么本事？予对曰：琅自幼在行间，经历得多，又海上路熟，海上事他亦知得详细，海贼甚畏之。上点首而已”。[①] 李光地这时虽然没有直接向康熙举荐施琅，但他为了使康熙消除对施琅的疑虑，并且使康熙对施琅有个好印象的意图是很明显的。

康熙二十年七月，一天，启奏毕，康熙留李光地问话。“上问曰：海贼可招安否？予曰：不能。上问何故，曰：彼恃风涛之险，一闻招安，他便说不削发、不登岸、不称臣、不纳贡，约为兄弟之国。岂有国家如此盛大，肯与为兄弟之理。……上问曰：然则此时可用兵否？予曰：闻郑经死，其军师陈永华亦死，此其时。……但向日满洲兵不习水战，上船便晕却，去不得。必须南兵习于舟楫，知其形势，乃可用。上问：汝胸中有相识人可任为将者否？予对曰：命将大事，皇上圣明神武，臣何敢与？上曰：就汝所见，有可信任者，何妨说来。敦问再三，予对曰：此非小事，容臣思想数日后，斟酌妥即复旨。上曰：很是，汝去想。后数日，上使明中堂来问。余曰：都难信及。但计量起来，还是施琅。他全家被海上杀，是世仇，其心可保也。又熟悉海上情形，亦无有过之者。又其人还有些谋略，不是一勇之夫。又海上所畏惟此一人，用之则其气先夺矣。上遂用之。”[②] 这段记载说明，李光地举荐施琅是很讲策略的。他首先主张对郑氏不能用招安的办法，必须用兵，而且，这时正是用兵的最好时机。用兵必须用南兵，不言自明，自然更须用南将。但等康熙问何人可为将时，他却故意不把施琅说出来，说是要回去想几天。这正是李光地的高明之处，他这样做，一可以表明他的慎重，二可以避免受人之托的嫌疑。几天之后，他再举荐施琅，并且连说了四条理由，就不怕康熙不用施琅了。

据《清实录》记载，康熙二十年七月二十八日，“谕议政王大臣等曰：‘今诸路逆贼，俱已歼除，应以见在舟师破灭海贼。原任右都督施琅系海上投诚，且曾任福建水师提督，熟悉彼处地利、海寇情形，可仍以右都督充福建水师提督总兵官加太子少保，前往福建。到日，即与将军、总督、巡抚、提督商酌。克期统领舟师进取澎湖、台湾”。[③] 李光地在七月举荐施琅，本月二十八日，清廷亦让施琅复任福建水师提督。可见，李光地的举荐与施琅的复出有着直接的关系。

施琅复任福建水师提督，不但使清军有了一个熟悉海战的统帅，而且也使郑氏有了一个发誓“灭此朝食”的可怕敌手。根据李光地记载，康熙二十年五月，福建统兵大员“尽来上本，言海寇不可平，大都是畏难有六分，而养寇以自重亦

---

① 李光地：《榕村语录续集》卷一一，付氏藏园刻本，1933 年。

② 李光地：《榕村语录续集》卷一一，付氏藏园刻本，1933 年。

③ 台湾银行经济研究室编：《清圣祖实录选辑》，台湾文献丛刊本，第 113 页。

有四分。万正色更有三难六不可之疏，中一条系言渠将刘国轩智勇不可当”。[①]康熙也曾说过，“万正色前督水师时，奏台湾断不可进取。朕见其不能济事，故将施琅替换，令其勉力进剿，台湾遂一战而克”。[②] 试想，如果不是施琅复出，进取台湾的事情就可能拖延下去。而如果没有李光地、姚启圣的举荐，施琅的复出也是不可能的。所以，李光地、姚启圣为清初统一台湾，首先立了荐人得宜一功。

二、李光地帮助施琅取得专征权

有记载说，李光地在举荐施琅之时，就曾经说过：“若任以专征，臣保其必功成。”[③] 这个记载是否确实，尚无有力的佐证。李光地在《榕村语录续集》中详细记载了他举荐施琅时与康熙的对话，其中并无类似的内容。这姑且不论，但施琅到任之后，曾多次上疏请求获得专征台湾之权，李光地从中确实给予了有力的帮助。

康熙二十年十月，施琅到任伊始，就立即上疏要求专征权。他说：“督抚均有封疆重寄，今姚启圣、吴兴祚俱决意进兵，臣职领水师，征剿事宜理当独任。但二臣词意恳切，非臣所能禁止，且未奉有督抚同进之旨，相应奏闻。”对于施琅的这一要求，康熙没有予以赞同，而在十月二十七日下旨：“总督姚启圣统辖福建全省兵马，同提督施琅进取澎湖、台湾。巡抚吴兴祚有刑名、钱粮诸务，不必进剿。”[④] 施琅到任后第一次要求专征权的尝试没有成功，并且造成了他和总督姚启圣的矛盾。姚启圣没有想到施琅“到任未几”，就要将自己和吴兴祚排除在进取台湾的队伍之外。他在十月十五日接到施琅移送的疏稿之后，“不禁中心如焚如溺而不能自已”，即于次日上疏，表示“今进剿台湾，何等重大，臣等焉肯贪生怕死，一听提臣自为决战，而不竭力相助有成乎?”“臣屡经拜疏督师出海，岂今日进兵反可旁倭。”[⑤] 这以后，施琅与姚启圣在进兵时机和风向问题上争论不休，出兵日期一延再延，关键就是“专征”或“共征”问题没有解决。

---

① 李光地：《榕村语录续集》卷一一，付氏藏园刻本，1933年。

② 中国第一历史档案馆整理：《康熙起居注》第二册，中华书局1984年版，第1205页。

③ 陈万策：《施襄壮公家传》，见吴曾祺编：《涵芬楼古今文钞》卷六一，上海商务印书馆1920年版。

④ 台湾银行经济研究室编：《清圣祖实录选辑》，台湾文献丛刊本，第115页。

⑤ 厦门大学台湾研究所、中国第一历史档案馆编辑部编：《康熙统一台湾档案史料选辑》，福建人民出版社1983年版，第233~234页。

康熙二十一年三月初一日，施琅再上《密陈专征疏》。其中说，督臣姚启圣“生长北方，虽有经纬全才，汪洋巨浪之中，恐非所长。……督臣亦驻厦门，居中节制，别有调遣，臣得专统前进……今若与臣偕行，征粮何以催趱？封疆何有仰赖？安内攘外，非督臣断难弹压缓急，臣故密疏入告。使督臣闻知，必以臣阻其满腔忠荩，仰冀皇上密行温谕督臣，免其躬亲偕行”。[①] 三月十七日，姚启圣在宁海将军喇哈达处看到施琅的疏稿之后，自然也是一番上疏，请求共征权。姚启圣说，“臣锐意灭贼，视死如归，虽生长北方，然今出海数月……亦安然无恙，不呕不吐，何以知臣出海竟无所长？……臣宁愿战死于海，而断不肯回厦门偷生者也”。对于师期屡迁一事，姚启圣说：“况鼓舞将士之法，不免虚实相兼。若使鼓舞一番而未出兵，再鼓舞一番而又不出兵，则臣鼓舞之法穷，捐赔力尽，兵心一懈，卒难振兴。是在提臣看定风情，决意进兵，灭此巨憝，以报国恩，不宜再更者也。”[②] 对于施琅、姚启圣二人的争议，“上命议政王大臣等集议，佥谓师期不便屡迁，应檄总督姚启圣、提督施琅克期于夏至后进取台湾”。四月十七日得旨：“进剿海寇，关系重大。总督姚启圣、提督施琅身在地方……着协谋合虑，酌行剿抚，毋失机会。”[③] 这一回合“专征”与“共征”的较量，得胜者显然是姚启圣。康熙没有同意施琅专征的要求，而是要二人“协谋合虑，酌行剿抚”，并且对屡迁师期多少也有些责难的意思。

在这种情况下，李光地帮了施琅一把。《康熙起居注》记载，二十一年五月二十一日，“大学士、学士捧折本面奏请旨，为孙蕙条奏进取台湾宜缓事。上曰：朕昨览此本，意以其言为当。朕向于陆地用兵之处，筹算可以周悉，今海上情形难于遥度。李光地必知之。李光地奏曰：海上惟凭风信，可进则进，可止则止。提督施琅谙于水师，料必无虞”。[④] 这个记载过于简略，还不容易看出李光地对施琅的具体帮助。李光地自己在《榕村语录续集》中对此事有更为详细的记载。他说，“某给假时，有旨：今李某虽给假，明早令入启奏。次日，上云：孙某本汝见过否？予奏云：两日前见过。孙某言不失慎重之意，但以臣度之……渠今内乱，我朝方盛，真天亡之时也。但虽天时、地利俱好，而其中必须一点人事凑合，断未有安坐，不费一草一木，而贼将倾巢来归者。上云：别的不须踌躇，只是恐风起摄船入大洋，贼众乘之，丧师为虑耳。此语亦非孙蕙一人言之，定海将

① 施琅：《靖海纪事》，福建人民出版社1983年版，第59~60页。

② 厦门大学台湾研究所、中国第一历史档案馆编辑部编：《康熙统一台湾档案史料选辑》，福建人民出版社1983年版，第244页。

③ 台湾银行经济研究室编：《清圣祖实录选辑》，台湾文献丛刊本，第120页。

④ 中国第一历史档案馆整理：《康熙起居注》第二册，中华书局1984年版，第845~846页。

军、姚启圣皆有本来如此说。予奏云：此处臣亦经问过施琅，施琅大笑云：此皆不曾身经之言。若云兵有利钝，不必大洋，若飓风作入大洋，纵有百万战舰，至其中如一粃。我船不自立，贼船能自立乎？纵使偶然漂至一处，相去一丈，欲会合而不可得。予既不因之为功，贼又安能乘之为利？施琅自言为定（靖）海将军时，曾遇此险，三百号船俱入大洋，风雨三日夜……无一损伤者。如遇此事，不过无利，亦曾无害。上遂意决”。① 这里，李光地婉转地批驳了进取台湾宜缓的论调，同时，对施琅表示了支持。康熙后来提到这次谈话时说，“台湾之役众人皆谓不可取，独李光地以为必可取，此其所长”。② 经过这次谈话，康熙虽下决心支持进取台湾，但还没有同意让施琅专征。

在这次谈话时，康熙已同意李光地请假。关于这次给假，《文贞公年谱》中说，李光地具疏乞假奉母归，“上见疏，不欲其去。有重公者代为奏曰：将母归里，固人子私情，然施琅出师在即，归参其画，亦大裨于国事。上乃喜，许之”。③ 这段记载至少透出了这样一些信息：第一，康熙在进取台湾的问题上非常重视李光地的意见，为了随时咨询，不愿其离开北京。（李光地在《榕村语录续集》卷十五中另有记载说，“上罕对学士说话，我为学士二年，蒙顾问者百余次。”）只是在有人说明李光地回到福建后也可以有益于进取台湾时，才同意了他的请假。第二，李光地在奉母归故里的同时，对施琅的进兵也负有参与谋划的责任。（李光地在《榕村语录续集》卷十一中说：“余曾于上前有言，不敢以局外自视。”）第三，朝廷中，除了康熙之外，还有人很看重李光地。什么人很看重李光地呢？《清史稿》记载，议政大臣索额图，“于朝士独亲李光地”。④ 另外，当时与索额图同秉朝政的武英殿大学士明珠，对李光地有关进取台湾的意见也很重视。李光地推荐施琅，是经过明珠向康熙说的。李光地许多有关进取台湾事宜的意见，也是得到明珠的支持或经过明珠向康熙传达的，这在《康熙起居注》中有不少记载。如在讨论姚启圣请用守备潘贤进剿台湾一事时，“明珠奏曰：……其人李光地深知之”。⑤ 又如在讨论施琅请将何义等 33 人发往福建进剿台湾一事时，明珠也是说，“顷问学士李光地”，李光地如何说等。⑥ 李光地回到福建之后，施琅第三次专征权的要求就得到了清廷的批准，这和李光地的“归参其画”，

---

① 李光地：《榕村语录续集》卷一二，付氏藏园刻本，1933 年。

② 中国第一历史档案馆整理：《康熙起居注》第三册，中华书局 1984 年版，第 1759 页。

③ 李清植：《文贞公年谱》，见沈云龙主编：《近代中国史料丛刊》第 621 种，文海出版社 1971 年版。

④ 赵尔巽等：《清史稿》第 33 册，中华书局 1976 年版，第 9993 页。

⑤ 中国第一历史档案馆整理：《康熙起居注》第一册，中华书局 1984 年版，第 740 页。

⑥ 中国第一历史档案馆整理：《康熙起居注》第二册，中华书局 1984 年版，第 824 页。

必定有很大的关系。

康熙二十一年七月，施琅上《决计进剿疏》，其中又有“独任臣以讨贼，令督抚二臣催趱粮饷接应”之语。[①] 康熙刚接到此疏时，还认为施琅“今又题请不令总督进兵”是“妄奏”。可是，过了一段时间之后，他又让议政王大臣们就此事再进行会议。据《康熙起居注》记载，十月初六日，“为议政王大臣会议准提督施琅请自行进剿台湾事。上曰：尔等之意何如？大学士明珠奏曰：若以一人领兵进剿，可得行其志，两人同往，则未免彼此掣肘，不便于行事。照议政王所请，不必令姚启圣同往，着施琅一人进兵似乎可行。上曰：然”。[②] 康熙等人在两个月中这种态度上的根本转变，如果不是有李光地来自福建的意见起了作用，恐怕很难有别的解释。

施琅获得专征权，客观上对进取台湾有利，否则，施、姚二人长期争执下去，势必延误对台湾的进取。从这个意义上说，李光地帮助施琅取得专征权，也是应当肯定的。

三、姚启圣、施琅和李光地在台湾弃留问题上的不同意见

清军打下澎湖之后，台湾郑氏的命运基本上已经确定。康熙二十二年六月二十六日，施琅首先在《飞报大捷疏》中提出了台湾的去留问题。他说：“今澎湖既已克取，台湾残贼必自惊溃胆落，可以相机扫荡矣。但二穴克扫之后，或去或留，臣不敢自专，合请皇上睿夺，或遴差内大臣一员来闽，与督臣商酌主裁，或谕令督抚二臣会议定夺，俾臣得以遵行。”七月，郑克塽差员表示就抚，施琅在《台湾就抚疏》中又提出，台湾“或去或留，事关重大，所当亟请皇上迅赐睿裁，敕差才能户、兵二部迅速前来，会同督抚主裁料理，安置得宜，毕此大事”。[③] 此二疏上后，清廷下令“台湾应弃应守，俟郑克塽等率众登岸，令侍郎苏拜与该督、抚、提会同酌议具奏”。[④] 八月十九日，施琅抵达台湾后再次上疏，请清廷将台湾“应去应留……迅赐睿夺，俾得钦遵奉行”。[⑤] 施琅这时对台湾弃留问题只是采取了一种客观的做法：他是武将，攻城略地是他的责任，至于地方

---

① 施琅：《靖海纪事》，福建人民出版社 1983 年版，第 67 页。

② 中国第一历史档案馆整理：《康熙起居注》第二册，中华书局 1984 年版，第 876、905 页。

③ 施琅：《靖海纪事》，福建人民出版社 1983 年版，第 90、102 页。

④ 台湾银行经济研究室编：《清圣祖实录选辑》，台湾文献丛刊本，第 127 页。

⑤ 施琅：《靖海纪事》，福建人民出版社 1983 年版，第 111 页。

打下以后如何安置，他必须让朝廷乃至地方督抚拿主张。康熙二十二年八月十三日，姚启圣在接到兵部密咨，要求其对台湾弃留问题进行奏闻之后，即于八月十七日上本，提出了保留台湾的主张。他说："今幸克取台湾矣，若弃而不守，势必仍作贼巢。旷日持久之后，万一蔓延再如郑贼者，不又大费天心乎？故臣以为，台湾若未窃作贼巢，则剿亦不应剿，守亦不必守，此自然之理也。今既窃作贼巢矣，则剿固不可少，而守亦不可迟，此相因而至之势，亦自然之理也。……况台湾广土众民，户口十数万，岁出钱粮似乎足资一镇一县之用，亦不必多费国帑，此天所以为皇上广舆图而大一统也，似未敢轻言弃置也。"① 姚启圣保留台湾归入清朝版图的主张，在目前所能见到的记载中是最早的，可是，没有为康熙所采纳。

姚启圣的正确主张之所以不被康熙采纳，主要的原因是，姚启圣在上此疏的同时，还另上了七疏，② 对福建等省的善后事宜提出了许许多多的意见，引起了康熙的不快。这些意见，归纳起来，有以下几个方面：第一，政事"必须彻底澄清，从头整顿"。第二，与民休养生息。"复五省迁界""开六省海禁""还绿旗官兵久占民房""请赦免未完钱粮"等。第三，要皇上躬行节俭，以正风俗。第四，裁官益民。平心而论，这些建议都是极好的为国为民之言，但可惜过于直言不讳，似乎他比皇帝还高明，所以，康熙不能接受。据李光地记载，"会姚二三日连上五六本（实际上是一日上八本），竟要更制立法，四海九州欲自重加整理，而第四本致有改冠服诸大论（实际上第四本为'请裁闽省冗员'），以稿见示。予复书云，顷有他语，老公祖功大蒂固，总不妨。今所上真不好了，第四本又不宜"。③ 李光地此论虽不尽客观，但他以康熙身旁谋臣的地位，其感觉却是对的。据《康熙起居注》记载，"九月初九日，福建总督姚启圣请开垦广东等省沿海荒地等事共八本。上曰：朕观姚启圣近来行事颇多虚妄。今台湾降附，海贼荡平，该近海地方应行事件，自当酌量陆续施行，姚启圣预行借端陈清，明系沽名市恩，殊为不合。这各本皆不准行，尔等严切拟票送进"。④ 明知姚启圣所奏各事是对的，应当陆续施行，却又计较他的态度，更以上本动机不纯为名，尽废其言，这是康熙不如唐太宗李世民的地方。

姚启圣保留台湾的意见被驳不准之后，就使弃台论有了一定的市场。当时，

---

① 厦门大学台湾研究所、中国第一历史档案馆编辑部编：《康熙统一台湾档案史料选辑》，福建人民出版社1983年版，第301页。

② 厦门大学台湾研究所、中国第一历史档案馆编辑部编：《康熙统一台湾档案史料选辑》，福建人民出版社1983年版，第292~302页。

③ 李光地：《榕村语录续集》卷一二，付氏藏园刻本，1933年。

④ 中国第一历史档案馆整理：《康熙起居注》第二册，中华书局1984年版，第1067页。

朝廷中有人主张，台湾“孤悬海外，易薮贼，欲弃之，专守澎湖”。[①] 当然，这种弃台论也未能占上风，一时廷议未决。工部侍郎苏拜和福建巡抚金鋐等人本来对台湾弃留问题负有会议专责（这时姚启圣已病死），却也是“以留恐无益，弃虞有害，各议不一”。[②]

在这种情况下，实地考察过台湾的施琅，决意主留台湾。康熙二十二年十二月二十二日，他上了《恭陈台湾弃留疏》，全面阐述了他主张保留台湾的看法。施琅首先指出，台湾“实肥饶之区，险阻之域”，可资“东南之保障，永绝边海之祸患”。然后，他分析了放弃台湾所将带来的危害，其中特别强调荷兰图谋侵占的危险。他说：“此地原为红毛住处，无时不在涎贪，亦必乘隙以图。一为红毛所有……必合党伙窃窥边场，迫近门庭。此乃种祸后来，沿海诸省，断难晏然无虞。”针对那种弃台湾、守澎湖的错误主张，施琅认为，“如仅守澎湖，而弃台湾，则澎湖孤悬汪洋之中，土地单薄，界于台湾，远隔金厦，岂不受制于彼而能一朝居哉？是守台湾则所以固澎湖，台湾、澎湖一守兼之”。最后，施琅更明确地指出，“台湾一地，虽属外岛，实关四省之要害，勿谓彼中耕种，尤能少资兵食，固当议留，即为不毛荒壤，必藉内地挽运，亦断断乎其不可弃……弃之必酿成大祸，留之诚永固边圉”。[③]

施琅的意见，清廷极为重视，很快得到“议政王、贝勒、大臣、九卿、詹事、科、道会议准行”。二十三年正月二十一日，“上顾汉大学士等曰：‘尔等之意若何？’李蔚、王熙奏曰：‘据施琅奏内称，台湾有地数千里，人民十万，则其地甚要，弃之必为外国所踞，奸宄之徒窜匿其中，亦未可料，臣等以为守之便。’上曰：‘台湾弃取所关甚大，镇守之官三年一易亦非至当之策。若徙其人民，又恐致失所，弃而不守，尤为不可。尔等可会同议政王、贝勒、大臣、九卿、詹事、科、道再行确议具奏。’”[④] 施琅的意见，直接促使清廷决定把台湾保留在清朝的版图之中。这件事的意义，远远超过他打下澎湖，迫使台湾郑氏投降。因为，迫降郑氏，只是帮助清王朝消灭了一个政治上的敌人，这和当时打败吴三桂、耿精忠、尚之信，也就是平定“三藩之乱”没有多少区别。而使台湾保留在清朝的版图之中，这对于台湾以后的开发和发展，对于中国东南海防的巩固，都具有深远的历史意义。

和姚启圣、施琅积极保留台湾的意见相反，李光地在当时是主张放弃台湾

---

① 魏源：《康熙戡定台湾记》，载丁日健：《治台必告录》，台湾文献丛刊本，第 79 页。

② 江日升：《台湾外记》，福建人民出版社 1983 年版，第 364 页。

③ 施琅：《靖海纪事》，福建人民出版社 1983 年版，第 121~123 页。

④ 中国第一历史档案馆整理：《康熙起居注》第二册，中华书局 1984 年版，第 1127 页。

的。据他自己记载，“海上初平时，予赴官进京，上即问云：如今台湾已平，姚启圣、施琅欲郡县其地，如何？汝来时曾见之否？奏云：来时曾见之。臣议论与之不合。上问云：如何不合？曰：台湾隔在大洋之外，声息皆不通。小有事，则不相救，使人冒不测之险。为其地之官，亦殊不情。上云：然则弃之乎？曰：应弃。上曰：如何弃法？曰：空其地任夷人居之，而纳款通贡，即为贺兰有亦听之。贺兰岂有大志耶，彼安其国久矣。事久生变，到彼时置之不顾，便失疆土，与之争利，或将不得人，风涛不测，便为损威，终非善策。上云：目下如何？曰：目下何妨，以皇上之声灵，几十年可保无事。上曰：如此且置郡县，若计到久远，十三省岂能长保为我有耶”。对于施琅请将万人永戍台湾一事，李光地同样持反对态度，他认为，如果让这万名士兵孤身去台，则这万人形同流犯，难以安之若素。若让他们携带家眷，则将使他们又“一无所系恋于内地”，在台必无所顾忌。并且兵不换而换将（施琅建议防守台湾的总兵、副将、参将、游击等官，三年或二年一换，转升内地），必将造成兵为主而将反为客之势，久之，“牟髦其将，而加之以不堪，且继之以叛据矣”。[①] 最后，李光地提议戍兵亦三年一换，得到康熙的赞同，这就是后来台湾的班兵制度。

李光地放弃台湾的主张，无疑是错误的。他对于放弃台湾危害性的认识远不如姚启圣、施琅等人深刻。他当时的出发点是，担心台湾远隔大洋，留在版图之中，将来免不了有“失疆土”或“损威”的事情发生。这种担心虽不无道理，但是，由于这种担心，而干脆主张放弃台湾，听任外国势力对台湾的侵占，“即为贺兰有亦听之”，这是没有抱负、没有远见的表现，对历史也不够负责任。所幸在许多问题上都尊重李光地意见的康熙，在这个问题上没有采纳李光地的意见，这又是康熙的高明之处。

李光地在台湾弃留问题上的错误主张，说明了他在这一问题上的认识有很大的局限性。即便是一个杰出的思想家和学问家，在某一问题，包括重大问题上，认识出现偏差，这是很正常的，李光地也不免如此。

四、李光地与姚启圣、施琅的交往以及对二人的不同评价

李光地与姚启圣和施琅均有密切的交往，他在进取台湾问题上许多建设性的意见，也是通过姚启圣、施琅的实施而起作用的。但比较起来，李光地跟施琅的关系亲近些，对施琅的评价也高些。

---

① 李光地：《榕村语录续集》卷一一，付氏藏园刻本，1933年。

李光地在授内阁学士入京之前，以及入京后回乡省亲期间，与时任福建总督的姚启圣多有接触，姚启圣非常重视李光地的有关意见。李光地曾举例说过，“近姚总制重予言，有同年张雄者。亦曾事伪，予托之于姚，姚即特疏叙其功，竟以部属用”。[①] 另据《文贞公年谱》记载，“公（李光地）既归，值总督姚启圣虚心咨访，于时所宜兴革者，朝闻夕行”。[②] 即使在不能见面之时，姚启圣也曾把自己的奏疏稿本抄寄给李光地看，当然也带有咨询的意思。可见，李光地的意见对姚启圣的作为产生过一定的影响。

李光地和姚启圣之间也有过一些猜忌。康熙二十年，左都御史徐元文上本参劾姚启圣，当时许多人都以为此稿本出自李光地之手，姚启圣的长子姚仪也曾为此事当面质问过李光地。后来经过澄清，徐元文的劾本是福建巡抚吴兴祚“买出来的”。[③] 这个误会，似乎没有影响姚启圣对李光地的尊重，此后，姚启圣仍不时向李光地征询地方以及进取台湾方面的意见。

然而，有意思的是李光地对姚启圣的评价。李光地称：“姚总督本是一无赖光棍，竭民膏脂用如泥沙，可谓穷凶极恶。而临死半年之间，革除闽中数百年大当、里役诸事，贪官、猾吏、势豪、劣衿闻即参处，风力甚好，手段甚辣，人不敢犯。……至今有官吏不肖为恶者，相率而哭诸姚庙，雨旸有愆，相率而祷诸姚庙。人心所向，亦即有灵，然本是一不好人。壬戌、癸亥平海，事本是渠发端，施琅本与相好，又是渠所荐过者。至用兵时，上本令渠二人同事，及施为将，渠生嫉妒，百般阻挠。施遂上疏，欲自专其事，上竟从之。二人大相恶。”[④] 又说：“人谓天生姚熙之（姚启圣字熙止）所以平海也，以为海上之平，虽施将军之兵力，而实姚公多财，买其左右，亲密离散，故能一鼓下也。此却是外人揣度之辞，却未必然。然革去大当之害，其功则倍于平海矣。海贼当日虽不平，今观其子孙君臣人物，亦何能久自存。而姚之功则拔去百余年牢不可破之害，其庙祀百代也宜哉。”[⑤] 从这两段话中可以看出，李光地只肯定了姚启圣临终前半年的作为，而认为在此之前姚启圣是一个“不好”之人，甚至是一个“穷凶极恶”之人。对于姚启圣在统一台湾过程中的作用评价不高。事实上，姚启圣在福建总督任上（康熙十七年六月至二十二年十一月）为政都是清廉的[⑥]，与施琅关系中的

---

① 李光地：《榕村语录续集》卷一〇，付氏藏园刻本，1933 年。

② 李清植：《文贞公年谱》，见沈云龙主编：《近代中国史料丛刊》第 621 种，文海出版社 1971 年版。

③ 李光地：《榕村语录续集》卷一五，付氏藏园刻本，1933 年。

④ 李光地：《榕村语录续集》卷一二，付氏藏园刻本，1933 年。

⑤ 李光地：《榕村语录续集》卷一八，付氏藏园刻本，1933 年。

⑥ 详见邓孔昭：《从一首八闽童谣谈姚启圣为政清廉》，载《福建论坛》1989 年第 6 期。

一些事实也不像李光地所说的一样。李光地对姚启圣评价的公允与否不必详论，但从这个评价中我们可以看出，李光地在对待姚、施二人方面具有明显的倾向性。

尽管李光地对姚启圣的评价不高，但对姚启圣的身后事还是能够公正对待的。据《文贞公年谱》记载，“姚公身殁之后，所亏帑金以百万计，值公还朝，为陈其劳绩，指述其耗费本末，荷上隆恩，概予放免焉”。[①] 这事《康熙起居注》也有记载。二十三年九月十三日，“又兵部题原任总督姚启圣修理船只兵器，浮冒钱粮四万七千余两，应行追赔。上曰：姚启圣后来居官亦好，其攻取台湾时亦效有劳绩，着免其追赔”。[②] 康熙的态度，显然是受了李光地的影响。

李光地与施琅的交往，开始于李光地入京补授内阁学士之后，最初，李光地对施琅还不太信任，后来经过深谈，对这位福建老乡就变得十分推崇了。因此，他不仅举荐施琅复任福建水师提督，而且帮助施琅取得专征权，李光地对施琅的信任之深，可以从《榕村语录》中的一段记载看出来，“辛酉年，施将军方督水师，专平海事。某遇于逆旅，问数语，某即喜。曰：台湾已平矣，施曰：何相信之深也？某曰：君言已在掌握，岂不能行乎，说得实在是了，便不问而知其能行”。[③]

李光地对施琅的评价也十分之高。他说：“施素不多言，言必有中，口亦不大利，辛辛苦苦说出一句，便有一句用处。”还说：“人论本朝之将，以赵良栋、施琅并称，今观之，赵虽御下亦有恩威，临事亦有机智，若论能揽天下之大事，刻期成功，未必如施。予曾多与议，虽邓禹之初见光武，孔明之初见昭烈，所言相似，而岳武穆之破杨么不是过也。”[④] 一个人的发展取决于和他直接或间接进行交往的其他一切人的发展。综观李光地、姚启圣、施琅三人在清初统一台湾过程中的相互作用，正说明了这样一个历史唯物主义的观点。我们在肯定姚启圣、施琅历史功绩的同时，不应忽视李光地在其中的贡献，当然也不必隐讳他的某些历史局限性。

---

① 李清植：《文贞公年谱》，见沈云龙主编：《近代中国史料丛刊》第 621 种，文海出版社 1971 年版。

② 中国第一历史档案馆整理：《康熙起居注》第二册，中华书局 1984 年版，第 1128 页。

③ 李光地：《榕村语录》卷二八，付氏藏园刻本，1933 年。

④ 李光地：《榕村语录续集》卷一一，付氏藏园刻本，1933 年。

第十九章

施琅其人二三事

施琅是清初统一台湾的功臣。近几十年来，由于我们国家同样面临着海峡两岸需要再次统一的历史任务，人们不免发思古之幽情，把更多的目光投注到了他的身上。在一些对施琅的研究中，往往有爱屋及乌的现象，由于肯定他在为国家统一方面所作的贡献，就忽视了他的一些缺点和毛病，甚至为他被人所诟病的一些事情也进行极力的辩护。这不是辩证唯物主义评价历史人物的态度。施琅这个人物是复杂的，他在清初统一台湾的过程中确实建立了巨大的功勋，但是，在这绚丽光环的背后，也有一些不那么光彩、不那么高尚甚至还有些阴暗和丑陋的行为相伴随。除了人们时常会提到的他的民族立场、与郑成功交恶以及所谓恃才傲物等问题外，笔者再略举他的几件事情，或许可以更加丰富人们对他的了解和认识。

一、争“专征权”强烈排斥他人

施琅复任福建水师提督之后的第一件事就是争取专征权，并且坚持不懈，不达目的决不罢休。所谓“专征权”，就是进取台湾的统兵大权只能由他一人独任，他人不得染指，包括官阶比他高的总督姚启圣和巡抚吴兴祚。这种强烈排斥他人的做法是否合理？有人给出了肯定的答案，但这都是以事后成败论英雄。如果施琅不采取这种排斥他人的做法，而是由统兵大员各司其职，他们之间的关系就可能更加和谐，进取台湾或许更为顺利。有人说：“施琅之所以极力请求独任，他深知姚启圣等人尽管也都力主统一台湾，但涉及具体战略战术，意见多与施琅有分歧，在借助北风、南风时机上，看法也常不一致。因此，施琅独立主持军务，免受掣肘。”[①] 事实上这完全是因果倒置。不是施琅与姚启圣有了分歧，为了免受掣肘才去争取专征权，而是施琅为了争取专征权、排斥姚启圣才造成了两人的分歧。请看下列的史实：

康熙二十年（1681 年）十月初六日，复任福建水师提督的施琅到厦门就任。他上任伊始，就立即上疏，要求专征权，企图将福建总督姚启圣和巡抚吴兴祚排除在统兵进军台湾的事外。他说：“督抚均有封疆重寄，今姚启圣、吴兴祚俱决意进兵，臣职领水师，征剿事宜理当独任。但二臣词意恳切，非臣所能禁止，且未奉有督抚同进之旨，相应奏闻。”[②]

十月十五日，姚启圣收到施琅移送的疏稿之后，没有想到施琅“到任未几”，就要将他和吴兴祚排除在进取台湾的队伍之外，“不禁中心如焚如溺而不能自已”。十六日他也上疏，表示“臣与抚臣吴均蒙皇上特拔隆恩，同心合力誓以死报。今进剿台湾，何等重大，臣等焉肯贪生怕死，一听提臣自为决战，而不竭力相助有成乎？”“臣屡经拜疏督师出海，岂今日进兵反可旁委？”[③]

十月二十七日，看过施琅要求专征权奏疏后的康熙帝下旨：“总督姚启圣统辖福建全省兵马，同提督施琅进取澎湖、台湾。巡抚吴兴祚有刑名、钱粮诸务，不必进剿。”[④]

施琅首次争取专征权，虽然成功地将巡抚吴兴祚排除在进取台湾的队伍之外，但排斥姚启圣的目的却没有达到，反而得罪了姚启圣。此后，施琅和姚启圣矛盾不断，尤其在出兵时机和风向问题上争论不休，出兵日期一延再延，原因就在这里。

二十一年三月初一日，施琅再上《密陈专征疏》。其中说，督臣姚启圣“生长北方，虽有经纬全才，汪洋巨浪之中，恐非所长。……督臣亦驻厦门，居中节制，别有调遣，臣得专统前进。……今若与臣偕行，征粮何以催趱？封疆何有仰赖？安内攘外，非督臣断难弹压缓急，臣故密疏入告。使督臣闻知，必以臣阻其满腔忠荩，仰冀皇上密行温谕督臣，免其躬亲偕行”[⑤]。

三月十七日，姚启圣在宁海将军喇哈达处看到施琅的疏稿之后，自然也是一番上疏，要求共征权。他表示，“臣锐意灭贼，视死如归。虽生长北方，然今出

---

① 苏双碧：《从多民族国家的角度评价爱国主义历史人物——为纪念施琅逝世 300 周年而写》，载施伟青主编、叶昌澄副主编：《施琅研究》，厦门大学出版社 2000 年版，第 25 页。

② 台湾银行经济研究室编：《清圣祖实录选辑》，台湾文献丛刊本，第 113 页。

③ 厦门大学台湾研究所、中国第一历史档案馆编辑部编：《康熙统一台湾档案史料选编》，福建人民出版社 1983 年版，第 233~234 页。

④ 台湾银行经济研究室编：《清圣祖实录选辑》，台湾文献丛刊本，第 113 页。

⑤ 施琅：《靖海纪事》，福建人民出版社 1983 年版，第 59~60 页。

海数月……亦安然无恙，不呕不吐，何以知臣出海竟无所长？……臣宁愿战死于海，而断不肯回厦门偷生者也。”①

对于施琅和姚启圣的这番争论，康熙帝“命议政王大臣等集议，佥谓师期不便屡迁，应檄总督姚启圣、提督施琅克期于夏至后进取台湾”。四月十七日，康熙帝下旨：“进剿海寇，关系重大。总督姚启圣、提督施琅身在地方，……着协谋合虑，酌行剿抚，毋失机会。”②

施琅第二次“专征”的要求，还是没有得到康熙帝的同意。康熙帝要求他们二人要“协谋合虑，酌行剿抚”，并且对出兵日期一再拖延也有些责备的意思。

七月十三日，施琅上《决计进剿疏》，疏中将出兵日期一再拖延的责任推给了姚启圣和其他的将领。说他去年十月到厦门上任时，“点验船兵，全无头绪，焉敢妄举进剿？时欲具疏入告，恐伤寅恭和衷”。经他“日以继夜，废忘寝食，一面整船，一面练兵，兼工制造器械，躬亲挑选整搠。至今年四月终，方称船坚兵练，事事全备”。但“督臣以五月初一日准部咨进剿海贼事关重大之旨，随转意不前，而三军恻听，一尽解体。臣自初七日起，日与督臣决计进取，力争十余天……奈督臣终执旨意，以督提同心合意为辞，臣故不便违抗，姑听督臣主疏展期，实非臣之本意。……在督臣灭贼之念实切，惜乎生长北方，水性海务，非其所长，登舟之际，混心呕吐，身体维艰，所以前疏恳留督臣居中调度，盖为此也”。最后又提出：“倘荷皇上信臣愚忠，独任臣以讨贼，令督抚二臣催趱粮饷接应……何难一鼓而下。”③ 第三次提出了专征权的要求。

八月初四日，康熙帝在见到施琅的奏折后有些气愤，他说：“施琅、姚启圣数年来靡费钱粮甚多，前虽屡次启奏进兵，只以风不顺利为词，延迟日月，踟蹰不进。今又题请不令总督进兵。为臣子者，凡事俱应据实启奏，如此苟且妄奏，是何道理。……此本暂留，且看总督如何具奏。”④

我们没有在姚启圣的奏疏中见到对此有针对性的启奏，或许是姚启圣根本就不知道施琅还有第三次不让自己进兵、要求专征的奏疏。

十月初四日，康熙帝命议政王大臣等对施琅奏请自行进剿台湾事进行会议具奏。初六日，“为议政王大臣会议准提督施琅请自行进剿台湾事。上曰：尔等之意如何？大学士明珠奏曰：若以一人领兵进剿，可得行其志，两人同往，则未免

① 厦门大学台湾研究所、中国第一历史档案馆编辑部编：《康熙统一台湾档案史料选编》，福建人民出版社 1983 年版，第 244 页。

② 台湾银行经济研究室编：《清圣祖实录选辑》，台湾文献丛刊本，第 120 页。

③ 施琅：《靖海纪事》，福建人民出版社 1983 年版，第 62~67 页。

④ 中国第一历史档案馆整理：《康熙起居注》第二册，中华书局 1984 年版，第 876 页。

彼此掣肘，不便于行事。照议政王所请，不必令姚启圣同往，着施琅一人进兵似乎可行。上曰：然。进剿海寇关系紧要，着该督抚同心协力，攒运粮饷，毋致有误。前经姚启圣题定武弁功罪条例，着专交施琅遵行。上又曰：闻海寇较前衰微已甚。……郑锦在时犹苟延抗拒，锦死，首渠既除，余党彼此猜疑，各不相下，众皆离心，乘此扑灭甚易，进剿机宜不可停止。施琅相机自行进剿，极为合宜”。①

施琅第三次要求专征，开始时，康熙帝还觉得这种“不令总督进兵”的要求是“苟且妄奏”，可是，过了两个月之后，由于认为施琅专征成功的可能性很大，于是就改口为“施琅相机自行进剿，极为合宜”，同意了施琅专征的要求。

在施琅的一生中，这种不要他人协同、要求独自进兵的行为并不是第一次。康熙二年，他就曾经要求“独自袭取厦门”，并称“如是，较易告捷”。② 只是，不久后他自己“更改其独自袭取厦门之计”，而愿“与该王、公、督、提各臣同心协力进取厦门”。③

从这件事可以看出：施琅为人比较好胜，气量比较褊狭，缺乏大将风度。康熙二十三年（1684 年）七月二十二日，康熙帝和奉命巡视闽、粤两省归来的学士石柱有一段对话，对施琅有一个比较客观的评价。康熙帝问石柱：“施琅何如？石柱奏曰：水师提督施琅人材颇优，善于用兵。但既成功，行事微觉好胜。上曰：粗鲁武夫，未尝学问，度量偏浅，恃功骄纵。此理势之必然也。”④

二、“南风”“北风”之争，醉翁之意不在酒

在施琅和姚启圣的矛盾和争执中，利用何种风向征台是他们争论的一个主要问题。施琅在康熙二十一年七月十三日所上的《决计进剿疏》中说，他原来准备在二十一年五月“夏至后南风成信，联䑸进发”。由于姚启圣接到“部咨进剿海贼事关重大之旨，随转意不前”，他曾经面恳将军（喇哈达）转劝督臣，“乘南风进剿”。那一段时间，他“日与督臣争执南风进剿，不惟三军皆悉其情，即通

---

① 中国第一历史档案馆整理：《康熙起居注》第二册，中华书局 1984 年版，第 905 页。

② 厦门大学台湾研究所、中国第一历史档案馆编辑部编：《康熙统一台湾档案史料选编》，福建人民出版社 1983 年版，第 11 页。

③ 厦门大学台湾研究所、中国第一历史档案馆编辑部编：《康熙统一台湾档案史料选编》，福建人民出版社 1983 年版，第 14~15 页。

④ 厦门大学台湾研究所、中国第一历史档案馆编辑部编：《康熙统一台湾档案史料选编》，福建人民出版社 1983 年版，第 334 页。

省士庶亦皆俱晓”。因为，他相信，“夫南风之信，风轻浪平，将士无晕眩之患，且居上风上流，势如破竹，岂不一鼓而收全胜”。[①] 后来，他又在二十二年六月利用南风征台，取得了澎湖大捷。因此，人们容易认为施琅始终是坚持南风征台的，而且施琅的坚持是符合客观实际的。殊不知，施琅与姚启圣的南风、北风之争，实际上，醉翁之意不在酒，他只是在没有取得专征权之前拖延出兵，借此向朝廷施压的一种策略而已。一旦专征权到手，他也可以准备利用北风出兵。二十二年六月他利用南风征台取得澎湖大捷可以说有一定的侥幸，经验很难说明利用南风就一定好于利用北风。请看以下的史实：

康熙二十一年三月，施琅在《密陈专征疏》中说，他“去冬具疏展限，请以今年三、四月轻北风进兵。……前议轻北风之候，犹恐未能万全。……莫如就夏至南风成信，连旬盛发，从铜山开驾，顺风坐浪，船得联𦩷齐行，兵无晕眩之患，深有得于天时、地利、人和之全备”[②]。说明他一开始并不是主张利用南风，而是主张利用轻北风进兵的。后来才觉得利用轻北风不够万全，才主张利用南风。

二十一年十月初六日，康熙帝同意授予施琅专征权。二十日，施琅收到兵部密札：“总督姚启圣停其进剿，提督施琅如无机会，仍操演兵丁，若有可进机会，统伊所派船兵，相机进取台湾可也。”[③] 施琅见苦苦争取了一年的专征权已经到手，立刻将他与姚启圣之间关于南风、北风之争抛之脑后，决定利用北风征台。他迅速率舟师北上，于十一月初三日抵达兴化（今莆田市）平海卫澳。他在《舟师北上疏》中说：“此番拟在平海开洋，船只乃系坐子向午（即坐北向南——引者注），顺风坐浪，直抵澎湖，占据上风上流，为制胜之要着也。”[④]

从施琅自己奏疏中透露的情况，我们就可以看出他对风向的主张与要求专征权之间有密切的联系：

二十年十月，他第一次要求专征权没有成功，于是“具疏展期”，主张利用第二年三、四月的轻北风进兵。将进兵的时间拖延了数月。

二十一年三月，他第二次要求专征权。其时，正是他原先主张利用的轻北风的时期。但因不知朝廷对他这次要求会采取什么态度，于是他改口称“前议轻北风之候，犹恐未能万全”，主张不如夏至南风成信以后再出兵，将出兵日期后延两个月以上，借以观察清廷对他要求专征权的态度。

---

① 施琅：《靖海纪事》，福建人民出版社 1983 年版，第 62~63 页。

② 施琅：《靖海纪事》，福建人民出版社 1983 年版，第 58 页。

③ 施琅：《靖海纪事》，福建人民出版社 1983 年版，第 69 页。

④ 施琅：《靖海纪事》，福建人民出版社 1983 年版，第 70 页。

七月，他第三次要求专征权，坚持利用南风。在第二次专征权的要求受挫之后，他利用与姚启圣主张北风的分歧大做文章，将出兵延期的责任推给姚启圣。这一次，他表面上申明“决计进剿”，但其中不忘题明姚启圣反对利用南风，潜台词是不把反对利用南风的姚启圣排除在统兵进剿台湾之外，他仍然无法进兵。果然，由于清廷没有及时同意他第三次专征的要求，“决计进剿”后的三个月内，施琅没有任何准备出兵的动静。

十月二十日，施琅知道了清廷同意他专征要求的消息，马上不再坚持利用南风，迅速率舟师北上，准备利用北风征台。但这次利用北风征台并不顺利，“十二月二十三日出洋，忽转东风，乃止。二十七日开驾，至青水墘，风轻，又转东南顶头，再收平海”。①

二十二年四月十六日，施琅在《海逆日蹙疏》中再次主张：“乘夏至南风成信，当即进发捣巢。盖北风刚硬，骤发骤息，靡常不准，难以逆料；南风柔和，波浪颇恬，故用南风破贼，甚为稳当。”②

从以上的事实可以看出：原来施琅主张利用什么风向征台，基本上是由他争取专征权的需要所决定的。撇开他和姚启圣争论时的各执一词，客观地说，南风、北风都是可以利用的，各有利弊。台湾第一任知府蒋毓英修撰的《台湾府志》中说，台湾海峡地区，“清明以后，地气自南而北，则以南风为常风；霜降以后，地气自北而南，则以北风为常风”。“南风壮而顺，北风烈而严。南风多间，北风罕断。南风驾船，非台飓之时，常患风不胜帆，故商贾以舟小为速。北风驾船，虽非台飓之时，亦患帆不胜风，故商贾以舟大为稳。”③ 一个台湾的文职官员都能把台湾海峡的季风说得如此清楚，作为一个有经验的水师提督，施琅更是熟悉这一切。只不过，为了争取专征权，他需要借风向说事而已。从这件事上可以看出，施琅是一个很有权谋的人，但做事好像不够光明磊落。

实际上，台湾海峡的气象十分复杂。虽然，清明以后基本上以南风为常风，霜降以后基本上以北风为常风，但风向往往反复多变。上述康熙二十一年十二月施琅从福建兴化平海出兵，这时候是北风季节。二十三日出兵时刮北风，但出洋不久即“忽转东风”。二十七日利用北风再次起航，到青水墘时，风开始变小，而且很快又变成刮东南顶头逆风。这是北风季节里出现的五天之内由北风转东风、再转北风、再转东南风的例子。南风季节也一样。清顺治十八年（1661 年）七、八月间，郑成功收复台湾的大军由于缺粮在台湾嗷嗷待哺，但厦门和金门的

① 施琅：《靖海纪事》，福建人民出版社 1983 年版，第 74 页。

② 施琅：《靖海纪事》，福建人民出版社 1983 年版，第 78 页。

③ 蒋毓英：《台湾府志》，厦门大学出版社 1985 年版，第 5~6 页。

运粮船就是无法到达台湾，原因就是金、厦的运粮船遇到了连续的“石尤风”——顶头逆风（东北风）。[①] 这是南风季节里，连续刮东北风的例子。南风季节里，台湾海峡还时常会受到台风的影响。因此，施琅康熙二十二年利用南风征台成功，实在是有侥幸的成分在里面。

三、施琅对姚启圣有些忘恩负义和不择手段

施琅与姚启圣的关系是许多研究者都会提到的。有人认为姚启圣凡事掣肘施琅、与施琅争功，有人则同情姚启圣，认为施琅在争功，各有各的理由。平心而论，姚启圣没有什么对不起施琅的地方，而施琅在处理与姚启圣的关系时，确实有些忘恩负义，有些不择手段。

为什么说施琅是忘恩负义呢？因为，姚启圣曾大力举荐过施琅，为施琅的复出作出了很多贡献，对施琅是有恩之人，但施琅复出之后的第一件事，却是要把姚启圣排除在进取台湾的统兵将领之外。对一个举荐自己的人，不思感恩，却千方百计地要排挤他，这当然属于忘恩负义的行为。

姚启圣举荐施琅是出了大力的。康熙十七年四月，他在福建布政使任上，即曾经启文向康亲王杰淑等保荐过施琅。[②] 九月，刚任福建总督不久的姚启圣就上疏题请复设福建水师提督，其中说：“此时水战更重于陆战，以陆攻水，断难净绝根诛。若以水攻水，而无总统重臣，何能削除祸乱。……伏祈皇上敕部详查旧制，准于海澄县复设水师提督一员，令其专练水兵，熟习惯战，牵制贼势，以便水陆夹攻厦门，海贼易于扑灭。”[③] 但这时姚启圣已经知道施琅有子、侄在郑氏队伍中，并听说“当日撤回，原自有因”[④]，所以，在推荐水师提督人选上一时产生了犹豫，没有推荐施琅，而与巡抚吴兴祚、陆路提督杨捷采取同样的立场，称“今复与抚、提二臣面商，皆称无可保题之员。……请乞敕部另简廉勇优长、

---

① 邓孔昭：《郑成功与明郑在台湾》，厦门大学出版社 2013 年版，第 53~55 页。

② 姚启圣：《忧畏轩奏疏》，载陈支平主编：《台湾文献汇刊》第二辑第一册，九州出版社、厦门大学出版社 2005 年版，第 500 页。

③ 姚启圣：《忧畏轩奏疏》，载陈支平主编：《台湾文献汇刊》第二辑第一册，九州出版社、厦门大学出版社 2005 年版，第 354~356 页。

④ 姚启圣：《忧畏轩奏疏》，载陈支平主编：《台湾文献汇刊》第二辑第一册，九州出版社、厦门大学出版社 2005 年版，第 500 页。

威名素著、深识水性、谙练才能者，仰祈钦点一员，勒限星驰赴任”。①

但姚启圣的犹豫并没有维持太久。十八年六月，他上了《特举能臣疏》，首先强调了水师提督一职的重要性。其中说，“目下剿贼平海，全赖水师提督一官。今陆路既不能冲击矣，如水师战胜，贼自败走台湾，如水师不胜，贼仍盘踞厦门。是总督、巡抚、陆路提督不过相助为理，而决战成功，实水师提督一人任也”。随之，他反省了自己曾经“明知故忍”，不敢力保施琅的私心，决然而然地举荐施琅出任福建水师提督。并且针对清廷的疑虑，指出“施琅即有一子在海，尚有六子在京。其京中家口数百，岂肯为一子而舍六个儿子与数百口家眷乎”?② 清廷这时已补授万正色为福建水师提督，没有同意姚启圣的建议。

七月十九日，姚启圣得悉清廷已任命万正色为福建水师提督之后，再次上疏，建议让施琅以靖海将军总统水师事务。他说：“臣曾保举原任水师提督施琅，如以万正色拟补水师提督，即施琅曾蒙国恩授靖海将军，或以施琅以将军总统水师事务，则将军提督并收得人之效。”③ 又遭议政王大臣等驳回。

清廷屡次驳回姚启圣的题请，实因施琅有子、侄在郑氏队伍中而产生疑虑。十九年二月，施琅的儿子施齐（又名施世泽）、侄子施亥（又名施明良）在厦门谋擒郑经未果被杀，姚启圣得悉此事，于十九年四月二十一日上疏，奏明施琅子侄“假心事贼，真心为国。……施齐、施亥虽失身海上，忠义难泯”。清廷开始时还以“施齐等俱授海贼伪职，今不便据家人一语为凭遽议”为由，不肯深信，要求姚启圣将此事详加查明具题。④

十二月二十二日，姚启圣再次上疏，将施齐等如何陷身郑氏队伍又怎样为谋擒郑经被杀的事实调查得一清二楚，并且说：“是施齐等谋擒被杀，已经万耳万目，昭著天壤，历历可凭，实非止家人一语而已也。此虽谋擒之功未遂，而郑经因之内变，内外夹攻，贼众奔走，金厦全收。揆阙所由，二人之功实不可泯。……相应题请从优恤奖。”⑤

---

① 厦门大学台湾研究所、中国第一历史档案馆编辑部编：《康熙统一台湾档案史料选编》，福建人民出版社 1983 年版，第 172 页。

② 姚启圣：《忧畏轩奏疏》，载陈支平主编：《台湾文献汇刊》第二辑第一册，九州出版社、厦门大学出版社 2005 年版，第 498~502 页。

③ 厦门大学台湾研究所、中国第一历史档案馆编辑部编：《康熙统一台湾档案史料选编》，福建人民出版社 1983 年版，第 187 页。

④ 厦门大学台湾研究所、中国第一历史档案馆编辑部编：《康熙统一台湾档案史料选编》，福建人民出版社 1983 年版，第 226 页。

⑤ 厦门大学台湾研究所、中国第一历史档案馆编辑部编：《康熙统一台湾档案史料选编》，福建人民出版社 1983 年版，第 225~231 页。

施齐、施亥二人优恤事小，清廷因此而打消了对施琅的疑虑事大。正因为姚启圣的不懈努力，才为施琅的复出扫除了最根本的障碍。此后再经过学士李光地的举荐，施琅的复出终于水到渠成。

然而，姚启圣满腔热情保荐的施琅，复出之后，“到任未几”，却反过来要将姚启圣排除在进取台湾的队伍之外，这叫姚启圣的感受怎能不“中心如焚如溺而不能自已”？

如果纯粹为了专征权而有如此的行为倒也罢了，施琅此后与姚启圣的关系说明他的忘恩负义并非无奈之举。

施琅打下澎湖之后，对姚启圣已无丝毫顾忌，所以，他几次上疏都说了姚启圣一通坏话。

二十二年七月二十九日，他一反闰六月十一日疏中“臣专征，止宜主剿，不宜议抚之事”的说法，攻击姚启圣和巡抚所差去台议抚官员，“并无到澎湖知会，枉道直去台湾，恳其就抚。是均军国之事，故作两途歧视，毋乃有轻国体而贻笑于逆众者乎”。并且说：“且臣于闰六月二十一日，因伪官郑平英、林惟荣到处张盖乘轿，自尊无忌，咨移督臣有‘摇尾乞怜，袒肉求降’等语，督臣所差之员，将此公移并督臣自题疏稿，抄送台湾与伪藩等看阅，致使贼众危疑，抱恨于臣。”[①] 光上疏还不够，施琅又专差吴启爵赴京“披陈面奏”。李光地说他“蓄毒入郑家，得姚一点阴利事，命陈起爵（疑为吴启爵之误）入奏”。[②] 好像指的就是这样一件事情。

八月九日，他在《报入台湾疏》中，又攻击姚启圣不及时接济秋季粮饷，“督臣即于六月十一日回省……今各镇营官兵秋季粮饷，役过四十余日，尚未运到”。并且说，“督标所拨付朱天贵管坐赶缯双帆艍船于六月二十二日夜内，朱兴即带一十三只径不请令，私自逃回”[③] 等等。

施琅对姚启圣的攻击大多并非事实。如督标朱兴等十三船官兵并不是“私自逃回”，而是施琅亲自批准他们护送朱天贵身尸“驾回埋葬”的。这在姚启圣六月二十五日的奏疏中说得非常清楚：“本月二十五日寅时，据平阳镇下随征总兵朱兴、游灏禀称：……（澎湖之战）朱总兵急于荡平，尾跟追杀，不意项中一炮气绝……至湾船时，卑职同总兵游灏、游澎、游举、林祯等禀见施提督，随蒙令卑职等将朱总兵身尸驾回埋葬，仍拨本辖大小船只护送，于二十二夜起船，本日

① 施琅：《靖海纪事》，福建人民出版社1983年版，第104页。

② 李光地：《榕村语录续集》卷一二，付氏藏园刻本，1933年，第12页。

③ 施琅：《靖海纪事》，福建人民出版社1983年版，第108页。

辰刻进入兴化港。"[1] 又如秋季粮饷，姚启圣在闰六月初五日即已题明："今准提臣咨催预支秋季兵饷月米并招抚伪官兵应用粮米，臣复办凑银十万两，米一万石，一并解赴水师提臣军前，听其支用报销。"[2]

好在姚启圣事前已经上报，而不是事后再申辩，否则，人们会以为他们各执一词，无法知道事情的真相。施琅这种歪曲事实、诋毁姚启圣的做法，确实有些不择手段。

施琅不仅对姚启圣如此，他对其他的同僚也不友善。以他的《决计进剿疏》为例，他在其中不仅攻击姚启圣"督臣以五月初一日准部咨进剿海贼事关重大之旨，随转意不前，而三军侧听，一尽解体之外"[3]，还攻击了前任福建水师提督（现任福建陆路提督）万正色、宁海将军喇哈达、坐塘笔帖式谭木哈图等三人。他说，他刚上任时："点验船兵，全无头绪，焉敢妄举进剿？时欲具疏入告，恐伤寅恭和衷。"[4] 暗指前任水师提督万正色治军无能。又说，宁海将军喇哈达奏疏中有"总督、提督称南风不如北风"，是喇哈达不将施、姚二人的主张"分晰明白，一笔混入奏章，陷臣推托不前"[5]。还说："坐塘笔帖式谭木哈图具题大兵水面度日、逆贼窥望空隙之疏，殊非真知灼见为证，臣全不解其故。然臣生长滨海，总角从戎，风波险阻，素所履历……岂有海面形势、风信、水性犹不畅熟胸中，而笔帖式乃更识于臣乎？"[6] 这种四面树敌的做法，或许可以看出他的为人。

四、对台湾弃留问题的态度前后判若两人

在台湾弃留问题上提出关键性的意见，上《恭陈台湾弃留疏》，是施琅最被人们称道的事情之一。笔者也曾对此给予高度的评价，认为这件事的意义甚至"超过他打下澎湖，迫使台湾郑氏投降。因为，迫降郑氏，只是帮助清王朝消灭了一个政治上的敌人，这和当时打败吴三桂、耿精忠、尚之信，也就是平定'三藩之乱'没有多少区别。而使台湾保留在清朝的版图之中，这对于台湾以后的开

① 厦门大学台湾研究所、中国第一历史档案馆编辑部编：《康熙统一台湾档案史料选编》，福建人民出版社1983年版，第264页。

② 厦门大学台湾研究所、中国第一历史档案馆编辑部编：《康熙统一台湾档案史料选编》，福建人民出版社1983年版，第281页。

③ 施琅：《靖海纪事》，福建人民出版社1983年版，第63页。

④ 施琅：《靖海纪事》，福建人民出版社1983年版，第62页。

⑤ 施琅：《靖海纪事》，福建人民出版社1983年版，第63页。

⑥ 施琅：《靖海纪事》，福建人民出版社1983年版，第64页。

发和发展，对于中国东南海防的巩固，都具有深远的历史意义”。① 但是，笔者也曾经有过一些疑惑：为什么施琅对台湾弃留问题的态度前后会有很大的不同？当时，从善意的角度考虑，认为是施琅经过到台湾实地考察之后对台湾的认识有了很大的提高。后来读了台湾学者石万寿教授的文章，才知道施琅这种前后态度的变化还有另外一种可能，即冠冕堂皇的高谈阔论其实是隐藏私利的伪装。

首先，我们看看施琅对台湾弃留问题的态度前后有什么不同：

清军打下澎湖之后，台湾郑氏政权的命运基本上已经确定。康熙二十二年六月二十六日，施琅首先在《飞报大捷疏》中提出了台湾的去留问题。他说：“今澎湖既已克取，台湾残贼必自惊溃胆落，可以相机扫荡矣。但二穴克扫之后，或去或留，臣不敢自专，合请皇上睿夺，或遴差内大臣一员来闽，与督臣商酌主裁，或谕令督抚二臣会议定夺，俾臣得以遵行。”②

七月二十四日，施琅在《台湾就抚疏》中又提出，台湾“或去或留，事关重大，所当亟请皇上迅赐睿裁，敕差才能户、兵二部迅速前来，会同督抚主裁料理，安置得宜，毕此大事。俾臣得即勾当班师，从此金瓯永固，玉烛常调，可无虞南顾矣”。③

收到施琅以上二疏后，清廷下令，“台湾应弃应守，俟郑克塽等率众登岸，令侍郎苏拜与该督、抚、提会同酌议具奏”。④

八月十九日，施琅亲临台湾后，在《舟师抵台湾疏》中，再次表示，台湾“土地肥饶，出产五谷，沃野千里，人民土番杂处，甚为稠密，应去应留，臣经具疏题请，未奉敕旨，仰冀迅赐睿夺，俾得钦遵奉行”。⑤

我们可以看到，台湾弃留问题首先是施琅提出的。但在前三个月内，他对自己提出的问题没有发表任何倾向性的意见，完全是一种超然的态度：他是武将，攻城略地是他的责任，至于地方打下以后如何安置，他必须让朝廷乃至地方督抚拿主张。但在他到台湾住了三个月之后，他对台湾弃留问题的态度发生了截然不同的变化：

十二月二十二日，他上了《恭陈台湾弃留疏》，全面阐述了主张保留台湾的看法。他首先指出，“台湾地方，北连吴会，南接粤峤，延袤数千里，山川峻峭，港道迂回，乃江、浙、闽、粤四省之左护”。“实肥饶之区，险阻之域”，可资“东南之保障，永绝边海之祸患”。然后，分析了放弃台湾所将带来的危害，其中

---

① 邓孔昭：《李光地、施琅、姚启圣与清初统一台湾》，《台湾研究集刊》1993 年第 1 期。

② 施琅：《靖海纪事》，福建人民出版社 1983 年版，第 90 页。

③ 施琅：《靖海纪事》，福建人民出版社 1983 年版，第 102 页。

④ 台湾银行经济研究室编：《清圣祖实录选辑》，台湾文献丛刊本，第 127 页。

⑤ 施琅：《靖海纪事》，福建人民出版社 1983 年版，第 110~111 页。

特别强调荷兰图谋侵占的危险。说“此地原为红毛住处，无时不在涎贪，亦必乘隙以图。一为红毛所有，则彼性狡黠，所到之处，善能鼓惑人心。重以夹板船只，精壮坚大，从来乃海外所不敌。未有土地可以托足，尚无伎俩，若以此既得数千里膏腴复付依泊，必合党伙窃窥边场，迫近门庭。此乃种祸后来，沿海诸省，断难晏然无虞”。针对那种弃台湾、守澎湖的错误主张，他认为：“如仅守澎湖，而弃台湾，则澎湖孤悬汪洋之中，土地单薄，界于台湾，远隔金厦，岂不受制于彼而能一朝居哉？是守台湾则所以固澎湖，台湾、澎湖一守兼之。”最后，更明确地指出：“台湾一地，虽属外岛，实关四省之要害，勿谓彼中耕种，尤能少资兵食，固当议留，即为不毛荒壤，必藉内地挽运，亦断断乎其不可弃……弃之必酿成大祸，留之诚永固边圉。”①

施琅的态度为什么会发生如此巨大的变化？台湾学者石万寿教授认为：施琅要求保留台湾的“表面理由固然冠冕堂皇，然而以施琅贪婪无厌的德性，在台湾十个月无朝廷派官治理的期间，竟如此‘公忠体国’，在情在理都无法想象其可能性”。实际上，施琅在登陆台湾之后，纵容家人和部将掠夺了大量由于郑氏官兵内迁而留下的田园，后来属于他家的土地就有五十五庄之多。“施琅为了有效管理其五十五庄土地，乃设施公租馆十处，置管事分掌收租。……可见施琅力主收台湾为版图真正的用意所在。”②

石教授的观点不无道理。如果说施琅前几个月对台湾弃留问题没有倾向性的意见，是因为他在台湾还没有个人的利益，所以他可以抱着超然的态度。等他在台湾住了三个月以后，他已经发现郑氏官兵内迁以后留下的大量田园他可以轻易地占为己有。如果清廷弃守台湾，他将失去这些利益。如果保留台湾，他将拥有这些利益。因此，他一改以往超然的态度，坚决地变成了保留台湾的支持者。这样的分析是合乎逻辑的。施琅家族在台湾拥有大量的田产、“施侯租”成为台湾历史上的一个专有名词的事实也说明了确实有这种可能。

当然，不管施琅当时上《恭陈台湾弃留疏》的动机如何，究竟是为了保护私利，还是觉悟有了很大提高，或是二者兼而有之，此疏的效果和价值还是应当充分肯定的。

---

① 施琅：《靖海纪事》，福建人民出版社 1983 年版，第 120~123 页。

② 石万寿：《台湾弃留议之探讨》，载《沤汪·将军·施琅——将军乡乡名溯源暨施琅学术研讨会论文集》。

五、侵占台湾民众的田产，逃漏政府的田赋

如果说施琅上《恭陈台湾弃留疏》有私利的考虑还只是“疑似”的话，那么，首任诸罗知县季麒光在《东宁政事集》里所记载的施琅侵占台湾民众的田产、逃漏政府的田赋，却是铁一般的事实。

在季麒光的《东宁政事集》中有一篇《密陈营盘累民文》，应该是季麒光在康熙二十四年给当时闽浙总督王国安的一份秘密报告。其中写道：“卑职疏庸末吏，备沐宪恩。脱闽清之火堑，调补诸罗，冀展尺寸微长，惟惧纤毫陨越，有负简拔之恩及宪台裁成至意。……今既身在地方，则凡剔弊釐奸兴利除害，分所当为之事，自当不避嫌怨，仰渎宪听也。切今日职守之最重者，莫如国赋，而利弊之最难清者，莫如田园。视事以后，里民男妇老幼皆称将军管事叶虔等将新化里民田冒指营盘，横征租粟，不论上中下则，每甲收一十八石，往来络绎，民佃不堪受其诛求，纷纷具控。如陈四、徐虎等八十六人为冒献血业事，寡妇王氏、郑氏等为噬寡吞孤事，张旭、林盛等四十一人为釜鱼乞命事，潘治、董寅等二十六人为吞占殃民事，郑吉、林叔等一十五人为究还民业事，郑再、黄秋等十人为混献占夺事，其余李文起、薛云、曾庄氏等陆续投诉者，案积如山。此辈冤民，环呼望救。卑职审讯得实，将叶虔等责惩，断给归民。复将各案情形并营盘田数绘图缮册，痛哭上书于将军。且卑职地方如大竹排、下加冬、铁线桥、茅尾港、急水溪等处，皆系垦熟营盘，不下二三千甲，不报册，不输粮。詹高、陈贵等自称督垦管事，倚伪时名号，登堂抗礼，田数多寡，不容查核。差官陈钦、颜亲等十有□人奉将军令牌，勒限征租，擅拨车夫。县官亦无从诘其真伪，莫可如何。但卑职自责惩叶虔之后，南北两路管租副使曾蜚、郑耀星及蓝瑶、林明等皆有田园、蔗车，侧目于卑职。恐棍徒横虐，将军侯未必尽知，而谗言日进，以致忤威获戾。不揣冒昧，沥血密陈。”①

在《上将军施侯书》中，季麒光写道：“今台湾之地，皆君侯所辟之地也；台湾之民，皆君侯所生之民也；台湾之文武员属，皆君侯药笼之参苓也。在君侯之身，正如泰山沧海，人谁与让？况君侯泉人也，以泉之人镇泉之地，台湾虽阻重洋，皆君侯梓里之余也。宽其所有，而抚恤其民人，正君侯今日之事也。乃何以职等视事以来，问出水，则曰‘君侯之兵眷’也；问田亩，则曰‘君侯所垦

① 季麒光撰，李祖基点校：《蓉洲诗文稿选辑·东宁政事集》，香港人民出版社2006年版，第201~202页。

辟’也；问蔗车，则曰‘君侯所竖立’也；问佃丁，则曰‘君侯所荫免’也。嗟此小民，始为身家计，纷纷具控。及见君侯之员佐持君侯之符，宣君侯之命，执系箠击，声言提解。嗟此小民，又为性命计，皆依徊隐嘿，使县官无从定断。则小民之情事，亦甚可怜；而员佐之声灵，更非职等所能问矣。窃思君侯业隆千古，位极人臣，视此所余之粟谷，不过九龙之一臠耳，岂肯以盖世之勋名与小民争此尺寸之获。……今职秩微言浅，而所据陈于君侯者，又冒昧而不知忌讳，亦明知君侯之心事如光风霁月，无所不容。君侯之员佐，皆能仰体君侯之心，不以位卑言高为职罪戾。伏望君侯俯加垂察，使职得效冯驩之诚，为君侯广焚券之仁，则功在社稷，泽在生民。君侯之令名盛德，亦永远不替矣。”①

从季麒光上述的记载中，我们可以看到这样一些事实：施琅的管事、差官等以原为郑氏的营盘田（郑氏军队垦辟的田园）为名侵占了大量台湾民众的田产。仅到诸罗县具控的民人就有陈四、徐虎、王氏、郑氏、张旭、林盛、潘治、董寅、郑吉、林叔、郑再、黄秋、李文起、薛云、曾庄氏等183人，“案积如山”。施琅将郑氏时期的营盘田占为己有，仅在诸罗县境内就有二三千甲（一甲等于十一亩零二分），而且“不报册，不输粮”，也就是不向政府缴纳田赋。

施琅的员佐，持施琅之符、宣施琅之命，对到官府呈控施家侵占土地的民人“执系箠击，声言提解”，吓得他们到官府之后“皆依徊隐嘿”，不敢讲话。甚至连知县季麒光都“恐棍徒横虐”，遭人暗算。

在这里季麒光用自己的经历为我们展示了一个小小知县为民众利益与权贵抗争的故事。在这个故事里，恶势力的后台不是通常文艺、影视作品中所虚构的皇亲国戚、王公大臣，而是一个真实的历史人物——施琅。

以上通过几件事论述的全是施琅的不是，但笔者并非要全盘否定施琅。施琅在清初为国家统一所作出的贡献，是不可否认的。目的是以施琅为例子，说明历史人物的评价需要实事求是，需要一分为二，需要全方位的观察。

---

① 季麒光撰，李祖基点校：《蓉洲诗文稿选辑·东宁政事集》，香港人民出版社2006年版，第204~205页。

第二十章

明郑一些重要人物的生平

一、郑芝龙

郑芝龙，小名一官，字曰甲，号飞黄（或称飞虹），福建南安石井人。他生于明万历三十二年三月十八日（1604 年 4 月 16 日）[①]，清顺治十八年十月初三日（1661 年 11 月 24 日）[②] 被清政府所杀。他是明末著名海盗、海商，就抚为明将，后又背叛隆武降清，在当时军事、政治舞台上是一位颇有名气和影响的人物。

芝龙出生在一个小吏家庭，父士表曾为泉州府库吏。芝龙幼年时面目清秀，气宇轩昂，颇聪敏。稍长，不喜读书，好拳棒。明天启元年（1621 年），他到广东香山澳寻母舅黄程，在那里住下并受了天主教洗礼，取教名为尼古拉（Nicholas），或说为贾斯帕（Jaspar）。[③] 在香山澳逗留期间，他因同葡萄牙人接触，掌握了一些卢西塔尼亚语言知识。天启三年五月，他为黄程贩货到达日本，在平户娶日妇田川氏[④]为妻，次年诞育一子，即后来的郑成功。芝龙在日本结识了福建

① 江日升：《台湾外记》，福建人民出版社 1983 年版，第 2 页。

② 阮旻锡：《海上见闻录》，福建人民出版社 1982 年版，第 47 页。

③ ［英］C. R. 博克塞：《郑芝龙（尼古拉·一官）兴衰记》，松仪摘译，载《中国史研究动态》1984 年第 3 期。

④ 田川为她的本姓，中国史籍称翁氏。据［日］伊能嘉矩的《郑氏异闻》载，田川氏由侨居平户的翁翌皇收为养女，故又姓翁。田川氏生于（万历三十年）壬寅八月十八日（1602 年 10 月 3 日），卒于（顺治三年）丙戌十一月三十日（1647 年 1 月 5 日），享年四十有五。（厦门大学郑成功历史调查研究组编：《郑成功史迹调查》，福建人民出版社 1962 年版，第 55~56 页。）

海澄人颜思齐（或说原受雇于李旦①），不久就加入了以颜思齐为首的海盗集团。天启四年，他们进据台湾作为基地，招漳、泉无业之民3000余人，进行海上贸易和劫掠活动。在当年秋把盘踞澎湖列岛的荷兰人从澎湖运往台湾的活动中，芝龙起了作用。他还为荷兰驻台湾长官迪·韦特担任翻译。② 五年九月，颜思齐在台湾染病身亡，郑芝龙继为集团首领。他继任之后，谋求向闽、粤沿海发展势力，乘福建连年大旱的机会，劫富济贫，礼贤下士，使饥民归之如流水，很快聚船上千，招徒数万，声名大震。同时他屡次侵犯漳浦、海澄、厦门、金门、铜山（今东山）和广东沿海地方。他和明军作战，每战胜之后，总是制止部下追击，尤其不使那些将官感到难堪。他曾舍弃都司洪先春不追，获游击卢毓英不杀，并且扬言说："苟得一爵相加，当为朝廷效死力，东南半壁可高枕矣。"③

崇祯元年（1628年）九月，在泉州知府王猷建议下，福建巡抚熊文灿派卢毓英招抚郑芝龙。芝龙率部投降，任海防游击。当时，福建旱情继续发展，饥民遍地。他向熊文灿提议，由他集资，安置一部分人到台湾开垦。他陆续招得饥民数万，每人发给牛种银，④ 用船载到台湾，垦荒种田。台湾汉人由此激增，土地

---

① ［英］C. R. 博克塞：《郑芝龙（尼古拉·一官）兴衰记》，松仪摘译，载《中国史研究动态》1984年第3期。

② 据甘为霖《荷兰人侵占下的台湾》说："海贼一官（前长官普特曼斯的裁缝、前长官迪·韦特的通译）之子中国官员国姓爷。"（厦门大学郑成功历史调查研究组编：《郑成功收复台湾史料选编》，福建人民出版社1982年版，第116页。）此一官显系郑芝龙。迪·韦特于1625—1626年（即天启五至六年间）任长官，此时芝龙任其通译很可信。传教士卫匡国也说他"起初为澳门的葡萄牙人服务，后来又在'福摩萨'岛为荷兰人办事"。（卫匡国：《鞑靼战纪》，载《清代西人见闻录》，中国人民大学出版社1985年版，第39页。）普特曼斯于1629—1936年（即崇祯二至九年间）任长官。（卫匡国：《鞑靼战纪》，载《清代西人见闻录》，中国人民大学出版社1985年版，第120页。）此时芝龙在福建明军中供职，不可能为普特曼斯做裁缝。或者普特曼斯未任长官时，芝龙曾做过他的裁缝亦有可能。因为，"郑芝龙幼逃入日本，为人缝纫以糊其口"。（刘献廷：《广阳杂记》，中华书局1957年版，第105页。）可见他曾以裁缝为业。参见［英］C. R. 博克塞：《郑芝龙（尼古拉·一官）兴衰记》，松仪摘译，载《中国史研究动态》1984年第3期。

③ 陈寿祺：道光《重纂福建通志》卷二六七，《明外纪》。据记载："天启六年，郑芝龙，同安人，此以副总兵衔羁縻之也。踞海岛，劫商船，跋扈如故。"（周硕勋：乾隆《潮州府志》卷三二，《职官表》下，《南澳副将》。）这就是说，天启六年，明朝为笼络盘踞台湾等岛的郑芝龙，曾给他以南澳副将衔，但他未到任，仍事劫掠。为什么他正式投降以后，明朝反而只给以比副将低两级的游击实职呢？这是让人费解的。

④ 关于郑芝龙移民入台每人发给的资金，黄宗羲的《赐姓始末》记载，"人给银三两，三人给牛一头"，徐鼒的《小腆纪年》则说："人给三金一牛。"不少学者认为这两种说法都不太可信，大荒之年，哪来的这么多牛？这里的"牛"，并不一定是具体的牛只，而是包含在牛种银中的"牛"。康熙年间湖北江夏出租学田给佃户"牛、种之资"即是其例。（参见《封建贵族大地主的典型——孔府研究》，中国社会科学出版社1981年版，第232页。）

逐渐开发。这些人也以衣食之余，向郑氏纳租。郑芝龙还以剿平诸海盗自任，在崇祯二年四月和六月先后攻杀李魁奇及杨六、杨七于金门料罗湾，尽降两股部众。八月，他又追灭褚彩老于南日。三年七月，他在泉州击败钟斌，十二月，逼迫钟斌投海死。同年，芝龙因叙功加署总兵。八年四月，芝龙灭刘香于广东田尾洋。当时，荷兰人侵占台湾。崇祯元年和三年，芝龙曾与荷人订有在沿海进行贸易以及荷人对郑氏船只不得进行伤害的协议。六年七月十三日（1633 年 8 月 17 日），荷人乘明军无备，突袭厦门，击毁明军大量船只，包括郑氏的一些船只在内。九月，郑芝龙会合闽、粤两省水师进行反击，于二十日（10 月 22 日）在金门料罗湾大败荷舰，焚毁大型夹板船五只，缴获一只，烧死、生擒大批荷兰人。当时，人们认为这次胜利是海上数十年未有的“奇捷”。十二年六月，芝龙在福建湄州湾再次击败前来骚扰的荷兰人，焚毁荷舰多艘。自此，荷人不敢入窥闽境。十三年八月，明廷以战功提升郑芝龙为福建总兵官。自降明以后，郑芝龙利用海上武装力量和明朝官员的有利地位，独擅通洋巨利。他一面积极扩大海上贸易，商船穿梭于我国台湾与日本、吕宋（今属菲律宾）和东南亚各国之间，成为荷兰东印度公司有力的竞争对手；另一方面，他又继续向商民索取“报水”。① 北至吴淞，南至闽、粤，“海舶不得郑氏令旗不能往来，每舶例入三千金，岁入千万计，芝龙以此富敌国”。② 他不但垄断了海上贸易，而且田园遍闽、粤，“有数万顷”之多，每年田租收入不计其数。③ 他还在安平（今福建南安安海镇）筑城垣，建府第。“海梢直通卧内，可泊船，竟达海。其守城兵自给饷，不取于官。旗帜鲜明，戈甲坚利。凡贼遁入海者，檄付龙，取之如寄。故八闽以郑氏为长城。”④

清顺治元年（1644 年）八月，南明弘光政权为了征用郑芝龙的力量，封他为南安伯，镇守福建。弘光政权还调其弟副总兵郑鸿逵率舟师驻镇江防守。二年五月，弘光政权败灭，郑鸿逵拥舟师不战，闻风而走。鸿逵在杭州遇见唐王朱聿键，拥奉入闽。芝龙得到鸿逵手书，事先将唐王在福州的住所和把守浙闽关隘等事作了安排，同时启请唐王，主张“先监国而后登极”。⑤ 唐王在途中给郑芝龙的手谕中也表示，监国后要依靠郑氏兄弟。闰六月二十七日，唐王登极，改元隆武，封芝龙平夷侯，鸿逵定虏侯，称“承天翊运定难功臣”，执掌军国大权。面

① 周凯：《厦门志》，台湾文献丛刊本，第 665 页。
② 计六奇：《明季北略》，中华书局 1984 年版，第 186 页。
③ “中研院”史语所编：《明清史料丁编》第 2 本，上海商务印书馆 1951 年版，第 164 页。
④ 林时对：《荷牐丛谈》，台湾文献丛刊本，第 156 页。
⑤ 《思文大纪》，台湾文献丛刊本，第 9 页。

对群臣的北伐呼声，芝龙提出了一个庞大的军事计划：用十万兵力，防守仙霞关外一百七十余处地方。另外，再募集十万兵力，当年冬天进行军事训练，第二年春天分两路分别从浙江方向和江西方向出关北伐。可是，要供给二十万的军队，隆武政权所辖地区的钱粮还不够一半。于是，他又建议募集粮饷，主要采取三个办法：第一，预借次年钱粮。每一石先借银一两。第二，征收“义饷”。官员凡巡抚、按察使以下都要捐俸助饷，名叫官助。官助之外还有绅助和大户助。派人沿门征收，不交者就在他门口写上“不义”二字。第三，卖官鬻爵。部司一级职位三百两，后降至百两，武职一般几十两，甚至几两。有些人买了官衔以后，尽管无俸无衙，也去随意欺压百姓。所以，当时有些人由于不堪盘剥，反而希望清军早些到来。他们编了歌谣说：“清兵如蟹，曷迟其来。”①

竭泽而渔的筹饷活动使得闾里骚然，而芝龙还总是以缺饷为理由，迟迟不发兵北伐。这种行为，引起许多大臣的不满。七月，首辅黄道周自请出关督师。芝龙手中虽掌握大量军队和粮草，但他只把数千羸卒和一个月的粮饷拨给黄道周，使道周不久就兵败遇害。八月，隆武命令御营右先锋永胜伯郑彩出杉关，援救江西。郑彩是郑芝龙族侄。他接到命令后，拖延观望，拥兵不前。而郑彩的监军张家玉却独自向江西进发，也打了一些胜仗，但终因郑芝龙不发援兵，而归于失败。十一月，隆武决定亲征，先遣郑鸿逵和郑彩为正、副元帅，分别出征浙东和江西。二将出关四五里就停了下来，疏称候饷。隆武不断派人督催前进，并且降旨说，如果再畏缩不前，就以国法制裁。二将只好又前行四五百里，然后干脆上疏，说粮饷完全断绝，无论如何也不能前进了。十二月，隆武亲征，因芝龙不愿随行，只好让他留守福州，协助监国的唐、邓二王。芝龙却僭用“监国留后”的名义。隆武得知后，下诏纠正：“福京任二王为居守，卿以勋辅为留后，原无监国字面。卿还将题奏文移照敕填注，不可错误。”② 隆武又召芝龙立即到行在面议军务，但不敢追究他的罪责。

芝龙自恃拥立有功，不但在自己府中坐见九卿，入不揖，出不送，而且在朝中也常常颐指气使。有一次，隆武会宴群臣，芝龙想以侯爵位于黄道周之上，黄道周等则搬出“祖制”加以压制。后来因隆武的劝解和裁决，芝龙不得不让黄道周坐了首位，但因此十分不满。事后，他让人上疏，攻击黄道周迂腐无能，不可居于相位。在隆武举行郊天大典的时候，他和郑鸿逵又都称病不出。左都御史何楷参劾他们兄弟“无人臣礼”，③ 得罪郑氏。何楷因而在辞职还乡途中被“强盗”

① 计六奇：《明季南略》，中华书局1984年版，第311页。

② 《思文大纪》，台湾文献丛刊本，第60页。

③ 夏燮：《明通鉴》，中华书局1959年版，第3598页。

割去了左耳。当时人们都知道这是芝龙派部下杨耿干的。从此，大臣们更噤若寒蝉。芝龙还有意遣子郑森入侍，郑森获得了隆武宠爱。隆武赐郑森国姓，改名成功。隆武有些什么意图，芝龙总是通过成功首先知道。于是，群臣更不敢与芝龙有所不同。三年正月，一天早朝，芝龙竟然用手版殴打大学士蒋德璟。五月，清军南下的警报不断传来，福州百姓以多事之时，不便举行龙舟竞渡，芝龙却仍然率领标营官兵在西湖斗舟取乐。

六月，由于皇子诞生，隆武先手诏封芝龙为泉国公，后改平国公。这时，清军已渡过钱塘江，浙江鲁王政权败溃。芝龙随隆武在延平（今南平市），听到这个消息，马上上表辞行，借口有海寇偷袭，如果断绝了海上的财路，三关粮饷将无法支持，非要亲自征讨不可。隆武传旨说："先生稍迟，朕与先生同行。"[①] 可是，使者刚到河边，芝龙的船只已经飞帆离开延平了。郑芝龙抛下隆武之后，又命令镇守仙霞岭的施福等人撤回安平。八月，隆武离开延平以前，特诏宣郑芝龙商讨留守事宜，他也置之不理。

在此之前，芝龙已经和清方有了联系。他的同乡、清招抚江南大学士洪承畴经征南大将军贝勒博洛同意，曾写信给他，"许以破闽为王"。[②] 芝龙则向清方许诺"遇官兵撤官兵，遇水师撤水师"，还表白说"倾心贵朝非一日"。[③] 他把所辖的兵力都撤到了安平。在没有遇到什么抵抗的情况下，清军长驱直入，八月二十二日过仙霞岭，九月十九日进福州。这时，郑芝龙由于没有收到洪承畴的复信，尚在犹豫观望。博洛又派同芝龙关系密切的泉绅郭必昌前往招降。芝龙顾虑因过去拥立唐王而得不到清廷的谅解。博洛又派人送信说："吾所以重将军者，正以将军能立王也。人臣事君，苟有可为，必竭其力。及乎天命已去，则幡然乘时以建不世功。倘将军前无所拥戴，兵未至而先附，我何所取重于将军？今两粤未平，藉将军兵威以摄［慑?］之，已铸闽广总督印以待将军。将军即至，面商事宜。"[④] 芝龙收到这封信后，非常高兴，当即作出了降清的决定。当时，郑鸿逵、成功和平海将军周鹤芝等人都极力反对。周鹤芝还想以自刎死谏。而郑成功则以"虎不可离山，鱼不可脱渊。离山不威，脱渊则困"的道理进行劝告。但芝龙不以为然。他认为，清朝争天下，"今已三分有二，若振一旅而敌天下之兵，恐亦为不量力也。乘其招我，全军归诚，弃暗投明，择主而事，古豪杰亦有行之者

① 徐鼒：《小腆纪年附考》下册，中华书局 1957 年版，第 486 页。

② 温睿临：《南疆逸史》（下），中华书局 1959 年版，第 423 页。

③ 徐鼒：《小腆纪年附考》下册，中华书局 1957 年版，第 477 页。

④ 温睿临：《南疆逸史》（下），中华书局 1959 年版，第 423 页。

矣”。① 他坚持向清廷递了降表。同时，他还密令郑彩扣押监国鲁王以海，作为送给清廷的厚礼。郑彩没有照办。芝龙又按照博洛的要求，动身去福州谒见。他在过泉州时，大张布告，夸投诚之功，并用博洛的信进行招摇，让想当官的人到他那里去商定价钱。十一月十五日，芝龙到福州，只有五百人相随。博洛置酒热情款待。三天后，博洛突然要郑芝龙北上面君，同时还答应，到了北京后，可以让他出镇地方。芝龙担心子弟反抗清朝，临行前，曾作家书数封，一一嘱咐不忘清朝大恩。可是，他走后，鸿逵、成功、郑彩等人还是相继率部入海，举起了抗清的旗帜。

四年四月，郑芝龙随博洛至京，归汉军正黄旗，授三等精奇尼哈番。五年八月，晋一等精奇尼哈番。随后因郑成功遣王裕入京问候，清廷怀疑芝龙父子之间潜通，拨兵看管其住所。直到他的两个儿子赴京，方才撤围。九年八月，改隶汉军镶黄旗。十月，清廷让他给成功和鸿逵写信，进行劝降。他派家人周继武到厦门传达清廷的意思，要成功放弃抗清的立场。十年五月，清廷封芝龙为同安侯，并封成功为海澄公、鸿逵为奉化伯。八月，芝龙差李德、周继武再到厦门探听郑成功对招降的态度。十一年正月，芝龙又让李德带手书入闽，要成功接受清使送去的“海澄公”印敕，并且致书鸿逵，希望他也劝成功投降。可是，成功还是没有答应父亲的要求。芝龙看到父子之情未能使成功动摇，又向清廷提议，让和成功关系最密切的次子渡（即世恩）随清使赴闽劝降。郑渡到福建，向兄诉说了父亲在京的险恶处境，这次不降，全家难保。成功坚定地表示：父亲降清已经铸成大错，他不能再步其后尘，就是斧刃加颈，也不动摇。

由于劝降无效，清廷迁怒芝龙。十二年正月，左都御史龚鼎孳疏劾芝龙不能训子革心，又不束手待罪，建议及早防范，以肃清内外。三月，福建巡抚佟国器截获芝龙给鸿逵和成功的书信，参芝龙与成功父子之情甚密，也主张在这用兵之时，对芝龙严加控制。于是，清廷将芝龙革爵下狱。十二月，家人尹大器又首告芝龙与子成功潜通教唆，图谋不轨，奸细往来，漏泄军机。清廷令芝龙在狱中对成功进行最后一次劝降，不降即夷三族。芝龙派谢表、小八赴闽劝降。谢表到宁德见郑成功说：“太师受禁，无非为藩主不肯薙发……若早投诚一日，则太师早得一日之安。”② 成功驳斥说：你们只知保身，哪里知道误了国家！

十四年三月，郑氏叛将、海澄公黄梧具揭兵部主张剪除芝龙，以净根株。兵部和议政王大臣等也主张立即将芝龙等处死。但顺治帝决定将他免死，流放宁古塔。八月，兵部和议政王大臣等再次主张将芝龙等在宁古塔正法。顺治仍然不

① 徐鼒：《小腆纪年附考》下册，中华书局1957年版，第510页。

② 江日升：《台湾外记》，福建人民出版社1983年版，第132页。

允，复命另议。最后，在芝龙的手脚上又加了三条铁链，作为加重处置。十八年，康熙帝即位。辅臣苏克萨哈与芝龙有隙，更重要的是这时郑成功已经渡海征台，另辟抗清基地，芝龙完全失去劝降诱饵的作用，清廷取得一致意见：芝龙等不宜尚加监候。十月初三日，清廷将他与子世恩、世荫、世默等十一人斩于菜市（或作柴市）。

二、郑克塽

郑克塽，又名秦，字实弘，号晦堂，郑经次子。福建南安人，生于康熙九年（1670）六月二十八日。①

二十年（1681 年）正月，郑经病逝。其长子监国克壁因系螟蛉子，被冯锡范、郑聪（郑经之弟）等撺掇董夫人（郑成功夫人，郑经之母）废立并杀死。二月，郑克塽被拥立嗣位，称招讨大将军世子。郑克塽是冯锡范的女婿，当时年仅十二。虽以郑聪为辅政公，但郑聪平庸懦弱，事无决断，凡事都以冯锡范是从，所以，事无大小都取决于冯锡范。以拥立功，晋刘国轩为武平侯、冯锡范为忠诚伯。② 四月，拜表请谥郑成功为武王，郑经为文王，生母唐氏为文妃。

十月，宾客司傅为霖密通福建总督姚启圣事泄，克塽将其处死。得知施琅复任福建水师提督，将攻打台湾，令水师总兵林亮修葺战船，命刘国轩总督诸军守澎湖，何祐守鸡笼、淡水。二十一年（1682 年）正月，派遣监纪陈福和宣毅镇叶明往淡水挖掘黄金，被当地土著居民阻止。八月，北路土著居民因不堪运输军需、粮饷的役使，相率倡乱，新港、竹堑各社纷纷起而响应，命叶明等率兵镇压。此时，台湾已连续两年遭受旱灾，粮食减产，米价腾贵，民众生活困苦不堪。③

二十二年（1683 年）六月，施琅率领水师攻台，在澎湖与刘国轩统领的郑军主力决战。郑军大败，损失大小船只近 200 艘、伤亡官兵 1.2 万余人，另有 5000 余名倒戈投降。仅国轩带领 30 余艘船只从吼门逃回台湾。④ 澎湖战后，刘国轩见大势已去，力主投降。郑克塽对冯锡范和刘国轩说：民心既散，谁来死

---

① 厦门郑成功研究会、厦门郑成功纪念馆编：《郑成功族谱三种》，福建人民出版社 1986 年版，第 53、92 页。

② 夏琳：《闽海纪要》，台湾文献丛刊本，第 66~68 页。

③ 夏琳：《闽海纪要》，台湾文献丛刊本，第 72~74 页。

④ 施琅：《靖海纪事》，福建人民出版社 1983 年版，第 85~89 页。

守？浮海而逃，又无生路，也只有求抚一条路了。[①] 闰六月初八日，郑克塽遣协理刑官郑英平、宾客司林维荣到澎湖施琅军前请降。提出他和冯锡范希望仍能继续居住台湾，承祀祖先，照管物业。施琅没有同意，提出必须将人民土地悉入版图，官兵遵制削发，移入内地，听朝廷安辑。七月十五日，郑克塽又派协理兵官冯锡珪、协理工官陈梦炜等到澎湖赍送降本稿，同意按施琅提出的条件投降。二十七日，郑克塽递交了正式的降本，并缴纳了延平王等册印。八月初八日，致书施琅，请他尽快到台湾安辑。十三日，施琅到台湾。十八日，郑克塽剃发。[②] 十月初六日，登舟离开台湾。[③]

二十三年（1684 年）十二月，克塽进京，康熙帝念其纳土归诚，授正黄旗汉军公，并令拨给房屋、田地安置。[④] 三十八年（1699 年），具疏陈请将祖父郑成功、父亲郑经从台湾迁葬内地，特旨允准。五月，由其弟克塈回乡葬祖、父于福建南安县康店乡祖墓之中。[⑤]

四十六年（1707 年）八月二十七日，克塽病逝。葬于北京卢沟桥西东王左。[⑥]

三、何斌

何斌，又名廷斌，福建南安人，生卒年月不详。他是劝导郑成功驱荷复台的重要人物。

何斌早年漂泊海上，从事半商半盗的活动。明天启四年（1624 年），他随颜思齐、郑芝龙入台湾。六年（1626 年）二月，郑芝龙率部袭扰金门、厦门，留林翼、李英、何斌数十人在台驻守。七、八月间，郑芝龙初次降明复叛。伙党陈衷纪等人闻讯从台湾赶来会合，在澎湖遭到另股海盗李魁奇的围击。陈衷纪等人战死，只剩下李英同何斌一船仍回台湾。这以后，何斌曾来往于台湾与大陆之

① 阮旻锡：《海上见闻录》，福建人民出版社 1982 年版，第 78 页。

② 施琅：《靖海纪事》，福建人民出版社 1983 年版，第 97～98、101～102、108、110 页。

③ 阮旻锡：《海上见闻录》，福建人民出版社 1982 年版，第 80 页。

④ 《清圣祖实录》卷一一八，中华书局 1986 年影印本。

⑤ 厦门郑成功研究会、厦门郑成功纪念馆编：《郑成功族谱三种》，福建人民出版社 1986 年版，第 100 页。

⑥ 厦门郑成功研究会、厦门郑成功纪念馆编：《郑成功族谱三种》，福建人民出版社 1986 年版，第 53 页。

间，在一段时间里，还从郑芝龙管家郑泰手里贷得一笔巨款，往云南等地经商。①郑芝龙降清前后，何斌在台湾定居下来。由于熟悉岛上情形并通晓土著居民的语言，被当时侵占台湾的荷兰东印度公司任为通事。②随后，他渐渐获得公司驻台湾长官的赏识和信赖，成为赤崁（今台南市）的华人长老，并且取得了在当地经营舶板摆渡和砍伐贩卖木材的特权。同时，他还经营商业，他的商船曾往返于日本和南洋一带。

顺治十四年（1657 年）六月，侵台的荷兰殖民者感到在海上贸易活动中与郑成功冲突不利，于是派何斌为使者，带着礼物和信件到厦门谈判。他们以每年向郑氏输纳银五千两、箭柸十万支、硫黄千担作为条件，请求郑成功撤销对台湾的封锁，恢复通商。郑成功答应了荷兰人的请求，同时也秘密地交给何斌两个任务：一是在台湾为郑氏代征所有开往中国大陆商船的出港税，二是为原任郑氏察言司获罪幽置台湾的常寿宁提供衣食开销。何斌回到台湾后，除一面为郑氏代征关税外，一面又暗中探测鹿耳门一带水道，绘成地图。十六年（1659 年）二月，何斌为郑氏代征关税的事被人告发，他遭到了荷兰殖民者的拘捕。闰三月初一日（4 月 21 日），热兰遮（今台南市安平区及周围一带）法院进行判决，在撤销了何斌的通事职务以及华人长老资格、剥夺了他在当地经营舢板摆渡和砍伐贩卖木材的特权，并且罚款 300 里尔（Real）之后，将他释放。由于被剥夺了职务和待遇，不久，何斌便因债主的追索而破产。十七年（1660 年）春，荷兰人由于害怕郑成功进攻台湾，派使节再到厦门“议贡”，仍用何斌为通译。③何斌利用这个机会，将绘制好的地图密献给郑成功，劝他举行东征，取台湾为基地。就在这次出使厦门或稍后不久，何斌为了躲避荷兰殖民者的迫害和债主们的追索，设法摆脱了荷兰人的控制，回到了郑氏的队伍。④荷兰人要求予以引渡，但遭到了郑

---

① 荷兰东印度公司：《巴达维亚城日志》，1661 年 4 月 17 日所录郑泰给樊特朗的信，见厦门大学郑成功历史调查研究组编：《郑成功收复台湾史料选编》，福建人民出版社 1982 年版，第 239 页。

② 在何斌给樊特朗的信中，有“吾任大员通事十余年”之语，何斌顺治十六年被撤去通事职务，由此上溯十余年，当在郑芝龙降清前后。原文见厦门大学郑成功历史调查研究组编：《郑成功收复台湾史料选编》，福建人民出版社 1982 年版，第 240 页。

③ 阮旻锡：《海上见闻录》，福建人民出版社 1982 年版，第 44 页。

④ 关于何斌逃离台湾的时间，有多种说法。据 C. E. S. 的《被忽视的“福摩萨”》卷上附录“可靠的证据”第 11 号 A 记载，1660 年 3 月初，有人即认为，当时在台湾传播的种种谣言，都是何斌在捣鬼，可见，这时何斌已经摆脱荷兰人的控制。参照《海上见闻录》的记载，何斌逃离台湾的时间，当在顺治十七年春。

成功的拒绝。[①] 五月，一个台湾商人在厦门见到何斌，何斌拿出木制的赤崁城模型对他说，荷兰人被赶出台湾的命运是不可挽回的了。[②]

顺治十八年三月二十三日（1661年4月21日），郑成功率领复台大军从金门料罗湾出发，何斌随军远征。四月初二日黎明，船队来到鹿耳门外，郑成功根据何斌所献地图，选择荷兰人以为淤塞而没有设防的北航道进港，"密令何斌坐斗头，按图纡回，教探水者点篙，徐徐照应，转舵扬帆，呐喊从赤崁城而进"。[③] 兵马在禾寮港登陆以后，何斌又向郑成功建议：赶紧夺取仓厂，防止荷兰人烧毁粮食等重要物资。郑成功采纳何斌建议，派他随同协理五军戎政杨朝栋和户都事杨英一道查察、夺取荷兰人囤积在各乡社的米谷糖麦等物，共得粮6000担、糖3000担，以充军粮。在荷兰人困守热兰遮孤城期间，何斌作为郑成功的翻译，还参加了对荷兰人的招降活动及有关谈判。

顺治十八年十二月十三日（1662年2月1日），荷兰殖民者献城投降。在荷兰人被逐出台湾不久，何斌曾随同郑成功等到新港、目加溜湾、萧垅、麻豆等"番社"巡视，参与抚绥土著居民和开垦土地的计划。后来不知所终。

四、陈永华

陈永华，字复甫，福建同安人，生于明崇祯七年九月初九日（1634年10月30日）。[④] 少年聪慧，15岁时已补龙溪县学博士弟子员。[⑤] 顺治五年（1648年）四月，郑成功取同安，[⑥] 任其父陈鼎为同安教谕。八月，福建总督陈锦破同安，陈鼎自杀身亡。永华奉母出逃，数日后，又伪装成掩埋尸体的僧人，入城求得父

---

① 荷兰东印度公司：《巴达维亚城日志》，1661年4月17日所录郑泰给樊特朗的信，见厦门大学郑成功历史调查研究组编：《郑成功收复台湾史料选编》，福建人民出版社1982年版，第239页。

② C. E. S.：《被忽视的"福摩萨"》，见厦门大学郑成功历史调查研究组编：《郑成功收复台湾史料选编》，福建人民出版社1982年版，第134页。

③ 江日升：《台湾外记》，福建人民出版社1983年版，第159页。

④ 据郁永河《陈参军传》，父亲死难时，永华"时年舞象"，即15岁；另据夏琳《闽海纪要》，永华父亲陈鼎顺治五年（1648年）在同安死节，可知永华出生于明崇祯七年（1634年）。又据徐孚远《重九寿陈复甫参军》，可知陈永华出生于九月九日。

⑤ 郁永河：《裨海纪游》，台湾文献丛刊本，第51页。

⑥ 郑成功攻取同安的时间，江日升《台湾外记》记载为顺治五年五月，夏琳《闽海纪要》记载为闰三月，据陈在正先生《据清代档案考订郑成功史事十二则》一文考订，为这一年的四月十八日。

尸，负出殓葬。①

十三年（1656年），王忠孝称永华有经济之才，荐与郑成功。成功怜永华为忠义之后，延与长子郑经伴读。永华为人忠厚，沉默寡言，谈吐不十分流利，但遇事果断有见解，定计决疑，了如指掌，不为群议所动，深为成功所喜爱。成功曾对郑经说：我将来让永华辅佐你，你应当把他作为老师来对待。②

十八年（1661年）郑成功东征台湾，永华奉命辅佐留守厦门的郑经。康熙元年（1662年）五月，成功在台湾病逝，郑经在厦门发丧嗣位，以永华为咨议参军。十月初六日，郑经率领永华和五军都督周全斌等东渡台湾，前往平息黄昭等人拥立郑世袭（郑成功之弟）的内乱。大军到了澎湖，永华提出：必须先礼后兵，才能师出有名。当藩主新丧时，无人主持大事，诸将请世袭护理，弹压军民，无可厚非。现在应当先通知他们迎接，看各官如何举动。如果没有通知，骤然进兵，非王道所为。郑经和周全斌深表赞同，遣人先往台湾布告：不日世藩亲统大军，抵台奔丧，请各处官兵就地迎接。③ 十七日，郑经乘大雾在台湾登陆，除黄昭、萧拱宸少数将领抵抗被杀外，其余官兵皆不追究，待郑世袭也一往如初，内乱迅速平定。

二年（1663年）正月，郑经与永华等大队舟师回厦门。郑经在台湾时，搜到户官郑泰和黄昭的往来书信，怀疑郑泰有异志。郑泰居守金门，拥有重兵和大量的财富，得知郑经怀疑自己，也称病不到厦门见郑经。永华献计，以郑经将归台湾，命郑泰居守金、厦，铸居守印，送到金门。郑泰还有些犹豫，其弟郑鸣骏认为应当入谢，于是，郑泰带着兵船和十万两饷银到厦门进见。郑经温言慰劳后，借更衣入内。永华即宣布郑泰的罪行，并出示他和黄昭的往来书信，由洪旭将其软禁。数日后，郑泰自缢。九月，金、厦战事吃紧，永华受命与冯锡范一道，保护董夫人及明宗室、乡绅并官兵眷船先往浯屿湾泊。十月到铜山。次年二月到台湾。

三年（1664年）三月，郑经在大陆沿海的岛屿尽失，许多重要将领纷纷向清军投诚，只有永华和侄儿绳武不离左右，并与洪旭、冯锡范等少数将领追随到台湾。到台湾后，郑经将政事都交给永华管理。永华处理政务，讲求实际，注意与民休息。他把“东都”改为东宁，升天兴、万年二县为州。分给诸将土地，安抚土民、贸易外国。过去害怕去台湾的人，这时都把台湾视为乐土，局势由此得

① 沈定均：《漳州府志选录》，台湾文献丛刊本，第45页。

② 郁永河：《陈参军传》，载《裨海纪游》，台湾文献丛刊本，第51页。

③ 江日升：《台湾外记》，福建人民出版社1983年版，第178页。

到稳定。①

四年（1665年）八月，永华任勇卫（统领亲军勇卫镇总兵官）。他不惜劳苦，亲历南、北二路各社，劝诸镇开垦，栽种五谷，蓄积粮食，种蔗榨糖，用以贸易。当年台湾大丰收，民众生活也比较富足。又教匠人取土烧瓦，砍来木竹，起盖房屋，让百姓安居。并就濑口地方，修筑盐田，以海水晒盐，既满足了民众食用的需要，又增加了盐税的收入。永华见各项事业已初步进入轨道，就对郑经说：开辟业已就绪，屯垦略有成法，应当速建圣庙、立学校。郑经认为：此时台湾不但开辟的地方还比较狭窄，而且人民稀少，教育的事可暂待将来。永华说：过去成汤以百里而王，文王以七十里而兴，地方的广阔不是最重要的因素，关键在于国君好贤，能求人才来帮助佐理。现在台湾沃野数千里，远滨海外，而且民俗淳朴，如果您能得到一批能人的助理，那么，十年生长、十年教养、十年成聚，三十年后真可与中原相抗衡了。现在既然已经足食，就应当发展教育。必须选择地方建立圣庙，设学校，以收人才。郑经同意了永华的请求，于是选择在赤崁鬼仔埔上，大兴土木起盖圣庙。五年（1666年）正月，圣庙建成，旁设明伦堂。又令各社设学校，延聘老师，招子弟读书。同时决定：天兴和万年两州三年两试，照科、岁例开试儒童。州试有名送府，府试有名送院；院试取中者入太学。三年再试，取其优秀者补六官内都事。三月，成立太学院，以永华为院长。②

七年（1668年），清廷将施琅调进北京，任内大臣，同时将福建水师裁撤。八年（1669年），永华向郑经建议：台湾远隔汪洋，货物难周，因此开展外贸比较困难，应当派遣一支军队驻扎厦门，不得骚扰沿边百姓，并要善于与内地边将交往，便可接济台湾。同时，还能侦探内地军情，这样澎湖可以不用重兵把守，只留一镇汛防即可。郑经问何人可驻扎厦门，永华推荐新归附的江胜可用。郑经即以江胜为水师一镇，驻扎厦门。江胜到厦门后，斩茅为市，禁止掳掠，平价交易，童叟无欺。一些内地沿海的穷苦民众，乘夜私将货物送到厦门，转运台湾。当时，连广东潮阳达濠的货物，也都聚而流通台湾。因此，台湾的物价平抑，对外贸易也更加发展起来。③ 十年（1671年），英国东印度公司与郑经签订了通商协定，此后，又先后在台湾安平和厦门建立了商馆。

十三年（1674年），郑经响应“三藩之乱”，率军西征。出师前，以永华为东宁总制，留守台湾。永华在后方安辑兵民，转运军需，五六年间保证了前方粮

---

① 佚名：《闽海纪略》，台湾文献丛刊本，第21页。

② 江日升：《台湾外记》，福建人民出版社1983年版，第191～192页。

③ 江日升《台湾外记》将江胜驻扎厦门一事记为康熙五年，据笔者考证，此事应在康熙八年，详见邓孔昭：《郑成功与明郑台湾史研究》，台海出版社2000年版，第249～252页。

饷的供应。开始时，郑氏立法尚严，小过就可能遭到诛杀。永华以宽典治理，即使偶有杀戮，也必出公平，民众心悦诚服，相率感化，数年间，路不拾遗，夜不闭户，百姓乐业。① 同年，永华荐进士倪俊明、李其蔚为参军。②

十八年（1679年），郑经长子克𡒉年已十六，聪明果敢。永华向郑经建议：应循“君行则守”之例，将克𡒉立为“监国”。郑经派礼官郑斌到台湾，与永华共同为克𡒉监国举行了仪式。克𡒉是永华的女婿，凡事都听从永华的意见。此前，郑经的几个弟弟有恃势占夺民田的行为，永华虽然经常加以遏止，但也感到难于破面执法。克𡒉监国后，听到叔叔们还有占夺民田的事情，就坚决制止，并劝他们说：应当以国为家，以百姓的富足为自足，不应当什么都想占为己有。郑经的几个弟弟再也不敢横行。③

十九年（1680年）二月，郑氏军队在大陆沿海溃败，郑经与诸将退至澎湖，无颜回台湾。永华与克𡒉率文武官员连续具启，请郑经回台。三月，郑经回到台湾。五月，永华请辞勇卫及总制，郑经不同意。永华再行力辞。当时，侍卫冯锡范从大陆兵败归来，见永华兵强权重，心存忌惮，乘间对郑经说：复甫勤劳数载，形神已焦。现在想要退休静养，应当遵从他的意愿。郑经最后同意了永华辞职的要求。

永华辅佐郑经20年，平时布衣蔬食，生活朴素，淡泊名利。郑经知道他并不宽裕，曾经送海船给他，说以此经商，一年可得数千金，能够补贴家用，永华婉言谢绝。他自己募人开垦荒地，每年收入谷物数千石。收获的粮食，大多用来馈赠比较贫穷的亲戚故旧，根据需要，或数十石、上百石不等，自己所留下的，仅足够一年的食用而已。对公事，他鞠躬尽瘁，任劳任怨。多年的劳累使他身心俱疲，退休后仅两个月，（七月）即病逝。学士李光地听到永华病逝的消息，即向康熙帝祝贺说：台湾所以不能很快解决，实在是因为陈永华经理有方。现在天心厌乱，让他死去，郑氏的灭亡很快就会到来。④ 三年后，郑氏果然势穷投诚。

永华死后，与妻洪氏合葬于天兴州赤山堡大潭山。郑氏归降后归葬同安。⑤

---

① 郁永河：《陈参军传》，载《裨海纪游》，台湾文献丛刊本，第51页。

② 江日升：《台湾外记》，福建人民出版社1983年版，第233页。

③ 江日升：《台湾外记》，福建人民出版社1983年版，第290页。

④ 黄任：《泉州府志选录》，台湾文献丛刊本，第78页。

⑤ 连横：《台湾通史》下册，商务印书馆1983年版，第526页。

五、刘国轩

刘国轩，字观光，福建长汀人，生于明崇祯二年（1629年）。幼年丧父，失学多劳，但磊落有奇志。11岁时，家乡闹饥荒，到百里外负米供母。13岁时，遇仇家结党而来，其势汹汹，国轩以孤拳击众，仇者披靡。15岁时，天下大乱，流寇四起，国轩集合里中少年，结寨自保。当时有流寇萧声、陈丹等拥众千余人要借道国轩的家乡，乡里父老无奈，准备答应。国轩不同意，率领武装的乡亲，埋伏于险要处，乘寇众半渡截击，打死寇首，尽夺他们所掳掠的牛畜而归。①

顺治三年（1646年），征南大将军贝勒博洛大军入闽，国轩投军自效。初时，仅为漳州门卒，后因屡立战功，升任千总。十一年（1654年），郑成功围漳州，国轩先遣母舅江振曦等秘密出城往见成功，约好时间，一旦郑军兵临城下，就献城归降。十一月初二日凌晨，国轩引郑军入漳州，兵不血刃。成功授国轩都督佥事，管护卫后镇事。②

十八年（1661年）三月，郑成功率舟师东征台湾，国轩参与此役。四月，在围攻热兰遮城时，曾与都督马信等率弓箭手击退荷兰军队的反扑。③ 康熙元年（1662年），时国轩在台湾任亲军骁骑右镇署总兵官都督同知。④ 四年（1665年）二月，率一旅守鸡笼山，六月，撤回。

十三年（1674年），耿精忠起兵，遣人请郑军入闽为援。四月，郑经遣侍卫冯锡范、右武卫（亲军武卫右镇总兵官）刘国轩等先后到厦门。耿精忠见郑氏军队兵、船不多，有些轻视，遂悔前约，不许与郑氏往来，耿、郑由此反目。十月，国轩兵至惠安涂岭，与耿军王进部对垒。王进拥兵2万，列营20余里。国轩前阵以新募之兵诱敌直击，令许耀等分兵袭击其后，焚毁耿军的各处营盘，王进大败。国轩追至兴化城外，三日夜而返。⑤

十四年（1675年）五月，国轩率诸镇兵到潮州，同刘进忠规取潮属未附各县。尚之信（尚可喜之子）调兵十余万来敌，相持日久，郑军粮乏兵疲。国轩以所驻新墟地方地势平坦，担心骑兵冲击，并且侦知尚之信将分兵由小路绕后袭

---

① 刘国光、谢昌霖等：光绪《长汀县志》卷二四，光绪五年刻本。

② 杨英：《先王实录》，福建人民出版社1981年版，第97~98页。

③ 阮旻锡：《海上见闻录》，福建人民出版社1982年版，第45页。

④ 《郑氏关系文书》，台湾文献丛刊本，第12页。

⑤ 阮旻锡：《海上见闻录》，福建人民出版社1982年版，第57页。

击，于是，将兵退回鲎母山，据险以待。同时，一路上将余粮露载车上，稳固军心。次日，尚之信果然率兵从小路而来，左虎卫何祐率伏兵奋勇冲击，郑军以一当百，之信大败退走。国轩不分日夜追击，杀死敌军官兵不计其数。此战，郑军以饥卒数千破劲敌数万，稳固了潮州的战局。① 十五年（1676 年）初，国轩乘尚可喜与吴三桂交战之际，水陆并进，直逼惠州。二月，之信将驻守惠州军队撤回，国轩入镇惠州。十六年（1677 年）六月，驻守潮州的刘进忠归顺清廷，惠州孤城难守，郑经派舟师前往迎接，国轩率所部从容航海回厦门。②

十七年（1678 年）二月，郑经以国轩为中提督，总督诸军，率师攻打海澄。初十日，国轩破玉州、三叉河、福浒。十八日，进取江东桥，守将王重禄等溃逃。随将桥梁烧断，以断绝漳、泉之间的主要通道。同时，又派兵击败了漳州方面的援兵。一时间，郑军三战皆捷，军声大振。二十三日夜，国轩攻取石码，俘获守将刘符、杨朝宗，扎营于祖山头，以逼海澄。当时，副都统孟安、平南将军赖塔从潮州，提督段应举从泉州，宁海将军喇哈达从福州，先后赶来增援海澄。国轩退屯石码，修垣据守，同时分兵屯扎漳州城外，不时袭扰，忽水忽陆，满、汉大军疲于奔命。③ 三月十一日黎明，国轩焚毁漳州城外的营盘并且撤兵，城内的官兵以为他要退走。而国轩却率领舟师直抵水头登岸，向驻守在水头山和弯腰树一带的海澄公黄芳世发动攻击。芳世大败，逃入漳城。十八日，国轩自率何祐等从正面，又让江胜、吴淑等绕到后面，向驻扎在祖山头一带的满、汉官兵进行前后夹击，段应举等败走。国轩又以疑兵截漳州大路，满、汉官兵丢弃辎重，自相践踏，奔入海澄。国轩令军士挖掘壕沟数重，其中灌满江水，将海澄团团围住。当时，困在海澄城内的满、汉官兵有 2 万余人，经过 83 天的围困，饿死、逃出投降者过半。六月初十日，国轩攻入海澄，提督段应举、副都统穆赫林自杀，包括副都统孟安在内的满、汉官兵投降。此后，郑军乘胜再下长泰、漳平、同安、南安、安溪、永春、德化等县，并进围泉州。七月，郑经晋国轩武平伯、征北将军。④

十八年（1679 年）三月，国轩见郑军粮饷不足，又屡屡加征百姓，便提出自辞俸禄，并请捐资膳养自辖兵 3 个月，以缓解百姓的压力。得到郑经的肯定。

---

① 夏琳：《闽海纪要》，台湾文献丛刊本，第 47 页；阮旻锡：《海上见闻录》，福建人民出版社 1982 年版，第 59~60 页。

② 夏琳：《闽海纪要》，台湾文献丛刊本，第 54 页。

③ 阮旻锡：《海上见闻录》，福建人民出版社 1982 年版，第 66 页。

④ 夏琳：《闽海纪要》，台湾文献丛刊本，第 54~57 页。

于是，吴淑、何祐等武将纷纷效仿。① 十月，率师万余人在离漳州城五里地方扎营。当时援漳的满、汉官兵有10余万，两军营垒咫尺相望，国轩指挥自如，城内官兵畏之如虎。他时常以官兵数百人，手持鹿铳、鸟枪，渡河冲击，而自己则身登土阜，在伞盖下据胡床观望。满、汉官兵遇到这种情况，无不胆破，只敢坚壁自守。又善用间谍，敌人的各种情况都能知道，人们都称他为“刘怪子”。当时，福建总督姚启圣在漳州设“修来馆”，悬重赏奖励郑氏官兵投诚者，而郑军缺粮，降者日数百人。国轩一切不禁，对降卒并不苛责，长发与短发，任其往来循环，而他的兵员始终不缺。②

十九年（1680年）二月，郑经的亲信、援剿前镇总兵施明良密通福建总督姚启圣，企图将郑经擒获，并献厦门。国轩侦知，密启郑经，将施明良等处死。同月，郑经令国轩放弃海澄，退守厦门。国轩全师引回，还想据守厦门，但郑氏官兵人心涣散，不可收拾，只好随郑经退守台湾。五月，陈永华辞去勇卫一职，国轩兼统勇卫军。

二十年（1681年）正月，郑经病逝，临终前，请国轩辅佐长子克壓。冯锡范以克壓只是郑经的螟蛉子，欲立自己的女婿郑克塽，与国轩商量。国轩认为这是郑氏的家事，外人不好干预，但答应保持中立，并调兵布防，控制局势。二月，克塽继位，晋国轩为武平侯。至此，台湾军事俱由国轩主持。③

十月，施琅抵闽复任福建水师提督。传大兵即将征台，克塽命国轩为总督，率官兵镇守澎湖。国轩根据军情，往来巡视，或抵澎湖督师，或回台湾布置。二十一年（1682年）八月，国轩征得郑克塽同意，派员到福州与总督姚启圣见面，提出：请照琉球、高丽之例称臣奉贡，奉朝廷正朔，受朝廷封爵，接诏者削发过海，在台湾者求免削发登岸。经姚启圣疏报，议政王大臣等认为：台湾民众俱系闽地之人，不可与琉球、高丽外国比。并怀疑这是刘国轩等人的缓兵之计，但同意派人前往台湾了解实情。④ 姚启圣遣福州副将黄朝用到台湾，国轩等仍如前言，和议不成。

二十二年（1683年）五月，国轩知施琅将乘南风进攻台湾，在澎湖严阵以待。六月，施琅进攻澎湖。十六日，两军初战，郑军小胜，施琅的右眼被铳击

---

① 夏琳：《闽海纪要》，台湾文献丛刊本，第61页；江日升：《台湾外记》，福建人民出版社1983年版，第289页。

② 阮旻锡：《海上见闻录》，福建人民出版社1982年版，第71~72页。

③ 夏琳：《闽海纪要》，台湾文献丛刊本，第67~68页；阮旻锡：《海上见闻录》，福建人民出版社1982年版，第74页。

④ 厦门大学台湾研究所、中国第一历史档案馆编辑部编：《康熙统一台湾档案史料选辑》，福建人民出版社1983年版，第252、254页。

伤。国轩以己方船少，且士兵已经一月无粮，担心乘机溃散，不敢追击。十八日，施琅将船队收泊于八罩水垵澳。国轩大喜，对部属说：施琅不懂天时、地利，说他能打战，徒有虚名而已，诸位可以坐观其败。他如此认为，根据是澎湖六月常有大风，八罩岛周围水流湍急，水下有老古石，刚利胜铁，凡泊船下碇，遇风立坏。① 然而，数日之间，大风并未如期而至。二十二日，施琅组织舟师向郑军大举进攻，经过八九小时的激战，郑军完全崩溃，损失大小船只近 200 艘、伤亡官兵 1.2 万余人，另有 5000 余名倒戈投降。国轩仅带领 30 余艘船只从吼门逃回台湾。②

澎湖战后，台湾风声鹤唳，草木皆兵，国轩见大势已去，力主投降。当时有人主张远征吕宋，有人主张分兵把守，国轩为了避免生灵涂炭，挟以必从之势，阻止了其他举动的发生，郑克塽也同意了投降的选择。闰六月初八日，郑克塽遣员到澎湖施琅军前请降，施琅要求国轩和冯锡范亲自到澎湖。七月十五日，国轩遣胞弟刘国昌、冯锡范遣胞弟冯锡韩到施琅军前为质，同意按施琅提出的各项条件。八月初八日，国轩与郑克塽等分别致书施琅，恐台湾人心危疑不一，事久生变，请施琅尽快到台湾安辑。十三日，施琅到台湾，国轩等到军前迎接。随后，国轩陪施琅踏勘南、北二路。事毕，对施琅说：台湾业已安平，交公料理，我不宜久居于此。九月初六日，国轩辞别克塽，先行离开台湾。③

二十三年（1684 年）三月，国轩被任命为天津总兵。④ 四月初二日，康熙帝召国轩等赐宴，并对他说：台湾地方阻声教者 60 余年，你素怀忠诚，因施琅督兵进剿，首先归命，是以特授为总兵官，以示优眷。但天津地方近在畿辅，与远省不同，你应当加意抚辑，使兵民相安，盗贼屏迹。而且你从闽海来归，在这里并无亲知故旧，须当尽职，以副朕怀。并特别赐给白金 200 两、表里 20 匹，内厩鞍马 1 乘，以示异数。⑤ 予以特别嘉赏。十二月，授国轩镶黄旗汉军伯。⑥ 二十四年（1685 年）二月二十八日，康熙帝了解到国轩家口众多，房屋不够居住，特命赐国轩京城宅第。⑦

三十二年（1694 年），国轩逝世于任上，终年 65 岁，加封光禄大夫、太子

① 夏琳：《闽海纪要》，台湾文献丛刊本，第 75~76 页。

② 施琅：《靖海纪事》，福建人民出版社 1983 年版，第 82~89 页。

③ 江日升：《台湾外记》，福建人民出版社 1983 年版，第 363 页。

④ 《清圣祖实录》卷一一四，中华书局 1986 年影印本。

⑤ 中国第一历史档案馆整理：《康熙起居注》第二册，中华书局 1984 年版，第 1162 页。

⑥ 刘国光、谢昌霖等：（光绪）《长汀县志》卷二四，刘国轩传，1948 年复印本；《清圣祖实录》卷一一四，中华书局 1986 年影印本。

⑦ 中国第一历史档案馆整理：《康熙起居注》第二册，中华书局 1984 年版，第 1293 页。

少保，谕赐祭葬于顺天苏家口。[①]

六、冯锡范

冯锡范，福建泉州人，生年不详。其父冯澄世曾担任郑成功政权的工官。[②]

顺治十八年（1661年），郑成功率兵收复台湾，擢锡范等辅佐郑经留守厦门。次年，郑成功在台湾病逝，郑经在厦门发丧袭位，以周全斌为五军都督、陈永华为咨议参军、锡范为侍卫（亲军侍卫镇总兵官）。十月，随同郑经东渡台湾，平息黄昭拥立郑世袭的内乱。康熙二年（1663年），金、厦海域战事纷扰之际，受命与陈永华一道，保护董夫人及明宗室、乡绅并官兵眷船，十月，到铜山，次年二月到台湾。

十一年（1672年），颜望忠、杨祥向郑经建议，愿领兵船征吕宋，以广地方。冯锡范表示反对，理由有三条：一，师出无名；二，扰害地方；三，鞭长莫及。[③] 其议遂止。

十三年（1674年）三月，郑经响应“三藩之乱”，率兵西征，令锡范督诸镇船只为前锋，先到厦门。六月，锡范督右武卫刘国轩、左虎卫何祐等攻同安。耿精忠所部同安守将华尚兰开城迎降。随后，海澄、泉州亦归附郑经。驻守漳州的黄芳度，其父黄梧曾向朝廷密陈“灭贼五策”，为郑氏世仇，面对强大的郑军，深感忧虑。有人献计说，郑经之政悉出于锡范，应多加贿赂，以结欢心，暂且归附，徐作后图。芳度采纳了这个建议，遣人携带珠币、厚礼，致意锡范，愿附门墙。锡范大喜，果为芳度说词。郑经允芳度降，表封其为德化公，仍镇守漳州。十一月，郑经令锡范为帅，督师进攻漳浦，漳浦守将刘炎请降。十四年（1675年）六月，黄芳度复剃发归顺清廷。郑经围漳州，令锡范率众屯东岳庙督攻东门。十月，芳度部属吴淑、吴潜兄弟见城内兵心不稳，密约锡范，开门迎降。十六年（1677年）初，郑军在兴化、泉州先后败绩，锡范随郑经等从漳州仓皇退至厦门。锡范劝郑经退回台湾，因厦门百姓哭留和董夫人切责，郑经不敢言归。

六月，康亲王遣泉州知府张仲举、兴化知府卞永誉、监生吴公鸿等到厦门与郑经商谈让郑军退出沿海岛屿事宜。郑经与锡范等会议。锡范提出条件：安民必先息兵，息兵必先裕饷。若以生民为念，沿海岛屿悉为我有，资给四府粮饷，则

① 刘国光、谢昌霖等：（光绪）《长汀县志》卷二四，刘国轩传，1948年复印本。

② 杨英：《先王实录》，福建人民出版社1981年版，第111页。

③ 江日升：《台湾外记》，福建人民出版社1983年版，第210页。

罢兵息民。和议不成。十八年（1679 年）五月，康亲王派苏埕到厦门见郑经，提出郑氏如能撤军东归，可以照依朝鲜事例，代为题请。郑经认为，先王在日，也只差“削发”二字。今康亲王能照朝鲜事例不削发，即当相从。但锡范提出，海澄为厦门门户，决不可弃。今既承亲王之命，可将海澄作为往来公所。苏埕则提出：要照朝鲜事例，贵藩当退守台湾。凡海岛归之朝廷，以澎湖为界，通商贸易。海澄不能成为往来公所。锡范坚持认为：息兵安民，地方相守，没有弃现成土地的道理。当照先王所请，年纳东西洋饷六万两，方可。和议又不成。

十九年（1680 年）二月，郑军尽失沿海岛屿，锡范随郑经退回台湾。锡范知道有人将弃守厦门之事归咎于他，深感非握有重兵，不足以服众。见陈永华所领勇卫军最为骁壮，便假意对永华说：自愧护驾西征无功，归来不便仍居其位，拟欲辞职。永华考虑到：锡范乃一武夫，尚能谦退，自己作为文士，不应久恋重权。于是，向郑经提出交出兵权并辞总制。① 初时，郑经未允。锡范便乘间对郑经说：复甫（永华字）勤劳数载，形神已焦！如今希望退休，情出于真，应当同意。其所部将士，可交予刘国轩。郑经依锡范之议，允许永华退休。永华辞职后，而锡范仍任侍卫如故。②

二十年（1681 年）正月，郑经在台湾病重。临终之前，将剑印授予长子监国克𡒉，命刘国轩、冯锡范等辅佐。锡范想立自己的女婿克塽，密与国轩商量：监国乃螟蛉子，不能继承。国轩认为，这是郑氏家事，外人不好干预。锡范提出，只要国轩不偏袒，他自有成算。锡范又与郑经诸弟聪、明、智、柔等公子商议：自古承继大统，嫡庶尚且有分，何况螟蛉？郑聪等不喜欢刚毅不徇私情的克𡒉，支持锡范的主张。锡范与诸公子得到董夫人的同意，收回克𡒉的剑印，并将其缢杀。二月一日，郑克塽继位。当时，克塽年方十二，虽以郑聪为辅政公，但郑聪平庸懦弱，事无决断，惟以锡范是从。以拥立功，晋国轩武平侯、锡范忠诚伯兼参赞军务。③

二十二年（1683 年）六月，水师提督施琅率师与刘国轩在澎湖决战。国轩大败，逃回台湾。当时，台湾风声鹤唳，有人主战，有人主降，有人主张往征吕宋。锡范心实不愿降，在往征吕宋和死守台湾两个选择上彷徨犹豫。国轩挟以必从之势，坚决主降。郑克塽见大势已去，也认为只有“求抚”一条路可走。④ 闰六月初八日，郑克塽遣员到澎湖施琅军前请降。提出：冯锡范与郑克塽希望仍能

① 夏琳：《闽海纪要》，台湾文献丛刊本，第 65 页。

② 江日升：《台湾外记》，福建人民出版社 1983 年版，第 305 页。

③ 夏琳：《闽海纪要》，台湾文献丛刊本，第 67~68 页。

④ 阮旻锡：《海上见闻录》，福建人民出版社 1982 年版，第 78~79 页。

继续居住台湾，承祀祖先，照管物业。施琅认为这个要求不妥，并要求刘国轩和冯锡范必须亲自到澎湖施琅军前面降。七月十五日，冯锡范遣胞弟冯锡韩、刘国轩遣胞弟刘国昌到施琅军前为质，同意按施琅提出的条件投降。八月初八日，锡范与郑克塽等分别致书施琅，恐台湾人心危疑不一，事久生变，请施琅尽快到台湾安辑。① 十三日，施琅到台湾，锡范等到军前迎接。十八日剃发。十月初六日，登舟离开台湾。

二十三年（1684 年）十二月，冯锡范到京，授正白旗汉军伯，赐宅第居京师。

① 施琅:《靖海纪事》，福建人民出版社 1983 年版，第 97、101~102、108 页。

第二十一章

一些史籍和教科书中有关明郑记载的错误

一、连横《台湾通史》“建国纪”辨误

《台湾通史》是台湾著名爱国史学家连横耗费十年心血才写成的一部力作。它问世百年来，先后翻印了30个版本，是关心和研究台湾史者案头必备之书，至今仍为许多治史者所乐于引据。但是，由于历史条件的限制，许多史料连横当时未能发现并加以利用；又因为他以业余时间修史（他的正式职业是办报），对某些史实，未能像一些专业史家那样一一经过考证，加上印刷上的原因，以致书中存在不少错误。本章根据商务印书馆1983年版和台湾众文图书公司1975年印行的古亭书屋藏版，就书中有关郑氏的一章——“建国纪”，作一个简要的辨误。

> 北京既陷，福王立江左，改元弘光，封芝龙南安伯，鸿逵靖西伯。二年，唐王即位福京，改元隆武，晋芝龙平西侯，鸿逵定西侯，俱加太师。

据《海上见闻录》《台湾外记》等书记载，弘光政权封郑鸿逵为“靖虏伯”，不是“靖西伯”。1644年五月，弘光政权建立时，“改明年为弘光元年”①，所以，这里“二年”应为弘光元年或次年。隆武政权建立时，封郑芝龙为“平虏侯”、郑鸿逵为“定虏侯”，不是“平西侯”与“定西侯”，郑芝龙、郑鸿逵加太师，俱在晋为“平国公”与“定国公”之时，而不是在封侯之时。有些史籍也将靖虏伯、平虏侯、定虏侯写成“靖西伯”“平西侯”“定西侯”。为的是避开清朝的忌讳，有意将“虏”字改为“西”字。

> 三年六月，封成功忠孝伯。

据《台湾外记》《南疆绎史》《小腆纪年》《小腆纪传》《续明纪事本末》等

---

① 《偏安排日事迹》，台湾文献丛刊本，第12页。

书记载，郑成功被封为忠孝伯为隆武二年三月事。本篇“延平郡王世系表”和本书卷二十九郑芝龙传中，均记此事在隆武二年六月。郑亦邹《郑成功传》记载，“三年六月，封成功忠孝伯”,[①] 使用的是清朝顺治年号，换成本篇采用的明朝年号，应为隆武二年六月。所以，此处“三年六月”，误。

与所善陈辉、张进、施琅、陈霸、施显、洪旭等愿从者九十余人，乘二巨舰，断缆行，收兵南澳，得数千人。

施琅与其弟施显，并非郑成功起兵之时即参与之人。《台湾外记》把施琅与施显投归郑成功记载于顺治四年八月郑成功与郑鸿逵合攻泉州之后。《清世祖实录》卷三十四记载，顺治四年十月初三日，“……别遣总兵施琅、梁立同提督李成栋、监军戚元弼等剿顺德县海寇，多所斩获”。[②] 另据施琅撰写的《都阃安侯施公行述》中说：“比事定，余随武毅伯承当道委任，领兵东粤，嘱吾弟留郡侍养双亲，以故得无烦啮指忧。亡何值粤师之乱，余历险间关驰归，适为郑成功遮之入海，弟亦以故乡兵火，护双亲至鹭岛，一家聚首欢如也。”[③] 可见，施琅与施显投归郑成功最早亦当在顺治四年底，而郑成功起兵则为前一年之事。

（永历二年）三月，成功伐同安，克之。

据陈在正《据清代档案考订郑成功史事十二则》一文考证，郑成功伐同安，四月初十日开始攻城，十八日攻克。[④] 此处“三月”应为四月。

（三年）三月，以施琅、杨才、黄廷、柯宸枢、康明、张英伐漳浦，守将王起凤降，寻下云霄，抵诏安，屯分水关。清军力攻，宸枢死焉。

据《先王实录》记载：“（九月）初三日，虏镇守漳浦副将王起俸慕义欲归，先遣义子朱之明密赴军门纳款，藩许之，约日进兵城下，外攻内应，克拔浦邑。缘谋泄，闻藩舟在龟镇港，王起俸十四日随弃妻子，亲率标将吴大明、蔡良、龚□、李化龙、朱□等数□由龟镇下船到铜山见投。”[⑤] 另据《海上见闻录》和《郑成功档案史料选辑》顺治七年正月“浙江福建总督陈锦揭帖”，郑成功攻克云霄、围诏安，以及柯宸枢战死，均为顺治六年十月事。[⑥] 此处“三月”应为九月，“王起凤”应为王起俸。

---

① 郑亦邹：《郑成功传》，载诸家：《郑成功传》，台湾文献丛刊本，第 4 页。

② 台湾银行经济研究室编：《清世祖实录选辑》，台湾文献丛刊本，第 40 页。

③ 施德馨纂辑，施世纶等补辑：《浔海施氏大宗族谱》第 2 册，龙文出版社股份有限公司 1993 年版，第 568~569 页。

④ 陈在正、孔立、邓孔昭等：《清代台湾史研究》，厦门大学出版社 1986 年版，第 24 页。

⑤ 杨英：《先王实录》，福建人民出版社 1981 年版，第 2 页。

⑥ 阮旻锡：《海上见闻录》，福建人民出版社 1982 年版，第 9 页；厦门大学台湾研究所、中国第一历史档案馆编辑部编：《郑成功档案史料选辑》，福建人民出版社 1985 年版，第 21~23 页。

七月，封成功为延平公。

据朱希祖《郑延平王受明官爵考》[①]，永历三年七月，郑成功被封为漳国公，不是“延平公”。

(五年) 四月……左先锋施琅得罪逃于清。

据《先王实录》和《海上见闻录》记载，郑成功下令羁拿施琅是在五月二十日，[②] 施琅逃脱更在这以后。所以，此处“四月”应为五月。

十一月，败清提督杨名高于小营岭。

据《先王实录》记载，永历五年十一月，郑成功“督师由九都登岸，进札小盈岭待敌，同诸将相度地利，分派札伏”，并在这里打败了清军提督杨名高。[③] 可见，“小营岭”应为小盈岭。小盈岭在同安县和南安县的交界处。

(郑成功围困漳州) 城中食尽，枕籍死者七十余万人。

《台湾外记》《海上见闻录》等书虽亦记载当时漳州城内饿死者达 73 万，但这是一个很明显的错误。当时漳州城内无论如何不可能有这么多人。据《漳州府志》记载，从明朝弘治到万历的 100 余年间，漳州府属各县的总人口都在二三十万之间。其中弘治十五年（1502 年），“户四万九千三百三十五，口二十六万六千五百六十一”。嘉靖三十一年（1552 年），“户四万八千五百七十二，口三十二万四千三百三十四”。隆庆五年（1571 年），“户四万八千八百六十三，口二十四万八百七十八”。万历四十年（1612 年），“共四万五千九百一十七户，男女共二十三万八百一十一丁口五分”。[④] 万历四十年距离郑成功围困漳州城时只有 40 年的时间，根据当时的社会经济状况，漳州全府的人口不会发生很大的变化。以全府各属总人口才二三十万，府城中当然不可能有 70 余万人饿死。那么，当时漳州城中到底饿死了多少人呢？《明清史料己编》“刑科右给事中张王治残题本”中说：“十年内（应为九年）漳州被围，止因大兵迟进三月，遂至攫人而食，饿死男女数余万。”[⑤]《郑成功满文档案史料选译》顺治十二年八月二十八日吏部尚书韩岱的题本中，亦引用了张王治题本的内容，[⑥] 可见，当时官方的统计是饿死

① 朱希祖：《郑延平王受明官爵考》，载诸家：《郑成功传》，台湾文献丛刊本，第 143～144 页。

② 杨英：《先王实录》，福建人民出版社 1981 年版，第 33 页；阮旻锡：《海上见闻录》，福建人民出版社 1982 年版，第 15 页。

③ 杨英：《先王实录》，福建人民出版社 1981 年版，第 37～38 页。

④ 沈定钧、吴联薰：《漳州府志》卷十四，赋役上。

⑤ “中研院”史语所编：《明清史料己编》上册，第 3 本，中华书局 1987 年版，第 269 页。

⑥ 厦门大学台湾研究所、中国第一历史档案馆编辑部编：《郑成功满文档案史料选译》，福建人民出版社 1987 年版，第 154 页。

数万人。这个数字，恐较属实。

七月，陈锦军于凤山尾，其奴库成栋刺之，以首来献。

虽《台湾外记》《海上见闻录》《海纪辑要》等书均作刺杀陈锦之人为库成栋，然实误。《先王实录》记载，“伪陈锦败兵失将，不敢进入同安，扎营城外，被家丁李进宗等刺死”①，较近事实。《明清史料己编》中的“刑部残题本”② 和《郑成功满文档案史料选译》中顺治十二年四月十五日刑部尚书刘昌的题本③对此事的记载尤为翔实可信：当时下手刺杀陈锦之人是李忠，同谋者有李进忠、卢丕昌、陈恩、时有亮、陈懿、陈恕、李世登。李忠、卢丕昌、陈恩被清军抓获，李进忠、时有亮、陈懿、陈恕、李世登逃脱，并无库成栋其人。

八年春，清廷以郑、贾二员来讲，封成功海澄公、芝龙同安伯、鸿逵奉化伯、芝豹左都督。

据《清实录》记载，顺治十年五月初十日，“封精奇尼哈番郑芝龙为同安侯、子成功为海澄公、弟鸿逵为奉化伯、芝豹为左都督”。④ 可见，当时，清廷封郑芝龙为同安侯，不是“同安伯”。

分所部为七十二镇，改中左所为思明，以邓会知州事。

据《先王实录》记载，永历九年三月，“六察官周素、叶茂时等条陈：中左兴王之地，不宜因循旧址，顾名思义，请改中左为思明州，亦如新丰故事也，藩从而改之”。⑤ 可见，此事应记在永历九年，不应置于此处。“思明”完整的称法应为思明州。又据《海上见闻录》记载，“改中左所为思明州，以薛联桂知州事”。⑥《海上见闻录》的作者阮旻锡是郑成功同时设立的储贤馆的成员，他对此事的记载应可信。《先王实录》也记载，十年八月，才“以邓会管思明州地方事”。⑦ 所以，此处“邓会”应为薛联桂。

令六官分理国事，以壬午举人潘庚昌为吏官，兼户官，丙戌举人陈宝钥为礼官，世职张光启为兵官，浙人程应播为刑官，戊子举人冯澄世为工官。

据《先王实录》记载，永历九年二月，郑成功“议设六官并司务，及察言、

---

① 杨英：《先王实录》，福建人民出版社 1981 年版，第 44 页。

② “中研院”史语所编：《明清史料己编》上册，第 2 本，中华书局 1987 年版，第 154~161 页。

③ 厦门大学台湾研究所、中国第一历史档案馆编辑部编：《郑成功满文档案史料选译》，福建人民出版社 1987 年版，第 96~111 页。

④ 台湾银行经济研究室编：《清世祖实录选辑》，台湾文献丛刊本，第 82 页。

⑤ 杨英：《先王实录》，福建人民出版社 1981 年版，第 112~113 页。

⑥ 阮旻锡：《海上见闻录》，福建人民出版社 1982 年版，第 23 页。

⑦ 杨英：《先王实录》，福建人民出版社 1981 年版，第 139 页。

承宣、审理等官，分隶庶事，令各官会举而行。遂以参军举人潘庚钟管吏官事，张玉为吏官左司务；忠振伯洪讳旭任户官事，贡生林调鼎为户官左司务，参将吴慎为右司务，杨英阵中出征，加衔司务；以参军举人郑擎柱管礼官事，吕纯为礼官左司务；以指挥都督张光启任兵官事，黄璋为兵官左司务，李徧为右司务；以都督程应瑶管刑官事，杨秉枢为刑官左司务，蔡政加衔司务，张义为刑知事；以参军举人冯澄世任工官事，举人李赞元为工官左司务，范斌、谢维俱司务。后因张名振条陈不宜僭设司务，遂改司务为都事”。五月，“委户官忠振伯任水师右军事，以吏官潘庚钟兼管户官事，辞不敢受，遂以吴慎加衔协理户官帮之”。[①]《台湾外记》的记载，担任六官的人与《先王实录》的记载相同，还有以“陈宝钥为协理礼官”的记载。[②] 可见，陈宝钥只是协理礼官。五月，洪旭任水师右军事后，才以潘庚钟兼管户官事。此处将潘庚钟作“潘庚昌”，以潘庚钟一开始即兼户官及以陈宝钥为礼官，均误。

> （十年）四月，以苏茂、黄梧伐碣阳，不克，斩茂以徇。梧惧诛，以海澄降清。

此事记载十分不准确。据《先王实录》记载，永历九年八月，郑成功派黄廷、万礼、林胜等攻占揭阳。十年正月，清潮州总兵刘伯禄领兵企图恢复。郑军闻讯，苏茂主动请战，郑成功才派苏茂、黄梧等人前往增援。由于苏茂轻敌，郑军在揭阳城下失利，乃于二月放弃揭阳。三月，郑成功调苏茂、黄梧等回厦门，议揭阳丧师罪，斩苏茂，令黄梧戴罪图赎。六月，黄梧献海澄降清。[③]《海上见闻录》和《台湾外记》的记载基本相同，只是将议罪斩苏茂的时间记在六月。但《台湾外记》又载有郑成功为安抚部众而给苏茂写的一篇祭文，其中有：“维永历十年四月望越二十有七日，遣礼官陈瑞龙谨以柔毛牲仪，致祭于统领左先锋镇苏提督之灵日。”[④] 可见，斩苏茂是在四月二十七日之前，当以《先王实录》的记载为确。

> 十一年春三月……寻遣将城福州峡江牛心塔，以陈斌、林铭、杜辉等守之。

《先王实录》《海上见闻录》《台湾外记》诸书，“牛心塔”均为罗星塔。罗星塔位于今福州市马尾。

> 十二年春正月，帝在滇城，遣漳平伯周金汤航海至思明，晋成功延平郡

---

① 杨英：《先王实录》，福建人民出版社 1981 年版，第 111、119 页。

② 江日升：《台湾外记》，福建人民出版社 1983 年版，第 119 页。

③ 杨英：《先王实录》，福建人民出版社 1981 年版，第 131~133、136 页。

④ 江日升：《台湾外记》，福建人民出版社 1983 年版，第 126 页。

王，甘辉崇明伯，张万礼建安伯，黄廷永安伯，郝文兴庆都伯，王季山祥符伯，余各拜爵有差。

“张万礼”诸书皆为万礼。《台湾外记》卷三的按言中有，“礼即张要，漳之平和小溪人。崇祯间，乡绅肆虐，百姓苦之，众谋结同心，以万为姓，推要为首”。[①] 同书卷五的按言中有“前礼等同盟，以万人同心，以万为姓。万礼即张礼，死南京。成功回厦，建忠臣庙享诸死者，以甘辉为首，次张万礼”之语。[②] 张礼既以万为姓，似不应再将张、万二姓叠称而呼之为“张万礼”。另据诸书，“郝文兴”应为赫文兴，“王季山”应为王秀奇。又据《先王实录》永历七年五月和九年四月中记载，王秀奇乃封庆都伯，赫文兴为祥符伯。[③]《台湾外记》有“永历遂封王秀奇为祥符伯”之语，[④] 但其错误是很明显的。它在顺治十二年九月内已记“左提督祥符伯赫文兴病故”[⑤]，却又将永历封爵之事放在顺治十四年九月，祥符伯又成了王秀奇。据朱希祖考证，“颁发甘辉等勋爵，至迟必在（永历）九年四月（顺治十二年四月）”。[⑥] 所以，这里将此事置于永历十二年，亦误。

（郑成功军）次羊山，为飓所破，飘没八千余人，幼子睿、裕、温皆死，乃泊瀚洲理楫。

此处从《台湾外记》“功失四子睿、七子裕、八子温，暨兵士数千人”[⑦] 的记载，实误。据《郑氏宗谱》《郑氏家谱》和《石井本宗族谱》[⑧] 记载，除郑成功四子睿早卒外，七子裕和八子温康熙二十二年均随郑克塽降清，并被授为四品官职。另据郑克塽《郑氏附葬祖父墓志》，康熙三十八年五月，裕、温二人还参与了郑成功灵柩迁葬之事。[⑨] 可见，他们没有在顺治十五年淹死。《郑氏家谱》中还记载了郑成功七子裕和八子温的生辰。郑裕生于康熙（顺治之误）庚子年

---

① 江日升：《台湾外记》，福建人民出版社1983年版，第93页。

② 江日升：《台湾外记》，福建人民出版社1983年版，第161页。

③ 杨英：《先王实录》，福建人民出版社1981年版，第61、113页。

④ 江日升：《台湾外记》，福建人民出版社1983年版，第138页。

⑤ 江日升：《台湾外记》，福建人民出版社1983年版，第123页。

⑥ 朱希祖：《郑延平王受明官爵考》，载诸家：《郑成功传》，台湾文献丛刊本，第151页。

⑦ 江日升：《台湾外记》，福建人民出版社1983年版，第142页。

⑧ 厦门郑成功研究会、厦门郑成功纪念馆编：《郑成功族谱三种》，福建人民出版社1987年版。

⑨ 厦门郑成功研究会、厦门郑成功纪念馆编：《郑成功族谱三种》，福建人民出版社1987年版，第100~102页。

(1660年）十一月二十七日，郑温生于康熙壬寅年（1662年）六月初一日。① 郑裕和郑温分别生于1660年和1662年，说他们在1658年就已淹死，显然是无稽之谈。

郑成功羊山遇风，淹死亲子三人之事，他书也有记载。《先王实录》记载说，“船中（六中军船）失去了六妃嫔，并二舍、三舍、五舍三位，余男妇老幼梢兵计二百三十一人，俱没水中”。②《海上见闻录》也记载说：“赐姓六中军船打破，失六妃嫔并二公子、三公子、五公子，凡二百三十一人。”③《明清史料甲编》第五本“候代浙江巡抚陈应泰揭帖”中载施举口供说：“前被飓风，国姓淹死亲子三个，内一个六岁，一个五岁，一个一岁，又淹死老婆三个。”④ 这里说的淹死的是二子、三子和五子，但据三种郑氏族谱记载，二子、三子和五子分别为郑聪、郑明和郑智，他们都活到了康熙二十二年郑氏降清之后，并被授以三品和四品官职。可见，淹死的二子、三子和五子不是族谱中的二子、三子和五子，族谱中没有将这三个在幼年时即已夭亡的人排列在内。为了进一步说明这一点，同时说明族谱中注明“早卒”的郑睿也不是死于羊山，有必要对照一下羊山遇风之前和族谱中诸子排列顺序的情况。羊山遇风之前，诸子排列的次序如下：郑经（长子，生于明崇祯壬午年，即1642年）—死于羊山之二子（1658年6岁，应生于1653年）—死于羊山之三子（1658年5岁，生于1654年）—四子—死于羊山之五子（1658年1岁，应生于当年）。而族谱中的排列次序又是这样的：郑经—郑聪—郑明—郑睿—郑智（生于1660年）。郑睿小于郑经、郑聪和郑明。他不可能是死于羊山的“二子”或“三子”，这很明显。那么，他是否可能是死于羊山的“五子”呢？答案也是否定的。因为，如果他是死于羊山的“五子”，那么前面只能有两位活着的兄长，即郑经和原四子，可是，他前面毕竟有三位活着的兄长，所以，郑睿也不可能是死于羊山的“五子”。况且，三人同时夭折，族谱中不可能只载他一人。又据施琅康熙七年“尽陈所见疏”中说：“郑成功其子有十，迟之数年，长成群强。”⑤ 可见，到这时，族谱中所记的十子还俱在。另据《台南文献》九卷二期记载，台南有“皇明圣之省之二郑公子墓”，圣之即郑睿之号，也说明他是死在台湾的。总之，睿、裕、温三人并非淹死羊山，这是确定

① 厦门郑成功研究会、厦门郑成功纪念馆编：《郑成功族谱三种》，福建人民出版社1987年版，第50~51页。

② 杨英：《先王实录》，福建人民出版社1981年版，第177页。

③ 阮旻锡：《海上见闻录》，福建人民出版社1982年版，第34页。

④ “中研院”史语所编：《明清史料甲编》第5本，上海商务印书馆1931年版，第430页。

⑤ 施琅：《靖海纪事》，福建人民出版社1983年版，第53页。

无疑的。

> （十三年）七月，至焦山，祭告天地百神及太祖、崇祯、隆武诸帝，痛哭誓师，众皆感激。……自督亲军及中提督甘辉、左镇提督翁天佑、先锋镇杨祖，建大将旗鼓，直捣瓜州。

《先王实录》《海上见闻录》及《台湾外记》记载，郑成功至焦山为六月十四日，接着取瓜洲、克镇江，均为六月内之事。另据《台湾外记》记载，郑成功祭天地及太祖、列宗均在取得瓜洲、镇江之后，七月初二日祭天地，七月初三日祭江，七月十二日祭太祖列宗。此处将此事置于郑军取瓜洲、镇江之前，误。

> 八月，至观音门，以黄安总督水师，守三叉河口，率所部由凤仪门登岸，军于狮子山。

《先王实录》《海上见闻录》诸书皆记七月初七日郑军至观音门。初八日，令左冲镇黄安总督水师泊三叉河口。初十日，“行令官兵就凤仪门登岸，下营狮子山一带”。① 此处“八月”应为七月。“凤仪门”应为仪凤门。仪凤门在南京城西北角，“外滨江浒，要津也”。②

> 南京守将梁化凤约期降，许之。

《台湾外记》记载，在瓜洲被俘的清操江军门朱衣佐被郑成功释放回南京后对管效忠说：“海贼虽是猖獗，其众不过数万，其船不过数百，瓜镇之失皆由一时无备，故遭所破。今可速遣人卑辞宽限，以骄其志，然后设守御之策，征援兵破之。”“管效忠然其言，即请能言者前往成功营中，限期纳款。”郑成功“正发令各提镇预备云梯、木牌、布袋，以便攻城，忽报王秀奇送城内纳款人到营请见。功令之入，其人叩禀曰：‘大师到此，即当开门延入。奈我朝有例，守城者过三十日，城失则罪不及妻孥。今各官眷口悉在北京，乞藩主宽三十日之限，即当开门迎降。’功允其请”。③ 另据《先王实录》记载，郑成功“见虏有忧畏情话，令发书招谕，并微写疏内一二语，另抄疏，并令射入城中。管效忠回有书报，俱有稿在礼科”。④ 可见，当时南京城内诈降的不是梁化凤，而是管效忠。

> 副将魏标、朴世用、洪复、督理户官潘庚钟、仪卫等皆战没。

“仪卫”为职衔，《先王实录》和《海上见闻录》均记南京战没者有“仪卫吴赐”。

> 九月，攻崇明。

---

① 杨英：《先王实录》，福建人民出版社 1981 年版，第 207 页。

② 杜福堃：《新京备乘》卷上，城治。

③ 江日升：《台湾外记》，福建人民出版社 1983 年版，第 146 页。

④ 杨英：《先王实录》，福建人民出版社 1981 年版，第 208 页。

诸书均记郑军攻打崇明在八月十一日至十三日。八月十八日，郑军即撤往舟山。此处“九月”应为八月。

十月，师至思明。

诸书皆记九月初七日郑成功率军回到思明。此处“十月”应为“九月”。从六月起，本篇记载均错后一月，不知何故。

（十四年五月）收辉戮之，以蟒代。

当时，清军围攻金厦两岛。海门一战，忠靖伯陈辉举火引爆火药，准备与登船满兵同归于尽，然满兵炸死，而陈辉幸免。高崎守将右虎卫陈鹏与清军约降，郑成功“命兵官忠振伯同戎政王秀奇逮右虎卫陈鹏至，并拘家属，讯服通虏遏师之罪，登时寸磔，以徇军中，并诛妻子。拔陈蟒为虎卫右镇，以不与镇谋，并有功次”。[①] 可见，此处“辉”字应为鹏字。

（达）素自杀于福州。

《先王实录》记载，永历十四年十月，“藩驾回驻思明州。报：达素回京，各水师尽吊，俱搁在岸边”。[②]《清史稿》“达素传”也有达素当时被清廷召还回京的记载。[③] 可见，达素并未在福州自杀。

（十五年十二月）设府一县二，以杨朝栋为承天府尹，祝敬为天兴知县，庄之列为万年知县。

据《先王实录》记载，五月“改赤崁地方为东都明京，设一府二县。以府为承天府，天兴县，万年县，杨戎政为府尹，以庄文烈知天兴县事，祝敬知万年县事”。[④] 可见，设一府二县是五月的事情。另外，天兴知县为庄文烈，万年知县为祝敬。另据《海上见闻录》记载，十二月，“府尹杨朝栋以其用小斗散粮，杀其一家，又杀万年县祝敬，家属发配”。[⑤] 此处将庄文烈和祝敬二人错置，同时又将庄文烈误为“庄之列”。

（十八年）初，荷人既丧台湾，谋恢复，居于基隆，成功命黄安逐之。既去，遂会清人攻两岛。

荷兰人与清军联合攻两岛在前，为康熙二年（永历十七年，1663 年）十月事，荷兰人再次占领基隆在后，为康熙三年事（具体日期为公历 1664 年 8 月 27 日），荷兰人最后放弃基隆为 1668 年 10 月，详见本书第十五章。郑成功于荷兰

---

① 杨英：《先王实录》，福建人民出版社 1981 年版，第 239 页。
② 杨英：《先王实录》，福建人民出版社 1981 年版，第 242 页。
③ 赵尔巽等：《清史稿》第 32 册，中华书局 1977 年版，第 9581 页。
④ 杨英：《先王实录》，福建人民出版社 1981 年版，第 253 页。
⑤ 阮旻锡：《海上见闻录》，福建人民出版社 1982 年版，第 47 页。

人投降5个月之后，即康熙元年五月去世，黄安于康熙四年七月去世，所以荷兰人第二次离开基隆，也不可能是“成功命黄安逐之”。

九月，英人来求互市，许之。

英国东印度公司向郑经最早提出通商要求是1670年，即永历二十四年，1672年双方正式缔结商约。① 这里将此事置于永历十八年，误。

（二十一年）五月，河南人孔云章来议抚，礼之，议照朝鲜事例。

孔云章至台湾议抚，非五月事。据福建总督祖泽溥康熙六年九月十六日题本，孔云章原定八月十一日从海澄起航往台湾，后因海潮汹涌，改为八月二十六日从厦门出洋。又据祖泽溥当年十一月十一日题本，孔云章十月初七日从台湾回航，十月二十五日回到厦门。②

（二十三年）七月，刑部尚书明珠、兵部侍郎蔡毓荣至福州，与靖南王耿继茂、总督祖泽沛集泉州议和，命兴化知府慕天颜赍诏书入台。

据《台湾外记》记载，六月，明珠、蔡毓荣入闽，与靖南王、福建总督集泉州议抚。慕天颜赴台湾亦在六月，六月十二日至澎湖，“二十二日，经差銮仪陈庆驾大舟船来接，因阻飓风，至七月初三日方到澎湖，初四日扬帆，初六日抵台湾”。③ 所以，此处“七月”应为六月。当时福建总督为祖泽溥，不是“祖泽沛”。

（二十八年）五月，经以子克壄为监国，陈永华辅之。

据《台湾外记》，康熙十三年，郑经乘三藩之乱引兵西向时，并未立郑克壄为监国（当时克壄只有11岁），只是以陈永华为留守东宁总制使。据《海上见闻录》和《台湾外记》，郑经立郑克壄为监国，时间在康熙十八年（永历三十三年）四月。《台湾外记》记载尤详：“郑经自甲寅岁接耿精忠书，统众西渡，将台湾地方委副制使陈永华留守。华胸藏韬略，持己廉正，法严约束，夜不闭户，百姓乐业。后见经诸弟微有恃势，占夺民田，华虽屡遏止，似若艰于破面执法。遂以‘元子年登十六，聪明特达，宜循君行则守之典，请元子克壄监国’。经允其请。四月初六日，遣礼官郑斌赍谕抵台湾，同陈永华立克壄监国。”④ 此处将郑克壄监国事置水历二十八年，误。

（刘）进忠纳款，遣援剿左镇金汉臣率兵援之，败清军于黄冈，潮围解，

① 赖永祥：《台湾郑氏与英国的通商关系史》，载《台湾文献》第16卷第2期。

② 厦门大学台湾研究所、中国第一历史档案馆编辑部编：《康熙统一台湾档案史料选辑》，福建人民出版社1983年版，第71~73，75页。

③ 江日升：《台湾外记》，福建人民出版社1983年版，第204页。

④ 江日升：《台湾外记》，福建人民出版社1983年版，第290页。

进忠降，授定西伯、前提督。

据《海上见闻录》记载，康熙十三年七月，郑经“以进忠为右提督，封定虏伯”。[①]《台湾外记》与此记载相同。可见，郑经是以刘进忠为右提督、定虏伯。此处“定西伯”为定虏伯之误，“前提督”为右提督之误。

(三十二年）六月，清廷以按察司吴兴祚为闽抚，逮郎廷相，以随军布政姚启圣为总督。趣诸军援海澄，莫敢进。城破，提督段应举自经，总兵黄蓝巷战死，清军没者凡三万余人，马万余匹。

“按察司”应为按察使，郎廷相当时只是被解任，并没有被逮捕，“布政”应为布政使。清军在海澄的死亡人数，据当时福建总督姚启圣题报，“满汉官兵一万二千余员名尽没于海澄县城”[②]，其中“绿旗官兵一万四百员名”。[③] 可见，“三万余人”不确，“马万余匹”亦似有夸大。

晋国轩武平伯、征北将军，吴淑定西伯、平北将军。

据《台湾外记》记载，破海澄之后，郑经“以中提督刘国轩表请晋封为平北将军、武平伯，后提督吴淑表请晋封为平虏将军、平虏伯”。[④] 另据施琅《靖海纪事》“飞报大捷疏”和《台湾外记》中的其他两处记载，[⑤]“征北将军”为曾瑞。因此，这里的“征北将军”应为平北将军，“定西伯”应为平虏伯，“平北将军”应为平虏将军。

(三十三年）冬十月，清军攻萧井塞，不克而还。十一月，吴淑压死萧井塞。

据《闽海纪要》记载，康熙十八年（永历三十三年），“冬，耿精忠及刘国轩战于坂尾寨，败绩。……十一月，明后提督定西伯吴淑卒于军。淑守坂尾寨，北兵筑垒环攻，炮声日夜不绝，淑处之晏如。后因伤染病，不以为意。值阴雨，新筑垒墙多坏，挥左右避之，自据床而卧，墙崩压死”。[⑥]《台湾外记》《海上见闻录》诸书，也都记载这件事发生在坂尾寨。因此，此处“萧井塞”应为坂尾寨。坂尾寨位于海澄县（今漳州市龙海区）。

三十五年夏四月，彗星见。

---

① 阮旻锡：《海上见闻录》，福建人民出版社1982年版，第57页。

② 姚启圣：《忧畏轩奏疏》，载陈支平主编：《台湾文献汇刊》第二辑第一册，九州出版社、厦门大学出版社2005年版，第248页。

③ 姚启圣：《忧畏轩奏疏》，载陈支平主编：《台湾文献汇刊》第二辑第一册，九州出版社、厦门大学出版社2005年版，第419页。

④ 江日升：《台湾外记》，福建人民出版社1983年版，第282页。

⑤ 江日升：《台湾外记》，福建人民出版社1983年版，第32、335页。

⑥ 夏琳：《闽海纪要》，台湾文献丛刊本，第62页。

据《台湾外记》记载，康熙十九年（永历三十四年）四月，“台湾彗星出，在寅申分野；一更尽，忽生四五脚。至夜半，一股白气，坠下甚长，俄复收起。如此，一月乃灭”。[①] 另外，从上下行文看，本书下文又记“三十五年春正月朔，监国世子克壂率文武朝贺于安平”。[②] 可见，此处“三十五年”乃三十四年之误。

> （三十七年）六月十四日，琅发铜山，会于八罩屿，以窥澎湖。国轩守之，再战而败，林升、邱辉、江胜、陈起明、吴潜、王隆等皆战死。

澎湖战役，林升并未战死。据施琅《靖海纪事・飞报大捷疏》记载，“伪水师总督林升中箭三枝，中鹿铳二门，左腿被大炮打折，立即载回台湾，必死无活”。[③] 施琅所说的“必死无活”只是一种推测，实际上，林升还是活下来了。据《台湾外记》记载，十六日海战，林升先中三箭，后左腿被蓝理之炮所伤。刘国轩“随拨蔡明船，载右武卫林升回台调理炮伤”。九月，“琅一面发还各省难民，又拨船护送郑克塽、冯锡范、洪磊、陈绳武、刘国昌、何祐、林升、李茂等诸文武眷口过厦，听启圣安插”。[④] 可见，此时林升仍然活着。

> 克塽大会文武，议战守之策。建威中镇黄良，请取吕宋，提督中镇洪邦柱赞之，愿为先锋。

此处从《台湾外记》。但据《靖海纪事・飞报大捷疏》，“中提督中镇洪邦柱”在澎湖战役中已战死。[⑤] 本书卷二十九“刘国轩”传中，亦采《靖海纪事》之说，以洪邦柱死于澎湖。[⑥] 此处又采此说，自相矛盾，不知孰是？

> 七月十一日，又遣冯锡圭、陈梦炜、刘国昌再至澎湖。

冯锡圭、陈梦炜等再至澎湖的时间，据《海上见闻录》和《靖海纪事》，均为七月十五日。《靖海纪事》“台湾就抚”一疏中说：“兹七月十五日，郑克塽复差伪兵官冯锡圭、伪工官陈梦炜，刘国轩遣胞弟伪副使刘国昌，冯锡范遣胞弟伪副使冯锡韩，同曾蜚、朱绍熙赍送降本稿前来澎湖军前回话，一一依臣前言。”[⑦] 施琅此疏缮于七月二十四日，对数日前之事，肯定不会搞错。所以，此处“十一日”应为十五日。

> 延平郡王世系表
>
> 绍祖，字象庭，世居福建南安县杨子山下石井乡，娶某氏，生芝龙。

---

① 江日升：《台湾外记》，福建人民出版社 1983 年版，第 306 页。

② 连横：《台湾通史》上册，商务印书馆 1983 年版，第 39 页。

③ 施琅：《靖海纪事》，福建人民出版社 1983 年版，第 82 页。

④ 江日升：《台湾外记》，福建人民出版社 1983 年版，第 338、363 页。

⑤ 施琅：《靖海纪事》，福建人民出版社 1983 年版，第 86 页。

⑥ 连横：《台湾通史》下册，商务印书馆 1983 年版，第 531 页。

⑦ 施琅：《靖海纪事》，福建人民出版社 1983 年版，第 101 页。

据《郑氏宗谱》和《郑氏家谱》记载，“第十世象庭公，讳士表，字毓程。妣徐氏、黄氏。子五：芝龙、芝虎、芝麟、芝凤（官名鸿逵，俱徐出）、芝豹（黄出）”。[①] 可见，郑芝龙父亲的正名叫郑士表，不叫“郑绍祖”，字毓程，不字“象庭”，“象庭”只是他的号。

芝龙，字飞黄，娶日本平户河内浦士人田川氏，改姓翁氏，生成功及七左卫门。……继娶某氏，生四子。

据《郑氏宗谱》和《郑氏家谱》，郑芝龙的妻室，除翁氏外，尚有颜氏（妣）、陈氏、李氏、黄氏。《石井本宗族谱》记载更为详细：“先娶陈氏；继娶日本翁氏，一品夫人；后娶颜氏。侧室陈氏（逐出）、李氏、黄氏。”[②] 可见，翁氏只是郑芝龙的第二位夫人，而在翁氏之后，郑芝龙又娶了颜氏、陈氏、李氏和黄氏。“生四子”，而本篇下文又记除郑成功和七左卫门外，郑芝龙之子还有世忠、世恩、世荫、世袭、世默五人，到底那个地方对呢？上述三种族谱均记郑成功有弟四人，分别为渡、恩、荫、袭。对照之下，其中郑世忠与郑渡名字互异，郑世默族谱中没有记载。据《郑成功满文档案史料选译》顺治十一年六月二十五日和硕郑亲王济尔噶朗题本，当时郑芝龙请派次子郑世忠前往厦门招抚郑成功。[③] 但据《先王实录》《台湾外记》和《海上见闻录》诸书记载，当时随清使往厦门招抚郑成功者为郑渡。可见，郑渡又名郑世忠。又据《郑成功满文档案史料选译》顺治十年正月十九日户部尚书兼署兵部尚书噶达洪题本，当时郑芝龙请求清廷发给火牌，勘合，以便将家属护送到京，其中说：“臣长子郑森漂流海外，尚未归降，二子郑世忠、四子郑世荫现已在京，三子郑世恩已长大成人，故请与臣母黄氏、五弟郑芝豹留家看坟，而将臣妻颜氏、妾黄氏、五子郑世袭、六子郑世默送往京城。”[④] 由此可见，确有郑世默其人，只是不知何故而宗谱未载。所以，此处“生四子”应为生五子。

成功……三年七月封延平公。

郑成功永历三年七月被封为漳国公，详见上文。此处“延平公”应为漳国公。

---

① 厦门郑成功研究会、厦门郑成功纪念馆编：《郑成功族谱三种》，福建人民出版社 1987 年版，第 5~6，45 页。

② 厦门郑成功研究会、厦门郑成功纪念馆编：《郑成功族谱三种》，福建人民出版社 1987 年版，第 83 页。

③ 厦门大学台湾研究所、中国第一历史档案馆编辑部编：《郑成功满文档案史料选译》，福建人民出版社 1987 年版，第 45 页。

④ 厦门大学台湾研究所、中国第一历史档案馆编辑部编：《郑成功满文档案史料选译》，福建人民出版社 1987 年版，第 9 页。

明，娶林氏，无出，以裕次子克俊嗣。

此处从《郑氏附葬祖父墓志》。但据《郑氏宗谱》和《郑氏家谱》，“克俊”均为克庄。

睿，殉于南京之役，无出。

上文以郑睿、郑裕、郑温死于永历十二年八月北征途中羊山遇风，已误，详前。而羊山遇风与南京之役且又不是一回事。羊山遇风之后，当年郑成功北征计划受挫，乃在浙江沿海一带养兵派饷、造船制器。直至第二年七月才又率领大兵直逼南京城下，与清军进行了所谓的“南京之役”。此处“殉于南京之役”，亦误。

裕，殉于南京之役。娶王氏，生克崇。

“殉于南京之役”，误，详见上文。“生克崇”，如从《郑氏附葬祖父墓志》，应为“生克崇、克俊”，如据《郑氏宗谱》与《郑氏家谱》，则应为“生克庄”。

温，殉于南京之役。娶刘氏，生克模、克杰。

“殉于南京之役”，误，详见上文。“生克模、克杰”。据《郑氏附葬祖父墓志》，“自温出者三：长秉模；次克圭，出继与发为嗣；次克杰；俱未聘”。[①] 另据《郑氏宗谱》与《郑氏家谱》，郑温有子四人，为秉谟、克圭、秉诚、秉训。[②]

克塽……娶冯氏，继娶史氏，生安世、安邦、安国。

此处从《郑氏附葬祖父墓志》。但《郑氏宗谱》和《郑氏家谱》俱记，“第十四世晦堂公（式天公长子），讳克塽……妣冯氏、史氏、苏氏，侧朱氏、翟氏。子三：安福（翟出）、安禄（翟出，出继四房）、安康（朱出，出继六房）”。[③] 另据《明清史料己编》第七本“正红旗汉军佐领缘由册”，其中亦载郑克塽有子名为安福、安康。[④] 按理“墓志”的可信程度会高于宗谱和家谱，但在这里，宗谱和家谱的记载无疑要比墓志详细得多，加上有档案资料的印证，所以，它比孤证的墓志则更可信。而且从一般情理上说，像郑克塽这样一介降人，大约也只能求自己的子嗣“安福”“安禄”“安康”罢了，是不敢企望他们去“安世”“安邦”“安国”的。或许有人要说，“安世”“安邦”“安国”可能是郑克塽降清前给他们取的名字，降清后改了名。郑克塽降清时年仅十四，一般说他的三个儿子

① 厦门郑成功研究会、厦门郑成功纪念馆编：《郑成功族谱三种》，福建人民出版社 1987 年版，第 101 页。

② 厦门郑成功研究会、厦门郑成功纪念馆编：《郑成功族谱三种》，福建人民出版社 1987 年版，第 11、51 页。

③ 厦门郑成功研究会、厦门郑成功纪念馆编：《郑成功族谱三种》，福建人民出版社 1987 年版，第 13~14、53 页。

④ “中研院”史语所编：《明清史料己编》第 7 本，“中研院”史语所 1958 年版，第 632 页。

这时还不可能降生。或许安福、安禄、安康又名安世、安邦、安国，但他们行世的名字为安福、安禄、安康则是可以肯定的。

克拔，娶冯氏。

据上述三种郑氏族谱与《郑氏附葬祖父墓志》，“克拔”应为克坺。

克商，娶赵氏。

据上述三种郑氏族谱与《郑氏附葬祖父墓志》，“克商”应为克裔。

本篇出现的人名错误较多，除了上述文中指出的以外，下列人名亦有错误：永历十三年内，“董延中”应为董廷，“张万禄”应为蔡禄或万禄。十四年内，“许隆”应为许龙，“陈章”应为陈璋。十六年内，“洪开”应为洪旭。十七年内，“冯得功”应为马得功。二十年内，“叶享”“叶亨”为同一人，“叶享”误。二十三年内，“李佺”应为季佺。二十七年内，“刘文焕”应为陈文焕。三十年内，“王进忠”应为刘进忠。三十一年内，“朱麟臧”应为朱麟。三十七年内，“郑平”应为郑平英。

二、史明《台湾人四百年史》有关郑氏一章的史实错误

我们的面前放着一本1500余页的《台湾人四百年史》①，据作者在此书日文版序言中自称，这本书是他“放任自己的热情奔驰”写成的。粗粗一翻此书，确实使人感到作者的“热情”有余，然而，令人感到遗憾的是，作为一本历史著作，此书却又恰恰显露了作者历史知识的严重不足。书中除了太多的“剪刀加糨糊”痕迹之外，作者随意发挥，不免在史实上频出错误。以书中第七章“郑氏王朝封建殖民统治下的台湾”为例，这一章是书中最短的章节之一，全部只有14页，可是，就在这短短的14页当中，却出现了下面的这些错误。

再到一六四四年（明崇祯十七年），首都金陵（今之南京）被李自成军攻陷，明帝毅宗（又称思宗）自缢而亡，明朝实际上在此告终。（第100页）

无须举任何资料，稍有一点中国史知识的人都会知道，崇祯十七年（1644年），李自成农民军攻克的明朝首都是北京，而不是金陵（南京）。至于曾经被南明弘光政权作为都城的金陵，则是在1645年（清顺治二年，南明弘光元年）五月被清军攻破的。后一点，作者在下文中似乎也是知道的。可是，这里却又偏偏出现了“金陵（今之南京）被李自成军攻陷”的错误。可见，没有一点史学

---

① 史明：《台湾人四百年史》，蓬岛文化公司1980年版。

的功底，即使颇能剪辑，也会出现前后不相呼应的情况。

> 早在一五八三年（明万历十一年），北满长白山一带的草地，出现了强大的女真族，首领努尔哈赤举兵侵犯辽东。一六一六年（明万历四十四年）建国后金，称太祖。再于一六二一年（明天启元年，后金天命六年）定都沈阳，名盛京，以此地作为侵入中国关内的基地。（第 100 页）

这一段内容中有三处错误。其一，1616 年，努尔哈赤在赫图阿拉称汗，当时定国号为大金，而不是“后金”，“后金”只是史学家们为了将其与宋时的金国相区别而给与的称呼。其二，努尔哈赤不会在 1616 年就自称为“太祖”，“太祖”是努尔哈赤的庙号，是他死后（他死于 1626 年）于 1636 年（明崇祯九年，清崇德元年）由他的儿子皇太极追尊的。其三，1621 年，努尔哈赤只是将他的都城迁到了辽阳，1625 年，才又将都城迁到沈阳，并定都于此。

> （清朝）并在一六四五年（清顺治二年，明弘光元年），急速驱兵抵达长江北岸的扬州，与防守金陵的李自成军隔江对峙。不经多久，清军渡江攻占金陵，擒虏明室福王。（第 101 页）

前面，此书已经编造出了一段李自成农民军攻陷金陵的历史，这里又进而说李自成的农民军防守金陵，与清军“隔江对峙”。事实上，李自成的农民军从来也没有攻占过南京，更谈不上在南京防守。当时在南京与清军隔江对峙的是南明弘光政权。此书作者为什么会“突发奇想”，造出这样的内容来，只有他自己才知道。更有趣的是，作者在这里给我们描述的是这样一幅图景：清军到达长江北岸，与防守南京的李自成军隔江对峙。可是，在清军攻下南京时，李自成的农民军却不知跑到哪里去了，清军擒获的却是李自成农民军的另一个敌人——南明弘光政权的头子福王，如果不是过于“放任自己的热情奔驰”，在短短的一个句子当中，是不应该出现这种错乱的。

> 此值明清易姓鼎革的时候，一向称霸于台湾海峡的华南海岸一带的郑芝龙，被明廷封为南安伯，奉永历帝抵御清军于福建。但到后来，他眼看大势已不利明室，乃于一六六四年（清康熙三年）通款清军，向北投降。（第 101 页）

这一段内容，又有两处错误。其一，郑芝龙曾奉隆武帝抵御清军于福建，而不是奉永历帝。桂王（初称永明王）朱由榔 1646 年（清顺治三年，明隆武二年）十一月在广东肇庆称帝（即永历帝）时，郑芝龙已经降清。其二，郑芝龙降清是在顺治三年十一月，顺治十八年（1661 年）十月即被清廷处死，决不会到康熙三年（1664 年）才降清。

> 到后来，郑成功再被明室后裔永明王封为“延平郡王”，并赐“招讨大将军。（第 101 页）

封郑成功“招讨大将军”的是隆武帝，而不是永明王（此书“永明王”与“永历帝”多次混用，但从书中的内容来看，作者未必搞清楚了“永明王”与“永历帝”同属一人）。《闽海纪要》记载，顺治三年“春正月，明主以忠孝伯成功为御前营内都督，赐尚方剑，仪同驸马，寻命佩招讨大将军印，镇仙霞关”。[①]《台湾外记》记载，顺治三年（隆武二年）“三月，赐姓成功条陈：‘据险控扼，拣将进取，航船合攻，通洋裕国。’隆武叹曰：‘骍角也。’封忠孝伯，赐上方剑便宜行事，挂招讨大将军印”。[②] 此外《续明纪事本末》《小腆纪年》等书都记载了隆武帝让郑成功挂招讨大将军印之事。可见，封郑成功为“招讨大将军”的是隆武帝，此处把它说成是永明王所封，是错误的。

> （郑成功）屡次拒绝了清军的招劝投降，而在一六五七年（清顺治十四年），为了奉承“进师江南，伸义天下”（郁永河《伪郑逸事》）的明室诏谕，率领二十万大军进图金陵。（第 101 页）

首先，必须说明的是，这里注明引自郁永河《伪郑逸事》的资料，实际上并非出自《伪郑逸事》。《伪郑逸事》中有关郑成功北伐的一段记载是这样的：“成功久踞金、厦门，蓄志内侵，造战舰三千艘。顺治十三年，将大发兵窥江南，过浙之东瓯，泊舟三日，连樯八十里，见者增栗。至江南羊山，山有神，独嗜畜羊，海舶过者，必置一生羊而去。日久，蕃息至遍山，不可数计，郑氏战舰泊山下，将士竞取羊为食，干神怒，大风骤至，巨舰自相撞击立碎，损人船十七八，大失利返。至十六年，复大举入寇，破京口，犯江宁，东南震惊。”[③] 可见，此处所引的内容与《伪郑逸事》没有丝毫的关系。作者在剪辑过程中又出了差错。

其次，虽然永历帝要郑成功“进师江南，伸大义于天下”的手诏是顺治十四年九月写的，但是，郑成功看到这个手诏已经是顺治十四年底的事了，[④] 而郑成功出兵北伐，第一次是在顺治十五年五月，可是，由于八月在羊山遇风，郑军受到了很大的损失，只好停止北上，退回舟山休整。第二次，郑军在顺治十六年五月出兵，七月打到南京城下，最后失败退回金、厦。由此可见，这里所说的郑成功在顺治十四年率领大军进图金陵，是错误的。

另外，关于郑成功北伐的兵力，据《台湾外记》记载，顺治十五年四月，郑军分四程出发，总兵力为 10.5 万人。[⑤]《闽海纪要》记载，郑成功的北伐军有

① 夏琳：《闽海纪要》，台湾文献丛刊本，第 2 页。

② 江日升：《台湾外记》，福建人民出版社 1983 年版，第 68 页。

③ 郁永河：《裨海纪游》，台湾文献丛刊本，第 49 页。

④ 江日升：《台湾外记》，福建人民出版社 1983 年版，第 139~140 页。

⑤ 江日升：《台湾外记》，福建人民出版社 1983 年版，第 140~141 页。

“甲士十七万，铁人八千，战船八千扬帆而进，号八十万”。[①] 这两种记载虽有较大出入，但均为10余万人，而此处所载郑成功“率领二十万大军进图金陵”，则没有任何的根据。

> 可是，这孤注一掷却惨遭大败，结果，郑成功不仅失去了大半精兵，同时被清廷所派罗讬率领的清军追回金、厦的岛屿，竟陷入窘境。此时，永明王已在缅甸被擒，郑芝龙被清廷处刑，成功之弟成赐，亦在厦门为清将许龙所捕。这样从中国大陆败退下来的郑成功，为了寻求容身之地，终在一六六一年（清顺治十八年）亲自挥兵直捣澎湖、台湾两地。（第101页）

这一段内容，作者是把它作为郑成功进军台湾的背景来写的，但其中至少有两处错误。

其一，郑成功南京战败之后，尾随而来进攻金、厦的清军是由达素率领的，而不是由罗讬率领的。达素率领的清军，顺治十七年正月到福州，三月至泉州，五月，达素会合满汉官兵，分水陆二路进攻厦门，被郑成功的军队打得大败，达素只好率师退回福州。七月二十九日，清廷才下令罗讬为安南将军，会同达素等统领将士征剿郑成功。[②] 可是，罗讬在福建还不见有什么军事举动，十一月就被清廷调回了北京。因此，说郑成功“被清廷所派罗讬率领的清军追回金、厦的岛屿”，是错误的。

其二，永历帝被缅甸国王擒献吴三桂是顺治十八年十二月的事情，郑芝龙被清廷处死是顺治十八年十月的事情，许龙擒获郑成赐是康熙元年的事情，[③] 作者把这三件事作为郑成功进军台湾的背景，显然也是搞错了。因为，郑成功向台湾进军比这些事都要早，顺治十八年三月，郑成功的大军就已经从金门料罗湾出发了。

> 驻巴达维亚的东印度总督听到台湾告紧，终于在一六六〇年（清顺治十七年），派遣舰队和兵六百，支援台湾的荷兰人守备热兰遮城，并观察郑成功是否企图侵犯台湾。郑成功为了解除荷兰人的警戒心，起先表示不攻台湾，进而和荷兰人重修友善关系。在这种情况下，来援的荷兰舰队司令官乃中了郑成功的计谋，于一六六一年（清顺治十八年）率领舰队退回巴达维亚。（第102页）

据C. E. S.《被忽视的“福摩萨”》记载，1660年7月16日，荷兰东印度公司派遣燕·樊德朗（JanVanderLaan）为司令官，率领12艘战船和600名士兵

---

① 夏琳：《闽海纪要》，台湾文献丛刊本，第21页。

② 台湾银行经济研究室编：《清世祖实录选辑》，台湾文献丛刊本，第179页。

③ 台湾银行经济研究室编：《清圣祖实录选辑》，台湾文献丛刊本，第4~8页。

支援台湾。9月，这支舰队到达大员停泊。可是，援军的司令官樊德朗与台湾长官揆一及台湾评议会的意见出现了严重的分歧。樊德朗认为，所有郑成功即将入侵台湾的判断都是没有根据的，即使郑成功的军队胆敢在台湾登陆，台湾原有的人力和物资也足够对付，所以，他主张率领这支援军前往攻击澳门。而揆一和评议会坚持认为，郑成功必将进犯，所以由评议会作出了“停止进攻澳门，将援军留下，以资保卫‘福摩萨’”的决议，迫使樊德朗执行。1661年2月，樊德朗带着他的军官，“率领道芬号（Dolphen）和弗戈斯号（Vergoes）驶往巴达维亚。‘福摩萨’，要求把这些军官留下来，但由于某种原因，没有得到同意，因此，留下来的士兵都没有军官率领”。① 可见，这支援军除了司令官和军官之外，所有的士兵和其他的船只都留在了台湾。因此，说这支舰队退回了巴达维亚是错误的，至少也是不准确的。

> 郑成功的统台方策及制度，大体上是从荷兰人继承下来的，第一仍是继续征服原住民……第三是继承父业……广泛地从事外洋活动，或者招致英国东印度公司来台设置“贸易商馆”等，为金、厦战事调度物质搜集军火起了不小作用。（第103~104页）

据《十七世纪台湾英国贸易史料》记载，郑氏与英国东印度公司建立联系，最早在1670年（清康熙九年，永历二十四年）。这年6月，英船班丹号偕单桅帆船珍珠号抵达台湾，向郑经递交了英国东印度公司班丹的公函，请求缔约通商。9月，郑、英之间缔结通商协约，允许英国东印度公司在台湾自由贸易，设立商馆。此时，郑成功已经去世8年。此处竟然说郑成功“招致英国东印度公司来台设置‘贸易商馆’”，显然是错误的。

> 郑成功死后，嗣子郑经急遽由厦门还台，克承父志……但是，郑经与其父郑成功不同，他亲自率兵并以武将刘国轩为提督，坐镇金、厦，与清军战于福建漳州、海澄、铜山等处，至于岛内，郑经乃重用陈永华、洪旭、黄安等文官人材处理之。（第104~105页）

从上下文的衔接上可以看出，这一段内容，作者本来是要说明郑经在郑成功死后最初几年时间的行为，可是，这里作者却出现了两个错误。其一，郑经重用刘国轩为提督，与清军战于福建沿海，是在康熙十三年他率兵响应大陆“三藩之乱”的时候，这时郑成功去世已经12年，而在康熙初年郑经与清军在金、厦周围争战之时，刘国轩还几乎是默默无闻的。其二，郑经在郑成功死后曾于康熙元年十月到台湾，在平息了黄昭等人拥立郑世袭的事件之后，很快又回到金、厦。

---

① C. E. S.：《被忽视的“福摩萨”》，载厦门大学郑成功历史调查研究组编：《郑成功收复台湾史料选编》，福建人民出版社1982年版，第132~140页。

康熙三年初，由于在福建沿海无法立足退到台湾。在这一段时间里，洪旭和陈永华作为郑经身旁最得力的人物，始终也在金、厦等地协助郑经处理军国大事，康熙三年三月，又先后随郑经回到台湾。“三月，世藩同冯锡范、陈永华等率余众回东宁。……洪旭自往东宁。”① 这里却说郑经在坐镇金、厦之时，岛内事务“乃重用陈永华、洪旭、黄安等文官人材处理”，显然也是错误的。

> 一六六三年（清康熙二年）清廷听闻郑成功已亡，乃起用降将施琅和黄梧，并密约荷兰人兵船，合攻驻在金、厦的郑军，郑经知寡不敌众，乃自动放弃金、厦两地。（第 105 页）

康熙二年十月，清军联合荷兰人向驻守在金、厦的郑军发起攻击，郑军由于在海战中失利以及驻守高崎的将领陈升降清，导致厦门失守，并失金门。《台湾外记》记载：“经见黄廷船失势坐遁，欲令王秀奇督熕船往救，而水正退，风正逆。……未几，快哨报：‘高崎守将陈升投降，厦门已失。’秀奇曰：‘如此，即有风潮，亦徒费其劳，且暂退铜山，再作商量。’旭亦劝郑经下铜山。经从二人议，遂率诸船下铜山。……林顺寄湾镇海，金门亦破。”② 可见，金、厦二岛并非郑经“自动放弃”。

> 一六七三年（清康熙十二年），郑经趁大陆本土三藩揭橥反清，与吴三桂通款，命刘国轩率兵反攻大陆，席卷福建内地各城镇，占领漳、泉二州。（第 105 页）

郑经响应大陆的“三藩之乱”，与刘国轩一道率兵返回福建，时间在康熙十三年（1674 年），而不是康熙十二年。

> 一六八〇年（清康熙十九年），清将万正色率军进攻金门，郑经与战不利，遂退至澎湖，刘国轩亦从海澄败战而归，郑经就在这种身心俱碎之下，于一六八一年（清康熙二十年）正月，病逝于异地台南。次子郑克塽嗣之，年仅十二，诸政皆任群臣处理之，清廷闻郑经已亡，终于一六八三年（清康熙二十二年）八月，派遣降将施琅进攻台湾，郑氏王朝三代二十三年的台湾统治，于此告终。（第 105~106 页）

郑经在康熙十九年从福建沿海败退台湾之后，“就洲仔尾园亭为居，移诸嬖幸于内，纵情花酒。下令长子克𡒉监国秉政，凡文武启章一切事宜，悉听克𡒉决断。……（经）以其后事倚托有人，遂放纵于花酒，不预政事，而竟卜昼卜夜之欢”。③ 把过着如此酣歌纵欲生活的郑经说成为了军国大事“身心俱碎”，显然是

① 阮旻锡：《海上见闻录》，福建人民出版社 1982 年版，第 52~53 页。

② 江日升：《台湾外记》，福建人民出版社 1983 年版，第 186 页。

③ 江日升：《台湾外记》，福建人民出版社 1983 年版，第 307 页。

不妥当的。

另外，康熙二十二年六月二十二日，施琅率领的清军就已经在澎湖打败了刘国轩率领的郑军主力，闰六月初八日，郑克塽与刘国轩派人往澎湖施琅军前请降，七月二十七日，郑克塽等已经呈缴了降表及册、印。这里所说清廷“于一六八三年（清康熙二十二年）八月，派遣降将施琅进攻台湾”，也是错误的。

> “思明（今之厦门）根本，台湾枝叶耳，若缺思明，台地岂得保一日，此际与红夷交争殊非至计”（郑氏王朝兵部尚书张煌言之谏言）……如此，郑军视台湾为异域的观念极为强烈。（第107页）

上述这段内容，至少有三方面的错误。

其一，作者注明引用张煌言的话，与张煌言的原文相去太远。张煌言《上延平王书》中说：“殿下诚能因将士之思归，乘士民之思乱，回旗北指，百万雄师可得，百十名城可收矣，又何必与红夷较雌雄于海外哉！……夫思明者，根柢也；台湾者，枝叶也。无思明，是无根柢矣，能有枝叶乎？此时进退失据，噬脐何及！古人云，‘宁进一寸死，毋退一尺生’，使殿下奄有台湾，亦不免为退步，孰若早返思明，别图所以进步哉。”① 可见，作者根本没有读过张煌言的原文，而不知从哪里抄了上引的一段。

其二，张煌言的“兵部尚书”（或说是兵部左侍郎）是永历帝遥授的，而不是郑氏政权授予的。张煌言和郑成功之间虽有过合作关系，但非隶属关系。在郑氏政权中仅设有“兵官”，而无“兵部尚书”。此处所谓“郑氏王朝兵部尚书张煌言”是错误的。

其三，张煌言初奉鲁王，后鲁王入闽依附郑成功，自去“监国”称号之后，张煌言改奉永历帝。他率领的军队是一支独立的抗清力量，并不附属于郑成功，所以，他的《上延平王书》才敢于那么言词激烈地反对郑成功进军台湾。因此，用张煌言的观点来代表郑氏官员的观点，并以此说明“郑军视台湾为异域的观念极为强烈”也是错误的。

> 来台后的郑氏王族及其官员将兵，一贯保持着政治亡命国外的心情和姿态，老套死喊“归还中国”，虽然也大兴开拓事业，但皆为大陆战事养兵着想，对于定住台湾一事，迄未有多大考虑。（第107页）

作者的这一段议论，不但全无史实根据，而且是完全违背历史事实的。郑成功在决定收复台湾之时说过：“我欲平克台湾，以为根本之地，安顿将领家眷，然后东征西讨，无内顾之忧，并可生聚教训也。”② 到了台湾之后，郑成功在鼓

---

① 张煌言：《张苍水诗文集》，台湾文献丛刊本，第31页。

② 杨英：《先王实录》，福建人民出版社1981年版，第244页。

励部属进行垦殖之时又说："东都明京，开国立家，可为万世不拔基业。"并且多次强调，所置的田宅、山林等，要"以遗子孙"，"永为世业"，"须自照管爱惜，不可斧斤不时，竭泽而渔，庶后来永享无疆之利"。[①] 郑经在答复清廷的招抚时也说过："东宁远在海外……东连日本，南蹴吕宋，人民辐辏，商贾流通，王侯之贵，固吾所自有，万世之基已立于不拔。"[②] 这说明郑氏是以台湾为"根本之地"，并希望在这里立"万世之基"的，怎能说他们"一贯保持着政治亡命国外的心情和姿态，老套死喊'归还中国'，虽然也大兴开拓事业，但皆为大陆战事养兵着想，对于定住台湾一事，迄未有多大考虑"呢！

> 郑氏王朝为军事上的必要才进取台湾，据台后，又把其一切力量倾注于在中国本土的军事作战，反而把统治台湾当做不过出于一时性战略上所需而已。譬如郑经在位十九年中，大半岁月都居住于金、厦两地而从事对清作战。（第 107 页）

郑成功于康熙元年（1662 年）五月初八日在台湾去世，紧接着，郑经在厦门继位。这以后，郑经于当年十月到台湾，平息黄昭等拥立郑世袭的事件，十一月回到厦门。康熙二年十月，金、厦失守，郑经退往铜山，康熙三年三月，再退往台湾。康熙十三年五月，郑经响应大陆"三藩之乱"，率师反攻大陆，回到金、厦。康熙十九年三月，由于在大陆沿海无法立足，再次退守台湾。康熙二十年正月二十八日，郑经在台湾病逝。可见，在郑经在位的十八年零九个月中，他在金、厦以及福建沿海的时间是七年七个月，而在台湾的时间却是十一年两个月，怎么可以说，"郑经在位十九年，大半岁月都居住于金、厦两地"呢！

> 郑氏王朝为遂行自己的大陆作战，二十三年间不仅在战略上继承了荷兰人的衣钵来统治台湾，并且还以不亚于荷兰人的极其惨酷的吸血手段，从台湾开拓者与原住民身上剥削很多血汗的果实。这点乃无法否认。因此，郑氏在于台湾开拓者的社会，无非是殖民性的、外来剥削性的一个统治集团。"自伪郑僭窃台湾，取之田所生十中之八九，从丁重敛，二十余年民不堪命。"（《福建通志》台湾诸罗知县季麒光复议）。（第 107 页）

毋庸讳言，郑氏政权为了维持长年征战的军事费用，对人民群众的征敛是很严苛的。这一点，不仅对台湾的百姓如此，对厦门、金门以及福建沿海的人民也是一样。"时水陆浩繁，地方窄狭，粮饷不足。经令思明知州李景派殷户助饷……照上、中、下均派不等。……岂料日久，百姓各寻势荫免，按月征米无几。

---

① 杨英：《先王实录》，福建人民出版社 1981 年版，第 253~255 页。

② 厦门大学台湾研究所、中国第一历史档案馆编辑部编：《康熙统一台湾档案史料选辑》，福建人民出版社 1983 年版，第 70 页。

经令副銮仪陈庆挨门逐户清查，一概不许影借名色荫免。且于是日起，每户每月要征米二斗。百姓一时怨望，道路侧目。国轩见军糈不足，又屡屡加征百姓，随自辞俸禄，并请捐资月养辖兵。”“陈绳武虽说郑经文官无力捐助而寝其事，然于心不安，随转嘱协理户官杨英启请‘生财之道，以资军糈，均养乡兵。殷户助饷，并月米、毛丁以及渡载、猪牙、酒税、铁、炭、油灰诸类，虽孤寡亦不免’。又令思明知府李景附会其说，倍加派输。百姓怨声载道，欲逃无门。”① 可见，郑氏在厦门的征敛比之在台湾有过之而无不及。如果根据作者的逻辑，因为郑氏对台湾人民的剥削不亚于荷兰人，就说郑氏在台湾是一个“殖民性的、外来剥削性的”统治集团，那么，郑氏对厦门人民的剥削同样也不亚对台湾人民的剥削，是否可以说，郑氏在厦门也是一个“殖民性的、外来剥削性的”统治集团呢？答案很明显，作者的逻辑是荒谬的。

另外，作者此处所引季麒光的一段话，文字上与季麒光原文有很大差别，甚至难以读通且不管它，因为作者已在“汉文版序”中说过，“本书文字或有许多生涩难读之处，请读者见谅”。但是，此处所引在内容上也出现了错误，所以不得不指出。季麒光的原文是这样的：“台湾自伪郑僭窃以来，取于田者十之六七，又从而重敛其丁，二十余年，民不堪命。”② 季麒光明明说郑氏“取于田者十之六七”，此处作者却把它改成了“取之田所生十中之八九”，平白地给史料中的数字加了两成，不管是有意还是无意，这种错误都是很不应该的。

> 郑氏占领台湾后头一个所做的就是继承荷兰人殖民地统治体制，并接收了农奴的土地制度和剥削方式，所以，荷兰人所谓的“王田”不但不还给开拓农民，只要被指定为王田的土地，即尽归于郑氏王族及其文武官员所有。（第 108 页）

对明郑时期土地制度稍有一点了解的人都会知道，荷兰时期的“王田”，到了郑氏时期全部成为郑氏政权的“国”有土地，名为“官田”，而不是成为郑氏王族或文武官员所有的私有土地。《台海使槎录》记载：“盖自红夷至台，就中土遗民令之耕田输租，以受种十亩之地名为一甲，分别上、中、下则征粟，其陂塘陡堤圳修筑之费、耕牛家具籽种，皆红夷资给，故名曰王田。亦犹中土之人受田耕种而纳租于田主之义，非民自世其业而按亩输税也，及郑氏攻取其地，向之王田皆为官田，耕田之人皆为官佃，输租之法一如其旧，即伪册所谓官佃田园也。郑氏宗党及文武伪官与士庶之有力者，招佃耕垦，自收其租而纳课于官，名

---

① 江日升：《台湾外记》，福建人民出版社 1983 年版，第 289，297 页。

② 季麒光撰，李祖基点校：《蓉洲诗文稿选辑 · 东宁政事集》，香港人民出版社 2006 年版，第 182 页。

曰私田，即伪册所谓文武官田也。”① 可见，郑氏宗党及其文武官员的田地不是从荷兰人的“王田”那里转化来的，而是自己招佃垦成的。此处“只要被指定为王田的土地，即尽归于郑氏王族及其文武官员所有”，是错误的。

> 当时以军旅所开拓的土地称为“营盘田”或“文武官田”。(第108页)

郑氏时期，军队所开拓的土地称为“营盘田”是对的，可是，如果说还有称为“文武官田”的，那就错了。从上引的史料中，我们知道，“文武官田”是郑氏宗党及文武官员们招佃开垦而成的私田。而“其余镇营之兵，就所驻之地，自耕自给，名曰营盘”，② 说明“营盘田”是军队屯垦而成、为满足自身需要的“军田”。这两种名称的土地，开垦耕种者以及土地所有者都是不同的，所以，这里的后半句是错误的。

> 郑氏王朝所施行的土地制度，总归也脱不了土地官有制，他们统治者，把接收自荷兰人的土地和新开拓好的土地，划分为（一）王田，（二）私田(名称虽说私田，但实际上是不属于民间的开拓者，而是文武官员私有上地之称呼)，(三）营盘田（军队所开拓的土地）这三种，结果，凡有的田地统归郑氏王朝及其文武官员所有。(第108页)

这一段内容，又有两处错误。

其一，郑氏时期，土地分为三种：（1）官田；（2）私田，或称文武官田；(3) 营盘田。没有称为“王田”的，“王田”是荷兰人统治时期公司所有土地的名称，这一部分土地到郑氏时期就称为官田。此书下文也引用了《台海使槎录》中“向之王田皆为官田”的话，但此处却还是把“王田”当作郑氏时期土地所有形式的一种，我们不得不说，作者对抄来的东西实在没有理解。

其二，作者对私田的解释也是错误的。上引《台海使槎录》中（此书下文也有引用，但作者对引用史料是极不严肃的，明明使用了引号并注明出处，但所引内容往往有许多缺失和错漏）已经明确说明，私田（即文武官田）的所有者，除了郑氏宗党及文武官员之外，还有“士庶之有力者”。“士庶之有力者”，指的当然是民间的开拓者，而且，郑成功在动员部属开垦时曾多次强调，“不准混圈土民及百姓现耕田地”，③ 也说明郑氏对民间的私有土地是保护的。面对着这样的史料，作者却还要说私田“不属于民间的开拓者”，“凡有的田地统归郑氏王朝及其文武官员所有”，其偏执，由此可见一斑。

> 荷兰人从本国所搬来的人头税也被继留下来，“令各县，照台湾事例

① 黄叔璥：《台海使槎录》，台湾文献丛刊本，第19~20页。

② 黄叔璥：《台湾使槎录》，台湾文献丛刊本，第20页。

③ 杨英：《先王实录》，福建人民出版社1981年版，第254~255页。

（荷兰人的遗法），人人有丁银，每月每人征银五分（即年额六钱），名目毛丁”（江日升《台湾外记》卷二十三）。（第111页）

首先，必须说明的是，《台湾外记》卷二十三根本没有作者引用的这段“史料”，这是作者引用史料态度极不严肃的又一例证。其次，中国封建统治者向人民征收人头税，从秦、汉时期就开始了，当时称为“口赋”“算赋”。以后，历代的“丁口钱”“丁赋”“丁税”“丁银”等莫不是人头税。一直到清代康熙末年，清政府实行了“摊丁入亩”，才废除了中国封建社会实行了近两千年的人头税制度。此处却说郑氏征收人头税是从荷兰人那里继承来的，作者不是无知，就是别有用心。

除了上面引述的之外，在这一章中，还有一些小的错误。如18453甲的土地数字出自刘良璧《台湾府志》卷四（第110页，实际上应为卷七）、《靖海纪事》的作者为施世纶（第113页，实际上应为施琅）等。还有一些似是而非的地方，这里不再一一指出。因为，仅有上述的这些就足够了，它已经清楚地向人们展示：《台湾人四百年史》的作者把“历史”糟蹋成了什么样子。

这短短的一章所以会出现这许多的错误，一方面固然是由于作者对“历史”的无知造成的（别看他写了厚厚的一本“史书”），他把许多一般的史实都搞错了。另一方面，更是由作者的偏见造成的。为了把郑氏政权说成是“外来的殖民统治者”，作者不惜干尽歪曲史实之能事。就像上面所指出的那样，他把张煌言反对进军台湾的言论当作郑氏官员的言论，以此说明“郑军视台湾为异域的观念极为强烈”；说郑氏在台湾一贯抱着政治亡命的心情，对于定住台湾没有多大考虑；说郑经大半时间不住在台湾；其目的当然是想要说明郑氏政权对于台湾是“外来的”。同时，他把郑氏政权在台湾的统治方法说成是继承于荷兰人的，土地制度是荷兰人“殖民地主义土地官有制”的继续，人头税也是从荷兰人那里继承来的，目的也是想要说明郑氏政权在台湾的统治也是殖民统治。可惜，假的就是假的，偏见比无知离真理更远。作者这些建立在大量史实错误基础上的“理论”，难道还会有人相信吗？

三、台湾中学教科书《认识台湾》（历史篇）有关章节中的史实错误

教科书，也叫课本，在一般人的心目中是十分神圣的。因为，它是学生手中的“圣经”，是人类知识传承的载体。在通常情况下，它即代表着知识，代表着科学，代表着真理。可是，台湾中学教科书《认识台湾》（历史篇）的编写者们

(包括编审者，下同)，由于秉承了某些人的政治主张，竟利用神圣的教科书，刻意抹杀台湾与祖国大陆的历史联系，大肆歌颂殖民者的“德政”，淡化台湾的先民们作为中国人在这块土地上奋斗、抗争的历史。妄图教唆年轻一代对国家不忠，对民族不义，对祖先不敬。他们大多都有着教授的头衔，然而，却做出有悖于教育伦理的事情来，着实让人惊骇不已。和他们在政治上的居心不良、用心太多相反，他们在研究史实方面却用功太少，以致一本简单的初中历史教科书，硬伤累累，出现了许多史实方面的错误。仅以第四章“郑氏治台时期”为例，至少就有下列这些错误：

1662 年，“二月荷兰人投降，郑氏允许荷兰人携带自卫武器、财产、粮食和日用品离开台湾。从此郑氏统治台湾，建立台湾历史上第一个汉人政权”。(第 24~25 页) 这个政权，“一般文献有的称之为延平王国”。(第 27 页注释③)

根据明朝的封爵制度，一般文献不可能将“延平王”郑成功的政权称之为“延平王国”，事实上也没有任何一种文献将郑氏政权称之为“延平王国”。所谓“一般文献有的称之为延平王国”，完全是教科书编写者的杜撰。在本章的附录《子虚乌有的“延平王国”——〈认识台湾〉(历史篇) 对郑氏政权的杜撰》一篇中，对此有详尽的批驳，这里不再赘述。

郑成功进取台湾后，在赤崁 (今台南) 地方设承天府，此为当时的行政中心，负责处理政务；承天府以北设天兴县，以南设万年县，各置知县掌理县务；称台湾为东都，热兰遮城改为安平镇，并在澎湖设安抚司，从此汉人的典章制度正式移植台湾。(第 25 页)

这一段内容，至少有两处史实方面的错误。

其一，“承天府以北设天兴县，以南设万年县”是错误的。有一定历史地理知识的人都会知道，明、清时期，府、县为两级不同的行政区划，府管辖县，一般一府管辖数县。府治或称府城，并不是一个独立于各县之外的区域，而必然设在某县之中。府治所在之县称首县，亦称附郭县。反过来说，府城也是附郭县的一部分，它不能用来作为附郭县和邻县的分界线。而“承天府以北设天兴县，以南设万年县”，却恰恰将“承天府”(府城) 用来作为天兴和万年两县的分界线，只凭这一点，就可以肯定它是不对的。

那么，天兴和万年两县的分界线在哪里呢？它们之中哪个县又是附郭县呢？离郑氏降清仅 14 年后到台湾考查、采硫的郁永河所写的《裨海纪游》中说：“台湾既入版图，改伪承天府为台湾府，伪天兴州为诸罗县，分伪万年州为台湾、凤山二县。”① 成书于康熙五十六年（1717 年）的《诸罗县志》也记载说，郑成功“克台，置一府二县，县一曰天兴，即今诸罗地也。其明年，成功死，子经嗣，改县为州，名因之”。② 根据这样的说法，郑氏时期天兴县（后改天兴州）所管辖的地域也就是清初诸罗县的地域，万年县的地域后来则分为台湾县和凤山县。另据蒋毓英《台湾府志》记载，清初台湾县和诸罗县的界水是新港溪（即今盐水溪）。由此似乎可以得出：郑氏时期，天兴县和万年县的分界是新港溪。

然而，根据笔者的最新研究，天兴和万年的分界线不是新港溪，而是台南土墼埕以北的一条小水道及其延长线，并且，天兴县才是承天府的附郭（详见本书第十三章）。总之，一句话，“承天府以北设天兴县，以南设万年县”的说法是错误的。

其二，将澎湖安抚司的设立与天兴、万年二县的设立放在一起，这也是一个错误。澎湖安抚司的设立，各种史籍的记载是这样的：蒋毓英《台湾府志》（修于 1685 年）记载，郑成功“改台湾为安平镇，赤崁为承天府，总名东都。设一府二县：府曰承天，县曰天兴、万年。未几，成功死。子经尚在厦门，成功之弟世袭有窃踞之意，郑经攻逐之，世袭渡海归诚。经嗣立，改东都为东宁、二县为二州，设安抚司三：南、北路，澎湖各一”。③ 以后，高拱乾的《台湾府志》（修于 1695 年）、周元文的《重修台湾府志》（修于 1720 年）、刘良璧的《重修福建台湾府志》（修于 1741 年）、范咸的《重修台湾府志》（修于 1746 年）、余文仪的《续修台湾府志》（修于 1760 年）的记载，在文字上虽不尽相同，但有关澎湖安抚司的设立与二县改州，南、北路安抚司设立同时，则是完全一致的。澎湖在雍正五年（1727 年）设厅之前属台湾县，故各种《台湾县志》中一般也有澎湖安抚司的记载。清代三种《台湾县志》，除陈文达的《台湾县志》将澎湖安抚司以及南、北路安抚司的设立放在郑成功设一府二县同时外，④ 王必昌的《重修台湾县志》、谢金銮的《续修台湾县志》，均把澎湖以及南、北路安抚司的设立放在与郑经改东都为东宁、改二县为州同时。⑤ 陈志的错误实际上已由后修的王、谢二志给予了修正。清代唯一的一部《澎湖厅志》——林豪所修的《澎湖厅志》也记载说：“成功死，子经改东都为东宁，设安抚司三，南、北路，澎湖

---

① 郁永河：《裨海纪游》，台湾文献丛刊本，第 11 页。

② 周钟瑄：《诸罗县志》，台湾文献丛刊本，第 4 页。

③ 蒋毓英：《台湾府志》，厦门大学出版社 1985 年版，第 2 页。

④ 陈文达：《台湾县志》，台湾文献丛刊本，第 4 页。

⑤ 王必昌：《重修台湾县志》，台湾文献丛刊本，第 5 页；谢金銮：《续修台湾县志》，台湾文献丛刊本，第 3 页。

各一。”[①] 沈云的《台湾郑氏始末》，对此记载得更加清楚：康熙三年（1664年），“夏四月，经改东都为东宁，升天兴、万年县为州，设澎湖及南北安抚使，诸将分守土地”。[②] 以上这些记载说明，澎湖安抚司的设立不是与设天兴、万年二县同时，而是与天兴、万年二县改州同时；澎湖安抚司与南、北路安抚司是同时设立的，不是澎湖安抚司设立在前，南、北路安抚司设立在后。也就是说，澎湖安抚司设立的时间不是在永历十五年（1661年），而是在永历十八年（1664年）。

当然，也有个别的一些记载是将澎湖安抚司的设立与天兴、万年二县的设立放在一起的，如连横的《台湾通史》。连横在书中写道：“克台之岁，改台湾为东都，置承天府，以杨朝栋为府尹，祝敬为天兴知县，庄之列为万年知县，设安抚司于澎湖，是为地方之制。”并且，在“郑氏台湾职官表”中，把天兴知县、万年知县、澎湖安抚司写成均为“永历十六年设”。[③] 连横这个记载的错误，笔者在《台湾通史辨误》一书中曾经予以指出。[④] 遗憾的是，教科书的编写者们在连横之后70余年，还会犯同样的错误。

尽管多数的记载不一定就是正确的记载，少数的记载也不一定就是错误的记载，但教科书此处采用的记载，绝对成不了这样的“少数”。因为，要知道澎湖安抚司的设立是与天兴、万年二县的设立同时，还是与天兴、万年二县改州同时，还有一个“验证”的办法，那就是看它是否符合明代的官制。关于明代府、州、县、安抚司主官的设置，据《明史》记载：“府，知府一人（正四品）……州，知州一人（从五品）……凡州二，有属州，有直隶州，属州视县，直隶州视府，而品秩则同。……县，知县一人（正七品）。”[⑤] “土官……安抚司，安抚使一人（从五品）。”[⑥] 如果澎湖安抚司的设立是与天兴、万年二县同时，就等于当时郑氏政权往天兴、万年二县派遣了品秩仅为正七品的地方行政主官，却往澎湖派遣了品秩为从五品的地方行政主官，这显然是不可能的。因为，从地方民政事务方面来说，当时，澎湖的重要性不及天兴、万年二县，它的地方行政主管的品秩绝不可能高于二县。如果澎湖安抚司的设立是与天兴、万年二县改州同时，那么，事情就合理多了：承天府的府尹（知府）正四品，天兴、万年二州的知州是

---

① 林豪：《澎湖厅志》，台湾文献丛刊本，第53页。

② 沈云：《台湾郑氏始末》，台湾文献丛刊本，第60页。

③ 连横：《台湾通史》上册，商务印书馆1983年版，第101，109页。

④ 邓孔昭：《台湾通史辨误》，江西人民出版社1990年版，第82、90页。

⑤ 张廷玉等：《明史》第6册，中华书局1974年版，第1849~1850页。

⑥ 张廷玉等：《明史》第6册，中华书局1974年版，第1875页。

从五品，新成立的南、北路及澎湖安抚司安抚使也是从五品。州官治理汉民，安抚使治理原住民。澎湖并无原住民，为何设安抚司？有的著作称，“澎湖为军事重镇而设”。[①] 这虽然与明代安抚司设置的惯例不太吻合，但毕竟也是一种解释。

总之，不论从大多数史料的记载还是从明代官制的角度来说，澎湖安抚司的设立，都不会是与设立天兴、万年二县同时的事情。

> 一六六二年六月郑成功去世，其子郑经继承王位，在陈永华的辅佐下，改革政治制度。这些改革包括：东都改名为东宁；中央政府增设职官，健全组织；天兴县、万年县改为州，各置知州掌理州务；并增设南路和北路安抚司，负责处理原住民相关事务。(第 25 页)

这段内容也有两处明显的错误：

其一，“中央政府增设职官，健全组织”一句，即包含着两个错误。首先，不能将郑氏政权称为“中央政府”。郑氏政权从来没有自称是“中央政府”，也从来没有别人将其称为“中央政府”（教科书编写者除外）。郑氏政权始终奉明朝正朔，使用“永历”年号。永历政权存在时，他们遥奉永历政权为“中央政府”，永历政权败亡之后，他们，在名义上依然保留了永历政权“中央政府”的地位。而他们自己则始终保持着明朝臣属的身份。对于郑氏父子坚持封建君臣伦理这一点，古人曾有许多赞誉之词。《广阳杂记》对郑成功的评价是，“台湾赐姓公之贤，以为诸葛忠武、郭汾阳、岳武穆后之一人也”。[②]《闽海纪要》称赞郑经说：“礼敬明室遗宗，嗣王位十九年，虽得七郡，雄踞一方，而终身自称世子，奉明正朔，终不少变；甚协舆论，称述不忘。”[③]

另外，从郑氏政权的组织形式来说，也不具备“中央政府”的形态，而且它的行政部门的设置和官员委用的权限，都是得到了南明皇帝准许的，没有任何的“专擅”和“僭越”。郑氏政权最具“政府”职能的机构设置，也就是“六官”的设置，是永历九年（1655 年）的事情。《南疆逸史》记载说：“先是隆武之以总统命成功也，许立武职至一品，文职至六品，至是地大兵众，乃设六官，分理庶事。”[④]《闽海纪要》记载，永历九年“春二月，明招讨大将军延平王成功承制设六官。初，成功以明主行在遥隔，军前所委文武职衔一时不及奏闻，明主许其便宜委用，武职许至一品，文衔许设六部主事。成功复疏请，以六部主事衔卑，

---

① 台湾省文献委员会：《重修台湾省通志》卷七，政治志，建置沿革篇，台湾省文献委员会，1991 年，第 18 页。

② 刘献廷：《广阳杂记选》，台湾文献丛刊本，第 19 页。

③ 夏琳：《闽海纪要》，台湾文献丛刊本，第 66 页。

④ 温睿临：《南疆逸史》（下），中华书局 1959 年版，第 430 页。

难以弹压，明主乃赐诏，许其军前所设六部主事秩比行在侍郎，都事秩比郎中，都吏秩比员外。于是设六官：以潘庚钟（壬午举人）为吏官、洪旭为户官、陈宝钥（丙戌举人）为礼官、张光启为兵官、程璠为刑官、冯澄世（丙戌举人）为工官，设协理各一员，左右都事各二员”。① 近代史家朱希祖评论说：“由是观之，文武各职便宜委用，在隆武时已然，此《南疆逸史》所说，足补《闽海纪要》之缺。而《闽海纪要》则详记永历时疏请诏许情节，亦足以补《南疆逸史》之缺。总之，设六官事确系承制，非如杨氏所记之自置而出于专擅也。”② “承制”即秉承皇帝的旨意。根据皇帝的旨意设立的、行政部门主官只相当于“侍郎”（副部级）的政府机构，怎能说是“中央政府”呢？教科书的编写者将郑氏政权称之为“中央政府”，表面上似乎在抬高郑氏政权的地位，实际上，他们这样做，却是把郑氏父子置于“僭越”和不忠的地位。郑成功父子地下有知，一定会深感不安的。

其次，郑氏政权不仅没有建立所谓的“中央政府”，而且，郑成功死后，郑经“增设职官”也属子虚乌有的事情。据《闽海纪要》记载，顺治三年（1664年），“经至东都，以咨议参军陈永华理国政，改东都为东宁，置天兴、万年二州。分诸将土地，课耕种，征租赋，税丁庸，兴学校，通鱼盐，安抚土民，贸易外国，俨然别一乾坤”。③ 书中历数了郑经在陈永华辅佐下所做的10个方面的事情，就是没有“增设职官”这一条。另据郑亦邹《郑成功传》记载，康熙三年（1664年），郑经到台湾后，“大小庶事，悉委陈永华。永华为政，颇杂儒雅，与民休息。改东都为东宁，置天兴、万年二州，颇分诸将土地”。④ 沈云《台湾郑氏始末》记载大致与此相同，也说：“经改东都为东宁，升天兴、万年县为州，设澎湖及南北路安抚使，诸将分守土地。庶事悉委陈永华，崇尚儒雅，与民休息。”⑤ 陈永华为政，“崇尚儒雅，与民休息”，说明除了必不可少地增设一些地方官员（如安抚使，以管理原住民）外，他不会轻易地“增设职官”，以加重人民的负担。

事实上，郑经不但没有在这时“增设职官”，而且在这以后的十几年中也没有。1674年，为了响应“三藩之乱”，郑经举兵西征大陆，尽管面临着许多繁杂的事务，但他在主要职官设置方面却依然如故。据《闽海纪要》记载，康熙十三

① 夏琳：《闽海纪要》，台湾文献丛刊本，第13页。
② 杨英：《从征实录》，台湾文献丛刊本，第85页。
③ 夏琳：《闽海纪要》，台湾文献丛刊本，第36页。
④ 郑亦邹：《郑成功传》，载诸家：《郑成功传》，台湾文献丛刊本，第24页。
⑤ 沈云：《台湾郑氏始末》，台湾文献丛刊本，第60页。

年，“郑经设六官。以洪磊为吏官，杨英户官、郑斌礼官、柯平刑官、杨贤工官，各名曰协理，不设兵官，以陈绳武为赞画兵部。仍置六科都事、都吏及察言、承宣二司、中书舍人本科等官”。① 也就是说，到了1674年，郑氏政权主要职官的设置仍沿袭郑成功在1655年定下的旧制，没有任何的增设。因此，1664年“增设职官”之事，根本就属子虚乌有。既然没有“增设职官”，“健全组织”也就无从谈起了。

总之，“中央政府增设职官，健全组织”的说法，完全没有史实的根据。

其二，“并增设南路和北路安抚司”一句也是不准确的。在上文中，我们已经论证了：南、北路安抚司和澎湖安抚司都是在永历十八年（1664年）设立的，不存在澎湖安抚司设立在前，南、北路安抚司设立在后的问题。此处“并增设南路和北路安抚司”，正确的说法应当是并增设南、北路及澎湖安抚司。

> 郑氏治台时期，由于有官方的积极推展文教工作，又有知识分子在民间从事文教活动，为汉人文化在台湾的发展奠定了基础；相反的，原住民文化的发展，却面临重大的阻碍。（第26页）

郑氏时期，“原住民文化的发展，却面临重大的阻碍”的说法，不仅是对郑氏政权的污蔑，也隐藏着对荷兰殖民教育的歌颂，而且更与史实严重不符。

郑氏之前，荷兰殖民者在他们所管辖的原住民地区强制推行基督教文化教育。他们推行教育，不是为了原住民文化的发展，而是为了便于传布基督教，这也是他们对原住民进行武力镇压之外的另一种征服手段。他们强迫原住民子女入学，否则就处以罚款。而且强迫成年的原住民男女也必须利用天明以前和傍晚的时间到校上课。② 这种强制推行的基督教教育是原住民所不需要并十分反感的。荷兰人自己编写的记载中就记述了一个十分具有说服力的例子。甘为霖《台湾岛基督教会史》第一卷中有一段《热兰遮日记》摘录，其中说：“1661年5月17日（星期二），——好些居住山区和平原的居民及其长老，还有几乎所有住在南部的居民，都投降了国姓爷。……这些家伙如今辱骂起我们努力传播给他们的基督教真理，他们因不用上学校而兴高采烈，到处破坏书本和器具，又恢复其可恶的异教风俗和习惯了。……一个名叫斯蒂芬·盎茨（Stephen Yansz）的在南部亲眼看到这一切事实。”③《巴达维亚城日志》记载：“关于‘福摩萨’土著居民，据5月17日一个称作斯提汶·盎茨的南部教师携带国姓爷部将致长官的信前来

① 夏琳：《闽海纪要》，台湾文献丛刊本，第45页。

② 杨彦杰：《荷据时代台湾史》，江西人民出版社1992年版，第107~109页。

③ 甘为霖：《台湾岛基督教会史》，载厦门大学郑成功历史调查研究组编：《郑成功收复台湾史料选编》，福建人民出版社1982年版，第305页。

报告说：南部山区和平地的居民及长老，都已服从国姓爷，不做任何反抗。他们用轻蔑的语言对待基督教，为自己能从基督教和学校解放出来而欢欣。他们破坏教会的用具和书籍，复活了古代异教徒的仪式。”① 这些记载充分说明，当时原住民对荷兰殖民者强制推行的基督教文化教育是何等的厌恶！奇怪的是，300 多年前，台湾原住民“为自己能从基督教和学校解放出来而欢欣”，300 多年后，教科书的编写者们却在为荷兰殖民文化的中断而惋惜。这种惋惜的心情又不好直接表达出来，于是就成了“郑氏治台时期……原住民文化的发展，却面临重大的阻碍”。我们不知道，教科书编写者们是在同情原住民，还是在同情荷兰殖民者。

事实上，郑氏治台时期，不仅“汉人文化”由于有官方的积极推动和民间知识分子的介入在台湾的发展奠定了基础，原住民文化的发展，同样在官方和民间的积极推动下有了一定的进步。据《台湾外记》记载，康熙五年（1666 年），“各社令设学校延师，令子弟读书”。②“各社”自然包括所有的“民社”（汉人村社）和“番社”（原住民聚落），也就是说，郑氏政权在原住民居住的地区也是“令设学校”“令子弟读书”的。另据《裨海纪游》记载：“新港、嘉溜湾、欧王、麻豆，于伪郑时为四大社，令其子弟能就乡塾读书者，蠲其徭役，以渐化之。”③ 这说明，郑氏政权不但有要求原住民子弟读书的政策，而且对原住民子弟读书还实行了一些特殊的照顾，可以免其父母的徭役，汉族居民则不能享有这样的待遇。在官方积极推动的同时，一些民间知识分子也为原住民文教事业的发展贡献了自己的才智。据蒋毓英《台湾府志》记载，沈光文由于得罪了郑氏，“乃改服为僧，入山不出，于目加溜湾社傍教授生徒，兼以医药济人”。④《台湾通史》也记载说：“太仆寺卿沈光文居罗汉门，亦以汉文教授番黎。”⑤ 由于文化的进步，新港、目加溜湾、萧珑、麻豆等社，“嘉木阴森，室宇完洁，不减内地村落”。住在这里的原住民“亦知勤稼穑，务蓄积，比户殷富”。⑥ 所有这些事实，又怎能说“郑氏治台时期……原住民文化的发展，却面临重大的阻碍”呢？相反，正确的说法应当是同样的，原住民文化的发展，在官方的特殊照顾下，也有了一定的进步。

郑氏实施垦殖，在政策上采军屯、民垦和官垦并行，而以军屯为主。军

① 荷兰东印度公司：《巴达维亚城日志》，载厦门大学郑成功历史调查研究组编：《郑成功收复台湾史料选编》，福建人民出版社 1982 年版，第 277 页。

② 江日升：《台湾外记》，福建人民出版社 1983 年版，第 192 页。

③ 郁永河：《裨海纪游》，台湾文献丛刊本，第 17 页。

④ 蒋毓英：《台湾府志》，厦门大学出版社 1985 年版，第 108 页。

⑤ 连横：《台湾通史》上册，商务印书馆 1983 年版，第 188 页。

⑥ 郁永河：《裨海纪游》，台湾文献丛刊本，第 17 页。

屯是由当时的中央政府，将军队派遣到各地驻扎，就地开垦土地从事农耕，农暇时行军事训练，有战争时则上战场。这一办法可让军队自耕自食，解决军粮匮乏问题。……

军屯的实施，仍然没有完全解决当时台湾的缺粮问题，因此郑氏还大量吸纳中国大陆移民来台垦殖。借着移民的开垦土地，提高了台湾的农业生产量。（第 28 页）

这一段内容，也有多处与史实不符或提法不准确。

第一，“郑氏实施垦殖，在政策上采军屯、民垦和官垦并行”，“官垦”的提法不准确。所谓“官垦”，大概可以理解为两种意思，一是官府组织的垦殖活动，一是官员私人组织的垦殖活动。一般情况下，人们更容易理解成为是官府组织的垦殖活动，就像“官田”“官庄”代表着官府的土地一样。然而，郑氏时期，除了军屯外，再没有其他形式的官府组织的垦殖活动，因此，这里的“官垦”应该是指官员私人组织的垦殖活动。郑氏时期，确有许多文武官员从事私人的垦殖活动，他们所从事的垦殖活动与一般民众所从事的垦殖活动（即“民垦”）没有什么差别，开垦出的土地一样属私有土地，一样要向官府缴纳田赋。余文仪《续修台湾府志》所引《诸罗杂识》中说：“郑氏宗党及文武伪官与士庶之有力者，招佃开垦，自收其租，而纳课于官，名曰私田，即伪册所谓文武官田也。”[①] 在这种官员私人组织的垦殖活动中，“官”已经失去了相对于“民”的意义。这种“官垦”其实就是“民垦”，或称私垦。教科书此处的“官垦”，不仅显得多余，而且容易发生歧义。

第二，“而以军屯为主”，根本没有史实的根据。郑氏时期，“军屯”的耕地面积，也就是“营盘田”的面积有多少？各种史志记载都没有留下具体的数字，因此，无法跟“民垦”（私垦）部分，也就是“文武官田园”作比较。没有这样的比较，“而以军屯为主”根据何在？根据蒋毓英《台湾府志》的记载，“伪额文武官上、中、下则田园共计二万零二百七十一甲八分四厘零四丝八忽五微”，其中，台湾县“伪额文武官上、中、下则田园共计四千五百九十九甲七分四厘零一丝九忽四微”，凤山县“伪额文武官上、中、下则田园共计七千三百一十五甲七分八厘四毫一丝三忽”，诸罗县“伪额文武官上、中、下则田园共计八千三百五十六甲三分一厘六毫一丝六忽一微”。[②]“民垦”（“文武官田园”）的总面积是 20271. 8 甲，如果没有“军屯”（“营盘田”）的数量明显超过 20271. 8 甲的根据，又怎能信口说出“而以军屯为主”这句话来。当然，熟悉台湾史的人都会

① 余文仪：《续修台湾府志》，台湾文献丛刊本，第 241 页。

② 蒋毓英：《台湾府志》，厦门大学出版社 1985 年版，第 73~75 页。

知道，这种“根据”是找不到的。

第三，“军屯是由当时的中央政府，将军队派遣到各地驻扎，就地开垦土地从事农耕”，又一个“中央政府”！教科书的编写者想把郑氏政权升格为“中央政府”的欲望十分强烈，可惜这与史实不符，详见上文。

第四，“军屯的实施，仍然没有完全解决当时台湾的缺粮问题”，也与史实明显不符。郑氏时期，除了最初几年开垦未见成效，以及最后两年（1682—1683年）遭受严重的自然灾害外，台湾不存在缺粮的问题。这有许多记载可资说明。《台湾外记》记载，康熙四年（1665年），“于是年大丰熟，民亦殷足”。康熙五年，“又加年丰”。康熙十年，“台湾秋禾大收”。[①] 康熙六年，郑经在写给母舅董班舍的信中说：“今日东宁，版图之外另辟乾坤，幅员数千里，粮食数十年。”[②]“粮食数十年”的说法虽有些夸张，但说明了粮食的丰足。同年，施琅在《边患宜请疏》中也写道：“伏思贼党盘踞台湾，沃野千里，粮食匪缺。”[③] 康熙七年，投降清军的原郑氏将领史伟琦则说：“郑逆倚恃海岛为王，依赖外国致富，且其乌合之众，皆系中国之人，全赖粮食丰足，地形险阻。”[④] 由此可见，在正常年景下，郑氏政权早已解决了台湾的粮食问题。此处“仍然没有完全解决当时台湾的缺粮问题”，明显与史实不符。

> 郑成功来台建立政权后，清政府继续对郑氏实施经济封锁政策，台湾与中国大陆的走私贸易一时几乎中断。
>
> 一六六六年（明永历二十年），郑经在台湾的局势已趋稳定时，采纳陈永华的建议，派江胜等人到厦门恢复与中国大陆的走私贸易，改善台湾物资不足的现象，而厦门也就成为台湾与中国大陆间贸易的桥梁。（第29页）

这一段内容中，也有两处错误：

首先，“郑成功来台建立政权”的说法是错误的。在郑成功到台湾之前，他的政权早已建立。郑成功1646年（隆武二年）冬在烈屿举义，1650年（永历四年），取得金、厦二岛作为根据地。1655年（永历九年），设置六官，以厦门为思明州。他的政权已经建成。1661年，郑成功收复台湾，只是把他的政权管辖的区域扩大到台湾，再增加一块根据地而已，根本不是什么“来台建立政权”。

其次，江胜1666年到厦门的说法也是错误的。教科书的这一说法，所根据

---

① 江日升：《台湾外记》，福建人民出版社1983年版，第191、193、210页。

② 厦门大学台湾研究所、中国第一历史档案馆编辑部编：《康熙统一台湾档案史料选辑》，福建人民出版社1983年版，第69页。

③ 施琅：《靖海纪事》，福建人民出版社1983年版，第48页。

④ 厦门大学台湾研究所、中国第一历史档案馆编辑部编：《康熙统一台湾档案史料选辑》，福建人民出版社1983年版，第82页。

的是《台湾外记》的一段记载。《台湾外记》说，康熙五年九月，郑经接受陈永华的建议，“以江胜为水师一镇，驻扎厦门。胜接印札，随整船到厦。时厦门有陈白骨、水牛忠等，招纳亡命千人，侵掠沿边内地。胜令人招之，不从。督兵与战，胜失利，遁泊铜山”。后江胜取得达濠（广东省潮阳县境内）邱辉的帮助。“十月，邱辉整船合胜师至厦门。胜从峙尾登岸，水牛忠、陈白骨共敌胜。战未几合，忽邱辉大队就水仙宫登岸，突出围击。陈白骨与水牛忠大败，抢船遁去。胜收其众，大谢辉。辉仍回达濠。胜踞厦门，斩茅为市，禁止掳掠，平价交易。凡沿海内地穷民，乘夜窃负货物入界，虽儿童无欺。自是，内外相安，边疆无衅。其达濠货物，聚而流通台湾。因此而物价平，洋贩愈兴。”[①]《台湾外记》关于江胜1666年到厦门建立走私贸易点的记载，许多学者都曾经予以引用，笔者也曾经引用过。[②] 然而，根据笔者的最新研究，江胜到厦门建立走私贸易点虽确有其事，但1666年的时间却是错的，理由如下：

第一，关于江胜到厦门建立走私贸易点的时间，周凯的《厦门志》和林焜熿的《金门志》都记载是1669年（康熙八年）之事。二志所记文字相同，均为康熙“八年，伪镇江胜往来两岛，踞障头，与奸民互市”。[③] 这说明，关于江胜到厦门建立走私贸易点的时间，不仅有1666年（康熙五年）之说，还有1669年（康熙八年）之说。

第二，根据《台湾外记》的记载，江胜到厦门的前一个月，郑经的主要将领洪旭不幸病故。“忠振伯洪旭偶沾寒疾，经令医调治，朝夕巡视。奈年老忧劳过度，遂不起。大恸曰：‘经何不幸，丧此元老！’亲为治丧祭奠，择葬尽礼。以其子磊为吏官，永华之侄绳武为兵官”。[④] 但是，根据《闽海纪要》的记载，洪旭却是死于1669年。康熙八年（1669年），“忠振伯洪旭卒。……世子感悼，以其子磊为吏官，与陈永华之侄绳武皆见亲信”。[⑤] 阮旻锡《海上见闻录》也把洪旭之死记于1669年。康熙八年（1669年），“明忠振伯洪旭卒。……经感悼，以其子磊为吏官，与永华之侄绳武皆见亲信”。[⑥]《台湾外记》把洪旭之死和江胜到厦门记在同一年之中，既然洪旭之死有可能是将1669年之事误载于1666年，那么，江胜到厦门的时间同样存在着一起被误载的可能。

① 江日升：《台湾外记》，福建人民出版社1983年版，第193~194页。

② 陈孔立主编：《台湾历史纲要》，九州出版社1996年版，第112页。

③ 周凯：《厦门志》，台湾文献丛刊本，第671页；林焜熿：《金门志》，台湾文献丛刊本，第404页。

④ 江日升：《台湾外记》，福建人民出版社1983年版，第193页。

⑤ 阮旻锡：《海上见闻录》，福建人民出版社1982年版，第54页。

⑥ 夏琳：《闽海纪要》，台湾文献丛刊本，第38页。

第三，在康熙七年（1668年）清福建水师裁撤之前，江胜实际上根本不可能到厦门建立走私贸易点。康熙二年，郑军被迫退出厦门、金门二岛。由于二岛属界外之地，清军登岛之后，“大搜两岛，墟其地而还”。尽管清军没有在金、厦二岛实行长期的占领，但福建水师提督施琅带领水师4000人就驻扎在海澄县，福建右路水师总兵官带兵3000人就驻扎在同安县。厦门属同安县，与海澄也只有数十里之遥，而且厦门还是海澄出海的必经通道。可以肯定，清军对厦门水域的日常巡逻一定不会少。在郑军全面退守台湾的背景下，在厦门成为“界外”无百姓居住的情况下，在周围7000名清军水师的视野里，江胜要想带领一镇人马驻在厦门，建立起走私贸易点，事实上根本不可能。根据档案史料的记载，在福建水师裁撤之前，清军对闽、粤沿海的巡防是较为严密的。康熙五年五、六月间，施琅得知闽、粤交界的南澳海面有几艘可疑的船只出现，即会合广东水师，“将闽、粤交界一带海面岛澳湾港，彼此再三遍行搜剿”。① 对远在闽、粤交界的南澳海面尚且如此，对眼皮子底下的厦门，施琅岂容江胜在此建立据点。如果说江胜当时曾经对厦门进行过偷袭式的骚扰，或许还有可能，但要像《台湾外记》所说，不但在厦门建立了走私贸易点，而且当时还出现了“内外相安，边疆无衅”的景象，这是根本不可能有的事。

第四，康熙七年，福建水师裁撤以后，福建沿海防守力量薄弱，江胜等才有机可乘，才能在厦门建立走私贸易点。康熙七年，清廷裁去了福建水师提督（同时裁掉的还有浙江水师提督、广东水师提督以及直隶、山东、山西、河南、江西提督），召施琅进京，授内大臣，同时将福建水师裁汰，撤归陆营。福建水师裁撤之后，沿海的防务出现了很大的漏洞。据《清实录》记载，康熙十年，“福建总督刘斗疏报：海寇自撤水师之后，帆樯出没，侵犯靡常，甚至在各岛屿盖造房舍”。② 这十分清楚地说明，在清福建水师裁撤之后，郑氏军队才能在福建沿海岛屿建立起一些据点，江胜到厦门和金门建立走私贸易点也只能在这个时候。为了改变福建沿海防务的不利局面，康熙十年五月，清廷决定复设福建水师。“将海澄镇标中、左、右三营官兵三千员名，改为水师，配战船六十只；同安城守右营官兵一千名改为水师，配战船二十只；晋江官兵一千员名，改为水师，配战船二十只。三项共计官兵五千员名，战船一百只，听海澄镇统辖。又兴化镇标中、左二营官兵二千员名，改为水师，配战船四十只；闽安协标中、左、右三营官兵三千员名，改为水师，配战船六十只。二项共计官兵五千员名，船一百只，听兴

① 厦门大学台湾研究所、中国第一历史档案馆编辑部编：《康熙统一台湾档案史料选辑》，福建人民出版社1983年版，第67页。

② 台湾银行经济研究室编：《清圣祖实录选辑》，台湾文献丛刊本，第36页。

化镇统辖。以上改立水师官兵而防陆汛，改归陆师官兵防守，将水师官兵调撤归船。”① 福建水师复设之后，立即对福建沿海进行了搜剿。据刘斗疏报，“臣等密商机宜，配发水陆官兵，陆续搜剿。今已搜剿六十余岛，斩溺贼众五千三百八十余人，生擒贼三十八名，烧贼木城七座，房宇二千九百二十余间”。② 这就是说，康熙十年福建水师复设之后，郑氏军队要在福建沿海岛屿建立据点又成为很困难的事情，新的时机只有等到康熙十三年郑经响应“三藩之乱”，举兵西向之时。

综合上述的四点，如果说第一点和第二点只是说明江胜到厦门建立据点的时间也有可能是1669年的话，那么，第三点和第四点则已经充分说明，江胜到厦门建立据点的时间只能是在1669年。因此，教科书中“一六六六年（明永历二十年），郑经在台湾的局势已趋稳定时，采纳陈永华的建议，派江胜等人到厦门恢复与中国大陆的走私贸易”一句，正确的说法应当是：1669年（明永历二十三年），郑经曾派江胜等人到厦门恢复与大陆沿海的走私贸易。

教科书《认识台湾》（历史篇）的第四章只有短短的8页，大约2000字的内容（包括提纲、注释等），然而却出现了上述这许多的史实方面的错误，我们不知道，这样的教科书，让人们如何“认识台湾”。本来，历史是一面镜子，它可以让人们看到社会的发展，民族的兴衰，可以启示现在，激励未来。可是，也有人往往想把历史当作政治的玩具，而随意摆布。如果说，教科书《认识台湾》（历史篇）也是一面镜子的话，那么，它只能算是台湾历史的“哈哈镜”。因为，在这个“镜子”里面，许多史实都被扭曲了，台湾历史的整体形象也被扭曲了。这样的“哈哈镜”，作为教科书，用来教育年轻一代，则是十分有害和危险的。

① 厦门大学台湾研究所、中国第一历史档案馆编辑部编：《康熙统一台湾档案史料选辑》，福建人民出版社1983年版，第86~88页。

② 台湾银行经济研究室编：《清圣祖实录选辑》，台湾文献丛刊本，第36页。

附录一　子虚乌有的“延平王国”
——《认识台湾》（历史篇）对郑氏政权的杜撰

台湾中学教科书《认识台湾》（历史篇），刻意抹杀台湾与祖国大陆的历史联系，宣扬“台独”史观。为了制造台湾自古以来就有一个独立“王国”的神话，不惜歪曲历史，将众所周知的郑氏政权杜撰为“延平王国”。他们制造“延平王国”的逻辑是：“一六五五年，永历帝册封（郑成功）为延平王。”① ——1662 年，荷兰人“离开台湾。从此郑氏统治台湾，建立台湾历史上第一个汉人政权。”② ——这个政权，“一般文献有的称之为延平王国”。③ 郑成功确实曾被南明永历皇帝册封为延平王，但是，延平王所在的地方难道就可以称为“延平王国”吗？“一般文献”真有将郑氏政权称之为“延平王国”的吗？下面，我们只要通过考查明朝的封爵制度，检索记载郑氏史料最多的“一般文献”，就可以发现，教科书的编写者们原来撒了个弥天大谎。

一

明朝的封爵制度，只有皇室的人生前才可以封王。据《明史》记载：“明制，皇子封亲王，授金册金宝，岁禄万石，府置官属。护卫甲士少者三千人，多者至万九千人，隶籍兵部。冕服车旗邸第，下天子一等，公侯大臣伏而拜谒，无敢钧礼。亲王嫡长子，年及十岁，则授金册金宝，立为王世子，长孙立为世孙，冠服视一品。诸子年十岁，则授涂金银册银宝，封为郡王。嫡长子为郡王世子，嫡长孙则授长孙，冠服视二品。”④ 也就是说，皇帝的儿子封为亲王，亲王的嫡

① “国立”编译馆：《认识台湾（历史篇）》，“国立”编译馆 1987 年版，第 27 页注释②。

② “国立”编译馆：《认识台湾（历史篇）》，“国立”编译馆 1987 年版，第 24~25 页。

③ “国立”编译馆：《认识台湾（历史篇）》，“国立”编译馆 1987 年版，第 27 页注释③。

④ 张廷玉等：《明史》第 12 册，中华书局 1974 年版，第 3557 页。

长子世袭亲王，亲王的其他儿子则封为郡王，郡王的嫡长子世袭郡王。万历七年（1579 年）规定："亲王之子，例封郡王，若以支属嗣者，自后长子袭封亲王外，余子仍照原封世次，授以本等爵级，不得冒滥郡爵。郡王无子，兄弟及兄弟之子不得请袭，违者为冒封。"① 亲王为一字王，如秦王、晋王、周王、楚王、齐王、潭王等。郡王为二字王，如永兴王、保安王、兴平王、永寿王等。到崇祯时止，除追封外，明皇室先后共实封亲王爵位 61 个、郡王爵位 478 个，详见表 21-1。

表 21-1　明皇室实封亲王爵位、郡王爵位表

	实封亲王数	实封郡王数
太祖诸子及其子孙	23	326
惠帝诸弟	3	3
成祖诸子及其子孙	2	14
仁宗诸子及其子孙	8	45
英宗诸子及其子孙	7	44
宪宗诸子及其子孙	10	44
世宗诸子	1	—
穆宗诸子及其子孙	1	1
神宗诸子及其子孙	4	1
庄烈帝诸子	2	—
总计	61	478

资料来源：据张廷玉等：《明史》第 9~10 册"诸王世表"编制，中华书局 1974 年版，第 2505~2997 页。

另外，明朝的封爵制度，异姓功臣，生前最高只能封为公爵，只有死后才能追封为王。如徐达生前封为魏国公，死后追封为中山王；常遇春生前封为鄂国公，死后追封为开平王。直到清王朝定鼎北京时止，明朝的这种制度都没有变化。但到了南明永历皇帝时，在孙可望的一再威逼、胁迫之下，永历小朝廷无奈地打破了异姓生前不封王的惯例，于永历五年（清顺治八年，1651 年）封孙可望为"秦王"。此例一开，索性又封了其他的一些人。当时所封的王爵，具体如表 21-2 所示。

① 张廷玉等：《明史》第 9 册，中华书局 1974 年版，第 2505 页。

表 21-2　永历朝廷所封王爵表

姓名	郡王爵号	亲王爵号
孙可望	平辽王（不受）	冀王（不受）、秦王
李定国	西宁王	晋王
刘文秀	南康王	蜀王
白文选	巩昌王	/
冯双礼（鲤）	庆阳王	/
马进忠	汉阳王	/
郑成功	延平王	潮王（未受）

永历小朝廷所封的王爵和明朝皇室的王爵加在一起，数量就变得更加庞大。这么多的亲王和郡王，是否就有这么多的"国中之国"呢？答案是否定的。亲王和郡王在等级上是有差别的，亲王为一等王，郡王为次一等的王。即使地位高如亲王，人们也不会将他的封地称为"×王国"。因为，亲王的地位虽高，拥有很大的兵权，但他受到了一条严格的限制，即不得干预地方民政事务，王府之外，归各级地方官吏治理，亲王无权过问。因此《明史》明确记载说："有明诸藩，分封而不锡土，列爵而不临民，食禄而不治事。"① 明清之际的学者顾炎武也曾经说过："唐宋以下，封国但取空名，而不有其地，明代亦然。"② 虽然，在习惯上，人们，也把亲王的分封称为"封国"，把亲王到达封地或回到封地称为"之国"或"还国"，但人们却不会把他的封地称为"×王国"。因为他的所谓"封地"只不过是一个地理上的概念，并不具有对这个地方的管辖权。有明一代，但有秦王、秦王府，晋王、晋王府，鲁王、鲁王府，唐王、唐王府等，却无秦王国、晋王国、鲁王国、唐王国，这是众人皆知的事实。

郡王的情况更是如此。郑成功所封的"延平王"是郡王。明代的郡王不但数量庞大，而且封号极为"草略"。顾炎武就说过，"宋时封国，大小之名皆有准式……有明则草略殊甚。即郡王封号，而或以府，或以州，或以县，或以古县，或但取美名，初无一定之例，名之不正，莫甚于今代"。③ 郑成功的"延平王"，显然得名于延平府。延平府位于福建的西北部，与郑成功据守的厦门、金门二岛以及福建东南沿海地区相距甚远，可见，他的封号和封地之间并无联系。台湾学

① 张廷玉等：《明史》第 12 册，中华书局 1974 年版，第 3659 页。

② 顾炎武：《日知录》卷一四，封国，吴江潘氏遂初堂刻本，清康熙三十四年（1695 年）。

③ 顾炎武：《日知录》卷一四，封国，吴江潘氏遂初堂刻本，清康熙三十四年（1695 年）。

者毛一波先生曾经说过，“永历时所封之王，可说无土无民，只有虚衔而已。有之，也是临时占领地也”。[①] 郑成功虽被南明永历皇帝封为“延平王”，但是，人们绝不会把他的政权（准确地说只是一个军事集团）称为“延平王国”，也不会把他占领的金、厦二岛及福建东南沿海地区称为“延平王国”，更不会把他后来才占领的台湾称之为“延平王国”。这些都是一般的常识。

事实上，明郑时期，台湾不但有一个“延平王”，而且还有一大批跟随郑氏到达台湾的明朝宗室，他们中有鲁王世子、宁靖王、泸谿王、巴东王、乐安王、舒城王、奉新王、奉南王等。[②] 如果按照教科书编写者的逻辑，当时的台湾不但有“延平王国”，而且还可以有“鲁王国”“宁靖王国”“泸谿王国”“巴东王国”“乐安王国”“舒城王国”“奉新王国”“奉南王国”。这样的逻辑是何等的荒谬，稍有历史常识的人一看便能知晓。

二

尽管按照明朝的封爵制度，人们不会把“延平王”所在或占领的地区称之为“延平王国”，但是，郑成功及其子孙所处的历史环境毕竟比较特殊。特别是在南明永历政权覆亡之后，郑氏政权仍在闽、粤沿海和台湾苦苦支撑了20余年。在这种情况下，是否会有所谓的“一般文献”将郑氏政权或当时的台湾称为“延平王国”呢？下面，我们不妨检索一下那些记载郑氏史料最多的“一般文献”，看看它们是如何记载郑成功封延平王一事，以及如何称呼郑成功封王之后的郑氏政权和台湾的。

《海上见闻录》是一本专门记载郑氏史事的著作，叙事年代从明崇祯十七年（1644年）到清康熙二十二年（1683年）。作者阮旻锡，厦门人，曾是郑成功所设的储贤馆的成员，是郑成功的幕僚之一，对郑氏的事迹十分熟悉。因此，《海上见闻录》的记载具有较高的史料价值。它的有关记载是这样的：永历七年（1653年），“行在遣兵部主事万年英赍敕晋赐姓漳国公封延平王。赐姓拜表辞让，遣监督张自新同万兵部由水路诣行在回奏”。永历十一年，“永历遣漳平伯周金汤、太监刘国柱从海上至闽，赍延平王敕印至，晋封潮王。赐姓欲恢复南京始称王，文书告示只称令旨而已”。顺治十八年（1661年），“正月，赐姓议取台湾”。五月，“改赤崁地方为东都，设一府二县”。“十二月，守台湾城夷长揆一

① 毛一波：《延平王确系郡王考——答苏同炳先生》，《台湾文献》第25卷第1期。

② 施琅：《靖海纪事》，福建人民出版社1983年版，第110页。

等乞以城归赐姓，而搬其辎重货物下船，率余夷五百余众驾甲板远去。赐姓遂有台湾，改名东宁（此时当为东都）。以各社田土分与水陆诸提镇，各令搬其家眷至东都居住，兵丁俱令屯垦。”“壬寅，康熙元年，海上称永历十六年。”康熙三年（1664 年）三月，“世藩同冯锡范、陈永华等率余众回东宁”。康熙十三年，“耿王再遣通事黄镛至台湾。……镛回言：海上船不满百，兵不满万。耿王始轻之”。[①] 可见，《海上见闻录》对郑氏政权和当时台湾的称呼，不外是“海上”“台湾”“东都”“东宁”等几种。

《先王实录》（又称《从征实录》），是一本专门记载郑成功史事的著作。记事年代从永历三年（1649 年）至十六年。作者杨英，永历三年起追随郑成功，成功死后，仍受郑经重用，曾先后担任户都事、台湾天兴州知州、户官等职务。《先王实录》一书中所记载的，除了杨英本人的亲闻目睹外，还依据了郑氏的官方案卷，史料价值极高。它的有关记载是这样的：永历七年五月，“行在遣兵部万年英赍敕册封藩延平王。……藩拜表，辞不敢受”。九年四月，“藩驾驻思明州，剿抚伯周金汤、太监刘国柱自行在至州，赍敕印颁发勋爵，晋封藩主潮王。……藩令受封袭爵，惟潮王辞不敢受”。十五年五月，“藩驾驻台湾。……改赤崁地方为东都明京，设一府二县，以府为承天府……改台湾为安平镇”。[②] 可见，《先王实录》对当时台湾的称呼不外是“台湾”“东都明京”“承天府”“安平镇”等几种。

《台湾外记》（或称《台湾外志》），也是一本专门记载郑氏史事的著作。叙事年代从明天启元年（1621 年）到清康熙二十二年（1683 年）。作者江日升，其父江美鳌是郑氏部将，对郑氏“始末靡不周知”。作者得其“口传耳授，不敢一字影捏”，[③] 并“广罗穷搜”[④] 各种资料，以成此书。因此，《台湾外记》也成了人们在研究明郑历史时广为引用的一部书籍。它的有关记载是这样的：顺治十四年（1657 年），永历“着礼部铸延平王印，并册一道……遣漳平伯周金汤、太监刘国柱赍印册，同杨廷世、刘九皋从广西间道，由粤东龙门航海来厦”。“十二月，周金汤、刘国柱、杨廷世、刘九皋等到厦门。成功率甘辉等诸文武恭迎海埏，拜受延平王册封”。十八年五月，“改赤崁为承天府，杨朝栋为府尹。又设二县隶之”。十二月，“功以荷兰去，台湾平，遂祭告山川神祇，改台湾为东都”。

---

① 阮旻锡：《海上见闻录》，福建人民出版社 1982 年版，第 20、32、43、46、47、48、52、55 页。

② 杨英：《先王实录》，福建人民出版社 1981 年版，第 57~58，113、253 页。

③ 江日升：《台湾外记》，福建人民出版社 1983 年版，第 12 页。

④ 江日升：《台湾外记》，福建人民出版社 1983 年版，第 2 页。

康熙元年（1662年），郑成功下令，“收沿海之残民，移我东土，开辟草莱，相助耕种”。三年三月，“经率大队过台湾”。“八月，改东都为东宁，天兴、万年二县为州。”二十二年十二月，施琅决意主留台湾，“圣祖览琅疏，下部议。议：台湾伪为盛天府、万年州、天兴州，今改为台湾府，辖三县”。[①] 可见，《台湾外记》对当时台湾的称呼也不外是“台湾”“东土”“东都”“东宁”“承天府”“盛天府”等几种。

《闽海纪要》（或称《海纪辑要》，二书内容相同，只有少数字句不一样）也是一本专门记载郑氏史事的著作。记事年代从顺治二年（1645年）至康熙二十二年（1683年）。作者夏琳，《海上见闻录》的作者阮旻锡说他“似是海上幕客曾住台湾者”。[②] 书中的记载，可信度较高，也是人们在研究明郑历史时常为引用的一部著作。它的有关记载是这样的：顺治十年（1653年），“明主遣兵部主事万年英赍敕晋漳国公成功延平王，成功表辞”。十四年，“冬十一月，明主遣漳平伯周金汤晋招讨大将军延平王成功潮王。初，永历癸巳遣万年英封成功为延平王，成功让于诸镇，请封爵。……至是，复命周金汤及太监刘国柱从海道赍延平王敕印至，晋封潮王，成功谦让不敢当，仍称招讨大将军”。康熙元年，“台湾既平，成功改为安平镇，赤崁城为承天府，设县二，曰天兴，曰万年，总号东都”。三年，“经至东都，以咨议参军陈永华理国政，改东都为东宁，置天兴、万年二州”。[③] 可见，《海纪辑要》对当时台湾的称呼，也不外是“台湾”“安平镇”“承天府”“东都”“东宁”等几种。

《闽海纪略》也是一部专门记载郑氏史事的著作。记事年代从隆武元年（1645年）到永历三十七年（1683年）。作者姓名不详，但根据书中1680年后有些记载特别具体，且为它书所不载的特点来看，作者应是当时十分了解郑氏内情的人。它的有关记载是这样的：永历十三年，“册封延平王。永历在粤西，年年问遗，修表不绝。至是，遣周金汤赍印册从广东龙门航海至思明，封延平王，诸将升擢有差。时举兵江南，及回，仍称招讨大将军，不受王爵”。十六年，“春正月，平台湾为东部。红夷既平，改台湾为东都，王城号安平镇，赤崁为天兴府”。十八年，“春三月，世子退守台湾”。“至台湾，庶事悉委参军统理，改东都为东宁，置天兴、万年二州。”[④] 可见，《闽海纪略》对台湾的称呼也不外是“台湾”

---

① 江日升：《台湾外记》，福建人民出版社1983年版，第139、161、168、170、188、189、366页。

② 阮旻锡：《海上见闻录定本》，序，福建人民出版社1982年版，第2页。

③ 夏琳：《海纪辑要》，台湾文献丛刊本，第12、20、29、36页。

④ 《闽海纪略》，台湾文献丛刊本，第13、16、21页。

“东都”“东宁”“天兴府”等几种。

此外，其他一些记载郑氏史事的著作，有关郑成功封延平王的时间以及对郑氏政权和台湾的称呼则分别如下：郑亦邹的《郑成功传》① 把郑成功封延平王记在顺治十五年（1658年），对台湾的称呼也是“台湾”“东都”“承天府”“东宁”“海上”等几种。沈云的《台湾郑氏始末》② 则把郑成功封延平王记在顺治十四年（1657年），称郑氏政权为“台湾郑氏”，称台湾也是“台湾”“承天府”“东都”“东宁”等。《郑氏关系文书》③、《郑氏史料初编》④、《郑氏史料续编》⑤、《郑氏史料三编》⑥、《清代官书说明台湾郑氏亡事》⑦ 等资料文献则称郑氏政权为“郑氏”或“台湾郑氏”。日本人川口长孺的《台湾割据志》⑧ 及《台湾郑氏纪事》⑨，把郑成功封延平王记在永历十二年（1658年），称郑氏政权为“台湾郑氏”，对台湾的称呼则是“台湾”“东都”“承天府”“东宁府”“东宁”等。被郑成功赶出台湾的荷兰东印度公司，他们称郑氏政权为“海盗国姓爷集团”“敌人国姓爷集团”,⑩ 对当时台湾的称呼则是“福摩萨”“台湾”等。⑪

从以上“一般文献”的检索中，我们可以了解到，不论是中国人的记载，还是外国人的记载，是正确的记载，乃至错误的记载，对郑氏政权的称呼不外是“郑氏”“台湾郑氏”“海上”“国姓爷集团”等。此外，还有一些站在清政府立场上对郑氏政权的蔑称，如“伪郑”⑫、“海寇”⑬、“郑逆”、“郑贼”等。对台湾的称呼则有“台湾”“东都”“东宁”“东都明京”“东土”“安平镇”“承天府”“盛天府”“东宁府”“天兴府”“福摩萨”等。可见，在一般文献资料中，各种各样的称法都有，就是没有“延平王国”一说。当然，在当代，确有个别的学者

① 见台湾文献丛刊第67种。

② 见台湾文献丛刊第15种。

③ 见台湾文献丛刊第69种。

④ 见台湾文献丛刊第157种。

⑤ 见台湾文献丛刊第168种。

⑥ 见台湾文献丛刊第175种。

⑦ 见台湾文献丛刊第174种。

⑧ 见台湾文献丛刊第1种。

⑨ 见台湾文献丛刊第5种。

⑩ 荷兰东印度公司：《巴达维亚城日志》，见厦门大学郑成功历史调查研究组编：《郑成功收复台湾史料选编》，福建人民出版社1982年版，第293、301、302、304页。

⑪ 荷兰东印度公司：《巴达维亚城日志》，见厦门大学郑成功历史调查研究组编：《郑成功收复台湾史料选编》，福建人民出版社1982年版，第293、296、299页。

⑫ 如郁永河《裨海纪游》中有“伪郑逸事”。

⑬ 如洪若皋的《海寇记》，见昭代丛书。

在自己的著作中曾经将郑氏政权称为“延平王国”的,[①] 但那仅仅是个别学者很随意的一种说法，没有历史的根据，不足为凭。把个别学者这种很随意的说法刻意说成“一般文献有的称之为延平王国”，则完全是教科书编写者的“创造”。

另外，通过以上“一般文献”的检索，我们还可以发现：关于郑成功封延平王的时间，各书的记载是各不相同的。如果加上其他一些文献的记载，郑成功封延平王的时间，至少有以下几种说法：

（1）1649 年（黄宗羲：《赐姓始末》[②]）；

（2）1653 年（杨英：《先王实录》、阮旻锡：《海上见闻录》、夏琳：《海纪辑要》）；

（3）1654 年（《行在阳秋》[③]）；

（4）1655 年（朱希祖：《郑延平王受明官爵考》[④]）；

（5）1656 年（查继佐：《鲁春秋》[⑤]）；

（6）1657 年（江日升：《台湾外记》、沈云：《台湾郑氏始末》）；

（7）1658 年（郑亦邹：《郑成功传》、川口长孺：《台湾郑氏纪事》）；

（8）1659 年（《闽海纪略》）。

在这些说法中，“1655 年”说只是近代学者朱希祖的一家之言，尚不能成为定论。前几年，就有一位学者撰文论证朱希祖此说之非，而主张郑成功封延平王的时间是在 1659 年的。[⑥] 把一种没有成为定论的东西写进国民中学的教科书，又不注明还有别的说法，这也是一种不严谨的和对学生不负责任的态度。

如果说，教科书的编写者们只是在学术上不够严谨，人们尚可宽容，而凭空杜撰出一个“延平王国”，用虚假的东西去蒙骗青少年，毒害未来的一代，则是不可饶恕的罪过。

---

① 如台湾辅仁大学的尹章义教授在《台湾历史与台湾前途》一书中就曾将郑氏政权称为“延平王国”。见尹章义：《台湾历史与台湾前途》，台湾史研究会 1988 年版，第 69、70 页。

② 见台湾文献丛刊第 25 种。

③ 见台湾文献丛刊第 234 种。

④ 见台湾文献丛刊第 67 种，附录二。

⑤ 见台湾文献丛刊第 118 种。

⑥ 杨彦杰：《郑成功封爵新考》，见厦门大学台湾研究所历史研究室编：《郑成功研究国际学术会议论文集》，江西人民出版社 1989 年版，第 318~334 页。

附录二　为什么说郑成功是“收复台湾”

在中国大陆，“郑成功收复台湾”是一个家喻户晓、妇孺皆知的专有名词。在台湾，“郑成功收（光）复台湾”也曾经是家喻户晓、妇孺皆知的。可是，在“台独”分子扭曲的渲染下，特别是经过李登辉、陈水扁统治时期“去中国化”政策的影响之后，在台湾，除了还有一部分人仍坚持“郑成功收（光）复台湾”的说法之外，[①] 有些学者就改称为“郑成功转进台湾”了。[②] 同时，还有人把郑成功收复台湾的时代称为“海权竞逐、英雄冒险的年代”，[③] 意即郑成功只是大航海时代参与台海竞逐的英雄人物之一，当时的台湾是一个国际势力自由竞逐的场所；有人甚至把郑成功到台湾称为“外来的殖民统治者”。[④] 2006 年，笔者到台湾参加一个台湾史的学术研讨会，在报告论文时提到了“郑成功收复台湾”，评论论文的学者出于好意，担心这种提法会引起有“台独”倾向学者的反弹，主动向笔者提出问题，笔者在回应时理直气壮地坚持了“郑成功收复台湾”的说法，并阐明了理由。那以后，笔者深切感到有必要撰写专文，谈谈为什么说郑成功是“收复”台湾。

---

① 如刘建修所著《台湾人民的历史》一书中就写道，郑成功“成功地赶走了顽强的外来殖民政权，收复故土，并在台湾建立了一个强固的反清复明军事基地。郑成功最大的功绩，是驱逐了顽强的西方殖民主义者荷兰。大规模的、有组织的移民台湾、开发台湾，引进明朝的政府组织及汉族文明，特别是为先住民引入了进步的农业生产技术和工具。为中国人在台湾之生根，奠下了永垂不朽的基础”（刘建修：《台湾人民的历史》，文英堂出版社 2007 年版，第 25~26 页）。又如江灿腾、陈正茂所著《新台湾史读本》在“郑荷之战与台湾收复”一节中写道：“郑成功认为台湾为汉人故土，尤以明王朝曾许其父郑芝龙开垦台湾之权，因此，恢复先人故土，更属责无旁贷。”（江灿腾、陈正茂著：《新台湾史读本》，东大图书股份有限公司，2008 年，第 39 页）

② 黄秀政、张胜彦、吴文星：《台湾史》，五南图书出版公司 2002 年版，第 51 页。

③ 张炎宪：《〈前进“福尔摩沙”——十七世纪大航海年代的台湾〉推荐语》，载汤锦台：《前进“福尔摩沙”——十七世纪大航海年代的台湾》，猫头鹰出版社 2001 年版，封底。

④ 史明：《台湾人四百年史》，蓬岛文化公司 1980 年版，第 113 页。

一、“收复台湾”是郑成功自己当时就反复强调的说法

郑成功在进军台湾的过程中，收复故土的想法非常强烈。他不但向将士们强调台湾是中国人的土地，而且一再向荷兰殖民者重申：台湾是属于中国的，他现在来要回属于自己的土地是理所当然的事情，荷兰人只有离开台湾才是唯一的出路。

清顺治十八年（南明永历十五年，1661 年）正月，郑成功在召集部将讨论攻取台湾事宜时说，台湾“田园万顷，沃野千里，饷税数十万。造船制器，吾民鳞集，所优为者。近为红夷占据，城中夷伙不上千人，攻之可垂手得者”。① 在郑成功的眼中，台湾当时已是中国人聚集的地方，只是近来被荷兰人占据，取之名正言顺。

三月二十七日（4 月 25 日），当郑军还在澎湖候风之时，郑成功就拟好了一篇给台湾荷兰人的告示。这个告示贴在一个有手把的方形木板上。告示中说：“现在，我要来取用我的土地，这块土地是家父借给荷兰公司的，对此有谁可以反对？现在我且亲自来了，要来改善这块土地，并且要在这块土地上建造几个美丽的城市。”②

二十九日，郑成功还拟好了一封给荷兰东印度公司台湾长官揆一的信。这封信和上述的告示一同于四月初三日（5 月 1 日）被分别送到揆一和普罗文查城代司令描难实叮的手中。信中说：“澎湖邻近厦门、金门岛屿，因而应归其所属。大员位于澎湖附近，此地也应由中国政府管辖。关于这一点，可以从以下事实得到证实：这两个位于中国海的岛屿上的居民都是中国人，他们自古以来占有并耕种这一土地。以前，荷兰舰队到达这里请求贸易，当时他们在此没有任何土地，但本藩父亲一官出于友谊才陪他们看了这个地方，而且只是将这个地方借给他们。……本藩如今拥有强大的力量抵达此地，为了一个目的，即不仅要改善这一地区，而且还要建设并在此兴建城市，形成一个大规模的百姓居住区。你们必须明白继续占领别人的土地是不对的（这一土地原属于我们的祖先，现在理当属于本藩），阁下和评议会是十分聪明的，当然能够理解。因此，如果你们能立刻屈服于我，用友好的谈判方式让出城堡，那么本藩不仅提高你的地位，让你同那些妇女和儿童一起生活，同时也允许同过去那样保有你们的所有财产。如果你们愿

① 杨英：《先王实录》，福建人民出版社 1981 年版，第 244 页。

② 江树生译注：《热兰遮城日志》（四），台南市政府，2011 年，第 418 页。

意，也可以在本藩的统治之下在此生活。”①

四月初五日（5月3日），荷兰人在初战失败之后，同意进行谈判，派来两名使者会见郑成功。郑成功对他们说：“该岛（指台湾）一向是属于中国的，在中国人不需要时，可以允许荷兰人暂时借居，现在中国人需要这块土地，来自远方的荷兰客人，自应把它归还原主，这是理所当然的事情。”郑成功还说：“尽管他的人民屡次受到荷兰人的虐待，但此来的目的并非同公司作战，只是为了收回自己的产业。为了证明他无意夺取公司的财产以自肥，他愿意允许荷兰人用自己的船只装载动产和货物，拆毁城堡，把枪炮及其他物质全部运回巴达维亚，但这一切必须即刻进行……尽管荷兰人的船只和士兵在海上和陆上攻击他的船只、士兵，已经大大地触犯了他。”“如果公司愿意依照上述办法退出‘福摩萨’（该岛实际上是属于他的而不是属于公司的），他将宽恕这些敌对行为。但如果荷兰人方面无视他的宽大为怀，拒绝交还他的财产，企图继续霸占下去，他只好用自己所拥有的一切力量来求其实现，而其全部费用则将由公司负担。”②

郑成功还让荷方的使者带回了一封给台湾长官揆一的信，信中说：“我来此地，不是要来用不公正的态度夺取什么，只是要来收回属于家父，因而现在属于我的这块土地；这块土地只是给公司借用的，从未给过公司所有权。这件事，现在无论如何都必须被承认。”③

在经过长时间对热兰遮城的围困之后，郑成功又遣通事李仲进城对揆一进行劝降：“此地非尔所有，乃前太师练兵之所。今藩主前来，是复其故土。”④

在荷兰人被逐出台湾之后，郑成功在《复台》一诗中写道：“开辟荆榛逐荷夷，十年始克复先基（太师会兵积粮于此，出仕后为红毛荷兰夷酋弟揆一王窃据）；田横尚有三千客，茹苦间关不忍离。”⑤

上述的各种资料说明，郑成功在进军台湾时，确实是把台湾作为“故土”来收复的。他所以这样认定，有以下两方面的理由：

（1）台湾是他父亲郑芝龙的产业。他的父亲只是把这个地方借给荷兰东印度公司使用，但从来没有把所有权交给荷兰东印度公司。

---

① 吴玫译：《有关郑成功军队进攻台湾登陆过程的若干史料》，《台湾研究集刊》1988年第2期。

② C. E. S.：《被忽视的“福摩萨”》，载厦门大学郑成功历史调查研究组编：《郑成功收复台湾史料选编》，福建人民出版社1982年版，第153页。

③ 江树生译注：《热兰遮城日志》（四），台南市政府，2011年，第428页。

④ 江日升：《台湾外记》，福建人民出版社1983年版，第167页。

⑤ 郑成功：《复台》，载厦门大学郑成功历史调查研究组编：《郑成功收复台湾史料选编》，福建人民出版社1982年版，第1页。

（2）台湾一向是属于中国的。因为澎湖邻近厦门、金门岛屿，因而归中国所属。大员位于澎湖附近，此地也应由中国政府管辖。居住在台湾岛上的居民都是中国人，他们自古以来占有并耕种这一土地。

郑成功从中国人最早从事开发经营、实际占有的角度说明台湾的归属，说明他收复台湾的正当性，相对于荷兰人、日本人、西班牙人对台湾的侵占、觊觎来说，当然是理直气壮的。郑成功收复台湾时，得到了居住在岛上的数万汉族民众的热情支持。当四月初二日（4月30日）郑军在禾寮港登陆时，"随即有几千中国人出来迎接他们，用货车和其他工具帮助他们登陆"。[①] 而郑军对普罗文查和热兰遮的分割包围，也"由于得到中国居民中25000名壮丁的帮助，在三四小时内就完成了"。[②] 这些居住在台湾岛上的中国人对郑成功军事行动的支持，正是郑成功是"收复"台湾的一种符合历史实际的解释。否则，为什么会有那么多的中国人在台湾？而他们为什么又会支持郑成功驱逐荷兰人的军事行动？所以，用当时当事人郑成功所强调的进军台湾所具有的"收复"的意义，来命名他的伟大的军事举措，是尊重历史、尊重先人的一种表现。

二、郑成功"收复"台湾是日本殖民统治下爱国史学家和民族志士通常使用的说法

郑成功由于抗清的原因，在清朝统治的200多年的时间里，他是封建统治者和御用文人眼中的"逆贼"和"海寇"。虽然郑成功在台湾得到民众的崇敬和怀念，并且清同治十三年（1874年）台南建立了延平郡王祠供民众奉祀，但在整个清朝年间，郑成功很难得到合理的评价。

在辛亥革命思潮的影响下，生活在日本殖民统治下的台湾史学家连横对推动郑成功的研究作出了十分重要的贡献。他是最早开始研究郑成功的史学家，也是最早高度评价郑成功收复台湾、开发台湾的史学家。在连横写作《台湾通史》之前，虽然也有一些革命党人开始肯定郑成功的历史功绩，但真正建立在学术研究基础之上的对郑成功的介绍，则是从连横开始的。

1920年至1921年间，分上、中、下三册先后出版的《台湾通史》是连横一

① C. E. S.：《被忽视的"福摩萨"》，载厦门大学郑成功历史调查研究组编：《郑成功收复台湾史料选编》，福建人民出版社1982年版，第142页。

② C. E. S.：《被忽视的"福摩萨"》，载厦门大学郑成功历史调查研究组编：《郑成功收复台湾史料选编》，福建人民出版社1982年版，第147页。

生最主要的史学著作，在《台湾通史》中，有关郑成功和明郑台湾史的内容十分丰富。除了卷二“建国纪”和卷二十九“列传一”是专门记载郑成功和明郑有关人物的事迹外，在全书其他各卷中，也有大量的篇幅记载郑成功在台开创之功的内容，特别是连横高度肯定了郑成功使“台湾复为中国有”的历史功绩。

在卷一“开辟纪”中，连横较为详细地记载了郑成功驱逐荷兰殖民者、收复台湾的过程，并且说，荷兰人“率残兵千人而去，而台湾复为中国有矣。……荷兰据有台湾凡三十八年，而为成功所逐，于是郑成功之威名震乎寰宇”。台湾，“我民族生斯长斯，聚族于斯……延平入处，建号东都，经立，改名东宁，是则我民族所肇造，而保守勿替者。然则我台人当溯其本，右启后人，以毋忘筚路蓝缕之功也”。①

在卷六“职官志”中，连横高度评价了郑氏在台湾的经营和治理。他说，郑成功驱逐荷人，“而台湾复始为我族有也。夫台湾固我族开辟之土，延平既至，析疆行政，抚育元元。而我颠沛流离之民，乃得凭藉威灵，安生乐业，此天之默相黄胄，而故留此海外乾坤，以存明朔也。……延平立法严，而爱民如子，劝之以忠，励之以勇，使之以义，绥之以和。闽、粤之民，闻风而至，拓地远及两鄙，台湾之人，以是大集”。②

除了《台湾通史》之外，连横在《剑花室诗集》中，也有诗作是歌颂郑成功收复台湾的。如在《春日谒延平郡王祠》一诗中，连横写道：“中原嗟板荡，绝海一飞骞。月落鲲身畔，潮高鹿耳前。红夷争拜伏，乌鬼舞回旋。故土归疆域，新皋辟市廛。”③

从以上的论述中，我们可以看到，连横对郑成功进军台湾，使用了“台湾复为中国有矣”“台湾复始为我族有也”“故土归疆域”等种种说法，意思很明显：他认为郑成功就是收复了中国（中华民族）的故土台湾。

与连横相同，生活在日本殖民统治下的台湾民族运动的主要领导者林献堂，对郑成功也十分推崇。《灌园先生日记》记载：1930 年 11 月 3 日，林献堂到台南安平参观，“车到安平，先观荷兰人所筑之热兰遮古城。次登炮台，遥望鹿耳门，想郑氏雄师由此而进，夺回我汉民族所开辟之疆土，何其壮也，使人无限感慨”。④ 这次参观之后，林献堂还写下了《郑成功逐荷兰人》诗一首：“鹿耳潮高

① 连横：《台湾通史》上册，商务印书馆 1983 年版，第 18～19 页。

② 连横：《台湾通史》上册，商务印书馆 1983 年版，第 101～102 页。

③ 连横：《剑花室诗集》，台湾文献丛刊本，第 30 页。

④ 林献堂：《灌园先生日记（三）——1930 年》，“中研院”台湾史研究所筹备处，2001 年，第 367 页。

战舰航，荷人指日拜戎行。暂因草创分双县，未有偏安守一疆。救国丹心终不泯，破家宿志亦何伤？七鲲此日来凭吊，不见骑鲸独望洋。”① 林献堂称郑成功“夺回我汉民族所开辟之疆土”，可见，他也是支持郑成功“收复”台湾这一说法的。

然而，近年来却有人说：“对于郑成功的驱逐荷兰、占领台湾，过去中国共产党和中国国民党的学者最喜欢称之为‘光复’台湾，这种解释是全然违背史实的。因为，在此之前，台湾未曾被纳入中国版图，中国历代的主权，也并未及于台湾。即使所谓东吴孙权曾得夷州人数千人而还的说法属实，也仅是一种入侵行为，统辖权一直没有伸展至台湾。况且，荷兰占领台湾，是明朝政府在条约中所认可。既然台湾原先不是中国领土，何以郑成功赶走荷兰、占领台湾却说成是‘光复’台湾？这完全是为了政治目的而曲解历史。”②

对于这样一种言论，明眼人都可以看出：连横和林献堂不是“中国共产党和中国国民党的学者”十分明显。他们早在20世纪的20年代和30年代，在日本人的殖民统治之下，就已经称郑成功是“收复”台湾了。至于“在此之前，台湾未曾被纳入中国版图，中国历代的主权，也并未及于台湾”，“台湾原先不是中国领土”的说法，郑成功和当时生活在台湾岛上的中国人可不这样想，生活在日本殖民统治之下的连横、林献堂等有骨气的中国人也不这样想。他们从中国人最早从事开发、实际占有台湾的角度，认定台湾原来就是中国人的土地，谁能说这种说法违背了史实？

三、郑成功“收（光）复”台湾也是抗战胜利后台湾史学界流行的说法

抗战胜利之后，台湾回到了祖国的怀抱。郑成功这位伟大民族英雄的业绩得到了充分的宣扬，也得到了台湾史学界高度一致的评价。从20世纪40年代到90年代初，绝大多数的台湾史著作，都将郑成功进军台湾称为“收（光）复”台湾。

郭廷以先生是著名的中国近代史专家，曾任台湾“中研院”近代史研究所的所长。他在1954年出版的《台湾史事概说》中写道：“如果我们要表举中华民族历史上的豪杰之士，无疑的郑成功（1624—1662）应占一席。如果缩小范围，只

---

① 此诗发表在《台湾新民报》昭和五年（1930年）11月15日，署名“灌园”。

② 李筱峰、刘峰松：《台湾历史阅览》，自立晚报文化出版部1996年版，第61页。

就台湾而论，他的崇高地位，更无人可与竞争。他之所以能够如此受后人推重尊敬，虽有多种因素，而他的恢复运动诚可谓灼烁千古。这个运动是有双重意义，在大陆上为反抗满清，争回汉人被夺去的完整治权，在海外为驱逐荷兰，收复汉人已丧失的固有领土。前者虽未能身见其成，后者则毕竟如愿以偿。两者均充分的表现出我们的民族精神与能力。"① 1662 年 2 月 1 日，"双方成立了十八条协议，揆一将将公家仓库银两、火药等全部缴出，其余珍宝珠银私人所有，悉听其载去。沦陷三十八年的台湾，完全光复，郑成功'遂祭告山川神祇，改台湾为东都'"。②

1962 年，是郑成功收复台湾的 300 周年，在这前后，台湾学者撰写了大量以郑成功"复台"为标题的文章来纪念郑成功收复台湾。如黄玉斋先生在《台北文物》第 9 卷第 2 期上发表的《明延平王光复台湾三百年纪念》，赖永祥先生在《台湾风物》第 11 卷第 3 期上发表的《郑成功光复台湾纪略》，林熊祥先生在《台北文物》第 10 卷第 1 期上发表的《郑成功之复台》，王一刚先生在《台北文物》第 10 卷第 1 期上发表的《郑成功复台的正确日期》，赖建铭先生在《台南文化》第 7 卷第 2 期上发表的《郑成功复台纪事》，陈汉光先生在《台湾文献》第 12 卷第 1 期上发表的《郑氏复台与其开垦》，毛一波先生在《新时代》第 1 卷第 4 期上发表的《郑成功复台的历史意义》，方豪先生在《新时代》第 1 卷第 4 期上发表的《郑成功复台的最终目的》，黄典权先生在《台南文化》第 7 卷第 4 期上发表的《台湾省文献委员会郑成功复台登陆地点考证报告书的两件提要》，许丙丁、高崇煦、黄典权、赖建铭等先生在《台南文化》第 7 卷第 4 期上发表的《台湾省文献委员会〈郑成功复台登陆地点考证报告书〉的商榷》，毛一波先生在《台湾文献》第 15 卷第 3 期上发表的《台湾的初次沦陷与郑成功复台》，毛一波、林崇智、廖汉臣、林衡道、王世庆等先生在《台湾文献》第 15 卷第 4 期上发表的《郑成功复台登陆地点考证报告书》等等。③

与此同时，台湾还举办了一系列的纪念活动。在台湾省文献委员会召开的"郑成功复台三百周年纪念座谈会"上，学者们畅谈了郑成功驱逐荷兰、收复台湾的伟大功绩和历史意义。其中，李腾岳先生在主持会议的发言中说：郑成功"一生的忠义功绩，如奉诏勤王，誓师北伐，以及驱逐荷兰，收复台澎，奠定我国南疆海上区域……他的维护正统、抵抗异族侵略的坚贞不屈伟大革命精神……真能使人感奋景仰，而光芒万丈垂范千古"。毛一波先生在发言中指出，郑成功

① 郭廷以：《台湾史事概说》，正中书局 1954 年版，第 34 页。

② 郭廷以：《台湾史事概说》，正中书局 1954 年版，第 55 页。

③ 朱传誉：《郑成功传记资料》（一），目次，天一出版社 1981 年版，第 1~10 页。

“复台”，有政治、军事、社会经济多重意义。“成功既复台湾，自能东拒倭寇，西逐荷夷，而树立我边防百年不拔之基了，这就是兄弟所说郑成功复台三百周年的真正意义之所在。”劳干先生在发言中说：“郑成功之收复台湾有几点特殊的贡献。……郑成功开辟台湾是中国人第一次在太平洋沿岸（以前只是内海）建立郡县，使得中国开了大洋的窗户。……台湾被荷兰人占据，中华民族第一次收复欧洲人的殖民地。……中华民族过去是大陆民族，而由郑成功收复台湾后才有向海洋发展的新趋势。”①

由台湾省文献会1977年出版的《台湾史》，在第六章第三节第一项“延平王郑成功之复台”中写道：“台湾本为郑氏发迹之地，郑芝龙降明而西，力量强大，垄断闽海。虽荷兰据台，亦弗敢违其意向，故巴达维亚日记有‘以彼势力强大，万事皆须从彼’之语。且其余党，留台者尚多，吴梅村谓其‘移民辟台，坐收租赋，以此富强’。虽未必全属史实，然其在台尚有势力存在，从可概知。郑氏设有困厄欲觅地预留退步之时，其必思及台湾，实为势所必然。”“荷人乃降，乞归国，成功允之。……计荷人据台者凡三十八年，自是始重归幅宇。”②

同样是1977年，由薛光前、朱建民先生主编的《近代的台湾》出版，其中由张旭成先生撰写的第四章《郑成功：爱国者、民族主义者与开国者》中写道：“台湾经荷兰人近四十年的残酷殖民统治之后，终由郑成功收复，纳入中国版图。在与荷兰人奋战的过程中，郑成功一直受到岛上中国居民的支持，因为他们对无恶不作的西方殖民统治早已深恶痛绝，因而协力同心与郑成功合作，终将荷兰人逐走。”③

1978年，程大学先生出版了《台湾开发史》。书中在“郑成功收复台湾”一节中写道：“此役围城凡九阅月，荷兵死一千六百余人，损失物质无数。自明天启四年（1624年）荷人由澎湖退据台湾以来，凡被占据三十八年，至是始为郑成功收复，台湾重入中国版图。”④

1980年，由黄富三、曹永和先生主编的《台湾史论丛》第一辑出版，书中收录了黄典权先生的《郑延平台湾世业》一文。文中写道：“台湾，郑氏宗族早期就在那儿立有不拔之基。在永历十四年十月十九日，郑成功复书荷兰台湾的长官揆一，就曾指出荷人的‘侨居台湾’是从他父亲取得许可的。后来陈师岛上，在十五年的四月初三（西历1661年5月3日）郑成功亲口对荷兰的使者Thomas

---

① 《郑成功复台三百周年纪念座谈会记录》，《台湾文献》第12卷第1期。

② 台湾省文献委员会：《台湾史》，众文图书有限公司1977年版，第139，146页。

③ 薛光前、朱建民主编：《近代的台湾》，正中书局1977年版，第50~51页。

④ 程大学：《台湾开发史》，台湾省政府新闻处，1978年，第68~72页。

van Yperen 和 Leonardis 说过：‘这个岛一向是属于中国的。’可见郑成功对台湾的‘主权’观念是十分肯定的。”① 1662 年 2 月 12 日，“这一天是郑成功光复台湾的一个最值得纪念的日子”。②

黄大受先生 1982 年出版的《台湾史纲》，曾作为台湾大专院校的教材。书中对郑成功收复台湾是这样论述的：“研究台湾省史，郑成功无疑是最重要的人物，他后半生的努力，是反清复明，最大的成就，是驱逐荷兰人，光复华人失去的故土——台湾。所以在民间得到‘开台圣王’的尊称。到如今台南市的延平郡王祠，成为全省同胞的膜拜圣地。在全中华民族的心目中，他与鄂王岳飞，是中华民族反抗异族的两大英雄，受后人永远崇敬，成为所有中国人的模范”。③

林再复先生 1990 年出版的《台湾开发史》中写道，郑成功之驱荷复台，“所谓‘复台’，是指郑成功从荷兰人手里‘收复台湾’”。④“郑成功之复台，其意义是多方面的：……就国防军事的意义而言，台湾是中国海防的重要战略据点。就西太平洋来说，台湾形势之优越无与伦比，因此在早期极易引起外人之觊觎。郑成功对荷兰人的军事行动获得胜利，是中国人第一次收回欧洲人的殖民地。其后，他不但大量开拓土地，设官置守，而且杜绝了红夷（荷兰）、佛郎机（西班牙）和倭寇（日本）等再对台湾有所企图，这是对中国边防上的一大贡献”。⑤

在台湾普遍流行郑成功“收（光）复”台湾的说法时，也有个别的学者，见仁见智，从学术的角度出发，对郑成功是“收（光）复”台湾提出了异议。如杨云萍先生。他在《郑成功的历史地位——开创与恢复》一文中就写道，《台湾外记》、《广阳杂记》、台南延平郡王祠唐景崧所写对联，“这些文献无一不是认定郑成功是开创台湾的。而事实也是如此。他是‘开台圣王’。可是，台湾光复后，不知何故，却变成郑成功恢复台湾，‘复台’”。“郑成功恢复台湾，就是说他恢复他父亲郑芝龙的台湾。台湾省文献委员会出版的台湾文献十二卷一期（1961 年 3 月），特辑《郑成功复台三百年纪念号》，郑氏宗亲会编郑成功复台三百周年纪念专辑，其他文献无一不作‘复台’，甚至‘国防研究院’刊《清史》的补编所载之‘郑成功之载记’，亦谓‘恢复’云云，‘收复’云云。按：这些记载、看法，与事实不符”。“郑成功的主张，有点‘欲取其地，何患无辞’，说

---

① 黄富三、曹永和主编：《台湾史论丛》第一辑，众文图书股份有限公司 1980 年版，第 107 页。

② 黄富三、曹永和主编：《台湾史论丛》第一辑，众文图书股份有限公司 1980 年版，第 112 ~113 页。

③ 黄大受：《台湾史纲》，三民书局 1982 年版，第 66 页。

④ 林再复：《台湾开发史》，三民书局 1990 年版，第 44 页。

⑤ 林再复：《台湾开发史》，三民书局 1990 年版，第 57~58 页。

他父亲借给荷兰人，根本没有此事。……台湾是海上荒岛，无所谓属于谁。郑成功说‘一向是属于中国的’，是此时一种借口。……本来，讨价还价谈判时候的话，是不能无条件采信的。对于这些事情，我们没有为郑成功隐讳的必要，也没有为我们中国人隐讳的必要！难道我们只能‘恢复’我们自古已有的东西，只能‘恢复’一向是属于我们的土地而已吗？”“英雄本色，‘开万古未曾有之奇’（沈葆桢联）。可是却有一部分的人，以郑成功一时的表面的‘借口’以为是事实，说他是‘复台’，是‘恢复故土’的，贬低他在台湾史上的卓绝地位和在中国史上应得的评价。‘开创’乎？‘恢复’乎？‘愿中国有志者，再鼓雄风。’”①

杨云萍先生的意见在当时可谓独树一帜。他认为“开创”的意义大于“恢复”（收复），说郑成功“复台”不足以表现郑成功的历史功绩，应该说郑成功是“开创”了台湾，这样才能够充分地体现郑成功对台湾和中华民族的贡献。杨云萍先生是台湾史研究的耆老，但他对郑成功强烈的喜爱，影响了他在学术上的严谨，他所主张的郑成功不是“恢复”（收复）台湾的理由在学理上是站不住脚的。首先，他根据《台湾外记》、《广阳杂记》、台南延平郡王祠唐景崧所写对联，认为郑成功是开创台湾的，实际上就等于无视荷兰人对台湾的侵占，也无视在荷兰人之前有大量中国人在台湾的存在。其次，他认为“复台”是抗战胜利、台湾光复以后才有的说法也不准确，从上面已经提到的连横和林献堂的说法就可以看出这一点。再次，他认为郑成功说台湾是“他父亲借给荷兰人，根本没有此事……台湾是海上荒岛，无所谓属于谁。郑成功说‘一向是属于中国的’，是此时一种借口”，是“讨价还价谈判时候的话，是不能无条件采信的”，这些话，更是主观的猜测。郑成功说台湾“一向是属于中国的”，他到台湾来是为了恢复先人故土，决不是为了师出有名、为了谈判讨价还价而找的借口。从郑成功多次对荷兰人反复强调这些话，以及他在《复台》一诗中写出的“十年始克复先基（太师会兵积粮于此，出仕后为红毛荷兰夷酋弟揆一王窃据）”这样的句子，就可以知道，他自己是十分坚信这些话的，这决不是为了一时对付他人而找的借口和幌子。就像我们前面已经提到过的，郑成功从中国人最早从事开发经营并且实际占有台湾的角度，认定台湾“一向是属于中国的”，不但理直气壮，而且拥有大量的史实根据。他比那些仅仅拘泥于这时台湾是否已经进入中国“版图”的论者更高瞻远瞩，更能维护中国人民的利益。

虽然都是不赞同郑成功是“收复”台湾，但杨云萍先生的出发点和后来“台独”的学者完全不同。他是站在中国人的立场，认为不说郑成功收复台湾，

① 黄富三、曹永和主编：《台湾史论丛》第一辑，众文图书股份有限公司1980年版，第107页。

丝毫无损中国拥有台湾的事实。而“台独”学者否认郑成功是收复台湾，则企图否认中国人在郑成功之前和之后对台湾的拥有。

上述的情况说明，台湾光复后，除了像杨云萍先生这样极个别的学者表示不赞成之外，台湾学术界普遍流行的说法都是“郑成功收（光）复台湾”。

综上所述，郑成功在350多年前就反复强调：他进军台湾是为了收回这块原本就属于中国人、属于他父亲的土地。生活在日本殖民统治之下的连横、林献堂等人也告诉人们：郑成功是为中国人收复了台湾。台湾光复后，台湾学术界更是普遍流行郑成功收（光）复台湾的说法。这一切都说明：郑成功收复台湾的说法是有历史根据的。“台独”分子为了制造“台独”的“神话”，不惜将郑成功称为“外来的殖民统治者”。李登辉、陈水扁上台之后，由于在台湾推行“去中国化”的政策，一些倾向“台独”的学者便开始肆意否认郑成功是收复台湾，因为他们知道，郑成功在台湾人民的心目中有崇高的历史地位，承认郑成功是收复台湾，就等于承认台湾自古是属于中国人的土地，这对于他们宣扬“台独”大为不利。因此，他们可以无视郑成功自己反复强调的收复故土的说法，可以否认中国人民最早从事开发经营并且实际占有台湾的历史事实，闭着眼睛说什么：只有中国共产党和中国国民党的学者最喜欢称郑成功收（光）复台湾，这才是真正的“为了政治目的而曲解历史”！

附录三 请不要随意对郑成功进行“颠覆”

一

2011年11月18日傍晚，笔者收到陈孔立教授发来的一封电子邮件。邮件以“小一”号大字显示：“今天厦门晚报A12版有一篇报道，对郑成功有‘颠覆性’的看法，请你看一看。”老师以前从来没有用如此大号的字给我发过邮件，说明他对此事十分重视。

师命难违，找来报纸一看，原来是记者写的一篇报导文章，题目是“郑成功有没有繁荣厦门经济——文史专家李启宇提出一个颠覆性的观点供商榷”①，其中报道了李启宇先生在一个“公益讲座”上提出的一些观点。李先生认为，过去史学界把郑成功神化了，有意隐藏了郑成功的一些短处。郑成功没有繁荣当时厦门的经济。那时，厦门每年都有战争，郑成功担心厦门的老百姓向清朝军队通风报信，作出了“空岛”的决定，命令岛上所有居民连同军队的家属全部迁出厦门岛。厦门百姓背井离乡，经济不可能繁荣。郑成功进攻南京时，他担心部队出发后，留在厦门岛上的家属会逃走，导致在前线打仗的兵士也当了逃兵，便规定所有的家属都必须上船，实际上是将家属当作人质。记者对李启宇先生论点的表述是否准确不得而知；也不知是李先生真有“雄心”颠覆以往人们对郑成功的评价，还是记者为了吸引读者的注意，故意用了这耸人听闻的“颠覆性的观点”几个字。但根据这些表述，上述的一些论点确实是值得商榷的。

对郑成功的研究，包括对任何一个历史人物的研究，想要标新立异不是不可以，实际上，现在史学界每天都有人在这样做。但是，要对一个历史人物的评价，特别是像郑成功这样历史人物，进行“颠覆性”的翻案，那就必须拿出过硬的论证和论述来。李先生是厦门史的专家，但对郑成功的研究却比较草率，而且论点中主观臆测的东西太多。

---

① 龚小莞：《郑成功有没有繁荣厦门经济——文史专家李启宇提出一个颠覆性的观点供商榷》，《厦门晚报》2011年11月18日第A12版。

“郑成功有没有繁荣厦门经济?”过去,“厦门史学界”怎么论述,又怎么引起李先生的不同意,我们且不管它。但笔者认为,厦门自1650年成为郑成功的抗清基地之后,从之前并不知名的中左所成了思明州;郑成功的军队大量在此驻扎,数万人在此生活;郑成功海路“五大商”——仁、义、礼、智、信五大商行设在这里,每年从事海外贸易的利润就有一两百万两银子。这种人口的剧增和这种规模的商业活动,会给当时当地的经济带来怎样的影响?结论是不言而喻的。特别是经郑成功之后,厦门的地位引起了清政府的重视,把福建水师提督衙门设在这里,更是奠定了厦门以后的发展。如果有人要说,厦门的繁荣从郑成功时期开始,笔者认为也是可以成立的。

然而,李先生从战争时期经济不可能繁荣的角度来论述郑成功对当时厦门经济的影响,表面上看似乎也有一定的道理,但是,他犯了一个想当然的错误,没有从具体的历史事实出发,并且在主观上对郑成功还加上了一些没有根据的猜测,所以,他的结论就不可能客观。

李先生认为,“那个时期厦门每年都有战争”,可惜这并不是事实。从1650年郑成功把厦门作为抗清基地开始,到1662年郑成功收复台湾并去世为止,12年间,一方面,由于清政府当时对郑成功主要采取招降、待降的政策,另一方面,也由于厦门是个海岛,水师力量相对薄弱的清军无能为力,厦门有战事的时间并不多,一共只有三次:第一次,1651年农历闰二月二十九日至三月二十七日间,清军总兵马得功趁郑成功率大军南下广东,偷袭厦门得手,随后被郑成功的叔叔郑鸿逵围困,最后又被郑鸿逵放走。第二次,1655年九月至1656年三月间,清定远大将军济度率领满汉官兵数万人准备对厦门、金门发动进攻,最后却在海上被大风打翻许多船只,失败而回。第三次,1660年四月至十月,清军乘郑成功在南京战败,调集数万兵马,由安南将军达素率领,再次对厦门地区发动进攻。五月,清军水师在金、厦海域被郑军打得大败。十月,清军最后撤离。从上述的史实来看,这12年间,厦门有战事的年份只有4年,真正有战争或者有战争威胁的时间只有1年4个月。只有在厦门受到战争威胁的时候,郑成功才会要求官兵家眷和厦门的老百姓转移到较为安全的金门、浯屿、镇海等地。因此,厦门老百姓真正离乡背井的时间并不会太多。

李先生甚至说:“郑成功担心厦门的老百姓向清朝军队通风报信,作出了‘空岛’的决定。”这句话,相当严重,如果郑成功地下有知,一定会认为是对他的诬蔑。郑成功确实在清朝军队威胁厦门时,多次要求官兵的眷属和百姓撤离厦门,避免他们受到清朝军队的祸害,因为他们有过教训。用郑成功的话说,1651年,清军偷袭厦门得手时,“虔刘我士民,掳辱我妇女,掠我黄金九十余万，珠宝数百镒，米粟数十万斛，其余将士之财帛，百姓之钱谷，何以胜计”。[①]为了避免这种悲剧重演，郑成功才在厦门面临重大军事行动之前，要求“并空思明”。[②]他的出发点，完全是为了这些眷属和百姓的生命和财产安全。正像抗日战争时期，我抗日根据地每遇日本鬼子的“扫荡”，也会要求抗日军民进行“坚壁清野”，这样做，不是我八路军、新四军担心根据地的老百姓会向日本鬼子通风报信，而是为了避免根据地老百姓受到日本鬼子的祸害。这样浅显的道理，李先生应该懂，实在不应该给郑成功加上那种莫须有的罪名。

李先生还给郑成功加上了另外一项莫须有的罪名，他说，郑成功进攻南京时，“他担心部队出发后，留在厦门岛上的家属会逃走，导致在前线打仗的兵士也当了逃兵，便规定所有的家属都必须上船，实际上是将家属当作人质”。郑成功在北伐南京时，确实曾下令“传谕官兵搬眷随征”。[③]但是，郑成功绝不是为了把官兵眷属当人质才这样做。试想，如果要把这些眷属当作人质，是把她们困在厦门便于看守，还是让她们在迢迢数千里的远征途中便于看守，这是一个很容易得出答案的问题。郑成功之所以要让官兵眷属随征，主要是要解决官兵们的后顾之忧和对亲人的思念。据《先王实录》记载，1659 年二月，郑成功在浙江磐石卫下令，“官兵远征，不无内顾，携眷偕行，自然乐从。本藩统领大师，北伐丑虏，肃靖中原，以建大业。虑各勋镇将领官兵，永镇之时有为家之念，已经着兵、户官拨赶缯船配载各眷，各令有眷官兵依照派船载来，暂住林门，候令随行”。这个命令下达之后，“时官兵俱各欣悦，惟女眷醉船，颇有怨言”。[④]事实说明，当时官兵们十分拥护这一做法，丝毫也没有自己的眷属当了人质的感觉。倒是眷属们有些怨言，但主要是因为晕船。

通过上面所举的例子，就可以发现，李先生提出的一些对郑成功的“颠覆性的观点”，在史实上是站不住脚的，添加了太多的主观臆测的东西。这样的观点是无法“颠覆”人们以往对郑成功的评价的。但是，这个事情却值得我们深思和警惕。现在，社会上想“颠覆”这个、“颠覆”那个的人太多。有些东西，你要“颠覆”也就罢了。但郑成功是中华民族（特别是厦门）宝贵的文化资产，他为中华民族做出的丰功伟绩、他的爱国主义精神、他忠贞不屈的人格、他留在厦门的文物古迹，都是值得我们永远维护的。笔者吁请各位有识之士：请不要随意对郑成功进行“颠覆”。实际上，真正美好的东西，你是丑化不了的，更是“颠覆”不了的。

---

① 杨英：《先王实录》，福建人民出版社 1981 年版，第 63 页。

② 杨英：《先王实录》，福建人民出版社 1981 年版，第 127、240 页。

③ 杨英：《先王实录》，福建人民出版社 1981 年版，第 185 页。

④ 杨英：《先王实录》，福建人民出版社 1981 年版，第 185~186 页。

二

在写了上述的文字之后，笔者在 2011 年 11 月 24 日用电子邮件发给了《厦门日报》。因为笔者希望，《厦门晚报》的文章产生的影响，能够在同样读者群中得到澄清。经过了近一个月的时间，《厦门日报》在 2011 年 12 月 20 日的 27 版以"请勿随意'颠覆'郑成功"为题，登载了经报纸编辑"斧正"的约 700 字文章的"精简版"，口气十分的"温和"，很多的论述和观点都被删除了。即便是以这种面目出现，能够刊出已经很不容易了。其间，因没有及时得到文章是否能够刊出的消息，笔者曾经通过"关系"了解文章的命运，并表明如果《厦门日报》明确不能刊出，将改投厦门的其他报纸以求刊出。笔者之所以这么在乎这篇小文章的刊出，是因为有一个坚定的想法：作为一个在厦门生活了数十年并且从事郑成功研究的学者，不能容忍有人给郑成功泼了污水，而没有得到任何的洗刷。这么小小的一篇文章刊出之后，笔者得到了一些读者的支持，有人当面表扬文章写得好（笔者心里苦笑），有人打电话表示同仇敌忾，也有人劝我不要去写这种帮助别人炒作的东西。这些朋友的支持使笔者感到欣慰：真正了解郑成功的人们对他的崇敬是一如既往的。但笔者还是担心，那些不了解郑成功的人们，特别是那些由"快餐文化"喂食长大的年轻人，会不会受到这种"颠覆"文化的影响。

12 月 27 日，《厦门日报》的 35 版又发表了李启宇先生的《郑成功繁荣厦门经济？——答邓孔昭院长》一文，全文大约 1100 字。文章认为笔者对他的观点有误解，因此从六个方面进行"澄清"。文中的口气十分"客气"，照理，笔者应当适可而止，不再深究。但一个朋友在电话中的一番义愤又感染了笔者：有人自己在"忽悠"读者却大言不惭地说别人在神化郑成功、"忽悠"老百姓；自己在利用编辑以及一些读者的历史知识不够，企图把水搅浑，却义正词严地说要"澄清"历史事实，这太可怕了。朋友的提醒，使笔者感到有责任再写一些东西以正视听。特别让笔者感到有再写冲动的是，笔者有两位其他专业的同事居然也被李先生"忽悠"了，完全看不出他的文章有什么问题。笔者知道，在如今"颠覆""戏说""八卦"盛行的年代，真正历史的真实，感兴趣的人并不多。事实也证明，厦门的一些媒体对李先生的观点也更加青睐。不知道是不是在"忽悠"自己，笔者确实感到了一种神圣的责任：天下兴亡，匹夫有责，在人们高喊要促进文化大繁荣、大发展的今天，即使难以在拥有更多读者的媒体上发出声音，但笔者可以在自己的一亩三分地——学术领域尽自己的一份责任。所以，趁郑成功收复台湾350周年要召开学术研讨会之机，对李先生的“澄清”进行一些“再澄清”。

第一，李先生说：“颠覆‘郑成功繁荣厦门经济’与‘颠覆郑成功’是不同的概念”，意即他只想颠覆“郑成功繁荣厦门经济”这种说法，并没有企图颠覆对郑成功的评价。可惜，事实完全不是这样。

前面已经说过，李先生不但认为郑成功没有繁荣厦门的经济，而且，还说郑成功是一个由于害怕老百姓向敌人通风报信，命令岛上所有居民连同军队的家属全部迁出厦门岛，致使厦门百姓背井离乡的人；还是一个担心部属的家属会逃走，可能造成部属当逃兵，便让部属的家属随军，实际上是将部属的家属当作人质的人。这样一种从人格上根本否定郑成功的说法，不是“颠覆郑成功”又是什么！如果郑成功真是这样一个不相信自己的老百姓、不相信自己的部属，甚至对他们如此居心不良的人物，他还能成就那么一番伟大的事业，还有资格成为民族英雄吗？我们的听众和读者，如果听信了李先生对郑成功的评价，就一定会感到，原来从小听到的“民族英雄”竟然是这样一个心理阴暗的人物，那么，对这些听众和读者造成的影响，岂止是对郑成功的颠覆！甚至可能造成对整个社会的不信任和他们整个世界观的颠覆！

李先生提出了“郑成功有没有繁荣厦门经济”这样一个命题，其实，了解郑成功研究学术史或有些常识的人都会明白，这是一个典型的伪命题。打个比方，如果有人提出“抗日战争有没有繁荣中国的经济”这样的命题有意义吗？郑成功对中华民族的贡献和影响，不是300多年前厦门的经济是否繁荣可以相提并论的，就好像抗战时期中国经济不可能繁荣，但抗战的价值和意义却不容否定一样。即使郑成功时期厦门的经济没有繁荣，也丝毫不能影响人们对郑成功的评价。事实上，根据笔者的了解，从来就没有学者专门以“郑成功繁荣厦门的经济”为主要观点发表过文章，最多只是在一些论述中，根据中外文的资料，对当时厦门经济作过一些客观的描述。李先生提出这样一个命题，确有唐·吉诃德先生与风车作战和自娱自乐的味道。

李先生还说，“翻遍所有的有关郑成功的资料，似乎找不到当时思明州如何繁荣的具体记载”。笔者的知识和能力有限，加上外文不好，虽然从事郑成功研究数十年，但许多郑成功的资料，还是没有“翻遍”，特别是外文资料甚至没有能力去“翻”。尽管如此，笔者还是很快想到了陈忠纯博士2010年发表在《台湾研究集刊》的一篇文章。① 文章介绍了意大利传教士利胜（过去有的中文资料称之为李科罗）与郑成功、郑经父子的关系。根据这篇文章介绍，利胜从1655年

① 陈忠纯：《论传教士利胜与郑氏集团的关系》，《台湾研究集刊》2010年第2期。

到1662年住在厦门，并且写有一部自传体的书——《多明我会在中华帝国之业绩》，可以说他是当时厦门景象包括经济状况的见证人。“在利胜的笔下，厦门是一个无与伦比的天然良港，世界上最美丽的城市之一，聚集了百万人口（over a million souls），精致的宫殿，来来往往数不清的远洋商船带来各种令人难以置信的货物。”[①] 这个当时生活在厦门的意大利传教士利胜的记载，除了说当时厦门有百万人口有高估之嫌之外，用来说明当时厦门的“经济繁荣”难道还不够吗？

中文资料中也有一些当时厦门经济富庶、繁荣的记载。1651年，清总兵马得功、福建巡抚张学圣、兴泉道黄澍趁郑成功率军南下偷袭厦门，由于破坏了当时清廷对郑成功采取招降待降政策、彼此之间维持相安的局面，后来被清廷追究、审讯。当时刑部的说法是：“劣抚轻贪启衅，大坏封疆。”“盖厦门一窟，素称逆寇郑成功之老巢，商贾泊洋贩卖货物之薮也，想诸臣之垂涎已非一日。”[②] 这样一个被清方官员所垂涎并且聚集了大量的“商贾泊洋贩卖货物”的地方，难道还不是“经济繁荣”吗？

第二，李先生说，“海路五大商行并不设在厦门”，而且他只根据郑成功叛将黄梧的一个奏疏就说“并无五大商行在厦门之说”。关于郑氏五商，台湾学者南栖先生有过十分深入的研究，他的《台湾郑氏五商之研究》[③]，是目前所能见到的对郑氏五商最权威的论著。南栖先生引用大量的档案史料并经过严密的考证之后得出：“金、木、水、火、土五行设在杭州，确是山路五商。”“证实仁、义、礼、智、信为海五商，并都设在厦门。”山路五商“设于杭州及其附近各地，收购各地特产运往厦门”。海路五商“设于厦门及其附近各地将大陆物质运贩东西洋”。[④] 如果读过南栖先生的文章，李先生大概就不会说“海路五大商行并不设在厦门”，或“并无五大商行在厦门之说”了。

第三，李先生说，“郑成功统治厦门期间发生的战争，不是邓院长所说的‘战事不多，一共只有三次’，仅凭个人记忆，清军方面有陈锦部、马得功部、世子王部、金山固厉部、李率泰部等发动的攻剿行动，郑成功方面有攻打海澄、漳浦、长泰、漳州、福州闽安镇等主动出击，还有一次南征、两次北征，平时为征粮征饷发动的攻城掠寨几个月就有一次。这种战乱频仍的局势怎能形成‘经济繁

① 陈忠纯：《论传教士利胜与郑氏集团的关系》，《台湾研究集刊》2010年第2期。

② 厦门大学台湾研究所、中国第一历史档案馆编辑部编：《郑成功档案史料选辑》，福建人民出版社1985年版，第52页。

③ 南栖：《台湾郑氏五商之研究》，载《台湾银行季刊》第16卷第2期；并载郑成功研究学术讨论会学术组编：《台湾郑成功研究论文选》，福建人民出版社1982年版，第194~208页。

④ 郑成功研究学术讨论会学术组编：《台湾郑成功研究论文选》，福建人民出版社1982年版，第197页。

荣’的局面呢”？细心的读者会发现，从《厦门晚报》登载的文章中所说，郑成功时期“厦门一带三天两头打仗”“厦门每年都有战争”，到这里的“郑成功统治厦门期间发生的战争”，李先生巧妙地偷换了一个概念：他把郑成功时期，发生在厦门、威胁到厦门安全的战争，换成了这一时期跟郑成功有关的所有的战争。之所以要这样做，是他发现了自己前面的说法不能自圆其说而想进行一些补救。其实，这也是枉然。

首先，郑成功时期，发生在厦门、威胁到厦门安全的战争，肯定只有笔者前面所说的三次。这三次战事，清军的领军人物分别是总兵马得功、定远大将军济度（俗称世子王）、安南将军达素。至于李先生提到的所谓“陈锦部”“金山固厉部”“李率泰部”等对郑军发动的攻剿行动到底是怎么一回事，我们也不妨在此作一些说明。

陈锦当时任闽浙总督，顺治九年（1652 年），因郑成功主动出击攻打海澄、长泰，进逼漳州，陈锦亲自率兵增援漳州。在江东桥、牛蹄山一带被郑军打得大败，七月初七日，在同安灌口驻扎时，被家丁李忠、李进宗等杀死。① 陈锦这次所谓的攻剿，对厦门的安全并没有造成任何的威胁。

所谓的“金山固厉部”，其实是“固山金砺部”。“固山”全称为“固山额真”，是八旗兵中的一旗之主，汉语官名称都统。“金砺”是人名，当时为汉军镶红旗的都统。据《先王实录》记载，永历七年（顺治十年，1653 年）四月，“报：固山金砺调集水陆官兵船只，欲寇海澄、中左”。② 清军首先进攻海澄，郑成功亲自到海澄督战。五月初七日凌晨，清军遭郑军埋设的地炮轰击，损失惨重，郑军趁势截击，“擒斩无遗。金固山精锐尽丧，连夜逃回”。③ 金砺的这次行动，还没有来得及对厦门造成威胁，就已失败而回。

所谓的“李率泰部”，李率泰顺治十三年（1656 年）任闽浙总督，十五年（1658 年）改为福建总督。任职期间，没有单独率清军对厦门发动过进攻，只是曾配合安南将军达素在顺治十七年（1660 年）对厦门采取过军事行动。因此，所谓李率泰部对厦门发动的攻剿行动，其实就是安南将军达素对厦门采取的那次军事行动。

至于李先生提到的郑成功那些主动出击的军事行动，特别是那些外出征粮、征饷的军事行动，更不会对厦门的安全造成威胁从而对厦门的经济造成不良的影响，反而对厦门的经济有好处。因为，主动出击的军事行动可以把征粮、征饷的范围扩大到清

---

① 厦门大学台湾研究所、中国第一历史档案馆编辑部主编：《郑成功满文档案史料选译》，福建人民出版社 1987 年版，第 97 页。

② 杨英：《先王实录》，福建人民出版社 1981 年版，第 53 页。

③ 阮旻锡：《海上见闻录》，福建人民出版社 1982 年版，第 19 页。

军占领的区域，而且还可以从清军和清官府那里得到许多的缴获。这样不但不会增加厦门地区老百姓的负担，反而还可以减轻厦门地区老百姓的负担。

另外，李先生“仅凭个人记忆”就写下了上述有关的文字，笔者看了真是大为吃惊。历史问题的研究，需要手头掌握大量的扎实的资料，并且还需要对这些资料进行比对考证，去伪存真。如果对数百年前的事情“仅凭个人记忆”，就去写文章，就想去“颠覆”某些东西，那真是太随意了。

第四，李先生说，郑成功“为了备战，强令百姓搬家过海，‘并空思明’。百姓离乡背井，流离失所，如果这可以理解成为‘百姓的生命财产安全着想’，就无话可说了。但既然承认有‘多次空岛’，没有百姓的岛屿经济能繁荣吗?”由于有些问题在前文已经谈过，这里不再重复。这里只谈郑成功是否“强令”百姓离开厦门以及曾经“空岛”的厦门经济能否繁荣的问题。

根据《先王实录》的记载，郑成功在清军准备攻打厦门时，确曾几次要求官兵的眷属和厦门的民众搬家渡海，以避战火。具体的记载有：永历九年（顺治十二年，1655年）九月，“省报：乌金世子统率新到满汉三万到省，扎扰民居养马，并吊本省兵马，一齐窥犯思明州。……本藩传令并空思明州，听居民搬移过海，其将领官兵家眷搬住金门、浯州、镇海等处，听从其便”。① 十月，“居民并将领家眷俱搬过海，思明并空”。② 十年三月，“虏世子吊各澳船只，令韩尚亮统领水师船只，欲犯思明……藩又令兵民家眷搬移过海，调遣水陆官兵，棋布待敌”。③ 十四年四月，“报：虏出征兵马备到，船只、器械、舵梢齐集，约期来犯思明。……传令各提督统镇下将领官兵家眷搬往金门，仍委英兵镇陈瑞督辖兵往金门保护家眷，并令余官镇、郑户官帮同照管家眷”。④ 五月，郑成功虽然打败了达素对厦门的进攻，但他判断：“此番达虏来侵，虽被我杀败，其船只所失无几，满虏领先锋者所擒亦不多。伪朝既吊数省兵马船只，动费许多钱粮……势必凑集，再决胜负。……我师粮费浩繁，岂能坐待其战？□（尔）等各归原汛，就地养兵。又须□□（将领）家眷口移浯州金门，并空思明以待之”。⑤ 六月，“其思明州将领官兵家眷，一尽移金门、浯州、烈屿等处，居民有搬移过水者，听其自便，不禁”。⑥

以上的记载清楚地表明：郑成功让官兵的眷属和厦门的百姓躲避战火时，是

① 杨英：《先王实录》，福建人民出版社1981年版，第127页。
② 杨英：《先王实录》，福建人民出版社1981年版，第128页。
③ 杨英：《先王实录》，福建人民出版社1981年版，第133页。
④ 杨英：《先王实录》，福建人民出版社1981年版，第226~227页。
⑤ 杨英：《先王实录》，福建人民出版社1981年版，第239~240页。
⑥ 杨英：《先王实录》，福建人民出版社1981年版，第240页。

"听居民搬移过海，其将领官兵家眷搬住金门、浯州、镇海等处，听从其便"，"居民有搬移过水者，听其自便，不禁"，这里有丝毫"强令"的意味吗？并且郑成功还要派兵"保护"和"照管"这些官兵的眷属和百姓，如果不是为了他们的生命财产安全着想，又是为了什么？

短暂的"并空"并不会严重影响厦门的经济，最多是商业活动暂时的停顿。由于人民的生命和财产没有遭受损失，一旦清军对厦门的威胁解除，官兵的眷属和民众就会立即搬回来，原来的各项经济活动就会继续，以商业活动为中心的"经济繁荣"很快就可以恢复。这种历史的真实，绝对不是用"战争＝经济的破坏"的公式可以推导出来的。

第五，李先生说，"颠覆'郑成功时期厦门岛出现别处没有的繁荣'。这不是只针对郑成功，清军南下初期的屠杀、迁界等都是那个时期厦门岛无法繁荣的原因。1663年清军攻占厦门岛后'墟其地而返'，造成'嘉禾断人种'的惨剧，导致厦门的文明史出现断层"。

如果李先生的用意真的只是想"颠覆'郑成功时期厦门岛出现别处没有的繁荣'"这样一个观点，笔者当然没有兴趣予以置评。但是，不同意这样一个论点，犯得着用"颠覆"这样的字眼吗？顶多"商榷"罢了。李先生应该是有了更多的想法，才会用上"颠覆"这样的字眼。

如果李先生在《厦门晚报》上阐明的观点不只仅针对郑成功，也像这里一样谈到了"清军南下初期的屠杀、迁界等都是那个时期厦门岛无法繁荣的原因。1663年清军攻占厦门岛后'墟其地而返'，造成'嘉禾断人种'的惨剧，导致厦门的文明史出现断层"，笔者肯定会部分同意李先生的观点。因为在笔者看来，郑成功的军队驻扎在岛上的时候，厦门的经济出现了比较繁荣的局面。而清军的到来，却给厦门的经济造成了极大的破坏，正像李先生在这里提到的一样。可是，明明是清军破坏了厦门经济的繁荣，为什么李先生要把账算到郑成功头上呢？

第六，李先生说，"如何理解郑成功的爱国主义精神？郑成功最大的历史功绩是收复台湾。但郑成功打的是南明小朝廷的旗号。这个小朝廷即便在逃亡之中也干了许多伤天害理、残害百姓的事。忠于南明小朝廷跟爱国主义精神怎么能联系在一起呢？我想强调的是：我不想'颠覆'谁，更不会'随意'对待历史研究。在郑成功时期厦门岛是否繁荣的课题研究中，我只是践行自己认定的历史研究的准则：从史实出发，用资料说话。上述所有的资料都可在厦门大学史学界老前辈校注、郑成功户官杨英所著《先王实录》找到出处。我确实认为不应该神化郑成功。老百姓已经被各式各样的神化人物忽悠得有些不知所措了。我想，在改革开放的当今年代，应该是允许把郑成功统治厦门时期作为一段历史、把郑成功作为一个历史人物来研究的。"

李先生终于在这里显示出了他的勇气，尽管他一边还在说着“不想‘颠覆’谁”，但还是说出了“如何理解郑成功的爱国主义精神”“郑成功打的是南明小朝廷的旗号。……忠于南明小朝廷跟爱国主义精神怎么能联系在一起呢”这样的心里话。也就是说，他对郑成功的爱国主义精神确实是有质疑的。中国人民之所以把郑成功当作民族英雄，不仅因为郑成功拥有收复台湾的历史功绩，而且还由于他有着崇高的爱国主义精神，值得人们效仿和学习。如今李先生对郑成功的爱国主义精神提出了质疑，这不是想“颠覆”郑成功又是什么！但是，李先生对郑成功的爱国主义精神提出质疑的根据却是站不住脚的，人们并不是因为郑成功仅仅忠于南明或抗清而去肯定他的爱国主义精神。当时忠于南明和抗清的人很多，甚至有许多像史可法那样惨烈地献出生命的，但他们并没有得到今天人们的推崇，就是因为他们的“爱国”有很大的局限性。郑成功和那些仅仅忠于南明小朝廷的抗清人物有很大的不同，他的“爱国主义精神”具有十分丰富的内涵，至少包含了以下的要素：（1）移孝作忠，坚持政治立场，与父亲决裂并且拒绝其父多次的劝降，始终把国家利益、民族大义摆在了家庭和家族的利益之上。（2）坚持明朝正朔，对国家始终不渝的忠诚，让历史上一些为了自己做“皇帝梦”而搞割据、搞“独立”的枭雄显得渺小。（3）不畏强权，敢于抵御荷兰殖民者的侵略，维护中国人民和中华民族的根本利益。（4）注意维护国人（国内民众和海外华人）的利益。在每次军事行动前，他都要强调军纪，“严禁奸淫、焚毁、掳掠、宰杀耕牛等项”，并且告诫官兵们说，“劳征苦战十有余年，所为何事？总为报国救民起见”。[①] 在他得知马尼拉的华人受到西班牙殖民者的侵害、欺侮时，曾经下令封锁马尼拉的西班牙人。当得知西班牙人残杀大批的吕宋华人时，他立即决定派兵征讨吕宋，保护华人的利益（因郑成功很快逝世而未能成行）。这样的爱国主义精神难道不值得我们今天借鉴和学习吗？

最有趣的是，李先生标榜他的研究“只是践行自己认定的历史研究的准则：从史实出发，用资料说话”，并且信誓旦旦地说，他“上述所有的资料都可在厦门大学史学界老前辈校注、郑成功户官杨英所著《先王实录》找到出处”。读过《先王实录》的人都会知道，在《先王实录》一书中是找不到李先生说的那些可以用来说明当时厦门经济不繁荣、郑成功担心厦门老百姓向清军通风报信而把他们迁出厦门岛、担心官兵眷属逃走而把他们作为人质的资料的。只有经过断章取义、经过曲解、加上许多主观想象，才能得出李先生的那些结论。这就好像那些卖假药的，虽然公开标明了自己的药物成分中含有人参、鹿茸、虫草，实际上却只有一些淀粉甚至可能还加上一些有毒的物质。

---

① 杨英：《先王实录》，福建人民出版社 1981 年版，第 170 页。

李先生说，他“确实认为不应该神化郑成功”。问题是，史学界从来就没有人去“神化郑成功”，即使有人对郑成功的评价太高，不是那么准确，那也只是学者个人掌握尺度的问题。当然，在宝岛台湾确实有很多人都在“神化”郑成功，他们把郑成功尊为“开台圣王”加以崇拜，怀念郑成功收复台湾、开发台湾的历史功绩，他们愿意这么做，难道还有什么“不应该”的吗？

李先生说，“老百姓已经被各式各样的神化人物忽悠得有些不知所措了”。和李先生的看法正好相反，笔者认为，现在的老百姓不是“被各式各样的神化人物忽悠得有些不知所措了”，而是被一些人这也“颠覆”、那也“重构”，搞得老百姓什么都无法相信，什么都不敬畏，没有信仰，没有精神追求，没有道德典范，没有英雄人物，这才是真正可怕的。像郑成功这样一个在“文革”期间都没有受到批判的民族英雄，现在有人却想“颠覆”他。“颠覆”郑成功的目的是肯定达不到的，无非是为了吸引读者的眼球罢了。相信我们的老百姓在这种“颠覆”下不会“不知所措”，仍然会一如既往地热爱、崇敬郑成功。

三

作了上述的回应之后，笔者觉得还有一些话不得不说。我们现在的社会很自由，像李先生这样的一些观点当然有它自由发表的权利。但我们的一些“公益讲座”和媒体却应该承担起它们必须承担的社会责任。

李先生贬低郑成功的那些论点最初是在一个“公益讲座”上发表的，据说，这个“公益讲座”还是在厦门大学的图书馆里举行的。笔者不知道这个“公益讲座”有没有一定的“准入门槛”，有没有对讲演者的“自律要求”。如果没有对讲演者专业造诣的了解，如果任凭讲演者随意地发表一些不负责任的言论，像这样随意地歪曲史实、贬低民族英雄，造成一些听众思想认识的混乱，那么，所谓的“公益讲座”就会变成“公害讲座”。

另外，《厦门晚报》《厦门日报》热衷为李先生的论点提供平台也使笔者感到有些担心。笔者不会对李先生的论点可以随意在媒体上发表而去“羡慕、嫉妒、恨”，笔者也知道有些媒体喜欢那些能够吸引眼球、“人咬狗”的文章。但是，作为厦门的媒体，除了考虑吸引读者之外，是不是也应该注意维护厦门宝贵的文化资产，注意维护郑成功这位厦门永远的“荣誉市民”注意维护“爱国主义精神”典范的价值？不要看到那些有炒作价值的东西就见猎心喜，而不惜贬低民族英雄在人们心目中的形象。笔者的同事周翔鹤教授说得好：如此对待郑成功，厦门还有多少文化资产可供挥霍？诚如斯言，借此希望引起一些媒体朋友的注意。

附录四　李茂春和陈永华不是郑经的“恩师”
——兼论史学研究“孤证”不能成立

李茂春是明郑时期一位特立独行的耆老，陈永华是郑经身边最重要的幕僚，这是了解这一段历史的人们一般所知道的情况。可是，近来有人发表了一篇文章，题目是《郑经恩师李茂春生平考》。[①] 文章中仅根据一条并不可靠的史料就大胆地说，“以往李茂春研究存在史料搜集不足、新史料发掘不够、未能还原其应有的历史地位等问题。尤其是未发现蒋毓英《台湾府志》李茂春列传，导致李茂春的郑经恩师身份长期以来鲜为人知”。[②] 作者不仅给郑经找到了李茂春这样一位“恩师”，而且还把陈永华也当作郑经的老师：“按陈永华是目前已知郑经的老师”，[③]“李茂春应是郑经早年的恩师，陈永华则是郑经后来的恩师”。[④] 更为严重的是，作者在文章的结尾还宣称：“新时期明郑历史人物研究，应在文献分析基础上，进行文本分析，重构历史。孤证未必不可靠。”[⑤] 李茂春、陈永华是不是郑经的老师并不十分重要，但企图否定历史研究“孤证不能成立”的原则，那就是十分严肃的事情了。好的史学传统不能丢弃。因此，不怕别人笑话：这么老了，还跟年轻人较真。特作此文，以求教于方家。

---

① 刘涛：《郑经恩师李茂春生平考》，福建中国闽台缘博物馆主办：《闽台缘文史集刊》2020年第3期。

② 刘涛：《郑经恩师李茂春生平考》，福建中国闽台缘博物馆主办：《闽台缘文史集刊》2020年第3期，第62页。

③ 刘涛：《郑经恩师李茂春生平考》，福建中国闽台缘博物馆主办：《闽台缘文史集刊》2020年第3期，第66页。

④ 刘涛：《郑经恩师李茂春生平考》，福建中国闽台缘博物馆主办：《闽台缘文史集刊》2020年第3期，第69页。

⑤ 刘涛：《郑经恩师李茂春生平考》，福建中国闽台缘博物馆主办：《闽台缘文史集刊》2020年第3期，第71页。

一、蒋毓英的《台湾府志》中李茂春列传不算新史料且可信度低

作者如获至宝“发现”的“新史料”蒋毓英的《台湾府志》并不很“新”。1985 年 5 月，中华书局就出版了《台湾府志三种》（分上、中、下 3 册），其中第一种就是蒋毓英的《台湾府志》，[①] 发行量是 4000 册。同年 11 月，厦门大学出版社也出版了由当时厦门大学台湾研究所所长陈碧笙先生校注的蒋毓英《台湾府志》，[②] 发行量是 5000 册。出版了 30 余年，发行量又这么大，研究明郑台湾史或清代台湾史的人都不会没有读到。

至于其中的李茂春列传，之所以此前人们熟视无睹，可能的原因，大概和笔者一样，认为可信度太低，不当一回事。为了说明李茂春列传的可信度低，不妨将它的全文引录于下：

> 李茂春，字正青，漳州府龙溪人，登明隆武丙戌科乡榜。遁迹至台，伪藩延以教其子经。其为人好吟咏，喜著述，日自放于山水间，跣足岸帻，旁若无人。知经非令器，素不加礼。构一禅宇，扁曰“梦蝶处”，与住僧礼诵经文为娱，自号李菩萨。寻卒于台，因葬焉。[③]

首先，“遁迹至台，伪藩延以教其子经”，就完全无法使人相信。李茂春到台湾是在清康熙三年（南明永历十八年，1664 年），据《台湾外记》记载，当时，郑氏在福建沿海大败，郑经“令陈永华、冯锡范送董夫人眷口先行。然后请宗室及乡绅商议：如欲相从过台者，速当收拾，拨船护送；若不愿相从者，听之。时有宁靖王、泸溪王、鲁王世子、巴东王诸宗室等，同乡绅王忠孝、辜朝荐、沈佺期、郭贞一、卢若腾、李茂春悉扁舟从行”。[④]《郑经恩师李茂春生平考》一文（以下简称《恩师》文）的作者也肯定“李茂春在永历十八年（1664 年）春三月，应郑经邀请，前往台湾”。[⑤] 可是，大家都知道，郑成功是在康熙元年（永历十六年，1662 年）的五月初八日就病逝于台湾了。当李茂春康熙三年到达台湾时，康熙元年就去世的郑成功如何能延聘他担任郑经的老师？何况，这时的郑

① 蒋毓英等：《台湾府志三种》下册，中华书局 1985 年版，第 1~245 页。

② 蒋毓英：《台湾府志》，厦门大学出版社 1985 年版。

③ 蒋毓英：《台湾府志》，厦门大学出版社 1985 年版，第 107 页。

④ 江日升：《台湾外记》，福建人民出版社 1983 年版，第 187 页。

⑤ 刘涛：《郑经恩师李茂春生平考》，福建中国闽台缘博物馆主办：《闽台缘文史集刊》2020 年第 3 期，第 67 页。

经早已独当一面，完全脱离了纯粹读书的阶段。

或许，《恩师》一文的作者也意识到李茂春“遁迹至台，伪藩延以教其子经”的说法有毛病，于是在坚信郑成功延聘李茂春为郑经老师的基础上，私自将延聘的时间和地点作了改变：“郑经在永历十八年（1664年）前往台湾，郑成功延请李茂春作为郑经的老师应是在永历十六年（1662年）之前，其时居住在厦门。”① 然而，这样的“修正”和解释也是没有用处的。因为，根据蒋毓英《台湾府志》的记载，李茂春完全不符合当时的人们所期望的可以充任“老师”的形象。

根据记载：“李茂春，……登明隆武丙戌科乡榜。……其为人……日自放于山水间，跣足岸帻，旁若无人。知经非令器，素不加礼。构一禅宇，扁曰‘梦蝶处’，与住僧礼诵经文为娱，自号李菩萨。”这说明，李茂春是一个儒、释、道混淆不清的人，像这样一个亦儒亦释亦道的人，怎么可能被延聘为郑经的老师？这是令人无法相信的。中国封建社会从汉代董仲舒建议汉武帝“废黜百家，独尊儒术”之后，特别是从隋唐时期推行科举制度以来，社会上正宗的教育就是儒学教育，别说像郑成功这样的家庭，就是寻常百姓家，孩子上学，也希望寻找一个熟悉儒学经典的饱学之士来当老师。像李茂春这样一个行为处事毫不讲究的人，谁敢请他担任自己孩子的老师？除非存心想毁了孩子的前途。因此，蒋毓英《台湾府志》中李茂春列传的可信度很低，稍具历史知识的人都不会相信。

二、从郑经有关李茂春的诗中可以看出李茂春不可能是他的老师

虽然李茂春不是郑经的老师，但他是郑经的诗友却是真的。在郑经的诗集《东壁楼集》中，与李茂春有关的诗就有6首，分别是：

《和李正青不遇空怨归依偕字韵》：

先生欣奇遇，夙夜心计偕。不意渡江来，失此知己侪。美人思所见，密步过高斋。入门惟犬吠，落叶在空阶。（只此二句，便见不遇，便见怨归矣。）壁间粘万纸，堂上悬一牌。不遇空归去，依依闷莫排。②

① 刘涛：《郑经恩师李茂春生平考》，福建中国闽台缘博物馆主办：《闽台缘文史集刊》2020年第3期，第65~66页。

② 郑经：《东壁楼集》，载泉州文库整理出版委员会编：《延平二王遗集（外二种）》，上海辞书出版社2012年版，第135页。

《和李正青忧蛏惧谗得匿字》：

先生何所惧，所惧在蛏匿。非关人谤谗，徒以广交识。惟爱声色好，不知怜美德。贞者反弃置，污者频拂拭。畏君泄而贪，人言乃可惑。毁尔无真心，间尔亡失得。笑尔两鬓斑，欺尔老无力。不来皆有因，色荒为人贼。莫如反诸躬，休如蝼蚁食。（色荒，人贼，名语。反躬自责，尤源本之论。）①

《和复甫怒螺歌赠李正青依碛字韵》：

黄螺生长长江碛，千年奇质成盈尺。时吐明珠耀水滨，暗被渔人施网获。珠为国宝肉为羞，惟存一壳光且泽。李君好奇市以归，幸得晨昏侍寝席。不期李君反人情，却与蛏虫成莫逆。置我壁间污泞泥，日友蜉蚁与蝘蝪。爱彼以为席上珍，视我如遗徒倦客。长郁郁兮亦何益，无毛羽兮难奋翮。岂知微物有灵魄，虽死犹能起霹雳。因风雨兮破垣掖，乘雷霆兮归海汐。入沧波兮欢所适，君莫悲兮去后惜。（末段叙致，急调错节，令人魂魄为动。）②

《和复甫咏蛏戏赠李正青》：

出在沙泥里，因君起盛名。性寒难久荐，物俗岂堪呈。数百无非贱，计千亦不贞。老饕当所戒，留此伴余生。（起语古厚，意寓规戒。）③

《和陈复甫赠李正老对酒春园作》：

磊谷先生乐少男，恋情常在半吞含。凝神俱属朦胧眼，有意岂无侧坠簪。却把笑谈开酒兴，聊将诗句写怀湛。春园空植千株艳，莫若莲花自醉酣。（结句有味。）④

《夏日李公见访》：

初夏碧空炎气牢，晓晴轻艇渡诗豪。文锋射斗惊云汉，兰棹轻风动海涛。隔水漫游休道远，涉江续句不辞劳。窗前汲水然新茗，几上焚香酌旧醪。一斗百篇诗渺渺，三杯落笔字滔滔。花间风月欢同醉，醉舞歌声彻

① 郑经：《东壁楼集》，载泉州文库整理出版委员会编：《延平二王遗集（外二种）》，上海辞书出版社2012年版，第135页。

② 郑经：《东壁楼集》，载泉州文库整理出版委员会编：《延平二王遗集（外二种）》，上海辞书出版社2012年版，第150~151页。

③ 郑经：《东壁楼集》，载泉州文库整理出版委员会编：《延平二王遗集（外二种）》，上海辞书出版社2012年版，第166页。

④ 郑经：《东壁楼集》，载泉州文库整理出版委员会编：《延平二王遗集（外二种）》，上海辞书出版社2012年版，第181页。

九皋。①

从以上几首郑经与李茂春唱和或送给李茂春的诗中可以看出，郑经与李茂春之间，只有朋友间的亲昵与戏谑，没有师生间的拘谨和礼貌。“隔水漫游休道远，涉江续句不辞劳。窗前汲水然新茗，几上焚香酌旧醪。……花间风月欢同醉，醉舞歌声彻九皋。”说明了他们之间的亲昵。“不期李君反人情，却与蛏虫成莫逆”，“笑尔两鬓斑，欺尔老无力”，“老饕当所戒，留此伴余生”说明了他们之间的戏谑。特别是《和复甫咏蛏戏赠李正青》的题目更能说明问题，这是郑经唱和陈永华《咏蛏》诗的一首作品，之所以敢在题目中用“戏赠李正青”的字样，就说明了李茂春绝对不会是他的老师。当时的人们崇敬“天、地、君、亲、师”，遵从“一日为师，终身为父”的信条，如果李茂春是郑经的老师，这“戏赠李正青”的诗就绝对不会出现。“戏师”如同“欺君”，郑经无论再怎么胆大妄为，也不敢明目张胆地“戏师”，这是再明白不过的事情。

三、陈永华也不是郑经的“恩师”

如果说《恩师》一文的作者将李茂春说成郑经的“恩师”还有一条史料“孤证”的话，那么，他说“陈永华是目前已知郑经的老师”“陈永华则是郑经后来的恩师”，则没有任何的史料根据。

据夏琳《闽海纪要》记载，“永华字复甫，明诸生，孝廉陈鼎之子。鼎为同安教谕，死节，成功怜永华为忠臣之子，延与世子伴读。及世子嗣位，授为参军，甚见亲信”。② 可见，陈永华不是郑经的老师，而是郑经的“伴读”，最多算是同学。为了避免说陈永华是郑经的“伴读”也是孤证，我们不妨了解一下他们两人的年龄和陈永华的“学历”。

陈永华出生于明崇祯七年（1634 年）九月初九日，③ 郑经出生于明崇祯十五年（1642 年）十月初二日，④ 陈永华比郑经大 8 岁。陈永华“时年舞象，试冠军，已补龙溪博士弟子员”。⑤ 也就是说，陈永华 15 岁时在龙溪县以第一名的成绩考上秀

① 郑经：《东壁楼集》，载泉州文库整理出版委员会编：《延平二王遗集（外二种）》，上海辞书出版社 2012 年版，第 195 页。

② 夏琳：《闽海纪要》，台湾文献丛刊本，第 64~65 页。

③ 邓孔昭：《郑成功与明郑在台湾》（修订版），厦门大学出版社 2014 年版，第 290~291 页 .

④ 厦门郑成功研究会、厦门郑成功纪念馆编：《郑成功族谱三种》，福建人民出版社 1986 年版，第 100 页。

⑤ 郁永河：《裨海纪游》，台湾文献丛刊本，第 51 页。

才。此后由于没有科举考试，他的功名没有变化。在明清鼎革之际，一大批不愿降清的鸿儒名宿追随在郑成功身边，可以被郑成功延聘成为郑经老师的学者比比皆是，只比郑经大 8 岁，且只有秀才身份的陈永华不可能充任郑经的老师是显而易见的。

还有一条史料更能直接证明陈永华不是郑经的老师。郁永河的《裨海纪游》在“伪郑逸事”中有一篇“陈参军传”，其中有一句话说：“成功常语子锦舍（即郑经）指公曰：‘吾遗以佐汝，汝其师事之。’”① 这句话的意思是，郑成功曾指着陈永华对郑经说，我把他留下来辅佐你，你应当像对待老师一样待他。要郑经像对待老师一样来对待陈永华，说明陈永华原来并不是郑经的老师。只是由于陈永华的多谋善断，郑成功要郑经像听从老师的话一样，多听从陈永华的意见。

有意思的是，《恩师》一文的作者不但给李茂春和陈永华安上了郑经老师的头衔，而且还把他们称为郑经的“恩师”。稍有中文修养的人都会知道“老师”和“恩师”还是有区别的。在郑经的那个年代，“某人的老师”指的是某人在受教育阶段给他传授过知识的人。而“某人的恩师”指的则是某人在受教育阶段给他的知识成长有重要教益的人，或是对他的推举和拔擢起了重要作用的人。陈永华不是郑经的老师，更谈不上是郑经的恩师。作为郑经的幕僚，出谋划策是他的本分。倒是郑成功包括郑经对他有知遇之恩，对他委以重任，让他的聪明才智得到了充分的展现。

四、从李茂春不是郑经的老师看史学研究“孤证”就是不能成立

历来的史学研究有一个很好的传统或原则，那就是“孤证不立”。所谓“孤证不立”，就是在没有其他史料可以佐证或旁证的情况下，对某些单一记载的史料要采取审慎的态度，不能由于它的“新”“奇”“亮眼睛”，就直接拿来用，以为可以标新立异。一定要搜集更多的相关史料进行考证，去粗取精，去伪存真，防止以偏概全。同时，还要注重那些与此对立的史料即反面证据的作用，只有在能充分否定对立史料的基础之上，才能使自己的论证真正立得起来。

历史研究是一门严谨的社会科学，她不是一个任人打扮的女孩，也不是一串可以随意改变顺序的铜钱。她需要在历史唯物主义的指导之下，掌握大量的可靠

① 郁永河：《裨海纪游》，台湾文献丛刊本，第 51 页。

的历史资料，弄清史实，进行科学的论述。没有资料不能说话，所有的论述都要有根据。有些人动不动就要“重构历史”，但是，他们缺少了对历史真相的畏惧，缺少了对史学研究严谨的科学精神的畏惧，所以，在显示自己“无畏”的同时，也不免暴露了自己的无知。

其实，不仅是历史研究，法学和自然科学也遵循“孤证不能成立”的原则。在一次与司法部门研究单位的交流中，某司法部门研究所的一位学者就说，他们法学界也遵循“孤证不立”的原则。一个案件中如果只有一条证据是不能定案的，一定要有完整的证据链，否则，一个伪证、一个辨别错误的证据就可能置人于死地。“孤证不立”可以避免大量冤案、错案的发生。自然科学的试验也一样，一次试验出现的数据，如果不能重复，那也是不能算数的。只有在科学试验中能够反复被证明的数据，才是科学的数据。所以，“孤证不能成立”的原则是一条科学的原则，任何人企图对它进行否定和质疑，都必将得到惨痛的教训。

《恩师》一文的作者，仅仅根据蒋毓英《台湾府志》李茂春列传中的一句话“伪藩延以教其子经”，就断定李茂春是郑经的老师，完全漠视了这个列传前后文中那些令人生疑的记载，忽视了郑经在与李茂春诗词唱和中的戏谑，因此不免得出错误的结论，这恰恰是史学研究孤证不能成立的最好的例子。

附录五 “演武池”不是郑成功时代的遗址

在厦门市的文物保护单位中，有一处市级文物保护单位称“演武池遗址”。关于“演武池遗址”，《厦门文物志》是这样介绍的：“（演武池遗址）位于思明区演武路西北侧，厦门大学西村宿舍区西侧。遗址及周边地域在古代为一片通连外海的港湾，与演武亭、演武场相邻，曾是明末清初郑成功操练水师的地点之一，大部分水域已被填为陆地。今仅存此池，面积8715平方米，四周有现代砌筑的花岗岩堤岸，堤高约3.5米；东、西堤长各105米，南、北堤长各83米，池水可经由涵洞流通大海。1984年，演武小学在遗址北侧填池建造校舍。”笔者从事郑成功研究多年，又身为厦门大学的一位教师，在演武亭、“演武池”附近生活了40余年，心中时常有一个疑惑：郑成功的水师会在“池”中操练、演武吗？近年来，对此疑惑逐渐有了一个比较清楚的认识：“演武池”其实不是郑成功时代的遗址，把“演武池”和郑成功操练水师联系在一起，是后人的一个误会。下面就此问题阐述自己的看法，以求教于方家及文物管理部门。

一、郑成功时代厦门只有“演武亭”

关于“演武亭”，史籍有很多的记载。特别是杨英的《先王实录》，对“演武亭”的记载尤多：

南明永历九年（1655年）三月，“冯工官起盖演武亭成。先时，藩以日夜出督操练，往返殊难，命冯工官就澳仔操场筑演武亭楼台，以便住宿，教练观兵，至是告成。一日，藩在楼观各兵阵操有未微妙者，于是再变五梅花操法，日亲临督操，步伐止（整）齐，逐队指示。计半月，官兵方操习如法始集各镇合操法，并设水师水操法，俱有刻板通行”。

四月，郑成功“令林胜□（日）夜就演武亭照五梅花阵法操练，藩亲督操”。

五月，“藩大阅操，吊各提督、统领、镇营就演武亭合操，照五梅花操阵法，如对敌赏罚军令。令设宴陈乐，宴各镇将，大小官将，赉赍有差”。

十月，“藩驾驻思明州演武亭，往来金门驻节”。

十一月，“藩驾驻思明州演武亭”。

十二月，“藩驾驻思明州演武亭”。

十一年（1657年）十月，“十五日，集提督统镇文武各官于演武亭，定失守闽安镇功罪”。

十二年（1658年），“三月，藩驾驻思明州。……行张五军、王戎正，同陈魁亲赴各提督统镇营挑选，分为上中等拨入左右虎卫镇。其中等选而又选，方同上等吊入。另设一大石重三百斤于演武亭前，将选中者，藩亲阅，令其提石绕行三遍，提不起者，虽选中不隶入”。

十四年（1660年），“正月，藩驾驻思明州演武亭”。

四月，“藩驾驻思明演武亭”。

五月，“藩驾驻思明州演武亭”。

另外，夏琳的《闽海纪要》也有一些有关“演武亭”的记载：

清顺治十五年（1658年），“成功筑演武亭练兵。亭在厦门港院东、澳仔岭之交，成功筑以操练军士。以石狮重五百斤为的，力能举者，拨入左右虎卫亲军，皆戴铁面，著铁裙，配斩马大刀，并带弓箭，号曰‘铁人’”。

康熙十九年（1680年），郑经在经历福建沿海的一连串失利之后，“惧为人所图，乃焚演武亭行宫，辎重、宝玩悉毁于火，踉跄回东宁，时二月二十六日也”。

此外，阮旻锡的《海上见闻录》和江日升的《台湾外记》都有一些关于“演武亭”的类似的记载。

从以上的这些记载中，我们可以看出：

1. 演武亭是在南明永历九年（1655年）的三月建成的。建成之后，为了军队训练和军事斗争的需要，郑成功时常在这里住宿。演武亭在清康熙十九年（1680年）二月二十六日被准备撤离厦门的郑经烧毁，前后一共存在了大约25年。

2. 演武亭建成之前，位于南普陀寺前方海边，原郑成功军队训练的大操场，称“澳仔操场”。之所以称为“澳仔操场”，是因为它紧邻这里的一个小海湾——澳仔。这个澳仔就是郑成功军队水路从厦门城内前往澳仔操场时战船停靠的地方。

3. 在夏琳《闽海纪要》成书的时候（康熙二十二年之后，比《先王实录》成书大约晚20~30年），杨英《先王实录》中提到的“澳仔”已经被称为“厦门港”。“演武亭”的位置就在“厦门港院东”与“澳仔岭”之间的地方。所谓“厦门港院东”，很显然是“厦门港垸东”的误写，意为厦门港堤岸的东边，也就是说，演武亭在厦门港堤岸的东边。反过来说，当时厦门港东边的堤岸靠近演武亭的西边。

根据上述的分析，郑成功时代的“澳仔”和郑经时代的厦门港，是一个西东向的海湾。海湾西边的出口与现在厦港避风坞的出口位置大致相同，只不过当时的出口会更加宽大一些，而海湾东边临近演武亭（可以以现在演武亭遗址树碑处为参照）。因此，这个海湾的西东向长度大约只有1000米左右。由于这个海湾南有沙坡尾、东有澳仔操场、北有蜂巢山及其余脉的限制，因此，它的南北向相当狭窄，最宽处最多只有400~500米。综合各种因素考虑，郑成功时代，整个海湾的范围大致包括了现在顶澳仔（在汉语中，“顶”有“上”的意思，顶澳仔即上澳仔）、厦门大学西村宿舍、下澳仔以及厦港的一部分。在这样一个狭长的小海湾中（最大仅为1000米×500米），郑成功的水师在这里停泊是可以的，但要在这里操练，绝对施展不开。因此，在上述《先王实录》和《闽海纪要》等书中，我们可以看到许多郑成功的军队在演武亭进行陆战训练的记载，却没有任何在澳仔进行水师训练的记载。

二、“演武池”是清代中前期的水利设施

史籍中最早出现“演武池”记载的，是清乾隆三十一年（1766年）薛起凤主纂的《鹭江志》。《鹭江志》卷之一“河池”中记载：“河池所以资灌溉也。”“演武池，在澳仔社口，郑成功演武处也。今为民田灌注。”

《鹭江志》纂修的年代比郑成功建成演武亭晚111年（1655—1766年）。这百余年间，当年郑成功停泊战船的澳仔已发生了沧海桑田般的变化。从《鹭江志》关于“演武池”寥寥数语的记载中，我们可以看到以下这样的一些事实：

1. 当年叫澳仔（小海湾）的地方已经有了一个居民的聚落——澳仔社。

2. “演武池”的作用是“为民田灌注”。因此，它是水利设施，蓄积的是可以灌溉农作物的淡水。

通过这样的事实，我们又可以进一步得出这样的一些结论：当年郑成功修建演武亭时的澳仔（小海湾），到乾隆中叶，经过百余年来从南普陀后山以及现在厦门大学水库后山冲刷下来的泥沙的堆积，已经逐渐向后（西）退缩，在原来澳仔（小海湾）腹地的区域已形成一片新的陆地。这片新的陆地，地势略高的地方，逐渐聚集了一些居民，形成了新的村落——澳仔社。地势较为低洼的地方，由于南普陀后山和现在厦门大学水库后山泉水和雨水的注入，逐渐形成了一个淡水池——人们称之为“演武池”。演武池所起的作用是可以灌溉周围的农田。

当时人们把这个淡水池称为“演武池”，是因为它临近演武亭和演武亭较场的缘故，是一个由演武亭衍生出来的地名。以周围区域内先有的地名要素作为标识，来称呼新出现的地名，这是常有的现象。南明永历九年（清顺治十二年，1655年）郑成功建成了演武亭，此后，人们就把澳仔操场改称为演武亭较场或演武场。清代乾隆中前期（乾隆三十一年之前，1766年之前），人们又把这一区域内新出现的淡水池称为“演武池”。就像到了现代，人们又把这一区域新出现的道路、建筑、单位，称为“演武路”“演武小学”“演武大桥”“演武社区”“演武花园”一样。必须区分清楚，演武亭和“演武池”是不同时代出现的地名。

本来，对于《鹭江志》中“演武池，在澳仔社口，郑成功演武处也。今为民田灌注”的记载，正确的理解应该是：演武池，在澳仔社口，这片区域原来是郑成功军队操练的地方，但现在已经成了为民田灌溉的淡水池。可惜的是，一些人们没有这样去理解，他们只注意到了“演武池，……郑成功演武处也”这句话，而完全忽视了“今为民田灌注”这句话。因此，他们也就忽略了：郑成功时期“澳仔”是海的一部分和乾隆时期“演武池”是灌溉民田的淡水池的根本区别。

把不同时代出现的事物混淆在一起，把海湾和淡水池混淆在一起，因而，就出现了郑成功的军队在“演武池”操练的误会。这个误会，就好比“关公战秦琼”，有些荒诞。郑成功的水师根本不可能在百余年后出现的淡水池中进行操练，这是显而易见的。因此，所谓“演武池”是“郑成功操练水师的地点之一”的说法不能成立。“演武池遗址”也就失去了文物保护单位的价值。